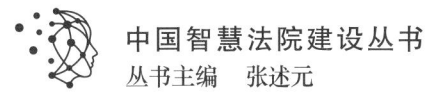

中国智慧法院建设丛书

丛书主编 张述元

INTRODUCTION TO SMART COURT SYSTEM ENGINEERING

智慧法院
体系工程概论

许建峰 孙福辉 陈奇伟 ／ 著

人民法院出版社

图书在版编目（CIP）数据

智慧法院体系工程概论 / 许建峰, 孙福辉, 陈奇伟
著. -- 北京：人民法院出版社, 2021.4
（中国智慧法院建设丛书 / 张述元主编）
ISBN 978-7-5109-3129-1

Ⅰ. ①智… Ⅱ. ①许… ②孙… ③陈… Ⅲ. ①人工智
能—应用—法院—工作—研究—中国 Ⅳ. ①D926.2-39

中国版本图书馆CIP数据核字（2021）第043832号

智慧法院体系工程概论

许建峰　孙福辉　陈奇伟　著

策划编辑	韦钦平
责任编辑	巩　雪
出版发行	人民法院出版社
地　　址	北京市东城区东交民巷27号（100745）
电　　话	（010）67550658（责任编辑）　67550558（发行部查询）
	65223677（读者服务部）
客 服 QQ	2092078039
网　　址	http://www.courtbook.com.cn
E－mail	courtpress@sohu.com
印　　刷	三河市国英印务有限公司
经　　销	新华书店
开　　本	787毫米×1092毫米　1/16
字　　数	510千字
印　　张	33
版　　次	2021年4月第1版　2024年1月第3次印刷
书　　号	ISBN 978-7-5109-3129-1
定　　价	108.00元

总序

General Preface

习近平总书记指出："纵观世界文明史，人类先后经历了农业革命、工业革命、信息革命。每一次产业技术革命，都给人类生产生活带来巨大而深刻的影响。现在，以互联网为代表的信息技术日新月异，引领了社会生产新变革，创造了人类活动新空间，拓展了国家治理的新领域，极大提高了人类认识世界、改造世界的能力。"①

我国法院从二十世纪九十年代开始应用计算机辅助工作，是各行业中最早探索信息化的部门之一。进入二十一世纪，最高人民法院进一步加强对全国法院信息化建设的统筹领导，全国各地法院高度重视、主动作为，积极探索法院信息化建设和应用，取得了很多成果，为全面建设智慧法院创造了良好基础。

党的十八大以来，以习近平同志为核心的党中央高度重视网络安全和信息化工作，对推动网络强国、数字中国和智慧社会建设作出了一系列战略部署，为人民法院加强智慧法院建设

---

① 习近平：《在第二届世界互联网大会开幕式上的讲话》，载人民网，最后访问日期：2021 年 3 月 31 日。

指明了前进方向，提供了坚强驱动。2016 年 3 月，最高人民法院下发《人民法院信息化建设五年发展规划（2016-2020）》，正式向全国法院提出了"以促进审判体系和审判能力现代化为目标，建成人民法院信息化 3.0 版，形成支持全业务网络办理、全流程审判执行要素依法公开、面向法官、诉讼参与人、社会公众和政务部门提供全方位智能服务的智慧法院"的目标要求。同年发布的《国家信息化发展战略纲要》提出"建设'智慧法院'，提高案件受理、审判、执行、监督等各环节信息化水平，推动执法司法信息公开，促进司法公平正义"，标志着智慧法院建设成为国家信息化战略的重要内容。2017 年 5 月 11 日，最高人民法院院长周强在全国法院第四次信息化工作会议上发表重要讲话，首次提出了智慧法院的明确定义，阐释了智慧法院的时代意义、深刻内涵、目标要求和建设重点，为全国各级人民法院更好地统一思想认识、把握方向目标、找准着力点和切入点、加快智慧法院建设提供了基本遵循。

在最高人民法院的强力推动下，全国各级人民法院紧紧围绕"努力让人民群众在每一个司法案件中感受到公平正义"的工作目标，抢抓新一轮信息技术革命机遇，坚持司法规律、体制改革与科技创新深度融合，大力建设法院专网、外部专网、司法公开、网上办案、科技法庭、视频会议、电子诉讼、智能辅助、人事管理、司法监督、大数据平台等信息基础设施和应用系统，科学运用信息系统体系工程方法推动集成创新，信息化建设水平和应用成效不断提升，实现了由被动向主动、由局部向全局、由基础建设向全面应用的巨大转变，建成了以"全业务网上办理、全流程依法公开、全方位智能服务"为主要特征、整体处于世界领先水平的智慧法院，有力支持了诉讼服务、审判执行、司法管理和廉洁司法等各项工作，促进了审判体系和审判能力现代化，为信息时代的世界法治文明提供了中国方案、贡献了中国智慧。

在全面建设社会主义现代化国家迈入新征程、举国上下向第二个百年奋斗目标进军的新发展阶段到来之际，智慧法院建设面临更加难得的发展机遇。2021 年 3 月 11 日第十三届全国人民代表大会第四次会议通过的《关于最高人民法院工作报告的决议》要求"加快建设智慧法院"，《国民经济和社会发展第十四个五年规划和 2035 年远景目标纲要》第十六章"加快数字社会建设步伐"中专门强调"加强智慧法院建设"，进一步体现了智慧法院建设在国家治理体系和治理能力现代化进程中的重要地位和作用。可以预期，新时期在更高起点上全面深化智慧法院建设，必将紧扣高质量发展主题，立足新发展阶段，贯彻新发展理念、构建新发展格局，更加注重系统观念、法治思维、强基导向，更加突出科技创新驱动，更加突出智能化、一体化、协同化、泛在化和自主化特征，着力构建中国特色、世界领先的互联网司法模式，以数字正义推动实现更高水平的公平正义，为司法为民和公正司法提供更加坚强的科技支撑。

是为序。

编者

二〇二一年四月

序

Forword

　　信息技术的快速发展和广泛应用，不仅日益改变着人们的生产和生活方式，也为法治建设提供了前所未有的工具和手段。例如，互联网技术极大缩短了人们之间的距离，以往提交诉状、证据交换、开庭审理等需要面对面进行的司法活动，现在利用互联网虽远隔千山万水也能便利完成；大数据技术为人们提供了海量数据的存储、管理和检索能力，传统案件办理中搜集过往案例需要耗费大量人力物力，现在从日积月累的司法大数据资源中能够瞬间获得；人工智能技术在司法领域的应用更能为基于案情的诉讼结果预测、法律文书生成、裁判尺度统一等提供自动、高效的智能辅助支持，大幅提高司法活动的效率和质量。鉴于此，研究科技与法律长达30多年的英国学者理查德·萨斯坎德在其著作《法律人的明天会怎样?》中就指出，法律世界已经到了天翻地覆的边缘。十分可喜的是，顺应浩浩荡荡的信息化浪潮，中国法院主动作为，将司法改革和信息化作为推动法院现代化的"车之两轮、鸟之双翼"，全面建设智慧法院，建成了世界领先的法院信息系统，推动审判执行方式发生了根本性变革，有力促进了审判体系和审判能力现代化。

中国智慧法院建设涉及 3000 多个法院、10 000 多个派出法庭、4000 多个协同部门，包含信息基础设施、应用系统、数据资源、网络安全和运行维护等数以万计的信息系统，整个智慧法院信息系统体系无疑是一个特别复杂的巨系统。如此系统在其运行过程中，由于受到种种内外不确定性因素的影响，其动态行为的演化可能偏离其最初设定的目的，甚至会出现不稳定现象。同时，这样的巨系统建设应用中如果只强调秩序而忽视活力就必然导致系统的僵化，只强调活力而忽视秩序又必然导致系统的混乱。按照控制论和系统论的观点，只有建立激励、约束和正负反馈动态平衡的机制才能实现所期望的调控目标；只有达成不同层次与不同时空尺度上秩序与活力的有机统一，才能保证各类系统自身功能的涌现和进化。这也是随着网络和信息技术高速发展，信息系统规模越来越大、结构越来越复杂而引发人们不得不考虑的复杂系统工程、或称为体系工程的关键问题。需要依靠科学概念的创新建立新理论的基石和知识进步的阶梯，以及工程方法的创新让人类不断拓展自身的认知和实践能力，努力解决多种多样复杂系统汇集在一起形成体系时的工程化问题。

本书正是运用体系工程的方法和视角论述了智慧法院建设和应用的总体概貌，分析了各类系统的组分、结构、环境和功能之间的相互关系，说明了体系设计、规范、集成、运行和管理的基本方式，预测了智慧法院信息系统体系的发展和演进趋势。三位作者均任职于最高人民法院信息中心，参与并主持了中国智慧法院的顶层设计、重点系统研发和体系集成推广，对于智慧法院体系工程的理论和实践都有切实丰富的认识和体悟。书中介绍的复杂信息系统总体设计、基于一体化协同联动架构的体系集成、司法大数据质量管控和分析服务、多业态司法人工智能、大规模信息系统质效型运维服务等要点源自于信息科学基础理论研究和智慧法院体系工程实践，既体现了国内外系统工程和体系结构方法的最新成果，也显露出诸多具有创新特征的体系工程方法和范式，不仅适用于在新的更高起点设计和推动智慧法院持续深化发展，相信对于其他行业的信息化建设和复杂信息系统工程也具有很好的参考和借鉴作用。

信息技术的飞速发展，既带来一系列挑战性复杂系统问题，也为我们更好地研究和发展系统和体系工程科学提供了前所未有的机遇。唯有攻坚克难、开疆拓土，方能自立自强、赢得未来！

中国科学院院士

中国科学院数学与系统科学研究院研究员

二〇二一年四月

前言

Preface

信息技术迅猛发展使人类进入信息时代，主要体现就是越来越多的信息系统成为人们生产、生活和工作中须臾不可或缺的支撑工具，极大重塑了经济社会的面貌结构和治理格局。日趋纷繁的信息系统及其产生的以几何级数增长的数据资源，按照各自特定需求不断实现既定目标的同时，也带来系统结构愈加庞杂、资源消耗越来越大、用户使用难以适从的困扰；另一方面，众多系统进一步组合集成又为人们提供了开放、融合、共享、联动、协同、突现等可能存在的倍增效应。这两方面利弊都亟需通过需求分析、顶层设计、体系架构、标准规范、建模仿真、系统集成、测试评估、迭代升级和工程管理等方法，更高效地分析并实施针对大规模、复杂、混合信息系统的体系工程，才能解决信息化加速发展和渗透引发的时代难题。

随着全面依法治国和网络强国战略的深入贯彻实施，中国法院将信息化作为一场深刻的自我革命，全面建设智慧法院。经过二十多年努力，建成了全球"网络覆盖最全、业务支持最多、数据资源最大、公开力度最强、协同范围最广、智能服务最新"的法院信息系统体系，并在全国各地得到广泛应用。贯通全国、延伸到全球用户桌面掌上的各类应用系统使干警办案、群众诉讼、大众普法、司法管理能够不受时空限制，通过在线、远程、移动、共享、可视、量化、智能等十分便利的方式办理相应事务，工作质量和效率都得到极大提升。与此同时，还通过电子诉讼等网上业务应用大幅度减少了人民群众的出行成本，通过网上办公办案、网络执行查控、远程视频会议等应用大量减少了全国法院干警的司法人力成本，通过网络司法拍卖应用完全省却了当事人的拍卖佣金，仅此三方面就产生了巨大经济效益。更为重要的是，智慧法院全业务网上办理、全流程依法公开、全方位智能服务的全新司法模式，支持构建了开放、动态、透明、便民的阳光司法机制，助力破解了长期困扰司法领域的执行难题，推动了司法公平正义，保障了司法公信力持续提升，促进了审判体系和审判能力现代化。面向国家治理体系，智慧法院也通过司法大数据反映经济社会发展、支持政府决策，还促进了国家营商环境世界排名的不断跃升。智慧法院的很多模式流程，完全属于中国独创，为信息时代的世界法治文明提供了中国方案、贡献了中国智慧。

全国智慧法院建设涉及数以万计的信息系统，面临着业务繁、网系多、规模大、数量巨、协同广等重大挑战：各地法院同时运行、相对独立的基础支撑、业务应用、数据管理、网络安全和运维保障等系统数量达到数万甚至10万以上；法院信息系统覆盖延伸到全国所有派出法庭，很多位于条件简陋的乡镇以及人烟稀少的边疆；集成应用既要着眼新近研发上线的骨干业务系统，也要兼容很多已经在线运行数年、甚至超过十年的老旧系统；各地法院在不同时期组织不同厂家研发的很多系统基础支持、标准规范、内外接口和人机界面差异很大；多种多样各类应用系统首先需要满足当地或辖区法院业务和独立运行需求，全国范围很多同类型系统也具有不同的任务和功能；法院与其他行业部门的联系越来越密切，不同部门异构信息系统之间的协同要求不断增强；随着人民群众、法院干警和管理人员对界面统一、信息互通、数据共享、工作联动的呼声高涨，全国智慧法院信息系统需要实现越来越多的共同目标。这些都表明中国智慧法院建设是一项需要统筹协调、折中平衡、对接联动众多信息系统，并促进融合协同实现全局更加理想能力的体系工程。

面对这项十分浩繁的信息系统体系工程，中国智慧法院建设者们着力探索体系工程的客观规律，在规划、研发、集成、部署和优化拓展的实践中攻克了体系统筹协调难、数据精准汇聚难、综合智能服务难、系统融合联动难等关键难题，研发完成了数十个重点信息系统，推广普及9类贯通全国的一体化骨干业务系统，连通全国3500多个法院、10 000多个派出法庭和3800多个应用系统，与30个行业4029个部门实现协同联动。回顾、总结、展望智慧法院建设实践中创建并运用的很多属于复杂信息系统体系工程的理论、方法和技术创新成果，条分缕析蕴含于其中的工作思路和结构逻辑，不仅对于在新的历史起点更好地谋划智慧法院的长远发展具有温故知新的重要意义，对于其他行业领域全国范围的信息化体系建设提供相互借鉴的实例参考，同时对于在全世界尚处于兴起勃发阶段的体系工程、尤其是信息系统体系工程科学理论的发展丰富也必将发挥难能可贵的印证和创新作用。

本书综览二十多年来人民法院信息化的发展历程，以"十三五"时期建设实践为重点，提纲挈领论述了智慧法院体系工程的探索要点。全书共十一章，第一章给出了智慧法院的全貌概述，第二至十章分别从建设需求、顶层设计、应用系统、大数据管理和服务、信息基础设施、网络安全、质效型运维、政策措施保障和应用成效十个方面较为详细地分析了智慧法院体系工程的关注焦点，第十一章结合新兴技术展望了智慧法院的发展前景。本书可以为从事智慧法院信息系统研究开发的法院同事、企业工程师和高等院校学者们提供直接参考，也能为从事其他行业领域信息化建设的技术和管理人员提供一定借鉴，同时还能为关注信息系统体系工程理论方法创新的研究人员提供粗浅经验。由于作者能力水平的限制，书中一定存在一些孤陋之见和谬误之处，期待能够得到广大读者的会心谅解及不吝赐教，以利于我们不断汲取教训，推动智慧法院体系工程实现新的超越。

最高人民法院信息中心黄国栋、王晓燕和张娴同事为第三章撰写提供了参考素材，刘海燕、唐文博、于佳、刘芳、王盼和卢旭明同事为第四章撰写提供了参考素材，余超、陈宝贵和李晓慧同事为第五章撰写提供了参考素材，付建忠和徐坚同事为第六章撰写提供了参考素材，侯一凡和来疆亮同事为第七章撰写提供了参考素材，王赢飞、商成林和刘英杰同事为第八章撰写提供了参考素材，黄国栋、王晓燕和张娴同事为第九章撰写提供了参考素材，在此向以上各位同事致以衷心感谢。特别要感谢张娴同事，不仅完成了全书的图表整理和审改，还担负了全书撰写过程中各类参考资料和素材的收集整理以及各阶段文稿的版本管理工作。还要感谢中国司法大数据研究院、华宇公司、通达海公司等智慧法院研发公司团队也为全书撰写提供了参考资料。

最后必须感谢最高人民法院领导和业务部门同事、信息中心全体同事、全国法院信息技术部门的各位同事以及参与全国法院信息化建设的研发厂商所有技术和管理人员，正是由于大家的开拓创新、精诚合作和执着奉献，才为广大人民群众和法院干警提供了先进的信息科技支撑，成就了中国智慧法院无愧于当今伟大时代的宏伟事业，这是智慧法院体系工程得以总结成书的基本前提。

作者

二〇二一年四月

目录

Contents

第一章　概　述

　　信息化为中华民族带来了千载难逢的机遇。

　　在举国上下、万众一心、努力迈向民族复兴的伟大征程中，全国各级人民法院紧紧围绕"努力让人民群众在每一个司法案件中感受到公平正义"的工作目标，抢抓新一轮科技革命重大历史机遇，积极贯彻落实创新驱动战略、网络强国战略、大数据战略、"互联网+"行动计划和新一代人工智能发展规划，将信息化作为一场深刻的自我革命，全面建设智慧法院。经过二十多年的探索实践，法院信息化实现了由被动向主动、由初级向高级、由局部向全局、由基础建设向全面应用的巨大转变，信息基础设施全面覆盖各级人民法院及派出法庭，网络化、阳光化、智能化应用全面发展，数据资源汇聚和服务水平不断迈上新的台阶，网络安全和运维保障能力稳步提升，广大干警信息化观念意识发生了深刻变化，推动了审判执行方式的根本性改革，有力促进了审判体系和审判能力现代化，为信息时代的世界法治文明贡献了中国智慧、提供了中国方案。

　　另一方面，建设覆盖全国所有省、市、县域数千个人民法院和延伸到大多数偏远乡镇的上万个派出法庭、服务全国法院干警和广大人民群众、以"全业务网上办理、全流程依法公开、全方位智能服务"为主要特征的智慧法院信息系统，面临着业务繁、网系多、规模大、数量巨、协同广等重大挑战，是一项需要统筹协调、折中平衡、对接联动众多信息系统的体系工程。回顾、总结、展望这项十分浩繁的体系工程，条分缕析蕴含于其中的工作思路和结构逻辑，不仅对于在新的历史起点更好地谋划智慧法院的长远发展具有温故知新的重要意义，对于其他行业领域全国范围的信息化体系建设提供相互借鉴的实例参考，而且对于在全世界尚处于兴起勃发阶段的体系工程、尤其是信息系统体系工程科学理论的发展丰富也必将发挥难能可贵的印证和创新作用。

第一节　基本概念

智慧法院是依托现代人工智能，围绕司法为民、公正司法，坚持司法规律、体制改革与技术变革相融合，以高度信息化方式支持司法审判、诉讼服务和司法管理，实现全业务网上办理、全流程依法公开、全方位智能服务的人民法院组织、建设、运行和管理形态。

查询百度百科，可以获得上述关于智慧法院的权威定义，这是最高人民法院组织认真研究修订，于2017年明确的智慧法院基本概念，旨在统一思想认识、指导研发建设、促进贯彻落实。

与人们对事物的认识过程一样，智慧法院概念从提出到明确也经历了一个不断廓清的过程。2015年，各级人民法院积极研讨、规划信息化发展，因应智慧社会、智慧城市等建设理念和探索实践，纷纷提出了建设智慧法院的愿景和设想。2016年3月，最高人民法院下发《人民法院信息化建设五年发展规划（2016—2020）》，正式向全国法院提出了"以促进审判体系和审判能力现代化为目标，建成人民法院信息化3.0版，形成支持全业务网络办理、全流程审判执行要素依法公开、面向法官、诉讼参与人、社会公众和政务部门提供全方位智能服务的智慧法院"的目标要求，同时勾画了智慧法院的基本特征。2016年11月，第三届世界互联网大会专门举办"智慧法院暨网络法治论坛"，来自俄罗斯、英国、新加坡等国最高法院的代表以及联合国计划开发署专家共同探讨智慧法院建设的重大意义、主要内容、实施途径和初步成效，加深了各国法院对智慧法院概念内涵的认识和理解。2017年5月11日，最高人民法院院长周强在全国法院第四次信息化工作会议上发表重要讲话，首次提出了目前智慧法院的明确定义。由此智慧法院的建设背景、使命、原则、内容、特征和内涵有了权威完整、科学理性的统一阐述，对于全国各级人民法院更好地把握方向目标、找准着力点和切入点、加快智慧法院建设无疑具有正本清源、统一规范的导向意义。

一、科技驱动

全面依法治国是"四个全面"战略布局的重要组成部分，在民族复兴伟业中发挥着极为重要的作用。人民法院作为国家审判机关，守护着公平正义的最后一道防线，促进审判体系和审判能力现代化是全面依法治国的必然要求。"寻找事实、寻找法律"是人民法院审判工作的基本属性，大多属于信息的收集、传递、鉴别、查找、比对以及充分运用信息进行正确裁决等过程，信息化在审判体系和审判能力现代化进程中具有不言而喻的重要地位。自20世纪90年代开始，以互联网为代表的信息技术深刻影响了人类社会，云计算、大数据、物联网、移动互联等新兴技术层出不穷，在重塑社会生产、生活面貌结构的同时也推动法院信息化不断走向深入，信息科技将从根本上改变传统司法模式已经成为全世界的普遍共识。

尤其值得关注的是，神经网络、机器学习等人工智能技术取得重大突破并在很多领域收获显著成效，为司法人工智能带来了十分广阔的前景。仅从理论上看，利用数据挖掘、深度学习、自然语言理解、价值与决策网络等先进人工智能技术，几乎能够替代法官的所有事务性劳动，使其从繁重的工作中解放出来，最大限度地聚焦于关键法律问题的判断和决策，提高审判质效。在这方面，中外法院司法人工智能的初步探索运用成果也从实践层面获得了大量印证。所以，人工智能能够推动司法领域的革命性变革。同时，司法领域的应用也必将促进人工智能技术的进一步发展。对此，世界人工智能科技领跑者均已洞察预见并超前布局。美国《为人工智能的未来做好准备》《国家人工智能研究与发展战略计划》和中国《新一代人工智能发展规划》都将司法人工智能作为重要发展方向予以大力支持。

智慧法院概念开宗明义强调"依托现代人工智能"就是表明智慧法院建设具有鲜明的科技背景，表明先进的人工智能技术对智慧法院的支撑驱动作用，同时更表明当前及今后一段时期推动智慧法院建设需要聚精会神、攻关创新的主要技术方向是司法人工智能。

二、核心使命

践行司法为民、促进公正司法、努力让人民群众在每一个司法案件中感受到公平正义是全面依法治国的必然要求，也是人民法院的神圣职责。强调"围绕司法为民、公正司法"，就是强调坚持以人民为中心的发展思想，紧紧围绕人民法院的职责使命推动智慧法院建设，突出表明了智慧法院的核心使命。

司法为民是人民法院的根本宗旨。随着社会快速发展和法治意识深入人心，人民群众对公平正义、社会安全等方面的期待越来越高，多元化司法需求日益增长。百姓有所呼，司法有所应。坚持人民法院的根本宗旨，就是要从内心深处打牢司法为民的思想基础，坚持群众立场、群众路线，增进群众感情，千方百计、竭尽所能，积极回应社会关切和人民呼声，努力满足人民群众的司法需求。在我国互联网覆盖率和网民数量均为世界第一的有利条件下，必须也完全能够围绕人民群众的多元化司法需求，通过智慧法院丰富便捷的信息化手段，不断增强人民群众的获得感、幸福感和安全感。

公正司法是维护社会公平正义的最后一道防线。"一次不公正的审判，其恶果甚至超过十次犯罪。"人民法院在司法活动中坚持以事实为根据、以法律为准绳，按照公平、平等、正当、正义的精神履行定分止争职责，确保社会大众通过司法程序保证自己的合法权益，才能赢得人民对司法的信任，成为全面依法治国的重要保障。公正司法包括程序公正和实体公正两个方面。在当今信息时代，无论是程序公正还是实体公正，都能够利用智慧法院为之提供强有力的操作或辅助支撑，规范业务流程，提高工作质效，为公正司法提供坚强有力的信息化保障。

同时，由于智慧法院具有很强的技术属性，突出其核心使命还有更深层次含义，即务必始终着眼于司法为民和公正司法根本要求，力戒落入因技术而技术的窠臼。为此，智慧法院建设者一要强化法治思维，以全面依法治国基本方略为指导，深刻理解人民法院司法为民和公正司法的指导思想、总体要求、工作布局和重点任务，始终立足依法治国全局谋划智慧法院发展；二要强化需求导向，以司法为民和公正司法为己任，积极研究信息时代人民群众不断增长的多元化司法需求，努力探索信息化条件下不断提升法院干警工作质效的新手段、新途径、新方法，踊跃承担人民群众和法院干警急需的智慧法院建设任务；三要强化严实作风，以成大事者必作于细为自省，将司法为民和公正司法的工作需求细化落实到智慧法院规划、研发、部署、运维、应用的每一个具体环节，坚持严紧细实的工作作风，确保每一个项目、每一个系统都能够贴合广大用户的切实需要；四要强化闭环方法，以人民群众、广大干警满意度和获得感为标准，始终将运行质效评估作为信息化建设的常态化工作，通过大数据采集、统计和分析，总结成绩、查找问题、及时整改，螺旋上升，不断提高智慧法院支持司法为民和公正司法的核心能力和水平。

三、基本原则

"坚持司法规律、体制改革与技术变革相融合"是建设智慧法院必须坚持的基本原则。

依法治国就是依照体现人民意志和社会发展规律的法律治理国家，尊重和遵循规律是题中应有之义。司法规律是司法诉讼过程中必须遵循的基本法则。智慧法院作为直接服务依法治国、服务司法审判的运行体系，自然必须不折不扣地坚持司法规律。这就意味着尽管智慧法院具有鲜明的技术属性，并且随着科技进步还会承载越来越丰富的技术内涵，但无论如何都不应该也不可能违背或者超越司法规律，否则就与服务依法治国、支持司法为民和公正司法的核心使命背道而驰。举例而言，不乏有人担心随着人工智能技术的快速发展，会否出现审判机器人对法官的全面替代？按照智慧法院的基本原则，只要充分遵循"让审理者裁判，由裁判者负责"的基本规律，司法人工智能永远只能为法官提供必要的辅助，而不能替代法官的最后裁决。

中国法院一直将司法体制改革和信息化建设作为推动人民法院各项工作现代化的"车之两轮、鸟之双翼"。推进司法责任制、立案登记制、以审判为中心的刑事诉讼制度、多元化纠纷解决机制、案件繁简分流、执行体制机制等诸多司法改革，无一不依赖信息化的强力支撑，进而也促进了法院信息化的跨越提升。两轮双翼相互支持、相互促进、协调发展取得了非常丰硕的成果，成为人民法院奋发前行的标志特征。因此，依靠、保障、推动司法体制改革是智慧法院建设需要进一步弘扬的重要原则。

智慧法院得益于信息技术的快速发展。但法律与技术毕竟属于主题迥异的两大范畴。在科技发展日新月异的时代，甚至仍有一些人士认为法院似乎应该刻意与快速发展的技术保持相当距离。这显然有悖于智慧法院的建设原则。事实上，信息技术无论如何发展，也不会坐待法律应用的偶遇。只有胸怀司法为民和公正司法亟需，始终以变革和创新的思维探求科技解决之道，才能不断满足广大人民群众和干警的迫切需要。

可见，司法规律、体制改革、技术变革三者在智慧法院中都发挥举足轻重的作用。建设智慧法院更要坚持三者相互融合，达成有机统一，使体制改革和技术变革充分遵循司法规律，司法规律和技术变革切实推动体制改革，司法规律和体制改革高效获益于技术变革，才能共同促进审判体系和审判能力现代化。

四、建设内容

"以高度信息化方式支持司法审判、诉讼服务和司法管理"是智慧法院的主要建设内容。

信息化是培育、发展以计算机为主的智能化工具为代表的新生产力，并使之造福于社会的历史过程。随着微电子、计算机、现代通信、网络、数据库等信息技术的蓬勃发展，人类社会进入了信息时代。信息成为与物质、能量并驾齐驱的重要资源，信息化成为推动社会进步的新型生产力，深刻改变了人类的生产生活方式，越来越使得人的智能潜力以及社会物质、能量资源潜力得到更加充分的发挥，个人行为、组织决策和社会运行越来越趋于合理化状态。各行各业的信息化进程及其成效无不充分表明"没有信息化就没有现代化"。

全国各级人民法院顺应时代潮流，积极建设司法公开、法院专网、外部专网、科技法庭、视频会议、网上办案、智能辅助、电子诉讼、人事管理、司法监督、大数据平台等信息基础设施和应用系统,信息化建设水平和应用成效不断提升,赢得了广大人民群众和法院干警的充分肯定。在看到成绩的同时,也必须认识到信息化本身就是一个开拓进取、不进则退的过程,目前法院信息化与广大用户的要求相比还有较大差距,同时新技术、新方法层出不穷,特别是人工智能领域的突破性成果,为信息化提质增效带来了极大空间和潜力。因此必须在新的起点,谋划、推动、实现更高层次、更高水平的信息化建设和应用,才能适应新时代司法为民和公正司法的要求。

司法审判是人民法院的主体工作,运用信息化支持司法审判也是智慧法院建设的主体内容。只有通过网上流转、信息共享、智能辅助等手段充分降低干警不必要的事务性负荷,使其安心聚焦于重点关键问题,切实提高审判执行质效,才能真正提高司法公信力,赢得社会大众的最终认可。诉讼服务是面向人民群众的直接窗口,运用信息化支持诉讼服务是智慧法院贯彻以人民为中心发展思想的直接体现。利用网上公开、在线服务、视频庭审、电子送达等方式,实现零距离沟通、即时性互动、无障碍共享,能够最大限度降低诉讼成本,减轻群众诉累。司法管理是人民法院有序高效运转的必要保障,运用信息化支持司法管理是智慧法院促进法院各项工作现代化的重要途径。发挥信息化运行操作规范、全程留痕、全域监控、量化管理的突出优势,就能够充分保证各级人民法院的司法活动相互协同、依法合规、阳光透明,成为公正司法、廉洁司法的坚强支撑。

五、目标特征

"全业务网上办理、全流程依法公开、全方位智能服务"是智慧法院的主要目标特征。

全业务网上办理,就是要求从审判执行、审判管理、司法政务、纪检监察,到司法公开、诉讼服务、法治宣传等各个业务领域,都能够向各类用户提供方便、快捷的网上办理方式;全流程依法公开,就是要求法院立案、审理、庭审、听证、裁判、执行等各个环节的审判执行要素在法律许可的范围内,通过互联网渠道全面向社会公开;全方位智能服务,就是要面向法官、诉讼参与人、社会公众和政务部门,努力运用先进信息技术手段提供类型丰富的智能化服务。智慧法院的三个目标特征彼此相互支持、相互促进、有机融合。其中,全业务网上办理实现网络化,凸显了人民法院工作一切皆可信息化,皆可网上运行,皆可为广大用户提供最大的操作便利,是智慧法院的基础性工作;全流程依法公开实现阳光化,凸显了人民法院推进阳光司法、主动接受社会公众监督、不断提高司法公信力的决心,也是对各级人民法院的要求、对全国人民的承诺,是智慧法院的外在要求;全方位智能服务实现智能化,凸显了人民法院坚持问题导向,自觉运用先进的司法人工智能,应对日益增长的审判执行和诉讼服务需求,辅助提高工作质效的信心和决心,是智慧法院的内在禀赋。三个目标特征既高度概括,又明确具体,是否达到"全业务、全流程、全方位",将是评价智慧法院的基本标准和根本依据。这些目标特征直接反映了面向各类用户的整体服务能力,又是规划设计、基础设施、数据资源、网络安全和运维保障等全面建设水平的集中体现,其中既包括了丰富的技术内涵,又涵盖人民法院工作的方方面面。

六、完整内涵

以人工智能为代表的先进科技是智慧法院的重要驱动力。人们却也常常因此而产生一种认识上的局限,就是将智慧法院仅仅视为单纯的法院信息系统,进而认为建设智慧法院只需要技术部门以及信息化管理部门的努力就能够毕其功于一役。这种片面的思想认识是影响智慧法院全面发展的不利因素。事实上,不管任何地区、任何部门,信息化建设都是一项战略性、基础性、全局性工作,必须领导高度重视,全员积极参与。所以,强调智慧法院是"人民法院组织、建设、运行和管理形态",充分表明了它的完整内涵。

组织方式与事业兴衰密切相关。一方面,智慧法院依赖于科学合理的组织体系推动和保障。现在世界各国法院都设有信息化管理机构,中国各级人民法院成立网络安全和信息化领导小组及其办公室,皆因信息化而催生了组织形态变革。另一方面,智慧法院发展进步也促进了法院组织的优化设置。

以司法统计为例，各级人民法院曾经都有专业人员从事这项工作，随着办案系统普及和司法大数据实时汇聚，中国法院彻底告别了人工统计，原有人员必然转向更高层次的司法数据分析和研究。

智慧法院极大改变了人民法院的建设面貌。现在，科技法庭普遍安装多方位显示屏、录像、录音、扫描设备甚至语音自动识别系统，视频会议室、执行指挥中心遍及全国所有法院，导诉显示屏、自助服务终端、诉服一体机等已经成为法院诉讼服务大厅的标准配置，信息管理中心、诉讼服务指导中心、数字化审委会等在各地法院广泛应用，这些信息化设施通过法院专网使全国法院成为信息互通、共享协同的有机整体。常言道"兵马未动，粮草先行"，现在信息化场所和设施已经成为各级人民法院新建或改造的必然前提。

智慧法院不断重塑着人民法院的运行模式。利用移动互联的庭审方式已经使数以万计的诉讼当事人居家通过移动终端完成开庭而减少了旅途跋涉劳顿；电子卷宗随案同步生成和深度应用在省却大量纸质卷宗周转往返的同时，还能为办案人员提供功能丰富的智能辅助支持；以往执行法官犹如大海捞针一样，登门临柜查找被执行人财产，如今已被一网打尽式的信息化执行查控方式彻底取代；传统情形下一位律师代理一件诉讼平均需要 6 次前往法院，利用电子诉讼服务在机场候机时段就能够办理很多诉讼代理事务，需要前往法院的次数也降低了 80% 以上。

智慧法院为法院司法管理提供了全新途径。全国立案登记制开始实施之日，首席大法官身处最高人民法院实时连线全国各地法院立案窗口，全面掌控基层一线司法改革的实际效果；各级人民法院审判监督部门都能够非常便利地借助庭审智能巡查系统了解辖区法院每一个庭审全程是否存在不合规现象；基于人民法院司法大数据管理和服务平台实时汇聚的全国法院案件数据，审判管理人员能够时刻掌握各地法院的审判执行态势，发现主要问题，提出对策建议。在线流转、全程留痕、静默监管等特点更好地契合了司法改革"放权不能放任、信任不代替监督"的从严治院要求。

可见，通过智慧法院建设，信息化作为司法领域技术革新的力量越发突出，深刻影响和改变着法院工作模式。信息化已不再局限于信息技术本身，信息系统切实成为人民法院组织、建设和管理的运行载体。因此，智慧法院是建立在信息化基础上的人民法院的先进形态。建设智慧法院，绝不仅仅是信息技术部门的工作，更是人民法院各个部门的共同任务，审判执行、审判管理、司法改革、综合行政和纪检监察等各个部门，都要参与到智慧法院建设和治理中，提出建设需求，应用信息系统。信息技术和信息化管理部门需要努力为各类用户开发提供界面友好、功能丰富的信息系统。法院各部门必须共同携手，促进人民法院整体工作在智慧法院体系内智能运行、健康发展。

七、体系工程

随着科技进步特别是信息技术蓬勃发展和普及应用，大规模、复杂、彼此独立又相互依赖的众多系统成为社会运转的重要支撑。这些"系统之系统"被称为体系，越来越受到人们的关注。比较具体明确的定义是：体系是大规模集成的多种系统，这些系统异构并且各自独立运行，但能为实现某个共同目标而协同工作。体系有两种存在方式，一种存在于临时、相对简单的系统组合，另一种存在于长效、持续演进、更加复杂的系统组合。注重体系的内在驱动，是为了获得相比传统系统观念更加优异的能力和性能。

体系工程是致力于体系的开发、集成、互动和优化，并更好地实现长远需求的建设过程。经典系统工程科学当然为体系工程提供了非常丰富的理论基础和实践指南，但由于体系和一般系统在技术、人员和组织等方面还是存在很大差异，实施体系工程需要更加全面、更有针对性的科学理论支持。由此体系工程理论于 21 世纪初应运而生，主要关注体系标准、构建、仿真、集成、突现性和管理等工程性问题。

全国智慧法院建设涉及 3500 多个法院、10 000 多个派出法庭、4000 多个协同部门、数以万计的信息系统。其特点体现在：一是系统数量众多，各地法院同时运行、相对独立的基础支撑、业务应用、数据管理、网络安全和运维保障等系统数量达到数万甚至 10 万个以上；二是空间分布广阔，法院信息系统覆盖延伸到全国所有派出法庭，很多位于条件简陋的乡镇以及人烟稀少的边疆；三是存续时间参差，集成应用既要着眼新近研发上线的骨干业务系统，也要兼容很多已经在线运行数年、甚至超过十年的老旧系统；四是技术体制异构，各地法院在不同时期、组织不同厂家研发的很多系统基础支持、标准规范、内外接口和人机界面差异很大；五是功能任务各异，各地法院组织开发的各类应用系统，首先需要满足本院或辖区法院业务和独立运行需求，全国范围很多同类型系统也具有不同的任务和功能；六是协同部门拓展，全面依法治国要求法院与其他行业部门的联系越来越密切，不同部门异构信息系统之间的协同要求不断增强；七是共享联动目标，随着人民群众、法院干警和管理人员对界面统一、信息互通、数据共享、工作联动的呼声高涨，全国智慧法院信息系统需要实现越来越多的共同目标。

综上所述，全国智慧法院建设是一项十分浩繁的体系工程，必须遵循体系工程的客观规律规划、研发、集成、部署和优化拓展，才能科学、持续、健康发展，切实满足广大人民群众和法院干警的要求。

第二节　时代背景

只有置身中国特色社会主义新时代、放眼中华民族伟大复兴大背景，才能真切认识和体会建设智慧法院的深刻意义。

纵观我国历史，春秋时代管仲就论述"法者，天下之程式也，万事之仪表也"。法律作为统治者治理国家、调整社会关系的重要工具，一直是国家上层建筑的重要组成部分。数千年治乱兴衰，历朝历代都体现了"法治兴则国兴，法治强则国强"的基本规律。进入近代，中华民族内忧外患，饱受凌辱，长期处于战乱之中，自然难以施行一以贯之的良法善治，广大人民和经济社会得不到稳定有效的法治保障，只能在动乱流离之中蹒跚前行。新中国成立使中国人民真正站立起来，四十年改革开放推动了经济社会飞速发展，创造了世人惊叹的中国奇迹，如此成功的重要经验之一就是依法治国，使法治成为全面建成小康社会、加快推进社会主义现代化的重要保证。当今中国特色社会主义进入新时代，中华民族向着伟大复兴目标努力奋进，就更需要坚持全面依法治国，坚持建设中国特色社会主义法治体系。站在新起点，面对新要求，恰逢新一轮科技革命风起云涌，人工智能等新兴信息技术为人类联系交流、汇聚数据、开发信息、增强智识、优化决策提供了前所未有的坚强支撑，这些能力特征非常契合中国特色社会主义法治体系建设需求，非常契合人民法院通过寻找事实、寻找法律解决纠纷的基本属性。智慧法院就是要发挥中国特色社会主义制度优势，以"大数据、大格局、大服务"理念，主动拥抱先进科学技术，开拓创新审判执行、诉讼服务和司法管理工作模式，并使之按照显性化、规范化、程序化、系统化的方式推广传承、一往无前，支持建成完备的法律规范体系，高效的法治实施体系，严密的法治监督体系，有力的法治保障体系，使全面依法治国成为国家长治久安的"定海神针"。

一、全面依法治国

新中国成立之初，在废除旧法统的同时建设社会主义法律体系，初步奠定了法治建设的基础。随后由于法治弱化整个国家付出了沉重代价。进入改革开放新时期，依法治国成为领导人民治理国家的基本方略，依法执政成为治国理政的基本方式，国家发展取得举世瞩目的成就。正反两方面的经验教训再一次表明法治对国家和民族的决定性作用。

党的十八大以来，以习近平同志为核心的党中央把全面依法治国纳入"四个全面"战略布局，坚持和拓展中国特色社会主义法治道路。2014年10月，党的十八届四中全会审议通过《中共中央关于全面推进依法治国若干重大问题的决定》，作出了全面依法治国的顶层设计，要求全面推进依法治国，建设中国特色社会主义法治体系，建设社会主义法治国家，实现科学立法、严格执法、公正司法、全民守法，促进国家治理体系和治理能力现代化。这次会议在我国社会主义法治史上具有里程碑意义。

人民法院作为国家审判机关，在全面依法治国中担负着守卫公平正义最后一道防线的任务，职责重大，使命崇高，必须保证公正司法、提高司法公信力，努力让人民群众在每一个司法案件中感受到公平正义。这既对新时代人民法院司法工作提出了更高要求，也为人民法院各项工作现代化指明了前进方向。

建设智慧法院，坚持走信息化之路，借助于先进信息技术程序流转、远距交互、移动互联、数据支持、全程留痕等突出优势，使其贯穿融合于人民法院全业务、全流程、全方位，是突破很多传统手段瓶颈制约，为推进严格司法、保障人民群众参与司法、加强人权司法保障、加强对司法活动的监督提供有力科技支撑的必由之路，必定能够加速构建开放、动态、透明、便民的阳光司法机制，促进审判体系和审判能力现代化，为全面依法治国、维护国家长治久安作出重大贡献。

二、司法体制改革

深化司法体制改革，建设公正高效权威的社会主义司法制度，是推进国家治理体系和治理能力现代化的重要举措，既是全面深化改革的重要组成部分，也是全面依法治国的内在必然要求，在"四个全面"战略布局中地位举足轻重。我国司法制度在长期社会主义建设实践中建立和发展起来，总体上与我国国情和社会主义制度相适应，但也存在不少影响司法公正、制约司法能力的深层次问题，必须以改革思维、改革方式解决前进中遇到的问题，确保中国特色社会主义司法制度始终顺应改革开放的潮流健康发展。

同为推动审判体系和审判能力现代化的"车之两轮、鸟之两翼"，智慧法院建设与司法体制改革相辅相成、相互促进、相得益彰。《最高人民法院关于全面深化人民法院改革的意见》，也就是人民法院第四个五年改革纲要，明确指出必须依托现代信息技术，构建开放、动态、透明、便民的阳光司法机制，增进公众对司法的了解、信赖和监督。其中7个方面共65项司法改革举措，就有35项直接依赖于信息化支持，足见智慧法院建设对于司法体制改革的重要作用。《最高人民法院关于深化人民法院司法体制综合配套改革的意见》，也就是人民法院第五个五年改革纲要，更是将全面推进智慧法院建设作为改革的一个重要目标，提出建立跨部门大数据办案平台，促进语音识别、远程视频、智能辅助、电子卷宗等科技创新手段深度运用，有序扩大电子诉讼覆盖范围，推动实现审判方式、诉讼制度与互联网技术深度融合，构建中国特色社会主义现代化智慧法院应用体系，进一步表明依靠先进技术、保障司法改革、促进法院各项工作现代化的坚强决心。另一方面，智慧法院是先进科技驱动的人民法院组织、建设、运行和管理形态，信息系统支持的诉讼服务、审判执行、司法管理和纪检监察模式与传统方式在人员构成、工作规则和作业流程上都存在很大变化，必然要求通过司法改革得到制度化、实质化、系统化的法理支持和体制机制保证，才能于法有据、依法推进。所以，全面深化的司法体制改革为智慧法院建设提供了十分强劲的驱动和保障。

三、多元司法需求

中国共产党第十九次全国代表大会提出我国社会主要矛盾已经从"人民日益增长的物质文化需要同落后的社会生产之间的矛盾"转化为"人民日益增长的美好生活需要和不平衡不充分的发展之间的矛盾"。对于人民法院，人们的美好生活需要也表现在日益增长的多元化司法需求。

随着社会快速发展、改革不断深入，特别是全面依法治国逐步深入人心，广大人民群众对于公平正义的追求从来没有如此强烈，对于司法活动的知情、参与、表达和监督热情从来没有如此高涨，不同群体、不同地区、不同领域的司法需求还呈现出多样性和个性化特点。尤其是进入信息时代，随着信息技术不断发展和信息产品日益普及，人民群众对诉讼便利性、知情全面性、互动即时性、监督有效性和沟通距离感等都提出了与时俱进的要求，需要通过智慧法院努力做到人民群众的司法需求延伸到哪里，人民法院的司法服务就跟进到哪里，切实增强人民群众的获得感、幸福感和满意度。

面对人民群众日益增长的司法需求，法院干警也迎来公众诉求日趋多元、办案数量持续增长、案件类型层出不穷的新形势，并且随着以完善司法责任为核心的司法体制改革向纵深推进，专业化建设愈加深化，越来越需要依靠智慧法院畅通流转链路、优化办案流程、拓宽交互渠道、提供精准服务、提高工作质效、便利监督管理、提升司法公信，通过信息技术与司法活动的深度融合优质高效地履行职责使命。

此外，人民法院作为社会治理的重要环节，还承担着为经济社会发展提供有力司法服务和保障的重要使命，需要依靠智慧法院提供先进的技术手段和方式捍卫国家主权、维护社会稳定、优化营商环境、化解矛盾纠纷、打击违法犯罪，运用丰富的司法大数据资源反映经济社会运行态势，服务政府决策，在国家治理体系和治理能力现代化进程中发挥应有作用。

四、信息科技革命

世界文明史先后经历了农业时代、工业时代、信息时代，每个时代都由产业技术革命而兴，都给人类社会带来巨大而深远的影响。当今信息时代，正是以微电子、计算机和通信为代表的信息技术迅猛发展，信息采集、传输、存储、处理和应用能力加速提升，信息的价值得到极大利用，导致人们生产生活方式的革命性变化：高速计算支持巨量信息瞬间处理，大幅增强了人们收集和获取有效信息的方式与能力；信息能够在几秒钟之内传遍全球，从而使人类活动的方方面面体现出信息特征；信息与机器充分结合渗透到生产活动的细微末节，推动了各门产业的自动化进程；信息与个人密切交互，深刻改变了人类的知觉活动、思维方式和组织运行模式。随着互联网、移动通信、大数据、云计算、人工智能、区块链等新兴信息技术此起彼伏、接力驱动，信息技术对经济、政治、文化、社会等各领域的渗透趋势更加明显，信息和知识正在以系统的方式应用于变革物质和能量资源，可望替代很多传统类型的劳动成为工作的附加值源泉，推动经济社会转型、支持可持续发展、提升国家综合竞争力。

由于法院工作十分鲜明的信息化特征，信息科技革命自然也为司法为民和公正司法提供了强劲支撑。全面覆盖的法院专网和办案信息系统为法院干警更加精准地寻找事实、寻找法律、维护社会公平正义提供了有力利器，延伸到千家万户和桌面掌上的互联网为各级人民法院零距离连通社会大众提供了畅通渠道，互联互通的政务信息化体系为社会各部门协同联动提高司法工作质效提供了全新途径，辐射全球的司法公开平台让正义以看得见的形式充分彰显。信息技术为审判体系和审判能力现代化带来难得机遇的同时，中国党和政府勇立信息化发展潮头，大力推动网络强国、数字中国、智慧社会建设，国家"互联网+"行动计划、大数据发展战略、新一代人工智能发展规划相继出台，以深度学习、跨界融合、人机协同、群智开放、自主操控为特征的人工智能技术与司法工作加快融合，更为人民法院抢抓新一轮科技革命历史机遇提供了前所未有的战略导向、政策支持、技术保障和配套环境，必然推动智慧法院建设迈向更加广阔的发展空间。

五、世界各国发展

随着信息技术的飞速发展，以信息化促进应用系统融合和数据共享，并进一步推动业务流程变革以降低成本提高效率，已经成为信息时代世界各国法院建设的共识。美国、奥地利、澳大利亚、芬兰、英国等国家关于信息化虚拟法院均制定了远景规划。从世界范围来看，即使没有完全数字化诉讼程序的规划，许多国家皆已或多或少地在法院诉讼程序中运用信息技术为核心的现代科技。

与其他领域科技应用一样，美国法院也有最早应用信息技术的实例。1974 年，美国司法部完成 JURIS 系统（Juristic Retrieval and Inquiry System）的开发，这个系统包含联邦成文法规、最高法院判例汇编和司法部内部文件等数据库。美国联邦法院研发应用 PACER 系统，由美国司法部管辖、美国联邦法院行政办公室负责运行管理，允许公众通过网络获得联邦上诉法院、地方法院和破产法院的案件信息，使其成为全球久负盛名的案件信息查询系统。

进入 21 世纪，韩国法院从各个环节电子化诉讼着手推动信息技术应用。2006 年韩国颁布了"催促程序中电子文书利用相关法规"。2009 年开通了诉讼文书电子管理系统，实现了诉讼材料提交和接收的电子化。2010 年颁布的"民事诉讼中利用电子文书的相关法规"，给电子诉讼提供了法律依据。同年大法院颁布"民事诉讼中利用电子文书的相关法规实行时间相关规定"，制定了按照从专利案件到部分民事案件，再到全部民事案件，最后到执行、非诉化案件的顺序及执行计划。电子诉讼已经超越了简单的材料储存，从诉状的提交与送达，到各种庭前准备资料的交换，证据提交及决定是否采纳，判决书的书写和上诉，直到上诉后记录的保存，整个过程不需要打印一张纸，全部以电子形式完成。无论是便利诉讼、还是保障公正，电子诉讼都比传统方式大为进步。

英国在世纪之交开始进行全面的司法改革，多项改革措施涉及信息化技术在司法领域的应用。2013 年英国政府宣布投资 1.6 亿英镑，用于建设"数字法庭"和更新司法行政机关的信息系统。法国总统于 2016 年推动颁布了新法《数字共和国法》，这项法律要求法国法院对其掌握或制作的司法数据进行信息化并予以公开。2017 年法国两个最大的上诉法院，杜埃市（Douai）上诉法院和雷恩市（Rennes）上诉法院，开始试用 Prédictive 软件辅助判案。Prédictive 软件可以辅助法官一键查找所有法国法院最近几年涉及同一案由的判决，并综合相关信息计算侵权纠纷中的赔偿金额等。俄罗斯法院将视频技术作为信息化应用的重要内容，建成了连通全国 2000 多个法院的远程视频系统。新加坡、阿联酋、荷兰、哈萨克斯坦、越南、泰国、卡塔尔、印度、巴西、秘鲁、卢旺达、南非等国法院都在便利诉讼服务、改进业务流程、促进司法公开、探索智能辅助等方面积极推动信息技术应用。

第三节　发展历程

审判执行是人民法院的主业。"以事实为依据，以法律为准绳"是必须遵守的基本原则。所谓以事实为依据，就是对当事人陈述的事实现象以及提交的证据材料进行辨别、证实或证伪，并以此作为审判执行的依据；所谓以法律为准绳，就是根据确认的事实及当事人诉求，寻找相应的法律条文，严格按照法律规定作出裁决或采取行动。在这个过程中，无论口头陈述、文字材料、图片视频还是法律条文都属于信息，作出裁决也以文书这种信息形式存在，并且随着财产处置过程的信息化，执行行动也大多体现在信息范畴。可见，人民法院的工作过程绝大多数在信息范畴开始、进行并完成，信息化对于法院工作提质增效具有显著作用。我国法院从 20 世纪 90 年代开始应用计算机辅助工作，是各行各业中最早探索信息化的部门之一。研究分析发展历程,可以从不同视角着眼。一是从地域层级看,先后从较为发达地区的高、中级人民法院拓展延伸到相对偏远的基层人民法院和派出法庭;二是从建设内容看,先后从操作终端、网络设施、应用系统发展到数据资源、网络安全和运维保障等各个门类;三是从业务应用看,先后从文件输入、保存、打印等事务性工作发展到流程管理、档案管理、普法宣传、司法公开、诉讼服务、纪检监察、智能辅助等各个方面;四是从重点场所看,先后从科技法庭、视频接访室、视频会议室发展到诉讼服务中心、执行指挥中心、信息管理中心、数字化审委会;五是从技术体制看,先后从单机版到局域网、广域网向云计算和云网一体化发展。针对智慧法院体系工程,更需要关注体系形态及其建设重点的演进,因此可以与所知其他较为先进的信息系统体系工程一样,划分为计算机中心化、网络中心化、数据中心化、知识中心化等几个既各有特征、又相互重叠的递进阶段。图 1-1 展现了法院信息化的发展历程。

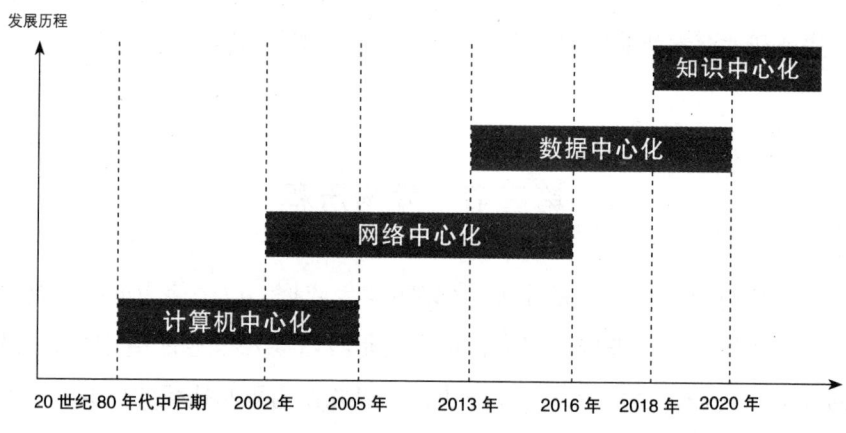

图 1-1 智慧法院主要发展阶段

一、计算机中心化

所谓计算机中心化,是指信息系统体系结构中以一台或少量计算机处于中心地位,与若干用于信息采集和部件控制的终端设备通过专用线路相连,形成计算机居中、终端设备对外的基本形态。这类系统结构、功能和应用通常都较为简单，能力主要取决于中心计算机的计算和存储性能，因此信息系统的开发者和使用者主要关注计算机的选型和开发，这是 20 世纪 40 年代至 90 年代期间，信息系统的主要形态。图 1-2 展现了计算机中心化的信息系统体系结构。从 20 世纪 80 年代中期开始至 21 世纪初，我国法院信息系统主要呈现出计算机中心化特征。

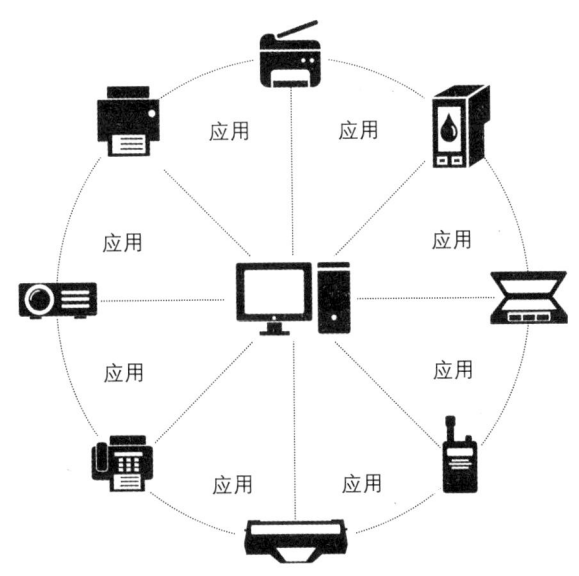

图 1-2　计算机中心化的信息系统体系结构

20 世纪 80 年代中后期，随着微型计算机问世，中国部分法院开始探索使用计算机。受限于当时计算机价格昂贵、普及率低、使用不便等原因，计算机主要用于文字输入，由专门打字员使用，代替法官手写文书。20 世纪 80 年代末，部分法院开始把库存档案检索卡片存储到电脑中，尝试用 BASIC 编程小型统计程序，支持司法统计工作，通过司法统计电子化开启了法院信息化进程。1996 年以后，国家确立了信息化在国民经济和社会发展中的主导作用，随着各行各业信息化的普及推广，全国各级人民法院的信息化进程陆续开启，计算机和应用软件开始在法院普及。20 世纪 90 年代末期，最高人民法院和经济发达地区法院普遍实现全院配置电脑。2003 年，全国法院基本实现审判信息、人事信息管理计算机化。2005 年，全国法院基本实现人手一台微机，法院干警广泛利用计算机输入文字、存储文件、打印输出。尽管局域网已经在此期间得到应用，但由于连接节点数量和覆盖范围有限，大多仅用于解决外设共享和少量信息交换问题，尚未研发上线面向众多业务的网络化应用软件，各类用户主要从自己的桌面计算机获得较为单一的业务支持，远未受益于大规模网络化信息系统。

二、网络中心化

网络中心化的信息系统体系结构，以大量计算机或终端设备通过规模庞大、广域分布的通信网络相互连接，形成通信网络居中、计算机和终端设备对外的基本形态。这类系统较之于以计算机为中心的系统，其结构、功能和应用都要复杂许多，其能力不仅取决于连接于其上的各类计算机，更大程度上取决于贯穿全局的通信网络的传输方式、带宽和协议等要素，还取决于运行于其上的网络化应用软件。这是在 20 世纪 90 年代以后，互联网技术迅速发展并广泛应用的产物，是 21 世纪之初信息系统的主要形态。图 1-3 展现了网络中心化的信息系统体系结构。从 21 世纪初至 2010 年代中期，我国法院信息系统主要呈现出网络中心化特征。

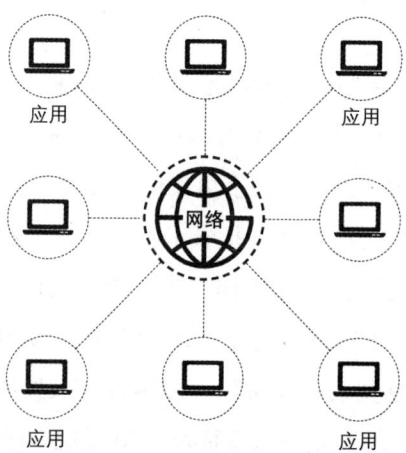

图 1-3　网络中心化的信息系统体系结构

　　1994 年，江苏省南京市中级人民法院尝试建设计算机网络，首开地方法院网络建设实践之先河。1996 年，最高人民法院在南京市中级人民法院试点基础上，召开"全国法院通信及计算机工作会议"，布置全国法院的计算机网络建设工作，制定印发《全国法院计算机信息网络系统建设规划》，为全国法院构建网络化信息系统奠定了基础。

　　2002 年，国家信息化领导小组提出"实现电子政务先行，进而带动整个社会信息化"的战略构想，全国各地掀起了网络化信息基础设施和电子政务建设的高潮。最高人民法院进一步加强对全国法院信息化建设的统筹领导。同年 5 月，最高人民法院局域网建成并投入使用。同年 10 月召开的全国法院信息化建设工作会议，进一步部署以网络化信息基础设施为重点的法院信息化建设。随后组织修订印发了《人民法院计算机信息网络系统建设规划》《人民法院信息网络系统建设技术规范》《人民法院专网建设技术方案》等相关技术及管理文件近 20 项，按照三级专网架构启动覆盖全国的法院专网建设。2003 年年底，最高人民法院至各高级人民法院和计划单列市中级人民法院的一级专网建成。2009 年年底，22 个省（直辖市、自治区）高级人民法院至辖区中级人民法院的二级专网基本建设，北京等 8 个省（市）基本完成三级专网建设，部分地区已经将网络和应用延伸到人民法庭。随着统一研发的专网数据库、密码机等安全产品、网络设备、视频设备和多种业务网络化应用软件项目的开发应用，法院专网广泛应用于专线通信、办公办案、视频会议、远程提讯、远程接访等业务，为审判执行工作提质增效提供了有力支持。2016 年11 月 24 日，随着西藏自治区林芝市察瓦龙乡人民法庭接入法院专网，全国所有 3500 多个法院、1 万多个派出法庭全部接入法院专网，全国法院干警"一张网"办公、办案、学习、交流，充分体现了网络中心化信息系统的巨大优势。

　　三、数据中心化

　　数据中心化的信息系统体系结构，以超大容量数据集群、各类计算机或终端设备通过通信网络相互连接，形成数据集群居中、通信网络为纽带、计算机和终端设备对外的基本形态。这是大数据、云计算和移动互联技术快速发展，使超常规模的数据汇聚、整合并驱动更深层次网络化应用的演进结果。因为数据是客观信息在信息系统中的表达方式，基于异构的超大容量数据衍生、重组各类应用是更加清晰地描述世界的必由之路和信息化纵深发展的阶段特征，也是进一步回归信息系统本源，大幅度消除系统烟囱、信息孤岛和无效冗余，充分提升信息服务能力必然的技术选择。图 1-4 展现了数据中心化的信息系统体系结构。从 2010 年代中期开始，我国法院信息系统主要呈现出数据中心化特征。

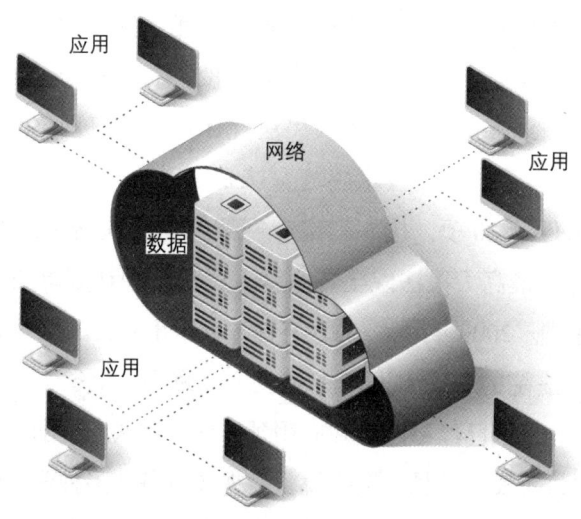

图 1-4　数据中心化的信息系统体系结构

2012 年，北京法院建成"信息球"，实现对案件进程实时监控、审判数据自动比对、司法统计动态评估、涉案信息共享互通、司法管理精确量化等能力，为构建数据中心化的法院信息系统提供了经验示范。2013 年最高人民法院建成"人民法院数据集中管理平台"并于 2014 年升级为"人民法院大数据管理和服务平台"，实时汇聚全国法院案件数据，每 5 分钟自动更新一次。2015 年，最高人民法院提出推进信息化转型升级，建设以数据为中心的人民法院信息化 3.0 版，标志着全国法院信息系统全面迈入数据中心化阶段。2016 年年底，人民法院大数据管理和服务平台先后经历了全国法院全覆盖、案件信息全覆盖、数据内容全覆盖、司法统计全覆盖等递进阶段，推动中国法院彻底告别人工统计方式，同时支持全国各级人民法院审判态势分析和司法绩效评估。大数据平台还充分对接各类业务应用系统，成为信息交换的中心枢纽，并且除案件数据之外，还汇聚了司法人事、司法政务、司法研究、信息化和外部数据，每个数字均可以下钻到具体的数据项和案件详情，能够支持各种类型的大数据分析研究，成为反映审判执行工作和经济社会运行的"风向标"和"晴雨表"。

2016年7月，最高人民法院印发《关于全面推进人民法院电子卷宗随案同步生成和深度应用的指导意见》，在审判流程和基本案件信息管理基础上，进一步聚焦能够反映案件全貌的电子卷宗实体数据的汇聚、流转和应用，使数据中心化的内涵更为全面和深刻，为推动智慧法院更好地服务法院干警、服务人民群众明确了努力方向。

四、知识中心化

知识中心化的信息系统体系结构，以核心知识引擎、大数据集群、各类智能化终端设备通过以移动通信为主的泛在化网络相互连接，形成以集知识学习、生成、演进、存储、管理和服务为一体的综合知识引擎为中心，大数据、通信网络、智能化终端设备逐层外延的基本形态。这是以机器学习、知识图谱、决策网络为代表的人工智能技术蓬勃发展，通过对大数据资源进行深度挖掘学习，探索模拟人类思维过程和智能行为的发展趋势。尽管巨量的大数据资源能够更好地反映世界、描述世界，但反映和描述世界并不是人类开发信息系统的根本目的。信息系统的根本价值在于支持用户获取准确的信息、作出正确的决策、达成最优的行动。这里所谓的"准确信息"，我们称其为知识，并且是特定用户在特定时间、地点应对特定情况时最为需要的知识，由此可以代替人类很多获取信息、去伪存真、去粗取精的繁琐劳动，达到提高工作质效的目标。这样的知识获取，依赖于对海量数据的深度学习、广谱知识的精细构建、场景需求的精准适配，才能形成优化高效的智能支持。因此先进的智能知识引擎自然成为以人工智能为重点的信息系统体系工程的关注焦点。图1-5展现了知识中心化的信息系统体系结构。

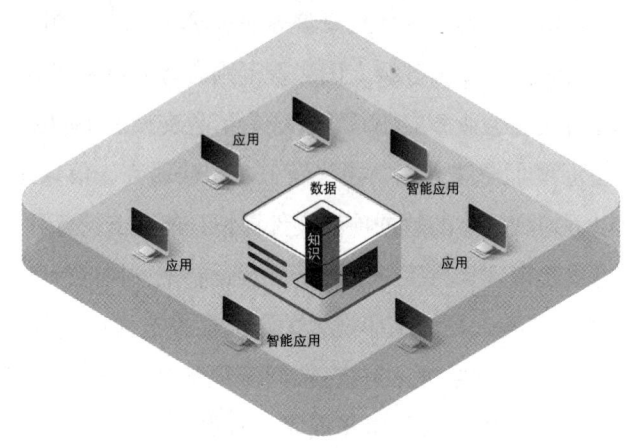

图 1-5 知识中心化的信息系统体系结构

2016 年以来，我国法院积极运用文字识别、语音识别、图像识别和语义分析等智能化技术，辅助法官减少繁琐事务、降低劳动负荷、提升工作效率、提高审判质效，一些智能化应用已经成为法官日常工作的必备工具。国家科技部先后安排十多项重点研发计划，聚焦庭审、审判、执行、诉服和管理智能化技术，组织全国范围产学研用联合攻关，已经在很多司法人工智能方面取得重要突破，特别是形成了综合司法智能知识引擎的基本架构，为进入 21 世纪 20 年代，全国范围成体系、成规模构建知识中心化的智慧法院信息系统体系提供了关键技术基础。

第四节　体系架构

按照规划发展思路，智慧法院信息系统体系宛如一颗常青之树（如图 1-6），网络设施是贯通全局的蜿蜒枝干，各类应用是面向业务的茂密绿叶，数据资源是种类齐全的滋补给养，大数据管理和服务平台是汇聚周转的中枢主干，法眼平台是居高监控的顶端树冠，信息安全、运行维护、人才队伍则是如影随形的尽责园丁，呵护着常青之树苗壮成长、枝繁叶茂。

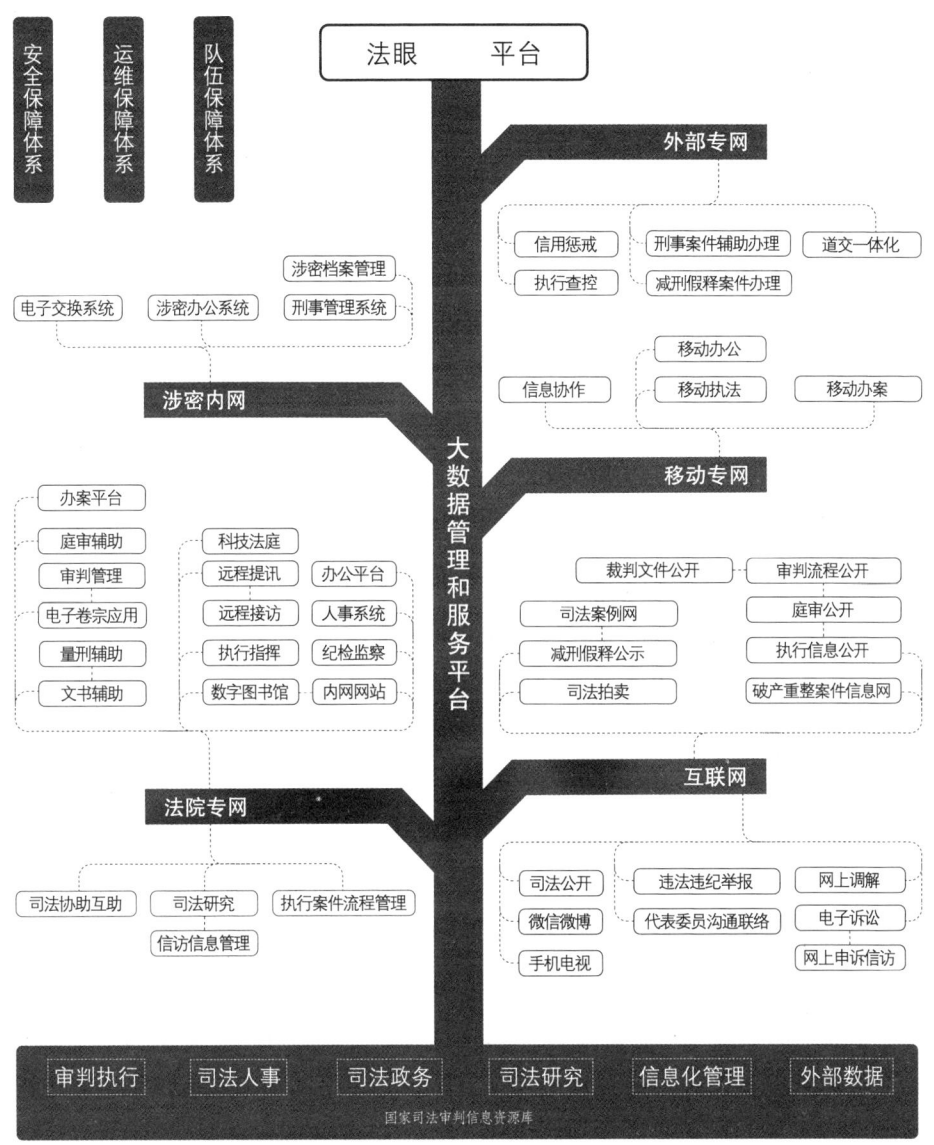

图 1-6　智慧法院常青之树

　　通过常青之树描绘智慧法院信息系统的体系结构，绝不仅仅由于两者组成相近或形状相似，更多是从常青之树的成长生态汲取、融会到信息系统体系的代谢模式。长期以来，人们常常按照机械设备或者建筑设施的观念对待信息系统，经久使用或老化破旧后便可弃之如敝屣，无需大动干戈就能以旧换新，实现转型升级。事实上，这对相对独立的简单系统尚可如此，而对于像全国智慧法院这样具有相当规模、周而复始不息运转的复杂信息系统体系则全然不同。因为整个体系包含众多相互独立运行达成各自目标、又需要共享联动实现很多共同目标的信息系统，牵一发而动全身的效应比比皆是，不可能从整体上另起炉灶，每个局部的升级改进也必须始终兼顾对全局的影响而精心修整，在整个体系始终稳定运转的条件下不断实现整体的新陈代谢和提质增效，恰恰类似于一棵参天大树生生不息的成长生态。由此，智慧法院的所有规划、开发、集成、运维、应用和改进都必须时刻谨记并遵循这样的生态模式，改进一个系统必须保证新旧状态充分兼容，新研一个系统必须精心设计与现有体系的对接融合，废止一个系统必须确保已有的数据资源不被轻易丢失，替代一个系统必须实现原有系统接口和数据资源的充分继承，为了达成这些原则必须始终维护体系层面的系统接口和信息关系配置，才能保证整个体系不受局部影响，持续健康发展。

一、体系基本构成

智慧法院信息系统体系主要包括以"五网三云"为主体的信息基础设施、以 28 类应用为代表的业务应用系统、以司法审判信息资源为核心的大数据管理和服务平台、分布于各个关键环节的网络安全系统和连通各类系统的可视化质效型运维管理平台（如图 1-7）。

信息基础设施是支撑各类信息系统计算、存储、通信、显示和运控的基础性平台。按照业务特点，相互安全隔离的五大网系是智慧法院信息基础设施的主要构成，其中法院专网连通全国法院重要业务场所和干警工作终端，承载内部工作业务，是支撑智慧法院的主要基础环境；互联网是连通社会大众的主要渠道，承载诉讼服务和司法公开业务，是智慧法院的另一个重要基础支撑；移动专网是法院专网向移动终端的安全延伸，支持法院干警移动办公办案；需要说明的是，由于移动互联网本质上是互联网的组成部分，两者支持的法院业务完全相同，故不将其纳入法院移动专网的范畴；外部专网是连通其他协作部门、支持跨部门信息共享和协同联动的渠道；涉密内网承载法院内部涉及国家秘密的业务。利用云计算解决大规模信息系统基础资源动态分配和优化共享是信息化发展的必然趋势，由于法院专网、移动专网和外部专网具有比较一致的业务属性和安全要求，通过专有云统一支持三个专网业务是提高云资源效率的合理选择；通过开放云支持互联网业务是集约支持阳光司法的重要途径；尽管云计算技术仍需不断完善以满足安全保密要求，随着人民法院涉及国家秘密业务的信息化需求与日俱增，通过涉密云提高法院涉密信息系统的基础支撑能力依然是智慧法院的努力方向。

应用系统是智慧法院服务人民群众、服务审判执行、服务司法管理、服务廉洁司法的直接手段。按照不同视角智慧法院应用系统可以划分为内部业务和对外业务、涉密业务和非密业务、桌面业务和移动业务、数据业务和视频业务等类型区别，以审判、执行为代表的各类应用系统覆盖了智慧法院的主要业务应用。

在数据中心化的智慧法院信息系统体系中，大数据管理和服务平台是纵向贯通、横向集成的重要枢纽，其核心是包含审判执行、司法人事、司法政务、司法研究、信息化管理和外部数据等 6 大类数据资源的国家司法审判信息资源库，存储和管理结构化、半结构化和非结构化数据，通过覆盖全国四级法院的各类数据关联，实现案件、人员、财物和外部数据的一体化；通过共享交换系统，实现法院之间和法院内外的数据共享和交换，支持各级人民法院内部及其与外部应用系统之间的业务协同。

根据网络安全要求，智慧法院五大网系相互之间必须实现物理或安全隔离，各个分区、各类应用、各类用户之间也必须采用相应的安全保护手段。因此，智慧法院信息系统体系广泛分布着各类信息安全设备和软件，以满足等级保护或分级保护安全要求。

为了实现质效型运维保障，需要建设可视化质效型运维管理平台，实时采集各类信息基础设施、应用系统、数据资源和网络安全系统的运行状态参数，汇总统计并可视化展现体系运行质效，充分支持运维保障人员开展常态化监控和定期分析研判，支持智慧法院信息系统体系持续优化。

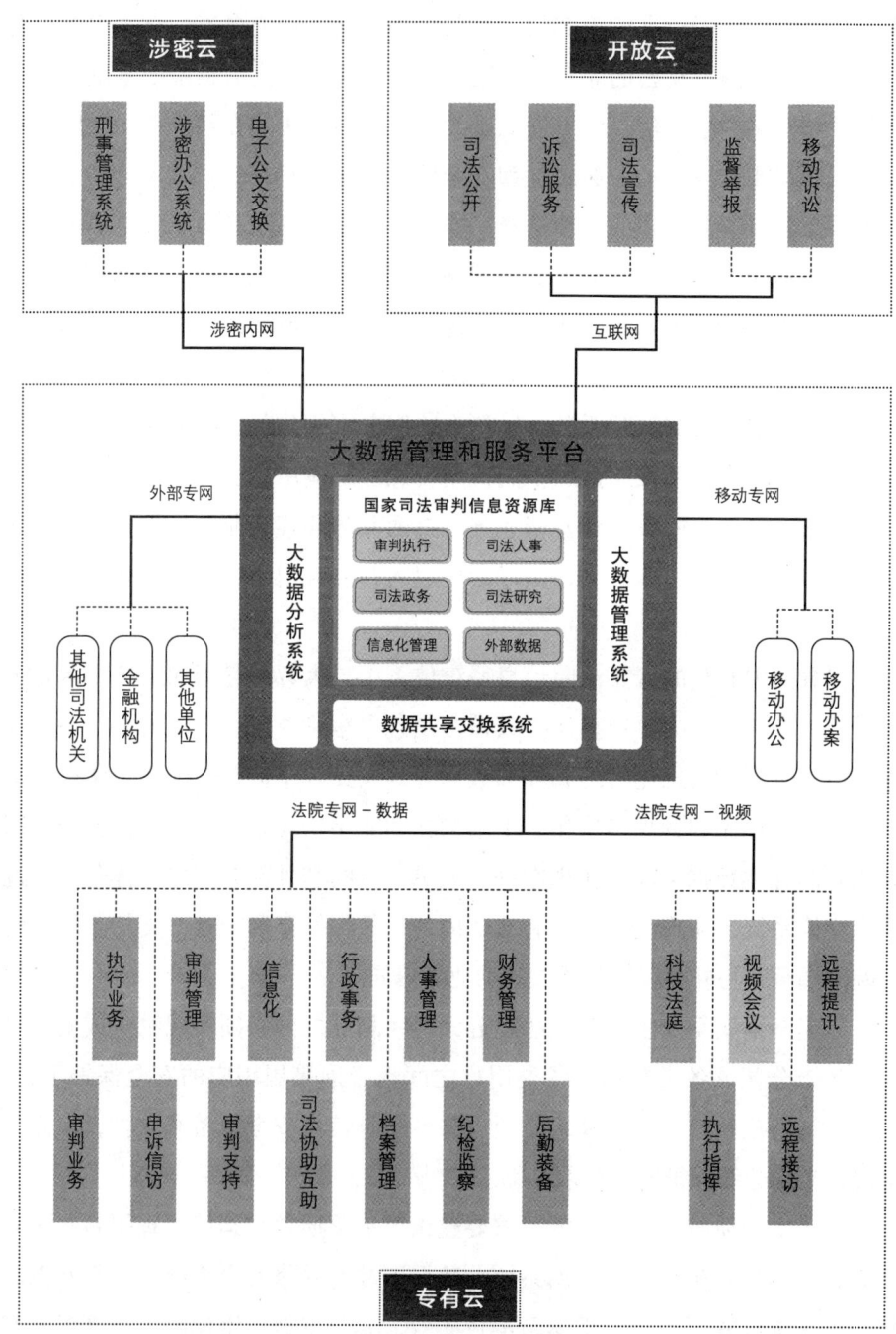

图 1-7 智慧法院信息系统体系基本构成

二、业务应用体系

智慧法院业务应用体系主要包括面向诉讼服务、审判执行、司法管理、司法公开以及其他业务领域的一系列应用系统，每项业务需要一个或多个系统支持，每个系统也能够支持一项或多项业务（如图1-8）。

智慧服务系统是直接服务人民群众、以互联网为主要承载平台的法院业务应用系统，其中诉讼服务大厅、诉讼服务网和诉讼服务热线构成"三位一体"诉讼服务中心，通过现场或网上方式为人民群众提供法律咨询、诉讼引导、立案、缴费、与法官交流和送达等信息化服务；更为先进的电子诉讼平台、网上调解平台和移动微法院能够提供网上立案、网上缴费、网上证据交换、网上庭审、网上送达网上调解和跨域立案等服务，尽可能减少涉诉群众往返法院的需求；互联网法院利用涉互联网纠纷所有活动均在网络空间的特点，支持所有审判执行活动均在网上完成，其意义已不限于诉讼服务，实际上形成了审判执行的全新模式。

智慧审判系统是服务法院干警、以法院专网为主要承载平台、支持案件审理的业务应用系统。审判办案系统是智慧审判系统的主线，全面支持各类案件的立案、分案、审理、庭审、合议、审委会、裁判、结案和归档等各个环节，接入电子卷宗随案同步生成、电子卷宗自动归目、法律条文智能检索、相似案例智能推送、法律文书辅助生成、裁判文书智能纠错等应用系统，能够为办案法官提供操作便利及智能化辅助，帮助审判法官聚焦于关键法律问题。

智慧执行系统是服务法院干警、以法院专网和外部专网为主要承载平台、支持执行生效裁判的业务应用系统。执行指挥系统是智慧执行系统的主干，支持执行案件的监管、督办和协调；执行流程管理系统支持执行干警按照规范流程和节点办理执行案件，并通过执行查控、失信惩戒和司法拍卖等系统与外部单位协同联动，极大提高执行工作质效；执行单兵系统为执行干警外出开展现场执行提供全面支持，是依法依规执行、保护当事人权益的重要保障。

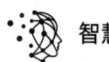

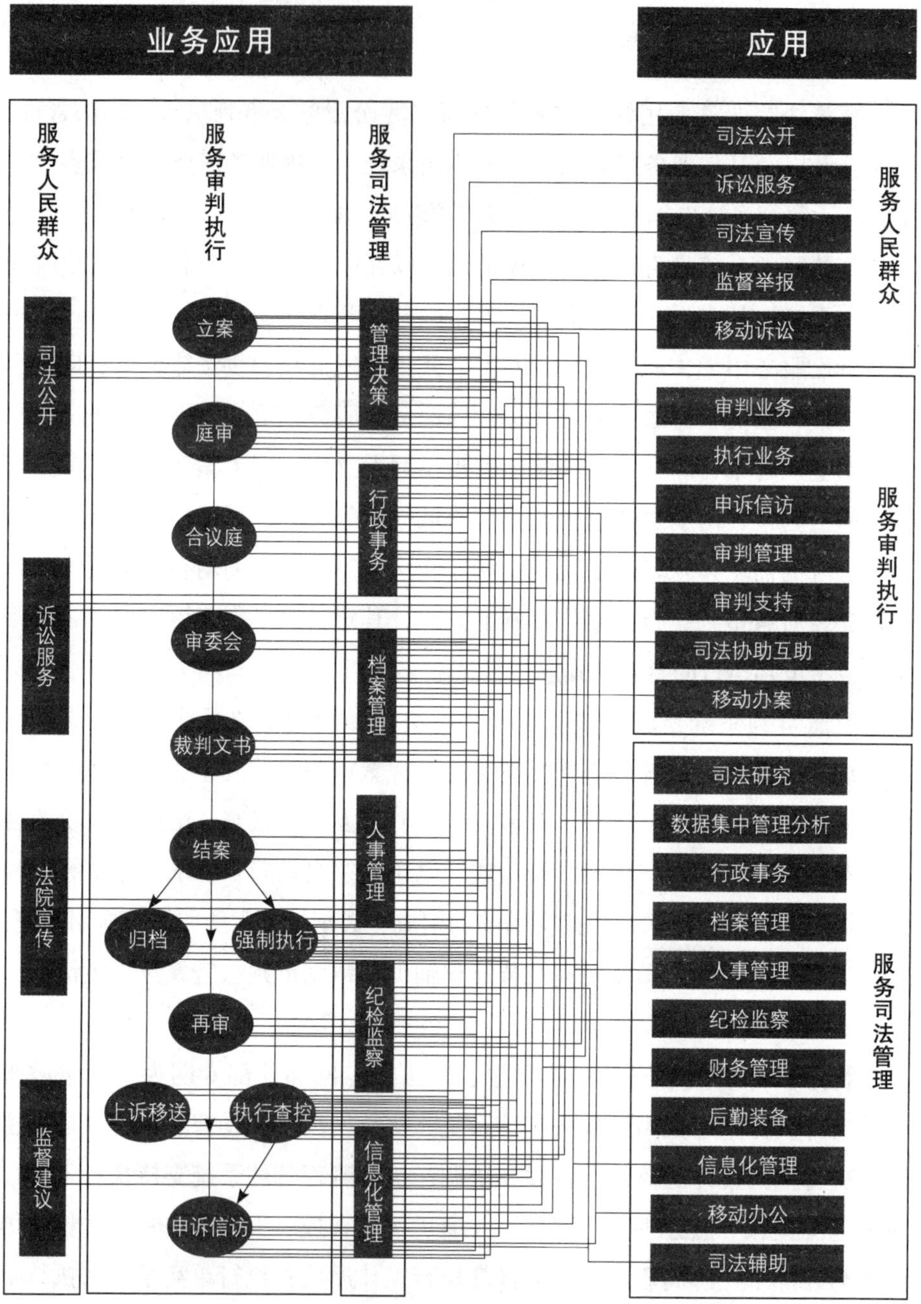

业务应用　　　　**应用**

服务人民群众　服务审判执行　服务司法管理

服务人民群众
- 司法公开
- 诉讼服务
- 司法宣传
- 监督举报
- 移动诉讼

服务审判执行
- 审判业务
- 执行业务
- 申诉信访
- 审判管理
- 审判支持
- 司法协助互助
- 移动办案

服务司法管理
- 司法研究
- 数据集中管理分析
- 行政事务
- 档案管理
- 人事管理
- 纪检监察
- 财务管理
- 后勤装备
- 信息化管理
- 移动办公
- 司法辅助

服务人民群众
- 司法公开
- 诉讼服务
- 法院宣传
- 监督建议

服务审判执行
- 立案
- 庭审
- 合议庭
- 审委会
- 裁判文书
- 结案
- 归档
- 强制执行
- 再审
- 上诉移送
- 执行查控
- 申诉信访

服务司法管理
- 管理决策
- 行政事务
- 档案管理
- 人事管理
- 纪检监察
- 信息化管理

图 1-8　业务应用体系

智慧管理系统是服务各级管理者、以法院专网为主要承载平台、支持法院内部行政运行和事务管理的业务应用系统。网上办公平台是智慧管理系统的主线，为所有法院干警提供文件拟制、流转、审批和归档服务；人事管理、审判监督、档案管理等系统能够支持专业部门的专项事务管理；人民法庭工作平台面向派出法庭，是针对薄弱环节、支持基层管理的有效手段；移动办公办案平台是智慧管理向移动端的有效延伸，是提高法院管理效率的必备手段。

司法公开系统是服务社会大众、以互联网为主要承载平台、支持全流程依法公开的业务应用系统。审判流程、庭审直播、裁判文书和执行信息四大公开平台是智慧法院司法公开的主要窗口，支持人民法院各类审判执行要素通过互联网全面、及时、生动地向社会公开，是阳光司法工作机制的具体体现；减刑假释和破产重整公开平台则是对人民法院司法公开的进一步补充。

上述业务应用之外，智慧法院还有面向司法宣传、党建、学习、培训和老干部等业务工作的信息化系统，成为人民法院各项工作现代化的重要支撑。

三、数据资源体系

智慧法院数据资源体系是随着各类业务应用上线服务而产生、积累并与日俱增的宝贵财富，可以划分为审判执行、司法人事、司法政务、司法研究、外部数据和信息化管理数据等六类组成部分，各自源于若干应用系统，又反馈支持相同或并不相同的部分应用系统（如图1-9）。

审判执行数据是智慧法院数据资源的主体，包括各类诉讼案件的案由、当事人、受理法院、承办法官、受结案时间等特征信息以及判决文书、卷宗材料、庭审视频等案情详细信息，足以反映全国各级人民法院所有民商事、刑事、行政诉讼情况全貌，具有极高的司法和社会价值。审判执行数据既有结构化数据，也有半结构化和非结构化数据，来源于各类办案系统和诉讼服务系统，也反馈支持办案和诉讼服务系统，同时也能为司法管理和廉洁司法提供重要服务。

司法人事数据包括全国法院组织体系、干警隶属关系和个人工作信息，反映了各类司法活动的实施主体，与审判执行数据能够相互佐证，是研究、分析、评估各级审判体系运行状况的重要依据。司法人事数据以半结构化和非结构化数据为主，来源于法院人事信息系统，是支持各类审判执行、诉讼服务和司法管理系统的重要数据资源。

司法政务数据包括法律法规、内部管理、后勤装备和教育培训等政务活动相关的文件和审批程序信息，表征了各级人民法院的行政运转状况，与审判执行和司法人事数据结合能够更加全面、深刻地反映全国法院的建设情况和工作全貌。司法政务数据以非结构化数据为主，来源于各类司法管理系统，也能为审判执行和诉讼服务系统提供重要支持。

司法研究数据是司法大数据挖掘利用的成果，包括信息系统自动生成或由研究人员收集分析形成的司法统计报表、审判执行态势、案件专题报告、司法状况报告、司法知识库以及基于司法大数据的经济社会发展分析报告等数据集合，主要是非结构化数据，能够为审判执行和司法管理系统提供深层次数据服务或初步的智能化服务。

外部数据是来自于法院外部协作单位、与审判执行工作密切相关的辅助信息，包括人口身份信息、失信被执行人相关信息以及涉诉案件信息等，以结构化或半结构化数据为主，是支持审判执行系统的重要数据资源。

信息化管理数据是包括智慧法院信息系统体系结构、安装部署、接口关系等配置文件以及各类系统运行状况、资源负载、用户分布、操作体验、运行质效等动态信息，包括结构化、半结构化和非结构化数据，是反映整个信息系统体系建设和运行状况的主要依据。运用信息化管理数据能够定量、深入、全面地支持诉讼服务、审判执行和司法管理系统的推广应用和改进提升。

上述六大类数据资源既有相对独立性，又有非常丰富的联系，深入分析并从软件实现上构建彼此之间的逻辑关系是智慧法院数据资源建设的重要任务。

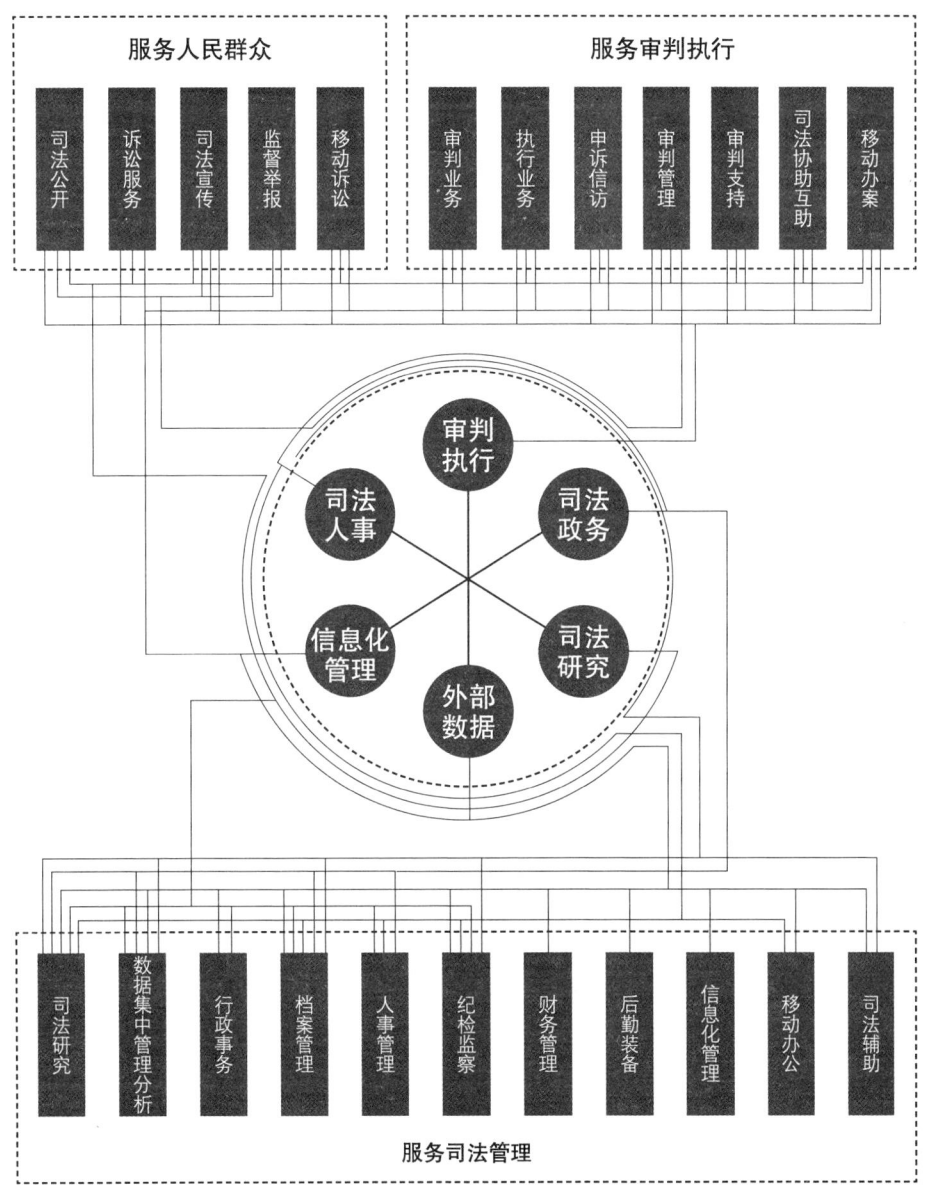

图 1-9　数据资源体系

四、基础设施体系

专有云、开放云和涉密云构成了智慧法院信息基础设施的基本架构，由法院专网与移动专网、外部专网、互联网、涉密内网之间的安全隔离交换组成的数据共享交换体系将五大网系连为一体，也成为三朵云之间的安全区隔（如图 1-10）。

专有云是智慧法院信息基础设施的主体内容。其中法院专网通过数据和视频链路连通全国所有法院和派出法庭的内部机房、计算设备、存储设备、网管设备、信息采集设备、显示控制设备和干警终端设备，科技法庭、信息管理中心、执行指挥中心、数字化会议系统、视频会议系统、视频安防系统、远程接访系统和远程提讯系统等专用场所和系统都以法院专网作为主要运行环境支持法院内部各项业务；面向社会公众的诉讼服务大厅也有很多业务运行于法院专网；数据备份中心主要面向法院汇聚的各类数据资源，自然也需要运行在法院专网。移动专网支撑移动办公办案，满足审判执行人员随时随地接入网络的需求。移动专网配置少量计算和存储设备，利用满足物理隔离要求的单向光闸与法院专网相连，通过 VPDN 专线接入办公、办案、巡回审判车、执行单兵系统等移动终端，支持法院干警的远程移动业务。外部专网也配置少量计算和存储设备，利用满足对接双方网络安全要求的隔离交换机制与法院专网相连，通过总对总连接或终端接入方式与外部数十个协作部门实现数据交换，初步支持跨部门信息报送共享和业务协同。专有云基于法院专网、移动专网和外部专网建设，拥有统一的云管理平台和机房，利用虚拟化技术实现计算和存储的灵活扩展、动态调配，提高各类基础资源的利用能力，其上的计算、存储和通信设施部分依赖于法院内部现有资源，更多并且已经成为发展方向的是通过租用能够确保法院信息安全的社会资源，通过社会化外包服务充分减轻法院自身的建设和运维压力。

开放云支持利用互联网向社会公众提供审判流程、庭审直播、裁判文书和执行信息等司法公开、诉讼服务大厅、诉讼服务网、12368 诉讼服务热线、电子诉讼平台、互联网法院和移动微法院等诉讼服务以及政务网站等司法宣传服务，也需要相当规模的计算和存储资源，同样应该尽可能采用购买社会化云服务方式。互联网覆盖全部办公区域，通过物理隔离方式与法院专网相连，支持法院干警登录访问或通过专网业务应用支持服务公众。

涉密网通过符合国家保密要求的安全隔离交换设备连通法院专网，采用云计算支持涉密业务是法院涉密信息系统建设的努力方向。

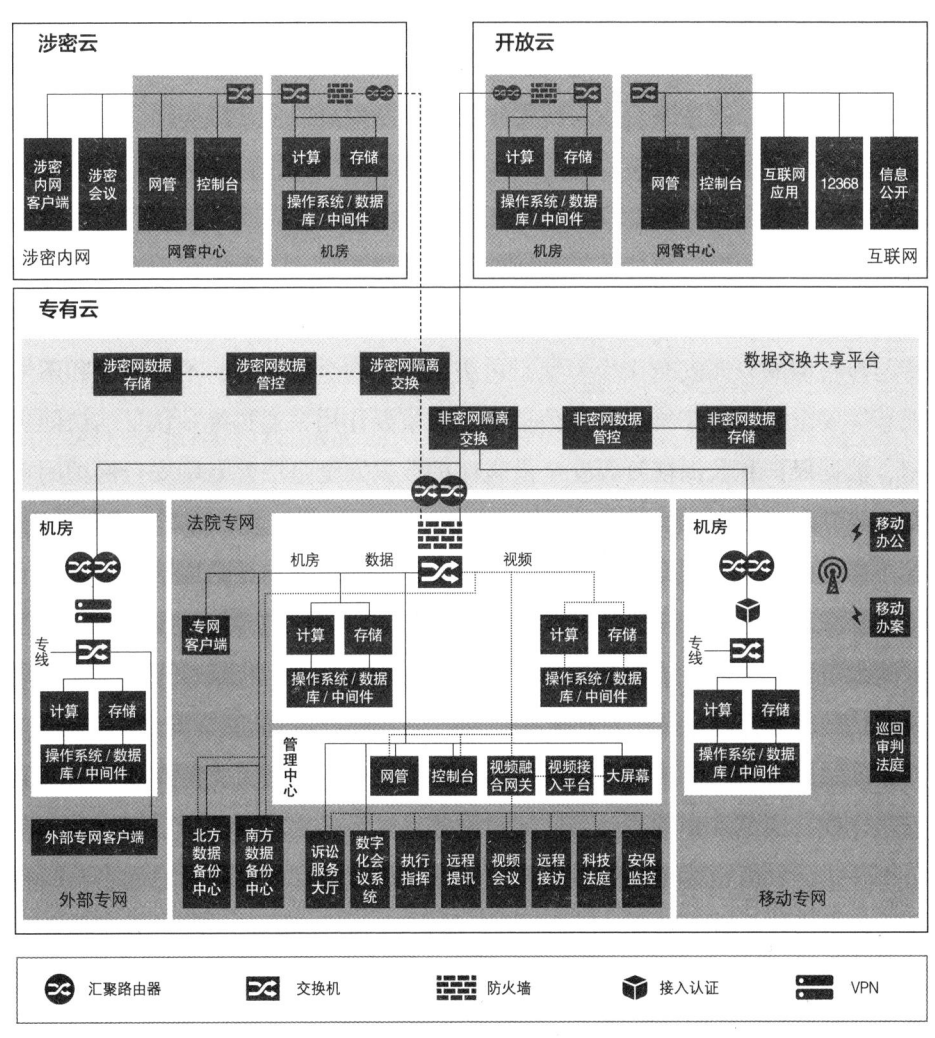

图 1-10　基础设施体系

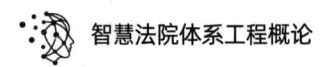

五、网络安全体系

网络安全体系与网络体系架构具有充分对应的关系。智慧法院网络安全体系也因应"五网三云"网络架构布局建设,对于应用系统、数据资源和信息化场所则根据安全保护要求嵌入相应的保障措施(如图 1-11)。

法院专网是智慧法院网络安全体系的保护主体,包括支持密钥管理和电子认证的安全基础设施、支持安全服务、网络管理和安全管理的综合安全监管设施以及信任服务设施一起构成专网安全的基础支撑,统一身份认证融合平台、终端安全防护平台、应用安全保护、虚拟桌面、代理应用和安全视频监控等系统和设施多方位支持各类应用系统安全运行,广泛分布的防火墙支持专网各层级、各分区之间的安全交换,由流程导入 / 导出、应用接受 / 推送、密控插件、授权插件、安全插件、隔离交换服务、数据还原和单导光模块组成的隔离交换系统支持非密网间安全交换,更加增强的隔离交换体系支持与涉密网的双向安全交换。鉴于司法大数据的全面完整、不可篡改和不可抵赖等安全需求对于维护司法公信的至关重要作用,通过统一认证、访问控制、数据保护和数据恢复等安全措施保护数据安全是法院专网安全保护的重要内容。由移动安全监管中心、接入网关、身份认证网关以及安全策略分发、补丁修复分发和防病毒模块构成的移动安全服务由内而外形成了移动专网的安全保护体系。基于身份认证和接入网关能够支持外部专网的安全保护。针对更大范围的法院专有云,还需要通过数据隔离、虚拟机镜像保护、虚拟机网络访问行为管控等安全云基础设施保障云计算条件下的网络安全。

在法院开放云中,需要通过接入网关和身份认证网关支持互联网访问的安全交换,通过安全监测预警和攻防服务保障云上应用系统和数据资源免受外部攻击,同时也需要通过数据隔离、虚拟机镜像保护、虚拟机网络访问行为管控等云安全措施保障云计算和云存储安全。

涉密内网是智慧法院网络安全体系的保障重点,需要采用满足分级保护要求的防控措施确保国家秘密及相应信息系统的安全。

安全运行维护是保障智慧法院网络安全的常态化工作,既需要通过状态收集、信息处理、态势显示、综合分析和应急管控等安全运维工具的支持，也需要专业化安全运维团队的协同保障。

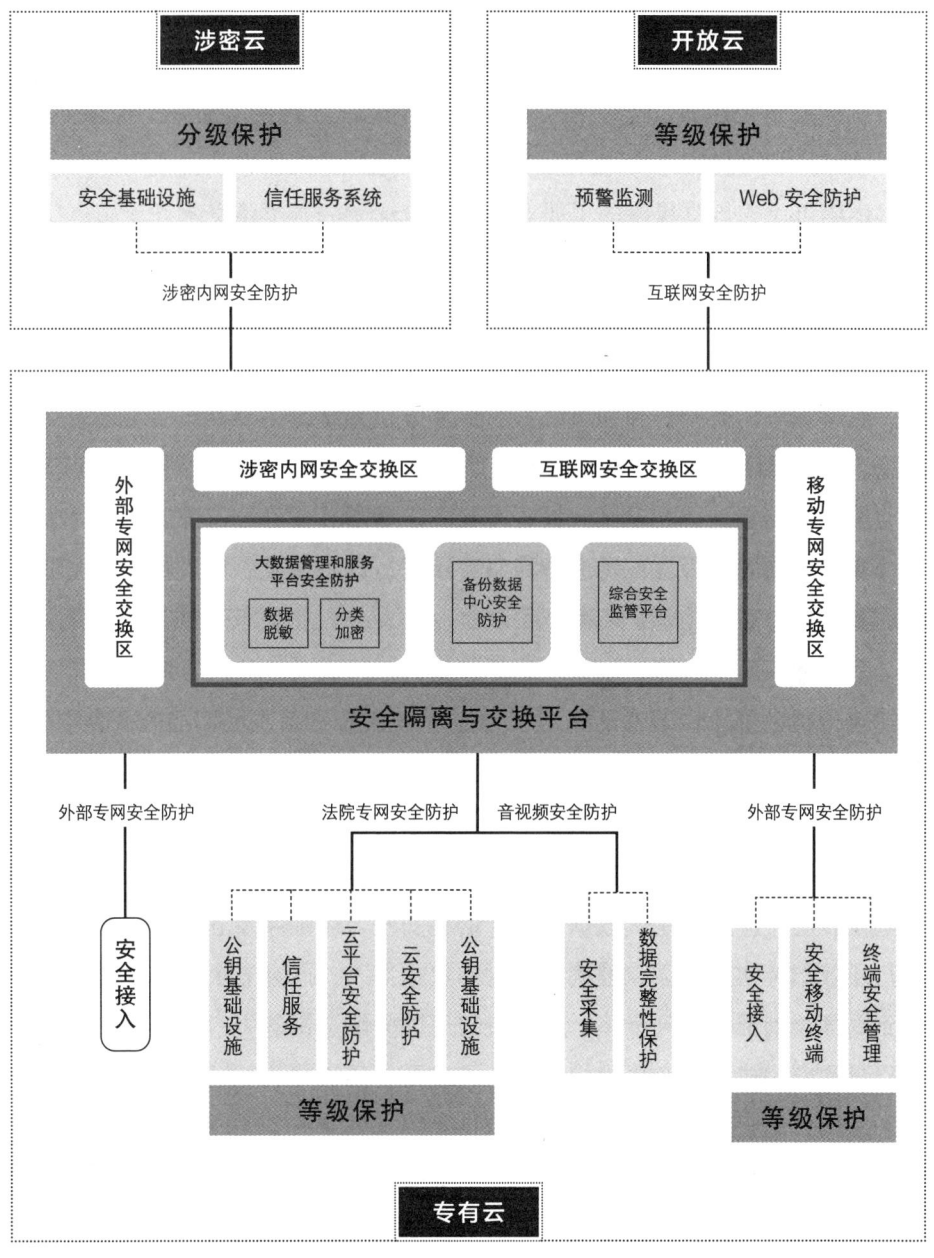

图 1-11 网络安全体系

六、运维保障体系

运维保障是确保信息系统体系正常稳定运行的必要手段。智慧法院运维保障体系除担负保驾护航职能之外，还承担汇集、监控、分析、评估整个信息系统体系运行质效、支持各类信息系统持续改进提升的质效型保障使命。图 1-12 反映了智慧法院运维保障体系的基本组成结构。

由图可见，运维保障的主要对象是智慧法院的各类信息基础设施、应用系统、数据资源和网络安全设施。对于以"五网三云"为主体的信息基础设施，需要面向各类机房、供电设备、环控设备、通信网络、交换机、服务器、存储器、显示屏、终端设备、基础软件以及专用信息化场所提供专业运维保障，对于服务广大干警和人民群众的各类应用系统，需要针对安装部署、参数配置、故障维修和用户咨询提供运维服务，对于与日俱增的司法数据资源，需要开展存储空间分配、访问权限设置、定期冷热备份等运维工作，对于广泛分布的网络安全设施，需要进行制度检查、设备调试、出入管控、权限设置和安全审计等日常运维保障。

上述各项运维保障皆以系统完好和运行正常为关注焦点，属于传统完好型运维保障的基本内容。为适应智慧法院聚焦信息系统应用成效的新要求，可视化质效型运维管理平台，我们也称为"法眼平台"，成为智慧法院质效型运维保障体系的重要支撑。法眼平台不同于传统 ITSM 运维工具，是立体化、交互式、多域管理、大屏显示与单机服务台相结合的大型可视化运维平台，对基础设施、应用系统、数据资源、信息安全、运维保障五类对象的各要素运行质效指标实施全面、准确、及时的数据接入，通过五级视图，形成从全局到局部、到部分、到个体、到细节的逐层分解透视能力，支持对信息化运行质量和应用成效的全局掌控。应急响应平台是智慧法院运维保障体系中另一个实体信息系统，支持部分重点信息系统故障状态下的应急接管和临时替代，努力保证各级人民法院重点业务持续正常开展。

智慧法院依托"可视化运维平台、质效分析报告、质效运维服务"三位一体质效型运维保障体系，围绕信息系统的运行质量和应用成效，以服务对

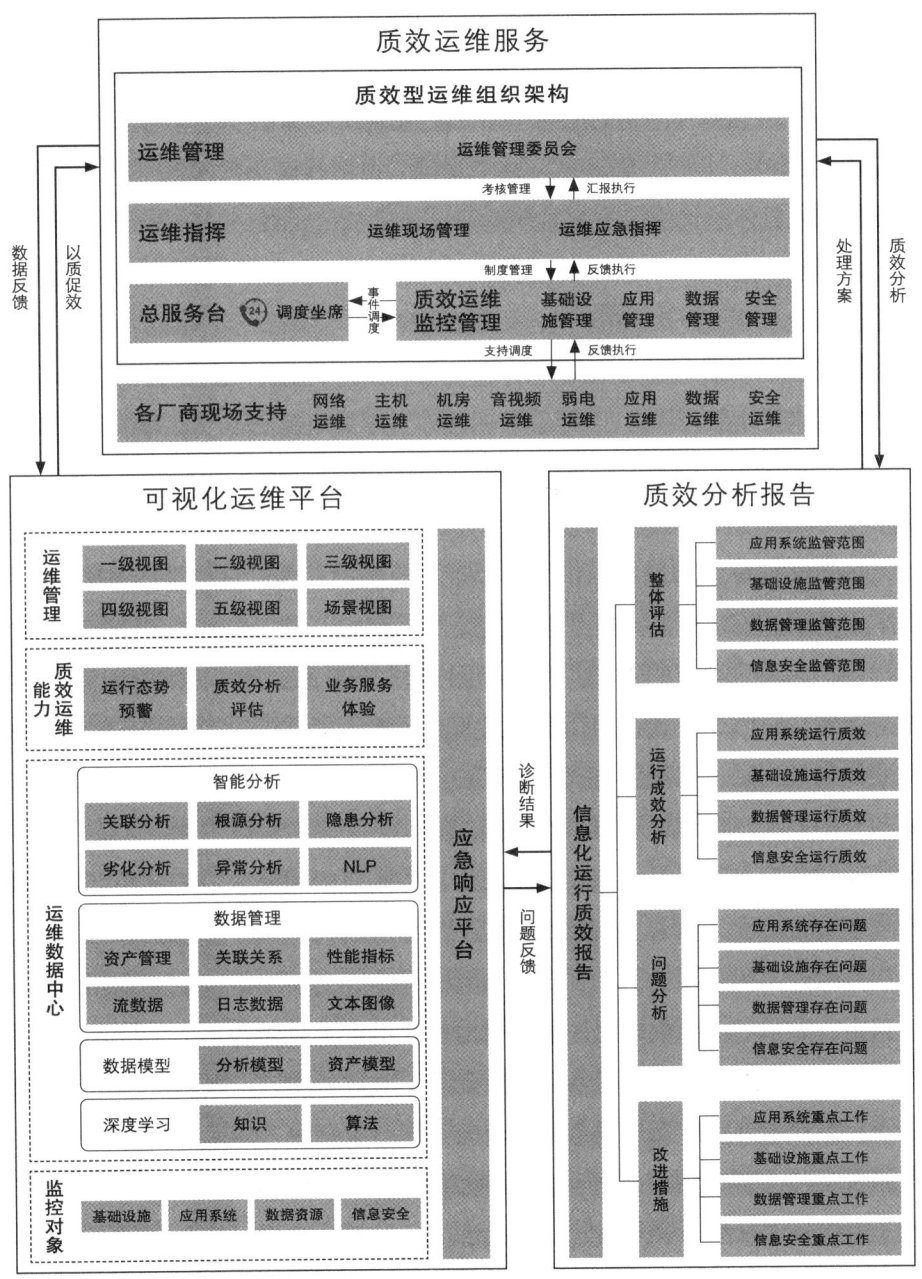

图 1-12 运维保障体系

象满意度为目标，以可评价、可度量、可量化、可视化的信息技术为支撑，聚焦信息化整体质效，把运维工作机制、信息化应用成效、服务对象满意度全面纳入一个保障体系进行管理和评估，使运维对象的"质"与服务对象的"效"深度耦合，以质促效，实现质效呈现、评估和提升有机统一，支持智慧法院信息系统体系价值的不断提升。

七、技术标准体系

技术标准体系是智慧法院体系架构的重要组成部分，为各类信息系统建设提供技术指南和遵循。"十三五"期间，智慧法院技术标准体系初步形成并不断健全，应用范围不断扩大，标准有效性、先进性和适用性显著增强，形成了如图1-13所示的组成框架。

智慧法院技术标准体系由基础标准、技术标准和管理标准三大类组成。其中，基础标准主要涵盖对智慧法院技术标准化工作具有通用支撑作用的技术标准，包括术语、主题词、标准化工作指南等标准；技术标准是主体内容，针对智慧法院体系工程实施拓展中具有普遍性和重复性的技术问题提供基础性和约束性规定，主要包括数据、应用系统研发、信息安全和基础设施等方面的技术标准；管理标准是技术标准的有效补充，主要针对智慧法院体系工程实施中与技术因素密切相关的管理过程形成指南和规定，包括质效型运维管理、信息化项目管理、安全管理、信息化建设成效标准等内容。

数据技术标准是智慧法院技术标准体系的核心，包括信息分类与代码、业务实体关系、信息资源交换和数据治理技术要求等标准，全面覆盖法院审判执行、司法人事、司法政务等各类数据，对数据内容、数据格式、数据质量等作出详细规定，支持各类信息系统数据共享交换，为国家司法审判信息资源库建设和各级人民法院应用系统研发提供技术支撑。

应用技术标准是智慧法院技术标准体系发展最快的门类，主要包括一般技术要求、服务人民群众类应用建设标准、服务审判执行类应用建设标准和服务司法管理类应用建设标准，针对各类应用系统的功能、性能、操作界面和部署方式等为各级人民法院和研发厂商提供技术指引和约束。

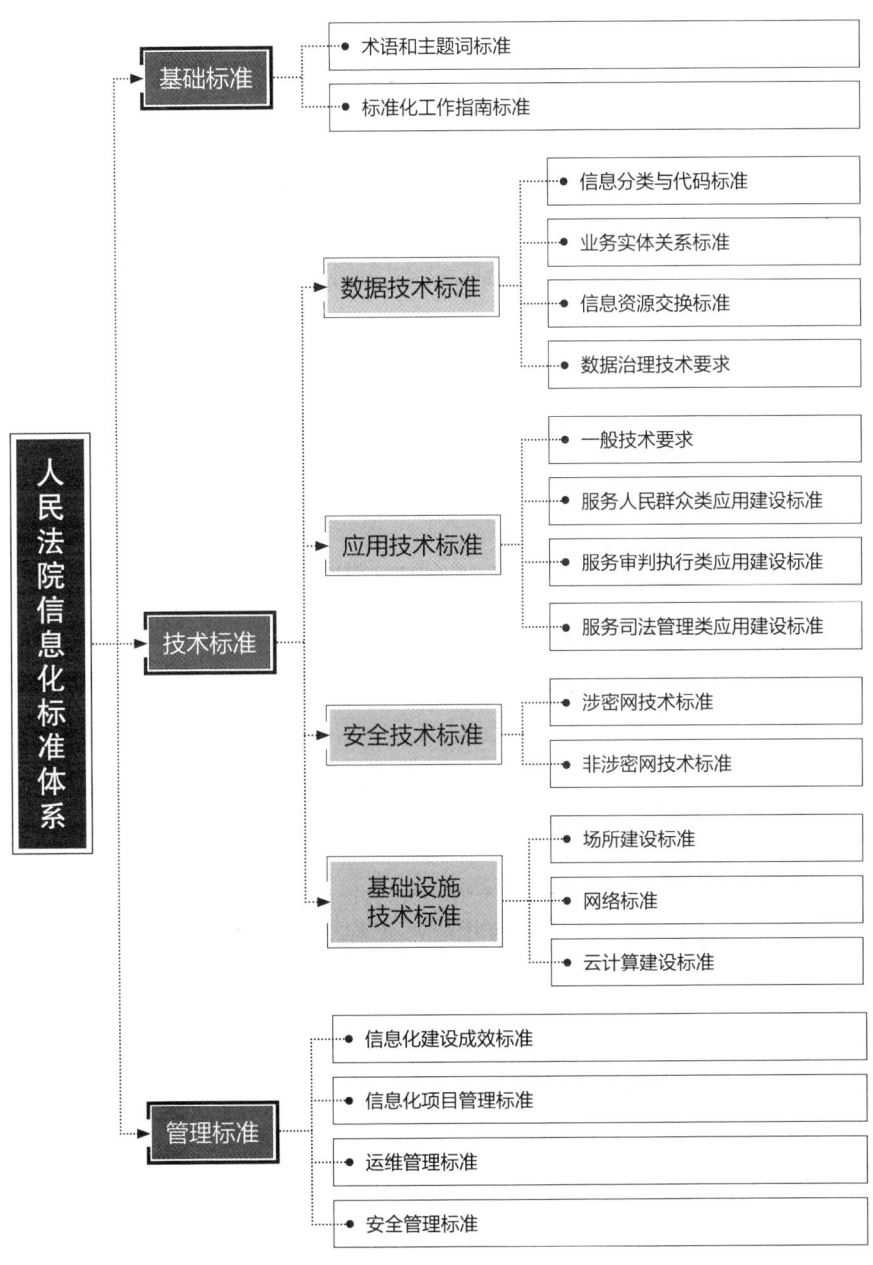

图1-13 技术标准体系

安全技术标准是国家等级保护和分级保护要求在智慧法院体系工程中的落实和细化，包含非密网技术标准和涉密网技术标准，为两类不同体系之中的基础设施、应用系统和数据资源安全保护提供具体指南和约束。

基础设施技术标准也是整个标准体系的主要门类，包括场所建设、网络、设备、系统软件和云计算建设等技术标准，为科技法庭、诉讼服务中心、执行指挥中心、信息管理中心等重点信息化场所建设、网络设备、终端设备和基础软件选用以及专有云、开放云建设运行提供规范性指引。

第五节　典型应用

智慧法院信息系统能够为法院内外广大用户提供丰富多样的应用服务，其中很多典型应用尤为重要。

第一，典型应用承载着各级人民法院服务人民群众、审判执行和司法管理的主要业务，拥有数量众多、分布广泛、使用频繁的用户群体，是智慧法院支持司法为民和公正司法的主要渠道。着力打造优质高效的典型应用系统，是体现以用户为中心的建设理念、最大限度地增强广大用户获得感和满意度的首要选择。

第二，典型应用较之于一般应用更加体现法院业务的基本特征，相互之间具有更为密切的信息交互和协同联动关系。掌握典型应用的系统组成、功能性能、交互关系和操作要求等体系结构要素就抓住了智慧法院应用系统建设的主线，对于规划和设计各类应用系统、乃至于整个信息系统体系都具有纲举目张的先导作用。

第三，典型应用应该尽可能具有先进的业务应用方式、优良的用户操作体验、统一的登录门户界面和便捷的交叉链接通道，更加充分地体现现代信息科技与司法工作规律的深度融合。及时利用信息技术成果，研发建设先进的典型业务应用系统，优先解决人民群众和法院干警面临的痛点难点问题，是发挥以点带面作用，促进智慧法院应用系统全面发展的重要途径。

第四，典型应用最能反映智慧法院的运行质效，一旦出现故障或中断运行也会造成更为严重的影响，是信息系统体系运行的重点保障对象。对于典型应用提供更多的基础设施资源，施行常态化、多通道、高密度运行状态监控，以适应可能出现的动态负载变化、冗余备份和应急响应要求，全面掌控各类系统运行质效并及时改进完善，是强化质效型运维保障、提升智慧法院应用成效的重要内容。

第五，典型应用由于提供服务的重要性、数据资源的稀缺性以及社会大众的高关注度，往往更易成为不法分子或敌对势力进行数据盗取和信息攻击的对象。需要针对典型应用的业务模式、系统结构、部署方式和对外接口形式等有的放矢采取权限控制、边界防护、病毒查杀、安全审计、攻击检测和攻防演练等组合化网络安全措施，以此带动智慧法院网络安全水平的整体提升。

一、智慧服务

智慧服务系统以推动全国法院一站式多元解纷和诉讼服务体系建设为目标，支持把非诉讼纠纷解决机制挺在前面，通过贯通全国的人民法院调解平台，连通全社会各类专业化解纷渠道，实现调解资源与调解信息充分共享，为社会安定有序、人民安居乐业提供有力的司法服务和保障。其中"道路交通事故纠纷网上数据一体化平台"连通公安交警、医疗鉴定、保险理赔、人民调解等相关环节，实现人民调解前置、损害赔偿标准统一、道交事故全程在线处置，形成了"一站式"化解道交事故纠纷的新模式；"金融纠纷解决平台"对接金融管理部门、金融企业、行业协会和调解组织，支持借贷、保险纠纷诉调对接和证券期货纠纷多元化解，为广大人民群众提供多途径、多层次、多种类的金融纠纷解决渠道；"社会基层矛盾纠纷化解平台"连通社区居委会、基层工会、社会治安网格等基层组织机构，支持及时就近解决婚姻家庭、物业管理、劳动争议等常见纠纷，促进形成"和谐社区""无讼村庄"。智慧服务系统还将继续打通与社会各界的纠纷化解通道，并与法院内部"分调裁审"工作模块高效衔接，支持构建中国特色多元化解纷的全新格局。

　　智慧服务系统还以信息化、立体化、集约化为导向,通过厅、网、线、巡等方式为广大人民群众提供一站通办、一网通办、一次通办的多样化诉讼服务。当事人来到诉讼服务大厅,利用各种先进的诉服装备,能够便捷、自助地获取诉讼指引、咨询接待、法院导航等诉讼引导服务;利用诉讼风险评估和智能问答、网上阅卷等功能,能够为当事人提供较为权威的风险评估、纠纷解决方式对比、相似案例、法律条文推荐等法律咨询服务,引导人民群众理性诉讼;通过中国移动微法院统一门户或各级人民法院诉讼服务网,诉讼参与人能够非常便利地实现诉讼案件远程网上立案,了解案件办理情况;部分当事人也可以就近在法院工作人员协助下,通过中国移动微法院跨域立案服务,异地办理全国任一管辖法院的立案申请、诉讼材料上传等立案事项,最大限度地减轻诉累;拨通全国通用的 12368 诉讼服务热线,人民群众可以不受地域空间限制,随时随地与法院工作人员通话交流,了解相关进展,咨询法律问题;整合三大电信运营商和中国邮政传递资源,构建形成了全国法院统一送达系统,能够准确定位受送达人信息,精准送达法律文书,在提高法院送达工作效率的同时,也为诉讼当事人提供更加快捷的送达服务。

　　诉讼服务指导中心信息平台是智慧服务系统业务应用数据的汇聚枢纽。通过诉讼服务大数据汇聚和管理,实现全景式展现一站式多元解纷和诉讼服务工作成效,全流程管理和实时化指导各级人民法院诉讼服务业务,自动计算各级人民法院诉讼服务的整体质效评分,还能够自动生成各地法院诉讼服务质效评估报告,实现对法院智慧服务应用情况的线上常态化评估和定期重点督导,为推动一站式多元解纷机制和诉讼服务体系建设提供重要支持。

　　二、智慧审判

　　智慧审判系统是帮助法院干警更好地寻找事实、寻找法律、支持解决人民法院审判工作基本问题的应用系统。利用网上办案系统,全国法院每起案件从立案到分案、庭审、合议、决定、制作裁判文书等各个环节均在网上运行、全程留痕。办案系统对于超审限案件会自动进行预警,帮助法官、审判管理人员把握流程节点,这些环节信息均以数字方式记录,支持开展审判管理和监督。

以此为基础各地法院大力推广电子卷宗随案同步生成和深度应用，利用法信平台、类案智能推送等系统，辅助法官高效分析案情、查明事实。电子卷宗随案同步生成系统支持办案辅助人员在立案、审理环节扫描、制作案件电子卷宗，并实现卷宗材料自动归目，便利法官浏览审阅；办案法官可以利用案件标注、左看右写等功能非常清晰明了地掌握案情；引入区块链防篡改技术，能够支持案件电子卷宗"格式规范、随时查用"，案件办理完毕后直接生成电子档案；为避免裁判尺度不统一，法信平台和类案智能推送系统能够为法官直接推送与案件相关的法律法规、司法解释等法律条文，还支持法官一键查询相似案件，参考权威发布的指导性案例。

智能化应用同样延伸到开庭审理环节，依托现代科技，审判法庭利用显示屏、音视频采集系统同步进行庭审录音录像；引入庭审语音识别系统，能够区分、识别庭审过程中不同人员的语音信息，并即时转换成庭审笔录，大大减轻书记员的工作压力，提高庭审质效；借助电子证据随讲随翻系统，能够利用语音调取证据材料，还能够全自动抓取、在线标注、展示相关卷宗材料、法律法规等，极大方便法官当庭比对印证，查明案件事实，也为庭审结束后参与人员能够很快在庭审笔录上进行电子签名创造了有利条件；利用庭审自动巡查系统对庭审排期、庭审行为等进行自动化巡查，将传统的人力巡查简化为自动化、批量化的全面巡查，大大地提高了巡查效率、监督范围和准确性。

数字化审委会系统能够支持会议材料共享、法律法规查询、远程视频会议、司法大数据调取、左看右查、文字和语音输入等多种业务场景需求。

裁判文书是人民法院审判工作的最终产品，是承载全部诉讼活动、实现定分止争、体现司法质量的重要载体，全面支持办案法官提高裁判文书编写工作质效。利用文书智能生成系统，能够根据案情自动生成裁判文书的事实部分，法官只需在认真审核之后，精心编写裁判说理部分；利用同案不同判风险预警系统，自动分析公诉书和庭审记录，提取案件情节信息，智能辅助预判量刑结果；法官上传判决书后系统能够辅助估算裁判偏离度，在充分保障法官依法独立办案的前提下，促进裁判尺度统一；裁判文书纠错系统能够辅助查找文字错误、支持法官提升文书质量，维护人民法院司法权威。

三、智慧执行

智慧执行系统是支持解决"执行难"、实现公平正义"最后一公里"的决胜利器。

执行指挥中心综合管理平台能够对各地法院的执行工作进行全面实时监控，在线连通全国各级人民法院执行指挥中心和外出执行干警，指挥协调、督查督办重点执行案件，支持构建全国法院上下一体、横向联通的执行指挥管理机制。执行案件流程信息管理系统，为法院执行干警提供统一的办案平台，8类执行案件设置37个关键节点，办案干警必须按照流程节点有序办理，案件受理后首先对接全国网络查控平台进行查控，之后进行查封、扣押，每个步骤都必须严格按照规定流程和期限进行，最大限度地保证工作人员依法依规履行职责。利用连通全国近4000个机构的网络化执行查控系统，办案干警足不出户、轻点鼠标就可以快速查询被执行人在全国范围的财产信息，提出查询申请后，系统自动查询并反馈查询信息；依法需要采取冻结或扣押等措施的，提出控制申请后，被执行人的财产就会受到相应的处置。利用连接民航、铁路等部门的失信惩戒系统，执行人员通过"列入失信名单"和"限制高消费"功能，经审批后即可对失信被执行人进行联合信用惩戒，使其"一朝失信、处处受限"。基于中国司法拍卖网等五大拍卖平台，传统拍卖程序中的公告、缴纳保证金、竞买、确认成交等所有拍卖行为，都在互联网拍卖平台上进行，无需执行人员参与，确保执行拍卖在完全公开、透明、公平、零佣金的条件下进行，既最大限度保障了当事人权益，也大幅度提升了司法公信力。

智慧执行系统还通过执行信息公开、诉讼服务系统、移动微法院等平台支持办案干警建立与案件当事人线上沟通渠道，及时反馈案件办理进展，传送执行现场情况，说明终本案件缘由，听取当事人意见，最大限度争取人民群众对执行工作的支持和理解。

四、智慧管理

运用丰富的大数据资源服务司法管理、服务廉洁司法、服务国家治理是信息化发展的必然趋势。

人民法院大数据管理和服务平台时刻显示全国各级人民法院每时每刻的新收和已结案件数量，帮助各级人民法院领导瞬间了解总体运行态势；能够显示全国各地法院受理案件趋势，帮助法院和庭室领导随时掌握各类案件的数量变化和办理进展情况；能够展现不同案由、地区和层级之间的相互对比曲线，帮助管理人员综合定量分析关注对象的全景视图和变化趋向；自动生成 570 万张司法统计报表，每一数字都能够下钻对应具体的案件列表和详情，保证各类统计数字的真实性和可追溯性，支持法官和管理人员进行具体详细的司法研究和分析；能够对汇集的人事数据和案件数据进行关联融合，提供面向法院、业务庭室、法官等多个维度的人事绩效评估服务；连通内外网一体的"人民法院司法区块链平台"，支持以高可靠数据、高公信信息和高敏感操作为特征的核心司法信息要素存证验证，服务司法监督管理；能够自动生成各级人民法院审判执行工作态势分析报告，支持各级人民法院领导定期研究主要业务，支持精准决策。

针对经济社会发展趋向，深入研究挖掘司法大数据蕴含的丰富线索，能够为国家和区域治理提供重要参考。对于民商事案件的分类专题研究，能够反映各地经济运行的发展变化和深层次矛盾；对于刑事案件的分类专题研究，能够反映各地社会治安的整体状况和存在问题；对于行政案件的分类专题研究，能够反映各地社会治理状况的发展变化和突出矛盾；对于各地司法案件的综合指数化研究，能够较为全面地定量展现当地法治建设状况和变化趋势；结合社会热点开展的各类专题研究分析，能够反映人民群众高度关注、利益攸关的重大立法和司法政策措施及其施行情况，为及时预警和优化完善提供充分支持，为人民群众自觉尊法守法、更好地维护自身权益提供重要借鉴。

信息化建设和应用数据是反映智慧法院建设成效的主要依据，利用法眼平台可以全面监控全国各级人民法院的法院专网、移动专网、外部专网、互联网、涉密专网的基础设施、业务应用、数据资源和信息安全等运行状况，是支持信息化建设闭环管理、持续提升的重要模式。

利用网上办公、人事管理、审判监督、档案管理、基层管理等网络化业务应用系统，支持在线程式化作业流程和信息快速流转、按需共享、全程留痕，不仅能够大幅度提高工作效率、降低人工成本，还为提高工作透明度、减少违规操作、便利管理监督和施行智能辅助提供了有力保障。

五、司法公开

利用互联网信息即时传输、终端广泛覆盖、传媒形式多样、交互便捷灵活的优势，实现全流程审判执行要素依法公开，是构建开放、动态、透明、便民的阳光司法机制的重要途径。

最高人民法院有中、英文两个官方网站，向全球发布法院新闻资讯、法律法规、司法解释、司法文件、司法统计、对外公报、指导案例和大数据报告等权威信息，支持社会大众与大法官互动联系，是中国法院阳光司法的总门户，由此可以直接链接进入审判流程、庭审直播、裁判文书和执行信息等司法公开平台。

中国审判流程信息公开网支持各级人民法院办案人员通过全国联动的统一平台向参加诉讼的当事人及其法定代理人、诉讼代理人、辩护人公开人民法院刑事、民事、行政和国家赔偿等案件的审判流程信息，支持涉诉人群通过互联网与办案人员互动交流，支持具有重大社会影响的案件审判流程信息通过互联网向社会公众公开，成为全流程依法公开的重要渠道。

中国庭审公开网支持各级人民法院通过互联网统一平台向社会公众直播人民法院刑事、民事和行政等案件的庭审音视频实况，支持社会公众获取庭审预告、直播回顾、庭审录播和重大案件庭审实况，为全国各级人民法院更好地发挥庭审实质化作用、自觉接受人民群众监督提供了直接渠道，也为广大社会公众直观了解各类案件庭审情况、关注公正司法具体过程提供了重要窗口。

中国裁判文书网支持各级人民法院办案法官通过互联网统一平台向社会

公众公开除涉及国家秘密、未成年人犯罪和婚姻家庭相关案件之外的刑事、民事、行政、国家赔偿、执行及司法协助等其他案件的生效裁判文书，支持用户通过检索、查询和下载等方式获取所需的裁判文书全文，支持部分蒙古语、藏语、维吾尔语、朝鲜语和哈萨克语裁判文书公开，是中国法院司法裁判结果全面公开、接受广大人民群众监督的主要渠道，也成为社会公众和世界法律界广泛了解、深入研究中国司法文明的重要窗口。

中国执行信息公开网支持各级人民法院通过互联网统一平台向社会公众公开除涉及国家秘密、商业秘密等法律禁止公开信息之外的人民法院执行案件的被执行人、失信被执行人、限制消费人员、执行法律文书、财产处置、司法拍卖等相关信息，支持涉案人群查询执行案件办理进展及终本案件执行情况，为接受社会监督、破解执行难题、赢得当事人理解提供了重要的互动渠道。

此外，中国司法案例网、全国企业破产重整案件信息网、减刑假释、暂予监外执行公示、各级人民法院诉讼服务网和12368诉讼服务热线等也都是面向社会公众的司法公开渠道，成为人民法院全流程审判执行要素依法公开的重要补充。

第六节 显著成效

经过二十多年努力，中国建成了全球"网络覆盖最全、业务支持最多、数据存量最大、公开力度最强、协同范围最广、智能服务最新"的智慧法院，并在全国各地得到广泛应用，为服务人民群众、服务审判执行、服务司法管理、服务廉洁司法和服务国家治理提供了全方位支持。

全面建设智慧法院的显著成效首先体现在为司法为民和公正司法提供了高效便捷的技术保障，贯通全国、延伸到全球用户桌面掌上的各类应用系统使干警办案、群众诉讼、大众普法、司法管理都能够不受时空限制，通过在线、远程、移动、共享、可视、量化、智能等十分便利的方式办理相应事务，工作质量和效率都得到极大提升。与此同时，智慧法院还通过电子诉讼等网上业务应用大幅度减少了人民群众的出行成本，通过网上办公办案、网络执行查控、远程视频会议等应用大量减少了全国法院干警的司法人力成本，通过网络司法拍卖应用完全省却了当事人的拍卖佣金，仅此三方面就产生了巨大经济效益。更为重要的是，智慧法院全业务网上办理、全流程依法公开、全方位智能服务的全新司法模式，支持构建了开放、动态、透明、便民的阳光司法机制，助力破解了长期困扰司法领域的执行难题，推动了司法公平正义，保障了司法公信力持续提升，促进了审判体系和审判能力现代化。面向国家治理体系，智慧法院也通过司法大数据反映经济社会发展、支持政府决策，还通过提高司法效率、降低司法成本、优化司法程序等显著成效提升了执行合同能力，促进了国家营商环境世界排名的不断跃升。智慧法院的很多模式流程，完全属于中国独创，这充分得益于中国特色社会主义司法制度优势，在赢得很多世界同行认可的同时也引发其发自内心的敬佩和羡慕，为信息时代的世界法治文明提供了中国方案、贡献了中国智慧。最后，智慧法院也是一项典型的浩大体系工程，面对一系列工程技术挑战，通过产学研用协同攻关，创建了基于信息关系和信息度量的智慧法院复杂信息系统顶层设计和质效提升方法、提出了广域分布的海量多元异构司法数据实时汇聚和可信治理方法、突破了综合司法知识引擎驱动的多业态司法人工智能技术、构建了"四跨一衔接"智慧法院信息系统一体化协同联动架构，有效实现了复杂信息系统体系的规划、集成、部署和优化拓展，为方兴未艾的体系工程科学贡献了宝贵的理论、方法和实践借鉴。

一、减轻人民群众诉累

诉讼一直是常人十分不愿面对的奔波往返、耗时费力的烦恼之事。全国智慧法院信息系统通过信息化诉讼服务大厅、诉讼服务网、12368诉讼服务热线、电子诉讼以及移动电子诉讼平台为诉讼当事人提供了无所不在、触手可及的诉讼服务，支持网上立案、缴费、证据交换、庭审、送达和执行等全流程线上服务，对不熟悉网上操作的当事人还提供遍及全国法院的跨域立案服务，努力让当事人在烦恼之中体会到人民法院为人民的赤诚之心。

一是诉讼服务大厅支持一站式诉讼服务。全国98%的法院都建设了信息化程度较高的诉讼服务大厅，不少大厅配备智能导诉机器人、ITC诉讼服务自助终端等装备，为当事人提供更加便利、人性化的诉讼服务，部分法院将自助诉讼服务终端延伸至乡镇司法所、社区等，方便当事人就近办理诉讼业务。

二是电子诉讼平台提供全流程网上服务。全国98%的法院建成诉讼服务网和电子法院系统支持电子诉讼，不少法院诉讼服务网整合律师服务、申诉信访、网上调解、人民陪审员管理等功能，为人民群众提供了全流程一站式服务。全国已有95%的法院开通12368诉讼服务热线。中国移动微法院结合微信社交工具打造便利普惠高效的移动电子诉讼平台，全国各地法院均已上线并应用移动微法院支持全国范围跨域立案。截至2020年年底，中国移动微法院多方视频已使用2.9万余次，微法院开庭5.3万余次，文书送达案件229万余件，文书送达份数1152万余份，网签调解协议22.5万余份，审判立案申请478万余件，执行立案申请104万余件，跨域立案案件8.1万余件。

三是人民法院调解平台将非诉讼纠纷解决机制挺在前面。人民法院调解平台集中了法院审判调解资源和社会纠纷化解资源，为各纠纷主体提供方便、及时、权威的网上纠纷调解，既实现了在线制作调解协议和在线司法确认，对调解不成功的案件也能够尽快在线申请立案。截至2020年年底，3500多家法院全部实现与调解平台对接，调解平台法院应用率达100%，平台入驻调解组织3.29万余个，调解员16.53万余人，累计汇聚调解案件超过1360万件，平均调解时长23天。

四是网上信访系统拉近法院与大众的距离。覆盖全国四级法院的网上申诉信访平台、远程视频接访系统和信访信息管理系统，为缓解涉诉信访难题提供了支持手段。网上申诉信访平台已接收当事人网上申诉信访1.03万件次，远程视频接访系统实现最高人民法院、一审法院和信访人之间的多方沟通交流，远程视频接访系统和网上申诉系统投入使用后，进京访批次和人次同比降低了约30%。

五是互联网法院开创全程网上诉讼模式。互联网法院积极探索互联网审判新模式，2020 年，杭州互联网法院共受理涉互联网案件 11 189 件，已关联当事人的案件 100% 实现在线开庭审理，庭审阶段平均用时 21 分钟，平均审理期限仅 47 天，审理结果被接受程度高，一审服判息诉率达 95.21%。

二、大幅提升审判质效

为努力响应人民群众的司法诉求，全国法院实行立案登记制改革，案件受理量从 2010 年不到 1000 万件飙升到 2020 年超过 3000 万件。另一方面，随着为确保法官素质而推行的员额制改革，全国法官数量下降到原来的 1/3 左右，由此导致法官年均办案量上升近 10 倍。在此情况下，全国法院案件审结率、服判息诉率等办案质效仍有明显提升，这与广大干警的不懈努力息息相关，同时也得益于全国智慧法院信息系统推动网上作业减少不必要周转、支持卷宗共享实现并行处理、智能辅助办案降低事务性工作。

一是基于电子卷宗的网上办案推进了审判方式改革。截至 2020 年年底，全国已有 93% 的法院建设电子卷宗随案同步生成系统，从技术上实现编制电子卷宗目录、网上阅卷、法律文书辅助生成、电子卷宗归档等核心功能建设。电子卷宗的随案同步扫描生成是所有深度应用的基础，全国法院电子卷宗案件覆盖率平均值已超过 70%，部分地区法院紧抓电子卷宗节点监管，在办案系统设置电子卷宗节点监管项（即监管相关节点必须要有或应当有的材料），采取立案、开庭、结案等节点监督的方式促进电子卷宗在办案全过程扫描生成，此举不仅保障了电子卷宗在各个节点的完整性和可靠性，还切实实现了"随案"生成，为法官和书记员在各个审判节点都能运用电子卷宗打下坚实基础。基于电子卷宗，全国法院广泛开展电子卷宗智能编目、文书辅助生成、开庭阅卷、卷宗调阅、电子卷宗自动归档等等智能应用。从全国法院调研情况来看，应用成效较好的是智能编目和程序性文书辅助生成，智能编目功能通常有 80% 以上的准确率，因此人工校队和调整更加容易；而文书辅助功能多数配备适宜模板，法院内部产生的诸如受理案件通知书、立案审批表、开庭公告等材料仅需自动添加文书回填信息即可方便使用。

二是跨部门协同办案能力创新发展。上海等地法院创造性地运用大数据、人工智能分析证据，明确不同诉讼阶段的基本证据标准指引，构建跨部门大数据办案平台，帮助司法人员依法、全面、规范收集和审查证据，统一司法尺度，保障司法公正，为运用现代科技推进以审判为中心的刑事诉讼制度改革开辟了广阔前景。截至 2020 年年底共录入证据近 2439 万页，提供证据指引 54 万余次。针对以往减刑假释案件办理过程中法、检、司人员携带大量卷宗往返奔波、费时费力的突出问题，最高人民法院推动各地法院积极推进减刑假释平台建设，除西藏、新疆、兵团法院以外，均已实现人民法院与检察机关、刑罚执行机关之间以及上下级法院之间互通案件信息，网上办案，网上协同共享，在大幅提升办案效率的同时，也使案件审理活动全程留痕、全程受到监督。针对我国道路交通纠纷日渐增加、处理环节繁杂、人民群众耗时费力的突出矛盾，在前期杭州市余杭区法院试点基础上，最高人民法院与公安部、司法部、中国银行保险监督管理委员会联合，在北京、河北、吉林等 32 个省份联合开展试点工作，就保险行业人民调解前置、损害赔偿标准统一、全流程在线审理、简式文书改革等内容进行积极探索，实现交通事故纠纷全流程在线处置，做到一网办案、快速处理。截至 2020 年年底申请调解 57 万余件，调解完成 48 万余件，调解成功率 77.04%，调解成功达成金额 144 亿余元。

三是法官案头事务性工作大幅减轻。河北等地的法院研发应用智审系统，通过将案件卷宗材料数据化、文档化、结构化，辅助法官一键生成各类制式文书；通过检索、复用起诉状、答辩状、庭审笔录等信息，智能辅助法官快速编写裁判文书。截至 2020 年年底，智审系统在河北、吉林、广东、浙江等地法院广泛应用，在河北法院累计生成近 3400 余万份文书，其中辅助制作裁判文书 250 余万份，河北法院应用实践表明能够减轻法官案头事务性工作 30% 以上。针对影响司法公信力的瑕疵裁判文书，最高人民法院研发裁判文书大数据智能分析与纠错系统，实现对裁判文书中 61 项要素的智能分析，发现人工评查不易发现的逻辑错误、诉讼请求遗漏、法律条文引用错误等问题，推进文书智能化纠错，提升司法公信力。系统在上海等地区应用，截至 2020 年年底，上海法院共分析裁判文书 64 万余篇，瑕疵占比 29.44%，2020 年同比 2019 年瑕疵占比降低 12.65%。

四是用科技武装法庭，实现庭审过程现代化。各级人民法院积极升级改造科技法庭，不断提升科技法庭的信息化程度。截至 2020 年年底全国建设科技法庭 4.4 万余个，占法院法庭总数 90% 以上。最高人民法院可视化运维管理平台（法眼平台）实现与 4.2 万余路科技法庭视频信号对接，支持庭审过程的远程巡查。针对庭审过程中书记员高度紧张、笔录进度影响庭审节奏的突出矛盾，最高人民法院组织研发庭审语音识别系统，自动区分庭审发言对象及发言内容，将语音自动转化为文字，采用人工智能辅助、批量修订等技术，书记员只需进行少量修改即可实现庭审的完整记录，有效提高庭审效率。庭审语音识别系统已经在浙江、安徽、北京等地法院广泛应用，多数法院庭审应用中语音识别正确率已达到 93% 以上，庭审时间平均缩短 20%~30%，庭审笔录的完整度达到 100%，大大减轻了书记员的工作压力。

三、助力破解"执行难"

执行是履行法律义务的最后一个环节。由于多种原因，司法裁判得不到有效执行，裁判文书成为"法律白条"，此类"执行难"现象遍及全球，严重影响司法权威。党的十八届四中全会推动全面依法治国，要求"切实解决执行难"。2016 年 3 月最高人民法院院长周强向全国人大庄严承诺"两到三年基本解决执行难"，引起会场内外广泛热议，既钦佩人民法院敢于担当，又担心挑战严峻难以实现。经过三年艰苦拼搏，通过权威测评，全国法院有财产可供执行案件法定审限内执结率达到 94.54%，无财产可供执行案件终本合格率达到 99.78%，执行信访办结率达到 99.14%，执行案件执结率达到 87.96%，全面达到预期目标。全国智慧法院信息系统提供的全套信息化指挥协同、规范执行、查人找物、失信惩戒、财产变现等发挥了至关重要的作用，也为切实解决"执行难"提供了全新途径。

一是实现执行管理模式重大转变。执行程序节点多，自由裁量空间大，易拖延，难监管。执行案件数量逐年增长，2018 年已接近 800 万件。在这种情况下，传统管理方式已经无法适应执行工作的实际需要。借助现代信息技术进行管理，成为执行管理模式的必然选择，具体就是开发执行指挥管理平台和统一办案平台两大系统，有效破解在管事、管人、管案方面的执行管理难。执行指挥管理平台是基础"管理平台"，负责汇聚各执行业务系统的数据，集案件管理、执行指挥、监督考核、决策分析、服务办案于一体，具备近20项具体管理功能，落实"扁平化、集约化、可视化"管理要求，真正实现"一竿子插到底"。统一办案平台是基础办案数据的"生产平台"，全国四级法院统一在该系统办理执行案件，从执行立案到结案，所有关键节点都可以实现网络监控。最高人民法院统一建设或各地法院配套建设的执行流程节点管理、事项委托平台监督、终本案件系统管理、执行信访案件系统管理、"一案一账号"系统、互联网应急调度服务平台发挥了重要作用。

二是推进财产执行模式发生深刻变革。对于民事案件的执行，对被执行人的财产执行是重头戏。财产执行包括查询、控制、变现、案款发放等环节。在"总对总""点对点"网络查控系统建立之前，要查询被执行人的存款、车辆等财产，执行人员需要到各个银行、车辆管理所等机构，这种"登门临柜"式执行占用了大量的司法资源。2014年12月24日，最高人民法院正式开通了"总对总"网络执行查控系统，用信息化的方式查找被执行人财产。2017年全国3000多家法院已经普遍性、经常性使用该系统，覆盖面达到100%。截至2018年11月，全国法院通过网络查控系统，为5960万案件提供查询冻结服务，共冻结资金3950亿元，查询房屋、土地等不动产信息676万条，车辆4949万辆，证券1323亿股，船舶193万艘，网络资金258亿元。这组数据每天都在快速增长。网络执行查控系统大大提高了执行效率，执行到位金额逐年上升，更多胜诉当事人的权益得到有效保障，群众的获得感显著增强。为了降低财产变现环节的廉政风险，2016年，最高人民法院确立了网络司法拍卖优先原则，从2017年1月1日起，在全国范围内推广网络司法拍卖制度。2018年，全国3500多家法院均实现了网络司法拍卖，并且除了个别省份之外，司法网拍率达到100%，即所有司法拍卖的案件均实现了网上拍卖。"中国执行信息公开网"显示，自2017年3月1日网拍系统正式上线截至2019年1月12日，全国司法网拍的总量为278 758件，总成交金额6167.85亿元，溢价率117.46%，为当事人节省佣金190.60亿元，司法拍卖公开透明度显著提高，有效祛除了权力寻租空间，彻底斩断了利益链条，对形成公开、公平、公正、廉洁的执法环境发挥了重要作用。

三是失信惩戒系统作用继续凸显。2013 年，最高人民法院果断推出"失信被执行人名单"制度，也就是"老赖黑名单"制度，将那些有履行能力而拒不履行、逃避履行的被执行人依法认定为失信被执行人后，列入"黑名单"，进行信用惩戒。人民法院的失信惩戒系统建设紧紧抓住信息化主线，推动更多部门一起对失信被执行人进行联合信用惩戒。从 2014 年最高人民法院与中央文明办等八个部门签署合作备忘录，到推动国家发改委牵头、中央 44 家单位签署合作备忘录，再到 2016 年中央深改组通过、以"两办"名义印发的《关于加快推进失信被执行人信用监督、警示和惩戒机制建设的意见》（以下简称《意见》），对被执行人限制乘坐飞机、高铁，限制担任企业法定代表人及高管，限制旅游、度假等高消费，限制子女就读高收费私立学校等生产和生活非必须消费，并在政府采购、招标投标、行政审批、政府扶持、融资信贷、市场准入、资质认定等方面予以信息化的信用惩戒，其中，"两办"《意见》涉及 11 类 37 大项 150 项联合惩戒措施，构建起"一处失信、处处受限"的信用惩戒大格局。具体操作上，最高人民法院通过网络途径将失信名单推送有关单位，各单位再将这些名单信息嵌入其办公系统，对失信人进行自动比对、自动拦截、自动惩戒。截至 2018 年 11 月 30 日，全国法院累计发布失信被执行人名单 1258 万例，通过信用惩戒系统累计限制 1644 万人次购买机票，538 万人次购买动车、高铁票。限制失信被执行人担任企业法定代表人及高管 29 万余人次，300 多万名失信被执行人迫于信用惩戒压力履行了义务。随着联合信用惩戒机制的威力日益显现，被执行人自动履行率正稳步提升，失信被执行人名单中的总人数呈下降趋势。

为客观衡量和评价信息化在助力全国法院"基本解决执行难"过程中的作用与成效，中国社会科学院法学研究所法治指数创新工程项目组对全国法院"智慧执行"情况开展了第三方评估。评估结果显示，全国法院普遍将执行案件纳入办案系统，避免执行案件体外循环；财产网络查控系统得以不断完善和优化；财产变现难借助信息化得以有效缓解；联合惩戒机制持续发力，有力震慑了失信被执行人；网络新媒体放大了执行公开与宣传效果；移动终端应用开发实现了"掌上执行""指尖执行"。2019年3月，在第十三届全国人民代表大会第二次会议上，最高人民法院宣布，三年来，人民法院全力攻坚，共受理执行案件2043.5万件，执结1936.1万件，执行到位金额4.4万亿元，与前三年相比分别增长98.5%、105.1%和71.2%，解决了一批群众反映强烈的突出问题，基本形成中国特色执行制度、机制和模式，促进了法治建设和社会诚信建设，"基本解决执行难"这一阶段性目标如期实现。

四、支持司法体制改革

推动智慧法院建设既是人民法院深化司法改革的基本内容之一，也是全面深化司法改革的重要引擎和强大动力。

一是支持构建开放、动态、透明、便民的阳光司法机制。建成并应用以审判流程、庭审直播、裁判文书、执行信息等四大公开平台为主、以新型公开平台为延伸的系列司法公开平台，切实满足人民群众知情权、参与权、表达权和监督权，让人民群众以看得见的方式感受公平正义。全国95.0%以上的法院开通政务网站，网上公开的审务信息越来越丰富，任何人登录网站便可以全面了解法院，包括法院的组成、职能、司法工作人员信息、预决算信息以及如何到法院进行诉讼。2013年6月28日，最高人民法院设立的中国裁判文书网正式开通，实现裁判文书从送达当事人到社会共享，目前，中国裁判文书网覆盖200多个国家和地区，成为全球最大的裁判文书网。2020年8月30日18时，中国裁判文书网文书总量突破1亿份，访问总量480亿人次，彰显了中国法院和法官群体的司法自信。2014年11月13日，中国审判流程信息公开网正式开通。2018年9月，中国审判流程信息公开网改版升级上线，实现流程信息从无处查询到主动推送。当事人及其诉讼代理人自案件受理之日起，可以凭有效证件号码，随时登录查询、下载有关案件流程信息，了解案件在立案、分案、开庭、延长审理期限、上诉等各个阶段的具体信息，截至2020年年底，中国审判流程信息公开网累计公开案件3500余万件，访问量4亿余人次，流程信息公开率达到99%以上。2016年9月，最高人民法院推出"中国庭审公开网"。中国庭审公开网全面覆盖四级法院,将海量的庭审直播过程全方位、深层次地展示在新媒体平台下,使公众可以迅速、便捷地了解庭审全过程。截至2020年年底,中国庭审公开网累计直播庭审1104万余,访问量超过319亿人。最高人民法院开通了"全国法院失信被执行人名单信息公布与查询"平台,并借助微博、微信平台开设"失信被执行人曝光台",与"人民网"联合推出"失信被执行人排行榜"。截至2020年年底,中国执行信息公开网累计公布执行案件信息968万余条,正在公布失信被执行人633万余人次,访问量2.46亿次,公开终本案件2062万余件。

二是推进以审判为中心的刑事诉讼制度改革。推进以审判为中心的诉讼制度改革,是党的十八届四中全会作出的重大改革部署。为减少侦查、起诉、审判对证明标准的争议,人民法院运用互联网、大数据、云计算等新一代信息技术助推以审判为中心的刑事诉讼制度改革,上海市高级人民法院研究制定"上海刑事案件智能辅助办案系统",目前已取得阶段性成果。2017年5月3日,"上海刑事案件智能辅助办案系统"在公检法共计25家试点单位试运行,取得初步成效。比如,软件系统联接公检法三机关,形成新的办案流程,初步实现了刑事办案网上运行、互联互通、信息共享;制定证据标准、规则指引,初步解决刑事办案证据标准适用不统一、办案行为不规范的问题;系统的证据校验、审查判断等功能,能及时发现、提示证据中的瑕疵和证据之间的矛盾,防止"一步错、步步错、错到底";该系统为办案人员提供了集成、高效的智能辅助,促进了办案质量和效率的提升等。目前,"上海刑事案件智能辅助办案系统"的经验做法已经在其他省、自治区、直辖市试点推行,视情况会同公安机关、检察机关等部门共同制定证据指引标准,借助大数据等重点解决刑事诉讼各阶段证据标准指引,并以此规范侦查、起诉、审判活动,从源头上防范冤假错案发生。

三是建立防止干预司法活动的工作机制。实现网上办案平台全程留痕,全国3500多家法院和1万多个派出法庭全部实现网上办案,每起案件各个环节均在网上运行、全程留痕,办案过程中所涉及的案件信息,全面、真实、准确地录入网上办案系统,为日后案件备查、纪检监督提供依据。实现过问案件网上登记，设立内外人员过问案件的信息录入专库，全面、及时、如实地记录法院外部和法院内部人员过问案件的情况，并通报责任人员，发挥对司法腐败的震慑作用。

四是推动人民法院财物管理体制改革。为加强涉案资金管理，山东、浙江、北京、广西等地的高级人民法院创新研发了法院案款管理系统。这是以资金为主线的业务财务融合系统，适用于包括执行款、诉讼调解款、保证金等在内的所有涉案资金，涵盖了到账资金认领、付款申请审批、超期审批与预警、数据分析统计等多项功能，实现资金管理和业务处理的全流程覆盖。以山东省高级人民法院为例，系统在全省 176 家法院上线后，每年过付资金 30 余万笔总量达 500 余亿元，工作量减少 90% 以上，过付时间降低 50% 以上，平均过付时间低于 20 天，有效规范了工作流程，实现案款"一案一账户"管理，极大提升当事人的满意度和法院的工作质效。

五是为支持队伍管理和改革决策科学化，最高人民法院研发全国法院人事信息管理系统，供全国法院部署或对接使用。系统实现全国所有法院人事信息的网络传输和实时更新，能够支持法官、司法人才、人民陪审员的分类分层管理。目前已经形成一个针对全国法院法官干警、司法人才、人民陪审员的中心数据库，这些人事信息资源共享给大数据管理和服务平台以及审判业务系统，为应用提供人事信息基础服务，实现人员绩效考评。

五、服务经济社会治理

智慧法院建设应用不仅促进了审判体系和审判能力现代化，也有力支持了国家营商环境不断改善。2019 年 10 月 24 日，世界银行发布《2020 年营商环境报告》。中国的全球营商便利度排名继 2019 年大幅提升 32 位后，2020 年又跃升 15 位，位居全球 190 个经济体的第 31 位，以法院信息化为主要指针的"司法程序质量指数"在 2017 年、2018 年连续位居前列后，2019 年跃居全球第一，使得中国跻身全球优化营商环境改善幅度最大的十大经济体。

人民法院审理的各类案件情况，是国家经济发展和社会生产生活的"晴雨表""风向标"。基于人民法院汇聚的案件信息和裁判文书，以服务审判体系和审判能力现代化、社会治理体系和治理能力现代化为主线，围绕服务人民群众、服务社会治理和服务立法完善等方面，截至 2020 年年底累计完成 860 余份专题分析报告，以期辅助支撑中央决策参考，服务于法院现代化管理，提升人民群众法治意识。

截至 2017 年 6 月 30 日，最高人民法院单独或会同其他中央有关部门出台司法改革文件 123 件。为全面、准确、客观地呈现人民法院司法体制改革的进展和成效，回应人民群众和社会各界的广泛关切，专题研究团队在汇总、研判各类数据基础上，结合法院改革工作实际，研究形成《人民法院司法改革成效数据报告》。报告显示，立案登记制改革后，全国法院受理案件总量迅速增长，各地法院广泛应用信息化手段，使立案效率和便民程度得到显著提升；设立知识产权法院，收结案量均呈上升趋势，显示国家加大知识产权司法保护力度；2016 年全国法院适用特别程序审结的案件量是 2015 年的 7.05 倍，展示出案件繁简分流机制的有效性，促进司法公正与效率相统一。

例如，针对信用卡诈骗案件，专题研究团队进行了案件数据分析，形成了《信用卡诈骗》报告。报告显示，全国信用卡诈骗罪案件量缓慢上升，多发于东南沿海和东北地区。超过半数被告人为无业人员，逾八成案件诈骗手段为恶意透支，涉案金额集中在一万元以上不满五万元，提示金融机构应加强发卡审核和信用额度管理流程的监管。又例如，2018 年 10 月 28 日，重庆万州公交车因司乘冲突引发公交车坠江事件引起社会各界关注，专题研究团队快速响应，在事发后 21 天面向社会公开发布了《公交车司乘冲突引发刑事案件分析报告》。相关分析内容和研究成果对 2019 年 1 月 "两高一部"《关于依法惩治妨害公共交通工具安全驾驶违法犯罪行为的指导意见》的科学制定和及时出台发挥了作用，明确了持械袭击驾驶员等七种情形不得适用缓刑，以及规范了抢夺方向盘等行为应确定为以危险方法危害公共安全罪。再例如，2019 年 6 月，全国各地连续发生多起高空坠物伤人事件，如何守护头顶安全，引发社会广泛关注。专题研究团队紧密关注，以此为切入点，完成了《高空坠物伤人案件分析》。相关研究成果经最高人民法院报中办后，得到了党中央高度重视，有力推动了高空坠物伤人相关法律的制定和完善。专题研究团队还对离婚案件进行了分析，形成了《离婚纠纷》报告。分析显示，全国离婚纠纷案件中 73.4% 的案件由女性提出，显现出我国女性婚姻自由和独立意识进一步加强；婚后 2~3 年为婚姻破裂的高发期，传统的婚姻七年之痒进一步提前到 2~3 年；仅有不到一成案件为夫妻双方都想离婚；14.86% 的夫妻因家庭暴力原因向法院申请解除婚姻关系，显示出家庭中的妇女权益保护仍然任重道远。

六、贡献中国司法智慧

中国智慧法院建设取得的瞩目成就也获得国外法律同行的一致好评，为信息时代的世界法治文明提供了中国方案，贡献了中国智慧。

一是世界各国普遍重视在线诉讼方式的重大改革。中国法院通过诉讼服务网、电子诉讼平台、互联网法院和移动微法院等多种方式和渠道广泛服务人民群众，为涉诉人群提供了极大便利，赢到了国际同行以及新闻界的高度赞扬。特别是在 2020 年全球应对新冠疫情挑战过程中，中国法院通过网上诉讼服务保证立案、证据交换、庭审和送达等司法活动不停摆、不打烊，受到很多境外媒体的广泛报道。世界四大通讯社之一的法新社就报道了中国通过社交软件实现司法审判功能，并指出在线上诉讼领域创新方面，中国已处于世界领先地位。

二是世界各国注重通过司法公开促进公正司法。中国法院建立全国统一的审判流程、庭审直播、裁判文书和执行信息公开平台，建成全球最大的裁判文书公开资源库，以最大限度地公开促进社会公平正义、提高司法公信力的做法得到了世界同行的普遍赞誉。2020 年 3 月，《哈佛法律评论》刊登名为《推动中国法院信息公开？来自美国视角的本土化建议》的评论文章，高度肯定了中国法院近年来以审判流程公开、裁判文书公开、执行信息公开为代表的司法公开改革，并从法理和中国司法公开的成功实践出发，对美国司法提出了改革建议。

三是世界各国都积极运用信息技术提高审判效率。中国法院通过网上审理、智能辅助等信息系统改变了传统的案件审理模式，大力推动案例分析应用、庭审语音识别、裁判文书辅助生成、法律法条和相似案例智能推送等司法大数据和人工智能手段辅助法官办案、提高审判效率，给世界各国同行留下了深刻印象。很多来访的世界各国法官均认为"互联网＋司法"是中国法院取得的最伟大的成就之一，中国法院的信息化建设和应用已处于世界领先水平，为其他国家法院提供了可参考、可复制的模板示范，不少国家首席大法官提出了亟需移植复制智慧法院审判办案系统的要求。

四是很多国家力求借助信息化方式破解执行难题。中国法院运用统一的执行流程信息管理系统规范执行行为，运用执行查控系统便利查控被执行人财产，运用失信惩戒系统限制失信被执行人高消费，运用执行指挥系统督导、协调各级人民法院执行工作，运用执行信息公开系统促进阳光执行等全面创新举措及其取得的显著成效赢得世界同行的高度认可。在2019年1月于上海召开的世界执行大会上，很多国家代表表示此次大会使其了解到前所未见的执行方式，非常震撼、深受鼓舞，相信很少有其他国家能够把信息化和执行工作结合得如此完美。

七、体系工程重要实践

全国智慧法院体系工程攻克了体系统筹协调难、数据精准汇聚难、综合智能服务难、系统融合联动难等关键难题，研发完成了数十个重点信息系统，推广普及9类贯通全国的一体化骨干业务系统，连通全国3500多个法院、1万多个派出法庭和3800多个应用系统，与30个行业4029个部门实现协同联动，创建并运用的很多成果属于复杂信息系统体系工程的理论、方法和技术创新。

第一，提出并运用基于信息关系和信息度量的智慧法院复杂信息系统顶层设计和质效提升方法。针对复杂信息系统建设统筹协调难、迭代升级难、综合评估难、持续提升难的普遍性难题，形成了一套全过程支持复杂信息系统规划、设计、评估和应用成效持续提升的理论和方法，有效支持了体系能力的迭代提升。一是创建信息的六元组模型和九类度量体系。运用集合论、映射论、测度论等基础数学理论，世界首创信息六元组模型，形式化描述信息本体和载体之间的多元映射关系，揭示信息的基本性质，构建信息九类度量体系，解决了复杂信息系统建设缺模型、少度量、难计算的基础理论难题。二是提出基于信息度量的体系规划方法。按照信息模型和度量理论，提出了智慧法院信息系统的常青生态发展模型，科学规划了全国智慧法院信息基础设施、业务应用、数据资源、信息安全和运行维护系统的基本结构、演变形态、建设任务和发展路线，有效解决了全国智慧法院信息系统统筹协调难题。三是创新基于信息关系的总体设计方法。首创提出所有信息系统要素之间9大类30小类信息关系，设计形成支持任意扩展的系统要素关系矩阵，支持对基础设施、应用、数据、安全、运维等各类系统要素及其与工作业务之间的任意组合分析，为解决全国智慧法院信息系统迭代升级难题提供了有效支撑。四是创建"三位一体"质效型运维体系。基于信息度量，建立涵盖783项指标的质效评估指标体系，研发可实时监控27 100多张运行质效视图的可视化质效型运维管理平台，构成质效型运维服务、可视化管理平台、运行质效报告"三位一体"质效型运维体系，实现复杂信息系统运维从传统"完好型"向先进"质效型"跨越，有效解决了智慧法院信息系统综合评估和持续提升的难题。

第二，创建运用广域分布的海量多元异构司法大数据实时汇聚和可信治理方法。针对全国四级3500多个法院、上千应用系统业务数据实时汇聚和质量校验难题，突破广域分布的海量多元异构司法大数据一体化实时汇聚技术，创建覆盖生产、汇聚和应用全过程数据质量管控方法，建成全球最大的高置信度司法审判信息资源库，形成丰富的司法大数据研究应用成果。一是创建数据空间统一模型及数据自动实时汇聚技术。建立以案件为中心，融合案件基本信息、当事人、审理者、审判组织、裁判内容、案件载体、案件程序等数据维度的数据空间统一模型，实现全国3500多个法院每天7-8万件案件数据、每5分钟自动实时汇聚，累计汇聚案件量超2.18亿件，成为全球最大司法审判信息资源库。二是创建海量司法大数据全要素实时校验技术。基于信息模型和度量，建立面向覆盖率、及时率、合格率、规范率和置信度的评价指标模型及237项质检指标体系，研发自动化数据校验技术工具，实现全国法院每日 6 大类 62 小类司法数据资源的全量数据自动校验。三是构建数据质量全过程管控方法。建立监督式数据汇聚机制解决数据集质量问题、数据校验算法解决数据项质量问题、"一数一案"应用机制解决数据应用质量问题的全过程质量管控方法，支持数据质量报告自动生成，建立基于统一数据空间差异的归零机制，使全量数据质量置信度长期稳定在 99% 以上。四是开创全方位司法大数据服务新模式。创建面向人民群众、审判执行、司法管理、国家治理的全方位司法大数据应用模式，每年全自动生成涉及 20.9 亿个信息项的 775 万份司法统计报表，使中国法院彻底告别人工统计方式。形成 860 余份专题报告，为国家治理体系和治理能力现代化提供重要支撑。

第三，突破并应用综合司法知识引擎驱动的多业态司法人工智能技术。针对司法工作与人工智能深度融合的迫切需求以及各地法院低水平重复建设现象，创建了综合司法知识引擎，构建形成多业态司法人工智能系统，广泛支持全国各地法官审判办案、社会治理定量分析和辅助决策。一是创建以案情数据为基础、人事、政务和经济社会数据为拓展的综合司法知识引擎。建立涵盖描述型、规律型、规则型、图谱型的司法知识体系框架；创新提出应用、数据、知识和智能引擎构成的四维司法人工智能系统架构；建成知识自动抽取和综合运用机制，形成知识总量超 6 亿条、容量达 17TB 的知识引擎，支持语音、图像、视频、文本等人工智能技术在司法领域的一体化应用。二是创建司法大数据与国家治理能力映射模型。以服务经济社会治理为目标，建成从经济社会治理领域重难点问题向案件案由、当事人、案情、裁判、法官等审判要素，进而向案件时间、空间、特征等技术变量的复合映射关系和量化评估模型，实现社会域治理问题向司法大数据技术域问题的互耦转换。三是创新构建多业态司法人工智能系统。基于综合司法知识引擎，突破多模态文档分类方法，支持准确率不低于 90% 的电子卷宗自动分类归目；突破全国语音云构建技术，支持案件模型和声纹模型全国共享，实现准确率不低于 90% 的庭审语音自动识别，使庭审效率提升 20%~30%；突破融合多帧时序的视频信息综合处理技术，实现庭审违规行为自动识别，违规行为查全率不低于 80%，查准率不低于 85%；突破基于司法知识库的"填槽法"长文本生成技术，实现准确率不低于 90% 的司法文书自动生成能力，使法官案头事务性工作降低 30% 以上。

第四，创建了"四跨一衔接"智慧法院信息系统一体化协同联动架构。针对以往较为普遍的系统不互连、信息不互通、数据不共享、部门不协同、线上线下不衔接等突出问题，研发并推广一批骨干业务系统，连通全国法院众多其他应用系统并实现与多部门协同联动，解决全国智慧法院信息系统跨业务、跨网系、跨层级、跨部门和线上线下衔接的综合集成难题。一是研发一批贯通全国的一体化骨干业务系统。坚持全国统筹推进与鼓励地方创新相结合的推广模式，研发并整体推广基于电子卷宗的网上办案系统、上下联动内外协同的执行信息系统、泛在化诉讼服务系统、统一司法公开平台等 9 类 27 个覆盖法院主要业务的骨干应用系统，并通过人民法院信息化标准体系固化成果，为拓展延伸、贯通全国奠定坚实基础。二是面向全国一体化需求建成跨业务、跨网系、跨层级、跨部门和线上线下有机衔接协同联动机制。以大数据平台为中枢实现各类跨业务应用共享交换，合规运用隔离交换技术支持跨网系安全交互，以流程节点为驱动实现跨层级对接联动，基于数据服务动态生成技术支持法院内外跨部门信息按需共享，科学设点布局各类应用线上线下有机衔接端口兼顾线下作业习惯，最大限度避免数字鸿沟影响。三是创新实现智慧法院信息系统一体化融合集成。连通全国法院 3800 多个应用系统，实现与 30 个行业 4029 个部门协同联动，全面实现以电子卷宗全程在线流转为主线的网上办案、上下联动高效协同的执行业务支持、便民利民的泛在化诉讼服务和数据安全优先的全流程司法公开等系统一体化集成应用。

第七节　发展方向

推进国家治理体系和治理能力现代化是实现中华民族伟大复兴的有力保证，是建设社会主义现代化强国的重大任务。审判体系和审判能力作为国家治理体系和治理能力的重要组成部分，其现代化意义不言而喻。全面建设智慧法院，正是运用人工智能、互联网、大数据等现代信息技术手段促进审判体系和审判能力现代化的重要举措和必由之路，具有非常明确的历史逻辑和十分广阔的发展前景。同时，现代化和信息化一样，既是我们努力追求的宏伟目标，也是持续动态优化的发展过程。智慧法院不论发展到哪一阶段、达到何种水平，都不能故步自封，都必须紧随依法治国、司法为民和公正司法的前进步伐，主动拥抱先进信息科技成果，推动司法规律、体制改革与技术变革融合发展，不断满足人民群众、广大干警和社会治理日益增长的多元化司法需求。

一、智能化趋势

随着诉讼服务导引、卷宗自动编目、文书辅助生成、庭审语音识别、类案智能推送、庭审智能巡查和裁判偏离预警等一批司法人工智能产品的研发和应用，中国法院在全方位智能服务上迈出了扎实可喜的步伐。但目前智能化产品无论是服务面的广度还是精准化的深度与人民群众和广大干警的需求相比都存在很大提升空间，方兴未艾的人工智能技术为此提供了强大的发展动力。

字符识别、语音识别和视觉识别是人工智能领域发展迅速的重要分支，中国法院目前广泛应用的多种智能化产品正是得益于这几项技术的创新成果。随着通用化感知识别技术快速发展及其与法院特定应用场景的进一步融合，电子卷宗、庭审语音、庭审视频以及其他场所的文字、语言和图像识别能力必将大幅度提升，为相关司法活动提供更加精准的智能辅助支持。

自然语言处理是计算机辅助理解人类语义的关键技术，也是人工智能领域备受关注的学科分支。就司法人工智能而言，关键还是取决于信息系统对案件事实、争议焦点、法律适用和量刑裁判语义理解的准确性、全面性和逻辑性。因此，借助于自然语言处理技术发展，着力突破法言法语处理辨识技术，是从根本上提高案件审理、庭审合议、类案推送、智能裁判和诉讼服务等智能辅助能力的关键途径。

专家系统是模拟人类专家解决领域问题的信息系统，也是人工智能领域最重要、最活跃的发展方向。针对各类案由特点开发案件要素知识表示、基于司法大数据的知识深度学习算法、面向刑事、民事、行政和执行的司法知识库、自组织协同裁判推理机制，在此基础上集成各类知识表示和推理机制，构建综合性审判执行知识库和知识服务引擎，对接联动诉讼服务、审判执行、审判监督和司法管理等信息系统，是智慧法院调动各方面积极性、集约高效地提升全方位智能服务能力的必由之路。

二、一体化趋势

法院专网、四大司法公开平台、执行信息系统、人民法院调解平台、中国移动微法院以及人民法院大数据管理和服务平台等一批贯通全国的骨干信息系统促进提升了智慧法院信息系统的一体化程度，为人民群众和法院干警带来了很大便利。但法院业务包罗万象，服务对象分布广泛，只有进一步支持各类业务应用系统门户统一、互联互通、信息共享、协同联动，才能更好地发挥信息化优势，增强广大用户的获得感和满意度。蓬勃发展的信息系统体系工程技术为智慧法院信息系统整合集成带来了重要机遇，只要针对重点环节综合施策，一定能够推动智慧法院实现更高水平一体化发展。

体系结构设计是从源头强化信息系统一体化的关键技术，包括从业务、系统、数据和技术等多视角研究、分析、描述复杂信息系统体系，经过二十年探索已经形成一整套方法、工具和视图，当务之急不在于"多"和"全"，而在于简明实用。在全国智慧法院建设实践中形成的基于信息关系的总体设计方法能够充分统合、展现体系设计中的业务、系统和数据要素，结合不断扩充完善的智慧法院技术标准体系，着力推广应用于全国和各高级人民法院信息系统，必将从根本上优化完善智慧法院信息系统的体系蓝图。

数据是信息系统的命脉。随着司法人工智能快速发展，基于司法大数据学习生成的司法知识也必定成为智慧法院智能运转的重要源泉。因此很大程度上数据和知识的整合也将成为推动智慧法院信息系统一体化发展的重要举措。完善人民法院大数据管理和服务平台，建设各高级人民法院和部分中级人民法院数据中心，高起点构建综合性审判执行知识库和知识服务引擎，形成一体化分布式人民法院大数据管理和知识服务平台，对于促进智慧法院信息系统整合集成具有极为重要的意义。

信息系统的价值体现于满足用户的各类信息需求。按照客观信息理论的基本认识，这些信息需求都可以通过具体的信息度量量化评价。综合分析各类量化指标的实现情况以及相互之间的折衷平衡，是提高体系整体价值、促进整合集成的主要依据。因此，在全国高级人民法院和部分有条件的中级人民法院推广普及质效型运维体系，实现从设计建设到应用成效的量化、闭环管控，通过智慧法院实验室积极探索新技术、新成果的融合集成，必然开创智慧法院一体化发展的崭新局面。

三、泛在化趋势

诉讼服务网、12368 诉讼服务热线、电子法院、互联网法院和中国移动微法院等一批网上诉讼服务系统已经为人民群众提供了广域可及的网上、远程和异地诉讼服务，很多法院建设的移动办公办案系统也广泛支持干警院外工作，但这些移动应用有些业务范围还不够宽，有些受环境条件影响，难以为用户提供高质量的理想服务。全国各地正在大力建设的 5G 移动通信基础设施及相关应用产业为智慧法院实现随遇可得的高质量泛在化信息服务、更大幅度地减轻人民群众诉累、降低干警工作负荷带来了广阔的发展前景。

5G 移动通信带宽流量相较于 4G 有百倍以上的提高，很多原来受限于传输能力原因不能从固定终端拓展到移动终端的业务应用能够理所当然地冲破空间限制、延伸到各种类型的移动终端上，大容量卷宗传输和视频下载，大范围案例检索和智能推送等业务都不会受到带宽限制，无疑将使智慧法院所有业务都具备移动支持能力。

5G 频谱资源相较于以往更能高效利用，网络管理的能力和水平能够进一步提高，网络通信质量更有保证，智慧法院网上庭审、网上调解、网上视频交互等易受带宽动态影响的业务将能保持稳定优质状态，必然更加适应司法服务稳定性、规范性、高可靠性的客观要求。

5G 扩充后的通信容量，除支持业务数据通信开销之外，还可以利用富余容量进行完备的信道加密处理,以便于内部敏感数据和业务拓展到移动终端,更好地支持移动终端内网化,长期影响法院内部移动应用性能的安全隔离瓶颈将能得到很大缓解,必将促进智慧法院内部业务应用的泛在化。

在5G提升通信容量的基础上,很多现有的业务和服务能够不受带宽限制进行针对性智能优化,更好地满足特定用户对各类应用的个性化需求,中国移动微法院、电子法院等诉讼服务平台能够在现有基础上大力增强智能服务功能,通过提高移动用户的泛在化应用体验提高智慧法院的知悉和普及程度。

强有力的移动通信技术能够高效管理多网并存的异构移动网络,成为整合多种固定网络和移动网络资源末端枢纽。由此,智慧法院整合集成的焦点将从PC端全面转向移动端,为广大用户提供内容更加丰富、形式更加新颖、使用更加便捷的泛在化司法服务。

四、融合化趋势

减刑假释信息处理系统、刑事案件证据链指引系统已经促进了政法部门之间的信息流通和共享,道路交通纠纷一体化处理平台、网上保全、执行查控、联合失信惩戒和司法拍卖等信息系统也推动了审判执行工作与外部社会的协同联动,但这些跨部门融合机制和渠道目前仍限于单项业务或局部范围,远未实现广泛范围的融合共享,主要原因之一就是尚未构建形成跨部门的充分互信机制和可信基础平台。快速发展的区块链技术为此带来了解决之道,基于区块链将推动法院审判执行工作更好地融入经济社会运行,更加高效地维护社会公平正义。

区块链作为分布式共享数据库,技术上支持所有行业领域宏大数据资源按需共享,人民法院既可以从中获取所需以支持更好地寻找事实、寻找法律,也能够更有针对性地为社会各界提供必要的法律服务和保障。

人民法院作为社会公平正义的守护者,对数据的客观性、权威性和不可篡改性有非常严格的要求,利用区块链引入最先进的数据存证方式和联盟,确保司法大数据全生命周期真实性,是公正司法的必然要求,这也是以往法院系统成为应用区块链最早的政务部门的主要原因。

社会生产生活和经济活动越是丰富多彩、变化万千，矛盾纠纷就越有可能出现并最终走进法院，智慧法院倡导、加入并与经济部门和社会组织共同维护区块链联盟，能够以较小的代价促进重要活动全程留痕、全量可追溯，通过各个环节的法律约束保障各类活动依法进行，还能在当事者约定的条件下保障法律义务自动履行，最大限度降低司法成本，提高社会整体运转效率。

阳光是最好的防腐剂。基于区块链的跨界融合能够从技术上支持充分公开、不可伪造的运行流程和实体数据，以此为基础构建全新的智慧法院信息系统体系，既能为法院干警提供高效便捷的审判执行平台，也能提供更好保证廉洁司法的监察员和保护伞，还更有利于广大人民群众和社会各界随时监督，提高司法公信力。

五、便捷化趋势

随着智慧法院与法院各项业务的全面深度融合，广大法院干警的日常工作已经越来越离不开信息系统，很多涉诉群众和律师群体也已经从法院信息系统得到很大便利，体现了智慧法院建设应用的重大作用和意义。但不少法院信息系统仍存在诸多不尽如人意之处，操作不够简便、功能不够完备、性能不够稳定等现象常常给用户造成困难，还有一些人民群众和法院干警不了解、不熟悉、不会应用一些可能带来极大便利的法院信息系统，其中既有部分系统研发水平不高、基础设施支撑能力不足等技术因素，也有推广宣传和操作培训不到位、广大用户未能熟练掌握等问题。通过信息系统体系工程优化完善和迭代提升的一系列科学方法，必定能够提高智慧法院信息系统的便捷化水平，为广大用户提供优质高效的信息服务。

通过智慧法院信息系统体系整合，集成用户界面，简约系统门户，能够使面向法院专网应用的法院干警和面向互联网应用的人民群众避免面对纷繁复杂、无所适从的使用窗口，非常直接准确地切入所需功能，支持方便快捷地完成操作应用，实现一站通办、一网通办。

通过详实科学的总体设计，克服内部办公、审判、执行等系统和外部诉服、调解、信访等系统分散凌乱的不合理局面，打通网系之间、业务之间的功能藩篱和数据壁垒，支持高效简明的业务流程，便于各类用户所想即可得，所需即能得，也能在很大程度上提高用户的获得感。

运用严格规范的测试评估规程，建立符合智慧法院建设要求的测试环境和测试样本集合，确保基础设施、业务应用、数据资源和安全保障等各类系统研发环节符合质量要求，部署应用通过测试评价，能够经受常规应用情形和合理极端条件下的检测验证，大幅度提高信息系统的稳定性和可靠性。

运用攻防思维，始终将信息安全和隐私保护作为智慧法院信息系统运行服务的必要前提，动态、及时采用先进的网络安全技术，支持秘密、敏感信息和个人信息保护，确保国家和用户利益不受任何侵犯，不断增强广大智慧法院用户的安全感。

大力加强宣传推广，让广大人民群众和法院干警及时了解、掌握智慧法院的最新进展，特别是及时知悉与用户需求密切相关的系统应用方式，同时通过先进的在线场景培训和导航帮助，支持广大用户最为快捷地熟悉系统，乐于应用，踊跃反馈，形成建用结合、建用互动、共同促进智慧法院持续健康发展的良好局面。

第二章　建设需求

　　需求牵引，技术推动，是信息系统建设发展的典型驱动方式。建设智慧法院，特别要将需求分析作为各项工作的前提条件。大量工程实践经验证明，需求分析越全面、越具体、越透彻，体系规划、设计、开发和建设就越能够有的放矢、切实收效；需求分析不充分、不清晰，各项研制开发就容易出现混乱甚至劳而无功、半途而废。所以，认真、充分的需求分析对于整个体系建设或很多重要系统开发而言，具有"磨刀不误砍柴工"的重要意义。

　　一般而言，业务需求是整个建设需求的本源和出发点，任何一项体系工程或信息系统不可能没有相应的业务需求。另一方面，人们在需求分析之中往往容易忽视的是业务需求之外的应用系统、基础支撑、综合保障等其他重要需求，如此必然造成需求分析的残缺不全甚至南辕北辙，这是智慧法院需求分析必须倍加关注的关键问题。

　　系统需求是对应具体业务需求而产生的应用系统功能、性能和结构等方面的实现需求。事实上，针对诉讼服务、审判执行、司法管理等方面的很多业务需求，前期智慧法院建设中可能已有很多实际存在的系统能够予以满足，也可能通过对现有系统的整合集成就能够充分满足，还可能在目前技术水平上难以满足。这些不同情形及其更为复杂的组合都会影响具体的应用系统实现需求，这方面的详尽问题只应在需求分析阶段尽可能澄清，而不应延搁到设计实现阶段，否则必然造成不必要的资源浪费或建设目标无法实现。

　　支撑需求是针对具体应用系统需要提供的计算服务、数据存储、通信传输、显示操控等通用基础以及部分专用设施等方面支持的功能和性能需求，一般与业务需求不具直接关系，但对应用系统能否如愿实现至关重要。保障需求是针对信息系统研发、集成、部署、应用过程中需要提供的网络安全、运行维护和人力资源等方面保障能力的具体需求，关系到智慧法院信息系统体系全生命周期的建设应用成效，与业务、系统和支持三方面需求都有密切关系，需要同步分析，相互佐证，并行发展。

第一节　业务需求

智慧法院的业务需求是针对人民群众、法院干警和其他各类用户提供的各种应用和服务的类型、方式、流程以及其他约束条件的总和。

业务需求分析首先需要区别具体服务对象。同属人民群众，诉讼当事人、律师和一般社会公众会有完全不同的应用需求；同属法院干警，审判法官、执行干警和司法管理人员也因各不相同的工作业务而有不同的应用需求；同一对象在不同阶段、不同时空也有不尽相同的业务需求，因人而异、因时而异是全面、准确进行对象分析的必然要求。

业务需求分析的主体内容是对业务活动、操作流程、信息交互进行全面深入、具体形象的梳理和描绘。业务活动是对一项整体工作内容的具体分解，每一项业务活动都由特定服务对象操作实施。由于很多相同的活动往往具有不同的习惯名称，不同的活动还可能被有的人混为一谈，严格准确地辨别、定义业务活动、统一认识理解至关重要。操作流程是由一系列业务活动串联或并联形成的作业程序，通过图形化方式表现所有活动的先后顺序和驱动机制是明确操作流程的一般方法，应在实践中充分运用。信息交互反映了业务组织体系的内在运转逻辑，对梳理、明确、验证业务需求的准确性、合理性、可行性具有重要作用，但业务需求分析中可能会被忽视，或因需要开展更为细致的工作而被随意省略，需求管理者应该努力避免这方面的粗枝大叶。图 2-1 是典型的业务活动流程图，反映了服务对象、业务活动、操作流程、信息交互之间的工作机理。

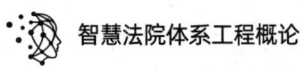

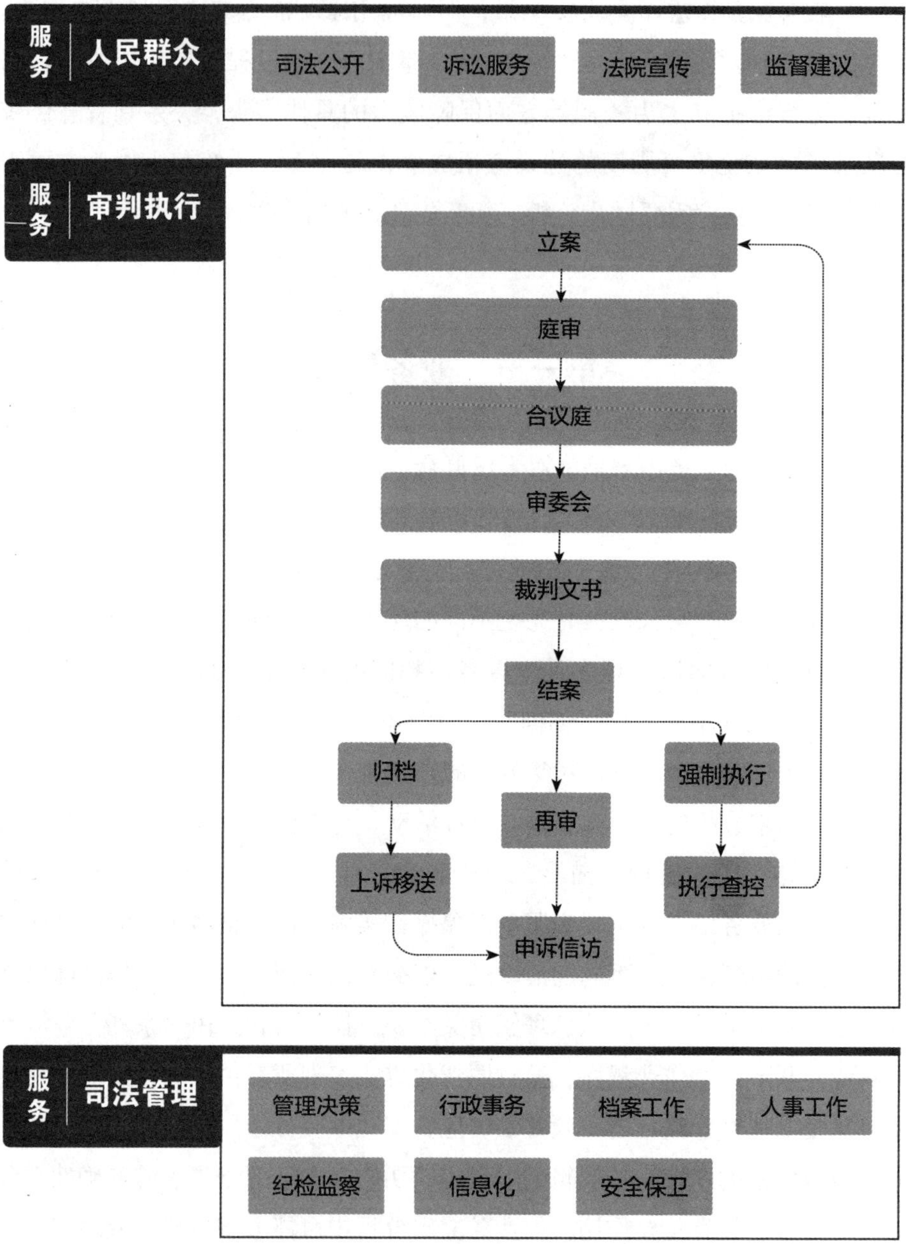

服务 ┃ 人民群众

| 司法公开 | 诉讼服务 | 法院宣传 | 监督建议 |

服务 ┃ 审判执行

立案

庭审

合议庭

审委会

裁判文书

结案

归档　　再审　　强制执行

上诉移送　　　执行查控

申诉信访

服务 ┃ 司法管理

| 管理决策 | 行政事务 | 档案工作 | 人事工作 |

| 纪检监察 | 信息化 | 安全保卫 |

图 2-1　智慧法院业务活动流程

由于用户体验不佳而招致系统研发失败的前车之鉴比比皆是。所以业务需求分析还应该特别关注应用场合、操作界面、时间响应、使用习惯等方面的用户体验要求，尽可能形成明确、严格的指标说明，其质量不仅影响随后的设计和开发过程，甚至决定了技术上能否得以实现。

理论上，不管有无信息系统，或者不管是否需要开发信息系统，业务需求总是客观存在，所以业务需求与系统体系结构和技术实现内容并无完全严格的对应关系。由此，研发人员可能将业务需求分析视为业务部门的单方面责任，这当然是片面且不合情理的认识。因为不与具体技术结合、不考虑技术实现能力、不运用规范技术方法编制的业务需求分析都只能是空中楼阁，难以真正牵引后续工作。所以技术研发部门在业务需求分析中也要担负重要责任，甚至因为需要组织、启发、引导业务部门形成高质量的业务需求而承担主要责任。

一、便民服务需求

诉讼服务是人民法院面向社会公众特别是涉诉群众的主要业务领域，主要包括法律和诉讼事项咨询、诉前调解、立案、诉前保全和鉴定、办案进程和案情查询、申诉信访等业务，由于一般公众以及初次涉诉的群众往往对于法院工作知之甚少，所以为有相应需求的人民群众提供尽可能便利、快捷、高效的司法服务就是诉讼服务的基本要求。

法律和诉讼事项咨询是人们在日常生活中遇到非常难以化解的纠纷时最希望获得的司法服务。除寻求法律服务机构支持外，也有很多情形、特别是希望通过诉讼解决问题的人们会直接联系法院，了解相关法律对特定矛盾纠纷的具体规定、法院对过往相似案例中的裁判结果、法院受理案件的一般程序、审理耗时、诉讼费用和条件要求等，还有很多群众希望更加细致地了解法院的地理位置、办公时间、组织机构、空间布局和服务窗口等。这些都是各级人民法院提供法律和诉讼事项咨询的具体需求，以便于减少群众不必要的时间耗费和往返奔波。

诉前调解是人民法院贯彻落实"把非诉讼纠纷解决机制挺在前面"指示

要求的重要业务，需要主动融入党委政府领导下的诉源治理格局，促进诉调对接实质化，形成从风险源头预防到矛盾纠纷前端解决，再到诉讼终局裁判的分层递进、繁简结合、衔接配套的一站式纠纷解决机制。要针对各类群众提出的各种纠纷诉求，引入工会、妇联、交通、医疗等多个部门，以及代表委员、律师学者、调解员、仲裁员、公证员等多方主体参与，采取引导调解和解、仲裁、行政复议、行政裁决等多种途径，运用司法确认和督促等程序，努力在立案审理前端化解各种社会矛盾。

立案是各级法院正式受理案件、进入实质性司法程序的首要环节，是诉讼服务的关键节点。需要根据立案登记制改革的规定要求，让所有符合立案要求的案件、处于各种境地的当事人和诉讼代理人能够尽可能便利、快捷地完成立案和诉讼费缴纳手续，并根据案件情况进行繁简分流、快慢分道，为尽快启动和完成后续流程创造良好基础。

诉前保全和鉴定是针对部分案件当事人的财产处置要求，引入相关保险机构为当事人提供财产担保服务，同时依据担保凭证依法保护或冻结相关涉诉财产的业务过程。必要时法院还需引入具有特定资质的机构帮助鉴定涉诉财产的状态和价值，为财产保全提供评估依据。

案件办理过程中当事人或诉讼代理人总有很多事项需要与办案部门联系沟通，并且不少当事人都希望能够不受时间和空间限制随时了解案件办理情况。所以，办案进程和案情查询是各级人民法院为涉诉群众提供服务的重点业务，需要能够用最短时间告知当事人或诉讼代理人所有应知事项、使办案人员了解涉诉人员的具体需求并尽可能快地依法予以回复，还需要为各类涉诉人员依法提供案卷查阅和证据交换服务，以便于方便涉诉群众、支持高效办案。

申诉信访是面向部分对案件办理结果或法院工作存有意见的群体提供的司法服务，需要法院工作人员能够非常理性冷静地依法应对各种可能出现的申诉群众和行为，及时收取、妥善管理、按需分发和上报申诉材料。并且由于信访材料往往具有重复、越级和多级同时递交等特点，前后、各地不一致的情形经常发生，所以需要充分协调、共享上下级和相关法院之间申诉材料和信息。

便民服务涉及来自社会各界的各类用户，信息化应用熟练程度和使用条件差异很大，应尽可能提供直观简明的操作界面和及时响应的服务功能，切实增强广大人民群众的满意度和获得感。

二、审判辅助需求

整个审判流程实际上从立案就已开始，历经分案、诉讼材料收集和分析、庭审、合议、裁判、制作和签发文书、送达、归档等若干节点完成对案件的审理裁判。对于重大或特殊案件，还需要提交审委会专题研究。利用信息化手段辅助审判业务需要全面支持网上办理，实现全程留痕和实时动态监控，通过案例参考等方式辅助法官提高裁判文书说理水平，并满足法官外出办案需要。

立案环节办案人员需要核实当事人身份，录入当事人及案件信息，判断是否存在重复立案、虚假诉讼等情况，上传立案材料，实现电子卷宗随案同步生成，制作相应法律文书并送达当事人。面对案件数量长期处于高位的情形，尤其需要支持办案人员最大限度减轻简单重复的工作，快速高效地办理立案事项。

案件立案受理后，需要在分案环节依据案由确定法院内部受理庭室；同时要按照司法改革繁简分流的要求，依据案情合理区分案件的繁简属性，支持简案进入快审通道，繁案进入精审通道；最后还要按照均衡办案和依法回避的原则将案件分配到具体承办法官。

诉讼材料收集和分析是审判过程的主要环节，办案人员需要与当事人和诉讼代理人充分互动，全面收集、妥善管理各种诉讼材料，分析判断材料的完整性、真实性、合法性和关联性。由于参与诉讼的人员可能很多，办案人员同时审理的案件也可能很多，利用信息化手段交换、流转和管理诉讼材料、实现电子卷宗自动归目和在线流转自然成为审判辅助的重要需求。

庭审是审判过程的关键环节，按照司法改革推动庭审实质化的要求，需要为庭审参与人员证据出示在法庭、案件事实查明在法庭、诉辩意见发表在法庭、裁判结果形成在法庭提供良好的表达、展现、查阅、记录和监控等辅助支持能力。按照司法公开要求还需要具有支持庭审直播公开的手段。

合议环节是公正裁判的有效保证。需要为参与人员调阅诉讼材料、查阅法律条文和相似案例、充分发表意见提供必要的保障条件。审委会是较之于合议范围更大、更加权威正式的审议形式，因而也需要类似、更加健全的保障条件。

依法裁判是审判过程中最为重要的环节。法官需要结合案件材料、相关法律和相似案例、合议和审委会讨论情况作出最终裁决。面对大量法律法规和过往案例，基于电子卷宗蕴涵的案情信息，向法官智能推送相关法律条文规定和相似案例裁判结果，是保障依法裁判、统一裁判尺度的重要需求。

制作和签发文书是体现裁判结果的必经环节。需要为法官有效利用案件材料和其他可借鉴的文件，编写裁判文书提供便利，同时也需要提供文书纠错和上网公开等辅助支持，尽可能提高审判工作质效。

送达并不是一个孤立环节，而是贯穿于审判乃至整个司法活动的重复性工作，需要多次将法院形成的各类法律文书及时送交受送达人。由于不同受送达人在诉讼活动中所处的角色、地位不同，对于法院文书的态度也大相径庭，往往使送达成为案件审理中的一个难点。因此需要通过各种丰富的途径，使法官免于"送达难"困扰，使其能够专注于案件审理裁判。

归档环节，办案人员需要检查所有诉讼材料的完整性和合规性，依据相关规定择其必要提交归档。档案部门需要检验、确认归档材料并进行长期、规范的统一管理。法院主要工作内容体系在案件评查机制、归档管理机制、审判监督机制。

随着案件数量增加、工作节奏加快以及外出交流的频繁，还需要为出差在外的办案人员提供远程阅卷、合议和审批等审判辅助支持，最大限度减少办案人员出差对案件审理时间的影响。

审判辅助直接服务于担负繁重审判任务的法官、法官助理和书记员等办案人员，并且是用户日常工作须臾不能离开的主要依靠，所以必须具有快速响应和精准服务的能力，同时还应千方百计降低持续工作易于造成的视觉疲劳。

三、辅助执行需求

执行工作是人民法院按照执行依据，运用国家执行权，依照法定执行程序迫使被执行人履行法律文书确定义务的行为。为实现"切实解决执行难"目标，最高人民法院积极推动执行实施类案件规范化办理、执行指挥四级联动、执行信息实时公开等相关工作，提升执行工作在保障胜诉者权益、维护司法权威、优化营商环境、促进社会信用体系建设等方面的能力和作用。

执行实施类案件需要经过包括立案、通知、财产查控、财产处置、案款管理、强制措施、信用惩戒、终本约谈和案件结案等主要流程节点，执行干警要按照统一规范的 37 个步骤和时限要求开展工作。

执行立案中立案法官需要对当事人进行身份验证，审查当事人提交的申请执行材料，审核执行依据文号是否生效、是否存在重复立案等情况，制作相应法律文书并送达当事人。

法院受理执行案件后，需要依法向当事人送达执行通知书、报告财产令、缴款通知书等法律文书。

执行办案中，法院执行人员首先要联系银行、公安、工商总局、税务总局、证监会等协执单位，对被执行人的银行存款、金融理财、互联网金融、动产与不动产等各类财产进行查询、冻结及划拨等处置，要求查控措施尽可能覆盖全面、精准到位，力求做到协同化、自动化办理。

财产处置是人民法院在执行过程中，委托第三方机构对查封的被执行人财产进行评估、拍卖和变卖等财产变现措施。需要通过合法询价的方式，确定被执行人财产拍卖的起拍价格，并在最高人民法院备案的合法拍卖机构进行拍卖或变卖，其过程与结果需要向社会公众实时公开。

案款管理是人民法院对执行案件案款到账及发放的管理工作。需要与银行合作，为每个执行案件开立专用账号，实现"一案一账号"管理，有效解决执行不明款问题。执行人员需要提起案款发放申请，按规定审批、财务人员审核确认后传送至相应银行，由银行将案款发放给当事人并向法院反馈回执。

人民法院在执行过程中，对拒不履行生效法律文书或妨害执行行为的被执行人或其他人员，需要依法采取执行强制措施，根据情节轻重采取拘传、罚款、拘留、限制出境以及法律规定的其他强制措施。

对于被执行人未按执行通知书指定的期间履行生效法律文书确定的给付义务的，人民法院需要对其采取纳入失信人员名单、限制高消费等失信惩戒措施，并与社会多部门联动，对失信被执行人进行联合惩戒，促进被执行人自动履行生效法律文书确定的义务。

在执行案件准备以终结本次执行程序结案前，人民法院需要进行终本约谈，将案件执行情况、采取的财产调查措施、被执行人的财产情况、终结本次执行程序的依据及法律后果等信息告知申请执行人，需要听取其对终结本次执行程序的意见，并制作约谈笔录，经约谈对象和约谈人签名确认。

执行法官应在法定期限内执结符合结案条件的执行案件，需要履行案件结案程序，由案件承办人登记案件的结案相关信息，如结案标的、执行到位标的、结案日期、结案方式等，并制作相应的结案文书送达当事人。

执行工作具有很强的程序性、规范性和协同性。需要构建全国法院统一联动的指挥体系，实现对四级法院执行工作的统一管理、指挥和调度，逐步形成覆盖全国、上下一体、内外联动、响应及时、保障有力的执行指挥调度工作新格局。

以服务当事人、切实维护当事人利益为出发点，人民法院需要通过各种渠道扩大当事人的知情权，加大社会各界对执行工作的监督力度，促进执行公正，提升当事人对法院执行工作的满意度。

由于执行业务协同范围广，涉及信息敏感度高，运用各种信息化手段辅助执行工作要求具有较强的高并发处理能力和严密的信息安全管控和审计措施。

四、服务管理需求

司法管理是人民法院围绕审判执行主业开展的各项管理工作，包括行政管理、审判管理、人事管理、财务管理、装备管理、后勤管理和档案管理等，是服务和保障法院正常运行的必要条件。

行政管理是组织机构日常运转的驱动方式。运用信息化手段、通过网上办公保障规章制度、决策部署、会议研讨、文件通知、报告审批、疑难协调、督促检查等管理事项推进实施，是信息化时代提升法院工作质效的基本要求。需要以法院内部的组织机构、人员角色、工作权限和审批流程为基础，形成网络化、程序化、平台化的行政管理模式。

审判管理是法院特有的管理体系和机制，需要针对审判执行工作特点，运用信息化手段支持制定业务规则，确定部门职责，规范工作流程，掌握审执态势，监督司法活动，持续优化程序，为审判管理和监督人员提供全面掌握审判执行态势和重点案件进展情况的作业平台和数据支持。

人事管理为法院各项工作开展提供组织保证。需要以所辖法院或部门的组织机构为基础，运用信息化方式录入、保存、调阅并及时更新所有干警的个人简历等基本信息，支持日常考勤、绩效考核、选拔评比、表彰奖励、教育培训等业务，并且支持审判业务专家、司法警察队伍以及陪审员等特定人员群体的信息化管理。

财务管理、装备管理和后勤管理是社会各部门都需要开展的日常管理。要发挥智慧法院建设优势，运用信息化手段使这些管理活动与上述行政管理、审判管理和人事管理尽可能实现信息共享和业务联动，提高法院综合管理质效。

档案管理也是社会各部门都需要开展的重要工作门类。法院档案管理的重点是大量司法案件卷宗。在案件数量与日俱增、档案存放空间越来越紧张的条件下，需要着力推行以电子档案为主、纸质档案为辅、四级法院共享共用、便利支持归档、保存、调阅、利用、更新和备份的档案管理方式，同时积极推动案件档案与办公文件等其他业务档案的关联索引。

司法管理业务众多，信息化应用相对繁杂，应尽可能提供统一的入口界面，使各类用户能够非常方便地进入相应应用并灵活跳转，减少反复查询、登录带来的不便。

五、司法公开需求

司法公开是坚持以人民为中心的发展理念，保障人民群众对法院工作的知情权、参与权、表达权和监督权，规范司法行为、提升司法公信力的必然要求。各级法院需要按照最高人民法院关于推进司法公开的一系列文件要求，进一步拓宽范围、健全形式、畅通渠道、强化信息技术支撑，积极推动审判流程、庭审直播、裁判文书和执行工作信息公开，努力构建开放、动态、透明、便民的阳光司法机制。

在审判过程中需要公开审判流程信息，及时将刑事、民事、行政、国家赔偿案件的流程节点信息和诉讼文书信息向案件当事人公开，流程节点信息包括收案信息、诉讼费减免缓信息、案件审理信息、当事人信息、诉讼代理人或辩护人信息、审判组织信息、审理执行期限信息、程序变更信息、管辖异议审查信息、回避决定信息、诉讼保全信息、担保设立信息、先予执行审查及结果信息、复议信息、送达信息、结案信息、裁判文书上网信息等，诉讼文书信息包括案件审理过程中双方提交的文书材料和笔录信息等，以便诉讼参与人及时了解案件进展情况，依法维护自身权益。

除依法不宜公开的庭审活动外，各级法院需要积极将庭审音视频向社会大众直播和录播，让没有身临法庭的人也能观看整个庭审过程，让公正司法以看得见的方式实现。同时，对于当事人隐私和部分敏感信息，需要采取合适的措施加以屏蔽和保护。

除依法不能公开的裁判文书外，各级法院需要对刑事、民事、行政、执行、赔偿等各类案件的判决书、裁定书、决定书、调解书、通知书等法律文书在生效之日起七个工作日内向社会公众统一公开，满足人民群众进行检索和查阅的需求。裁判文书中涉及当事人敏感信息等不宜直接公开的部分，需要进行隐私屏蔽处理。同时为保证裁判文书内容的准确性，需要在公开前对裁判文书的格式规范性、信息完整性、逻辑一致性以及适用法条的准确性等方面进行纠错和校验。

为方便当事人及时了解执行案件进展情况，人民法院需要将执行立案、执行人员、采取执行措施、采取强制措施、执行财产处置、执行款项分配、执行程序变更、执行和解协议、执行实施案件结案、执行文书、执行送达等流程节点信息和失信被执行人员名单、未结执行实施案件的被执行人、限制高消费人员名单、询价评估、司法拍卖、执行案款公告、悬赏公告等执行信息通过全国统一的平台进行公开，实现执行案件办理过程全公开、节点全告知、程序全对接、文书全上网，为当事人和人民群众提供全方位、多元化、实时性的执行公开服务。

司法公开业务面向广大社会公众，很多用户可能是初次接触智慧法院信息系统，应尽可能提供直观简明的操作界面、应用导航和及时响应的服务功能，以便于各类用户能够快速熟悉和掌握平台应用。

六、其他业务需求

除主要业务之外，智慧法院还需要满足其他几乎所有法院业务领域的信息化需求，包括新闻宣传、党建工作、教育培训、老干部工作、廉政建设和沟通交流等。

媒体融合是新闻宣传的发展方向。需要通过互联网和法院专网上多种信息载体和窗口及时汇集、展现所属法院公正司法和司法为民的工作风貌，既支持各单位和部门便利上传新闻动态，也支持专业宣传机构定向采访新闻事件，努力构建形成充满正能量的人民法院全媒体融合宣传阵地。

党建工作需要应用信息化手段宣传党的方针政策，支持广大干警在线开展政治学习和思想交流，收集、反映各级党组织、工会、共青团和妇联组织的活动情况。

教育培训业务需要运用信息化手段制作、收集、存储和管理培训教材，丰富教材样式，拓展培训渠道，将课堂教学延伸到广大干警桌面、掌中。同时还需要支持培训机构考查干警学习受训成绩，审核、确认各级法院上传的各类教材，浏览干警学习培训信息，进行教育培训和法院干警参训情况统计，生成干警学习培训记录和证明等。

随着社会信息化程度不断提高，离退休老干部信息化应用能力也愈发提高。老干部工作需要通过信息化手段支持老干部基本信息管理，分布在全国各地的老干部们随时沟通联络，及时组织宣传党的方针政策和法院中心工作，为老干部们按需提供医疗就诊、保健辅导和财务报销服务，提供老年大学和活动站管理，有关补助、慰问品发放管理等，还应根据具体需要支持老干部们居家远程视频聚会，以减少年迈老人不必要的外出活动。

这些业务需求都与智慧法院发展推进密切相关，都需要广泛对接法院相关信息系统，其操作使用方式应尽量简明易学，便于用户快速熟练地掌握应用。

第二节　系统需求

技术研发部门充分认识理解业务需求，结合智慧法院建设现状和已经具备的技术能力，形成功能、性能和结构等方面系统建设需求的过程就是系统需求分析。系统需求是评价项目实施必要性、可行性、建设周期和经费投入的主要依据。

现状梳理是系统需求分析的首要环节。智慧法院建设经历了相当长时期，各方面都形成了比较丰富的积累，各种业务需求或多或少在现有系统中都可能存在对应支持。所以，要通过现状梳理明确哪些业务需求现有系统已经能够支持，哪些业务需求必须通过新的系统功能或性能升级才能得以满足，同时还应该明确新系统需要与哪些现有系统连通才能满足业务需求。

明确系统功能是系统需求分析的重要内容。逐层分解的系统功能常常与业务活动具有密切的对应关系，但未必也绝非严格——对应。通常情况下系统功能分解的粒度细于业务活动分解，粗细程度取决于能够支持对研发工作、建设周期和经费投入的基本估算。绝大多数系统功能都需要通过性能指标体现规格约束，因此各项功能的主要性能分析也是系统需求分析的必要内容，直接关系到系统实现的代价以及成败。在此基础上初步确定各项功能之间的相互作用关系、描绘系统体系结构是完善系统需求的必要步骤，是分析、论证、检验系统需求的重要途径。

确定系统的外部、特别是与现有系统的接口关系是系统需求分析中往往容易被忽视的关键环节。事实上，强调与现有系统的接口关系，要求协调、调动现有系统的很多技术资源，可能意味着将会发现新的系统需求与现有系统能力的部分重叠，也可能意味着研发新系统需要适应现有系统的很多复杂接口而带来难以估计的技术难度，技术研发部门往往更希望这些工作在后期研发、甚至延迟到部署阶段进行，这将给整个建设带来极大不确定性。

由于系统需求分析涉及用户与开发者、业务与技术、各类系统之间的综合协调和平衡，很多非常复杂的因素决定了仅通过文字、表格、图形等文书论证不足以评估项目的可行性、建设周期和经费投入，因此很多复杂的信息系统需求分析常常需要通过原型系统开发才能得到全面、准确、有效的验证和确认，所以应该将原型开发纳入复杂信息系统体系工程需求分析的必要过程。

一、智慧服务系统需求

"十三五"之初，全国各地法院基本建成了诉讼服务大厅、诉讼服务网和12368诉讼服务热线三位一体的诉讼服务中心，具备法院公告、诉讼引导、法律咨询、辅助立案、诉讼材料收转、办案进展查询、联系法官和信访接待等主要功能，能够为社会公众和涉诉群众提供线上线下相结合的诉讼服务。部分地区探索建设集网上立案、缴费、证据交换、开庭和送达等功能于一体的电子诉讼平台，形成了更加标准规范的线上诉服模式。按照智慧法院"三全三化"目标要求，"十三五"时期在加强网络化建设基础上，增强智能化服务能力是智慧服务系统建设的主要需求。

诉讼服务大厅需要结合法院自身实际，着力服务功能的标准化和规范化，通过布局合理、功能全面的诉讼引导、窗口服务、自助诉讼、诉讼调解和信访接待等功能区和操作方便、具有一定智能化的诉服专用设备为来院群众提供周到服务。同时推动将扫描、送达、保全、鉴定等辅助性、事务性工作集中到诉讼服务大厅，形成集约化服务模式。

诉讼服务网应根据电子诉讼支持立案、缴费、证据交换、开庭和送达全流程网上办理的要求进行标准化升级完善，拓展网上调解、阅卷和信访等功能，同时与各类线下诉服系统和功能无缝对接，让群众诉讼活动能够线上线下有机衔接。

12368诉讼服务热线需要在全国各地法院推广普及的过程中加强标准化和一体化建设，推动以省为单位实现接线人员共享；拓展短信服务功能，实现全国短信互通；增强智能问答功能，实现全时段在线服务。

要全力推动电子诉讼平台在全国法院的普及应用，尽快整合集成各地法院的诉讼服务网，将网上调解、保全、阅卷和向执行过程的延伸纳入标准功能集，按需对接法院专网各类办案系统和数据资源，积极利用移动微法院向移动端拓展。

要加快建设全国法院统一的网上调解平台，提供申请调解、案件指派、在线调解、调解协议管理以及转入诉讼流程等标准化功能支持，充分对接婚姻家庭、道路交通、劳动争议、医疗事故、物业纠纷、金融保险等各类调解资源，为多元解纷提供一网通办的高公信力平台。

要主动适应互联网应用蓬勃发展的趋势，建设互联网法院。针对日益增长的网络空间矛盾纠纷，提供从调解到立案、审理、庭审和执行所有系统功能全程在线的互联网司法模式，为信息时代的世界法治文明贡献依法治网、以网治网的中国智慧。

要利用我国移动互联网迅猛发展的优势条件，针对各地法院诉讼服务平台纷杂给公众用户带来的不便，加快建设全国统一的移动微法院电子诉讼平台，提供多元调解、立案缴费、庭审质证、保全鉴定、电子送达、申诉信访、跨域立案和律师服务等功能，对接全国法院各类办案系统，整合集成各地法院诉讼服务系统，为社会公众提供全面、泛在、高效、优质的诉讼服务。

要加强全国统一的申诉信访信息系统建设，通过录入管理、来信处理、来访接谈、视频接访和申诉甄别处理等主要功能，方便群众反映诉求，强化四级法院信访工作共享联动，方便多级法院联合化解信访矛盾。同时，要实现涉诉信访数据全面汇集和高效管理，运用涉诉信访大数据为党委和政府决策提供参考。

要建设全国统一的电子送达平台，发挥通信、即时互动平台和电子邮箱等运营商的优势条件，对接全国法院办案系统，为涉诉群众提供快速送达、办案人员破解送达难提供精准支持。

要建设并推广普及诉讼服务指导中心信息平台，全面汇集诉讼服务数据，纵向联通四级法院、贯通各类诉服信息系统，实现诉讼服务大数据集成和大平台管理；横向联通调解、仲裁、公证等机构，对接各类调解平台，实现多元解纷力量全方位互联和全流程互动。实现为人民群众提供一站式解纷和全方位服务的全景呈现以及人民法院诉讼服务业务的全流程管理和实时化指导，为促进提升一站式多元解纷和诉讼服务的能力水平提供有力抓手。

二、智慧审判系统需求

"十三五"之初，全国法院都建成并应用审判流程信息管理系统，通过立案、分案、案件信息填录、司法文书制作、诉讼卷宗调阅、开庭排期、审理事项签批、结案处理和使用电子签章等功能，支持法官、法官助理和书记员审理案件，并能将案件基本信息自动汇入全国法院司法大数据管理和服务平台。各地法院都建成大量科技法庭，支持各类庭审活动。远程提讯系统覆盖全国法院和外部监所，通过异地远程提讯和庭审功能减少不必要的押解往返。部分法院还建成数字化审委会，通过参会登记、语音记录、表决记录、调阅诉讼材料、查阅法律条文和相似案例等功能为参会人员提供必要支持。按照智慧法院"三全三化"目标要求，"十三五"时期全面推进现有办案系统转型升级，支持电子卷宗随案同步生成和流转应用，为办案人员提供全流程智能辅助服务是智慧审判系统建设的主要需求。

审判办案系统要从原来主要以基于案件特征信息流转的事项审批为主模式，迅速升级转变为基于案件电子卷宗流转的审判全流程各环节智能辅助支持模式，通过电子卷宗生成、上传、存储、管理、调阅、共享、更新、归档和左看右写等功能为各种智能化辅助应用提供重要基础，并与电子签章、送达、保全鉴定、档案系统和大数据管理和服务平台等全面对接。

要建设集约式为主、分布式为辅的电子卷宗随案同步生成系统，通过卷宗材料收集、卷宗扫描上传、卷宗目录编制、案件信息自动回填和多场景网上阅卷等功能为电子卷宗流转应用创造前提条件。这里的集约式和分布式主要是指卷宗扫描由某一部门专人集中实施还是由各个庭室办案人员分散实施。从试点效果看，只要采取合理严格的管理措施，集约式扫描能够更加保证电子卷宗的完整、清晰、合规，为后续各项应用提供高质量电子文件。

需要建设电子卷宗自动归目系统，利用 OCR 和机器学习技术，对电子卷宗进行文档化、结构化和数据化处理，按照最高人民法院指定的电子卷宗编目要求以及所在法院的补充规定，将所有卷宗有序排列到目录结构，以便于办案人员能够根据标准规范和使用习惯十分便利地调阅、标注、复用和剪辑电子卷宗，支持审理、合议和庭审等活动。由于各种诉讼材料的复杂性，部分卷宗难以完全自动准确地归目到位，电子卷宗自动归目系统仍需通过人工编目功能，支持少量卷宗的正确归目。

需要建设与办案系统对接互动的法律和案例查询检索系统，通过海量法律法规资源、裁判文书资源和智能检索技术，支持法官在调阅电子卷宗、研究分析案情时，能够随时选择关键词、关键词组、案情片段和全貌检索查阅相关法律条文和各地法院过往裁判的相似案例，为公正裁判提供充分依据。

需要发挥电子卷宗全面反映案情实际的优势，借助巨量标签、机器学习和辅助决策技术，建设与办案系统对接互动的法律和案例智能推送系统，在法官调阅卷宗、编写文书时基于案情信息向法官主动推送相关法律法条和相似案例，纪委办案人员提供智能化参考，又省却不必要的检索时间。

要建设法律文书辅助生成系统，根据预存的各类法律文书模板，利用电子卷宗数据和智能匹配算法支持制式文书和裁判文书中反映案情事实的部分一键自动生成，支持道路交通事故纠纷、物业管理、盗窃罪等简易案件裁判文书快速生成，尽可能减少文书制作中的重复性劳动。

要建设裁判文书智能纠错系统，针对裁判文书编制要求和法官文书制作习惯，通过自定义词组、自定义错词、自动排版、语音校读和自然语言理解等功能，自动检查标注裁判文书的拼写语法、法条引用、内容完整性、内容规范性和上下文逻辑等方面的错误，提醒法官予以关注和审改，为提高裁判文书质量提供有力支持。

三、智慧执行系统需求

"十三五"之初，全国法院已经建成了统一的总对总执行查控、失信惩戒和执行信息公开系统，部分地区法院建立了执行办案信息系统和点对点执行查控系统，从根本上改变了以往办案人员外出奔波、登门临柜查寻被执行人财产的方式，同时也有效动员了社会力量共同惩戒失信被执行人，探索了破解执行难题的全新途径。按照最高人民法院"两到三年基本解决执行难"的庄严承诺和智慧法院"三全三化"的目标要求，"十三五"时期推动建设全国统一的执行指挥系统和执行流程管理系统，进一步拓展执行查控系统和失信惩戒系统的协同范围，建设全国法院统一的司法拍卖系统和执行单兵系统，为基本解决执行难提供决胜利器是智慧执行系统建设的主要需求。

要建设上下联动的执行指挥系统，以可视化信息集控为抓手，执行督导、执行协作、终本管理、执行信访和一案双查等实体运行功能为主线，核心指标统计、执行质效分析、具体案件分析、专项分析和一案一账号管理等监督管理功能为保证，以院长通道、上报下达、队伍管理、事项请求和值班巡检等综合服务功能为保障，为各级法院之间远程指挥、视频会议、协调案件、执行听证以及法院与法院之间联合执行、委托执行和交叉执行提供必需的功能支撑。

要建设推广全国统一的执行流程管理系统，针对覆盖执行全程的 37 个流程节点，通过执行立案、执行通知、网络查控、传统查控、财产控制、财产自动处置、案款管理、失信限高、文书送达、终本管理、结案归档、电子卷宗深度应用和智能化辅助执行等系统功能统一全国法院办案流程，联动各类执行信息系统，规范干警执行行为，提升执行工作质效。

要在原有以银行金融资产为主的总对总执行查控系统基础上，进一步扩大对接全国所有中小型商业银行，加快向网上金融支付系统、证券、人口、市场监管、生态资源和不动产管理部门拓展对接，增强地方法院点对点查控能力，为一网打尽所有失信被执行人财产创造条件。同时要加强安全验证和审计功能，严防所有违规查控行为，确保重要敏感信息和个人隐私信息安全。

要在原有以高消费旅行限制为主的失信惩戒系统基础上，向出入境管理、工商管理、组织人事管理等部门拓展延伸，进一步限制失信被执行人出入境、经商办企业、担任人大代表和政协委员等社会公职，同时积极对接社会征信体系，为动员全社会力量惩戒失信行为贡献重要力量。另一方面，要优化完善失信人员撤销及解除、信用惩戒反馈信息管理和信用惩戒信息统计分析等功能，确保履行法律义务的人员能够立即恢复应有权利，并从宏观上保证失信惩戒机制的高效、良好运行。

需要引入全国法院统一的网络司法拍卖管理系统，内联执行指挥和执行流程管理系统，外接国内用户数量较多的拍卖网站，通过竞买人管理、公告管理、标的管理、网拍监管和网拍协同等功能支持办案人员便利完成执行资产拍卖，使公平公正的原则在执行过程的最后一个环节都得以体现。

要基于移动互联技术建设全国法院执行单兵系统，内联执行指挥和执行流程管理系统，外接 GIS 可视化实战管理系统和执行信息公开系统，通过移动办案、指挥调度、执行协助、即时通信和常用工具等功能为在外履职的执行干警提供非常便利的移动、可视化支持；通过案件进展、执行互动、文书制作和意见建议等功能为案件当事人提供了解执行一线、增强工作透明度的直接窗口。

四、智慧管理系统需求

"十三五"之初，全国各地不少法院已经建成了办公自动化系统支持行政事务网上办理，也有很多法院建成人事和档案管理信息系统，为提高管理质效注入了新的动力。按照智慧法院"三全三化"的目标要求，"十三五"时期各地法院全面普及应用办公自动化系统，针对各项管理事务建立相应的信息系统或功能模块，支持所有管理业务网上办理是智慧管理系统建设的主要需求。

办公自动化是以公文流转和审批为主线的信息系统，其技术方案和基本架构与法院工作并严格的耦合关系，很多通用的办公系统稍加改造就能够满足法院需要。较为困难的是，部分法院的办公系统已经应用多年，由于底层技术和基础平台与目前的很多流行支持软件已不相容，造成用户体验大幅下降。改型升级过程中一定要努力实现新旧系统的平滑过渡和全量数据迁移，同时需要充分对接人事管理系统、办案系统和司法大数据平台等应用，努力扩大同一系统使用范围，打造形成智慧管理系统的骨干平台。

人事管理系统需要以"完全准确、实时动态、统计分析、指导工作"为目标，构建"一库四平台"体系，横向整合法院组织人事和审判业务相关数据，纵向协同多级法院干部人事管理业务，以软件即服务模式支持干警任免、考勤登记、业绩档案、干警调配、民主测评、人民陪审员、司法人才、抚恤、表彰奖励、教育培训、基层党建、审判业务专家评选、司法警察队伍和司法警察警衔管理等功能，在此基础上强化司法改革数据实时汇总和查询分析、工作业绩智能测算、队伍数据分析、智能文书和智能预警等智能化应用，全面提升队伍管理科学化、精细化水平。

要建设智能审判监督系统，对接连通全国所有科技法庭的音视频综合管理调度平台、裁判文书公开系统以及各类办案系统，通过智能督察、督察通报和问题反馈、督察概览、审核督导、任务管理、线下督察管理和统计分析等主要功能，支持各级法院督察部门高效进行审务督察，为廉洁司法提供有力支撑。

要建设全国法院统一的电子档案管理系统，对接联动办公、审判、执行信息系统和司法大数据管理和服务平台，通过挂接档案、归档审核、借阅审核、档案借阅和档案出入库管理等功能，支持各级法院办公、办案等电子档案汇聚、管理和利用。

要建设全国统一的人民法庭信息平台，通过法院专网上对接司法大数据管理和服务平台的人民法庭工作平台，提供各基层人民法院派出法庭信息填报、工作动态、案件绩效和统计分析等功能，通过互联网上的人民法庭信息网为基层人民法庭提供法庭新闻、工作动态、党建工作、经典案例等展现窗口，为夯实人民法院基层基础提供信息化支持。

要建设移动办公办案系统，通过安全隔离交换平台在确保信息安全的前提下，将法院内部办公和办案系统延伸到移动端，提供文件查阅、移动签批、消息提醒和即时通信等功能，支持广大干警在外出条件下也能按需处理工作，进一步提高工作质效。

五、司法公开系统需求

"十三五"之初，全国法院已经建成了统一的中国裁判文书网和中国执行信息公开网，通过互联网分别向社会大众公开生效裁判文书、被执行人信息和失信被执行人信息，中国审判流程信息公开网也已向涉诉群众公开法院案件审理进展情况，标志着中国法院司法公开进程的全面开启。按照智慧法院"三全三化"的目标要求，"十三五"时期建设全国统一的审判流程和庭审直播公开平台，升级完善裁判文书和执行信息公开平台，推动司法公开向破产重整案件审理过程拓展，增进人民群众对司法的理解、信赖和监督，更好地弘扬法治精神，是司法公开系统建设的主要需求。

要加强中国审判流程信息公开网建设，对接联动全国各地法院审判办案系统和人民法院司法大数据管理和服务平台，集中汇聚、统一发布全国四级法院受理案件的审判流程信息和审判事务公共信息，细化和扩展流程节点信息、程序性信息和诉讼文书等司法公开要素信息内容，为各地法院案件当事人和诉讼代理人查询案件进展、联系办案人员提供一站式窗口。

要建设中国庭审公开网，对接全国法院科技法庭系统、审判办案系统和司法大数据平台，通过法院信息管理、案件管理、异常案件管理、接入系统管理和数据统计分析等后台服务功能支持实时直播全国各地法院正在庭审、依法能够公开的音视频信息，直观、生动地向全社会传播中国法庭的司法形象。

要升级优化中国裁判文书网，通过专网统一平台集中公开各地法院生效裁判文书，增强国家秘密和个人隐私信息保护功能，有效应对裁判文书数量迅速扩充的客观现实，特别是针对裁判文书网全球关注度高、用户分布广、大量用户扒取批量文书、瞬间点击率易出现暴增等问题，及时采取与时俱进的反爬虫措施，择机采用登记访问机制，在继续坚持司法公开的同时为广大正常用户提供优质访问服务。

要升级完善中国执行信息公开网，在以往公开信息基础上，进一步将执行过程中涉及的执行启动、财产查控、强制措施、财产处置、款物发放和结案管理等 6 类案件状态、24 个流程节点信息向当事人全面公开，并提供当事人和执行法官的互动留言服务，更好地强化执行案件透明度，不断提升司法公信力。

要建设全国企业破产重整案件信息网，连通法院专网上破产案件法官工作平台和互联网上破产案件管理人工作平台，通过信息公开、新闻动态、法律法规、典型案例和网上服务等功能，利用互联网向全社会公布各类破产案件信息，着力调动社会力量支持企业破产重整，促进经济健康发展。

六、其他应用系统需求

"十三五"之初，全国法院除诉服、办案、办公和新闻网站等应用之外，还有很多业务领域尚未建设专门的信息化系统提供专项服务。按照智慧法院"三全三化"的目标要求，"十三五"时期需要针对各项业务线下工作的痛点难点，以办公自动化系统为主轴，研发接入相应信息系统或功能模块，加速推进各级法院全业务网上办理的步伐。

要以传统纸质传媒和新闻网站采、编、发体系为基础，建设法院融媒体宣传系统，联通诉讼服务、司法公开、联系群众、法律服务等外部系统，统合新闻传播、司法公开和法律咨询等宣传内容，建设文字、图像、音频和视频信息采集、处理与发布高度一体化的智慧法媒采编发系统，形成报纸、期刊、电视、网站、微博、微信和短视频等媒体充分融合的宣传舆论阵地。

要建设信息化党建工作平台，提供信息采集、维护、同步和查询浏览功能实现对党组织和党员的信息管理，通过组织生活和换届功能掌握和指导各级党组织活动，通过数据分析和可视化展现功能支持各级党组织上报数据、自动校验和数据比对，通过对接人事管理系统促进党建工作与人民法院主职主业交汇融合。

要顺应互联网快速发展条件下传统图书馆与新兴图书馆业态充分融合的大势所趋，建设人民法院网上图书馆，广泛联通国内外图书馆馆藏资源，充分集成中外法律数据库，汇聚海量数字法律文献资源，从互联网和法院专网为法官、干警和广大人民群众提供多形式、多渠道的法律信息资源。

要建设人民法院网上培训平台，发挥国家法官学院及其在各省区市分院的培训资源优势，通过教育培训管理与远程教育实施功能，支持课件、师资、图书馆藏资源和学术论文共享，构建全国统一、上下联动、开放共享的全国法院远程教育培训平台；广泛链接世界两大法系具有代表性的国家最高法院官网，为广大学员提供全球范围的司法案例、审判文献、图书情报和审判信息资源；通过"双语培训"的蒙、藏、维语言培训服务专区，满足广大少数民族干警的培训需求；通过法院专网和互联网双网运行，使学员既能在办公室收看直播、录播和网络课程，也能利用业余时间在外学习，最大限度地满足广大干警的学习培训需求。

要建设跨越法院专网和互联网的老干部工作平台，联通法院办公平台、人事管理系统和即时通信系统，实现院内工作和在编人员信息向老干部工作平台的无缝衔接；通过法院专网上的基本信息管理、组织宣传、医疗财务和生活服务等功能为服务老干部的工作人员提供专项工作支持；通过基于互联网、移动终端和微信公众号的活动报名、信息校核、建言献策、申请报告、费用发放咨询和沟通交流等功能为身处各地的老干部们提供远程服务，让离退休老干部们也能充分共享智慧法院建设成果。

七、大数据管理和服务平台需求

除直接服务于各类用户的应用系统之外，智慧法院还需要强大的数据资源管理和服务能力，司法大数据管理和服务平台具有举足轻重的地位和作用。"十三五"之初，人民法院司法大数据管理和服务平台已经能够自动汇聚各级法院案件特征信息，支持审判态势分析，为智慧法院转型升级创造了良好基础。按照建设"以数据为中心"的人民法院信息化3.0版的要求，"十三五"时期进一步提高数据汇聚能力，加强司法数据管理，持续提升数据质量，拓展司法大数据服务，是大数据管理和服务平台建设的主要需求。

要稳步推动案件基本信息自动汇聚，渐次实现全国法院全覆盖、法官全覆盖、案件全覆盖和司法统计数据全覆盖，为全国法院实现全自动司法统计奠定坚实基础。继而推动案件文书信息和卷宗信息全面汇聚，同时广泛汇集全国法院司法人事、司法行政、司法研究、信息化和外部数据，使人民法院大数据管理和服务平台成为全球汇聚案件数据最多、最全、类型最丰富的司法大数据资源库。

要针对海量司法大数据和结构化、半结构化和非结构化等丰富多样的数据结构，运用分布式计算环境和大规模并行处理架构，采用具备迭代性和灵活性的数据管理技术支持大数据管理和服务平台的数据存储、管理和备份，确保数据资源有序扩充、使用灵活、安全可靠。

要将数据质量视为命脉所在，根据数据质检指标体系，运用自动化数据校验工具，进行全量数据质量校验，支持数据差错追溯定位，通过切实有效的数据质量管控模式，确保大数据管理和服务平台的数据置信度始终保持高位运行。

要充分发挥大数据管理和服务平台汇聚数据的巨大司法和社会价值，从直观统计展示、内在关联分析、知识生成服务、外在关联分析和内涵挖掘分析等不同层次，充分挖掘利用海量司法大数据资源，服务法院干警，支持司法决策，为社会治理提供重要参考。

第三节　支撑需求

任何业务应用系统都需要在相应的计算机、服务器上运行，与日俱增的数据资源需要充分的存储空间保存和管理，内外部信息交换需要通信传输设备实现，用户操作控制需要在终端设备上进行，很多系统还有特定的专用设施和工作环境要求，这些都构成了智慧法院的支撑需求。

计算资源是信息系统直接依赖的运行支撑，要根据应用软件的运行环境、规模大小、计算负载、并发程度和时间响应等要求确定操作系统类型、服务器品种、数量和部署方式，依靠云计算环境的还需抉择云服务的运行支撑和部署方式，这些具体需求还与用户数量及其地理分布密切相关。

数据流转于信息系统之中，是信息系统的生命源泉。存储资源是信息系统保存和管理数据的必需支撑，要根据应用系统汇聚、管理数据的规模、类型、方式和吞吐量要求选择合适的数据库系统、数据服务器类型、数量和接口方式，还应根据数据内容特点考虑相应的备份管理资源。

通信资源在网络化系统中发挥着极为重要的作用，是连通各类用户和应用系统、承载各种业务数据流转的纽带。要根据法院内部、各级法院之间、法院与外部机构之间、法院与人民群众之间的信息交互特点确定局域网、广域专网、外部专网、互联网以及移动互联网的网系构成、网络架构、传输带宽和网间交换等建设需求。

终端设备是广大用户直接面对的操作对象，关系到用户的最终体验。必须根据人机工程的一般要求以及用户对象、应用场景、服务内容的输入输出和显示控制特点，配备合适的操作终端，才能为用户提供最为适宜便捷的服务。

智慧法院建设还需要考虑很多法院特色的专用设施支撑需求，人员汇集、信息汇聚、大屏显控、远程共享、多方联动是这些专用设施的普遍特征，同时又要针对审判执行、诉讼服务和司法管理各自的业务特点，确定空间大小、场所布局、接入系统和技术规格等重要条件和指标参数。

一、计算资源支撑需求

信息系统必须根据不同业务应用系统的类型、规模和负载等特点，提供相应的计算资源支撑其运行。智慧法院主要包括网站、音视频管理、大数据分析和交易等主要类型的业务应用系统，不同类型的应用系统对计算支撑的需求有所不同。

网站和音视频管理类业务应用系统有执行信息公开网、庭审直播公开网和电子卷宗管理系统等，此类应用主要面向社会公众或法院工作人员的访问请求，并通过调用后台数据库和文件集的数据进行业务逻辑计算，最后将计算结果反馈用户。这些应用一般需要采用前端集群部署模式，访问压力上升的时候可以通过横向扩展来满足用户的并发请求。各个应用通常对单个节点的计算性能要求不高，选用性能适中的云主机即可满足。

交易类应用如执行审判办案系统、执行查控系统和失信惩戒系统等，主要服务法院工作人员，处理案件办理流程中的各类数据请求，业务逻辑比较复杂。此类应用一般需要采用集中式部署，随着办案流程的进展，服务器需要面对频繁的案件内容新增、查询、修改等操作，对单台节点的计算性能要求较高。集中式部署还需要单个节点服务器具备预留空闲槽位，增加 CPU 和内存等一定的纵向扩展能力，满足不断增加的案件数量要求。这些应用需要选用性能适中的物理服务器或性能较高的云主机才可满足其算力支撑需求。

大数据分析类应用如大数据管理和服务平台、电子卷宗智能辅助系统等，需要面向庞大的电子卷宗和庭审视频数据，执行频繁和多维度的检索、处理、分析和数据流转等操作，因而需要较为强大的密集计算能力支撑，必须选用性能适中或较高的物理服务器以满足算力需求。

对于服务器选择，云主机一般采用通用双路服务器即可满足需求。物理服务器则需要从双路和四路两种机型中根据不同业务应用系统的算力需求适配选用。对于操作系统选择，不同操作系统对 CPU、内存的计算能力损耗有所不同，对算力要求较高的服务器设备往往需要选用对 CPU、内存的计算能力损耗较低的基础操作系统。

二、存储资源支撑需求

信息系统需要为各类业务应用系统提供必要的数据存储支撑。智慧法院业务应用系统需要存储包括应用系统本身配置数据、结构化数据、音视频非结构化数据和文件数据等四种类型，要根据不同应用的数据类型特征，提供相应的存储规模、IO 性能、吞吐能力、接口类型和安全性支持，满足应用系统需求。

应用系统本身的配置数据，如软件数据、配置文件、日志文件和监控数据等，此类数据主要由应用系统运行产生，读入数据库后很少出现反复读写操作，对存储的 IO 性能和吞吐能力要求不高，仅需要存储规模能够根据应用增长具备按需扩展能力。

结构化数据如被执行人数据、案件信息数据、财务数据等，需要采用以集中式部署为主的数据库架构，随着办案或工作流程进展和访问量的增加，需要执行频繁的读写操作，因而对存储的 IO 性能要求较高。由于结构化数据规模具有随案件数量线性增长的特点，在存储规模和吞吐能力方面只需按业务增长规划即可很好地满足应用系统需求。

非结构化的音视频及卷宗数据如庭审语音、庭审视频、电子卷宗等，主要随办案进程流转应用，并在结案后作为案件档案和司法大数据支持长期分析应用，因而需要具备长期可靠、可信和安全存储的能力，也需要具备灵活扩充数据规模的能力，还需要具备大块数据读写的高吞吐能力以满足大数据分析应用等业务需求。

文件类数据如日常办公办案产生的 Word、Excel 和图片文件等数据，主要由法院干警日常工作过程产生，对存储的 IO 性能和吞吐能力要求均不高，存储规模伴工作人员数量线性增长。但由于法院工作人员并非都是专业 IT 人员，其对存储的易用性和便捷性有较高要求，因而往往需要存储系统能够提供文件夹级的系统服务支持。

针对某些核心数据资源，如执行查控数据、检索类司法大数据等，对应用实时性和 IO 响应效率要求极高，需要存储系统具备基于 SSD 固态硬盘的高性能寻访服务能力。

存储系统选用的接口类型还需要适应业务应用系统不同特征。结构化数据有较高的 IO 性能和安全性要求，需要采用如基于光纤的 FC-SAN 接口等类似的存储接口方式；非结构化的音视频及卷宗数据对吞吐量、存储规模和可扩展性有较高要求，需要采用如基于以太网的万兆接口等类似的存储方式。

三、通信资源支撑需求

法院工作既包含大量案件卷宗信息内部流转，又涉及很多与当事人之间的往返信息交互；既有依法应当全面公开的司法信息，又有因审判规定要求应当控制知悉范围的内部工作信息，还包括按照国家保密法律规定应当严格保护的国家秘密信息；既有法院内部各部门和各层级之间的广泛信息共享，又有与外部相关部门和企事业单位之间的相互密切协作；移动互联时代既要求广大干警在办公地点能够便利上网作业，还要求部分干警能够在出差、旅行途中应急处理事务，因此智慧法院需要通过法院专网、互联网、外部专网、移动专网和涉密网等丰富全面的通信资源支持各类业务应用系统的数据传输需求。

法院内部办公办案需要通过专网支持内部数据的高效流转。法院专网在覆盖范围上需要全面覆盖全国所有法院及具备日常办公条件的派出法庭，各法院内部专网需要具备大带宽、快响应传输能力以满足院内业务的频繁通信要求，各级法院之间需要根据业务应用的实际需求、按照保证应用、适当冗余的原则采用相应性能的专网配置，重要应用系统集中部署的法院之间需要具备充分的低延时传输能力以满足相应业务应用的集中访问需求。鉴于数据传输和视频传输应用的很大区别，法院专网需要分设为数据和视频两个子网才能更好地满足业务需求。

各级法院多元解纷、诉讼服务和司法公开都需要通过互联网直接联系广大社会公众，很多不涉及工作秘密的文件传输和视频会议也可以通过互联网进行。各法院可以通过各自统一的端口接入互联网，也可以根据地域分布由若干端口就近接入。无论何种形式都需要按照业务需求配置合理的接口控制策略。

各级法院特别是最高人民法院和高级人民法院都需要通过外部专网实现与协作部门的全国总对总或地方点对点通信传输支持，外部专网既要满足部门间信息互通、数据共享和业务协同要求，也要满足各部门自身的网络安全要求。

随着移动终端的日益普及，法院专网需要通过移动专网迅速向移动端延伸以满足广大干警外出办案、巡回审判及差旅办公的需要。移动专网需要根据业务应用需求提供相应的服务质量保障，也需要确保法院工作秘密始终受到严格的信息安全保护。

智慧法院的很多业务应用系统都依赖于跨网系数据交互。需要以法院专网为纽带,建设网系之间的数据交换平台,实现上下级法院之间、法院和其他单位之间、不同网络之间的数据共享交换体系,支持各类应用之间的高效通信传输。

四、终端设备支撑需求

任何信息系统都需要通过终端设备服务各类用户。智慧法院建设中有时会出现这样的现象,一些应用系统经过大量人力物力开发上线并且赢得广大用户的充分认可,却可能会受到个别用户的差评,其中原因就是这些用户的终端设备性能甚或是参数设置不相适应,导致功能失常或操作体验不佳。这种现象可谓是信息化应用中最大的遗憾之一。因此智慧法院建设和应用十分需要科学合理的终端设备支撑。当今条件下,需要精心选用 PC 终端、PAD 设备、手机、与这些终端相配的操作系统和其他通用软件以及打印机、扫描仪等终端设备服务各类用户。

PC 终端是广大用户特别是法院干警在院内办公办案的首选,需要根据不同网系、不同用户类型和不同应用场景特点,从主频、内存、磁盘空间等计算性能、基础软件配置、机器大小和显示屏幕尺寸等方面为用户选配终端设备,确保性能有保证、操作体验佳、易用、稳定且舒适。同一工位使用多个 PC 终端的情况下还需为用户提供便捷切换使用的支持能力。

单兵设备、PAD、手机等移动终端需要根据业务应用类型和使用条件合理选配终端类型及相应的网络连通性、音视频处理能力等关键技术指标,同时还需充分考虑终端的安全性、兼容性和扩充性要求。

对于打印机、扫描仪等其他外设终端,需要针对不同业务场景的相关要求选配规格标准,如使用环境、用户特征、打印扫描速度、纸张支持规格,打印扫描清晰度等,尽可能符合实用节俭的要求。

安装在各类终端设备上的操作系统、浏览器和办公软件等通用基础软件,需要根据硬件设备、使用环境和应用软件等特征合适选配,满足易用性、兼容性、扩展性等方面的不同要求。

五、专用设施支撑需求

智慧法院信息基础设施除涉及一般的计算资源、存储资源、通信资源及终端设备之外，还需要根据法院业务应用的特点通过科技法庭、数字化审委会、信息管理中心、执行指挥中心、诉讼服务指导中心、数字化图书馆、全媒体新闻发布厅等一系列专用设施提高服务人民群众和审判执行的信息化水平。

各类专用设施需要根据业务应用要求确定合适的空间布局、物理构成、内外连接关系和应用软件部署等。这些信息化设施一般都需具有便于集聚会商的开阔空间，同时需要针对特定业务进行相应的区域和席位划分；一般都需要配备专用的操作、显示、控制、处理和运维等信息化设备，为用户提供日常专业化服务；一般都需要配备显示大屏幕，支持一定规模的人群会商研讨；至少应同时连通法院专网和互联网，支持法院内部和外部数据资源的随时访问调用；部分设施还需要连通移动专网、外部专网或涉密内网，满足特定的业务应用要求；很多专用设施不仅需要根据专门业务需求部署相应的应用软件，还需要根据业务扩展及其他可能的应用场景要求，配置更多的应用软件系统，以发挥好一专多用的作用。

各类专用设施需要根据业务应用特点提供专门化的系统功能支持，同时也具备一般信息化设施应该具有的利用各类终端设备进行信息输入输出、利用语音输入及文字转换设备输入生成文字记录、利用大屏显示支持信息汇聚和研究分析、利用云上资源实现重要应用系统远程调用、通过法院专网或互联网实现远程视频应用等通用化的信息支持功能。

各类专用设施还需要开发形成专门的系统应用方式支持各自的业务应用场景。这些专门应用方式往往是一系列系统设备及其功能的时序组合，通过应用场景分析和应用方式优化能够在资源耗费最少的情况下实现最佳的应用成效。

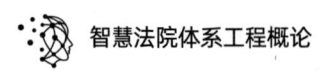

第四节　保障需求

信息系统特别是复杂信息系统体系的一个重要特点就是其全生命周期与网络安全、运行维护以及人力资源等保障条件建设如影随形，须臾不可分离。

理论上，不考虑安全保障的信息系统具有独立运行的可能。但实际上，信息系统直接关系到个人权益、组织运转甚至国家安全，安全风险时时处处都与技术应用同步并行。所以网络安全保障是信息系统建设的必要条件，两者已经成为相互交融的一体两面。必须根据保守国家秘密、保护工作秘密、保证大众权益、履行相关业务职责的要求，合理确定信息系统的分级保护、等级保护层级，进而明确相应的身份认证、边界安全、数据安全等网络安全需求，才能保证网络安全与信息化同规划、同建设、同部署、同考查。

一般情况下，信息系统部署上线后，软件安装、设备调试、注册管理、操作培训、疑难解答和故障排查等都是保障系统正常工作的基本要求，常态化的运行监控、状态报告、质效分析和应急响应则是提升应用成效的必要措施。面对各类信息基础设施、应用系统、数据资源和网络安全手段构成的智慧法院信息系统体系，强有力的运行维护保障是中、高级以上法院的普遍需要。要根据业务应用特征、系统覆盖范围、资源管理方式、网络安全要求和运行部署状况确定所辖法院信息系统体系的运行维护需求，引领、指导后续质效型运维保障体系建设。

信息系统的研发、集成、部署和应用过程需要各类专业化人才从业务分析、技术实现和组织管理等方面协作配合。因此，充分的人力资源保障是智慧法院建设的重要保证。很多时候，影响建设成效的因素既不限于技术、也不仅是经费，而是人员基本素质和团队组织管理能力。系统规模越大、结构越复杂，对政策措施、组织管理和人员素质的要求就越高。因此，要根据业务类型、系统规模和预期成效综合统筹业务部门、信息化管理部门和开发厂商力量，形成切合实际的人力资源保障需求，并通过有效的组织管理和经费保障确保达成建设目标。

一、网络安全保障需求

智慧法院建设应用面临日趋多样复杂的网络安全挑战，需要依据国家信息系统等级保护、分级保护要求以及《人民法院信息安全保障总体建设方案》对各级法院的网络安全保障进行总体指导和规范，推动信息安全体系建设。

需要明确非涉密网络重要信息系统的等级保护级别，制定涉密内网及涉密信息系统的建设管理办法，分别按照等级保护和分级保护要求推动各类信息系统安全合规建设，依据《统一身份认证技术要求》推动全国法院业务系统统一身份认证体系建设，持续开展信息系统等级保护和分级保护安全申报与达标测评。

需要针对智慧法院信息系统体系结构和关键组成要素特点，采用体系化安全防护方法，突出网络安全重点，建设密码保障基础设施，奠定信息安全防护基石；加强五大网系边界安全防护，强化整体防护效能；加强涉密信息系统网络安全，严防国家秘密受到任何侵害；综合应用面向云计算技术的安全防护手段，提高云平台信息安全水平；加强大数据管理和服务平台安全防护，切实保证重点敏感信息数据安全。

需要针对五大网系之间安全隔离和业务应用通畅性要求，建设安全隔离与交换平台，实现不同网系之间的安全隔离和业务应用数据的安全交换，提升业务协同和数据共享质效，为应用系统跨网数据高效共享和业务联动协同提供安全保障。

需要对人民法院各类基础设施、业务应用、数据资源和运维设施实施综合安全监管，建设统一的安全数据处理中心，从安全态势呈现、安全运维管理、安全事件追踪和响应、安全风险预警和防范等方面进行纵向贯通四级法院，横向衔接法院各个网系的实时监管，提高智慧法院信息系统的安全态势掌控、事件处置、策略调整、运维管理和风险预防能力。

需要按照技管并重的原则，在运用技术手段加强信息系统安全保护的同时，建立规范化安全管理体制机制，从安全管理机构、策略、规章制度、操作流程等方面不断提高智慧法院信息系统的规范化安全管理水平。

需要牢固树立动态、综合的安全防护理念,针对潜在风险易发多发、威胁来源不断增加、攻击手段不断更新等日趋严峻的网络安全形势、建立常态化的安全评估工作机制,通过全面加强网络安全检查和评估,准确把握安全风险的发生规律,及时有效发现各类信息系统的安全风险薄弱环节,有的放矢地进行信息安全保障体系升级完善,积极主动应对安全风险和攻击威胁,达成主动防御、安全可控的防护效果。

二、运行维护保障需求

随着智慧法院建设应用不断扩大和深入推进,各类信息系统的复杂度越来越高,应用范围越来越广,交互关系越来越错综复杂,这就要求信息化运维不仅要能及时发现并处置各种故障,确保各系统处于正常运行状态,还需要全面掌控所有信息基础设施的运行状态和负载状况、应用系统的使用体验和应用成效、数据资源的汇聚情况和利用效率、网络区域的安全态势和管控防护等,支持实现信息化建设的应有价值。

一是需要满足安装部署、用户咨询以及对系统故障的快速响应和处置恢复的要求。要保障五网三云、各类诉讼服务、审判执行和司法管理信息化设施的故障处理和应急响应,全面提升基础支持能力;要保障业务应用系统运行稳定,降低故障发生率,提升系统稳定性、可靠性和可用性,力争提前感知运行隐患并及时消除,最大限度地保障法院业务正常高效运转;要针对法院信息化运行过程中不断产生和汇聚的结构化、半结构化和非结构化数据进行高效管理,针对数据汇聚、数据管理、数据备份、数据服务、数据安全等问题,加强数据治理,提高数据质量,保护资源安全,保障数据备份及时有效、可恢复;要按照等级保护、分级保护等相关标准要求,为基础设施、应用系统和数据资源正常合规运行提供必要的安全管理、监控及记录支持。

二是需要根据提升应用成效的要求,主动开展信息化运行质效监控,在线实时监控基础设施、应用系统、数据资源、网络安全和运维保障等系统要素的应用成效,对与用户操作体验相关的指标,通过人工点击、模拟加载等方式监控对比,及时掌握各系统要素支撑业务的状态、能力以及应用系统的使用效果，确保第一时间发现故障，同时对可能发生的故障或事件能够及时预警。

三是需要针对传统运维工具小而分散、界面生涩、操作复杂、管理对象单一等弊端，依据智慧法院信息系统体系管控和评估的要求，建设部署并运用统一的可视化运维管理工具，实现横向覆盖五大网系、纵向贯穿信息化基础设施、业务应用、数据资源、网络安全和运维保障五个层面，全面监控和管理辖区法院信息化运行状况，支持实现质效指标可量化、运行数据可视化、分析结果可评估、应用成效可考核。

四是需要以全面、科学、合理的评估指标为基础，充分发挥运维工作与质效型可视化运维平台相互支持、密切配合、综合保障的优势，建立信息化应用成效的评估、通报和改进机制，通过不同范围、不同周期的信息化运行质效分析报告，支持全局掌控智慧法院建设应用情况，及时组织问题排查和整改优化，为智慧法院应用成效持续提升提供坚强支持。

三、政策措施保障需求

智慧法院建设发展还需要从管理机制、经费支持、人才组织等多个方面合力保障、协调推进。

一是组织机制保障需求。智慧法院建设是一项庞杂的体系工程，要保障全国四级法院统一协调推进，首先需要建立贯穿建设全流程的管理机制。要发挥各级法院网络安全和信息化领导小组的统筹作用，加大协调指导力度；要制定信息化项目需求分析、立项、采购、建设、验收、应用等全流程的项目管理机制，确保合规建设；要建立并运用信息化应用成效的评估、通报和改进机制，切实改变以往"重建设、轻应用"的不良方式；要建立智慧法院建设成果的宣传和培训机制，逐步树立提高人民群众的认知度和满意度，提升各级法院干警的信息化应用水平，不断增强广大用户的获得感。

二是经费投资保障需求。经费投入是智慧法院建设的必要条件，各级法院信息化建设和信息系统运维依托国家财政和地方财政支持。由于智慧法院信息系统逐渐呈现上下一体、横向互联的发展趋势，在经费保障上也需要统筹好中央财政和地方财政资金，合理分配资金投入，在满足智慧法院建设的同时最大限度节约财政资金成本。除财政资金支持之外，各级法院还需要积极争取同级发改、科技部门等渠道的重大工程建设和科技创新研究资金支持，不断提高智慧法院建设的系统性和创新性。

三是人才队伍保障需求。充分的人力资源是智慧法院建设应用的重要保证。要建立健全法院信息化人才队伍体系，配齐配强各类专业人员，形成一支专业化的管理和技术人才队伍；要建立专家咨询队伍，利用社会力量提供技术支持；要进一步完善专业技术人员晋级晋升通道，强化实践锻炼培养，形成人才成长的良性机制；还需要在加快信息化建设的同时，严格人员队伍管理，加强党风廉政建设，确保智慧法院建设风清气正、健康发展。

第三章　顶层设计

顶层设计是智慧法院体系工程的龙头，不仅是因为顶层设计首先运用工程科技方法制定体系发展蓝图和主要实施方案，指导和协调后续各项建设任务，还在于其应该对整个体系建设和应用成效负责，因而要采用一系列规范约束、攻关创新、测试评估和组织管理等工程化方法持续关注、监督、推进体系的开发、集成、互动和优化，成为把握智慧法院建设全局的责任主体。

通常情况下，由于体系工程规模浩大、技术复杂，实施过程一般采用分段、分片办法。规划论证由专业规划团队完成，但不负责后续实施工作；某一阶段或专项工程由专业咨询团队完成可行性论证和初步设计，但不负责具体系统研发；标准化团队根据行业发展和技术进步编制一定范围的标准规范，为系统研发集成提供技术指南；各项系统研发、集成、部署由很多专业厂商独立承担，只对相应项目负责，不负责体系的整体效能。这种实施方式符合专业化、阶段性、有限目标、分步实施的基本原则，能够满足体系工程初期阶段的建设要求。其不足也显而易见，就是没有任何一支专业化团队对整个体系的建设成效承担技术责任，在系统数量不断增加、覆盖范围不断拓展、特别是技术复杂性不断提高的情况下，很难适应体系工程集成一体、持续优化的要求。

鉴于此，智慧法院建设强调顶层设计在时间上要覆盖体系工程全生命周期，在范围上要覆盖各个技术门类的所有系统，在职能上要从蓝图方案延伸到标准规范、科研攻关、效能评估和质效提升，支持实现全链路闭环管理、螺旋迭代上升的发展模式。其中最为重要的技术环节是组织开展、充分运用、持续维护、不断优化整个体系的总体设计，通过众多系统之间具体明确的信息关系、作用机制和技术指标，使规划论证、项目研发和系统集成切实做到有案可稽、有章可循，进而实现体系工程可掌控、可预期、能达标。

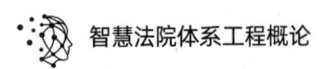

第一节　发展规划

　　制定并滚动修订信息化建设发展规划，是智慧法院顶层设计的首要环节，应该具有统揽、宏观、长期、引领和切实等鲜明特征。统揽性体现在智慧法院体系工程涉及的业务支持、基础设施、应用系统、数据资源、网络安全、运行维护和组织保障等各类要素的目标图像、发展思路和重点任务都应该得到分析论证，由此能够百无一漏、全面把握智慧法院的来龙去脉；宏观性体现在重点以"做什么"为基准阐述智慧法院建设的重大需求、主要差距、指导思想、主要目标、重点任务和实施路径，而不拘泥于系统之间的复杂关系和实施细节，由此可以摆脱繁琐而形成简明扼要的发展导向；长期性体现在着眼于三至五年等中长期发展愿景和思路，这是因为智慧法院建设是一项长期任务，很多目标难以短时间突击完成，很多工作还会受以往长期积累效果的影响，唯有从长计议，才能够使总体布局更加科学合理；引领性体现在发挥纲举目张作用，既能指导总体设计、标准编制、科研攻关、评价提升等顶层设计工作，还能为后续工作计划、项目申报、研制开发和推广应用提供充分指南；切实性体现在绝不能因为着眼于宏观和长期而导致内容空泛、夸夸其谈，问题分析必须切中要害，目标图像必须清晰可考，任务分解必须合理可行，还应通过分年度阶段目标说明每一项重点任务的实施路径，支持逐年评估规划实施情况并及时修正和调整。

　　发展规划执行情况必须逐年评估并滚动修订才能保持其生命力。同时，各级法院信息化建设发展规划应尽量与国民经济五年发展规划同步，因为无论是中央还是地方，都需要根据五年规划推动立项建设、开展中期评估、评价验收项目，使发展思路和重点任务得到同级发改、财政部门支持是推进信息化建设的重要保证。

一、建设现状梳理

　　对法院信息系统体系建设和应用的现状进行全面的调研、梳理是智慧法院规划设计的基础。不言而喻，现有系统是最为确定和可见的实体，如果对现有系统的结构特征和应用成效都未能准确把握，何以谈得上科学预判和规划未来系统体系的发展蓝图。因此，制定信息化建设发展规划的首要任务便是进行建设现状梳理，主要通过现有材料分析、全面普查调研、实地考察研究和资料整合加工四个主要步骤完成。

一是现有材料分析。法院信息化建设经过多年发展，积累了各类政策文件、项目档案、总结报告、任务台账、资产清单等重要资料，各级法院还通过报刊杂志、电子期刊和微信公众号等形式发布了大量信息化建设和应用的宣传材料，近些年来最高人民法院组织的全国智慧法院内部评估和中国社会科学院组织的第三方评估等也分别从内、外部视角逐年对法院信息化发展情况进行总结和评价，质效型运维定期形成法院信息化运行质效分析报告，这些都是反映当前信息化建设和应用的第一手材料，需要全面收集、整理和分析，其作用不仅在于能够较为快捷地形成对法院信息化建设现状的初步判断，还能使后续调研工作更加具有针对性，同时也能避免重复调研等现象发生，减轻调研及被调研部门的工作负荷。

二是全面普查调研。根据现有材料分析结果，在辖区法院和主要研发厂商范围针对智慧法院业务应用、数据资源、基础设施、网络安全、保障体系、标准规范等方面的全局性、焦点性和战略性问题，通过发放全面覆盖、重点突出、详略得当的调研表进行普查调研，是研究发展规划的重要环节。其特点是调研表一般已经充分考虑现有材料的梳理结果，并且形式化地归纳了当前智慧法院建设需要关注的重点问题，能够非常明了、客观地启发被调研者的分解思考和认知判断，便利调研对象简单填报以及大量回填信息的批量处理和汇总统计。全面普查调研切忌同一部门或相关部门在相近时段内重复开展类似内容的填表问答，因为在无端增加调研对象工作负担的情况下很难获得一致和高质量的调研结果。

三是实地考察调研。俗话说百闻不如一见。对于智慧法院的建设特别是应用状况，任何文件和表格调研都不能代替面对面交流和近距离的操作使用观摩。因为很多应用系统对于特定人群可能很受欢迎，而对另一人群则全然不同。还有很多系统往往由于软件的配置甚至是某一功能的设置不合理而导致整个业务应用事倍功半。因此，现在很多法院领导考察智慧法院建设应用情况常常都是在法院干警的案头桌面直接观看信息化操作过程，切身感受信息系统的可用性、易用性和差异性。科学制定发展规划就更要身临其境，在诉讼服务大厅了解人民群众的实际获得感，在工作场所了解法官干警的使用体验，在网上页面感受主要应用系统的互动效果，并通过座谈会、研讨会等形式听取方方面面的意见建议。由于法院专网和互联网均提供了多方视频会商的丰富功能，很多调研和交流已经可以不必亲赴实地或聚于一地，就能够组织多方人员零距离交流和观摩，大幅提高实地考察的效率和效果。

四是资料整合加工。通过梳理、调研和考察得到的信息化建设和应用情况是反映智慧法院全貌、具有极高价值的基础资料，必须认真分析整合，并利用专用工具加工形成易于理解、便于复用的文件成果。发展规划中的现状分析具有宏观性特点，不要求关注单个系统的技术架构、功能点、用户数等细节信息，而更注重各级法院业务应用是否齐全、功能是否完备、系统是否互联、应用效果如何等。由于来自方方面面、不同层次的很多资料一定会有大量重复、歧见甚至空缺的内容，研究人员必须从中化繁为简、去粗取精、去伪存真，归纳整合成满足规划要求、结构合理、层次清晰的观点和结论。同时，为有效支持后续需求分析、架构设计、目标图像描绘等各项工作，应该利用专用工具宏观描绘信息系统体系结构视图和表格，纳入顶层设计知识库，持续支持分析现有系统的组成结构、主要能力、突出成效和问题短板，也为后续工作提供可资利用的成熟模板。

二、重大需求分析

发展规划研究需要全面研究当前及今后一段时期智慧法院面临的重大需求，主要内容不注重于系统功能性能指标、详细信息接口、涉及设备数量等细节信息，而应着重关注国家战略引领、人民群众关切、法院建设改革、科技发展进步和重点系统建设等重大主题。

任何时期和条件下，国家大政方针都是智慧法院建设发展的首要引领。

全面依法治国战略部署和很多重要任务都从业务方向上为智慧法院建设提供了需要对标对表的纲领性指南。网络强国、数字中国、智慧社会和"互联网+"行动计划等国家信息化战略也从基础和技术方向上为智慧法院提供了一系列重要指导。很多国家规划也是智慧法院建设的重要依托，比如"十三五"时期智慧法院列入国家信息化发展战略和规划，并将电子诉讼作为指标项，无疑就为法院信息化创造了更好的发展条件和指标引领。

信息时代人民群众的司法需求已远不局限于结果是否公正，而是对各种司法活动的过程是否便利、快捷、透明及可预期都有非常高的期待。智慧法院发展规划坚持以人民为中心的发展理念，就必须认真研究广大社会公众对于法院工作的普遍关切，充分汲取其中与信息化相关或者能够通过信息化手段予以改进和提高的业务方向，使之转化为智慧法院建设的重大需求。

司法改革和信息化建设是促进审判体系和审判能力现代化的驱动力量。因此各级人民法院自身建设都对智慧法院提出了一系列明确要求。同时很多司法改革任务立足于利用信息化途径达成改革目标。比如，"十三五"时期以强化司法责任制为核心的一系列改革举措都与信息化建设相辅相成。所以，发展规划必须根据法院建设和改革的要求，形成重大的智慧法院建设需求。

飞速发展的电子信息技术几乎无不对智慧法院信息系统体系的结构形态、应用领域和运行方式等产生重大影响。比如，"十三五"时期云计算技术彻底改变了智慧法院信息基础设施的结构模式和服务能力，移动互联技术促进了移动电子诉讼在全国范围的广泛应用，人工智能技术为案件审理提供了全方位的智能辅助。可以预期，区块链技术将在"十四五"时期进一步推动法院信息系统向经济领域中的高可信营商业务领域拓展延伸。所以，放眼展望信息科技发展趋势，研究分析可能对智慧法院信息系统产生的重大影响，能够预判智慧法院的很多建设需求。

经过多年建设，智慧法院体系中已经形成很多骨干信息系统，如审判办案系统、执行指挥系统、执行办案系统、大数据管理和服务平台、四大司法公开平台和中国移动微法院等，在法院业务工作中发挥着不可替代、牵一发而动全身的重要作用。研究发展规划，必须根据这些骨干系统的建设和应用状况，进一步挖掘其广度、深度、功能和性能等方面的发展需求，成为新阶段智慧法院建设的重大需求。

三、差距问题导向

如果说需求分析主要是从外部条件研究论证系统体系的发展方向，问题导向则侧重于从系统体系的内在状态分析归纳建设应用的着力重点。正如世界上不存在十全十美的事物一样，任何一个产品、系统或工程在任何时间阶段都会存在由于主客观条件限制所造成的这样或那样的欠缺和差距。在发展规划中研究分析体系工程的欠缺和不足，梳理发现其中作用最深刻、影响面最广、改进最急迫的若干重要问题，必然能够帮助我们更加清晰明了地把握建设应用的重点方向。具体可以从以下几个方面着手。

一是建设内容空白分析。智慧法院信息系统体系规模巨大、涉及面广，无论思虑如何周全，在基础设施、应用系统、数据资源和网络安全等实际系统中总会存在不少显而易见的建设空白，在顶层设计、培训推广和运维保障等工作事项上也难免出现环节缺失，有些空白和缺失往往会对建设应用造成重大影响，需要在后续发展中及时填补。

二是功能性能差距分析。智慧法院通过各种信息系统提供的服务功能支持各类业务应用，不同厂家、甚至同一厂家面向不同法院研发相同名称信息系统的基本功能都可能会有不少差异；同一系统功能也会由于技术水平、实现方式、硬件支持及应用环境的区别出现很大差别，这些差距都会直接影响使用者的操作体验。必须切实分析、明确重要系统之中重点功能和性能的本质差距，寻求解决之道。

三是应用成效欠缺分析。提升应用成效是建设智慧法院的根本目的。智慧服务、智慧审判、智慧执行、智慧管理和阳光司法等各类业务应用系统在建设之初都有明确的应用成效预期，但上线运行后往往由于理念不正确、设计不合理、技术不先进、操作不便利、培训不到位甚至宣传未普及等原因而远未取得应有的应用成效。必须勇于直视此类关键问题，才能有的放矢加以解决，并在其他系统建设中避免再现。

四是整体状态问题分析。智慧法院信息系统体系结构十分复杂，纵向在应用系统、数据资源、网络安全、运维保障和基础设施各个层次之间，横向在各层系统之中都可能存在接口不互连、信息不互通、数据不共享、业务不协同等相对隐形的结构性问题，其中部分问题的解决未必具有很高难度，受到关注并重点整改后就能大幅提升体系效能。

五是横向对比不足分析。近年来各地法院领导为智慧法院建设倾注了大量心血，取得了显著成效。但也出现部分领导仅从本院或辖区法院自身观察，找不到前进方向的现象。其实他山之石，可以攻玉。对照其他地区法院或者更大范围的其他政务部门的系统建设和应用成效，总能够发现自身建设应用中存在的诸多不足，启迪我们取长补短，谋求更高质量发展。

四、指导思想总揽

如果说发展规划是指导今后相当长时段内智慧法院建设应用的统领纲要，指导思想则可谓是整个发展规划最为精炼的概括，具有"壹引其纲，万目皆张"的总揽作用。因此，研究规划尤其需要从统揽全局的高度和见微知著的深度凝练形成既提纲挈领又具体切实的指导思想。

一要以中央大政方针为指引。智慧法院建设离不开中国特色社会主义事业的宏大背景。党中央治国理政的方针政策因应国内外形势发展而与时俱进、不断丰富。智慧法院建设也必须紧跟时代步伐，围绕党中央重大决策部署，符合国民经济发展规划的整体布局，满足国家战略规划要求。

二要紧紧围绕法院中心工作。建设智慧法院就是要促进法院各项工作现代化。随着依法治国、法院建设和司法改革的不断深入，人民法院改革发展的重点和标准不断拓展提升。智慧法院建设必须始终以满足司法需求、服务用户对象作为根本出发点，锚定法院现代化突出需求，才能在长期复杂的建设过程中不至偏离正确的建设方向。

三要切实体现宏观发展思路。智慧法院发展规划面临的建设和应用任务越是千头万绪，越是错综复杂，就越要把握信息化建设客观规律，通过高屋建瓴的视野和方法，着力按照既界面明确又互为支撑的原则，综合归纳形成布局合理、简明切实的发展思路，以便于凝聚方方面面共识，牵引具体工作任务的分解和细化。

四要突出跨越发展的目标导向。智慧法院建设的每一个时段、每一项内容都有很多细致具体的工作目标。必须结合人民法院现代化建设要求和新兴信息技术发展趋势，集思广益、概括描述整个智慧法院经过未来中长期发展，在技术、架构、覆盖和应用等方面较之于现有系统达成大幅度跨越的目标，突出体现人民法院信息化建设的时代特征，才能起到统一思想、提振人心的规划导向作用，为各类具体领域的目标图像描绘提供重要指导。

五、目标图像描绘

法院信息化建设发展规划主要针对的是智慧法院信息系统，尽管体系复杂，仍属边界清晰、层次分明、可触可感、可据可考的实体系统，无论何时何地都存在具体确定的系统形态。因此，展望未来经过中长期努力而成的信息系统，把握系统体系的结构形态和主要特征，描绘形成直观具象的目标图像，是更好地指导后续建设的必要前提，也是发展规划中一项极具挑战性的工作。

挑战性首先体现在必须通过一系列由总到分的体系结构视图反映系统全貌及逐层分解关系，总视图要涵盖各分视图，分视图要对应各项建设任务。由于智慧法院信息系统始终都有具体确定的实体形态，因而理论上存在任何时刻的系统图像。但往往由于规模庞大、关系错综，致使规划者望而生畏，难以着手构划系统的具体图像，导致人们缺乏对未来系统的全面认识，影响规划自身质量及其后续应用。

挑战性还体现在目标图像既要反映整个系统的主要组成，也必须阐明各组成部分之间的重要关系。目标图像描绘中常常被忽视、往往也是难度最大的是说明各组成部分之间的相互关系。但是信息系统是由一系列具有特定功能的组成部分通过相互之间的作用关系而构成，忽略了相互作用可能也就忽略了系统的主要逻辑和机理，正如信息互通、数据共享和业务协同等往往都着眼于建立或优化某些作用关系一样，完善各组成部分之间相互关系正是发展规划需要特别关注的建设重点。

挑战性也体现在需要科学合理地反映目标图像的分阶段演进变化。在信息系统建设中任何一个阶段目标既不是一成不变，也不是一蹴而就的。中长期发展目标往往需要在现有建设基础上分阶段实现，所以目标图像必须能够直观显现各个阶段系统状态特征，更好地展示整个规划的合理性和各阶段目标的可达性。

六、工作任务分解

发展规划重在回答"做什么"的问题。所以根据指导思想、基本原则、发展思路和目标图像，分解形成覆盖法院信息化建设各个方面的一系列基本任务，是研究、论证高质量发展规划的主体内容。工作任务分解应该遵循以下原则：

一是要全面覆盖。系统建设是信息化建设的主要内容，自然应该按照基础设施、应用系统、数据资源、网络安全和运维保障等系统门类合理安排相应的建设任务；顶层设计是影响信息化全局并且贯穿系统全生命周期的重要工作，所以也需要落实相应的重点任务；信息系统的生命在于应用，因此除设计、建设任务之外，必须针对应用成效提升明确相应的措施任务。此外，信息化建设和应用离不开各方面的保障条件，加强保障条件也应是某些时期智慧法院建设的若干重点任务。

二是要紧扣重点。智慧法院建设任务千头万绪，列入发展规划的当属重中之重。要优先考虑直接体现发展思路、对实现目标图像有深刻影响、切实满足人民群众和法院干警关键业务需求、能够解决重点难点问题、具有牵一发而动全身等意义的任务纳入重点范围，使之发挥以点带面的作用。

三是要协调均衡。发展规划从宏观上布局未来发展，各项任务都应与发展思路及目标图像形成上下对应的衔接关系。信息化建设和应用各个门类所含重点任务的数量应该大致平衡，切忌顾此失彼，布局失调。同时各项任务的分解粒度也要均衡相当，不同任务之间不应出现体量上的悬殊差异，为此需要精心整合或分解各类相关任务。

四是要切实可行。各项任务的说明无需赘述一大堆背景或理由，但一定要简洁扼要又明确具体地描述工作内容和应该达成的目标，这样才能真正突出主题，为后续系统设计和建设提供明晰可行的指导，也为规划实施过程中的定期评估提供充足依据。

七、实施路径分步

中长期规划一般跨越三至五年，每一项重点任务显然也都需要跨年实施。在智慧法院建设快速发展的背景下，每一年度都需要完成大量设计、研发、部署和推广工作。发展规划中的某项重点任务如果难以按年度分解递进目标，也就反映了规划者对于此项任务尚未真正心中有数。所以，规划研究论证的最后一个重要步骤就是对每一项任务形成分年度的实施目标，由此可以获得智慧法院建设在未来一段时期较为细致全面的实施路径，具体可以着眼于以下几个方面。

一是工作内容的递进。任何一项复杂任务必然包含若干相互衔接的工作内容，在信息化建设中完成方案设计、系统研发、部署上线、试点应用、全面推广等就是很多重大任务必须经历、顺序递进的主要工作，确定智慧法院重点任务的实施步骤即可循次展开。

二是实施范围的递进。智慧法院建设中的任一重点任务都会涉及很多法院，客观条件参差不齐，很难在短时期内一蹴而就，实施范围上必然有一个由点及面、逐步普及的过程。重点任务推进一定要针对任务难易和法院实际，明确每一年度的可达范围，才能形成科学合理的实施路径。

三是功能性能的递进。智慧法院信息系统需要实现一系列规定的功能和性能指标。但系统研发的实践表明，很多功能和性能并不是一步到位的。通常情况下信息系统实现了主要的功能需求、性能指标达到基本可用的状态就可以渐次开展上线试点、局部应用和大范围推广，与此同时并行开展系统功能和性能的升级完善。所以发展规划的实施路径也包括系统功能和性能分阶段的递进策略。

四是应用成效的递进。任何信息系统、特别是达到一定规模的信息系统的用户使用频度、熟练度、获得感、满意度等应用成效必然都有一个不断提升的过程。所以，分步骤实现智慧法院发展规划目标需要分解、落实到各项系统建设成果应用成效的逐步提升之中。

八、逐年滚动修订

发展规划的生命在于驰而不息地付诸实施。但中长期发展规划通常会出现刚刚制定颁发时受到重视，经久之后则被束之高阁的情形。究其原因，一是主要是重大而艰巨的任务往往需要一分部署、九分落实，发展规划的下发部署在整个实施中只占很小比重，难得的是持之以恒地以此指导智慧法院的长期建设实践；二是在缺少定期评估、及时纠偏的外力驱动下，人们往往容易落入盲目运行、尤感偏离的惯性轨道，此时再科学合理的发展规划也难以发挥应有的作用；三是由于规划者认识和能力的限制，发展规划中总会存在很多与发展需求未必符合的内容，由此很容易造成因噎废食、弃之不用的后果；四是随着全面依法治国、司法体制改革、法院中心工作和先进信息科技的快速发展，智慧法院建设的重点任务及其优先顺序也会在中长期实施中发生较大的变化，需要及时适应调整。所以，建立形成逐年评估、滚动修订的机制是保持智慧法院发展规划旺盛活力的必要举措。对此，需要着重抓好以下关键环节。

一是各级法院规划实施情况的收集监控。智慧法院发展规划的研究编制虽然也都经过广泛征求意见的过程，但这毕竟限于图文交流的层面，缺少充分的实践检验。规划实施的日常工作中，一定要注意收集、监控各级法院、各业务部门以及各个信息系统的建设、运行和应用实况，及时发现应用成效和存在的问题，才能最为全面地掌握发展规划的作用实效。

二是年度目标评价分析。由于发展规划已经分解形成了各项重点任务的年度目标，各相关责任部门每年年底一定要根据平时收集、掌握的数据以及法院内部和第三方评估报告分析评价每一项重点任务年度目标的达成情况，排查影响目标达成的主要问题，形成针对性的对策措施。

三是根据法院中心工作和重要业务的最新发展需求以及先进信息科技的创新攻关成果，对照发展规划所列各项重点任务进行符合度分析，提出相应的发展需求意见。

四是每年年初根据上年度目标评价情况和新形势发展需求，修改调整发展规划中的相应内容，适度增删若干重点任务内容、调整其能力和进度指标，形成以此为始新的五年发展规划，切实做到与时俱进，始终保持发展规划的环环相扣、有机衔接。

五是发展规划逐年滚动修订主要聚焦于重点任务的优化调整，智慧法院建设的指导思想、建设目标等应该充分贯彻始终，系统建设的体系框架和发展思路等也不应出现颠覆性的改变。直至国家五年规划即将完成，才需重新组织大规模研究论证，根据国家和人民法院新时期发展要求，制定智慧法院新的五年发展规划。

第二节　总体设计

认识理解总体设计在体系工程中承上启下、合纵连横的关键作用，首先要区分总体设计与顶层设计、发展规划和系统设计三者之间的关系。

总体设计是顶层设计的重要组成部分，但并非顶层设计之全部。长期以来，人们已经认识到顶层设计对于复杂巨系统或复杂体系发展的重要意义，由此往往将政策制定和发展规划等宏观层面的研究论证视为顶层设计的重要内容，也有将规范约束具体实施的标准制定作为顶层设计的内容。但这些层面的工作仍然相对高远宽泛，难以对各部分系统的实现形成刚性约束以促进体系优化。所以需要通过总体设计进一步明确相互关系，才能使保证各部分系统的有效集成。既有高屋建瓴的广度，又有严丝合缝的深度，且不必陷于具体系统内部，是体系工程总体设计的实质，因此作为顶层设计的关键内容十分必要。

　　总体设计与发展规划最简明的区别在于发展规划着重回答"做什么"，而总体设计着重说明"怎么做"。鉴于发展规划的宏观意义，难以要求其对构成体系的各类系统之间的复杂关系进行深入论证和界定。但由此也很难直接根据发展规划开展各部分系统的研发建设。必须根据发展规划提出的发展思路和重点任务，通过总体设计进一步明确各组成部分之间的接口关系和作用机制，才能刚性约束各部分系统的研发建设，保证整个体系优化集成。

　　相较于具体项目或系统设计，体系总体设计无疑处于顶层宏观的层面。这是因为具体系统设计需要考虑其内部的组成结构和工作机制，而体系总体设计则只需要明确系统之间的相互关系，这也是将总体设计纳入体系顶层设计范畴的主要原因。事实上，如果没有全面的体系总体设计，很多系统接口关系根本无从确定，属于顶层设计范畴的标准规范制定也很难全面准确。

　　最后特别要强调，智慧法院体系总体设计不是一项阶段性工作，因为智慧法院信息系统长期存在并不断发展，所以总体设计就必须按照工程化方法持续进行并不断纳入新的内容，才能形成与时俱进的体系施工图，对所有新建、改造和集成工作提供规范、详尽、有效的工程指引。

一、技术参考模型

　　技术参考模型是对信息系统体系进行高度概括抽象所形成的指导体系设计的总体框架。1987 年扎克曼（J.A.Zachman）在《信息系统架构框架》中就提出了大中型信息系统的模型框架，为很多信息系统工程设计提供了重要参考。但扎克曼模型是针对所有行业领域的通用模型，并且对系统组成部分之间的交互关系关注甚少。事实上自扎克曼以后还有很多行业领域都提出过类似的信息系统技术参考模型，但都不很注重各组成部分之间的交互关系。笔者在长期信息系统体系工程实践中注意到，实现整个体系目标的既有参与体系的各个系统，也有各个系统之间的交互关系，在很大程度上系统之间的交互关系与这些系统同样重要。所以，技术参考模型必须充分支持各系统之间交互关系的分析。

　　智慧法院信息系统技术参考模型既考虑到一般信息系统的普遍特征，又特别针对智慧法院主要业务应用系统构成，包含智慧审判、智慧执行、智慧服务、智慧管理、大数据管理与知识服务平台、智慧云网、综合安全、运维保障、顶层设计等九个组成部分。与其他技术参考模型区别最大的是规定了各组成部分之间的交互关系，我们称之为信息关系，如图 3-1 所示。

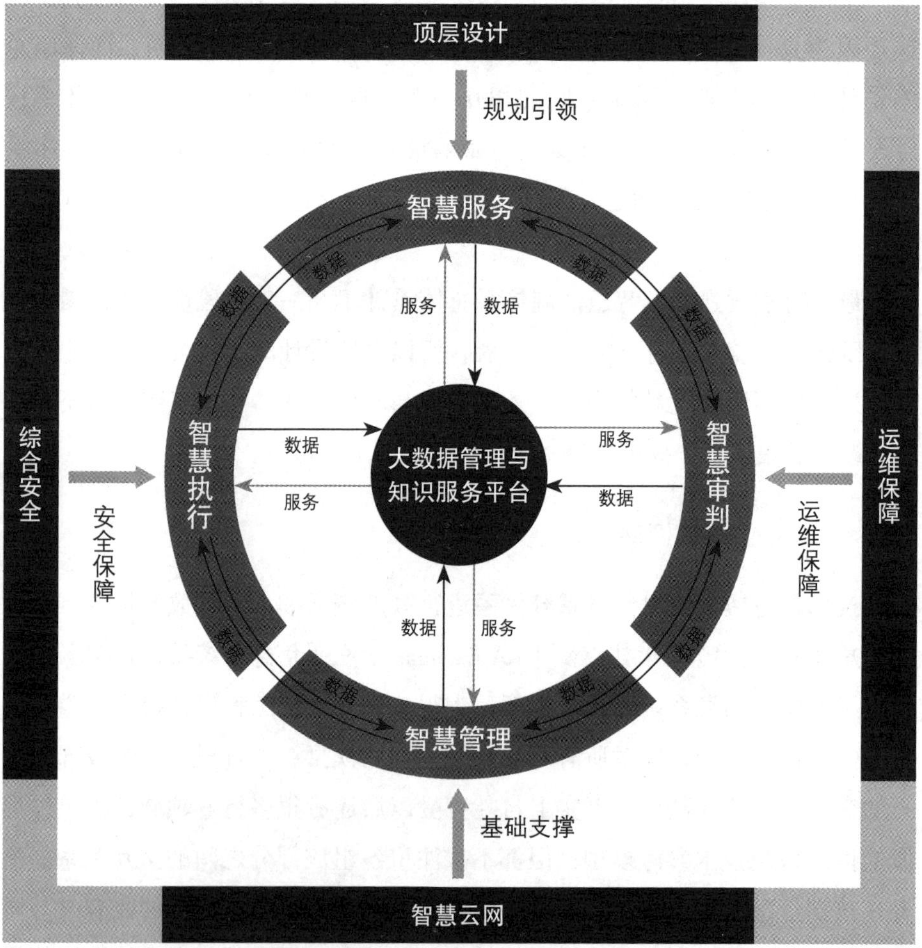

图 3-1　智慧法院技术参考模型

　　智慧审判、智慧执行、智慧服务和智慧管理四类应用系统是智慧法院服务各类用户的主要载体，它们彼此之间的信息关系主要是信息流，同时都与大数据管理与知识服务平台具有信息流的关系，都得到智慧云网、综合安全和运维保障的服务支撑；大数据管理与知识服务平台汇聚各类业务数据以及基于数据生成的丰富知识资源，为智慧审判、智慧执行、智慧服务和智慧管理等各类应用系统提供数据/知识服务；智慧云网是各类信息基础设施的总和，为各类应用系统、大数据管理与知识服务平台、综合安全和运维保障系统提供计算、存储、数据库和通信网络等基础服务；综合安全系统是实现身份认证、边界防护、安全监管等各种安防护全功能的系统集合，为其他各类系统提供信息安全服务；运维保障系统是保障系统运行、处置系统故障、评价运行质效的信息系统集合，为其他各类系统提供运维保障服务。

　　顶层设计是规划、设计、评估等各种工作的集合，并非系统体系的物化组成部分，所以未必需要真正纳入技术参考模型。智慧法院技术参考模型纳入顶层设计内容的主要考虑是强调其对各类信息系统建设的重要引领作用。

二、信息关系设计

　　信息系统只有通过各组成部分之间的交互作用才能得以流转运行。为进一步严格规范，我们将这些交互作用定义为信息关系，它们反映了各组成部分之间的接口内容和作用机制。总体设计的一项重要工作就是明确各组成部分之间的信息关系，才能刚性约束各部分系统的研发建设，保证整个系统或体系的有效集成。

　　通观各类信息系统，可以将信息关系划分为信息流、数据/知识服务、计算服务、存储服务、数据库服务、通信网络服务、信息安全服务和运维保障服务等八大类型，进而又可以细分为19个小类（如表3-1）。

表 3-1　信息系统交互类型

序号	交互类型	交互类型小类	说明
1	信息流	——	业务应用系统之间交互的信息，一般可以按照业务类型来分类。如军事信息系统中，信息流包括情报信息、指控信息、环境信息、武器信息等；法院信息系统中，信息流包括诉讼服务信息、审判信息、执行信息、司法管理信息等
2	数据/知识服务	——	由数据和知识平台统一提供的数据或知识内容，一般可以按照业务类型来分类。如法院信息系统中，数据服务包括审判执行数据、司法人事数据、司法研究数据、司法政务数据、信息化管理数据等；知识服务包括描述型、规律型、规则型、实体关系型知识服务
3	计算服务	本地计算服务	复杂信息系统中的 CPU、GPU 等计算单元提供的能力，主要包括本地、云端的计算服务
4		云主机服务	
5	存储服务	本地存储服务	复杂信息系统中的磁盘阵列、硬盘等存储系单元提供的能力，主要包括本地、云端的存储服务
6		云储存服务	
7	数据库服务	本地数据库服务	复杂信息系统中关系型、非关系型数据库提供的数据存储管理能力，主要包括本地、云端的数据库服务
8		云数据库服务	
9	通信网络服务	本地网络服务	复杂信息系统中有线、无线通信手段提供的传输能力。法院信息系统中，通信网络包括互联网、涉密专网、移动专网、外部专网、法院专网等类型
10		云网络服务	
11	信息安全服务	网络安全服务	针对网络内系统或设备的安全防护服务，如密码机、入侵检测、安全审计等服务
12		边界安全服务	针对不同安全级别的网络互联的安全防护服务，如防火墙、网络隔离等服务
13		平台安全服务	针对计算机、存储系统等安全防护服务，如病毒查杀、漏洞扫描、存储安全等服务
14		安全保密管理服务	面向信息安全的监控、管理等服务，如安全态势感知、安全策略管理、证书管理等服务
15		身份鉴别服务	针对系统用户身份的识别、认证服务
16	运维保障服务	基础设施运维服务	针对服务器、通信网络等基础设施的运维保障服务
17		应用系统运维服务	针对业务应用系统的运维保障服务
18		数据资源运维服务	针对数据资源的运维保障服务
19		信息安全运维服务	针对信息安全系统或设备的运维保障服务

信息流是人们最为熟悉和常见的信息关系，很多应用系统之间主要通过信息流的交换实现处理显示和支持业务应用，信息流的内容会因业务应用的不同而不同；由于各类应用系统对于专门化数据中心或知识平台的要求已不局限于某些特定的业务数据内容，而是着眼于广泛的数据推送和知识驱动等服务能力，因此数据/知识服务是对数据与知识中心提供能力的重要抽象，数据与知识中心对不同的应用系统所提供的数据/知识服务各不相同；计算服务、存储服务、数据库服务、通信网络服务、信息安全服务和运维保障服务则是各类信息系统安全运行不可或缺的各类支撑性需求，不同信息系统对这些支撑服务的需求千差万别，需要精准支持。

智慧法院体系工程建设实践中形成了如图 3-2 所示的基于专用工具的信息关系设计方法。这套方法首先通过 Excel 表格从纵横两维表头列出信息系统或体系包括应用系统、数据资源、基础设施、网络安全和运维保障在内的所有一级组成部分内容，然后在表格中可以填入两两之间的具体信息流或服务内容，形成整个系统或体系的所有一级信息关系。可见，通过这样的方式建立系统或体系的信息关系，各组成部分能够无限扩充，两两之间的信息关系也能够便捷填改，并且系统或体系的层次分解也能够通过同一表格或不同表格得以逐层表达，是一种能够支持长期维护信息关系设计成果的有效方法。

与此同时，我们开发了专用的表图转换工具，能够基于整个信息关系表，任意选择需要关注的组成部分集合，形成其中各元素之间的信息关系图，极大提高信息关系设计成果的可视化程度，高效支持规划、设计、开发、测试等不同阶段工程技术人员的研究分析。利用这套总体设计方法和工具，完全能够构建可重用、可拓展、可维护的总体设计数据库和图表库，保证设计数据的一致性和关联性，成为系统集成的重要设计图纸和施工依据，真正实现总体设计工作产品化、流程程序化，无疑为智慧法院体系工程建设增添了有力工具。

源系统 / 目的系统	人民法院网络司法拍卖监管指挥平台	人民法院执行案件流程信息管理系统	执行指挥管理平台	全国法院信用惩戒系统	人民法院执行查控系统	移动办公执行系统
人民法院网络司法拍卖监管指挥平台	■		督办信息			
人民法院执行案件流程信息管理系统	拍卖结果信息		督办信息	失信人信用惩戒信息 限制消费信息	财产信息	
执行指挥管理平台	财产拍卖信息	当事人信息 案件信息 审限信息	■		财产信息	案件执行信息
全国法院信用惩戒系统		案件信息 被执行人信息 身份校验信息		■		
人民法院执行查控系统		当事人信息	案件信息		■	
移动办公执行系统		案件信息	督办、委托信息			■

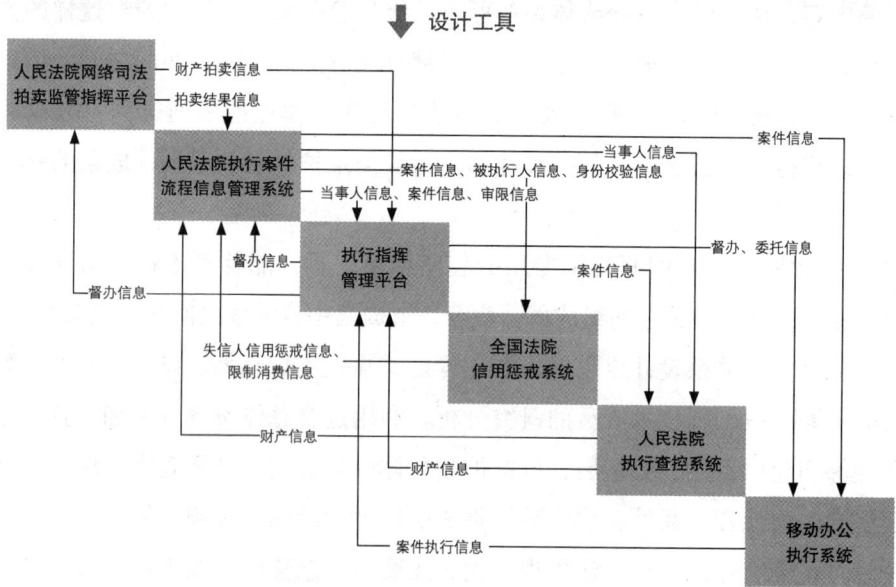

图 3-2 信息关系表图转换示意图

三、主要指标论证

任何信息系统或体系都必须实现一系列相应的业务和技术指标，才能够满足用户的建设和使用要求。所以，主要指标是智慧法院体系工程建设的重要目标，也是衡量各类智慧法院信息系统优劣的关键要素，主要指标论证是智慧法院总体设计的核心内容。

主要指标一般分为功能和性能两部分。选择合适的指标体系并使其量化，是主要指标论证的中心内容，应该遵循以下原则：一是针对性原则，指标要面向任务，对于智慧法院的不同任务采用不同的指标；二是一致性原则，智慧法院体系中不同系统的相同指标应该具有一致的定义与内涵；三是可测性原则，所选的指标尽量能够定量表示，并能够通过数学计算、平台测试和经验统计等方法获得；四是客观性原则，所选的指标能客观反映智慧法院体系内部状态的变化，表达信息系统的能力特征，不应因观察者的变化而变化。

事实上，信息系统的主要指标都可以体现为其输入、处理和输出信息的具体能力，信息的度量指标就能够直接反映信息系统的主要指标。智慧法院信息系统体系处理和输出的都是客观存在于信息系统中的信息，笔者发表的论文《客观信息的模型和度量研究》提出了客观世界中信息的定义模型、基本性质和主要度量，形成了客观信息论的基本架构，也在智慧法院信息系统的主要指标论证中得到了验证。

按照客观信息论的思想，信息的六元组模型中包括主体、状态发生时间、状态函数、载体、反映时间、反映函数等六个元素，由此可以定义信息的广阔度、细致度、持续度、丰富度、延迟度、容积度、遍及度、真实度和适配度等九类度量，据此可以针对智慧法院实际直接导出很多信息系统的主要指标。

表 3-2 信息度量与智慧法院若干主要指标的关系

序号	名称	含义	解读	对应指标示例
1	信息的广阔度	信息本体的覆盖范围	一般情况下覆盖范围越广，相应信息系统的价值越高	信息来源覆盖法院的范围和数量
2	信息的细致度	信息主体能够分解成颗粒的粗细程度	一般情况下颗粒度越细，相应信息系统的价值越高	信息来源细化到法官和案件的程度
3	信息的持续度	信息发生时间分布的密集性及其跨度	一般情况下信息采集的密度、频次越高，相应信息系统的价值越高	法院各种业务信息的采样率
4	信息的丰富度	信息主体状态的丰富程度	一般情况下，信息系统反映主题状态的内容越丰富，价值越高	法院数据资源目录的类型数量，信息系统人机交互、状态显示、态势展现的方式种类
5	信息的容积度	信息对载体容量的需求	一般情况下，信息系统需要和能够存储、处理的容量越大，价值越高	法院信息系统的存储和处理容量
6	信息的延迟度	信息反映时间对状态发生时间的延迟	一般情况下，信息系统的输出延迟越小，价值越高	法院信息系统的输出延迟和用户操作的响应时间
7	信息的遍及度	信息载体的分布范围	多数情况下，信息系统发布信息的范围越广泛，价值越高；也有场景下信息发布范围越狭窄，价值反而越高	法院信息系统的用户范围、点击流量分布范围
8	信息的真实度	信息所反映的主体状态与实际状态之间的差异	一般情况下，信息信息系统拥有和输出信息的真实度越高，价值越高	各类法院、案件、卷宗、视频数据的正确率
9	信息的适配度	信息对用户需求的精准满足程度	一般情况下，信息系统输出给用户信息的精准程度越高，价值越高	智慧法院各类信息系统的用户满意度

需要强调的是，表 3-2 中列出的指标并未全面覆盖智慧法院信息系统体系，特别是对于基础设施、网络安全和运维保障等支撑保障系统，其主要指

标未必与信息系统输出信息的度量直接对应，但又必然以各种方式间接影响输出信息的度量，需要开展有针对性的研究论证，才能获得科学合理的指标体系。

四、分系统设计

信息系统总是由很多不同部分组成，包含众多系统的信息系统体系就更是如此。所以对于信息系统体系，分系统设计就是分别概要描述其所包含的各类系统；对于信息系统，分系统设计就是分别概要描述其所包含的各个子系统。无论如何，分系统设计都是信息系统或体系总体设计的重要内容。因为如果不能概要说明各组成部分的内部结构、功能、性能和对外接口关系，则难以通过还原论的方式形成对整个系统或体系的全面认识和理解。

信息系统或体系可以按照信息流环节、系统形态、应用领域等不同方式进行划分。对应信息流中的各个环节，可将信息系统划分为信息获取、信息传输、信息处理、信息存储、信息分发和信息使用等分系统。按照系统形态，信息系统可分为嵌入式信息系统和独立式信息系统。按照业务应用领域，信息系统可划分为共用信息基础设施、通用业务功能系统、专用业务应用系统等。按照技术参考模型，我们将智慧法院信息系统划分为智慧审判、智慧执行、智慧服务、智慧管理、大数据管理与知识服务平台、智慧云网、综合安全和运维保障等八个重要组成部分，一般的分系统设计都可以针对这八个部分做出概要说明。

分系统设计的第一项工作是用图示和文字概述分系统的内部结构，由此可以形成整个系统或体系的二级分解，支持分析整个系统或体系结构的合理性与可行性；第二项工作是概述分系统的主要功能，支持分析整个系统或体系主要功能指标的分解和落实情况；第三项工作是概述分系统的主要性能指标，支持分析整个系统或体系性能指标的分解和可达性；第四项工作是概述分系统的对外接口关系，支持分析系统或体系内部信息关系的对应落实情况。

可见，分系统设计不需要详细，更不能琐碎，在总体设计层面只要能够充分支持对整个系统或体系可实现性的分析论证即可满足要求。

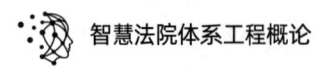

五、关键问题分析

任何系统建设都会面临一系列难点问题，所不同的仅仅是问题属性、难易程度和影响范围等。根据"凡事预则立"的常识，如果不能在工程实施的起始阶段就充分认识可能影响目标实现的关键问题，那么必然会在建设过程中发生很多意想不到的问题，导致束手无策的状况，轻则影响工程实施的进度，重则造成部分甚至全部目标难以实现的后果。因此，总体设计必须研判分析并排序影响信息系统或体系建设目标实现的关键问题，提出相应的解决措施和方案并根据轻重缓急进行较为充分的论证，才能保证建设过程少走弯路，即使出现问题也能够临事不乱，有条不紊地推进实施。

智慧法院信息系统或体系总体设计中的关键问题分析，主要着重于分析发现系统建设中面临的关键技术、管理和推广应用等问题，并提出相应的解决方法和措施。其中，关键技术问题可能包括系统或体系的短板性、结构性、完备性、冲突性、冗余性、重复性和孤岛性等问题以及需要采取的预先研究、计算求解和试验验证等技术措施；关键管理问题可能包括工程实施中面临的人力资源、经费投入、计划进度以及项目管理等问题以及需要采取的资源整合、奖惩机制和综合保障等管理措施；推广应用问题可能包括产品研制后可能面临的部署上线、用户培训和大流量冲击等问题以及需要采取的局部试点、典型示范和应急响应等稳步推广机制。

六、实施计划制定

智慧法院信息系统总体设计的最后一项重要任务就是制定系统或体系工程的实施计划，通过路线图和时间表的形式保证设计方案切实可行并指导后续的项目管理。

智慧法院信息系统或体系建设的实施过程与一般电子政务项目建设过程相同，基本上可以划分为需求分析、系统设计、研制开发、测试验证、部署上线、推广培训、运行维护和改进提升等前后不同的阶段，具体实施中会根据新建系统、升级改造和整合集成等不同类型包含若干相互串行或串并结合的建设阶段。另一方面如前所述，智慧法院信息系统或体系都需要分解为若干分系统，建设实施中各分系统也会由于需求急迫程度、技术成熟度和经费投入强度等多种因素决定先后历经上述各种不同阶段，只有所有分系统都完成各自的建设任务，整个系统或体系才可能完成全部建设任务。所以，整个项目实施计划的主体内容就是所有各分系统若干建设阶段的起止时间以及相互之间的顺序结构，这样的顺序结构通过计划网络图或甘特图等二维图形能够清晰呈现。

需要说明的是，影响整个项目实施的因素不仅限于各实体组成部分的建设进度，还包括质量管理措施、试验测试环境、文档配置管理、经费投入强度和人力资源配备等多方面保障要素，所以实施计划必须包含所有这些要素条件的到位进度及其与相关任务的作用关系，才能形成完整的计划链路，保证整个系统或体系工程环环相扣、严丝合缝。

第三节　标准规范

制定并遵守一系列标准或规范，支持系统研发和集成，提高产品的连通性、模块性、通用性、互利性、协作性和可重构性，是一般系统工程、也是体系工程的基本要求。法院信息化建设中首先考虑的是数据标准。各级法院曾经普遍应用的05法标、09法标都是数据标准，都在案件管理系统和大数据平台建设中发挥了突出作用。从"十三五"开始，智慧法院标准规范根据法院业务规范扩充了数据内容，同时向应用系统、基础设施、网络安全、运行维护和过程管理拓展，形成了比较全面的FYB体系，采取了很多切合实际、仍需进一步大力弘扬的做法：一是从无到有，依托国内标准化专家和长期从事法院信息化建设的优势企业，组织建立了从事智慧法院标准规范研究编制的专业化团队；二是紧随业务，按照司法工作专业化、正规化、流程化的特点和要求，主动配合业务庭室研究、制定业务标准，并作为根本依据尽快编制形成技术标准规范；三是积极贯标，不惧影响现有系统正常运转以及司法数据质量的潜在风险，坚持稳中求进、科学施策，圆满实现 2015 法标在全国 32 个高级人民法院和新疆生产建设兵团人民法院的全面贯彻；四是不断丰富，每年都将标准规范编制纳入智慧法院建设重点目标，列支专项经费，确保标准规范体系根据建设和应用急需持续扩充；五是创新驱动，及时吸收科技进步成果，云计算、大数据、人工智能、区块链等新技术在法院信息系统的应用成果都能够尽快转化为相应标准规范，促进后续建设进一步推广；六是逐步完善，由于基础相对薄弱，起步阶段部分标准的规范性、完整性不乏存在瑕疵，工作团队并未因此丧失信心，而是砥砺前行，从不断进步之中体会到重大意义和能力成长，努力构建并不断完善智慧法院标准规范体系。

一、通用基础标准

通用基础标准主要涵盖对智慧法院标准化工作具有通用支撑作用的技术标准，包括术语、主题词、标准化工作指南等。目前，最高人民法院已经组织编制发布了《人民法院信息化标准体系表》《法院信息化标准的结构和编写规则》和《法院信息化基本术语》共 3 项通用基础标准。

《人民法院信息化标准体系表》是整个法院信息化标准制修订工作的基础和依据，从基础标准、技术标准和管理标准三个角度出发，规划了智慧法院建设需要形成并遵循的主要标准体系，既包含最高人民法院组织编制或拟编制的法院行业标准，还包含了经过分析研究后采用的国际标准或国内先进标准，目前共规划标准 127 项。其中，采用国家标准 27 项，采用其他行业标准 3 项，最高人民法院组织编制的法院信息化行业标准 97 项；不但列出了已颁标准、在编标准，还含有今后要编制的标准，覆盖了法院信息化数据、应用、基础设施、网络安全和运维保障等各项业务，全面支持智慧法院体系工程实施。《人民法院信息化标准体系表》反映了法院信息化标准工作的全貌以及体系自身的空白，便于根据主攻方向和轻重缓急，协调人力、物力、财力，制定标准编制计划，开展标准编制相关工作。

根据智慧法院建设实际需要和相关研究进展，智慧法院通用基础标准也将不断进行补充和完善。

二、数据技术标准

研究编制数据技术标准是法院标准制修订最初开展的工作。早在 2002 年，最高人民法院就编制发布了《人民法院信息网络系统建设技术规范》，开创了法院信息化标准制修订的先河。2005 年、2009 年又先后进行了修订，其核心内容均聚焦于数据资源内容、结构的规范统一。2016 年，在首次建立人民法院信息化标准体系的同时，最高人民法院同时组织编制印发了《案件类型代码技术规范》《案由分类与代码技术规范》和《审判信息数据质量要求》等 20 余项数据技术标准，对司法审判信息资源的数据内容、数据格式、数据质量等作出详细规定，支持各类信息系统数据共享交换，为国家司法审判信息资源库建设和各级法院应用系统研发提供了较为坚实的标准支撑。2016 年年底，在最高人民法院强力推动下，全国法院司法统计报表基于人民法院大数据管理和服务平台自动生成，正是依托于数据技术标准的统一规范，也为后续开展高质量大数据汇聚和深度分析奠定了基础。

目前已经发布的数据技术标准包括《基础数据信息技术规范》和《刑事案件信息技术规范》等 21 项业务实体关系标准、《案件类型代码技术规范》等 8 项信息分类与代码标准、两项信息资源交换标准和两项数据质量技术标准等共 33 项。

业务实体关系标准对数据交换集合进行定义和规范，共定义了 11 大类审判执行案件及基础数据信息、信访事项、音视频应用数据实体关系、信息化管理基础数据的信息构成、逻辑关系和数据结构描述等，是一种逻辑结构，有别于实际生产环境中的数据库、表等物理结构。以《刑事案件信息技术规范》为例，详细规定了刑事一审、二审、审判监督、复核、强制医疗等各类案件在案件办理各阶段的数据信息项、数据类型、代码值等。案件信息的业务实体关系标准是法院之间信息交换的基础，可满足全国法院司法数据实现纵向连通、横向共享的信息交换以及数据集中管理平台的服务需要。同时，人民法院大数据管理和服务平台全面汇聚这些案件信息，支持建立司法大数据要报、审判态势月报、专题深度研究、专题公开发布等数据分析和发布机制。

《审判信息数据质量要求》定义了法院数据质量检查和评价的方法，明确了数据治理的相关规则。其中，第一部分提出了"覆盖率、合格率、及时率、置信度"等四个适用于结构化案件信息的质量指标以及相应的计算方法，明确了法院办案系统产生的结构化案件信息的数据质量要求，适用于结构化案件信息的质量检查和评估。第二部分规定了审判信息资源库中非结构化文书信息的规范要求、检查方法等质量要求，提出了文书覆盖率、文书及时率、文书规范率等质量指标，用于非结构化文书信息的数据质量管理工作。经过数据质量相关标准贯彻实施，有效支持了全国法院审判数据置信度长期稳定在 99% 以上。

三、应用技术标准

应用技术标准用于对法院信息化业务应用系统的应用分类、基本功能、数据接口等进行定义和规范，包括一般技术标准、服务人民群众类应用建设标准、服务审判执行类应用建设标准、服务司法管理类应用建设标准四方面内容。目前已发布的标准包括《信息化应用分类规范》《网上诉讼服务应用技术要求》《法院网上调解应用技术要求》和《科技法庭应用技术要求》等44项。

《信息化应用分类规范》规定了全国法院统一的信息化业务应用分类，从服务人民群众、服务审判执行、服务司法管理的角度，通过对业务的梳理，总结、归纳法院信息化业务应用，形成了应用体系。信息化业务应用总共由3类服务、25个一级应用和113个二级应用构成。从服务人民群众角度，定义了司法公开、诉讼服务、司法宣传、监督举报、移动服务等5类应用；从服务审判执行角度，定义了审判、执行、信访、管理、支持等8类应用；从服务司法管理角度，定义了行政事务、档案、人、财、物等12类应用，标准对每一项应用作了定义和解释，解决了以往全国法院信息化业务应用系统建设中存在的系统性、规范性和可度量性不足等问题。

《网上诉讼服务应用技术要求》旨在运用"互联网+"理念，推动诉讼服务线上线下结合，实现网上信息技术服务与窗口传统服务的无缝对接，切实减轻群众诉累。标准指导各地法院建设诉讼服务网，实现信息查询、诉讼指引，预约立案、网上立案，受理申请、材料接收，联系法官、网上阅卷，网上信访、预约接访等主要功能。

《科技法庭应用技术要求》适用于规范科技法庭应用的数据和技术内容，指导科技法庭建设应用。主要内容包括科技法庭建设的功能要求、数据要求和技术要求，用于指导科技法庭应用系统研发。功能要求包括基本应用功能、设备操控和管理等，基本应用功能规定了科技法庭应用信息安全管理、开庭同步、证据展示、庭审实况采集、庭审实况直播、庭审实况存储、庭审点播、信息共享、远程开庭和移动科技法庭等要求；设备操控和管理规定了设备操控、监测、故障检测与报警、远程诉讼席位管理等设备操控和管理等要求；同时，还规定了第三方应用开放接口和院间互联应用的要求。

四、基础设施标准

基础设施技术标准是用于规范法院的专用信息化场所、网络和云计算等基础设施建设的标准。

在专用场所建设信息技术标准方面，目前已经编制发布《科技法庭信息化建设指南》《诉讼服务大厅信息化建设指南》《审判业务综合楼信息化建设指南》《巡回法庭信息化建设指南》和《信息管理中心信息化建设要求》共 5 项标准，规范了法院诉讼服务大厅等重要场所的信息化设备配置、支撑网络和配套软件系统等建设要求。

《诉讼服务大厅信息化建设指南》对诉讼服务大厅建设的总体目标和原则、基础建设要求、功能要求、数据要求以及建设方案做出了明确规定，提出了诉讼引导、业务窗口、诉讼调解、信访接待、自助诉讼和便民服务等各服务区的配置和功能要求。考虑不同类型法院实际建设需求的差异化，区分了基本功能型、标准功能型和扩展功能型的不同配置，例如扩展功能型诉讼服务大厅可按需配置当事人自助立案登记、大厅内智能导航引路、虚拟人物导诉等智能引导功能。

在网络和云计算标准方面，目前已经编制发布《法院专网域名编码规范》《法院云计算平台技术规范第1部分：专有云》和《法院云计算平台技术规范第2部分：开放云》3项标准。《法院专网域名编码规范》对各级人民法院域名编码规则作出规定，适用于人民法院对域名进行管理和访问，要求实现法院专网域名与法院的唯一对应，避免出现域名重复的问题。《法院云计算平台技术规范第1部分：专有云》主要内容包括法院专有云计算平台的总体要求、IaaS层要求、PaaS层要求、DaaS层要求、安全要求和运维要求等，规定了最高人民法院和各高级人民法院可依托法院专网建设专有云计算平台或租用服务商的云计算平台，法院办公网和专有云平台之间通过专线连接。各级人民法院专有云计算平台与其他网系之间的数据交换应符合法院网系之间的安全隔离要求，与开放云计算平台之间的数据交换应通过边界交换系统进行。

五、网络安全标准

网络安全标准用于规范各类信息系统的安全防护以及接入和应用的安全防护、检测预警等，包含涉密网技术标准和非涉密网技术标准两个主要方面。目前已发布的标准包括《安全隔离与信息交换平台建设要求》《安全隔离与信息交换平台使用和管理要求》《涉密内网安全防护及接入规范》《涉密内网信任服务体系建设规范》和《涉密内网应用系统开发、部署及运行规范》等。

《安全隔离与信息交换平台建设要求》根据信息安全技术发展趋势，结合法院网系间信息交换的需求和现状，提出了较为全面的安全隔离与信息交换平台建设要求和实施指南。从框架结构、技术要求和建设要求三个方面规范了安全隔离与信息交换平台，其中框架结构明确了平台的系统框架和功能结构，技术要求明确了具体的功能和性能指标，以及相应的安全和监管要求，建设要求明确了具体的建设范围、交换模式要求以及接入要求等规范。其中，平台交换类型只针对数据库交换和文件交换加以标准化限定，对于流媒体类数据交换尚未涉及；同时，对于涉密内网的安全隔离与交换，目前设计了双单向模式，并设计和规范了安全防护和隔离手段，但在实际建设阶段，各法院还必须按照国家保密法规要求，根据"一事一议"原则，单独编制设计方案报保密局评审、批复。还规定采用信息单向导入的设备，需经评审通过后方可进行建设。

六、运维保障标准

运维保障标准用于定义运维服务分类，对基础设施运维、数据运维、应用运维、安全运维的服务交付和建设质效型运维体系等进行约束及规范，包括运维服务分类规范、服务交付规范、质效型运维建设规范等内容，旨在规范智慧法院信息系统的运维保障工作，提高运维质量和效率。目前已发布的标准包括《质效型运维服务规范第1部分：总则》《质效型运维服务规范第2部分：基础设施运维》《质效型运维服务规范第3部分：安全运维》《质效型运维服务规范第4部分：应用运维》《质效型运维服务规范第5部分：数据运维》和《质效型运维服务规范第6部分：应急处理》共6项。

《质效型运维服务规范第1部分：总则》提出了人民法院质效型运维的模型，明确了以关键质效指标为核心，以基础设施、应用、数据和信息安全为对象，以人员管理、过程管理和资源管理为保障，以PDCA模型和质效评估为关键的运维服务体系，是人民法院开展质效型运维服务的通用基础要求。其中，人员管理主要从运维的组织架构、岗位职责、人员的储备、培训和考核方面明确了相应的要求；资源管理是运维服务的重要辅助手段，主要包括服务台、备件库、知识库和运维工具等；过程管理是人民法院实施质效型运维的重要保障，通过制定相应的管理制度和服务流程，使得运维过程和结果可控，确保达到预期效果。第2部分至第6部分，分别规定了基础设施运维、安全运维、应用运维、数据运维、应急处理五类具体运维对象的例行操作、响应支持、优化改善和质效分析等相关工作内容，指导各级法院运维工作由完好型运维向质效型运维转型升级。

第四节　科研布局

探索一代、预研一代、研制一代、部署一代本是重大、复杂装备体系建设的经验总结。智慧法院建设在人力保障、经费投入和时间进度上都很难充裕地要求重点项目比较完整地经过上述四个过程再投入大范围应用。但以往比较普遍的不经过科研，研制与部署混合进行的模式也对后续技术成熟、可靠运行、便捷应用、推广普及带来很大困难，必须从根本上加以改变。

在国家科技部大力支持下，"十三五"期间国家重点研发计划开始支持智慧法院建设，为调动国内优势科研力量，聚焦智慧法院的基础性、关键性、全局性科技难题，开展攻关研究、奠定技术基础创造了宝贵条件。科研攻关涉及基础理论、关键技术、重点装备、系统集成和跨界延伸各个层面，覆盖基础设施、应用系统、数据资源、网络安全和运行维护各个门类，工作布局以发展规划和总体设计为依据，主要成果直接支持标准规范编制以及各类系统研制、集成、部署、应用和评估，是智慧法院顶层设计的重要环节。

智慧法院科研工作特别需要注重坚持以下原则：一是针对性，始终将科研工作聚焦于人民群众和广大干警应用中的痛点难点，致力于解决智慧法院面临的迫切技术问题，切实防止以往经常出现的科研与实际建设"两张皮"现象；二是融合性，组织科研与司法领域专家共同研究，联合攻关，确保各项工作既符合司法规律特征，又适应体制改革要求，还体现了技术变革的前进步伐；三是创新性，勇于探索人工智能为代表的先进技术在司法领域的普及应用，既满足审判执行现代化需求，也促进先进科学技术自身的发展进步；四是集成性，高度重视各类系统门户统一、信息共享和协同联动等长期制约智慧法院发展的关键技术问题，各项研究成果必须通过智慧法院实验室的集成验证，同时在高级人民法院以上辖区范围信息系统中经受应用检验；五是规范性，既要充分应用科研工作本身创造的先进技术成果，也要高度重视科研工作形成的规范化论证、研究、试制和测试工作模式并推广到一般系统开发建设之中，以此提高智慧法院体系工程的整体科技水平。

一、理论方法创新

由实践到理论、再到实践、不断迭代提升是人类认识世界、改造世界的普遍过程。理论方法既是实践经验的总结升华，又是指导推动更高层次实践的自觉力量。智慧法院体系工程遵循普遍的自然规律，理论方法创新能够在各级法院的自发实践中不断产生，更需要通过科学、准确和规范的研究和攻关过程得到提炼突破并形成模式化、可复制、易推广的基础理论成果，才能在更大范围、更高层次推动新的体系工程实践，为司法为民、公正司法、国家治理体系和治理能力现代化以及信息系统体系工程科学发展作出更大贡献。

智慧法院建设必然受到法学理论的导引和制约，信息时代的法学理论发展无疑对智慧法院体系工程实施具有巨大影响。广泛联合法学和信息科技领域专家，深入研究互联网、云计算、大数据、人工智能和区块链等新兴信息技术对查明事实、公正裁判、司法监督、阳光司法、便民利民和多元解纷等司法活动的作用机理和改革驱动，努力构建具有中国特色的互联网司法模式法理体系，不仅能够更好地主导智慧法院建设应用，必然也将为信息时代的世界司法文明贡献中国智慧。

智慧法院建设应用是面向大规模信息系统的体系工程。动员组织信息系统工程科技领域专家，创新突破高效实施体系工程所必需的多部门业务协同需求建模、跨系统互通和协同技术标准、面向混合系统架构的体系总体设计、多粒度融合的复杂系统仿真、大规模异构系统集成和测评、基于多源业务信息融合的功能和性能突现、大规模信息系统体系工程管理等基础理论和方法，必将为支撑和推动智慧法院建设应用奠定坚强的工程科学基础。

智慧法院建设应用的焦点是各种司法业务活动产生和依赖的信息。发挥信息科学、数学和法学等多学科交叉融合的优势，从信息的本质内涵、基本性质和度量指标体系出发，创新构划专用于智慧法院的体系结构模型、内在驱动模式、演进逻辑规律、评价指标体系和测评方法环境等，必将为智慧法院体系工程提供具体详实的开发建设支撑。

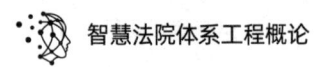

二、关键技术攻关

智慧法院建设需要大量广泛的关键信息技术支撑。这些关键技术一般都非针对通用条件的原创技术，而是结合智慧法院业务应用需求、能够大幅提升系统功能性能的关键技术。

以庭审语音识别技术为例，通用的语音识别技术已经在很多领域得到广泛应用，在单一用户面向话筒、采用较为标准口音的情境之下能够达到很高的自动识别率，为广大用户带来非常理想的效果。但在庭审活动中，法官、当事人、诉讼代理人等众多人员，从不同角度，以不同口音、语速和语气，甚至出现多人同时发声的条件之下，通用语音识别的准确率就会大为下降，难以满足庭审快速无误生成笔录的要求。但庭审条件下音频采集设备能够根据法庭空间合理配置，发言者必须遵循庭审活动的规则要求，发言内容也与案情具有很大关联性，由此在通用语音识别技术基础上，科学设计语音采集系统，结合庭审发言规则，事先学习案情特征信息，就能够支持庭审语音识别系统大幅度提高特定条件下的语音文字自动转换准确率。如果将各地法院法庭语音识别系统连接为一个采集、学习和共享的整体平台，则全国法院的所有法庭都能够灵活应对已经具备识别能力的多地方言，并且还能够根据前期积累的特定人员的语音特征、有针对性地处理和识别其庭审语音，这就是全国法院智能语音云取得的技术突破。

类似地，智能化交互式诉讼材料自动化生成和有效性审查、诉讼自动导引和咨询支撑、诉讼财产保全智能评估及预警等技术，支撑了一体化便民诉讼服务体系形成；庭审多模态记录和融合比对分析、高质量裁判文书智能辅助生成、类案精准推荐等技术，推动了高质高效的审判应用系统建设；被执行人活动轨迹融合分析、隐匿涉案财物线索挖掘、执行案件智能分流和辅助监管等技术，促进了精细化执行能力的形成；审判风险排查与预警、人员绩效评估与法院廉政风险防控、审判全过程舆情监测与应急处置等技术，提升了智慧法院精细化管理水平。

所以，智慧法院关键技术攻关需要运用互联网、云计算、大数据、人工智能、区块链等通用的先进技术成果，深度结合法院诉讼服务、案件审理、执行办案、内部管理和司法公开等业务应用需求，为智慧法院各类信息系统研发提供先进成熟的技术支撑，为系统建设尽可能早地扫除"拦路虎"。

三、重点装备研发

智慧法院的各方面能力需要通过各种装备实现，主要包括服务于诉服、审判、执行和管理等业务场景的应用系统以及提供数据、计算、通信、安全和运维等服务的基础平台，从形态上可分为硬件、软件以及软硬件结合的装备等。这些装备本身就为智慧法院的先进技术提供了应用和集成的载体，同时也直接接受用户和上一级应用的检验，所以通过重点装备研发能够更加全面地突破并检验智慧法院的重要科技创新成果。另一方面，装备本身的易用性、安全性、可靠性和可维护性等实用性指标也是科技创新的重要目标，通过规范、严格的科研程序，完成一批技术先进、应用广泛、带动性强的重点装备研发和示范应用，能够为一般装备研发提供示范，更好地促进智慧法院的实用性能提升。

一批国家重点研发计划已经有力推动了智慧法院的重点装备研发。以审判为中心的司法业务信息资源分类与管理、以司法知识库为核心的人民法院辅助决策支撑平台构建、智慧法院一体化应用平台构建等重点研发项目，支撑了司法大数据平台、知识服务平台和法眼平台的研发；多元泛在化诉讼服务、多方接入的跨网系网上调解、司法公开综合管理平台构建等重点研发项目，支撑了中国移动微法院和多元解纷系统等重点装备的研发；智慧法院庭审智能支持技术、巡回审判和远程审判技术、基于人工智能的新型庭审系统构建等重点研发项目，支撑了新型科技法庭、智慧审判系统等重点系统研发；执行业务智能联动、单兵执法辅助、执行案件全流程辅助监管等技术突破，支撑了执行查控系统、终本案件自动巡查系统、执行指挥系统等建设；电子卷宗智能分析、庭审信息采集/抽取和服务、庭审过程巡查、案件权重测算等技术突破，支撑了文书评查系统、庭审自动巡查系统、审判质效评估系统等建设。

针对智慧法院急需实现的业务场景和先进信息技术创新成果，与社会治理体系深度融合的智慧诉讼服务系统、面向案件认知的审判全过程智能辅助装备、高度智能化网信执行系统及装备、一体化司法协同公共操作环境和共享服务体系、跨媒体一体化智能感知与知识服务平台、司法数据中台和智慧法院大脑等将成为重点装备研发的努力方向，促进形成新一代智慧法院装备体系。

四、系统集成创新

司法规律、体制改革与技术变革高度融合是智慧法院蓬勃发展的主要驱动，因而集成创新是智慧法院科技创新的重要内容。经过多年建设，以各高级人民法院所含辖区范围计均已建成了数以百计的各类信息系统，大多具有系统分布广泛、数据流转密集、业务功能复杂、用户定制多样等特征，同时门户纷杂、信息孤岛、数据壁垒、流程不畅的矛盾都很突出。各类信息系统亟需通过接口互连、信息互通、资源共享和业务协同实现更大范围的集成创新，打通很多业务应用堵点，增添很多急需的新功能，提升很多软硬件的性能指标，化解很多困扰用户的痛点难点，使智慧法院建设达成事半功倍的效果。

基于下一代法院业务网的全国法院云平台、面向智慧法院的智能化服务平台集成、法院信息系统质效型安全运维与统一认证管理等重点研发项目，就是着眼于智慧法院信息系统得页面集成、接口集成、数据集成、服务集成和平台集成需求，突破了以司法大数据平台为基础的数据集成、以知识服务平台为基础的共性服务集成、以云平台和虚拟化为基础的业务应用系统云端集成等关键技术，支持了众多异构形态和技术体制的法院信息系统集成，取得了丰硕的集成创新成果。

通过科研项目支持智慧法院系统集成创新，当然不能简单地满足于个别或者局部的系统对接和数据共享，而是要瞄准重要业务领域内部众多孤立系统、跨业务领域的多源异构系统、数据和知识平台对各类业务应用的共享服务、通用信息基础设施的一体化支撑等具有通用性、全局性和示范性的系统集成问题开展科研攻关，为全国法院提供经过规范程序研制和测评的推广原型或示范样板。

五、跨界拓展融合

随着网络强国、数字中国、智慧社会战略和"互联网 +"行动计划深入实施，信息化建设延伸到经济社会发展的方方面面，电子政务服务广大人民群众取得显著成效。国家电子政务工程和信息化领域国家重点研发计划都已明确将跨部门共享和协同作为主要发展方向。因此，智慧法院科研攻关决不能仅仅局限于法院信息系统的关键技术研究和系统集成创新，必须进一步提高站位、拓宽视野，为向经济社会各个领域延伸拓展，促进跨部门共享融合提供有力的科技支撑。

最高人民法院根据破解执行难亟需，推动智慧法院信息系统主动对接全国 4000 多个协作部门和单位，获取被执行人相关信息，支持查询其存款、证券、投资及其他资产，并将失信被执行人信息及时传送到民航、高铁及社会征信数据库，构建各方参与协同的守法诚信体系，其系统连通、数据管理和按需共享机制都是智慧法院跨界拓展融合的典型范例。

从 2017 年初开始，上海市高级人民法院组织国内优势科研力量研发"刑事案件智能辅助办案系统"，针对公检法司各部门之间刑事案件数据流转应用和证据认定问题，突破了跨部门的刑事案件证据链标准建立、多部门跨层级跨网系数据安全交互处理、领域模型驱动的司法业务协同服务、司法业务协同虚拟工作空间、基于证据链指引的侦查、起诉和审判办案智能辅助等关键技术、构建了跨部门的协同办案原型系统并得到了实用检验，也是智慧法院向政法部门跨界拓展融合的重要示范。

通过科研项目支持智慧法院跨界拓展融合，要着重突破能够发挥智慧法院优势，面向司法部门、政务部门、社会组织和企事业单位共享智治的新机理、新方法、新架构和新模式，如基于区块链的一体化联动公共操作环境和协同共享服务体系等，为国家治理体系和治理能力现代化提供创新支持和示范。

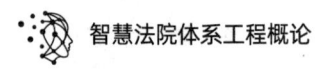

第五节　评价提升

一切工作都应通过科学的绩效评价实现闭环管控，才能不断提升。这是系统工程的基本规律和要求，对于智慧法院体系工程尤为重要。因为信息系统建设中人们往往从不同角度作出评判，有从建设规模，也有从系统数量，还有从用户点击量出发评价建设成效。实际上，应用效果不彰的情况下建设规模越大浪费就越大，服务功能不增的情况下系统数量越多用户就越难适从，即使点击量也并不与用户满意度构成正比关系。所以评价智慧法院，需要建立一套以应用成效为导向、全面、具体、可施行的指标体系，这既是顶层设计的重要内容，也是对整个体系建设负总责，持续评价推动成效提升的主要杠杆。

根据客观信息论的观点，信息是客观世界和主观世界中事物及其运动状态的客观反映，世界万物只有通过信息才能表现并且还原其存在及运动状态，信息具有广阔度、细致度、持续度、丰富度、容积度、延迟度、遍及度、真实度和适配度等九类度量并皆可按照严格的数学定义予以表达。信息系统的作用和意义就是通过输入、传输、处理和输出等过程提供符合用户要求、具有相应度量指标的信息。数据是信息在信息系统中的表现形式，信息系统的建设和应用成效皆可源于信息度量，形成可量化的指标体系。为此，要根据智慧法院支持审判执行、诉讼服务和司法管理所需信息的内容度量指标，研究形成相应的规划设计、基础设施、应用系统、数据资源、网络安全和运行维护等方面的具体指标体系，通过数据自动采集、全面普查评估、重点抽样方式、第三方客观评估等方式定期评价实际成效，及时总结和推广成功经验，发现突出问题并持续加以改进，推动智慧法院建设和应用水平不断提升。

一、评价指标体系

智慧法院的主要建设内容是信息系统体系，其作用和意义就是根据法院各项业务需求提供符合用户要求的信息，因而评价智慧法院应该从智慧法院的基本特征、各项主要业务的信息化支撑能力和提供信息的主要能力指标出发，形成较为完整的评价指标体系。

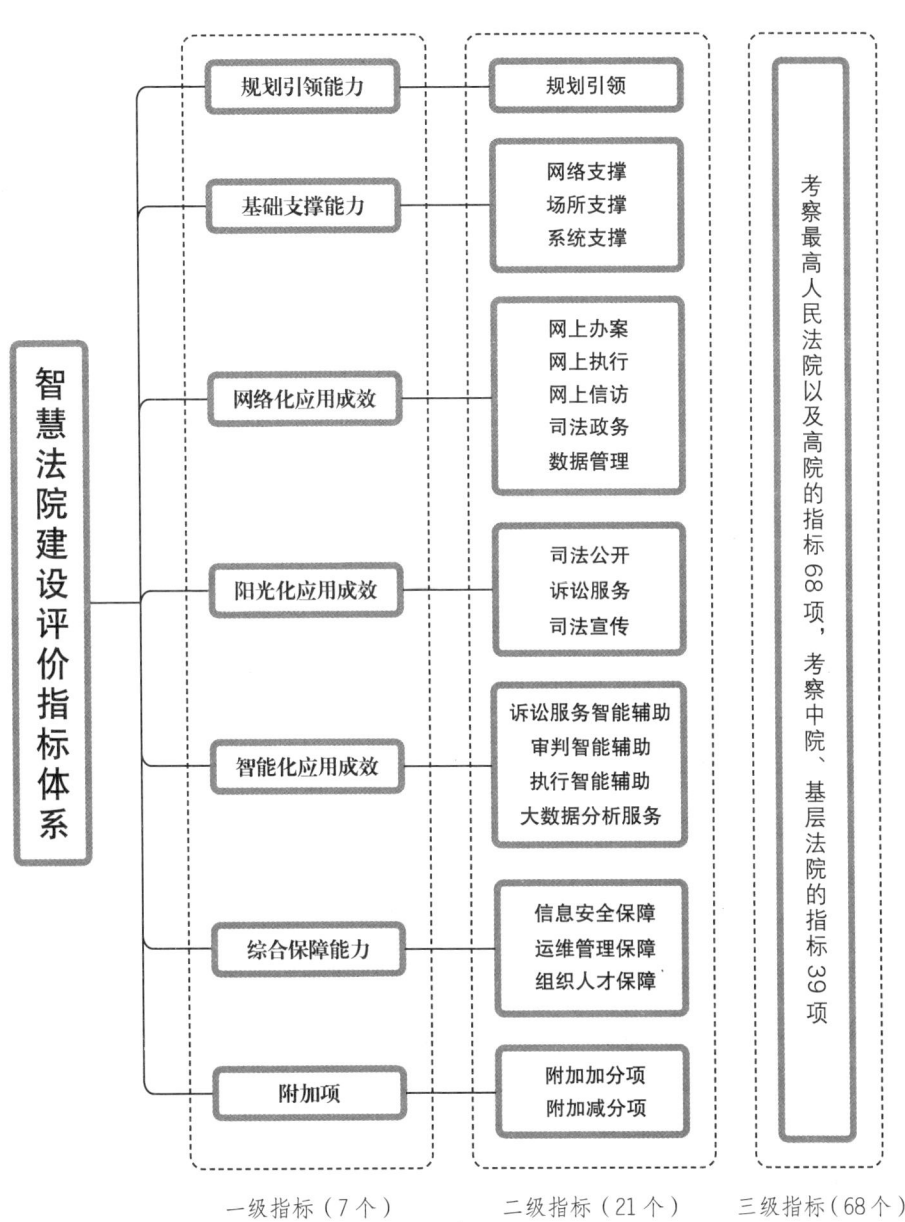

图 3-3 智慧法院建设评价指标体系

2017 年开始，最高人民法院建立了适用于全国法院的智慧法院评价指标体系并逐年修订完善，组织实施评价。智慧法院建设评价指标体系围绕网络化、阳光化、智能化三个基本特征，包含 7 项一级指标，21 项二级指标，68 项三级指标。评价指标体系结构如上图 3-3 所示。

一级指标共 7 项，包括规划引领能力指数、基础支撑能力指数、网络化应用成效指数、阳光化应用成效指数、智能化应用成效指数、综合保障能力指数和附加项。从一级指标可以看出，智慧法院评价关注三大能力，注重三化成效。规划引领、基础支撑、综合保障是智慧法院建设的基础。网络化、阳光化、智能化是智慧法院建设的三大目标，智慧法院建设评价注重对三化效果的检验和判定，即实现全业务网上办理，构建网络化法院；做到全流程依法公开，构建阳光化法院；提供全方位智能服务，构建智能化法院。此外，为了鼓励法院创新示范，注重信息安全，设置了相应的附加加分项和附加减分项。

二级指标共 21 项，对应一级指标进一步分解，主要关注信息化对于各级法院工作业务的支撑覆盖能力。其中，网络化应用成效一级指标下，按照全业务网上办理的要求，分为网上办案、网上执行、网上信访、司法政务、数据管理五项二级指标，能够基本覆盖法院核心业务。阳光化应用成效一级指标下，按照全流程依法公开的要求，分为司法公开、诉讼服务、司法宣传 3 项二级指标，重点关注法院四大公开平台、电子诉讼的建设和应用水平。智能化应用成效一级指标下，按照全国方位智能服务的要求，分为诉讼服务智能辅助、审判智能辅助、执行智能辅助、大数据分析服务 4 项二级指标，由于各地法院智能化应用相对起步较晚，这里主要关注智能化应用建设情况。

三级指标共 68 项，除少数指标关注工作完成情况外，其余指标均依据具体信息系统的需求特点，从其对提供信息的广阔度、细致度、持续度、丰富度、容积度、延迟度、遍及度、真实度和适配度指标的影响程度中摘要采纳。68 项指标全部适用于考察最高人民法院和各高级人民法院。由于规划引领、网络支撑、信息安全保障、运维管理保障等工作主要集中在高级以上人民法院，因此针对中、基层人民法院应用为主、建设为补充的特点，评价指标中适用于考察中、基层人民法院的指标共 39 项。具体指标内容如表 3-3 所示。

表 3-3　智慧法院评价指标

序号	一级指标	二级指标	三级指标
1	规划引领能力指数	规划引领	五年规划编制
2			信息化宣传报道
3	基础支撑能力指数	网络支撑	法院专网人民法庭接入率
4			法院专网平均带宽
5			专有云建设及业务承载
6			开放云建设及业务承载
7			移动专网建设
8			涉密网建设
9			网系间数据交换系统建设情况及交换能力
10		场所支撑	诉服大厅信息化服务覆盖率
11			执行指挥中心
12			科技法庭覆盖度
13		系统支撑	业务系统融合性
14			音视频应用覆盖度
15			音视频综合调度管理平台
16	网络化应用成效指数	网上办案	案件电子卷宗
17			庭审录音录像率
18			电子签章率
19			网络案件评查
20			数字审委会
21			与政法部门共享案件信息
22			移动办公办案
23		网上执行	执行案件流程信息管理覆盖度
24			执行查控率
25			失信惩戒平台
26			网络拍卖率
27		网上信访	视频接访率
28			信访信息共享

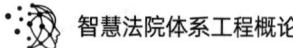

续表

序号	一级指标	二级指标	三级指标
29		司法政务	网上办公
30			人事管理
31			四级网站使用率
32			司法管理系统完备度
33		数据管理	司法审判信息资源覆盖度
34			集中汇聚数据质量
35		司法公开	审判流程信息公开率
36			庭审直播率
37			裁判文书公开率
38			执行信息公开率
39			破产重整案件信息公开率
40	阳光化应用成效指数	诉讼服务	网上立案率
41			网上缴费率
42			网上证据交换率
43			网上开庭率
44			电子送达率
45			网上调解率
46			12368 热线服务率
47		司法宣传	政务网站更新率
48			微博微信开通率
49		诉讼服务智能辅助	智能诉讼引导
50		审判智能辅助	立案风险甄别
51			案件审判提示
52			电子卷宗材料智能复用
53			文书辅助
54	智能化应用成效指数		法条及类案推送
55			庭审语音识别转录
56			刑事案件量刑规范化辅助
57			庭审自动巡查
58		执行智能辅助	执行案件线索关联分析
59		大数据分析服务	审判态势数据智能统计与分析
60			人案关联分析
61			大数据专题分析数

序号	一级指标	二级指标	三级指标
62	综合保障能力指数	信息安全保障	重要业务系统等保通过率
63		运维管理保障	质效型运维体系完备度
64			可视化运维平台
65		组织人才保障	领导小组设置
66			信息化人才达标率
67	附加项	附加加分项	信息化创新示范
68		附加减分项	重大信息安全事件

二、自动采集评价

根据智慧法院评价指标获取全面、完整、客观、准确的数据是开展智慧法院评价的基础。所需数据涉及全国四级法院，共包含 170 多项。由于法院信息系统包含全国统一建设和地方法院自主建设多种模式，因而获取数据的方式多种多样。自动采集评价具有程序自动、信息及时、客观准确等特点，是评价智慧法院的首选方式。

自动采集评价即通过应用系统自动获取业务数据、应用数据等，自动计算评价指标。随着全国法院数据集中管理工作逐渐发展以及全国统一业务应用的发展趋势，自动采集评价所能够获取的数据逐渐丰富、所能够支撑计算的指标逐渐增多。智慧法院建设评价过程中，通过自动采集评价获取的数据及计算的指标情况主要如图 3-4 所示。

由图可见，自动采集评价数据主要来源于中国审判流程信息公开网、中国庭审公开网全国统一司法公开平台，执行案件流程信息管理系统、网络司法查控系统等全国统一业务平台以及人民法院大数据管理和服务平台。以上系统根据智慧法院评价指标对应的数据采集需求，自动获取全国四级法院应用数据，并汇聚至全国智慧法院评价数据库。全国智慧法院评价系统基于自动采集评价数据可以自动计算出各级法院审判流程信息公开率、庭审直播率等指标得分。

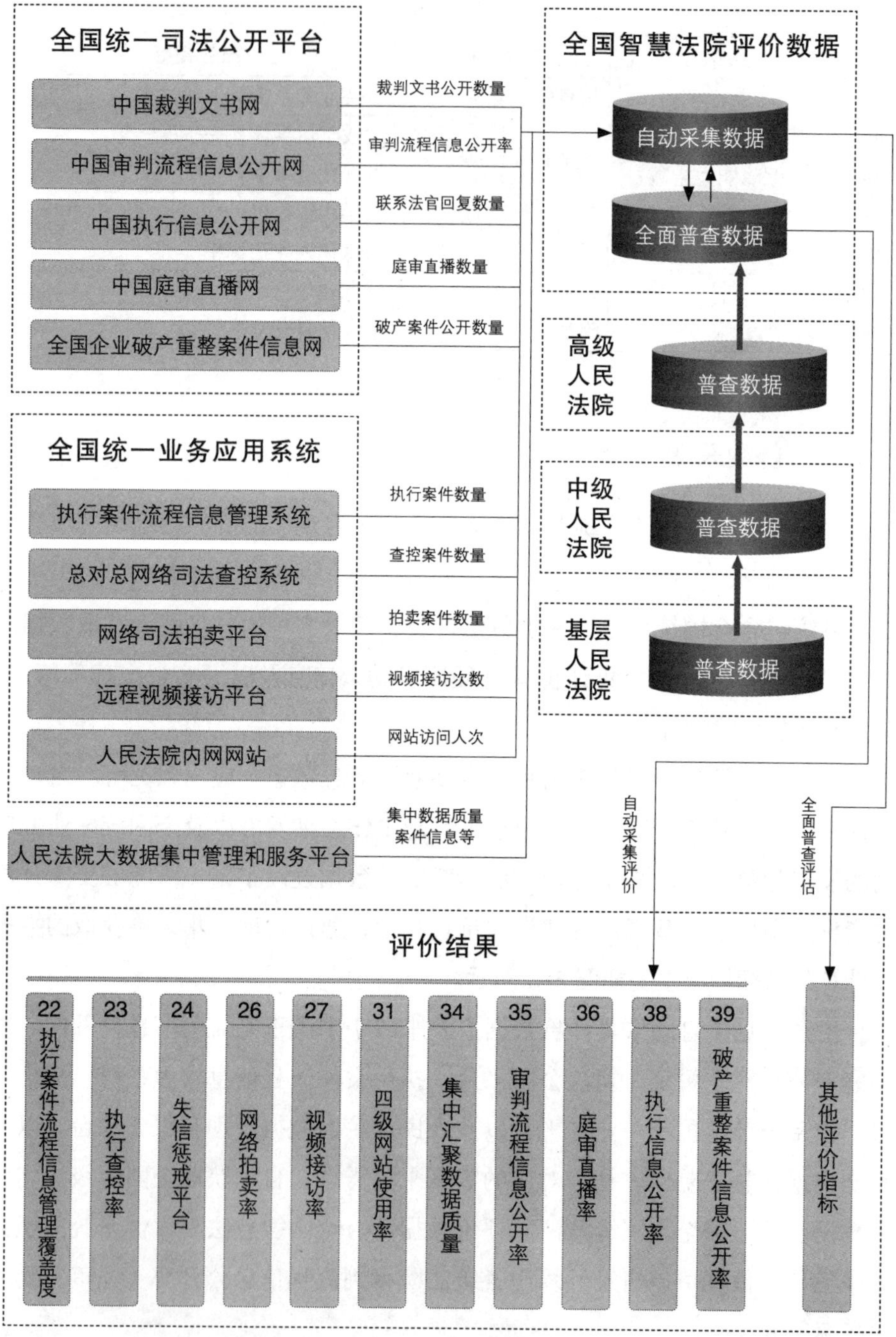

全国统一司法公开平台

中国裁判文书网 —— 裁判文书公开数量

中国审判流程信息公开网 —— 审判流程信息公开率

中国执行信息公开网 —— 联系法官回复数量

中国庭审直播网 —— 庭审直播数量

全国企业破产重整案件信息网 —— 破产案件公开数量

全国统一业务应用系统

执行案件流程信息管理系统 —— 执行案件数量

总对总网络司法查控系统 —— 查控案件数量

网络司法拍卖平台 —— 拍卖案件数量

远程视频接访平台 —— 视频接访次数

人民法院内网网站 —— 网站访问人次

人民法院大数据集中管理和服务平台 —— 集中数据质量案件信息等

全国智慧法院评价数据

自动采集数据

全面普查数据

高级人民法院 普查数据

中级人民法院 普查数据

基层人民法院 普查数据

自动采集评价

全面普查评估

评价结果

22	23	24	26	27	31	34	35	36	38	39	
执行案件流程信息管理覆盖度	执行查控率	失信惩戒平台	网络拍卖率	视频接访率	四级网站使用率	集中汇聚数据质量	审判流程信息公开率	庭审直播率	执行信息公开率	破产重整案件信息公开率	其他评价指标

图 3-4　自动采集评价过程

　　以第 35 项评价指标"审判流程信息公开率"为例，该指标分值为 2 分，得分系数为"通过中国审判流程信息公开网已公开审判流程信息的案件数 / 法院应公开审判流程信息的案件数"，指标适用于全国四级法院，评价数据来源于中国审判流程信息公开网应用数据。中国审判流程信息公开网为最高人民法院统一建设全国法院对接应用，因此最高人民法院能够直接通过中国审判流程信息公开网获取各级法院已公开审判流程信息的案件数等信息，从而自动采集评价，保证数据的全面性、准确性。

三、全面普查评估

　　全面普查评估是自动采集评价的兜底和补充，也是评价智慧法院建设成效必不可少的信息收集方式。

　　全面普查评估按照系统调研、独立填报、逐级审核、交叉验证的工作方式开展。一是系统调研，最高人民法院依托人民法院大数据管理和服务平台研发了全国智慧法院评价系统，面向全国四级法院提供评价数据采集、评价数据审核、评价结果反馈等功能，为全面普查评估提供信息化支撑。二是独立填报，智慧法院评价对象覆盖全国四级法院，不同于一般的系统建设和应用，需要全国 3500 多家法院的广泛参与。评价工作一般按年度进行，全国四级法院分别独立登录全国智慧法院评价系统填报调研表，一方面实现评价数据的规范录入，另一方面也实现对辖区法院信息化建设应用情况的全面梳理。此外通过评价数据还可以把握全国智慧法院建设的具体要求和发展趋势。三是逐级审核，各级法院对于智慧法院建设的相关要求水平不一、政策的把握水平不一，一般来说高级人民法院优于中级人民法院，中级人民法院优于基层人民法院，且智慧法院建设工作主要集中在高级人民法院和部分中级人民法院，因此，智慧法院评价调研数据必须要逐级汇聚、审核，这样既能保障数据的正确性，又能帮助高级人民法院和中级人民法院全面掌握辖区智慧法院建设的整体情况。四是交叉验证，最高人民法院通过大数据管理和服务平台、法眼平台、总对总执行查控等系统数据对填报内容进行验证、补充，发现存在数据漏报或错报等问题，及时协调各高级人民法院进行整改。数据分析团队对所有数据进行汇总分析，对有关联的数据进行逻辑校验，对于确有问题的数据进行清洗、筛选，最大限度确保数据质量。

以第 38 项评价指标"网上立案率"为例，该指标分值为 1 分，得分系数为"1/2 是否支持网上立案 +1/2 网上立案数 / 法院立案总数 / 参考值"，指标适用于全国四级法院，评价数据来源于各级法院诉讼服务网、移动微法院平台等。目前各地法院分别建设本地法院诉讼服务网，为诉讼参与人提供网上立案等电子诉讼服务，此外各地法院也可通过中国移动微法院开展网上立案。最高人民法院能够实现对中国移动微法院应用数据的统一、自动获取，但是对于各地法院诉讼服务网是否支持网上立案、网上立案数量等仍需依靠各地法院自行填报，为了验证各地法院数据填报的准确性，最高人民法院会通过互联网网站注册查询、系统调研等方式验证数据的正确性。

四、重点抽样检查

智慧法院评价部分数据来源于各级法院填报。由于各级法院对调研数据的理解存在不到位的情况，个别法院填报过程中也可能出现操作差错，导致调研数据不客观、不准确，影响评价结果。

通过重点抽样检查能够验证数据的真实性，保证评价结果的置信度。一是将自动采集数据和填报数据进行交叉对比，最高人民法院通过大数据管理和服务平台、法眼平台、总对总执行查控等系统数据对填报内容进行验证、补充，发现存在数据漏报或错报等问题，及时协调各高级人民法院进行整改，例如，法院受理案件数量可以基于人民法院大数据管理和服务平台自动采集，同时各级法院也可通过本地办案平台获取并自行填报，最高人民法院将两者进行比对，从而验证法院填报的准确性；二是通过信息系统登录方式验证，对于地方法院信息系统中存在的数据，可通过地方法院演示系统功能、展示系统数据的方式进行验证，比如各级法院电子卷宗随案同步生成、卷宗智能编目、卷宗电子签章等功能实现情况等；三是通过电话调研、现场调研等方式针对性核验数据，通过对个别法院进行调研，与当地法院技术部门人员、业务部门人员面对面沟通交流，了解当地法院诉讼服务大厅、科技法庭等场所信息化配置等情况。

以第 42 项评价指标"网上开庭率"为例，该指标分值为 3 分，得分系数为"指标系数 =1/2 是否支持网上开庭 +1/2 网上开庭的案件数 / 法院案件受理案件数 / 参考值"，指标适用于全国四级法院。为验证数据的准确性，最高人民法院会自动采集中国移动微法院网上开庭功能各级法院应用数据，再通过信息系统登录验证方式抽样部分法院诉讼服务网网上开庭功能建设和应用数据，从而综合验证数据的准确性。

五、引入三方评估

智慧法院自评价主要是法院内部组织和人员由内而外观察评估各项建设和应用情况，优势在于能够尽可能全面地掌握各方面数据和实例，不足在于可能带有内部人员更多的主观成分。因此，对于全国智慧法院这样涉及亿万公众、关乎司法公正的重大体系工程，应该采用和引入第三方评估，从外在、更为客观、更具公信力的视角关注和评价智慧法院，是切实推动智慧法院改进完善的有效途径。

2016 年 3 月，中国社会科学院法学研究所，法治指数创新工程项目组，国家法治指数研究中心联合出版《中国法院信息化第三方评估报告》，对全国法院信息化进展、成效及存在问题进行了第三方评估，这是针对全国智慧法院建设情况的首次第三方评估。自此以后，中国社会科学院法学研究所、社会科学文献出版社每年都要联合发布法治蓝皮书《中国法院信息化发展报告》，从中央与地方两个层面研究全国法院信息化的建设进展和应用成效，并从实证角度剖析实践中面临的各种问题，以全面客观的指标体系对智慧法院进行综合评估。

世界银行等国际组织机构也十分关注各国法院信息化发展水平。2019 年 10 月，世界银行发布《2020 年营商环境报告》，中国的全球营商便利度排名大幅提升，位居全球 190 个经济体的第 31 位。其中"司法程序质量指数"衡量的是每个经济体是否在其司法体系的以下四个领域中采取了一系列良好实践：法院结构和诉讼程序、案件管理、法院自动化和替代性纠纷解决，其主要支撑内容便是法院的网上立案、司法公开、全流程网络化办案和诉讼服务平台等信息系统。中国的"司法程序质量指数"在 2017 年、2018 年连续位居世界前列，2019 年跃居全球第一，获得史上最高分。这是对我国智慧法院建设的高度肯定，同时也帮助我们进一步推广完善。

第三方评估对促进智慧法院建设、特别是提升服务社会公众的能力具有不可替代的促进作用，相比于自评价，具有独立、客观等特点，具体对比如表 3-4 所示。

表 3-4　智慧法院自评价于第三方评估对比

对比项	自评价	第三方评价
评价主体	最高人民法院（部分高级人民法院也开展辖区法院评价）	第三方评估机构（如中国社会科学院、世界银行等）
评价对象	全国四级法院全面评价	部分法院抽样调研评价
任务来源	法院自发开展	受法院委托或自发组织开展
评价目的	全面摸底，促进建设和应用提升	促进服务型法院建设
评价内容	关注人民法院信息化建设和应用效果，包括顶层设计、基础设施、综合保障等支撑能力意见以及网络化、阳光化、智能化应用水平	关注社会公众和其他用户体验
评价能力	能够调动各级法院积极配合开展评价工作，因此能够实现全国四级法院的全方面评价	依赖于第三方评估机构的组织能力、专业能力、投入程度等
延续性	逐年延续，具有导向性，评价的内容、报告的关注内容等需要具有延续性，从而便于促进各地法院逐年提升	根据评价主体确定，一般针对某一阶段重点任务开展针对性评价，世界银行等部分第三方评估也会逐年延续
数据来源	系统自动采集和全面调研结合	第三方调研
发布范围	对法院内部发布	对社会发布

六、促进持续提升

通过法院内外逐年评价，全国各级法院不断补齐短板，强化智慧法院建设和应用。一方面，各地法院不断推进法院信息基础设施转型升级和业务应用推广改进，诉讼服务大厅、执行指挥中心和信息管理中心等专用设施不断完善规范，办公办案各类应用基本满足法院全业务网上办理需要；另一方面，各地法院逐渐改变以往"重建设、轻应用"的惯性思维，注重提升用户体验、加强系统推广应用，对外大力推进网上立案、网上缴费等电子诉讼，对内改革以往基于纸质卷宗办案的传统模式，推进随案生成电子卷宗并提供各类智能化辅助，着力提升群众和干警的使用体验。

以青海法院为例，其地处我国西部地区，经济欠发达，信息化基础条件相对较差，在 2017 年全国智慧法院评价中得分相对靠后，并指明信息化基础设施和智能化应用等方面差距较大。根据评价结果，青海法院抓住短板、重点突破，夯实网络基础，实现全省三级法院、64 家派出法庭以及外部 22 个外部协作场所全部接入法院专网，实现全省法院干警"一张网"办案、办公、学习和交流，并为远程庭审和远程提讯提供了支撑。全省法院统一部署了协同办公系统，解决了法院系统内公文上传下达及沟通交流的问题；全省法院统一部署使用法律文书智能编写系统、应用"法信"平台、法官办案辅助系统、文书智能校对系统、刑事案件智能研判系统等，为法官智能推送相似案例、裁判、权威观点，及时发现裁判文书的逻辑错误、法律条文的引用错误、排版不规范等文书瑕疵，基于案情要素匹配自动推送量刑规范化的法律条文，推送相似案件量刑幅度及量刑参考范围。这一系列建设、应用和管理举措，使得青海全省法院信息化基础设施和智能化应用水平大幅提升，在 2018 年、2019 年度全国智慧法院评价中迈入全国第一方阵。

从全国范围看，各级法院以顶层规划为引领带动了智慧法院整体快速发展。各地法院建设平均指数从 2017 年的 72、2018 年的 78 到 2019 年的 85，持续保持每年 8% 以上的增幅。从高级人民法院辖区指数来看，2019 年首次实现所有高级人民法院及辖区法院平均指数均达到 60 以上。从各个法院指数来看，全国 3470 法院中指数值在 60 以下的法院从 2018 年的 697 家减少到 2019 年的 173 家，降幅高达 75.2%，90~100 和 80~90 区间法院数量分别从 2018 年的 598 家和 809 家大幅增加到 1270 家和 1035 家，增幅分别达到 112.4% 和 27.9%。从不同层级指数来看，高级人民法院、中级人民法院、基层人民法院智慧法院建设平均指数分别为 86、86 和 83，较 2017 和 2018 年度均有显著提升，尤其是中级人民法院和基层人民法院提升幅度较大，基本实现了全国各地各级法院的均衡发展。

评价数据显示，多种电子诉讼手段不断丰富，助力现代化诉讼服务体系构建。2019 年全国有 2600 家法院建设诉讼服务指导中心信息平台，占法院总数的 74.9%，法院实现诉讼引导、自助诉讼服务、高清录音录像的比例分别达到 59.8%、55.0%、86.3%，均比 2018 年有所提升。另外，支持网上立案的法院比例为 97.8%，支持网上缴费的法院比例为 71.6%，支持网上证据交换的法院比例为 66.9%，支持网上开庭的法院比例为 58.2%，支持电子送达的法院比例为 88.2%，支持分调裁审的法院比例为 63.8%，支持网上调解的法院比例为 87.7%，使用统建的中国移动微法院比例为 93.7%，全国有 26.1% 的 12368 诉讼服务热线统一汇聚至最高人民法院平台。可以看出，通过诉讼服务大厅、网上立案、跨域立案、分调裁审、移动微法院等多种电子诉讼手段的完善，有力支持了全国各地法院构建一站式多元解纷和诉讼服务体系。

评价数据还显示，大力推进电子卷宗流转应用成效显著，大幅提升了法官审判质效。2019 年全国各级法院持续推进电子卷宗流转应用，从功能上看，支持电子卷宗随案同步生成的法院数量最多，达到 3317 家，占 95.6%，相比 2018 年提升 10.8%；其次是支持电子卷宗网上阅卷的法院，达到 2964 家，占 85.4%，相比 2018 年提升 16%；此外，支持数据化电子文件、智能编目、电子卷宗自动归档的法院比例分别为 80.8%、76.0%、75.1%，相比 2018 年均有较大提升，全国范围内共有 2160 家法院同时具备随案同步生成、案件智能编目、数据化电子文件、网上阅卷、电子卷宗自动归档五项功能，占 62.5%。从应用情况来看，2019 年全国法院受理的案件中 76.2% 实现了电子卷宗随案同步生成，相比 2018 年提升了 16.6%，受理的案件中 65.4% 实现了数据化电子文件，此外，实现智能编目、网上阅卷、自动归档的案件覆盖度分别为 45.0%、42.7%、37.5%，相比 2018 年均有较大提升，全国近 10% 的法院实现了电子卷宗随案同步生成覆盖率为 100%。由此可见，以电子卷宗流转应用各项重点功能建设为基础，带动了审判智能化的全方位提升。

第四章　应用系统

　　应用系统是直接针对工作业务、满足用户需求的信息系统。智慧法院应用系统主要包括智慧服务、智慧审判、智慧执行、智慧管理、司法公开及其他应用系统等六大类型，彼此之间具有非常丰富的跨业务信息交互关系，理想情况下各类应用系统应该通过大数据平台实现信息交互，这样可以最大限度地简化信息接口，降低通信负荷，汇聚司法数据。实际工作中贯彻这个思路取得了显著成效，但由于应用系统数量众多，状态繁杂，要求各异，完全按照理想模式还是存在很大困难需要不断克服。

　　由于用户对象不同以及工作性质差异，各类应用系统分别部署在法院专网、互联网、移动专网、涉密网等不同网系，有些通过外部专网与协作部门连通，必须根据国家网络安全法律法规以及法院内部信息安全管理规定，结合具体应用系统业务需求，选择尽可能兼顾各方面要求的网间安全隔离交换方式，解决跨网系信息交互问题，才能保证相关应用系统的正常运行。

　　各类业务应用在全国四级法院都有相应需求，理论上全国法院采用相同系统能够省却很多不必要的开发，还能有助于规范各地法院的工作流程。但由于我国地域发展不平衡，各地法院的业务模式以及信息化建设的起步、重点、资源差异很大，强求完全相同必然带来新的浪费，同时还会挫伤地方法院的创新积极性。有鉴于此，最高人民法院主导推动司法公开、执行流程信息管理、执行指挥、中国移动微法院等一批贯通全国的骨干业务应用系统，要求各地统一采用，或通过本地系统与全国系统信息实时互通、状态相互触发的方式，实现跨层级协同联动，推动形成重点应用全国一盘棋格局。

　　随着信息化应用不断深入，相关政务或经济部门之间数据共享的需求愈加旺盛，由此引发数据安全的矛盾也日益突出，甚至由于部门壁垒而导致正常需求无法满足的僵局。对此，法院按业务需求采用内部安全控制和审计机制最大化访问可信度、外部与协作部门之间内容筛选最小化共享范围的方式进行信息交互，实现了跨部门按需数据共享，极大提高了信息化的应用成效。

智慧法院应用系统为各类用户提供线上服务，其中很多方式源自线下，很多应用依赖于线下活动的支持，为适应不同用户群体还有很多业务线上与线下同时并存。因此，各类应用系统一定要结合自身特点，选择、部署合适的线下操作端口和线上对接方式，支持线上线下有机衔接，才能切实满足稳中求进的发展要求。

第一节　智慧服务系统

智慧服务系统是现代科技与诉讼服务深度融合、支撑人民法院构建现代化诉讼服务体系的信息化、智能化系统，为广大人民群众提供网上诉讼、调解、咨询、信访和普法等服务。智慧服务系统主要运行在互联网上，需要向智慧审判和智慧执行等系统提供诉讼当事人或代理提交的立案、证据、申诉等信息。图4-1展现了智慧服务系统的体系结构。

智慧服务系统应该顺应人民群众日益增长的多元化司法需求，具备以下特点：一是集约高效，尽可能通过多功能、集成式、一站式的统一门户和综合渠道，使数量众多、诉求复杂、认知差异很大的各类服务对象能够得到一号通办、一网通办、一站通办的高效满意服务；二是多元解纷，能够将非诉讼纠纷解决机制挺在前面，广泛对接人民调解、专业调解、社区网格等各类社会解纷渠道，有机衔接分流、调解、速裁、快审等内部工作环节，为社会大众的各种矛盾纠纷提供一站式解决机制；三是便民利民，充分利用网上服务为广大网民提供居家办理能力，利用移动服务为众多流动群体提供随遇即用能力，利用跨域服务为部分不熟悉信息化操作的人群提供异地远程服务能力，最大限度地减轻广大人民群众的诉累；四是智慧精准，发挥丰富的司法大数据资源优势，针对涉诉群众关切开发相似案例推送、诉讼结果预期、诉

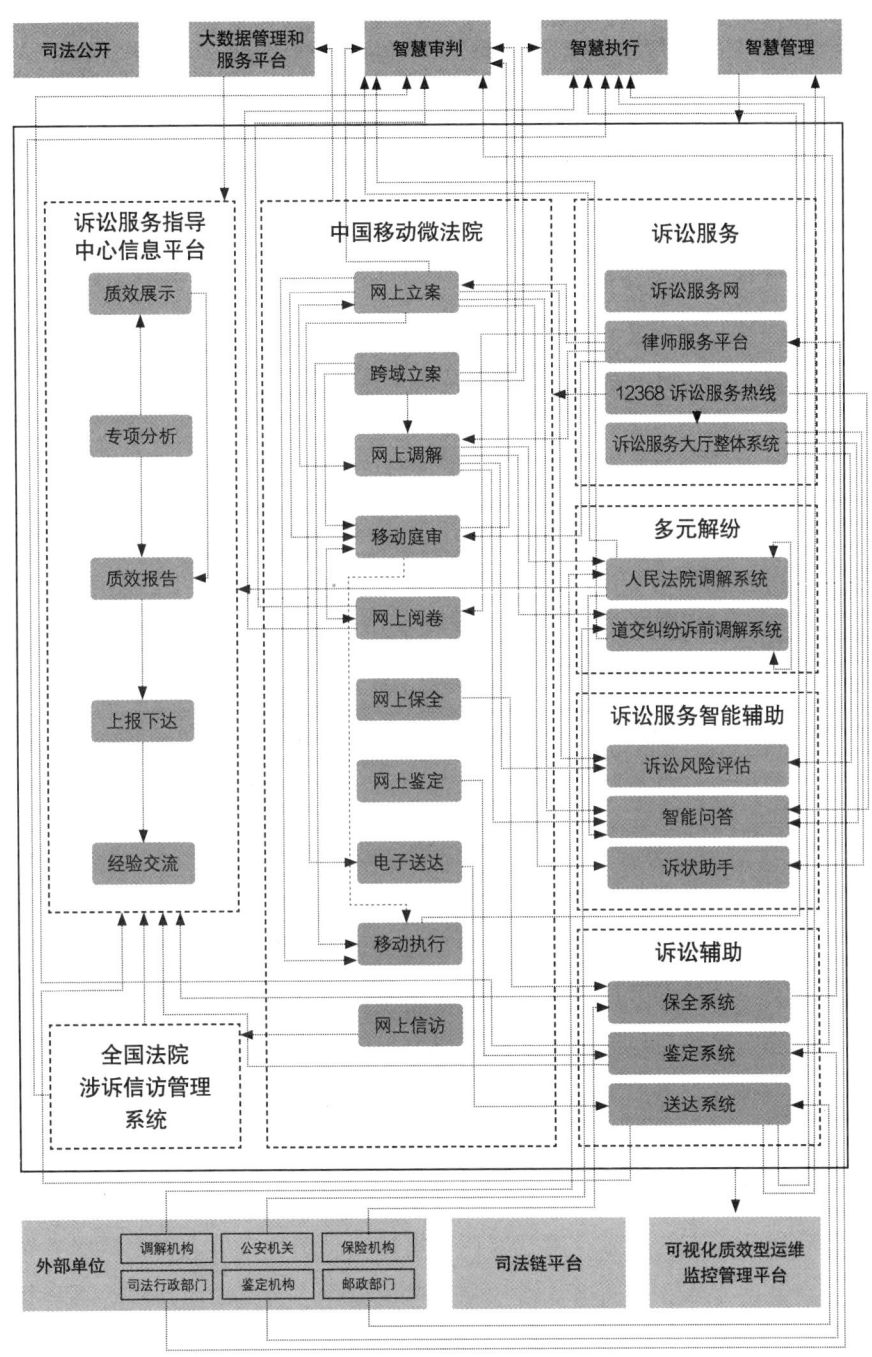

图4-1　智慧服务系统体系结构

讼风险评估等智能辅助手段，提供有据可依的准确参考，为减少和化解社会矛盾提供尽可能便捷、可信、权威的服务途径；五是开放互动，要依照法律法规通过网上送达和推送等方式向诉讼参与者充分开放各类案件信息，尽可能消除诉讼群体的信息不透明和不对称，同时支持法院干警与涉诉群众的在线便捷互动，通过无障碍交流不断增进互信；六是交融共享，要推动诉讼服务系统与其他应用系统和司法大数据资源的进一步连通融合，支持法院内、外部信息依法、按需及时共享，促进形成人民有所呼，法院有所应的良好局面，以实际行动赢得人民群众广泛认同和司法公信力不断提升。

一、诉讼服务大厅

诉讼服务大厅是诉讼服务中心的重要组成部分。根据便利当事人、律师行使诉讼权利和保障人民群众知情权、监督权的实际需要，通过信息科技手段扩充诉讼服务覆盖范围，拓展服务功能，丰富服务内容，创新服务手段，支持建立多渠道、一站式、综合性的诉讼服务模式，不断提高诉讼服务的能力和水平，满足人民群众日益增长的多元化司法需求。法院专网和互联网上均有相关应用系统部署于诉讼服务大厅，提供诉讼引导、窗口诉讼、诉讼调解、信访接待和自助诉讼等服务（如图4-2）。

诉讼引导服务包含访客登记、导航与导诉指引、信息发布展示、排队叫号、满意度评价和律师绿色通道服务等。访客登记支持当事人、律师及社会公众等来院人员自助完成身份验证、来院登记、打印进门凭条、获取相关区域引导信息；导航与导诉指引支持通过触摸终端设备，为来院人员提供法院功能区分布查询、道路智能导引、周边服务导览等服务；信息发布展示支持在诉讼服务大厅各个区域发布显示案件信息、庭审状态、预订情况等相关信息；排队叫号可与智能访客系统对接，根据来院事由给访客排号，窗口工作人员收到提示后直接叫号；满意度评价支持实时统计当事人对窗口服务质量的评价意见；律师绿色通道支持律师通过扫描在中国移动微法院等平台获得的专属身份二维码，可快速通过安检闸机。

窗口诉讼服务包含窗口接待和音视频采集。窗口接待实现诉讼服务大厅

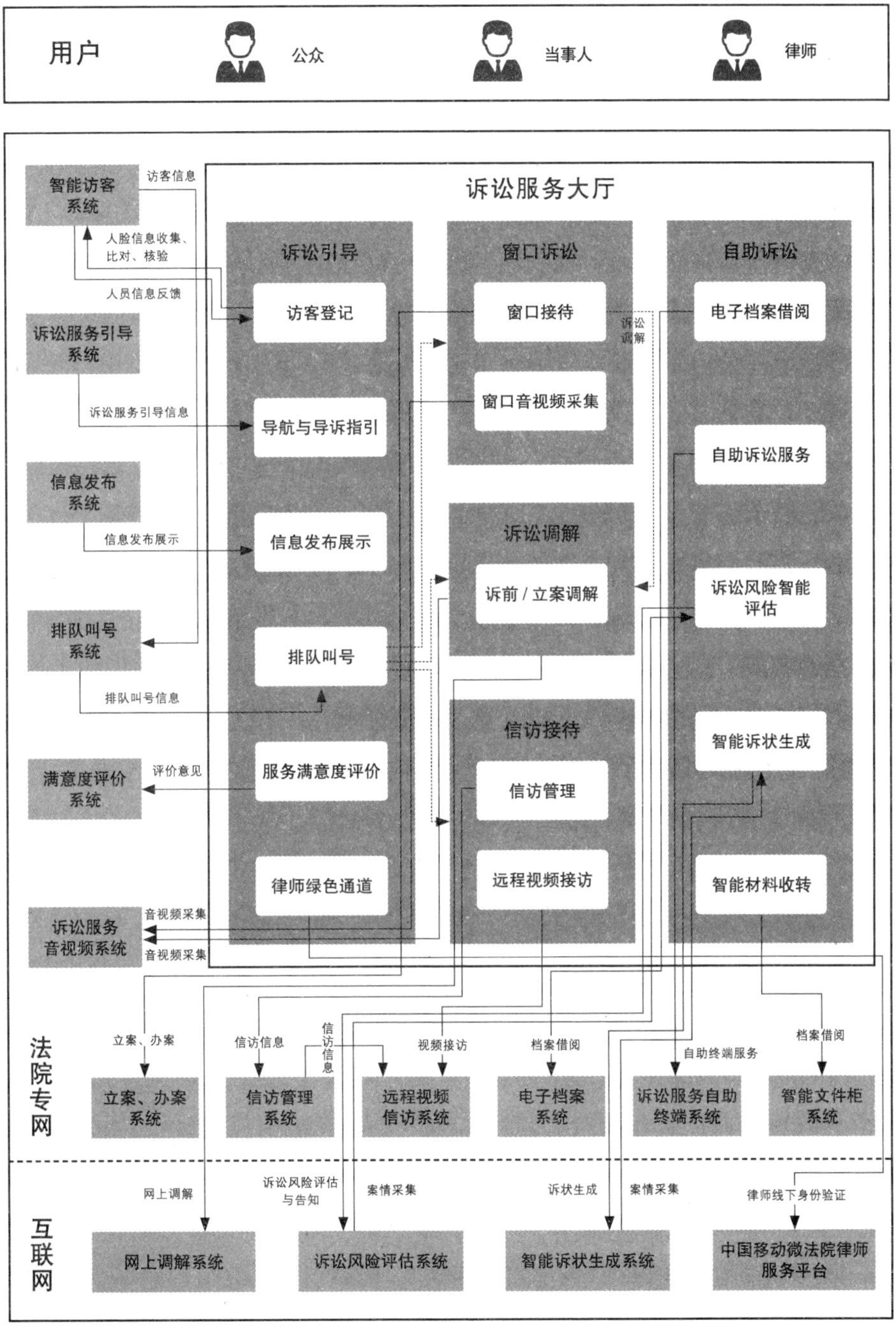

图 4-2　诉讼服务大厅系统结构

与其他业务应用系统及信息平台的互联互通，支持各类诉讼服务业务网上办理，提供申请类和办理类服务；窗口音视频采集实现对当事人和法院办案人员的音视频信号采集，支持诉讼服务活动全程留痕。

诉讼调解服务支持诉前／立案调解，实现对诉讼调解室内双方当事人和调解员参与的诉前、诉讼案件调解。

信访接待服务包含信访管理和远程视频接访。信访管理实现法院信访工作的全流程管理；远程视频接访实现申诉人在互联网上提出申诉诉求，法院专网实现远程的"面对面"接访和回复。

自助诉讼服务包括电子档案借阅、自助诉讼服务、诉讼风险智能评估、智能诉状生成、智能材料收转。电子档案借阅支持院外人员调阅案件的电子档案；自助诉讼服务为诉讼参与人和社会公众提供便利的自助服务，包含网上立案、预约阅卷、网上阅卷、联系法官、查询案件进度、诉讼引导、法院信息、法庭位置、法院新闻、开庭公告等；诉讼风险智能评估支持为当事人在登记立案前对诉讼风险进行评估，告知并引导当事人选择适当的非诉讼方式解决纠纷；智能诉状生成为当事人提供高效、格式化、免费的自助诉状生成服务；智能材料收转支持对立案材料、补充材料、当庭材料的收转。

二、诉讼服务网

诉讼服务网是法院在互联网上进行业务办理和诉讼服务的重要载体，为当事人及诉讼代理人提供便捷、高效的网上诉讼服务，极大地便利群众诉讼，同时能加强对法院诉讼服务工作的监督管理，提升诉讼服务质量，提高诉讼服务规范化水平（如图 4-3）。

诉讼服务网主要包括网上调解、立案交费、案件进展查询、证据交换与质证、事项申请、网上送达、联系法官、网上阅卷、网上信访、司法公开等功能。

网上调解支持申请网上调解并上传相关申请材料，法官工作人员也可对审理中的案件组织双方当事人及其诉讼代理人进行网上调解；立案缴费支持诉讼参与人网上提交诉讼材料并在线缴纳诉讼费；案件进展查询支持诉讼参

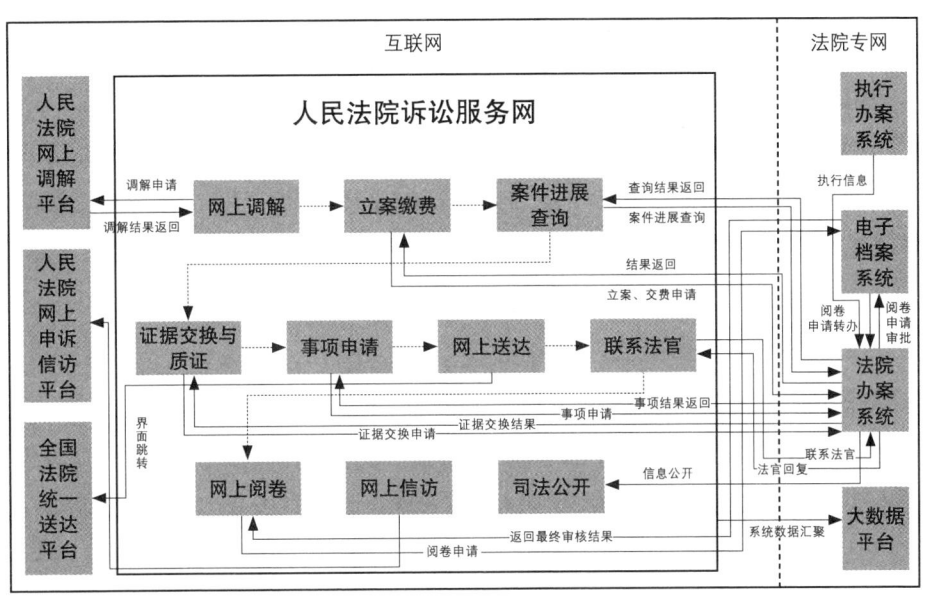

图 4-3　诉讼服务网系统结构

与人查询网上立案进展、案件办理进展等；证据交换与质证支持双方代理人及其诉讼代理人在网上提交证据材料、反证材料，填写质证意见；事项申请支持诉讼费减免缓、回避、延期开庭、延期举证、诉讼保全、调查取证、证人出庭等各类申请；网上送达支持通过在线方式，将符合法律规定的文书送达给同意接收网上送达的受送达人；联系法官支持案件当事人及其诉讼代理人与承办法官进行网上沟通交流；网上阅卷支持进行阅卷申请，实现线下查阅纸质卷宗或在线查看、下载电子卷宗；网上信访支持信访人进行网上信访申请；司法公开链接审判流程、裁判文书、庭审活动和执行信息公开网站。

　　诉讼服务网与法院专网、互联网端相关应用系统进行业务协同。在法院专网上，与审判办案系统、执行办案系统、电子档案系统对接，实现网上立案、网上阅卷、事项申请、证据交换与质证、联系法官等功能；与大数据管理和服务平台对接，实现案件数据的汇聚管理。在互联网端，与人民法院网上调解平台、网上申诉信访平台、全国法院统一送达平台对接，实现网上调解、网上申诉信访和统一送达功能。

三、诉讼服务热线

12368 智能诉讼服务平台是按照一号通办、一站式服务的理念，依托法院公益号码热线的便捷性、可交互服务性的优势研发上线的全场景诉讼服务平台（如图 4-4）。其目的是支持人民群众通过拨打热线、网络咨询等方式进行诉讼咨询、案件查询、法院信息查询、联系法官等诉讼服务，让人民群众享受方便、快捷、优质的诉讼服务。

12368 智能诉讼服务平台主要运行于互联网和法院专网，主要具备热线服务、网络咨询服务、智能语音服务、通办服务、工单管理、报告流转、质检中心、知识库、联系法官、一号外呼、12368 短信与统计中心等核心功能。

热线服务支持当事人与热线坐席员进行通话交流，实时解答当事人提出的咨询问题；网络咨询服务实现多渠道接入，例如当事人在移动微法院可直接与坐席在线实时对话咨询；智能语音咨询支持当事人 24 小时实现自助查询和咨询；通办服务对接人民法院其他业务办理系统，实现一站式查询能力和通办服务推送，减少坐席员在多平台之间操作的同时为人民群众提供多元化服务；工单管理和报告流转可以实现对当事人诉求的归类和记录，当遇到特殊或重要事件还可以将工单以报告形式流转给法院法官或其他工作人员处理，并将处理结果同步给 12368 平台；质检中心可以多维度监管坐席员工作情况，对整体服务和人员起到督导作用，并可将优秀的案例加入知识库供他人学习；知识库可以为坐席提供法律知识、常见问答、服务技巧的检索和管理，提高坐席员的服务水平；联系法官系统支持通过工单报告流转、CoCall 消息通知、电话、留言等各种渠道联系法官传达当事人诉求；一号外呼支持法院其他平台的电话对接 12368，使其可以对外呼出以 12368 号码作为唯一外显方式；12368 短信可以统一短信出口推送诉服信息，增加法院短信的辨识度和可靠性；统计中心可以对数据进行分析和可视化展示，为诉讼服务的管理决策提

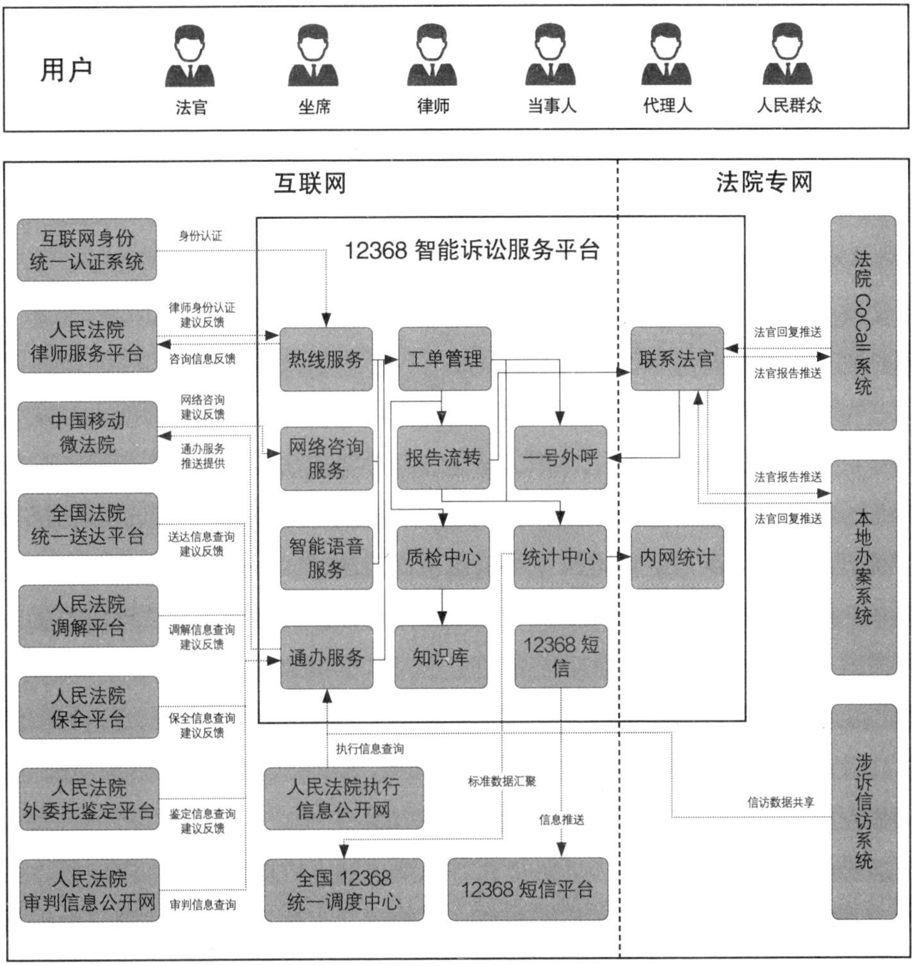

图 4-4　12368 智能诉讼服务平台系统结构

供数据支持。

　　12368 智能诉讼服务平台与互联网、法院专网相关应用系统进行业务协同。在互联网中,对接身份统一认证系统,实现对当事人的身份校验;对接律师服务平台,实现律师身份认证与律师咨询信息反馈;对接中国移动微法院,实现网络咨询和通办服务推送;对接统一送达平台、调解平台、保全系统、对外委托鉴定系统、审判信息公开网、执行信息公开网,实现对送达、保全、鉴定、案件、失信信息的一站式查询服务，并且可以通过建议反馈功能收集人民群众对各个平台的意见建议；对接12368短信平台，实现短信号码统一；对接涉诉信访系统，实现相互之间的信访信息共享。在法院专网中，对接法院专网即时通讯CoCall系统和本地办案系统，实现工单的送达与回复；对接全国12368统一调度中心，实现对全国12368热线服务的数据汇总和上报。

四、电子诉讼平台

电子诉讼平台围绕审判执行业务，将线下的诉讼活动搬到线上，实现整个诉讼过程的无纸化网上办理，是全流程覆盖的网上诉讼服务系统（如图4-5）。当事人、代理人在同一个平台上实现诉讼活动办理，案件的审理过程、交流记录、案卷材料、处理反馈等信息全面透明开放，充分保障当事人、律师的诉权和知情权，通过互联网快速便捷享受法院诉讼服务，使诉讼过程更加开放、透明、便民，消除打官司受时间、空间等因素的影响。

电子诉讼平台主要运行于互联网，具备网上调解、网上立案、材料提交、网上交费、电子送达、联系法官、网上保全、证据交换与质证、网上阅卷、网上开庭、网上执行申请、执行线索举报功能。

网上调解支持为当事人、诉讼代理人提供网上诉前、诉中调解服务；网上立案支持网上上诉、网上申请再审；材料提交支持进行立案材料、证据材料的上传；网上交退费支持对诉讼费的交退费；电子送达支持为当事人、诉讼代理人提供短信送达、邮件送达、网络下载送达等方便快捷的送达方式；联系法官支持实现多方当事人之间、法官之间的随时沟通交流；网上保全支持进行诉前、诉中财产、证据等多种保全方式；证据交换质证支持多方当事人、律师之间进行证据材料的交换和质证；网上阅卷支持诉讼参与人进行电子卷宗材料的申请与阅览；网上庭审支持法官在法庭内在线参与庭审，律师、一方或多方当事人在法庭外在线参与实时庭审；网上执行申请支持对执行查控信息的查询与申请执行；执行线索举报支持对执行人的执行线索进行举报。

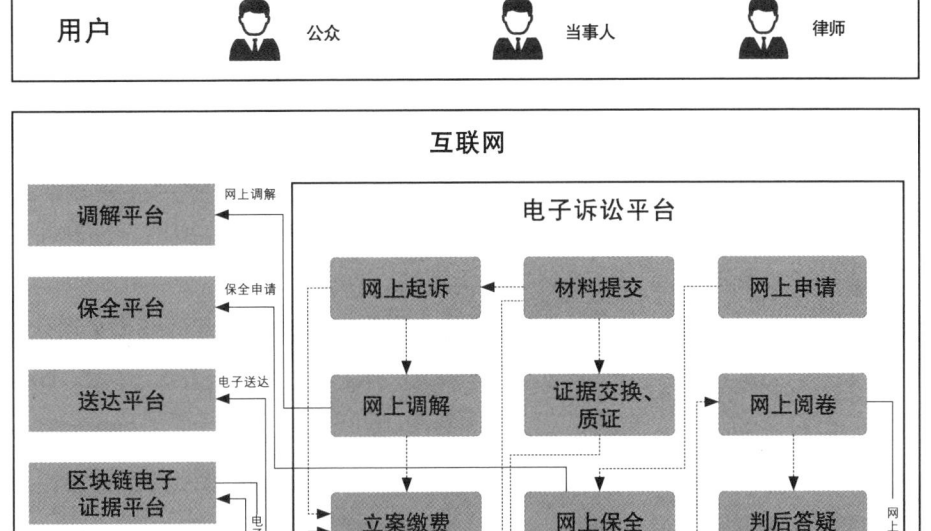

图 4-5 电子诉讼平台系统结构

电子诉讼平台与互联网、法院专网相关应用系统进行业务协同。在互联网中，与中国审判流程信息公开网、中国裁判文书网、中国执行信息公开网对接，实现司法信息公开；与区块链电子证据平台对接，实现电子数据存证和验证。在法院专网中，与审判系统对接，实现审判全业务流程办理；与电子卷宗系统对接，实现电子卷宗信息的推送；与诉费管理系统、文书制作系统、保全系统对接，实现诉讼费用的缴纳、文书制作、申请保全；与科技法庭系统对接，实现多方、跨网系在线视频庭审；与执行查控系统对接，实现执行查控信息的查询、与大数据管理和服务平台对接，实现业务数据汇聚。

五、法院调解平台

人民法院调解平台是支持一站式多元解纷的信息化系统，将非诉讼纠纷解决机制挺在前面，从人民群众多元司法需求出发，形成系统性、综合性、协同性的纠纷解决方案，实现调解全流程在线办理，为纠纷当事人参与调解提供极大便利，为诉源治理工作的顺利开展提供有效的系统支撑（如图4-6）。

人民法院调解平台主要运行于互联网，支持纠纷双方当事人、调解员、调解组织和法院等多种身份的解纷相关方通过在线方式参与纠纷解决。纠纷当事人可以通过人民法院调解平台填写纠纷详情、上传证据材料、选择调解员，在线申请调解。在调解员受理案件后，纠纷双方当事人可根据调解员的安排在线进行音视频调解，调解流程全程录像，便于案件归档后随时对调解过程进行查询。调解结束后，调解员可将调解协议在线推送给双方人对协议内容进行确认并在线签字。纠纷双方达成调解协议后，可以在线向具有司法管辖权的法院申请对调解协议进行司法确认或出具调解书，如果调解失败也可以在线填写立案信息申请立案。除此之外，法院用户也可以将法院专网办案系统中符合调解要求的案件推送到人民法院调解平台委派或委托调解组织、调解员进行调解或直接录入案件信息委派或委托调解组织、调解员进行调解。除全面覆盖调解流程之外，人民法院调解平台还具有强大的数据统计能力，可以对处于调解流程中的各类案件进行数据统计和图表化展示，使各级法院更加准确地把握调解工作情况。

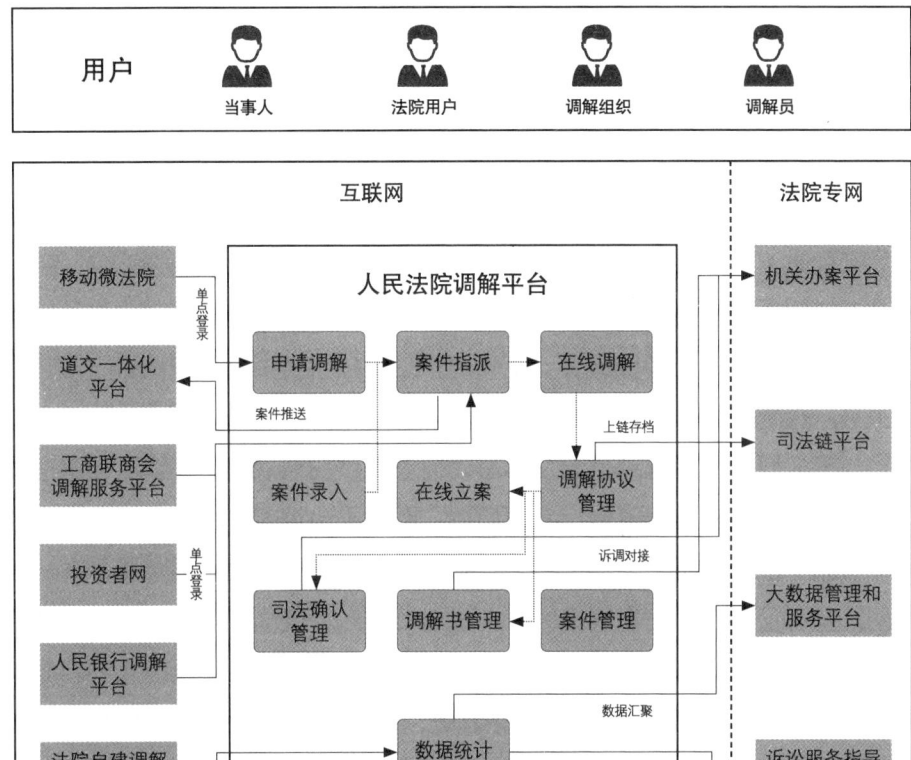

图 4-6 人民法院调解平台系统结构

人民法院调解平台与法院专网、互联网端相关应用系统进行业务协同。在互联网中，与全国法院道路交通事故纠纷诉前调解平台、工商联调解服务平台、人民银行调解平台等多个类型化、行业化的调解平台进行对接，支持平台间案件的流转，并为行业化的调解平台提供诉调对接支持。在法院专网中，与法院审判办案系统连通，支持内网案件向调解平台推送调解，以及外网的司法确认申请、调解书申请和在线立案申请推送到内网办案系统，支持在线诉调对接。与司法链平台对接，使当事人签订的调解协议能实时上链存储，为双方当事人权益提供保障。与大数据管理和服务平台、诉讼服务指导中心信息平台对接，支持对全国法院调解数据的汇聚管理和展示分析。

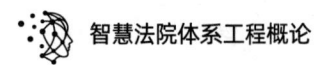

六、互联网法院

互联网法院是司法主动适应互联网发展大趋势的重大举措。与传统人民法院相比，互联网法院将案件的受理、送达、调解、证据交换、庭前准备、庭审、宣判等诉讼环节，均放在互联网线上操作完成。目前，我国已经先后设立了杭州、北京和广州三家互联网法院，均依托互联网建设在线诉讼平台，信息系统结构基本类似，结合本地建设基础和实际办案需求略有差别。

互联网法院诉讼平台部署于互联网，主要包括当事人服务平台、法官工作平台、司法大数据中台三个组成部分（如图 4-7）。

当事人服务平台为当事人及诉讼代理人提供在线立案、在线电子送达接收、证据提交、支付令申请、在线调解、网络司法拍卖、网上履约、网上开庭等功能。相比传统法院的诉讼服务网、12368 诉讼服务热线等服务平台，互联网法院诉讼平台为当事人提线上批量起诉、区块链电子证据提交、支付令申请、网上履约等特色服务，并且根据案情需要，可以一键申请互联网服务平台的购物交易、支付明细和拍卖信息等，改变传统诉讼中当事人寻找证据、搜集证据的模式，转变为案件数据智能随着案件走的互联网新模式。

法官工作平台为办案法官提供全流程智能化案件办理功能，能够辅助法官快速立案受理、一键证据审核、批量在线开庭联审等，立案法官、审判法官、执行法官以及调解员等通过互联网综合业务平台、诉讼服务网和法院 APP 端，安全便捷地登录法官工作平台办理案件。相比传统办案系统，互联网法院法官工作平台辅助功能更加丰富、司法能力更加全面，在线收案支持要素式、问答引导式的批量受理；支付令系统支持在线申请及一键签发支付令；针对知产案件等提供电子证据智能比对及核验辅助功能；电子送达具备包括多渠道的涉诉当事人大数据失联修复能力；互联网智能排期开庭（庭审码）系统能够结合当事人、法官时间需求智能自动排期；支持金融、知产、物业、道交等类案速裁和单案智审。

司法大数据中台通过与金融机构、工商行政、调解仲裁、市场监管以及其他政法机关的信息互换和数据对接，实现高效精准的司法协同，包括职业

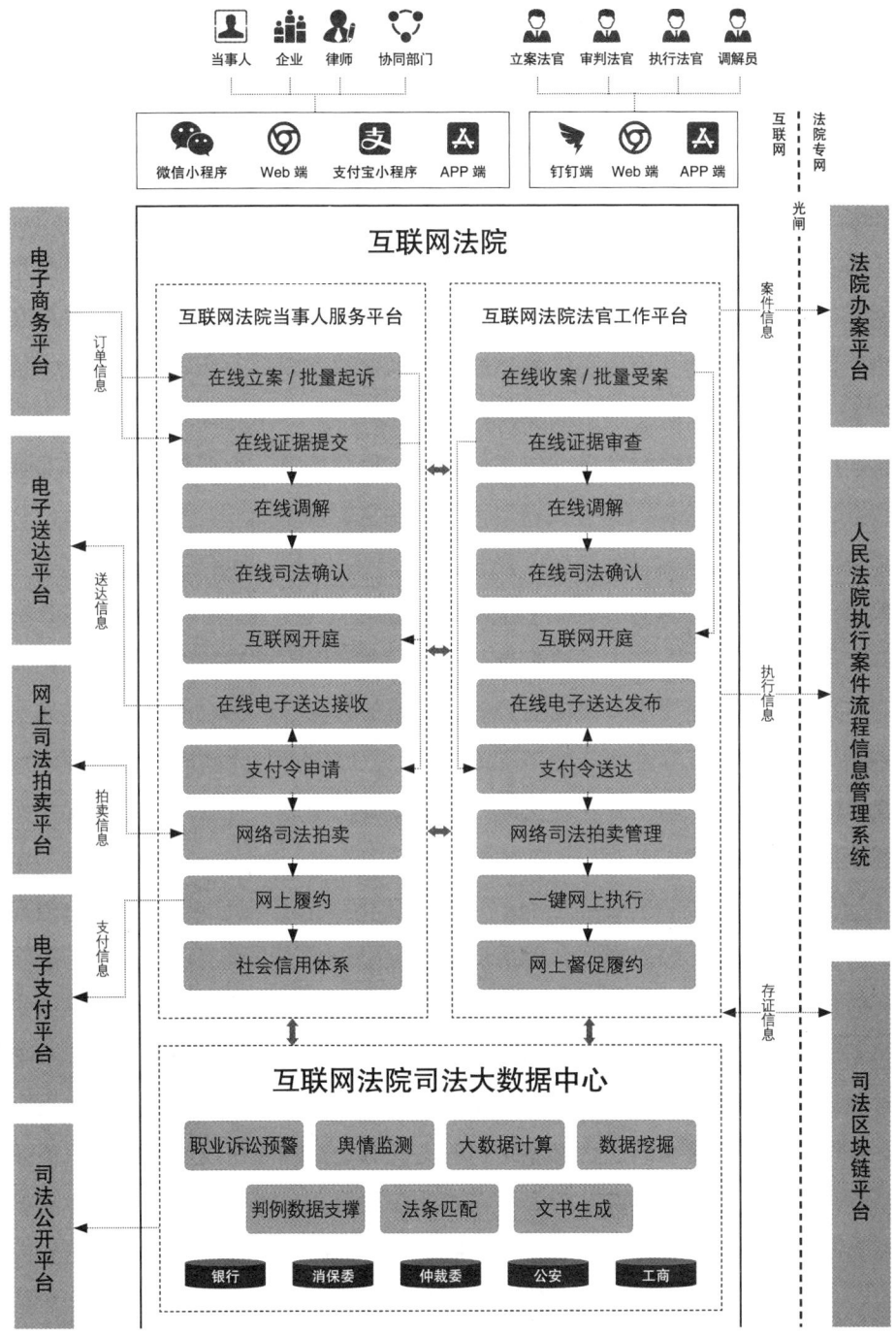

图 4-7 互联网法院诉讼平台系统结构

诉讼预警、舆情监测、判例数据支撑、法条推荐匹配、智能文书生成等大数据计算和数据挖掘支撑等功能服务。

互联网法院诉讼平台与法院专网、互联网端相关应用系统进行业务协同。在互联网中，结合互联网法院的案件类型和业务特色，充分使用电子送达平台完成线上司法文书签收，与司法公开平台对接及时完成信息公开，支持与互联网电子商务平台、物流网络信息平台、司法拍卖平台以及互联网支付平台等企业组织的系统直连，实现订单信息、送达信息、拍卖信息和支付信息的消息互通，充分利用网络优势，避免了以往效率较低的线下协查方式，提升了审判效率，节约了诉讼成本。在法院专网中，与审判办案平台、执行办案平台、司法区块链平台等互通案件信息、执行信息、证据存证信息，实现数据统一汇聚、集中管理。

七、移动微法院

中国移动微法院是人民法院按照一网通办、一站式服务的理念，依托微信平台受众广泛、使用方便的优势研发上线的移动互联诉讼服务平台（如图4-8），其目的是支撑全国法院当事人、律师等诉讼参与人随时随地办理诉讼业务，让人民群众享受方便、快捷、优质的诉讼服务，有效支撑一站式多元解纷和诉讼服务体系建设。

中国移动微法院主要运行于互联网，与审判管理、执行流程管理、档案管理、科技法庭、大数据平台等系统融合应用，支持诉讼事项跨区域、跨层级的联动网上办理。系统主要具备立案缴费、多元调解、庭审质证、案件协同办理、保全鉴定、送达、申诉信访、律师特色功能、智能辅助工具、系统管理与质效管理等10项核心功能。其中，立案缴费支持诉讼参与人网上提交诉讼材料并在线缴纳诉讼费；多元调解支持诉讼参与人在线申请并参与视频调解；庭审质证支持诉讼参与人远程参加在线质证、视频庭审；案件协同办理支持诉讼参与人进行网上阅卷、事项申请等案件办理事项；保全鉴定支持当事人在线申请，在线跟踪案件财产保全、案件财产鉴定等办理情况；送达支持诉讼参与人接收法律文书并在线进行签收；申诉信访支持诉讼参与人在

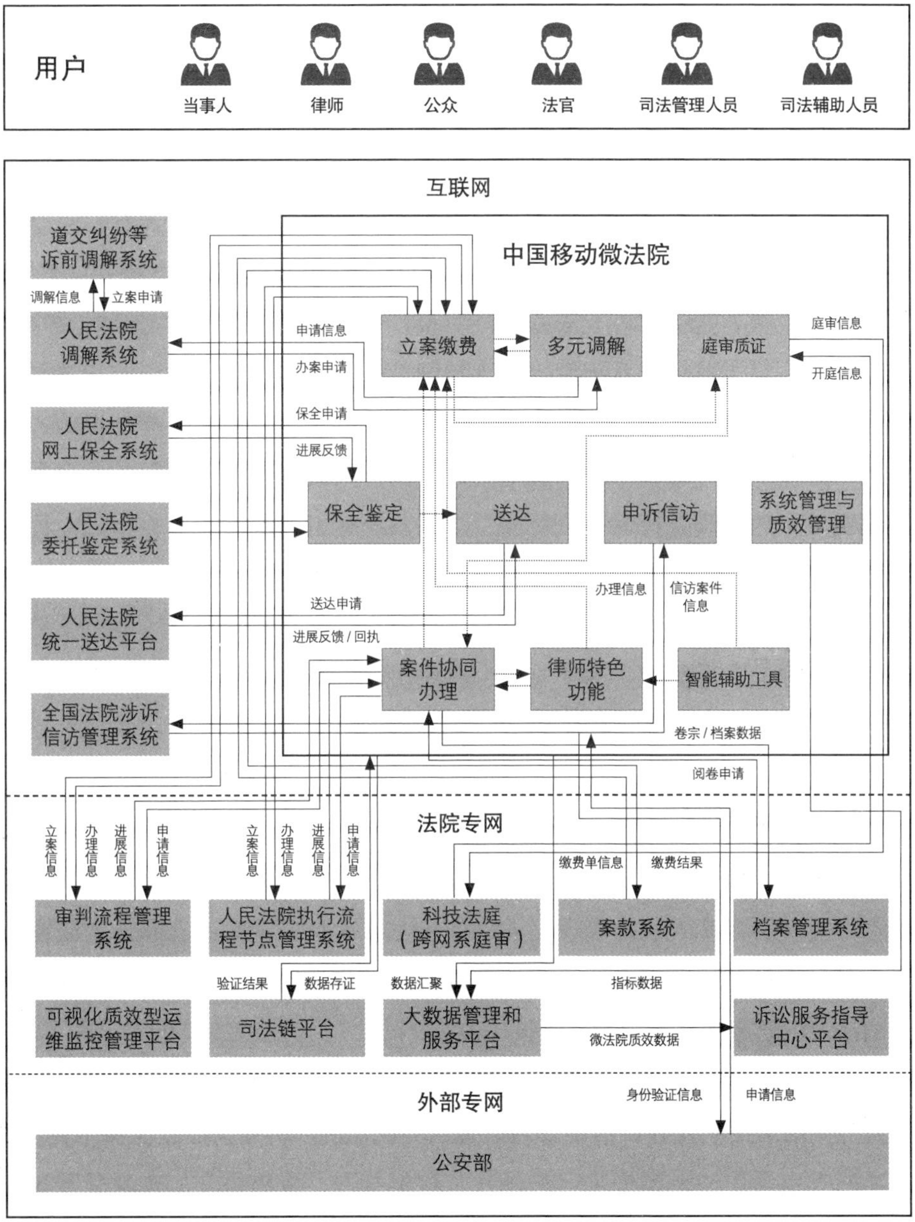

用户

| 当事人 | 律师 | 公众 | 法官 | 司法管理人员 | 司法辅助人员 |

互联网

中国移动微法院

道交纠纷等诉前调解系统

调解信息　立案申请

人民法院调解系统

人民法院网上保全系统

人民法院委托鉴定系统

人民法院统一送达平台

全国法院涉诉信访管理系统

申请信息

办案申请

保全申请

进展反馈

立案缴费　多元调解　庭审质证

庭审信息

开庭信息

保全鉴定　送达　申诉信访　系统管理与质效管理

送达申请

进展反馈/回执

办理信息　信访案件信息

案件协同办理　律师特色功能　智能辅助工具

卷宗/档案数据

阅卷申请

法院专网

立案信息　办理信息　进展信息　申请信息　立案信息　办理信息　申请信息

审判流程管理系统　人民法院执行流程节点管理系统　科技法庭（跨网系庭审）　案款系统　档案管理系统

缴费单信息　缴费结果

验证结果　数据存证　数据汇聚　指标数据

可视化质效型运维监控管理平台　司法链平台　大数据管理和服务平台　诉讼服务指导中心平台

微法院质效数据

外部专网

身份验证信息　申请信息

公安部

图4-8　中国移动微法院系统结构

线提出案件申诉、查看申诉办理情况；律师特色功能支持律师身份认证、申请代理关系、办理全国代理案件诉讼服务等事项；智能辅助工具提供诉讼风险评估、诉状智能生成、诉讼费计算等服务；系统管理与质效管理提供权限管理、后台配置和数据分析展示等服务。

中国移动微法院与法院专网、互联网端相关应用系统及司法部等外部单位进行业务协同。在法院专网中，与审判流程管理系统、执行流程信息管理系统对接，支持案件过程办理、案件办理节点通知等功能；与案款系统对接，支持网上缴费功能；与科技法庭系统对接，支持开庭信息通知与互联网在线开庭功能；与档案管理系统对接，支持网上阅卷功能；与人民法院送达平台对接，支持文书送达功能；与大数据管理和服务平台、诉讼服务指导中心信息平台对接，支持对移动微法院生产数据的汇聚管理和展示分析功能，与可视化质效型运维监控管理平台对接，支持系统运行状况动态监控与质效评估功能；与司法链平台对接，支持数据存、证验证功能；在互联网中，与调解平台、涉诉信访管理系统、委托鉴定系统、在线保全系统对接，支持案件纠纷调解、网上申诉信访、网上鉴定、在线保全等相关功能；与司法部信息系统对接，获取律师身份信息，支持在线认证功能。

八、信访系统

人民法院信访信息系统实现来访、来信、远程视频接访和网上申诉信访业务办理，为当事人、诉讼代理人、信访工作人员、立案法官和诉讼服务中心人员等提供信访业务在线办理，实现法院间信访数据交互共享，有效支撑全国法院诉讼服务体系建设（如图4-9）。

人民法院信访信息系统包括部署于互联网的网上申诉信访平台和部署于法院专网的人民法院涉诉信访管理系统、人民法院涉诉信访数据分析平台。

网上申诉信访平台提供信访录入、材料管理、审核提交、查看反馈等功能。信访录入功能提供申诉信访信息录入及提交；材料管理功能支持用户在线提交电子材料；审核提交功能支持信访人在线提交申诉信访案件信息，系统会通过光闸自动摆渡到内网由法官在线办理；查看反馈功能支持信访人在

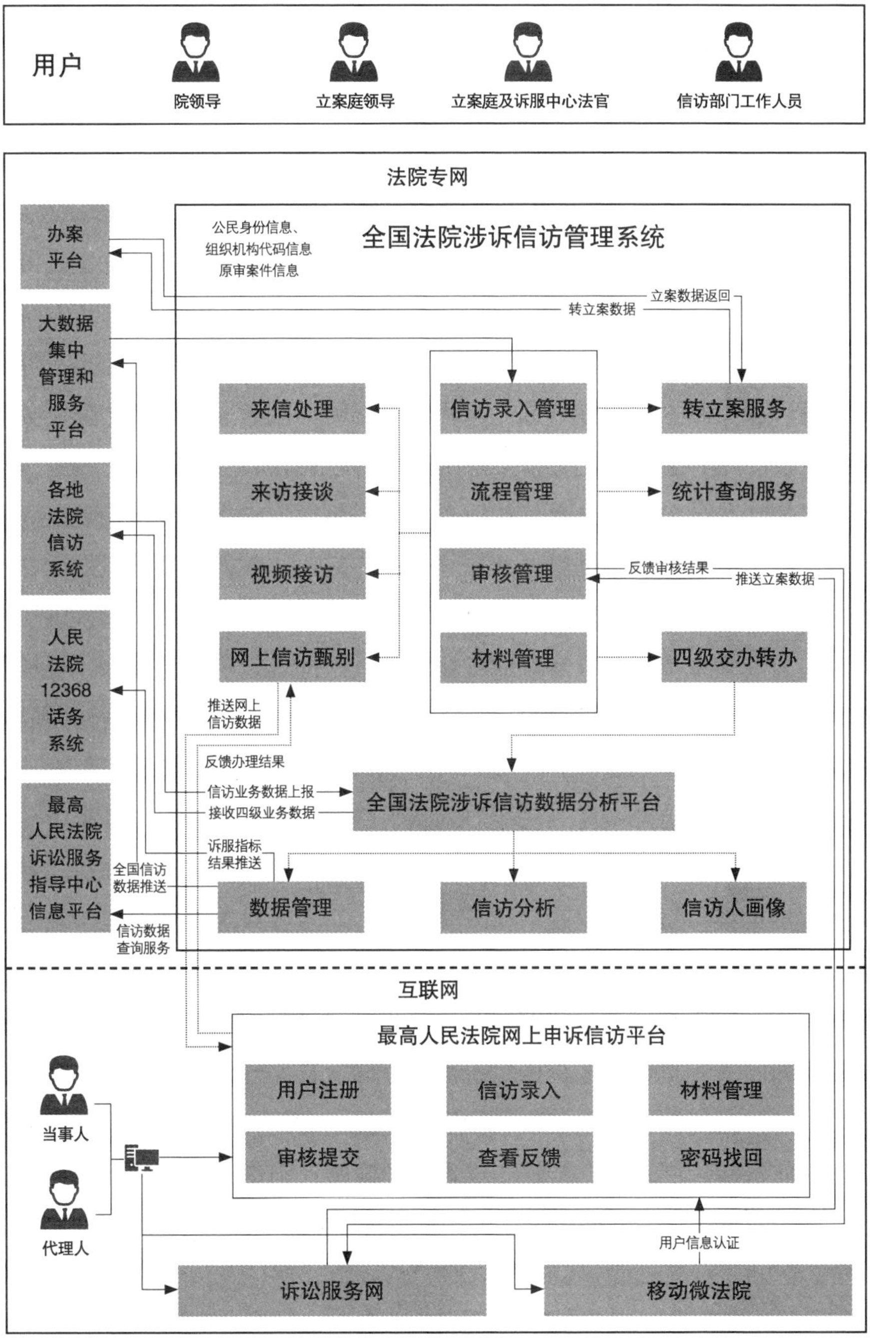

图 4-9　人民法院信访信息系统结构

线查看案件办理结果。

　　涉诉信访系统提供来信处理、来访接谈、视频接访、网上申诉甄别处理等功能，支持用户的流程化事项办理。信访录入管理实现对来信、来访、网上信访、视频接访四大类信访业务的数据录入，流程管理功能为各类业务提供规范化流程管理服务；审核管理功能为用户提供案件审核、审批事务服务；材料管理功能为用户提供材料上传、修改、查看、下载等服务，方便查阅案件的电子化材料；转立案服务通过信访系统与审判系统对接，实现信访案件转办案系统立案，并可接收立案结果和结案结果；统计查询服务为用户提供数据统计，满足基本的统计查询需求；四级交转办服务通过四级法院业务接口接收下级法院上报的回复信息，实现四级法院信访联动处理。

　　涉诉信访数据分析平台为信访业务系统提供数据支撑，数据管理服务贯通四级法院，实现信访数据融合共享。各级法院通过数据管理服务上行本地数据、下行上级法院交办数据，同时对下级法院上行的业务数据提供质量校验；信访分析系统提供各级法院基础业务数据不同维度的分析展示，包括信访信息、信访人信息、案件信息、地域信息等；信访人画像提供信访人信访轨迹，关联案件分析等服务。

　　人民法院信访信息系统与法院专网、互联网端相关应用系统进行业务协同。在法院专网中，与办案平台对接支持信访转立案数据及材料推送、接受返回的立案结果；与各地法院信访系统对接，实现各地法院数据报送及数据校验、数据统计分析功能；与大数据管理和服务平台对接实现全量信访数据的推送汇聚、调用原审数据、调用公民身份信息数据等功能；与12368诉讼服务热线对接，为热线话务提供信访数据查询服务；与人民法院诉讼服务指导中心信息平台对接，实现信访指标数据的推送功能。在互联网中，与中国移动微法院对接，实现移动端网上申诉信访功能；与诉讼服务网对接，实现网上立案、跨域立案、律师预约立案等功能。

九、送达系统

　　人民法院送达平台通过资源整合满足全国四级法院送达业务需求，实现受送达人精准定位、诉讼文书多渠道送达以及当事人对送达文书的多渠道多方式查收。（如图 4-10）。

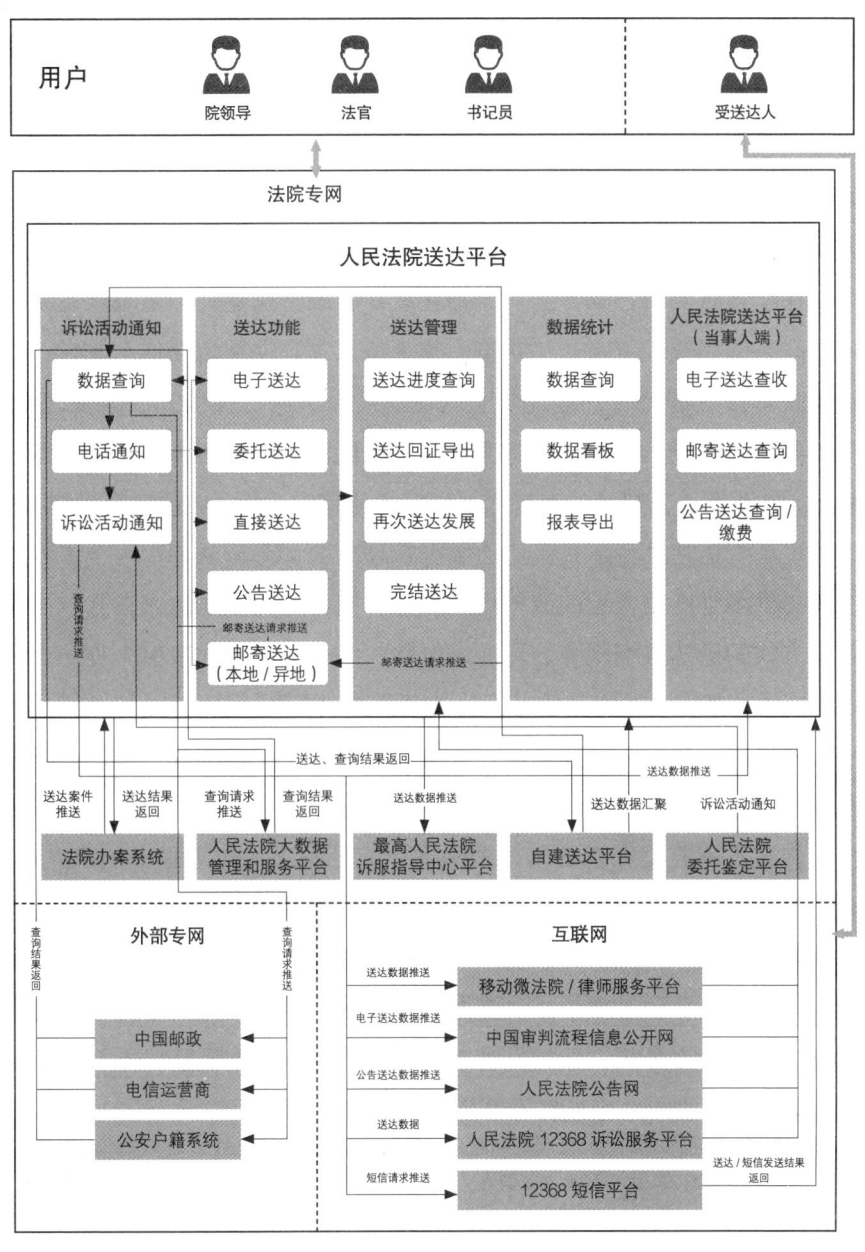

图 4-10　人民法院送达平台系统结构

人民法院送达平台法官端运行于法院专网，当事人端运行与互联网。系统主要具备诉讼活动通知数据查询、电子送达、电话通知、诉讼活动通知、邮寄送达、公告送达、委托送达、直接送达等核心功能。

诉讼活动通知数据查询功能支持查询当事人实名认证手机号码、历史司法专递寄件信息、历史涉案信息、户籍身份信息、电子邮箱地址等数据；电话通知功能支持在线拨打电话，并将通话录音上传作为送达凭证；诉讼活动通知功能支持通过短信、邮件通知当事人案件受理情况；电子送达支持向当事人推送电子诉讼文书，并通过短信、电子邮件等方式通知当事人，并支持当事人在线查收文书；邮寄送达支持在线发起邮寄送达任务至邮政系统，也支持邮政系统完成邮寄将送达状态、物流信息等数据回传至送达平台；公告送达支持直接发起公告刊登请求至人民法院公告网，在线完成缴费、排期、刊登等事项；委托送达功能支持实现不同地区法院送达任务的相互委派，解决跨域送达难题；直接送达支持线下直接送达数据记录，方便法官管理归档。

人民法院送达平台还具备送达数据管理及统计分析功能，为全国各级法院法官提供多维度全方位的数据送达服务。同时还为受送达人在互联网端提供多种方式的送达查询服务，可通过电脑、手机浏览器和微信小程序查询电子送达文书、邮寄送达物流状态、公告缴费通知书以及已刊登公告等。

人民法院送达平台已实现与三大电信运营商、中国邮政、人民法院大数据管理和服务平台、公安户籍网的总对总连通，与各行业数据平台进行数据交换，构建不断充实完善的信息资源库，充分解决送达过程中的找人难题，同时也与各地法院自建送达平台共享相关数据资源。人民法院送达平台还与中国审判流程信息公开网、移动微法院、律师服务平台、中国邮政、人民法院公告网、鉴定平台等多个相关业务系统对接融合，支持法官对受送达人网络账号进行置信度分析，选择一种或多种渠道进行文书送达，同时也满足当事人多渠道多方式的送达查收需求，极大提升送达效率。

十、诉讼服务指导中心平台

诉讼服务指导中心平台是全面展现法院诉讼服务整体工作质效的信息化

综合平台，以多元解纷、分调裁审、立案服务、审判辅助、涉诉信访五大业务模块为横轴，以建机制、定规则、搭平台、推应用四个环节为纵轴，以质效评估指标体系为抓手，按照诉讼服务管理的监管政策和规范性要求，智能抓取诉讼服务信息，实现对法院一站式多元解纷和诉讼服务工作的分析研判和精准指导（如图 4-11）。

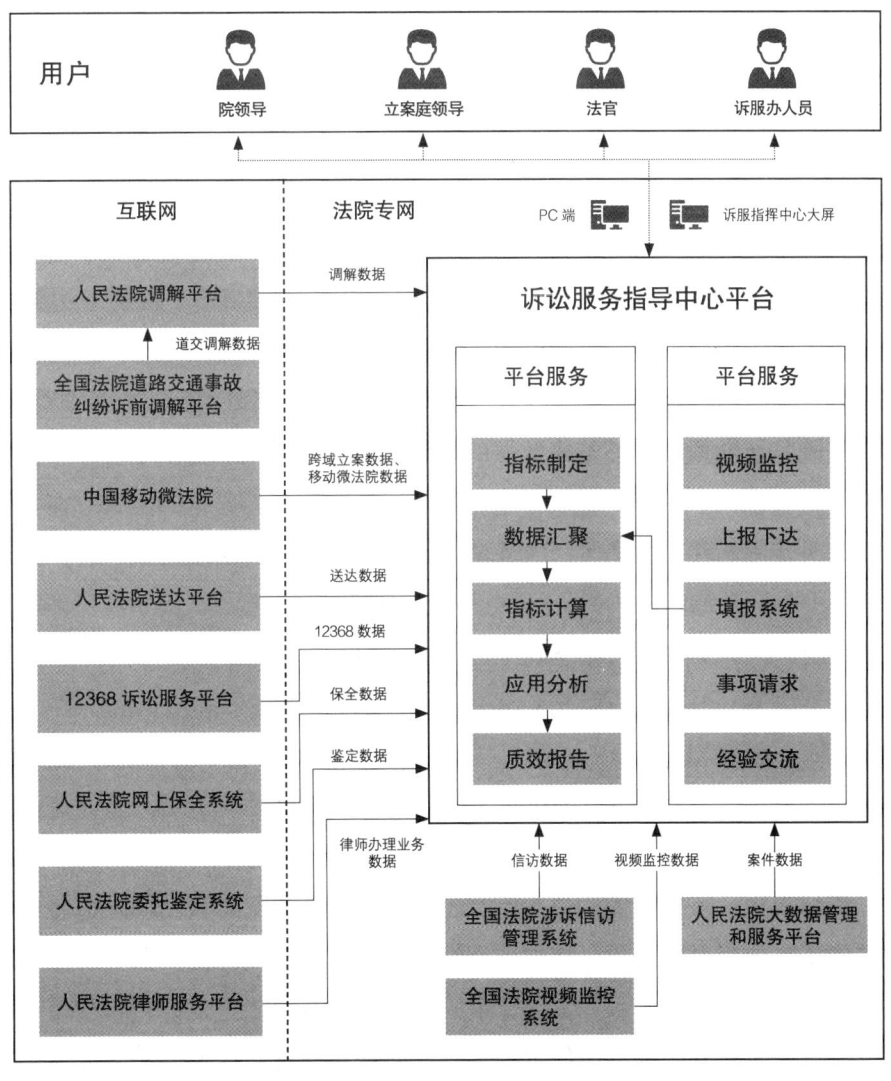

图 4-11　诉讼服务指导中心系统结构

诉讼服务指导中心平台运行于法院专网，通过核心指标体系展现诉讼服务工作的主要态势，包含质效评估和平台服务两大模块。

质效评估包含指标制定、数据汇聚、指标计算、应用分析、质效报告等功能。指标内容依据全国法院诉讼服务质效评估体系评分标准，汇聚法院诉讼服务数据，根据指标对各级法院诉讼服务工作进行客观评估和自动打分，并对得分情况进行统计分析，最终形成一站式多元解纷和诉讼服务体系建设质效报告。

平台服务包含视频监控、上报下达、填报系统、事项请求和经验交流等功能。视频监控支持对法院入口、安检通道、诉服大厅、立案窗口、信访窗口五类重点场所进行视频监控；上报下达支持对通知、文件在法院相互之间的上报和下达；填报系统支持建机制、定规则类文件的上传；经验交流支持法院之间的在线沟通交流。

诉讼服务指导中心平台与法院专网、互联网相关应用系统进行业务协同。在法院专网中，与全国法院涉诉信访管理系统、全国法院视频监控系统对接，实现法院信访数据、视频监控数据的汇聚；与人民法院大数据管理和服务平台对接，实现民事一审、行政一审、保全、鉴定等案件数据的汇聚。在互联网中，对接中国移动微法院、人民法院调解平台、全国法院送达平台、人民法院网上保全系统、12368诉讼服务平台、律师服务平台、人民法院对外委托鉴定系统，汇聚法院多元解纷和诉讼服务的各类工作数据。

第二节　智慧审判系统

智慧审判系统是现代科技与审判工作深度融合、支撑人民法院构建现代化案件审理体系的信息化、智能化系统，为法官审理案件提供网上阅卷、合议、庭审、裁判辅助等服务。智慧审判系统主要运行在法院专网和移动专网上，向智慧服务系统提供案件审理信息，向智慧执行系统提供案件审判结果信息，向智慧管理系统提供案件审判过程信息，向司法公开系统提供依法应

该公开的流程信息、庭审视频和裁判文书。图 4-12 展现了智慧审判系统的体
系结构。

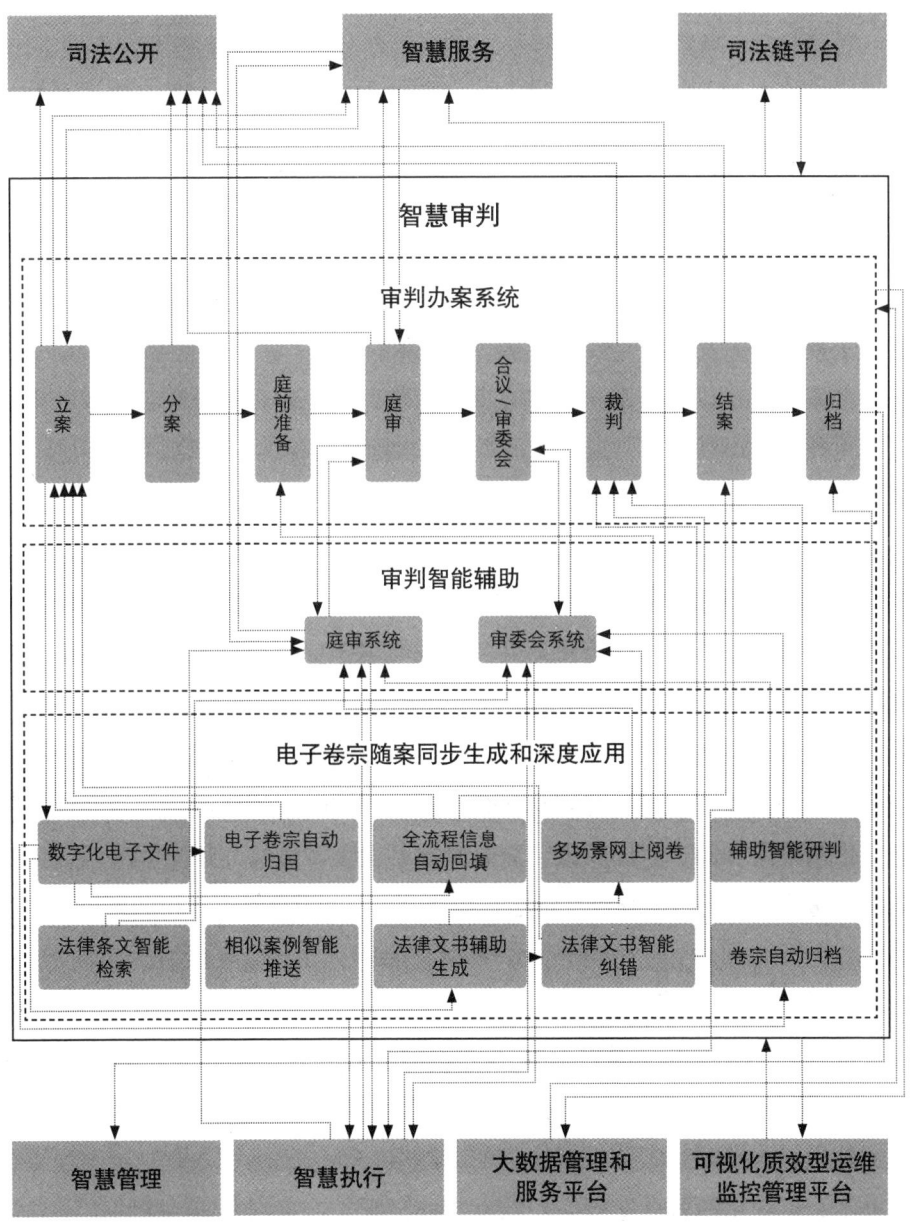

图 4-12 智慧审判系统体系结构

　　智慧审判系统应该以审判办案系统为基础，以电子卷宗随案同步生成和深度应用为主线，不断提高案件审理的智能化水平。一要实现全卷上线流转，所有诉讼卷宗材料在到达法院的第一时间就上传或扫描进入办案系统自动流转，使信息化、智能化手段能够基于案情信息自动、精准支持案件审理工作；二要实现全员网上审理，办案法官、法官助理和书记员等各类办案人员都能够熟练运用办案系统开展案件审理，并通过网上办案在卷宗阅览、标注留痕、文件查询、要素参考、文书录入和并行审理等方面得到极大的便利；三要实现全量实时汇聚，各类案件基本信息、卷宗材料和庭审音视频等都要实时、自动汇聚到办案系统、本院数据中心，链接全国法院大数据平台，确保重要的司法数据资源及时纳入规范、有序、可靠的管理；四要实现全程在线支持，在为办案人员提供丰富的全流程桌面支持的同时，还根据庭审、合议、审委会等重要审理环节特点，提供满足特定需求的数字化、可视化、远程化支持，通过在线方式进一步突破时空限制，提高办案效率；五要实现全面智能辅助，针对每一个案件审理环节，梳理分析具体工作内容和属性特点，探索运用语音识别、字符识别、语义理解、自动检索、机器学习、数据科学、辅助决策等人工智能方法，尽可能将重复性、事务性工作交由计算机处理，在最大限度降低法官繁重负荷的同时不断提高审理裁判质量；六要实现全层按需共享，针对上诉审、申请再审等跨层级审理中经常出现的调卷难题以及审判管理中全程监督的需要，在确保卷宗材料合规上线的同时，打破法院层级和部门壁垒，依法设置调阅、审阅权限，充分发挥网上流转优势，切实解决长期困扰法院的跨层级调卷和审判监督难题。

一、审判办案系统

　　审判办案系统是支持法官审判办案的核心平台，是智慧审判系统的主轴。按照服务化、组件化、一体化设计思路，集成法律人工智能和区块链等先进技术，为审判法官提供智能化辅助办案、团队化协作办案、全流程无纸化办案、集约化高效办案等多场景审判办案服务。审判办案系统以电子卷宗流转应用为主线，运用现代信息技术从流程、实务、决策多方面为各类用户提供全方位服务，最大限度地利用智能化手段辅助法官办案，优化使用体验，成为法官、法官助理、书记员、审判管理和监督人员审判办案的得力助手（如图 4-13）。

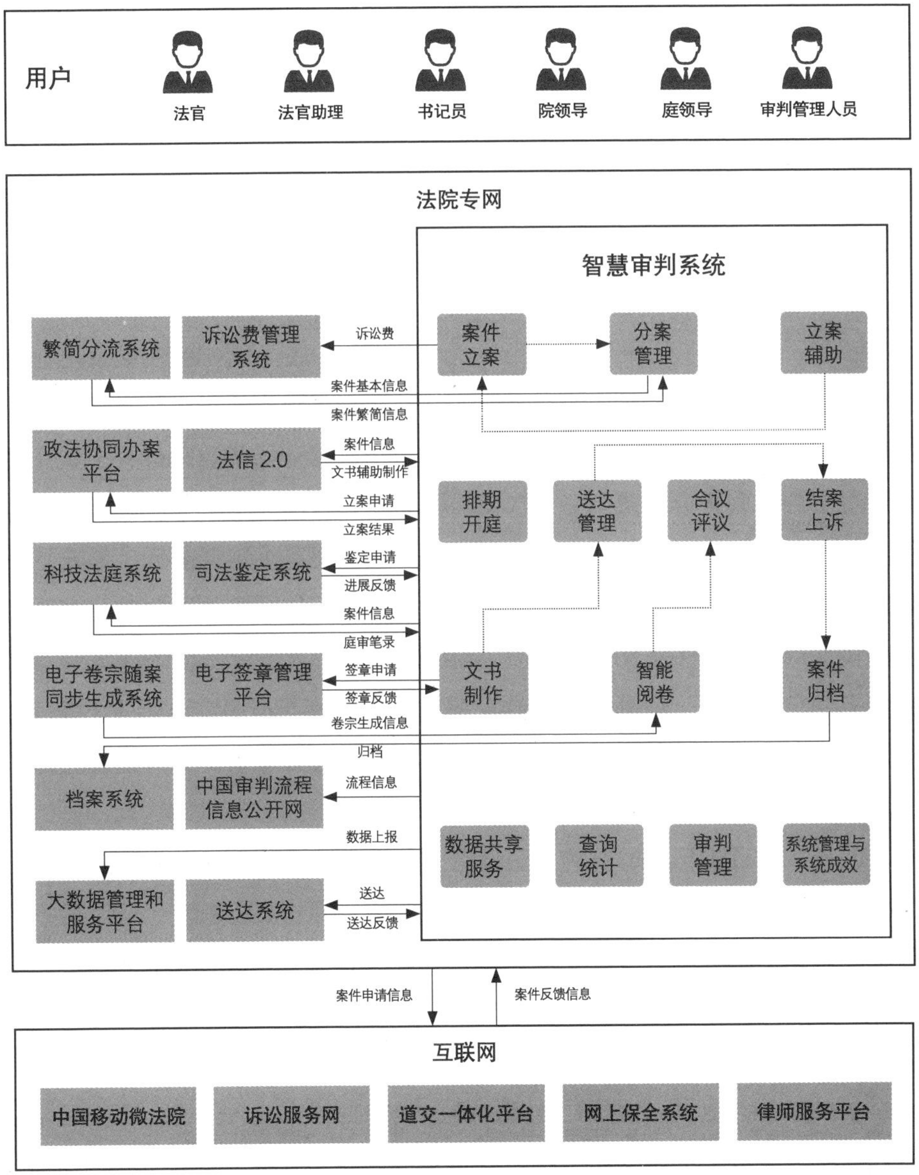

图 4-13 审判办案系统结构

审判办案系统部署于法院专网，包括案件立案、分案管理、立案辅助、排期管理、送达管理、合议评议、结案上诉、文书制作、智能阅卷、案件归档、数据共享服务、查询统计、审判管理、系统管理与系统成效等主要模块。其中，案件立案模块支持立案法官线下直接登记案件信息、审查当事人通过各渠道线上提交的立案申请；分案管理模块支持立案法官手工或线上随机完成自动分案；立案辅助模块支持对当事人提交材料进行识别、回填立案信息以及识别立案风险；排期开庭模块提供网上预约法庭，法庭冲突智能预警以及自动生成程序性文书服务；送达管理模块支持法官以邮寄、电子等方式送达法律文书，在线跟踪送达结果；合议评议模块支持在线预约专业法官会议、会议审批、安排会议以及会议管理；结案上诉模块支持从裁判文书中提取结案信息和回填，支持下级法院在线移送上诉案件；文书制作模块支持法官自定义文书模板并自动生成法律文书框架，提升文书制作效率；智能阅卷模块支持法官按照办案习惯组织电子卷宗目录，在线浏览电子卷宗材料；案件归档模块支持自动挂接目录，一键自动转档案卷；数据共享服务模块提供案件信息、电子卷宗信息等实时下载服务，为周边应用提供数据服务，提升系统间的协同能力，同时具备接口安全审计，接口运行状态监管等功能；查询统计模块支持查询案件信息，支持按照时间、部门、人员等维度统计案件收结存各类信息；审判管理模块为审判管理人员提供审批管理和重点案件管理，支持提高审判工作质效；系统管理和系统成效模块支持系统运行参数的管理维护和关键应用功能点的使用成效分析。

审判办案系统与法院专网和互联网上众多应用系统实现业务协同，与中国移动微法院、诉讼服务网、道交一体化平台、网上保全系统、律师服务平台对接，支持网上申请立案、申请调解、申请保全；与繁简分流系统对接，支持案件难易度智能识别及自动分流；与诉讼费管理系统对接支持当事人线上或线下缴费；与政法协同办案系统对接，支持刑事案件在公检法司等部门协同办理；与法信 2.0 对接，支持法律法规检索、类案智能推送、关联案件、串案分析、适用民法典等功能；与科技法庭系统对接，支持排期信息共享，庭审笔录、录像自动回填；与司法鉴定系统对接，支持鉴定评估在线申请，鉴定评估报告在线反馈；与电子卷随案同步生成系统对接，支持法官在线查阅案件电子卷宗；与档案系统对接，支持电子档案一键归档；与中国审判流程信息公开网对接，支持审判流程信息依法向案件当事人；与大数据管理和服务平台对接，支持审判数据汇聚上传；与送达系统对接，支持法官对法律文书进行邮寄、电子等方式送达。

二、电子卷宗随案同步生成

电子卷宗随案同步生成系统是支持将所有诉讼材料在法院受理的第一时间同步或扫描上传至办案信息系统，完全改变以往以纸质卷宗流转为主的办

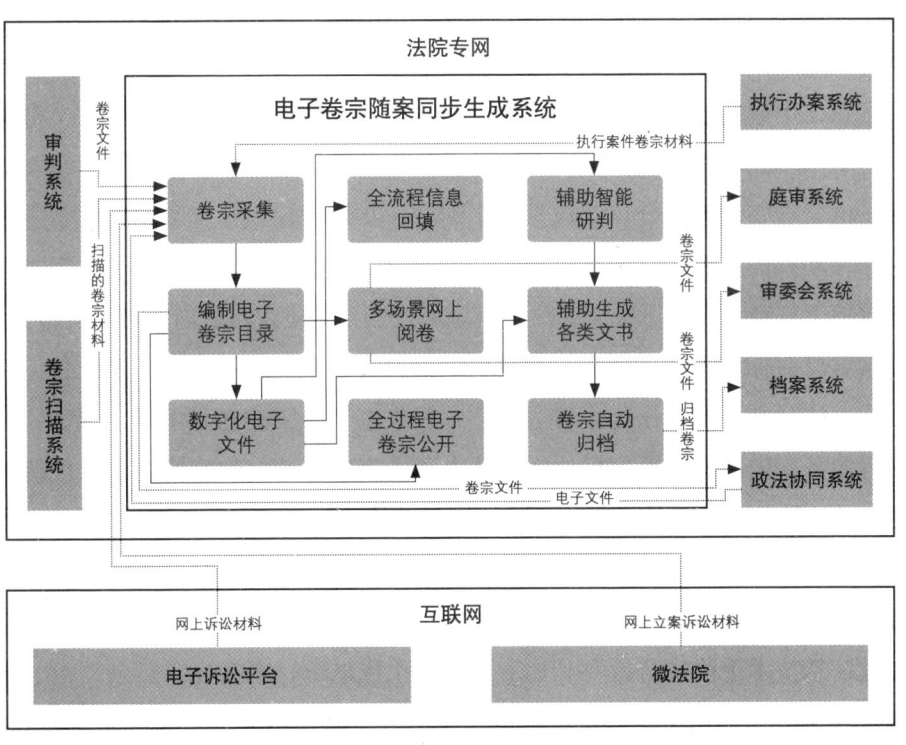

图 4–14　电子卷宗随案同步生成系统结构

案方式，实现以电子卷宗流转应用为主的办案模式的信息化辅助系统，是智慧法院建设应用的重要基础。（如图 4-14）

电子卷宗随案同步生成系统主要包含电子卷宗采集、编制电子卷宗目录、数字化电子文件、全流程信息回填、多场景网上阅卷、全过程电子卷宗公开、辅助智能研判、辅助生成各类文书、卷宗自动归档等模块。电子卷宗采集模块能够以统一接口服务的方式接收从诉服、立案到结案全部阶段生成的电子卷宗材料，支持纸质材料扫描上传和电子文件网上上传两种方式；采集后可自动进行纠偏、剔除空白页等校对操作。编制电子卷宗目录模块根据法官阅卷习惯制定电子卷宗阅卷目录规则，根据电子档案要求制定归档目录规则，利用图像识别、机器学习等技术，根据相应目录规则，实现电子卷宗自动排版、归类和归档；数字化电子文件模块通过文字和语义识别技术，将扫描图片等电子文件文档化、结构化、数据化，转化为可选择、可复制的数据资源，自动提取结构化案件信息，并提供信息导出服务，支持法官复用卷宗文字，辅助生成法律文书；全流程信息回填模块能够在立案和审理过程提取案件基本信息，生成电子文件，并能对多个文件中同一信息项进行校验核对，将确认结果回填到办案系统，减少人工输入和校对工作量；多场景网上阅卷模块支持电子卷宗流转、合议庭成员网上阅卷、在线合议、开庭阅卷、审委会讨论和移动办案等应用，优化电子卷宗的浏览、操作体验，实现电子卷宗的文字可随意复制、大小可按需缩放、目录可点击到相应内容、内容可全文检索、卷宗可灵活标记等辅助功能；全过程电子卷宗公开模块能够依托诉讼服务平台或司法公开平台依法为当事人、律师提供电子卷宗的在线申请、浏览、借阅等服务；辅助智能研判模块能够从电子卷宗中自动提取案情要素，自动推送相关法律法规的具体条款，自动推送与案情或争议焦点相匹配的类似案例；辅助生成各类文书模块能够智能分析并提取案件信息，根据选择的文书模板智能辅助生成法律文书。卷宗自动归档模块支持结案时根据归档目录规则，通过信息技术手段进行检测和比对，自动生成电子档案卷皮和目录，将电子卷宗转化为电子档案，并保证除电子页码外，其他内容与纸质档案（如有）保持一致。

电子卷宗随案同步生成系统需与法院专网、互联网端相关应用系统及外部单位进行业务协同。在法院专网上，与审判系统、执行办案系统、卷宗扫描系统对接，获取业务系统或扫描的电子文件，完成卷宗采集；与庭审系统、审委会系统对接，将案件的卷宗材料推送到庭审和审委会系统中，支持不同业务场景下的网上阅卷；与档案系统对接，将符合归档条件的卷宗推送到档案系统中，完成归档操作。在互联网上，与电子诉讼平台、微法院对接，获取当事人或诉讼代理人网上提交的诉讼材料。与政法协同系统对接，接收外单位电子文件，并进行统一存储管理，将电子卷宗提供给相关单位共享，促进相关部门之间案件实体信息网上交换、共享和业务协同。

三、电子卷宗自动归目

电子卷宗自动归目系统是将扫描上传的各类诉讼卷宗材料识别分类并自动归入相应目录系统的审判职能辅助系统，是保证电子卷宗管理更加有序合规，为法官在后续办案、庭审、合议等环节调卷阅卷提供充分便利、支持电子卷宗深度应用的前提条件（如图4-15）。

电子卷宗自动归目系统主要包括卷宗识别和学习能力、自动归目和智能编目3个模块。卷宗识别和学习能力模块针对立案和办案过程中通过网络、扫描仪或高拍仪上传到系统中的电子卷宗材料，利用OCR、图像识别和机器学习技术，对卷宗材料的内容进行识别、分类和命名，辅助立案和办案人员完成电子卷宗制作，自动归入卷宗；同时支持自动收集人工矫正后的归目及编目结果，将最优结果反馈编目系统的学习框架，通过机器学习不断迭代优化，不断提高自动归目编目算法的准确率。自动归目模块支持用户通过正卷归目、副卷归目、跟前归目等功能，对上传待入卷的材料进行自动归目，支持用户对于归目错误的材料通过鼠标拖拽的方式直接进行修正，修正结果自动提供机器学习。智能编目模块根据卷宗材料的实际内容、标题、盖章、签字、捺印、落款等信息，对材料进行分类识别和整体命名，支持法官在阅览电子卷宗时，能够根据目录结构清晰了解案件卷宗材料的具体组成，提升阅卷体验。

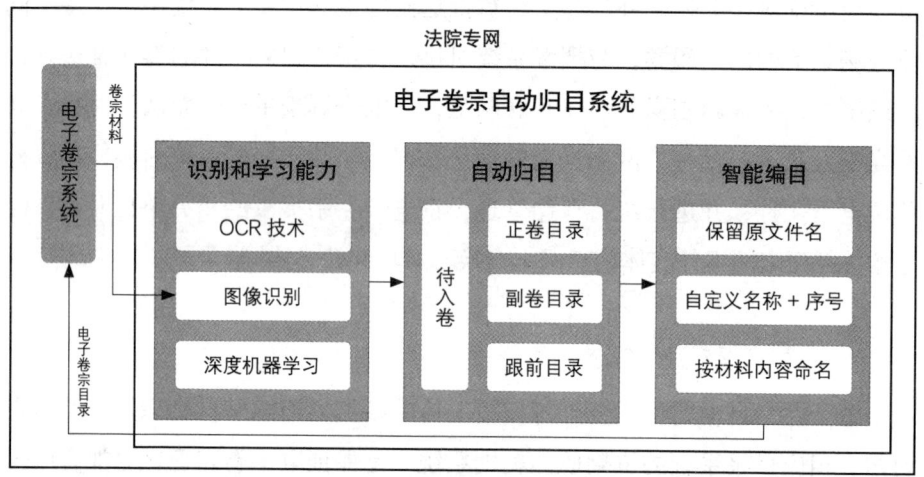

图4-15 电子卷宗自动归目系统结构

可见，电子卷宗自动归目系统提供了两种主要的卷宗归目方式。一种是全面依赖信息系统自动实现的卷宗智能归目，其特点是快速完成归目，省却大量人员介入，同时由于卷宗质量参差不齐，可能导致部分差错；另一种是自动与人工相结合的方式，针对自动完成却存在错误归目的卷宗通过人工修正完成更新，并反馈智能系统学习优化算法。

电子卷宗自动归目系统需在法院专网与电子卷宗系统对接，接收卷宗材料并反馈卷宗目录。

四、法律条文智能检索

法律条文智能检索系统是深度融合法律知识服务和案例大数据服务的数字化网络平台，为法院办案人员和法律职业群体提供权威精准的海量法律条文、案例要旨、法律观点、裁判文书等法律知识服务（如图4-16）。

法律条文智能检索系统同时在互联网与法院专网运行，具有全量法律、

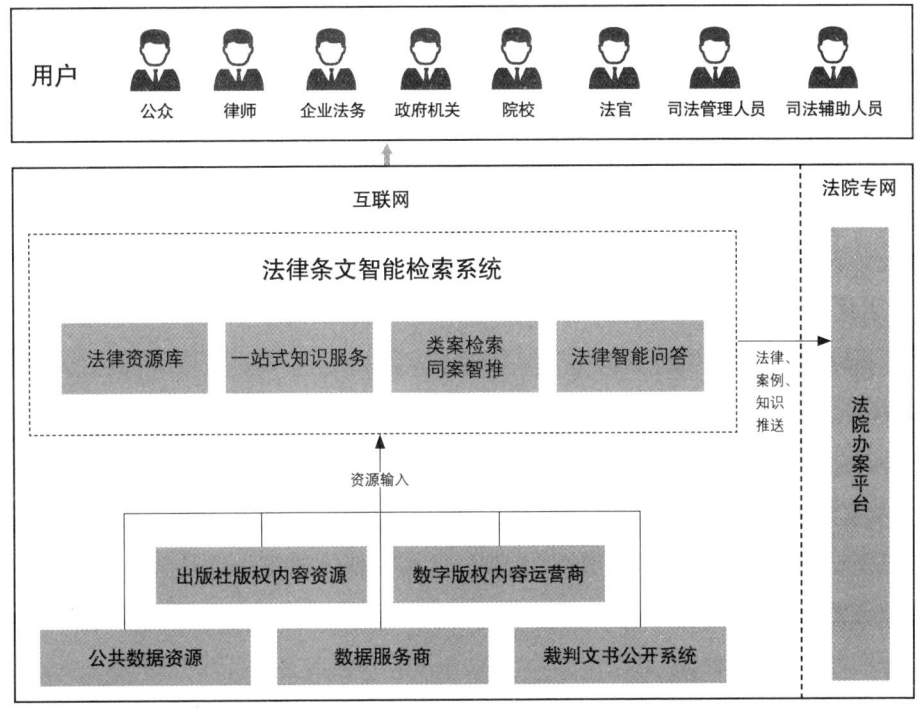

图 4-16　法律条文智能检索系统结构

案例、知识资源库、检索导航体系和一站式法律知识服务架构。法律资源库
汇聚了目前的全量法律知识文献和案例数据资源，涵盖法律文件、法律释义、
案例要旨、法律观点、裁判文书、图书论著、期刊论文、文书范本、行业标
准等内容资源，以两小时一次的频率，每天快速更新国内立法、行政和司法
机关上万篇最新发布的法律文件和案例，具有超大的存量资源容量和快速的
增量文件更新速度，形成了规模最大、体系最全、覆盖最广、分层最深和串
联最多的法律知识体系。同时支持在关键词通用检索方法之外提供专业知识
体系检索路径，利用知识体系精准串联的知识元，实现为法律职业群体提供
"一站式"法律专业知识解决方案的功能。智能问答系统支持对全类型法律资
源进行问答式检索，同时采用标准问答和专业语义识别两种底层技术，所有
解答均从权威来源中摘编引用，并且提供答案出处的索引标注和法律依据效
力提示。

法律条文智能检索系统在互联网上与出版社版权内容资源、数字版权内容运营商、公共数据资源、数据服务商、裁判文书公开系统进行对接，获得资源输入。在法院专网上与法院办案平台等应用系统进行对接，全面提升电子卷宗深度应用智能化水平，满足法官办理案件全流程智能检索法律、案例和知识的需求。

五、相似案例智能推送

类案智能推送系统面向基于法律事实、法律关系和实务裁判的相似案例检索需求，提供高效、精准的类案推送服务，是促进裁判尺度统一、提升审判质效、保证司法公正的重要智能化支撑（如图4–17）。

类案智能推送系统主要运行于法院专网，智能识别电子卷宗系统和庭审系统输入的案件文书，充分运用大数据计算、自然语言处理及人工智能等技术，解析全部1414个案由、标记15.3万类案画像维度、支持亿级裁判文书多

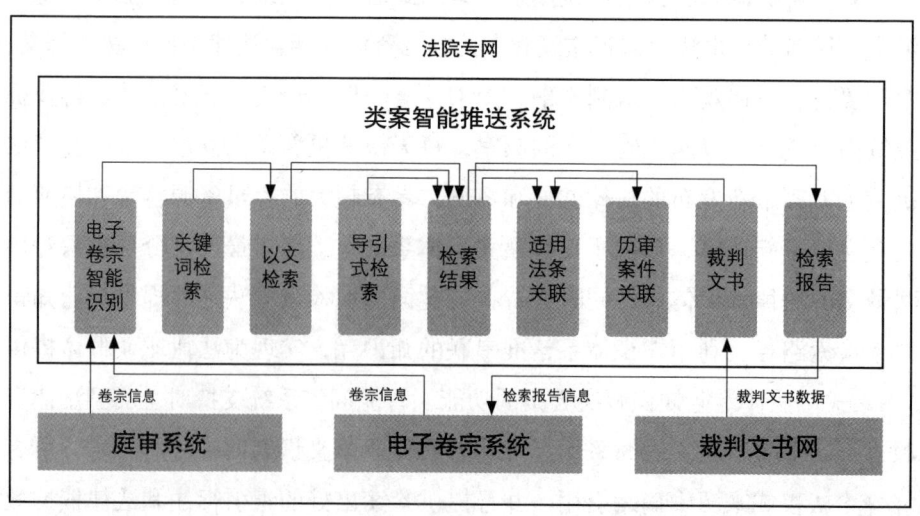

图4–17　案例智能推送系统结构

条件检索的秒级响应，目前已覆盖连通全国各高级人民法院和兵团法院审判办案系统，实现案件基本信息抽取、要点识别、法律问题识别等能力，智能推荐相似案例，为全国四级法院提供服务。系统支持三种主动检索方式包括关键词检索、以文检索和导引式检索。关键词检索方式智能关联案由、争议焦点和案情特征；导引式检索方式融合裁判事实维度、法律知识维度、司法实务维度等三套类案维度体系，实现法律大数据全息画像；以文检索方式从输入的案情描述内容、上传的文书内容、外部系统导入的卷宗文书中提取包含案由、案情事实、争议焦点、法律适用等案情要素，快速构建案件的语义画像，并以此为基础从海量历史案件中发现相似案件，主动有序推送与案情或争议焦点相匹配的类似案例，辅助法官办案，促进裁判尺度统一。系统将收录的文书数据进行标签提取、案由识别和结构化分段处理，检索结果页支持查看裁判文书全文。类案检索报告依据类案检索结果，进行多维度智能化分析、比对及推理，形成高质量输出，并回传至电子卷宗系统。

类案智能推送系统已在法院专网同电子卷宗系统、庭审系统和裁判文书网进行深度对接，接收裁判文书网传入的文书数据、庭审系统和电子卷宗系统传入的卷宗信息，作为智能检索的主要依据。

六、法律文书辅助生成

法律文书是人民法院在审判执行过程中需要向诉讼当事人或代理人送达的各类文书的总称，是代表国家行使司法权的具体体现。制作法律文书是法院办案人员日常工作的重要内容。法律文书辅助生成系统充分利用各类案件电子资源及法律信息资源，自动生成具体案件的制式法律文书或裁判文书初稿，并辅之以双屏智能编写模式，是支持提高法官编写裁判文书效率和质量的智能化辅助系统（如图4-18）。

裁判文书编写是法律文书制作的重点内容。法律文书辅助生成系统根据法官编写文书的习惯，通过对案件相关文书分析和信息智能提取，按照选择的文书模板自动生成文书初稿，便于法官在此基础上进一步修改完善。主要包括文书拼装、文书模板、文书生成三大核心功能。文书拼装功能基于语义

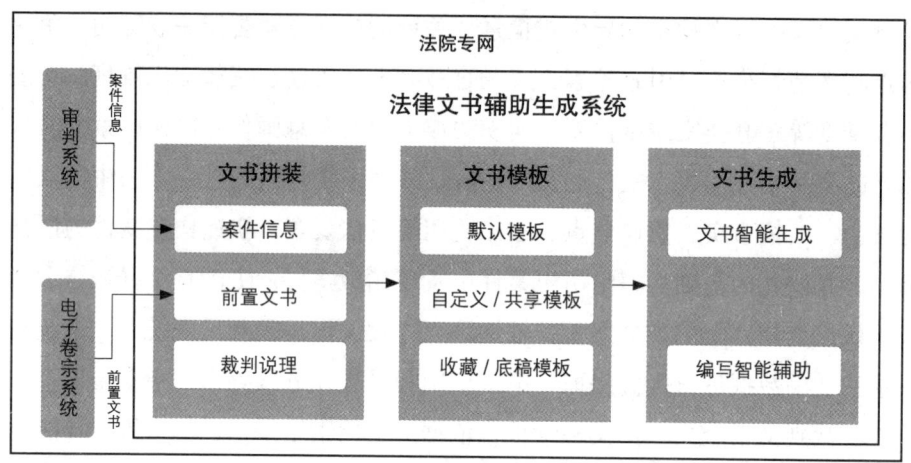

图 4-18　法律文书辅助生成系统结构

分析、文书检索引擎、文书分析引擎等技术，实现对起诉书、庭审笔录等前置文书和卷宗信息的智能分析，提取相关案情信息，结合裁判说理等内容根据文书模板快速拼装形成文书初稿；文书模板功能提供多种文书模板格式，包括默认样式模板、自定义模板、共享模板、收藏模板和底稿模板等，支持系统根据模板样式灵活、自动选择、快速调用；文书生成功能提供文书智能生成和编写智能辅助服务，在确定文书模板，自动关联案件审判系统中的相关卷宗作为前置文书，结合案件信息自动生成裁判文书初稿，通过双屏智能编写模式为法官提供左看右写、word/wps 插件、语音输入、法律法规查询、相似案例推送、后续文书自动生成等编写文书辅助服务。

　　法律文书辅助生成系统需与法院专网审判系统和电子卷宗系统进行业务协同。与审判系统对接，从中获取当事人信息和案件信息等，与电子卷宗系统对接获取前置文书，支持案情信息提取。

七、裁判文书智能纠错

裁判文书纠错系统是以最高人民法院的司法解释、文书制作规范及文书样式作为标准，对刑事、民事、行政、执行、赔偿等各类法院裁判文书的格式规范性、信息完整性、逻辑一致性和法条引用准确性等方面进行校验，提示错误或存疑，方便承办人快速找到文书问题并及时改正，支持提高裁判文书质量的信息系统。人民法院司法文书纠错系统就是这样一种审判辅助信息系统（如图 4-19）。同时系统提供一键自动排版功能，节省承办人在调整文书格式方面的工作量，提升工作效率，提高文书质量。

人民法院司法文书纠错系统的主要功能有：自动排版功能支持实现对字体、段落、页码、页边距等进行智能调整、判断尾部是否单独成页，并通过

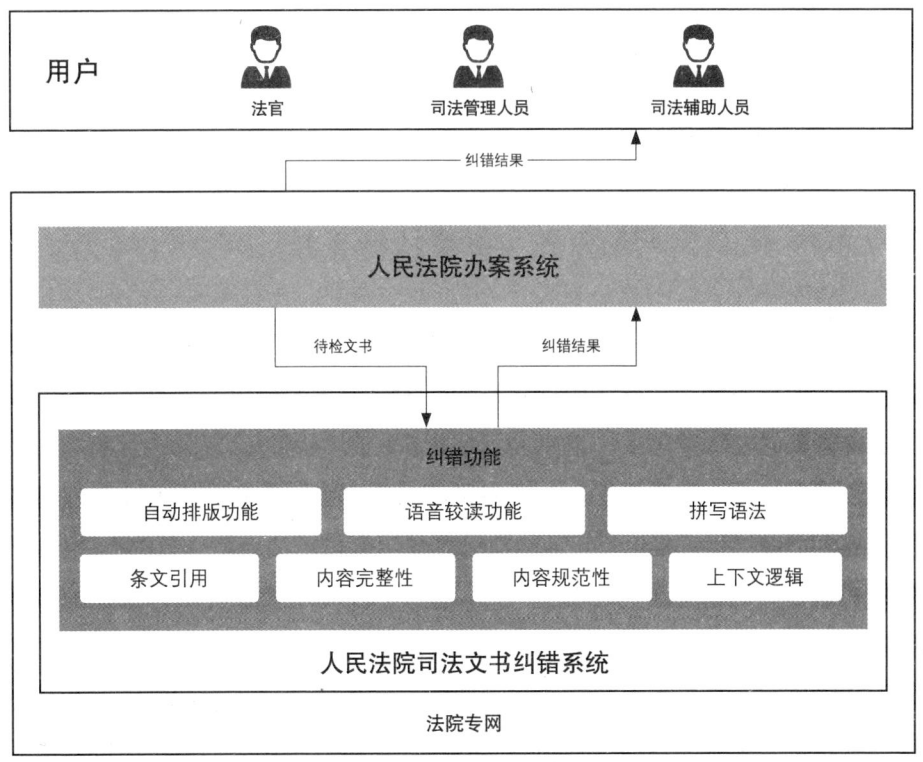

图 4-19　人民法院司法文书纠错系统结构

智能运算保证排版效果符合要求；语音较读功能针对文书校验过程中常常容易出现的语序颠倒、缺字漏字未校验出等情形，通过语音校读边听边核对文书，减轻业务人员校验负担，通过文本转语音引擎，将文字转换为音频格式，在前台进行输出；拼写语法校验功能针对文书中的错别字、语句重复、标点符号、序号、日期、地名等进行拼写准确性检查；法条校验功能对于裁判文书中可能引用的法律法规以及法条书写是否正确规范等进行检查校验；文书内容完整性校验功能按照文书样式的要求，对司法文书中的关键信息项进行内容完整性校验，比如申请人信息、被申请人信息、裁定结果内容等；文书内容规范性校验功能按照文书样式的要求，对文书中关键信息项书写是否符合规范进行校验，如案号书写是否符合规范等；上下文逻辑性校验功能针对文书中同一信息项上下文是否一致、是否符合时间顺序要求等进行校验。

人民法院司法文书纠错系统不仅为法官提供了司法文书校对方面的智能化辅助工具，切实减轻法官的工作负荷。还为审判管理部门开展文书质量评查提供了有效工具，支持提升审判管理现代化水平。

第三节　智慧执行系统

智慧执行系统是现代科技与执行工作深度融合、支撑人民法院构建现代化执行工作体系的信息化、智能化系统，为执行干警提供网上办案、查人找物、财产处置、失信惩戒、信息公开和指挥协同等服务。智慧执行系统主要运行在法院专网、移动专网、外部专网和互联网上，向智慧服务和智慧管理系统提供案件执行过程信息，向司法公开系统提供依法应该公开的被执行人、失信被执行人信息以及终本案件信息。图4-20展现了智慧执行系统的体系结构。

智慧执行系统应该以执行指挥系统为主轴，以执行流程信息管理系统和执行信息公开系统为两面，以执行查控、失信惩戒、司法拍卖、询价评估等系统为延伸，不断提高执行工作的智能化水平。一要强化严格规范，根据执

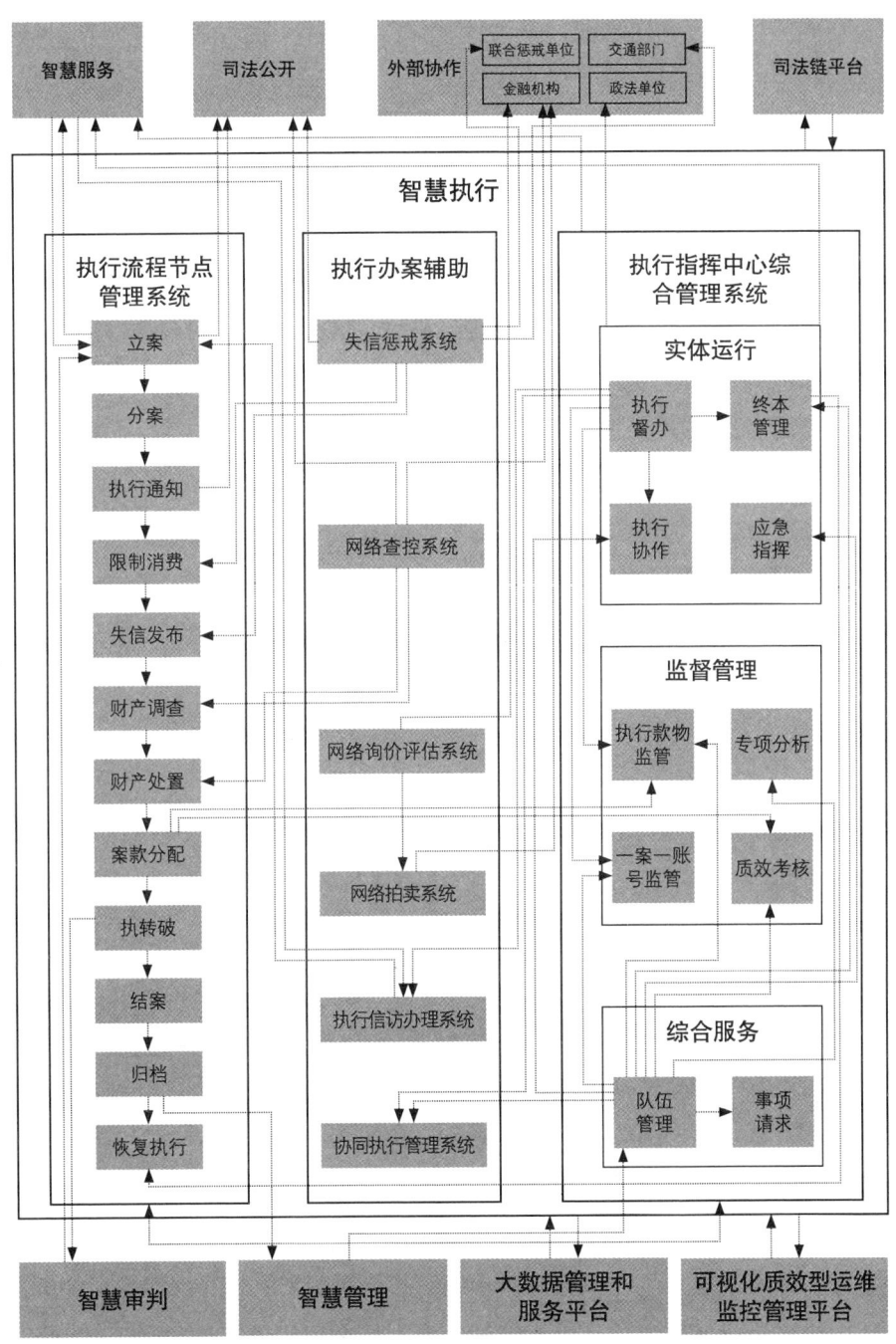

图4-20　智慧执行系统体系结构

行工作法度严谨、流程明确、节点有序的严格要求,为办案干警的各类执行活动提供便利清晰的规则导引和操作支持,避免任何违规违纪的处置流程和方式,为依法规范执行铺就坚实顺畅的作业轨道;二要强化上下联动,按照切实解决执行难的要求以及面临的主要挑战,确保全国四级法院执行工作平台信息实时互通、状态相互触发,支持形成下情上达、令行禁止的执行工作格局;三要强化内外协同,发挥中国特色体制优势,充分建立并运用与相关政府部门和企事业单位的信息按需共享机制,着力形成法定被执行财产一网打尽、被执行人一处失信处处受限的齐抓共管局面;四要强化智能管控,推动人工智能与执行工作进一步融合,努力实现案件信息自动校验回填、执行节点自动提醒、执行文书自动生成、违规行为自动冻结、关联案件自动推送、案件质量智能巡检,不断提高执行工作的精准管控能力;五要强化安全可信,针对执行工作遍及全国所有法院以及执行信息隐私性强、高度敏感的复杂特点,持续加强权限管理、查询控制、发布监测和安全审计机制,为破解执行难题提供坚强有力的信息安全保障。

一、执行指挥系统

人民法院执行指挥中心综合管理平台是推动全国四级法院执行业务高效管理与协同的指挥系统(如图4-21),统揽执行办案、执行管理、执行指挥、监督考核和决策分析等执行业务,促进形成全国四级法院统一管理、统一协调、统一指挥的执行管理新模式。

执行指挥中心综合管理平台为全国四级法院统建平台,运用微服务架构,由平台统一入口和各子业务系统组成,主要具备执行督办、执行协作、终本管理、执行信访、一案双查、核心指标、执行质效、专项活动、综合监管、一案一账号、院长通道、上报下达、队伍管理、事项请求、值班巡查、可视化集控等16项核心功能。其中、执行督办功能支持直接督办、逐级督导、手动督办和自动督办事项;执行协作功能支持跨省份跨法院的事项委托办理和辖区内协同执行办理事项;终本管理功能支持全国终本案件集中管理,终本后网络查控、财产核查、恢复审批、失信转限消以及终本案件全生命周期监

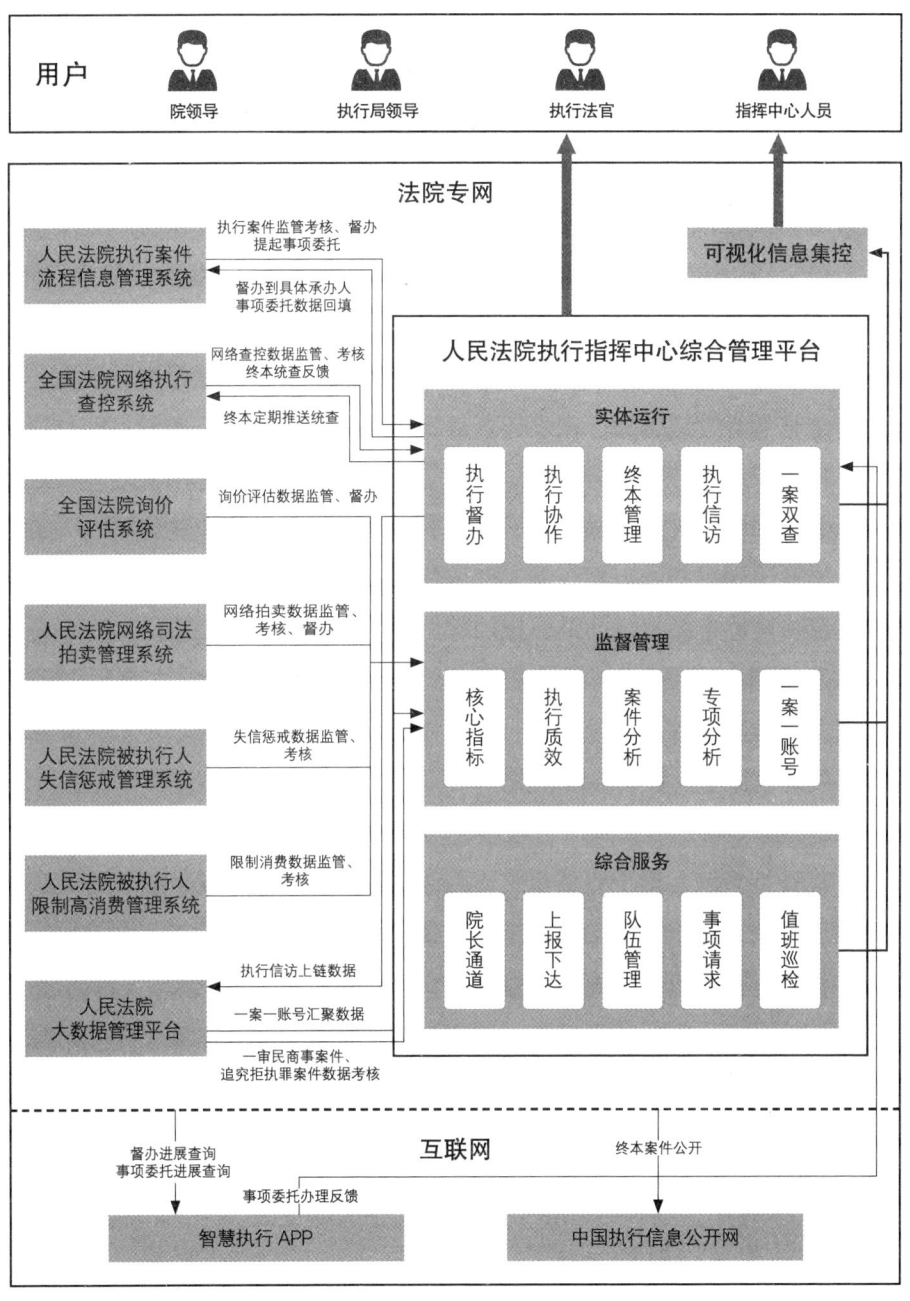

图 4-21　人民法院执行指挥中心综合管理平台系统结构

管；执行信访功能支持全国执行信访案件登记、分办、甄别、挂网交办、核查等事项；一案双查功能支持线索登记、分办、初核、调查、会商等全流程事项跟踪；核心指标展示功能着重展示辖区法院破解执行难的"3+1"核心指标达成情况；执行质效功能构建包括案件质效统计指标、综合管理指标、案件质效考核指标和综合管理考核指标在内的全国法院统一的执行质效考核体系；专项活动功能支持七类专项案件的抽取、核查、提出和督办事项；综合监管功能支持构建核心指标的"总览—专题—专项"和"排行—列表详情"等四层可视化展示；一案一账号功能汇聚全国法院一案一账号案款数据，实现对交纳金额、发还金额、未发还金额等案款收发情况统一监管；院长通道功能支持各级法院领导直接互联；上报下达功能支持构建全国法院扁平化执行指标数据和电子文件传输通道；队伍管理功能提供组织机构维护、人员信息维护、通讯录维护、数据校验、密码修改等服务；事项请求功能提供事项请求发起、转办、回复、办结、跟踪等服务，支持在线查阅各类执行系统常见问题及解答；值班巡检功能支持值班计划制定、值班签到、巡检结果登记和查询；可视化集控功能依托执行指挥中心大屏，以可视化、图形化和立体化效果展现执行指挥各项数据要素。

执行指挥中心综合管理平台通过法院专网与执行案件流程信息管理系统、网络执行查控系统、询价评估系统、网络司法拍卖管理系统、被执行人失信惩戒管理系统、被执行人限制高消费系统、大数据管理和服务平台对接，实现案件信息、查控信息、评估信息、拍卖信息、失信惩戒信息、限制消费信息、委托信息、一审民商事信息、追究拒执罪案件信息、一案一账号信息的数据共享和监管、回填信息的同步。同时，将委托督办信息推送内网移动执行 APP 服务，将终本案件信息推送内网执行信息公开网服务，支持内外网之间的业务协同。

二、执行流程管理系统

人民法院执行案件流程信息管理系统是全国法院执行干警日常办案、实现执行流程管理的信息化平台（如图 4-22），对于规范法院执行案件办理流

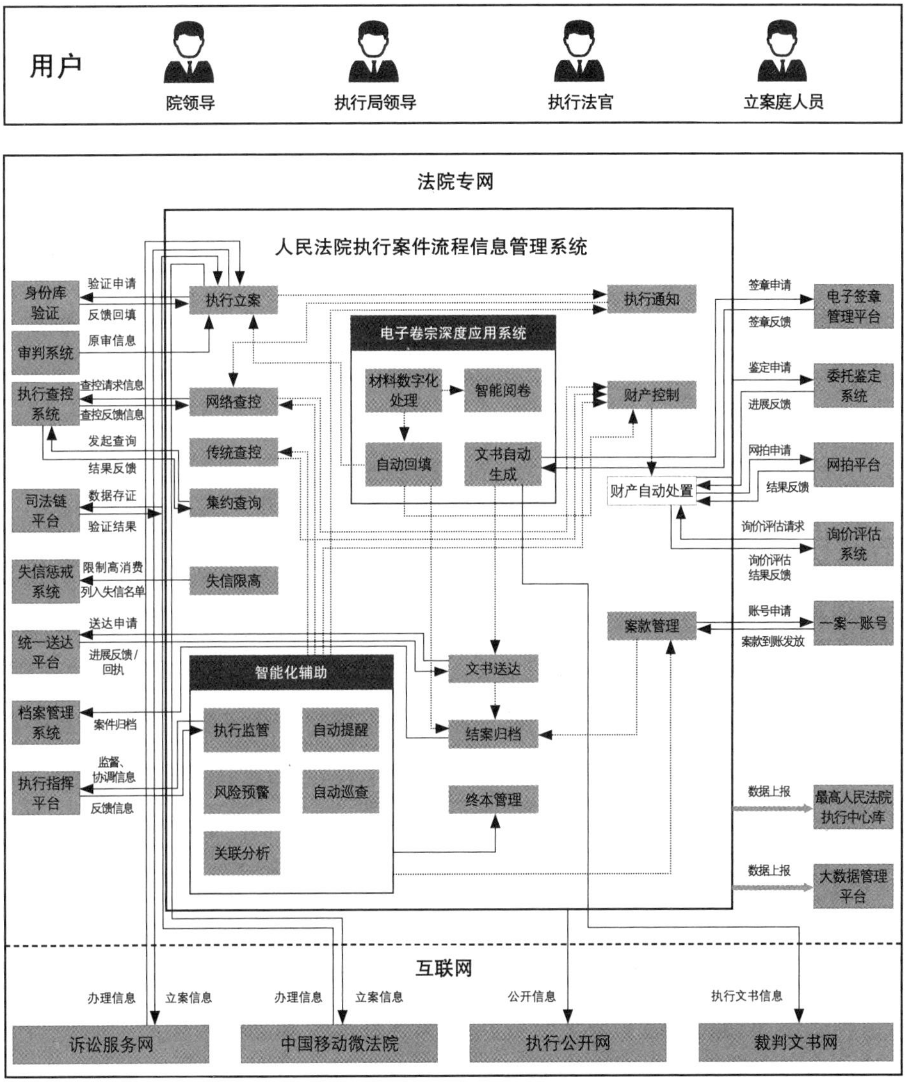

用户　　院领导　　执行局领导　　执行法官　　立案庭人员

法院专网

人民法院执行案件流程信息管理系统

执行立案　　执行通知

身份库验证　验证申请／反馈回填

审判系统　原审信息

执行查控系统　查控请求信息／查控反馈信息

网络查控　传统查控　集约查询

司法链平台　发起查询／结果反馈／数据存证／验证结果

失信惩戒系统　限制高消费／列入失信名单

失信限高

统一送达平台　送达申请／进展反馈／回执

档案管理系统　案件归档

执行指挥平台　监督、协调信息／反馈信息

电子卷宗深度应用系统

材料数字化处理　智能阅卷

自动回填　文书自动生成

财产控制

财产自动处置　网拍申请／结果反馈

智能化辅助

执行监管　自动提醒

风险预警　自动巡查

关联分析

文书送达　结案归档　终本管理

案款管理

电子签章管理平台　签章申请／签章反馈

委托鉴定系统　鉴定申请／进展反馈

网拍平台

询价评估系统　询价评估请求／询价评估结果反馈

一案一账号　账号申请／案款到账发放

最高人民法院执行中心库　数据上报

大数据管理平台　数据上报

互联网

诉讼服务网　办理信息／立案信息

中国移动微法院　办理信息／立案信息

执行公开网　公开信息

裁判文书网　执行文书信息

图 4-22　人民法院执行案件流程信息管理系统结构

程，实现线下办案向线上办案，事后信息采集向以事前和事中办理为主、事后信息采集为辅，管理为主办案为辅向办案与管理并重的执行模式改革，真正实现执行案件全程留痕、全程监控、全程公开具有十分重要的支撑作用。

执行案件流程信息管理系统运行在法院专网，与审判系统、失信惩戒、事项委托、网拍询价等系统交互应用，通过互联网支持微法院诉讼服务网上立案申请和执行信息公开。系统主要包括执行立案、执行通知、电子卷宗深度应用、文书送达、网络查控、传统查控、集约查询、失信限高、财产控制、财产自动处置、案款管理、结案归档、终本管理和智能化辅助等核心模块。其中，执行立案模块是案件进入系统的入口，支持执行案件收案和立案；执行通知模块支持案件接收后进入执行阶段生成执行主体相关的文书；电子卷宗深度应用模块支持材料的数字化处理、OCR 自动识别提取、智能阅卷和自动回填功能，并能按节点自动生成相应文书；文书送达模块支持对案件当事人的文书送达；网络查控模块支持对案件被执行人进行线上的财产查询和控制；传统查控模块支持对人和财产进行传唤、调查、搜查等线下的查人找物信息登记；集约查控模块支持案件立案后由系统自动发起被执行人的总对总网络查控；失信限高模块支持对被执行人发起失信惩戒限制；财产控制模块支持对查到的财产进行查冻扣等强制措施；财产自动处置模块支持对非现金存款类的财产进行鉴定询价和拍卖处置；案款管理模块支持对案款的到账、发放、提存等进行综合管理；结案归档模块支持对案件进行结案处理和归档操作；终本管理模块支持对终本结案方式的案件进行集中管理，实现定期的财产查询、线索提醒和案件恢复；智能化辅助模块融合了执行监督、风险预警、关联分析、自动提醒和巡查功能，辅助法官执行办案。

执行案件流程信息系统与法院专网、互联网端相关应用系统进行业务协同。在法院专网，与身份验证库对接，实现对案件当事人身份的一致性校验；与审判系统对接，实现收案阶段获取原审案件信息和当事人信息；与执行查控系统对接，实现对案件被执行人的线上财产查控；与司法链平台对接，支持案件的数据存证功能；与失信惩戒系统对接，支持对案件被执行人失信行为的惩戒限制；与统一送达平台对接，支持对案件当事人相关文书的送达；与档案系统对接，支持对执行案件结案后的归档功能；与执行指挥平台对接，支持案件监督、协调信息的获取和反馈；与电子签章管理平台对接，支持案件办理过程中的卷宗签章申请等；与委托鉴定系统对接，支持对案件被执行人的财产进行财产鉴定申请和反馈；与询价评估系统对接，支持对案件被执行人的财产进行询价评估申请，为后续拍卖提供初步依据；与网拍平台对接，支持对案件被执行人的财产进行拍卖处置；与一案一账号案款系统对接，支持按照案件和当事人获取虚拟子账号信息，解决不明案款问题；与执行中心数据库对接，支持各省案件数据上报，进行两库比对、提供一级部署系统的数据分析等扩展功能；与大数据管理和服务平台对接，支持执行案件向司法大数据资源进一步汇聚。在互联网上，与诉讼服务网、中国移动微法院对接，支持诉讼当事人通过互联网端进行执行案件申请立案，接收办理反馈信息；与执行信息公开网对接，支持案件信息依法公开；与裁判文书网对接，支持案件文书依法公开。

三、执行查控系统

全国法院网络执行查控系统是集中部署于全国四级法院，以现行有效法律规定为依据，在人民法院内部、各协助执行单位之间开辟常态化的执行信息联络渠道，以标准化数据格式通过专有网络通道与各协助执行单位进行可信信息交互，为全国各级法院提供被执行人及其财产网络查控服务的信息化工作平台（如图 4-23）。

执行查控系统主要运行于法院专网和外部专网，与全国法院执行流程信息管理系统深度融合，主要具备可信身份安全验证、终本案件校验、破产案件校验、查控申请、执行文书制作、执行文书审签、集约化处理、关联扣划、协执文书推送交互、协执结果接收处理、查控结果展示等 11 个主要模块。其中可信身份安全验证模块支持对网络操作人身份鉴权，支持对查控对象进行身份一致性核验，保障网络查控的可信操作；终本案件校验模块支持终本案件查控请求的核验受理，对案件结案事由进行一致性校验；破产案件校验模块支持对破产案件查询请求进行核验受理；查控申请模块支持自动引入案件及被执行人信息，支持申请人在线办理网络查询、网络控制等申请事项；执行文书制作模块支持自动提取案件及查控申请要素信息，支持执行文书在线编辑、查控要素信息文档保护；执行文书审批模块支持文书自动签章和审批流程网上办理；集约化处理模块支持自动对案件所属辖区和被执行人户籍所

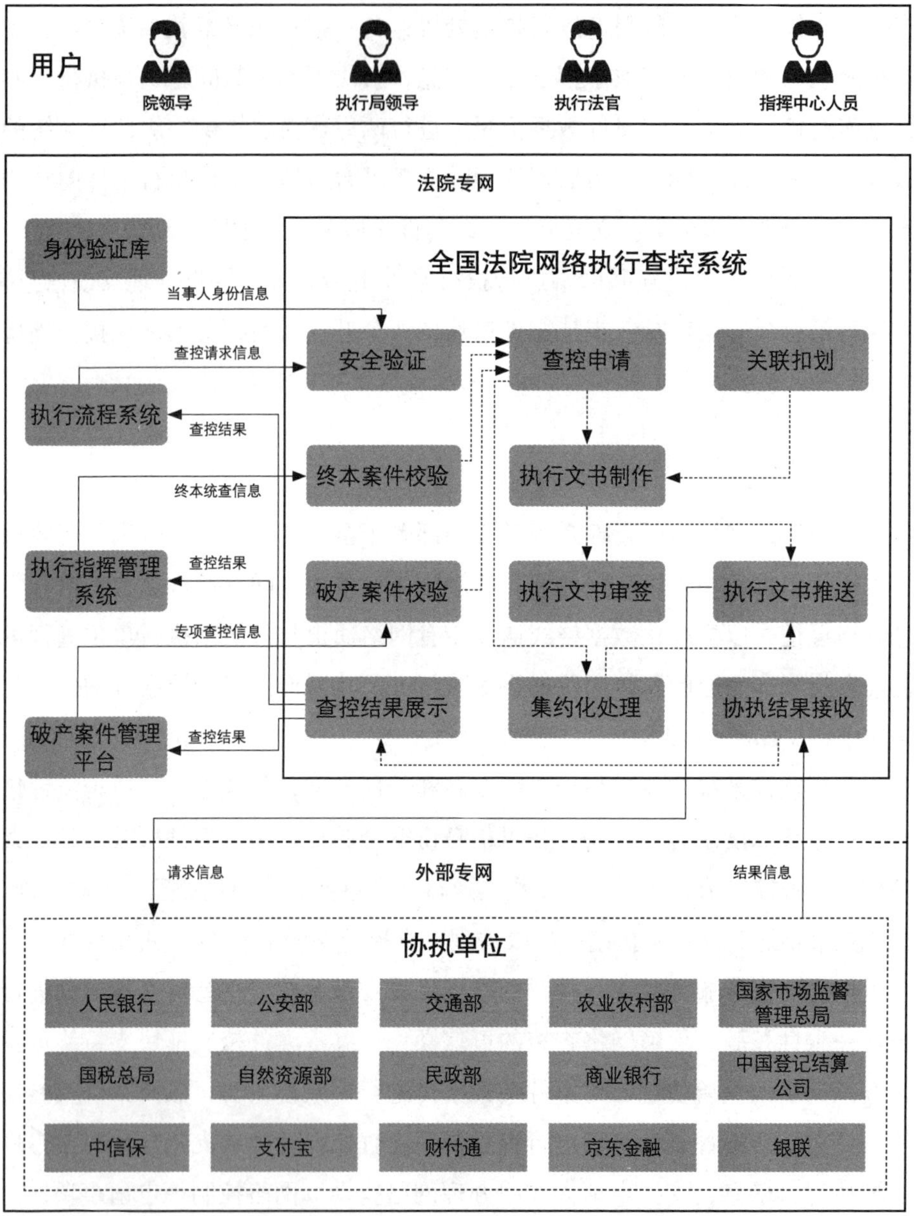

用户				
	院领导	执行局领导	执行法官	指挥中心人员

法院专网

全国法院网络执行查控系统

身份验证库

当事人身份信息

查控请求信息

安全验证 → 查控申请   关联扣划

执行流程系统   查控结果

终本案件校验   执行文书制作

终本统查信息

执行指挥管理系统   查控结果

专项查控信息

破产案件校验   执行文书审签   执行文书推送

破产案件管理平台   查控结果

查控结果展示   集约化处理   协执结果接收

请求信息   外部专网   结果信息

协执单位

人民银行	公安部	交通部	农业农村部	国家市场监督管理总局
国税总局	自然资源部	民政部	商业银行	中国登记结算公司
中信保	支付宝	财付通	京东金融	银联

图4-23 全国法院网络执行查控系统结构

在地协助联动执行单位发起集约化网络查询申请；关联扣划模块支持首次执行案件关联执行保全案件进行财产关联扣划，执行终本案件关联首次执行案件进行财产关联扣划；协执文书推送交互模块支持网络查控事项交互管理，文书交互加密和交互身份鉴权；协执结果接收处理模块支持结果数据分类管理和展示，生成反馈信息表等。

执行查控系统需与法院专网、外部专网相关应用系统及各协助执行联动单位进行业务协同。在法院专网中，与身份验证库对接，支持当事人身份一致性核验功能；与执行流程信息管理系统对接，支持执行实施类案件网络查控，支持查控结果及回执信息回填；与执行指挥管理平台对接，实现终本案件自动接收和查询功能，支持终本控制和终本查控结果回填；与破产案件管理系统对接，支持破产案件接收、破产案件查询申请等。在外部专网中，与人民银行对接，支持开户信息查询功能；与银保监会对接，支持商业银行账户查控等。

四、失信惩戒系统

全国法院失信惩戒系统是以联合惩戒为核心、最大限度保护申请执行人和被执行人的合法权益为目标，加大执行力度，构建对失信被执行人的信用监督、警示和惩戒机制，推动社会信用机制建设，全面实现失信、限高、限制出入境被执行人信息发布与各类信用信息互联共享的网络化协同工作平台（如图 4-24）。

全国法院失信惩戒系统主要运行于法院专网和外部专网，失信限高人员发布功能为执行法官提供失信、限高被执行人的登记处置服务；限制出入境人员发布功能支持对需要限制出入境的被执行人管理以及相关审批事项办理；失信人员撤销及纠正功能为执行法官提供已发布失信人员信息的维护服务，并支持对已履行执行义务的被执行人失信撤销服务；失信人员单次撤销功能主要支持符合单次解除购票限制的限高人员临时购票的申请审批事项；协助执行功能主要针对异地口岸对限制出入境被执行人扣留后，支持申请执行法院通过执行指挥中心请求异地法院协助扣押被执行人；特殊主体报备服务主

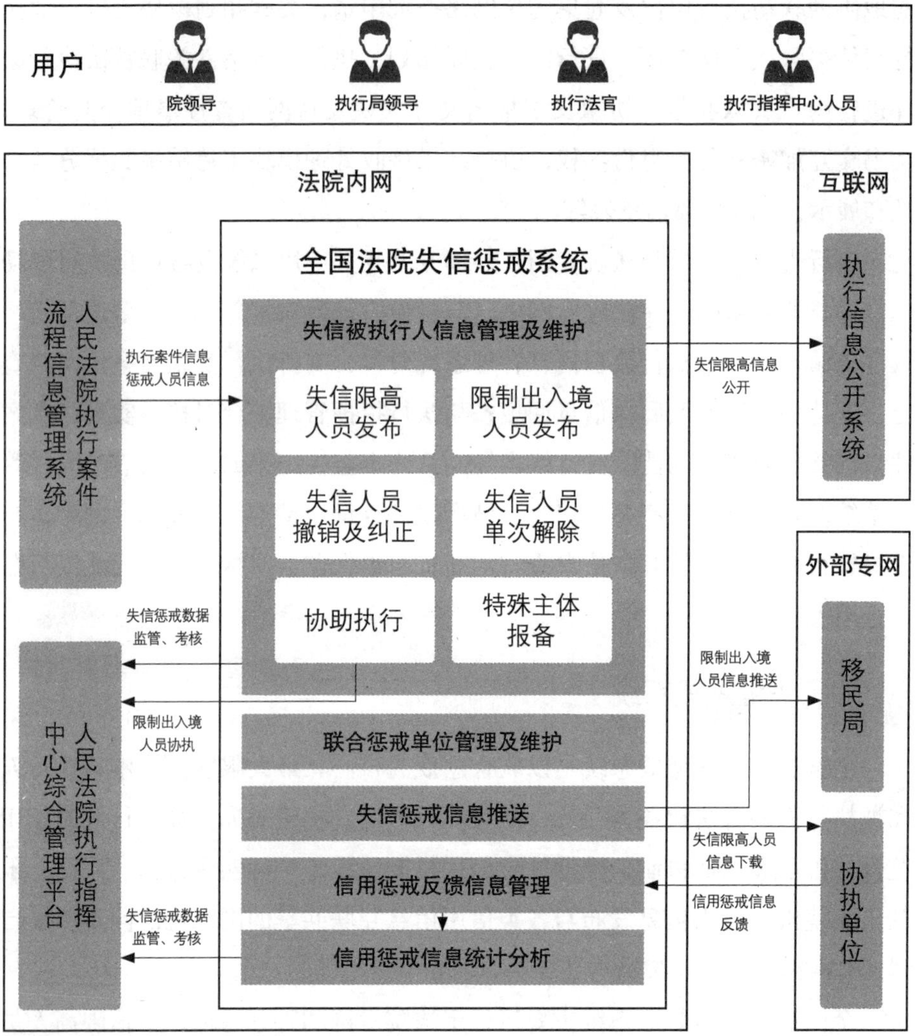

用户　院领导　执行局领导　执行法官　执行指挥中心人员

法院内网

全国法院失信惩戒系统

失信被执行人信息管理及维护

失信限高人员发布	限制出入境人员发布
失信人员撤销及纠正	失信人员单次解除
协助执行	特殊主体报备

联合惩戒单位管理及维护

失信惩戒信息推送

信用惩戒反馈信息管理

信用惩戒信息统计分析

人民法院执行流程信息管理系统

人民法院执行指挥中心综合管理平台

互联网　执行信息公开系统

外部专网　移民局　协执单位

执行案件信息惩戒人员信息

失信限高信息公开

限制出入境人员信息推送

失信限高人员信息下载

信用惩戒信息反馈

失信惩戒数据监管、考核

限制出入境人员协执

失信惩戒数据监管、考核

图 4-24　全国法院失信惩戒系统结构

要针对部分地方政府纳入失信被执行人管理；联合惩戒单位的管理及维护功能主要针对已纳入联合惩戒单位信息的维护；失信惩戒信息推送服务支持将经过数据清理加工的失信人员信息通过数据服务向外部专网协执单位的数据同步；信用惩戒反馈信息管理实现对失信限高人员惩戒信息的统一管理；信用惩戒信息统计分析功能通过对惩戒信息进一步加工处理，为执行法官及相关部门提供惩戒信息统计分析和查询服务。

失信惩戒系统与法院专网、互联网端、外部专网相关应用系统及外部协执单位、移民局进行业务协同。在法院专网中，与执行流程节点管理系统对接，支持案件被执行人信息、执行案件信息提取，限制出入境审批等功能；与执行指挥中心综合管理平台对接，提供失信惩戒数据的监管及考核数据，同时利用执行协同实现法院对异地口岸扣押限制出入境人员的协同处置。在互联网上，与中国执行信息公开网对接，支持失信、限高被执行人信息公布及查询等相关功能；与外部协执单位通过外部专网对接，支持失信被执行人信息发布、执行惩戒信息采集等功能；与移民局数据对接，支持限制出入境人员信息向全国口岸的数据下发。

五、司法拍卖系统

人民法院网络司法拍卖管理系统是全国四级法院统一使用的财产处置系统（如图4-25），连通各地法院的执行案件流程信息管理系统，充分简化执行干警办案过程中对司法拍卖标的物信息和拍卖信息的登记流程，同时充分整合全社会互联网拍卖资源，发挥网络司法拍卖流程公开透明、成交率高、溢价率高、零佣金等优势，成为执行过程中解决财产变现难题的主要渠道。

人民法院网络司法拍卖管理系统在法院专网与执行案件流程信息管理系统、执行指挥中心综合管理平台、在互联网与拍卖网站协同，具备竞买人管理、公告管理、标的管理等核心功能。其中，竞买人管理功能支持新增、修改竞买人，设置联合竞买人、设定优先权等，公告管理功能支持发布公告、暂缓、终止、撤回公告等，标的管理功能支持编辑标的物、选择财产、制作标的物、上传图片、视频等。网拍办理过程中的拍卖信息，通过网拍协同定期打包推送到互联网上拍卖网站，并通过网拍系统定期将拍卖网站的拍卖结果信息接收到法院专网。

网络司法拍卖管理系统作为页面功能，嵌入到各地法院的执行案件流程信息管理系统中。执行干警在执行案件流程信息管理系统操作，与互联网上

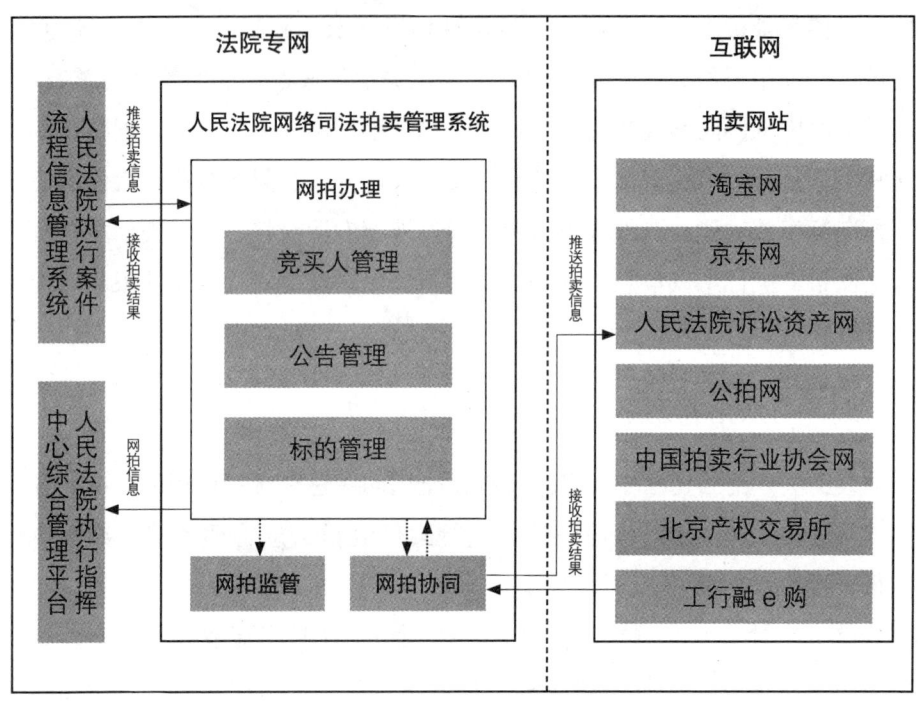

图 4-25　人民法院网络司法拍卖管理系统结构

拍卖网站联动协同；同时，也将拍卖结果在法院专网同步到执行指挥中心综合管理平台，为统计分析提供基础数据。

六、执行单兵系统

执行单兵系统是能够为全国执行干警提供资讯浏览、执行办案、即时通讯、舆情监测和在线学习等服务的综合性移动平台，也能支持社会公众了解法院工作，为当事人提供与法院沟通的渠道，让当事人及时了解执行案件进展手机端服务平台（如图 4-26）。

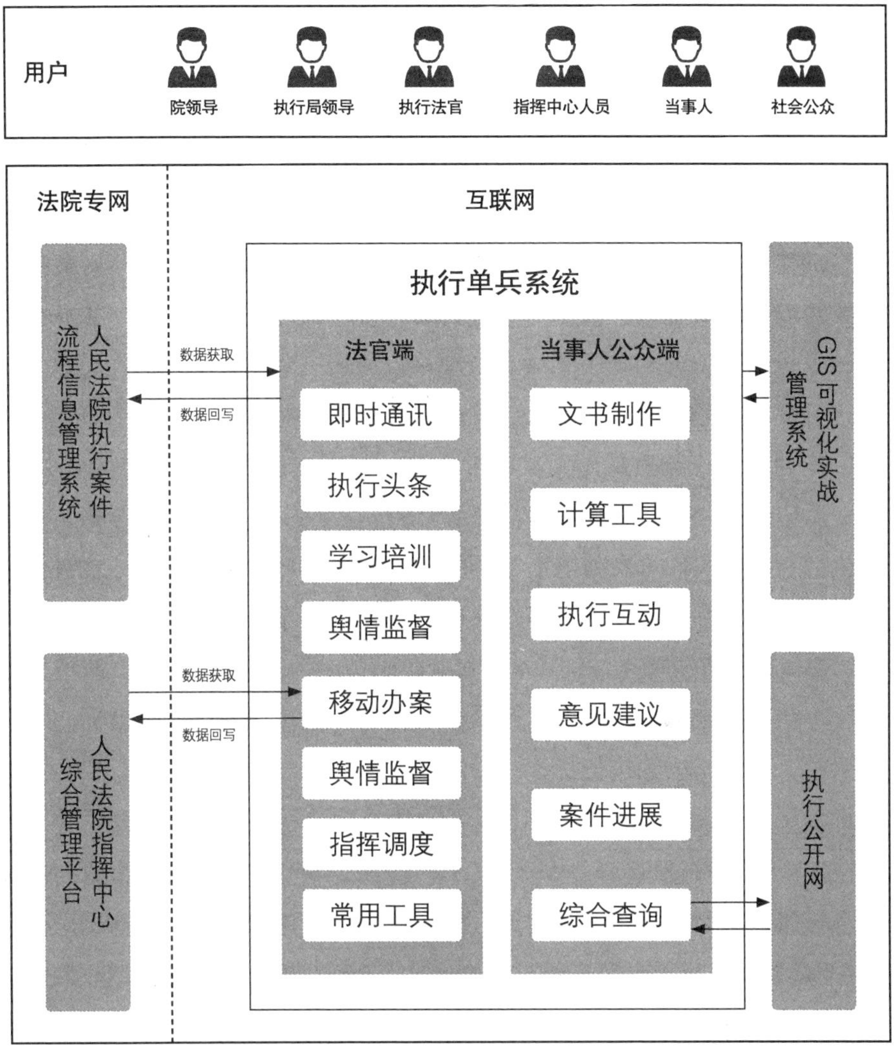

图 4-26　执行单兵系统结构

执行单兵系统主要运行于互联网，综合运用5G、大数据、人工智能等互联网新技术，面向执行干警、社会公众、当事人提供各项功能服务。法官端主要具备即时通讯、执行头条、学习培训、舆情监督、移动办案、执行协助、指挥调度、常用工具等功能。其中，即时通讯功能支持执行干警在线发送文件、图片和小视频信息；执行头条功能提供法院执行新闻动态及相关资讯，支持在线浏览；学习培训功能支持在线开展业务培训、观看视频和在线考试；舆情监督功能支持查看舆情报告分析并进行督办；移动办案功能提供执法取证、节点采集、线索核实、留言查看及回复，团队化办案等；执行协作功能支持委托事项的移动化办理、网格协执等；指挥调度功能支持一键向指挥中心发起求助，提供执行会议服务，支持预约会议和即时会议两种方式，支持在线视频会商；常用工具包含法规检索、执行规范、文书样式、专家问答、失信被执行人查询、执行费率计算器、延迟履行利息计算器、借贷信息计算器等与执行相关的常用工具。当事人公众端主要具备文书制作、执行工具，执行互动、案件进展，意见建议、综合查询等功能。其中，当事人利用文书制作功能可一键生成申请类文书；执行工具中提供了常用的计算工具；执行互动功能提供了给法官留言、提交线索功能，当事人可向法院进行咨询，反馈执行线索；案件进展功能向当事主动公开执行办案进展情况；意见建议功能为当事人提供了反馈意见与意见的渠道；综合查询功能支持对被执行人情况的查询，当事人可通过该功能了解失信、限制消费等情况。

执行单兵系统与法院专网、互联网端相关应用系统进行业务协同。在法院专网中，与人民法院执行指挥中心综合管理平台对接，实现执行委托业务在执行单兵系统中可查看、可办理；与人民法院执行案件流程信息管理系统对接，支持法官通过执行单兵系统产生的音视频取证等材料向执行流程系统回传，确保执行案件信息在专网执行流程系统中的完整性。在互联网中，与GIS可视化实战管理系统对接，实现执行干警与指挥中心的互联互通；为社会公众端集成了中国执行信息公开网中的"综合查询"服务，支持通过该服务综合查询被执行人失信、限制消费等相关情况。

第四节　智慧管理系统

智慧管理系统是现代科技与管理决策深度融合、支撑人民法院构建现代化司法管理体系的信息化、智能化系统，为广大法院干警提供网上办公、人事、行政、事务和档案管理等服务。智慧管理系统主要运行在法院专网和移动专网上。图 4-27 展现了智慧管理系统的体系结构。

智慧管理系统应该以网上办公系统为基础，延伸贯通各类部门业务管理系统，不断提高司法管理的智能化水平。一要突出及时精准，发挥信息系统所见即所得的优势，及时汇集处理各种管理信息，形成数据说话、量化评估、

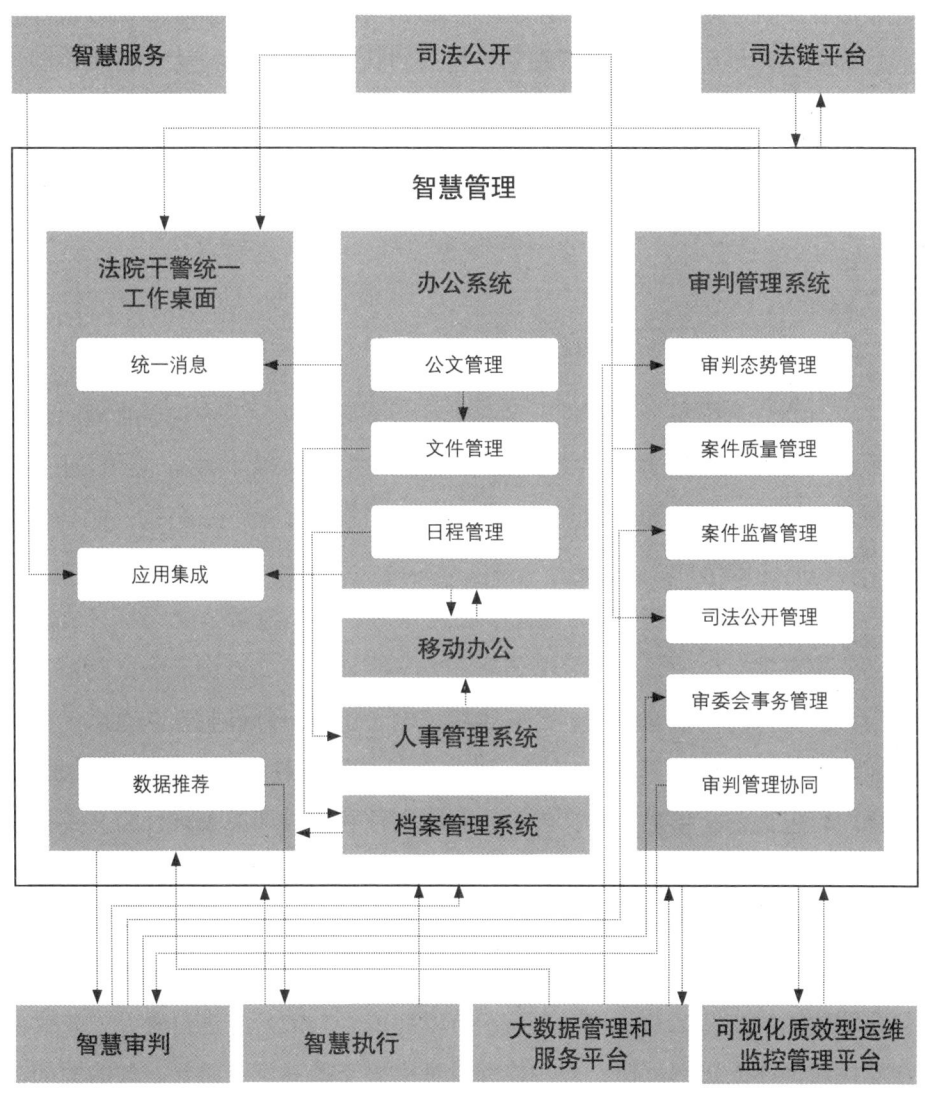

图 4-27 智慧管理系统体系结构

可视化管理的新型模式，推动法院各项管理工作更加科学规范；二要突出高效监管，针对司法改革大背景之下审判监督和司法管理面临的新形势、新要求，充分利用信息化作业全程留痕和流程运转高度并行的特点，支持通过合理合规的线上评查、静默监管等方式，实现放权不放任，监督无盲区；三要突出融会贯通，推动各类管理系统与业务应用系统以及管理系统之间接口连通、信息互通，最大限度实现管理部门之间的数据共享；四要突出移动应用，通过移动专网尽可能使各类管理系统拓展到移动终端，为广大干警提供随遇接入的便利服务；五要突出信息安全，严格区分管理工作涉及国家秘密、工作秘密、内部敏感信息和可公开信息的不同性质，划定相应应用系统的运行网系、数据安全交换以及终端管理方式，在确保信息安全的前提下推动管理信息化。

一、网上办公系统

网上办公系统集公文管理、督办管理、事务管理、工作沟通管理、日常管理以及工作事项管理等管理应用于一体（如图4-28），由于应用最广泛，无疑是智慧管理系统的主轴，为各类工作人员提供了统一、高效、共享、可扩展的协同办公平台。

各级法院网上办公系统运行于法院专网，主要包括公文起草、公文委托、公文审批、公文督办、公文传阅、公文统计、公文查询、公文归档等八大核心模块，以及公文纠错、公文排版、电子签章、邮件收发、通讯录等智能辅助模块。公文起草模块支持一种收文类型和五种发文类型的在线起草，起草内容包括公文信息、正文内容、关联文件和附件四类要素；公文委托模块支持用户根据个人工作需要自定义委托人、委托时限、委托事项、委托意见等内容，满足个人工作需要；公文审批模块支持公文在线自由流转，包括送交、办结、传阅、抄送、针对此文起草新文、签批意见等审批功能。公文督办管理模块支持当前用户对自己所有发起或经办的公文进行督办，并要求和支持被督办人进行反馈；公文传阅管理模块支持对于不需要办理的阅知性公文进行登记传阅，支持标记必看人员和选看人员，自动跟踪被传阅人查看

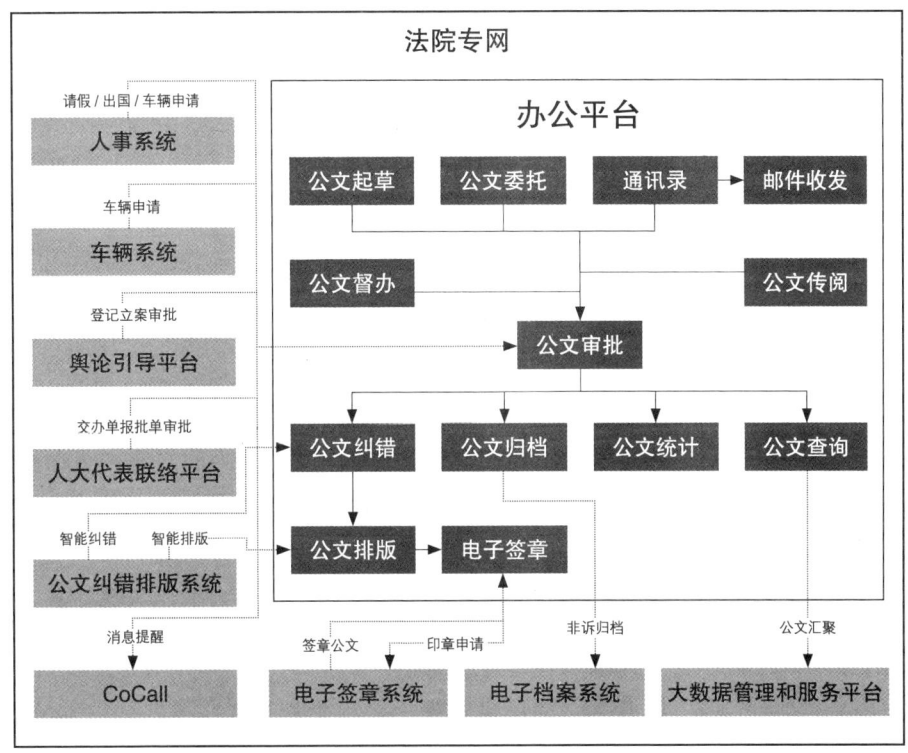

图 4-28　网上办公系统结构

时间及办理详情；公文统计管理模块支持按不同维度统计行文数、流转次数，支持按个人、部门、单位进行公文统计，并支持自定义日期统计；公文查询模块用于管理个人事务的入口，包含所有、待办、已办、已发、跟踪、关注公文等功能，支持个人所有公文分类展示和搜索，方便及时处理个人事务；公文归档模块支持按照非诉归档要求自动生成档案并与电子档案系统对接，实现非诉公文归档；公文纠错模块支持对公文格式规范性、行文规则合规性、内容逻辑校验、语言文字校验、错别字等进行智能纠错；公文排版模块支持按照公文文书样式标准自动调整格式，包括文书各个段落的字体、字号、字间距、行间距、文字位置、分页、页码、页边距等；电子签章模块支持机关办公平台进行电子用印申请，并可接收来自电子签章系统的用印公文；邮件收发模块支持办公用户自动生成邮箱账号，实现基于办公平台的邮件收发管理；通讯录模块支持查看本单位所有干警信息，包括姓名、部门、联系电话等。

网上办公系统与人事系统、车辆系统、人大代表联络平台、电子档案系统、电子签章系统等融合应用。作为审批中心，支持与各职能部门核心特色办公业务深度融合，实现统一入口、统一审批和集中管理，并与公文纠错系统、公文排版系统、CoCall 对接，实现公文智能辅助办理。

二、人事管理系统

人事管理是各项管理工作的重中之重。最高人民法院依托法院专网建设覆盖全国四级法院的队伍建设信息化系统（如图 4-29），为助力建设革命化、正规化、专业化、职业化的法院干警队伍、同时使人事管理工作更加高效便捷，提供了有力的信息化支撑。

队伍建设信息化系统包括人员信息管理、机构信息管理、编制职数管理、申请审批、考勤统计、在线考核打分、证照维护、业绩档案、警衔业务、干部任免、陪审员随机抽取、培训信息管理、审判业务专家在线评选、人员调配共 14 个模块。其中，人员信息管理模块支持对法院各类在职人员信息进行管理，支持数据质量校验和自定义名册导出，能够结合业务数据形成人员全息画像及人员关系图谱；机构信息管理模块支持对法院各层级机构信息、机构新建、合并、划转、撤销进行管理；编制职数管理模块支持对法院各层级编制职数信息进行管理；申请审批模块支持人员考勤类申请审批和因私出国（境）申请审批；考勤统计模块支持同步更新考勤机打卡信息并对考勤异常状态和加班信息进行统计，支持导出多种考勤统计报表；在线考核打分模块支持对考核指标体系进行维护、支持考核人员对各类人员在线进行打分，并对打分结果进行计算统计汇总；证照维护模块支持对干警证照进行管理，包括证照的借出、归还、到期提醒以及逾期未归还进行提醒；业绩档案模块支持

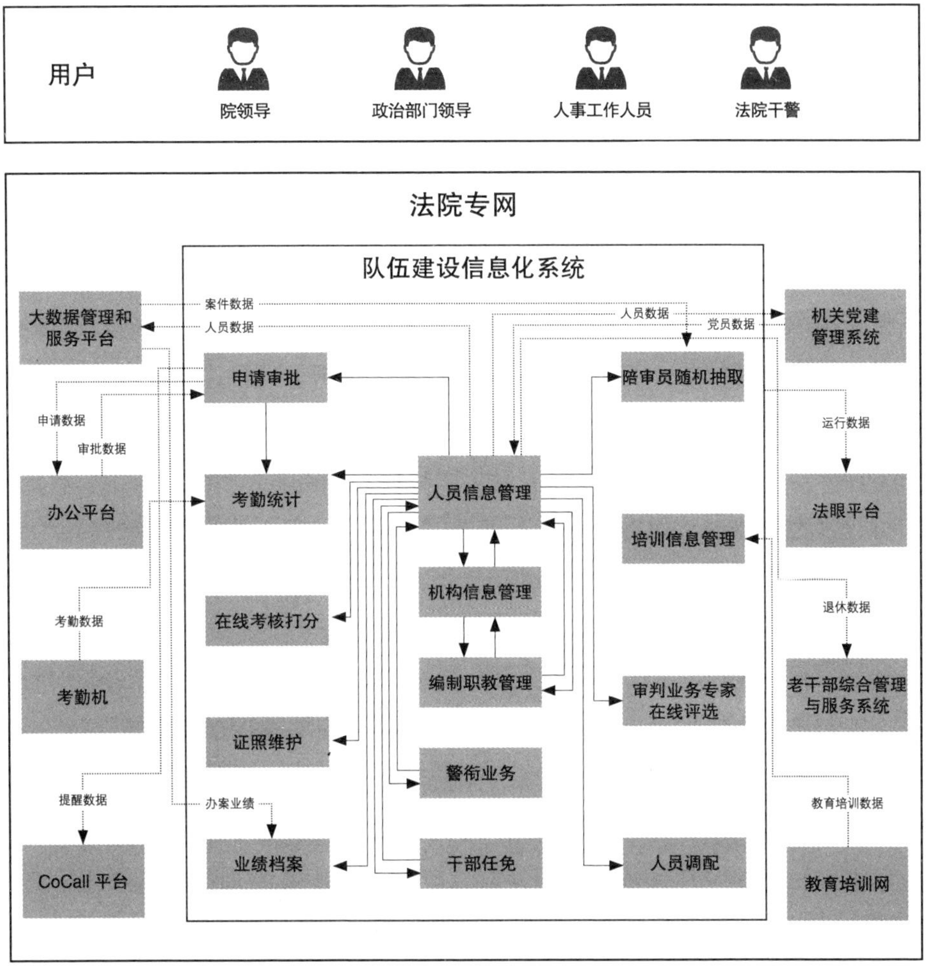

图 4-29　队伍建设信息化系统结构

通过与业务系统的对接实现干警办公、办案、执行等业绩数据的及时共享；警衔业务模块支持对干警的首次授予警衔、警衔晋升、微调、降级、不保留、更换和取消等的提醒和流程化管理；干部任免模块支持对法院干警任免过程全记录，满足对本级机关内部干警调配的记录要求；陪审员随机抽选模块支持陪审员信息管理，通过设置抽选条件和错时登记，实现陪审员随机抽选，并支持对抽选历史进行浏览查看；培训信息管理模块支持对培训班信息和人员培训学时进行登记、导入和统计；审判业务专家在线评选模块支持对全国审判业务专家进行在线评选，实现对评选流程管理和监控，支持对评选进行提醒和评选结果查询；人员调配模块支持各地方法院对调配信息进行分类填报，并支持表格导入和对人员流动情况的统计。

队伍建设信息化系统与很多应用系统有业务协同关系。大数据管理和服务平台对接，向大数据管理和服务平台发送人员数据，接收大数据管理和服务平台产生的案件数据和办案业绩数据；与办公平台对接，向办公平台发送请假、出国境申请数据，接收办公平台产生的日常办公数据、请假、出国境审批数据和归档数据；与考勤机对接，接收考勤刷卡数据；与教育培训网对接，接收人员教育培训数据；与法眼平台对接，发送系统运行状态数据；与老干部综合管理与服务系统对接，发送离退休干部数据；与 CoCall 平台对接，发送异常考勤数据；与机关党建管理系统对接，发送人员数据，接收其产生的党员数据。

三、审判监督系统

审判监督系统是以审务督察业务应用为主线，对全国法院庭审、诉讼服务等业务活动中的不规范行为进行智能督察、有效提高审务督察工作频度、力度和覆盖面的信息化平台（如图 4-30），综合采用视频智能分析和人工复核等方式，自动发现和记录各级法院审判和诉讼服务活动中的不合规行为，支持通过督办、催办等方式督促各级法院及时排查和整改深层次、规律性问题，不断改进司法工作作风。

审判监督系统包含督察概览、智能督察、人工督察、审核督导、督察任务管理、线下督察管理、督察通报和问题反馈、统计分析和消息提醒等模块。其中，督察概览模块支持以图表、图形等多种可视化方式，对智能督察任务的进度、智能督察总体工作情况、各级法院发现的违规情况、不同类型的违规情形和不同的违规场所统计数据进行综合展示；智能督察模块支持按照不同的督察场所和视频智能分析算法，对不同的视频画面绘制对应的违规督察规则，并按照需求设置督察任务，按照设置的规则和任务列表进行智能化督察；人工督察模块支持按照督察工作安排和管理人员需求，人工筛选法院的

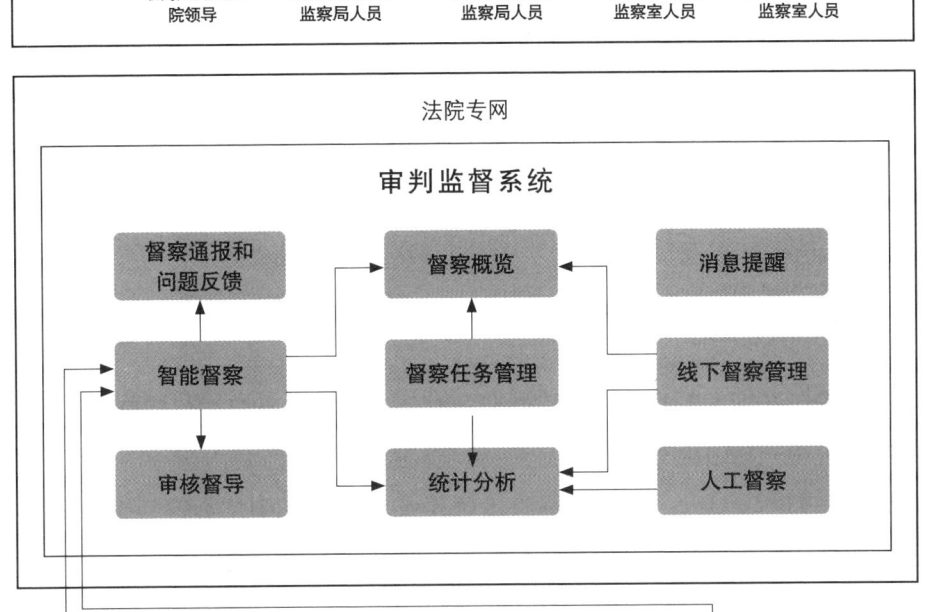

图 4-30　审判监督系统结构

庭审和窗口视频进行查看，对于发现的违规现象通过手动截屏或截取录像片段，并手动登记违规类型；审核督导模块支持对智能督察发现的问题进行人工复核，对于人工督察和智能督察发现的违规情形按照多种要素综合查询，同时支持查阅和编辑自动生成的督察文书和督察数据分析报告；督察任务管理模块支持审务督察部门向辖区法院发布督察任务，完成督察任务反馈、跟踪、督办、催办和总结；线下督察管理模块支持线下督察活动信息获取，提供页面填报方式，支持督察人员将线下督察情况填报上线，与线上督察数据一并纳入督察工作综合分析和考核；督察通报和问题反馈模块支持针对督察任务中发现的不规范行为信息、舆情热点信息中发现的问题等进行通报或问题反馈与回复；统计分析模块包括督察整体情况分析、督察任务发布情况、线下督察管理情况等统计分析服务；消息提醒模块针对催办、线上任务发布、线下任务发布、反馈等提供消息提醒服务，并针对具体功能提供相应的消息内容。

审判监督系统与相关应用系统进行业务协同。与音视频综合管理调度平台对接，获取辖区法院的庭审和窗口视频信息，支持视频检查和分析；与裁判文书公开系统对接，获取应公开未公开情况，及时进行督查督办。

四、档案管理系统

法院档案管理系统是对法院办案、办公过程中形成的各类纸质和电子档案文件进行扫描、检查、入库、分类、查询、借阅和统计等服务的信息化管理平台（如图4-31），能有效解决传统档案管理方式中"资料易损易丢失、查询统计效率低、借阅繁琐催还难、异地共享使用差、档案管理流程乱"等突出问题，保证各类档案的完整性、可用性和安全性，提高档案利用率及档案管理效率，降低档案管理人员的劳动强度。

档案管理系统部署于法院专网端，由档案著录、归档审核、挂接档案、借阅审核、档案借阅、档案上架、档案出库、档案入库、档案查询统计等模块组成。其中，档案著录模块实现档案系统与审判系统、办公系统、执行办案系统等对接，直接获取待归档的诉讼档案和非诉讼档案数据，也提供档案著录操作界面，支持直接录入待归档的档案信息和档案材料；归档审核模块支持查看所有处于归档审核状态的案件和卷宗材料，支持归档审核操作；挂接档案模块支持将已审核通过的待挂接材料挂接归入对应的档案目录下；借阅审核模块支持设置借阅流程，查看借阅申请，支持借阅申请审查；档案借阅模块主要支持院内电子档案、院内纸质档案、跨院档案、院外档案等借阅管理；档案上架模块支持档案库房对已经归档的纸质卷宗进行上架管理，纳入上架管理的纸质档案查找存储位置更加快速方便，只有完成上架操作之后纸质档案才能允许借出；档案出库模块支持通过借阅审批后的纸质档案进行

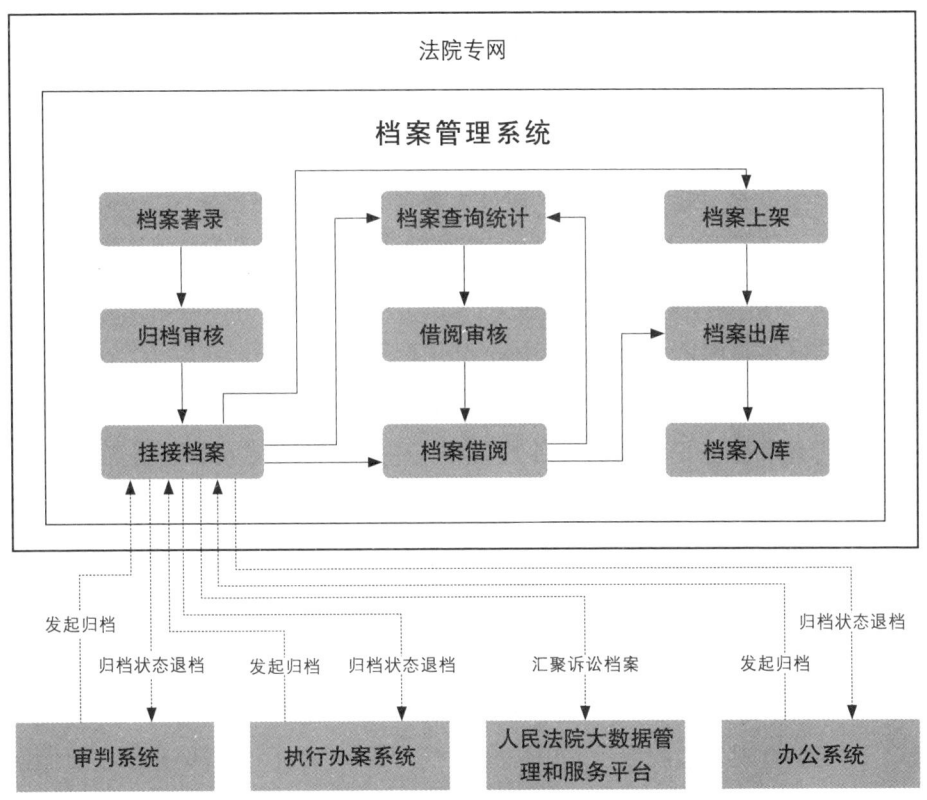

图 4-31　档案管理系统结构

出库登记，并扫描实体卷宗上的条形码进行匹配确认；档案入库模块支持借出档案的归还入库及上架确认；档案查询统计模块提供档案查询、诉讼档案借阅统计、档案挂接情况统计、档案数量统计、非诉讼档案文件统计、档案库藏卷目录表、全省归档统计表、全国法院档案统计表和诉讼档案统计表等各项统计服务。

　　档案管理系统与法院专网端多类应用系统进行业务协同。与审判系统对接，获取审判档案数据、支持归档操作、反馈归档状态；与执行办案系统对接，获取执行档案数据、支持归档操作、反馈归档状态；与办公系统对接，获取非诉讼档案数据、支持归档操作，并反馈归档状态；与人民法院大数据管理和服务平台对接，向大数据管理和服务平台推送诉讼档案和非诉讼档案数据，支持全国法院档案的汇聚和管理。

五、人民法庭信息平台

全国法院人民法庭信息平台汇集全国基层人民法院派出法庭的人员、案件、事项数据和主要工作动态，通过大数据管理和可视化呈现，支持对基层人民法庭主要工作的实时监测、动态管理和新闻宣传（如图4-32）。

全国人民法庭信息平台包括法院专网上的人民法庭工作平台和互联网上的人民法庭信息网两个部分。人民法庭工作平台主要面向法院工作人员，由数据交换平台、数据采集平台、数据展示平台三部分构成。数据交换平台从大数据管理和服务平台获取案件数据和人事数据，支持人事数据实时同步，并根据后台规则建立底层映射机制，实现对不同机构人员数据的映射；数据采集平台通过填报图文方式采集全国各地人民法庭基础数据、人员数据、新闻动态数据，实现对法庭基本情况、人员基础信息、动态发布等多种数据的采集；数据展示平台通过五大板块，综合运用图片、表格、数据、图表和文字等可视化形式，将人民法庭的基本情况、队伍建设、案件质效等信息关联整合，支持直观、全貌展示人民法庭的相关工作。人民法庭信息网主要面向社会公众，是反映基层人民法庭工作风貌的宣传平台，设置全国主站和32个省级子站。主站和各子站均设有首页、法庭新闻、工作动态、法庭党建、法庭信息公开、业务指导、经典案例、法庭专栏等栏目，全面展示分布于全国各地、与人民群众联系最紧密的基层人民法庭的新闻动态、工作成效和为民举措等，使社会公众能够更好地了解基层法庭工作。人民法庭工作平台为人民法庭信息平台提供基础数据推送服务，使人民法庭信息网能够定时获取并刷新相关动态数据。

全国人民法庭信息平台在法院专网与大数据管理和服平台协同联动。大数据管理和服务平台推送案件基础数据、案件实体码、案件标识，本案案号

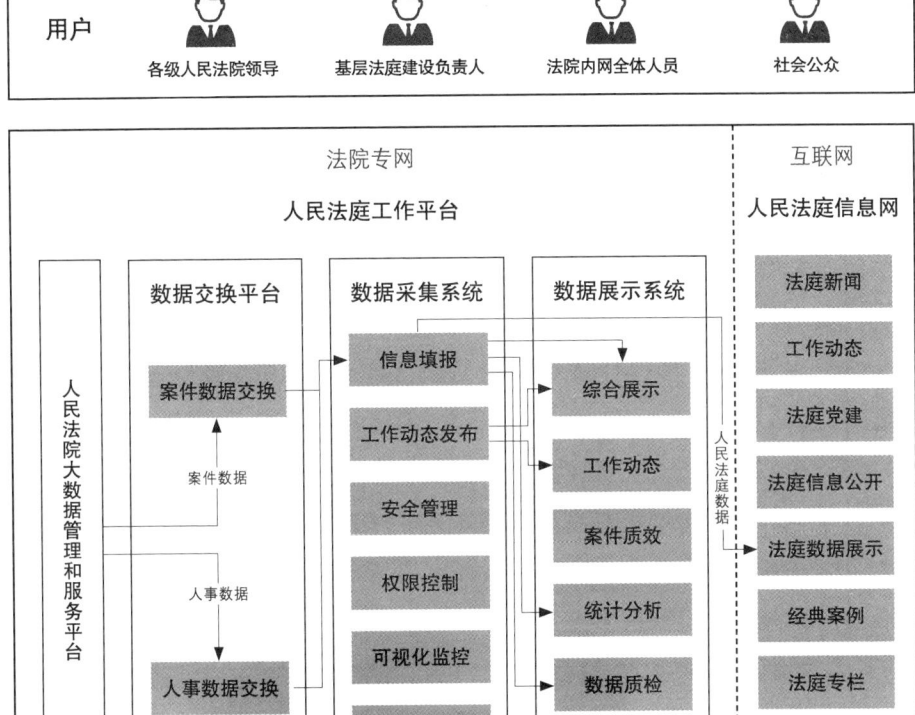

图 4-32 人民法庭信息平台结构系统

等，由人民法庭工作平台自动检测数据变化，触发数据同步接口，支持相关数据实时同步到人民法庭工作平台。

六、移动办公办案系统

移动办公办案系统包括移动专网上的移动办公办案平台和互联网上的移动办公平台（如图4-33），在保证终端安全、链路安全、业务应用安全和数据安全的前提下，将手机和移动端应用与法院专网内办公、办案等业务应用系统紧密衔接，支持法院干警随时随地办理办公和办案业务。

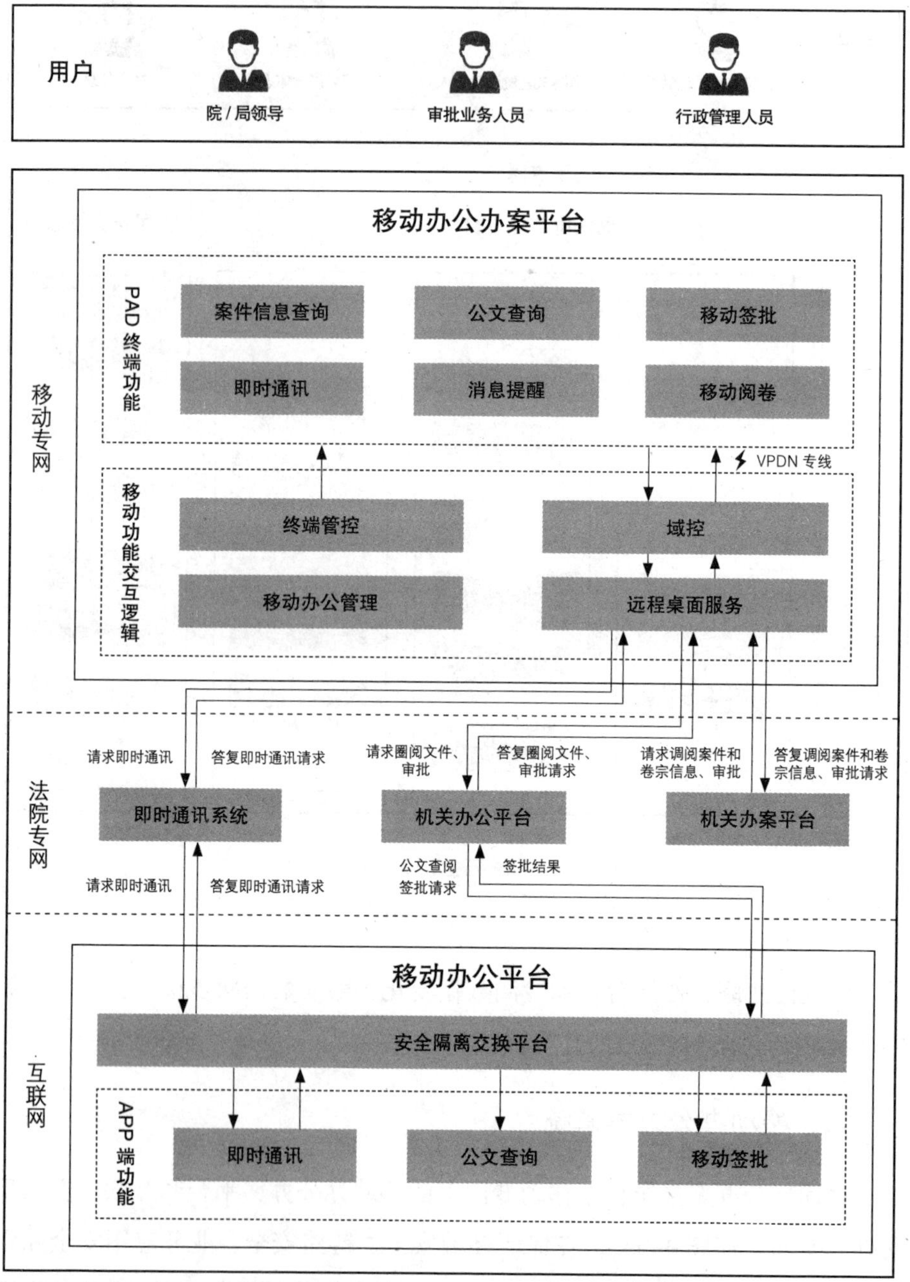

图 4-33　移动办公办案系统结构

　　移动办公办案平台通过移动专网上的远程桌面服务、域控和终端管控模块以及移动办公管理平台与法院专网中办公、办案和即时通信系统相连，利用移动终端为用户提供案件信息查询、公文查询、移动阅卷、移动签批、即时通信和消息提醒等服务。案件信息查询服务支持基于案件列表的案件一键查询，方便用户随时查看近期案件动态情况、将超和已超审限案件的数量统计，辅助相关人员监督决策；公文查询服务支持同步查阅各类公文；移动阅卷服务支持查阅案件卷宗、检索卷宗、笔记录入、手写批注、卷宗比对等功能；移动签批支持用户在移动场景下的审批、流转办公和办案事项；即时通讯服务通过集成即时通讯组件，支持组织机构展现、联系人搜索、排序、收藏、拨打电话，发短信等操作，为法院干警与同事沟通交流提供了便捷手段；消息提醒服务支持推送办公、办案相关的通知和提醒信息，方便用户不致遗漏重要信息，快速处理各类事务。

　　移动办公平台通过安全隔离交换直接与法院专网中办公、办案和即时通信系统相连，能够利用手机端为用户提供办公服务。相较于移动办公办案平台，移动办公平台更为便利易用。

　　移动办公办案系统与法院专网相关应用系统协同联动。与办公平台对接，实现审批等事项信息同步、处理结果同步；与办案平台对接，实现案件列表信息、审批事项、卷宗材料、案件统计数据等同步到移动端，并将移动端相关操作的信息同步回传至法院专网端应用；与即时通讯系统对接，实现会话等信息专网端与移动端联动同步。

第五节　司法公开系统

　　司法公开系统是现代科技与司法公开深度融合、支撑人民法院构建开放、动态、透明、便民的阳光司法机制的网络化、信息化系统，为社会大众提供法律允许公开的案件基本情况、审判执行流程节点、审判执行活动、裁决执行依据和结果等信息公开服务。司法公开系统主要运行在互联网上，通过智

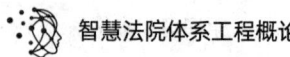

慧审判和智慧执行系统获取公开信息。图4-34展现了司法公开系统的体系结构。

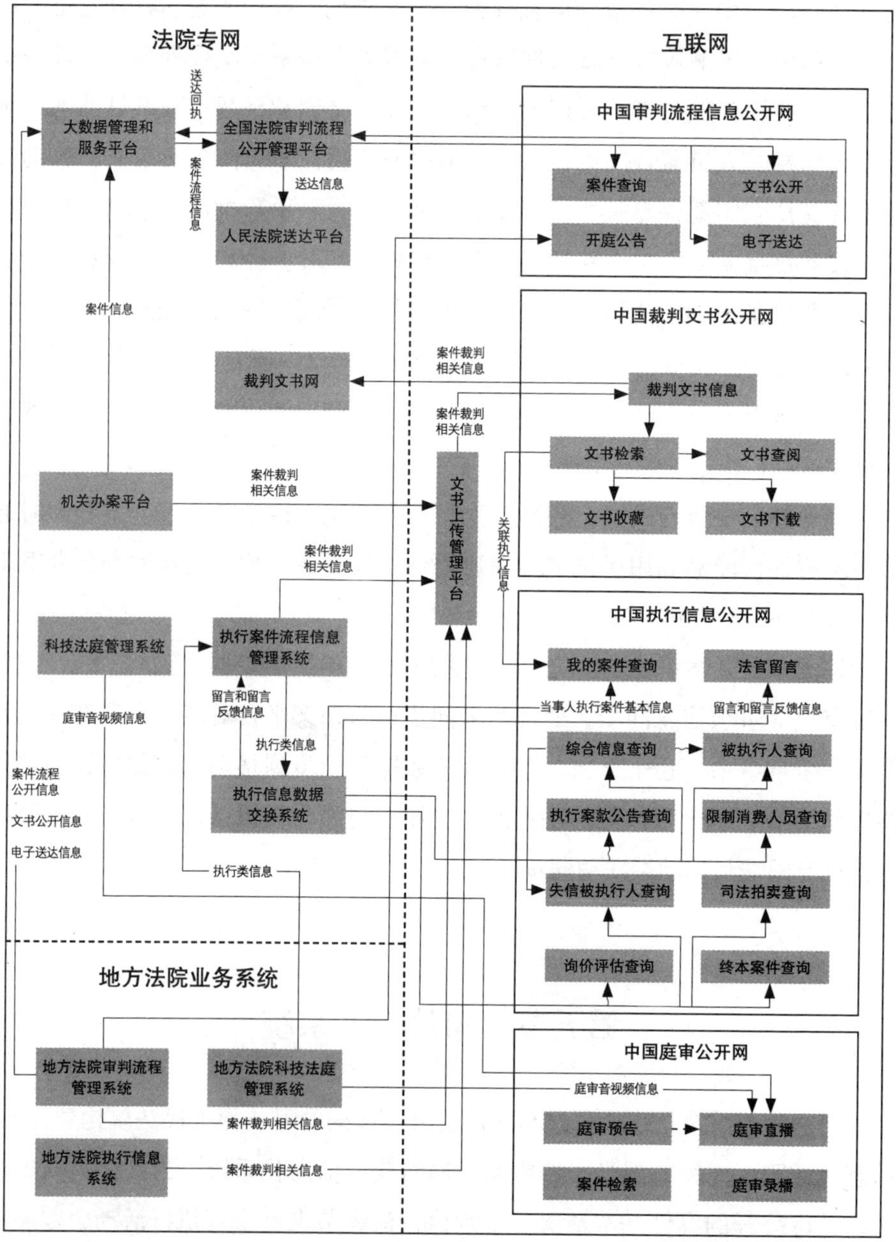

图 4-34　司法公开系统体系结构

　　司法公开系统应该以审判流程、庭审直播、裁判文书、执行信息四大公开平台为主体，不断向其他各类审判业务活动拓展延伸，充分支持各级人民法院全流程审判执行要素依法公开。一要强调依法充分，深刻认识人民法院司法公开具有保障人民群众有序参与、积极了解司法、以公开促公平、以公开促公正、不断提升司法公信力的重要意义，确保审判执行活动中的各项司法要素在法律规定范围内应公开全公开，形成以公开为原则，不公开为例外的基本格局；二要强调正确无误，充分认识公开信息直接关系到人民法院的司法形象、权威和公信力，以高度责任心和使命感认真对待、审慎修订司法公开内容，注重运用智能辅助手段审核把关拟推送发布的信息，同时正确对待并及时根据人民群众反映修订完善已经公开发布的内容，切实发挥司法公开促进提升工作质效的倒逼作用；三要强调渠道统一，积极发挥中国特色司法体制优势，通过全国统一的司法公开平台向社会大众提供专门化公开服务，根本解决以往各个法院之间公开渠道各异、界面千差万别、用户无所适从的杂乱状况；四要强调便利可视，坚持以人民为中心的思想，立足社会大众日益增长的多元化司法需求，因应广大用户操作使用习惯，不断优化平台显示和信息检索界面，提高公开要素可视化水平，支持社会公众和当事人非常便利地获取最关注、最希望了解的司法信息，切实将公开重心转移到服务人民群众、保障社会公众参与上来；五要强调数据保护，在依法充分公开的同时高度重视司法公开资源保护的必要性、迫切性和复杂性，自觉运用并不断完善多环节、多手段技术措施既保护全量司法公开数据资源不受侵犯，又防止所有个人隐私信息不当泄露，确保司法公开工作持续安全发展。

一、审判流程公开平台

　　中国审判流程公开网是最高人民法院积极推动建设、覆盖全国法院各类审判案件的审判流程信息公开平台（如图4-35），旨在为社会公众及案件当事人提供统一、完善、便捷的审判案件信息查询窗口，进一步增强司法透明度。

　　中国审判流程公开网在结构上分为互联网上审判流程公开网和法院专网上审判流程信息管理平台两部分。审判流程公开网为公开案件的当事人、代

用户	法官	当事人/代理人	社会公众	运维（超级管理员）

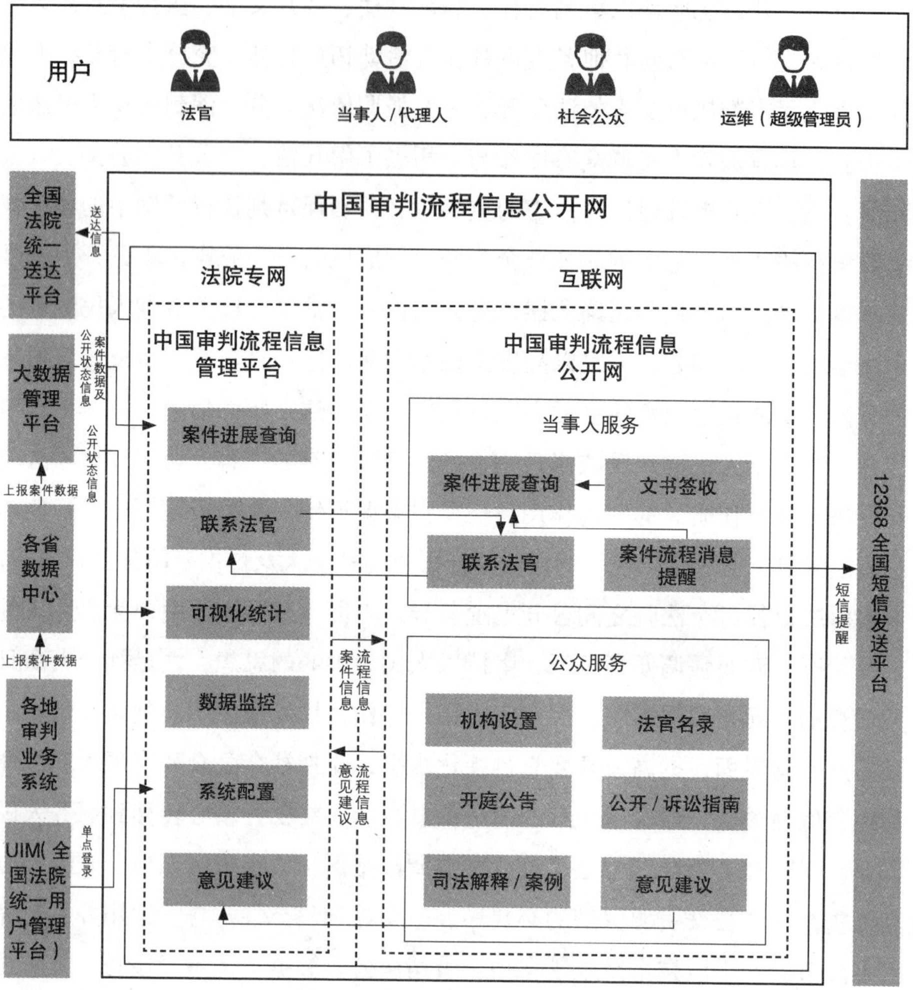

中国审判流程信息公开网

左侧：
- 全国法院统一送达平台
- 大数据管理平台
- 各省数据中心
- 各地审判业务系统
- UIM（全国法院统一用户管理平台）

法院专网 ｜ 互联网

中国审判流程信息管理平台
- 案件进展查询
- 联系法官
- 可视化统计
- 数据监控
- 系统配置
- 意见建议

中国审判流程信息公开网

当事人服务
- 案件进展查询
- 文书签收
- 联系法官
- 案件流程消息提醒

公众服务
- 机构设置
- 法官名录
- 开庭公告
- 公开/诉讼指南
- 司法解释/案例
- 意见建议

右侧：12368 全国短信发送平台

（连接标注：送达信息；公开状态信息及公开状态信息；案件状态信息；上报案件数据；单点登录；流程信息；意见建议；短信提醒）

图 4-35　审判流程公开平台系统结构

理人提供案件进展查询、文书签收、案件流程消息提醒、联系法官等服务，使当事人、代理人及时掌握案件进展，与法官交流沟通，完成网上签收文书等；为社会公众提供查看法院机构设置、法官名录、开庭公告信息、司法解释及案例、常用问题指南以及反馈沟通等渠道。审判流程信息管理平台一方面作为中国审判流程信息公开网在法院专网的镜像系统，保证内外网公开数据一致，支持各级法院管理员在法院专网端安全、方便地了解、监控案件公开信息；同时为法院办案人员提供案件进展查询、可视化统计、联系法官、数据监控、意见建议和系统配置等服务。案件进展查询服务可以查看办案人员参与的案件进展情况；可视化统计服务全面展示全国审判流程公开数据总体情况以及各分类统计情况；数据监控服务为各级法院审判管理人员提供公开数据情况，主要包括公开量、公开有效性、公开效果、用户访问、公开质量等数据，为法院管理员提供数据上报监控列表，实时反馈数据上报情况，并建立异常数据报警机制，及时提醒法院管理员干预故障；意见建议服务支持查看当事人 / 代理人提交的意见建议，以及相应的统计情况；系统设置服务支持对人员和权限进行管理。

中国审判流程公开网与法院专网和互联网端的相关应用系统进行业务协同。在法院专网，与大数据管理和服务平台对接，获取全国法院案件数据及公开状态；与全国统一送达平台对接，推送送达信息；与全国法院统一用户管理平台对接，实现人员权限的统一管理。在互联网，与短信平台对接，向当事人发送案件进展短信提醒。

二、庭审直播公开平台

中国庭审公开网是最高人民法院推动建设、覆盖全国各级法院的庭审直播公开平台（如图 4-36），旨在为社会公众提供统一、权威的庭审视频直播和录播，便于公众观看和了解法院庭审活动，充分保障广大人民群众对人民法院工作的知情权、监督权，同时有效促进审判工作的规范性，支持法官提高庭审驾驭能力和审判业务水平。

中国庭审公开网主要运行于互联网，其总体结构由网站和音视频智能云平台两部分组成。网站包括前端和管理后台两部分。网站前端基于互联网支持社会公众浏览庭审直播、回顾、录播状态的视频，包括实时开庭的庭审视频资源、直播结束后的庭审回顾资源和庭审录像资源；转、评、赞功能支持用户与网站交互、充分表达意愿；法院导航功能支持用户快速访问各级法院网站主页；数据公开功能以法院为单位展示累计直播和累计录播的案件数量以及接入庭审直播网的法院数量。法院管理后台为各法院提供庭审直播专用

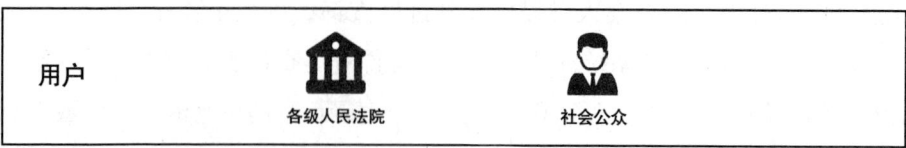

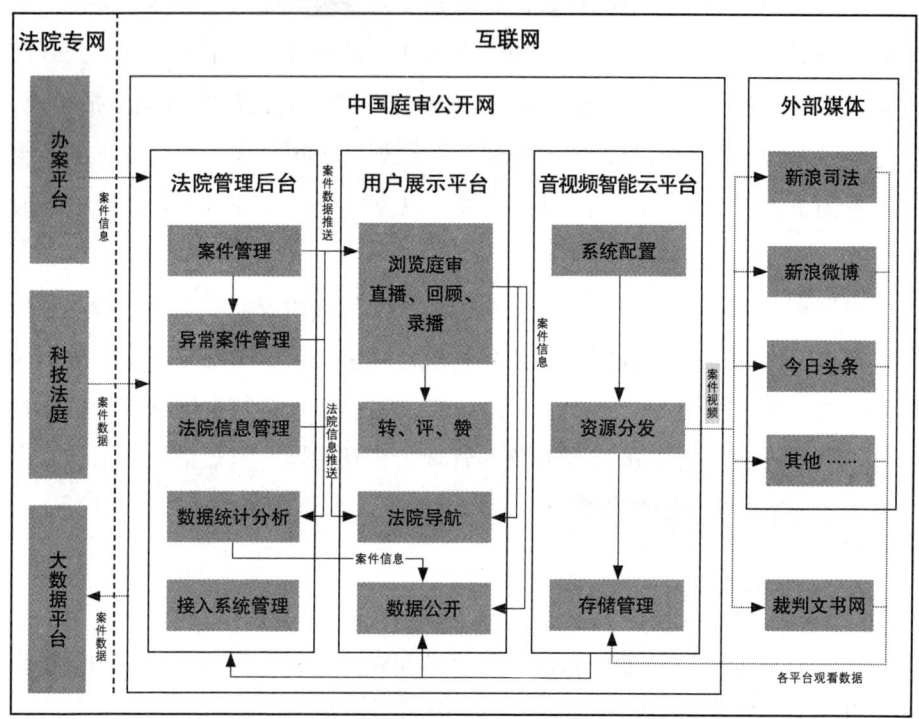

图 4-36　中国庭审直播公开网系统结构

账号，支持法院自主创建直播案件并管理庭审直播过程。其中，案件管理功能是法院发布、查看、管理案件的入口；异常案件管理功能是法院对不能正常播放案件的下线和修复入口；法院信息管理功能是法院管理本院信息、账号、部门的入口；数据统计分析功能是获取智能生成的庭审工作报告和信息统计的入口；接入系统管理功能是为法院开通可接入定制化系统的入口。音视频智能云平台承载推送及分发视频流的功能，将视频流推送至办案平台、大数据管理和服务平台以及中国庭审公开网，同时也支持分发到外部媒体。基于音视频信息管理和分发技术的高度融合，音视频智能云平台通过覆盖全球的 CDN 网络进行庭审音视频信号数据分发，支持全球用户通过中国庭审公开网观看庭审直播或点播。

中国庭审公开网与审判管理、科技法庭等法院系统融合应用，实现了庭审公开内容、申报要求、审批权限等流程信息的固化和实时监控，支持自动生成数据汇总和多类型的数据分析报告。与中国裁判文书网对接，实现庭审视频和裁判文书的关联融合，支持法官在案件审理中更方便地参考相似案例；与大数据管理和服务平台对接，聚合庭审视频数据、社会评价数据、裁判文书数据、语音识别产生的笔录文字数据等，基于智能视频分析、自然语音处理、深度学习等技术，构建各类庭审分析模型，开发智能庭审巡查、庭审视频检索、庭审视频索引播放、类案推送等创新应用；与新浪司法、新浪微博、今日头条等外部互联网媒体平台融合对接，实现基于互联网多渠道、全终端的庭审公开传播格局。

三、裁判文书公开平台

中国裁判文书网是最高人民法院推动建设、依托于法院专网和互联网的全国法院公开裁判文书的统一平台（如图 4-37），旨在通过互联网依法、全面、及时、规范地公开各级法院生效裁判文书，便于广大人民群众快捷查询裁判文书，有效实施对司法工作的监督，促进司法公正，提升司法公信力。

中国裁判文书网主要运行于法院专网和互联网，提供 PC 端和 APP 端便捷服务，主要具备数据展示、文书检索、文书信息、下载、收藏、个人中心、留言建议、使用帮助、网站管理等网站前台核心功能和数据获取分析、敏感文书识别、文书信息校验、上网办理、文书撤回、文书修改、重新上线、数据展示、上网统计等后台核心功能。其中数据展示功能支持各类裁判文书数据分类展示；文书检索功能支持快捷检索、高级检索、引导检索等服务；文书信息功能支持展示上网数据详情；下载功能提供文书下载服务；收藏功能提供文书收藏服务；个人中心提供用户个人资料、收藏文书、查询模板、案例包、留言、建议等信息；留言建议功能提供留言和建议等反馈服务；使用帮助功能提供系统使用说明；网站管理功能提供管理服务；数据获取分析功

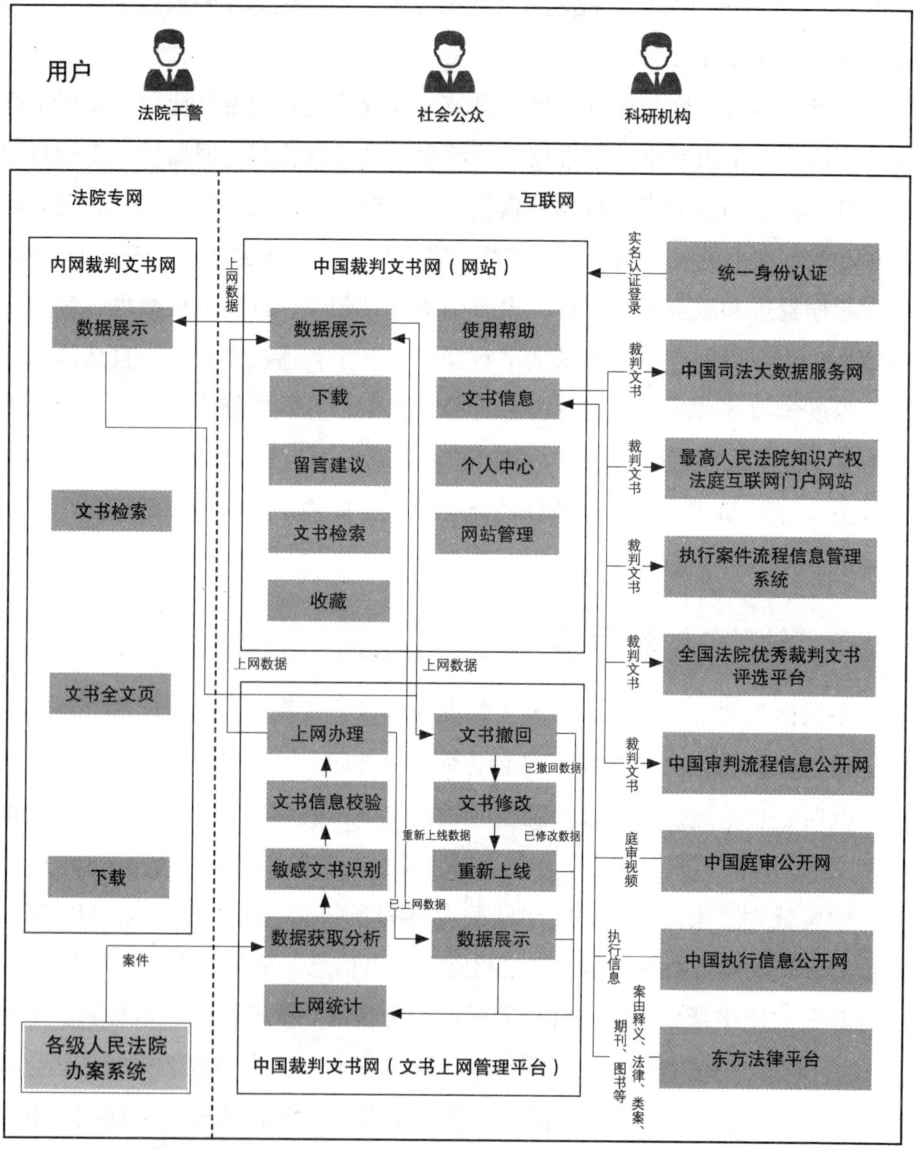
用户
法院干警
社会公众
科研机构
法院专网
互联网
内网裁判文书网
数据展示
文书检索
文书全文页
下载
上网数据
中国裁判文书网（网站）
数据展示
下载
留言建议
文书检索
收藏
使用帮助
文书信息
个人中心
网站管理
实名认证登录
统一身份认证
裁判文书
中国司法大数据服务网
最高人民法院知识产权法庭互联网门户网站
执行案件流程信息管理系统
全国法院优秀裁判文书评选平台
中国审判流程信息公开网
庭审视频
中国庭审公开网
执行信息
中国执行信息公开网
案由释义、法律、类案、期刊、图书等
东方法律平台
上网数据
上网办理
文书信息校验
敏感文书识别
数据获取分析
上网统计
文书撤回
已撤回数据
文书修改
重新上线数据
已修改数据
重新上线
已上网数据
数据展示
案件
各级人民法院办案系统
中国裁判文书网（文书上网管理平台）

图 4–37　中国裁判文书网系统结构

能支持从法院办案系统获取案件并进行分析服务；敏感文书识别功能支持裁判文书中敏感信息的自动判别；文书信息校验功能支持上网信息的提取校验服务；上网办理功能支持裁判文书一键上网服务；文书撤回功能提供上网数

据撤回服务；文书修改功能提供已撤回数据修改服务；重新上线功能提供已撤回数据重新上线服务；数据展示功能提供上网数据展示管理服务；上网统计功能提供上网情况统计分析服务等。

中国裁判文书网与法院专网、互联网端相关应用系统进行对接。在法院专网，中国裁判文书网与各级法院办案系统对接，获取案件数据。在互联网，中国裁判文书网与统一身份认证系统对接，支持实名认证登录；与中国司法大数据服务网、最高人民法院知识产权法庭互联网门户网站、执行案件流程信息管理系统、全国法院优秀裁判文书评选平台、中国审判流程信息公开网对接，实现裁判文书共享；与中国庭审公开网、中国执行信息公开网、东方法律平台对接，获取庭审信息、执行信息、案由释义、相关法律规定、类案推荐、期刊观点、法律图书信息等。

四、执行信息公开平台

中国执行信息公开网是最高人民法院推动建设、统一实现全国法院执行信息公开和服务的平台（如图4-38），内容涉及执行工作动态新闻、法律法规、司法解释、规范性文件、机构设置以及与执行案件相关的被执行人、失信被执行人、案件进展情况等信息。

中国执行信息公开网通过统一业务流程模型，从法院内网各业务系统抽取相应的业务数据，通过网闸摆渡到外网，提供多种信息公开服务和成效宣传展示。作为执行信息公开的门户网站，为当事人和社会公众提供综合查询被执行人信息功能，支持一站式查询所有被执行人信息，以及该名被执行人在执行案件中所涉相关信息；查询案件功能，支持案件当事人实名登录网站查看本人所涉执行案件流程节点信息，包括执行启动、财产查控、强制措施、财产处置、款物发放、结案管理等6类案件状态、24个流程节点；被执行人单项查询功能，提供失信被执行人、限制消费人员、被执行人信息、终结本次执行案件多种单项查询，支持根据特定条件检索以上公开信息，并提供详细信息展示；财产处置功能，向社会公众展示评估机构信息、评估结果信息、全国法院最新发布的司法拍卖公告信息，并提供司法评估、拍

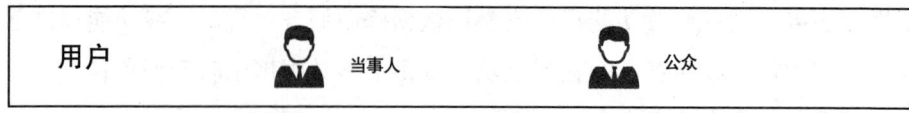

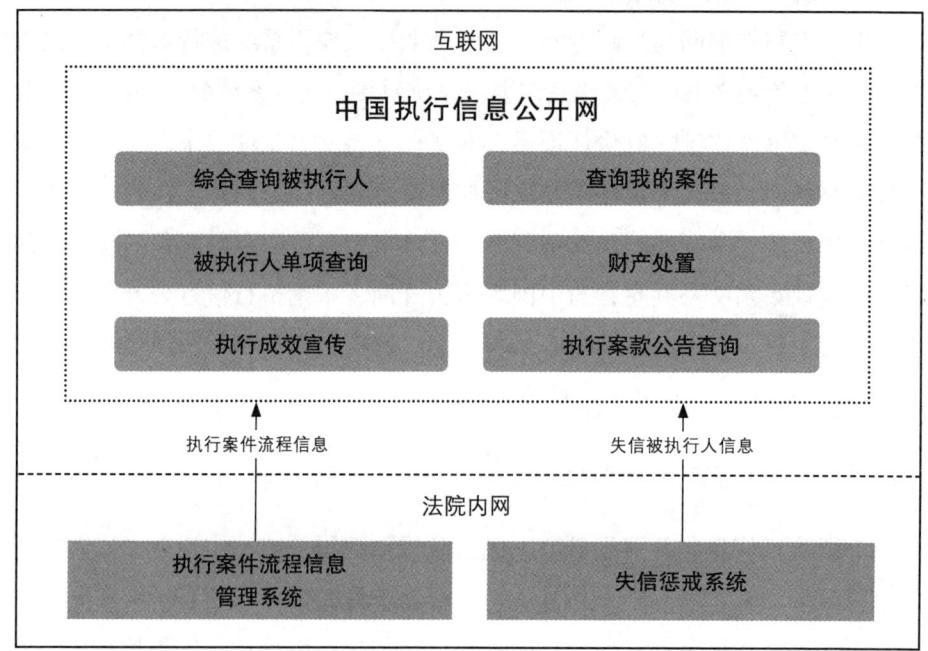

图4-38 中国执行信息公开网系统结构

卖公告查询服务；执行案款公告查询功能，为当事人提供执行案款领取公告查询服务，由各执行法院将联系不上当事人的案款信息予以公告。支持当事人登录查询有关案款信息并按要求办理领款手续；执行成效宣传功能，提供执行指南、法律法规、理论与实务、执行资讯、法官风采、典型案例、数说执行等服务，方便广大群众及时了解执行法律法规和执行工作相关信息。

中国执行信息公开网与法院专网端相关应用系统进行业务协同，与执行流程节点管理系统对接，获取案件执行流程节点信息；与失信惩戒平台对接，获取失信惩戒人员信息。

五、破产重整公开平台

企业破产重整案件信息平台实际上是一个面向全国、支持企业破产重整案件办理的工作平台（如图4-39）。由于企业破产案件信息面向社会公开，能够引起投资者关注，在有条件的情况下吸引合理投资、促进重整再生，避免破产给企业所有者和员工造成更大的损失。所以，破产重整案件信息公开作为司法公开的重要内容，更加体现了为经济社会健康发展提供有力司法保障的作用。

全国企业破产重整案件信息平台包含三个重要组成部分：互联网上的全国企业破产重整案件信息网、法院专网上的破产案件法官工作平台和互联网上的管理人工作平台，通过提供一站式的网上破产业务协同服务，有效辅助显著增长的破产案件审判工作，提升破产案件审理效率，在法官小案、监督管理破产程序以及促进管理人高效协同工作等方面发挥重要作用。

其中，全国企业破产重整案件信息网是在互联网运行的公开和信息资讯平台，数据来源于破产案件法官工作平台和管理人工作平台，按照案件全公开原则，对破产案件各类信息分级进行公开发布；破产案件法官工作平台和管理人工作平台按照立案、合议庭受理、指定管理人等破产案件办理业务流程，成为支持法官和管理人规范、互通工作的全流程破产重整工作服务平台，为破解僵尸企业问题提供信息化支撑。企业破产重整案件信息网面向社会公众、案件当事人、投资人、债务人、债权人实现信息公开、新闻动态、法律法规、典型案例、网上服务等功能。信息公开、新闻动态、法律法规、典型案例等栏目面向社会公众，无需注册登录即可直接在网站查看破产案件相关信息；网上服务模块面向案件当事人、债务人和债权人等不同类型用户，提供网上预约立案、债权申报等网上服务。破产案件法官工作平台是破产法官办理破产案件的业务平台，支持包括立案分案、案件办理、指定管理人、裁定批复、文书制作、结案在内的破产案件全流程办理功能。案件经承办法官立案审查通过后，指定管理人接管案件。管理人接管案件后，在破产管理人工作平台办理案件，对破产企业资产进行保管、清理、估价和处理。破产管

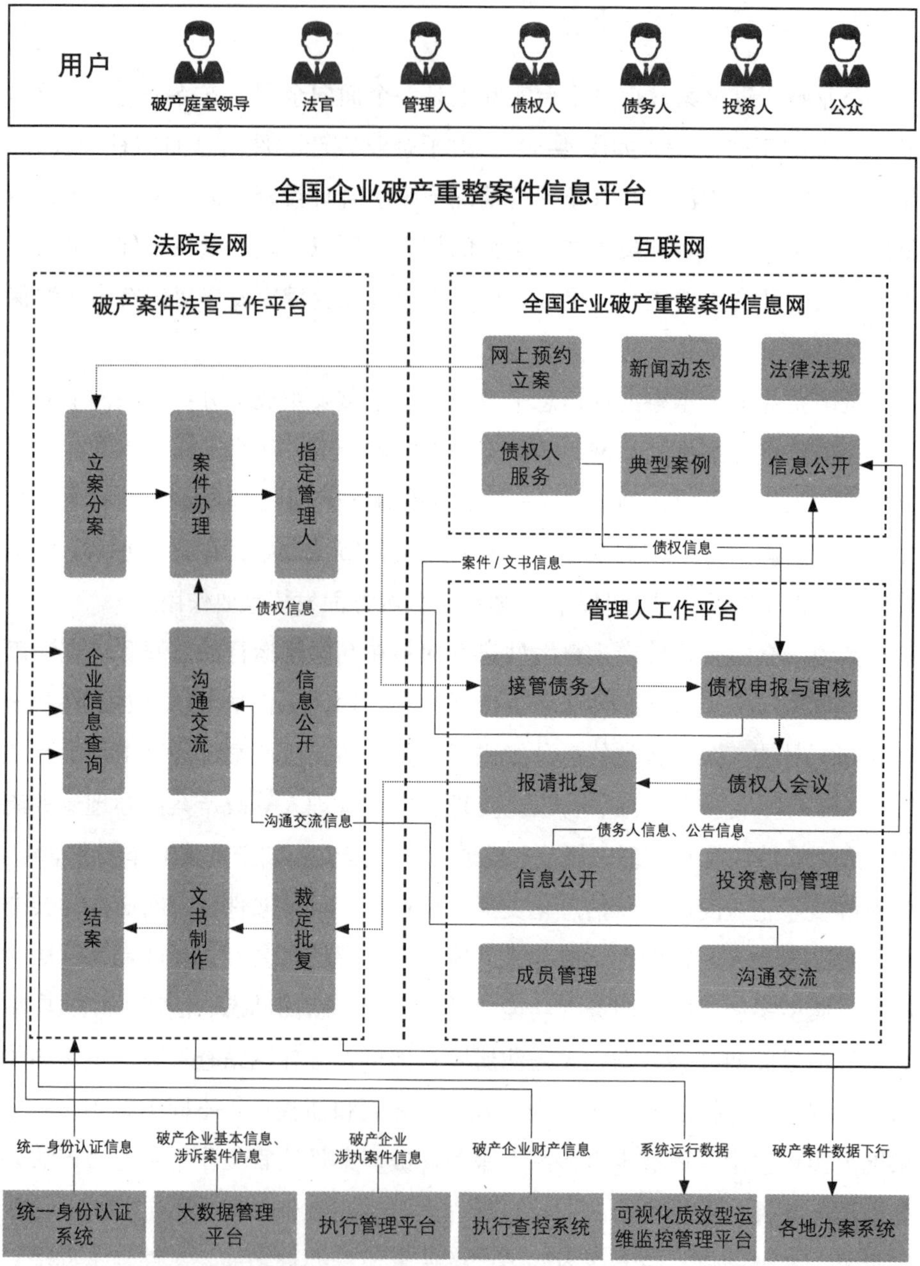

图 4-39　全国企业破产重整案件信息平台系统结构

理人工作平台支持案件接管、债权申报与审核、债权人会议、请示批复、成员管理、信息公开、投资意向管理、沟通交流等功能，为管理人办理案件、管理人员和案件资料、与法官沟通协作提供支撑。

全国企业破产重整案件信息平台在法院专网端与相关应用系统进行业务协同。与统一身份认证系统对接，实现统一身份认证；与大数据管理和服务平台对接，实现破产企业基本信息查询和涉诉关联案件查询；与执行管理平台对接，实现破产企业涉执关联案件查询；与执行查控系统对接，实现破产企业财产信息查询；与可视化质效型运维管理平台对接，实现系统运行状况动态监控。另外，通过下行破产案件数据，各地办案系统可以在本地获取和应用全国企业破产重整案件信息平台的相关数据。

第六节　其他应用系统

其他应用系统是现代科技与诉讼服务、审判执行、司法管理和司法公开之外其他各项业务深度融合、支撑人民法院构建全面现代化工作机制的信息化、智能化系统，为人民群众和广大干警提供丰富多彩的信息化服务。这类应用系统主要运行在法院专网和互联网上。按照智慧法院"全业务网上办理"的目标要求，各级人民法院要在着力推动主要业务信息化的同时，积极利用法院专网连通全国所有法院和派出法庭、互联网和移动互联网延伸到全国人民桌面、掌上的有利条件，针对其他业务工作特点开发贴合实际、各具特色、服务大众的信息化应用系统，促进人民法院各项工作现代化。

一、融媒体宣传系统

融媒体宣传系统是按照"推动人民法院媒体建设重心向网络新媒体转移"工作要求、依托智慧法院建设成果开发建设的集中国法院政务网站群、天平阳光中国法院移动门户平台、天平阳光智屏、"智慧法媒"采编发系统等为一体的全媒体宣传系统（如图4-40）。

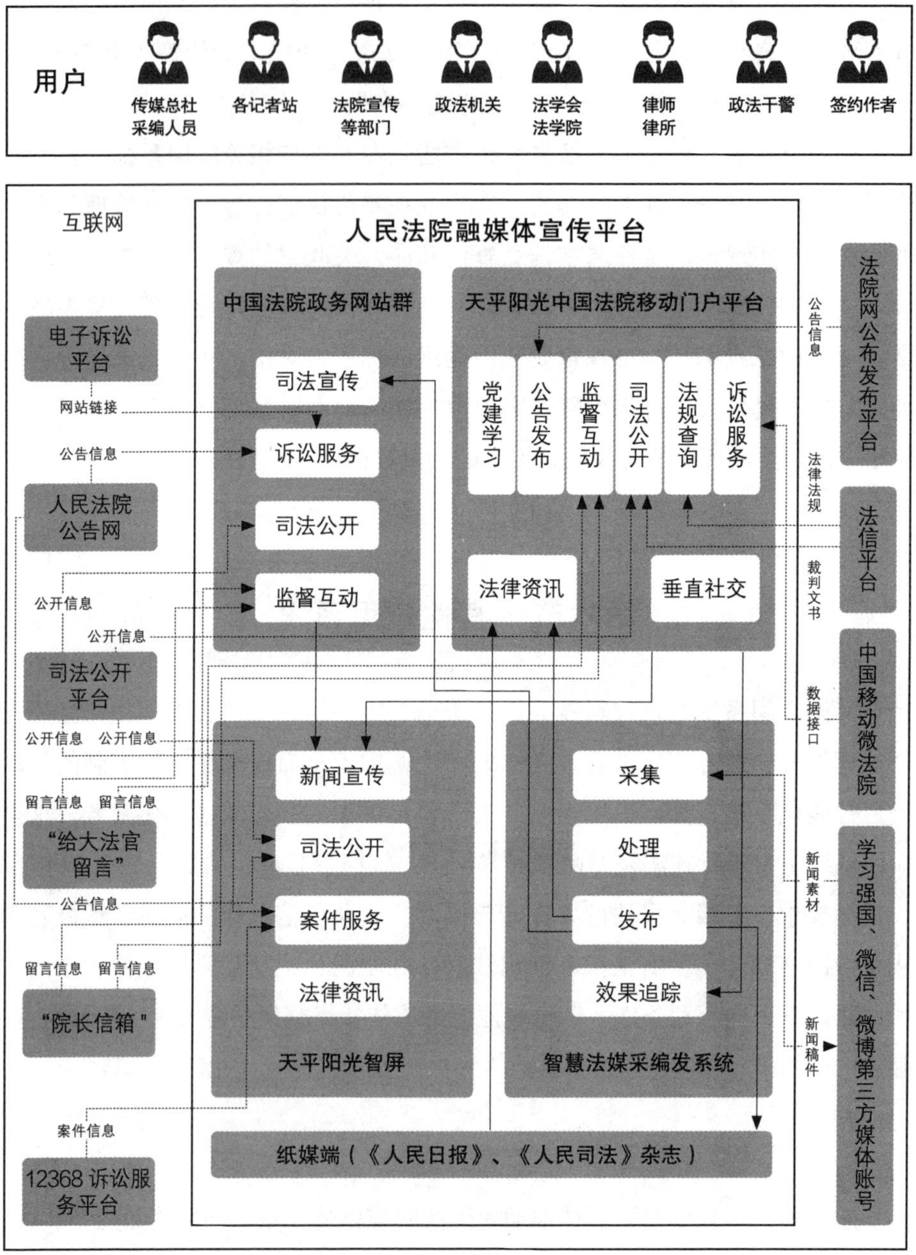

图 4-40　人民法院融媒体宣传系统结构

　　融媒体宣传系统主要运行于互联网，依托《人民法院报》《人民司法》杂志、中国法院政务网站群、天平阳光中国法院移动门户平台以及第三方新媒体账号等跨平台媒体，与"智慧法媒"采编发系统集成，实现各平台与《人民法院报》《人民司法》杂志的方案一体策划、人员一体调度、选题一体采访、稿件一体传播。中国法院政务网站群以中国法院网为应用载体，基于统一的建设规范和技术标准对全国四级法院网站进行总体设计和集约化建设运维，主要具备司法宣传、诉讼服务、司法公开、监督互动四项核心功能。其中，司法宣传功能支持法院新闻和普法教育信息发布；诉讼服务功能支持当事人完成立案缴费、多元调解、庭审质证、案件协同办理等服务，并支持法院公告查询；司法公开功能提供各法院执行信息、庭审直播、裁判文书等信息公开和查询功能；监督互动功能设置"给大法官留言""院长信箱"等栏目，可针对群众的司法诉求作出及时回复解答。中国法院移动门户平台，也称为天平阳光平台，设置法治新闻、法律服务和垂直社交三大功能，是人民法院在移动互联网时代的新闻宣传主阵地和诉讼服务总入口。法治新闻功能支持全国法院、政法领域其他机关和企事业单位、个人通过入驻"天平号"发布新闻稿件，通过推荐算法向用户进行个性化分发；法律服务涵盖司法公开、诉讼服务、公告发布查询和缴费、监督互动、法律法规查询、党建学习等功能，其中设置"天平党建"版块，支持各级法院党组织和党员开展、参与党建活动，并设置"天平学院"版块，支持培训视频观看、PK答题、线上辩论；垂直社交功能支持即时通讯和群聊、短视频拍摄和分享、"法律圈"实时互动。天平阳光智屏具有新闻宣传、司法公开、案件服务、法律咨询四项功能。其中，新闻宣传内容为《人民法院报》《人民司法》杂志、新媒体矩阵、网站集群、微电影微视频等；司法公开支持四大公开平台网页浏览，以及法律法规和指导案例查询；案件服务支持案件信息查询；法律咨询支持诉讼风险在线评估等功能。"智慧法媒"采编发系统具备稿件采集、处理、发布和效果追踪四项功能。其中，采集功能支持署名记者和通讯员直接将稿件投入采编系统；处理功能支持有关媒体编辑在系统内对文字、图片、视音频文件进行留痕编辑；发布功能支持将处理完毕的稿件签发到报、网、端、微、屏各类媒体平台；效果追踪功能支持实时阅读量抓取、稿件转载、地域热度和网友留言分析、记者及通讯员发稿情况统计等。

融媒体宣传系统接收各级法院、政法机关、法学会、法学院、律所以及签约作者、政法干警、律师等用户信息，录入和确认发布稿件，通过系统向公众输出内容数据。同时，与司法公开平台，最高人民法院"给大法官留言""院长信箱"等监督互动平台，中国移动微法院、人民法院公告网、法院网公告发布平台等诉讼服务平台相连接，支持用户灵活跳转至对应平台进行事务办理；与法信等法律法规检索平台进行数据对接，实现法律法规、裁判文书等信息的展示和查询；与 12368 诉讼服务平台的案件信息进行数据对接，支持案件查询功能。系统也支持与学习强国、微信、微博、头条、抖音等第三方媒体平台供稿合作，通过人工转稿方式或按照规范格式共建数据接口，实现稿件双向推送。

二、党建工作平台

党建工作平台是发挥信息化优势、利用智慧法院建设成果、使党建工作更加高效、党、团、群相关信息管理更加及时准确的网上业务平台。党建工作主要面向机关内部，党建工作平台依托法院专网建设，主要服务于机关党委领导、业务人员和各支部用户（如图 4-41）。

机关党建管理系统覆盖党组织信息管理、人员信息管理、组织换届、组织生活、党员调动、人员惩处、组织惩处、荣誉维护、统计分析和举报维护共 10 个功能。系统支持对党和工会等组织信息的管理，支持实现对组织信息的新增、修改、撤销和查询。组织换届模块支持对组织换届信息维护，并将换届信息同步至组织信息中。组织生活模块支持对各级党组织生活情况进行记录和查询。党组织惩处模块依托于举报信息库，支持对党组织惩处情况进行记录、查询和归档。人员信息管理模块支持对系统内党员信息、团员信息、妇女信息和青年信息等进行管理。党员调动模块支持管理系统内的党员调动

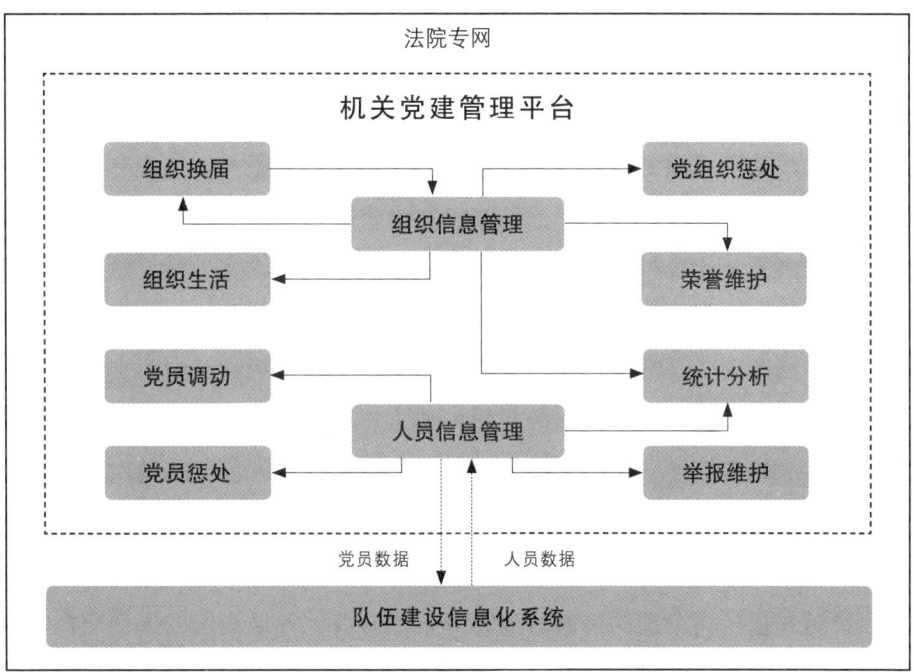

图 4-41　机关党建管理系统结构

和调出本系统信息。举报维护模块依托于举报信息库，支持对举报信息进行维护、查询和归档。统计分析模块支持对系统内人员和组织信息进行统计，并支持导出 excel 表格。

机关党建管理系统与队伍建设信息化系统对接，接收其人员数据，向其发送党员数据。

三、网上图书馆

网上图书馆是充分利用互联网技术和智慧法院建设成果，实现传统图书馆和新兴图书馆业态有效融合的基本途径。法院图书馆能够汇聚海量的数字法律文献资源，集成大量中外法律数据库，联通国内外图书馆馆藏资源，为法官和人民群众提供多形式、多渠道的法律信息资源。最高人民法院数字图书馆（如图 4-42）就是一个范例。

最高人民法院数字图书馆同时运行于互联网和法院专网，主要服务于全国四级法院干警、法律界相关从业人士及社会公众，分为两个业务系统和一个业务支撑系统。两个业务系统分别是检索系统和采集系统。其中检索系统主要提供法律资源服务、案例资源服务、法律人资源服务、港澳专区、党建专区、借阅服务、地方分馆、一站式全文检索等核心服务功能。法律资源服务提供国内外法律及社科类图书、期刊、报刊、会议论文、学位论文、法律法规、法律音视频、中华法律等资料，支持在线浏览图片、阅读 pdf 或下载至本地的阅读形式；案例资源服务提供图片、文档、视频、中英文对照等多媒体展示方式；法律人资源服务提供大法官、审判专家、审判委员会等专业从业人员的基本信息、相关文献资料的展示；港澳专区包含香港专区与澳门专区，分别展示香港和澳门的新闻、司法实务、法律案例等内容；党建专区支持站内用户进行党员教育和自我学习；借阅服务支持站内用户搜索实体图书馆资源并进行线上预约借阅；地方分馆主要展示各地法院的工作成绩、新闻动态、案例及文献等相关特色内容；一站式全文检索功能支持用户通过筛选条件、资源类型、关键词的方式检索定位资源，同时也提供高级检索功能使用户能更精准地从海量资源中定位到目标资源。采集系统主要提供法律文献编辑、案例资料编辑、外链数据库管理、党建信息管理、地方分馆管理等功能模块，各功能模块对应于相应类型资源内容的编辑、管理和审核等功能，支持运营管理人员在线编辑资源数据、配置推荐内容、管理用户权限，动态调整检索系统的资源展示内容；同时支持用户使用数据回传给采集系统进行统计分析，为运营和建设提供参考数据。业务支撑系统提供权限管理、菜单管理、机构用户管理、业务字典管理、推荐配置、用户行为统计、工作流配置等功能，为采集、检索两个业务系统提供业务功能之外的统一配置或信息管理服务。

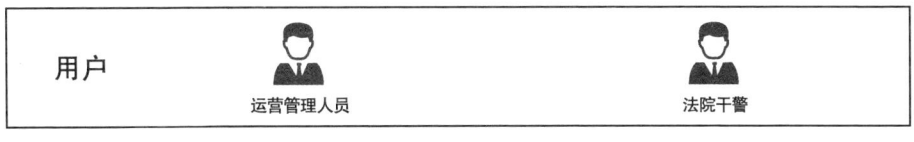

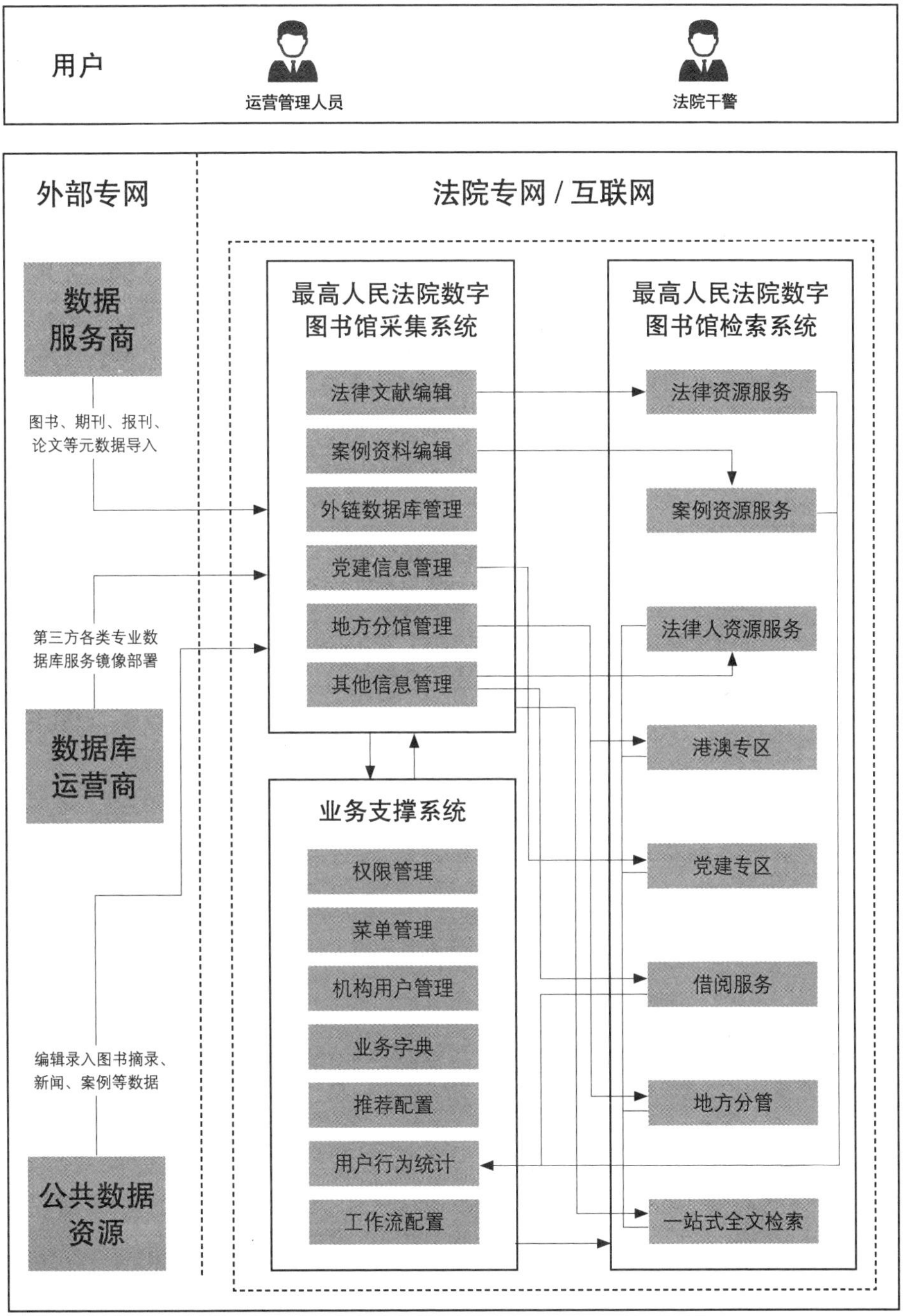

| 用户 | 运营管理人员 | 法院干警 |

外部专网

法院专网 / 互联网

数据服务商

图书、期刊、报刊、论文等元数据导入

最高人民法院数字图书馆采集系统

- 法律文献编辑
- 案例资料编辑
- 外链数据库管理
- 党建信息管理
- 地方分馆管理
- 其他信息管理

最高人民法院数字图书馆检索系统

- 法律资源服务
- 案例资源服务
- 法律人资源服务
- 港澳专区
- 党建专区
- 借阅服务
- 地方分管
- 一站式全文检索

第三方各类专业数据库服务镜像部署

数据库运营商

业务支撑系统

- 权限管理
- 菜单管理
- 机构用户管理
- 业务字典
- 推荐配置
- 用户行为统计
- 工作流配置

编辑录入图书摘录、新闻、案例等数据

公共数据资源

图 4-42 最高人民法院数字图书馆系统结构

四、网上培训平台

中国法官培训网是利用智慧法院建设成果，服务全国法院干警、功能齐全、内容丰富的网上培训平台，支持各级法院的教育培训管理与远程教育实施。中国法官培训网实行法院专网与互联网双网运行，支持教育培训数据双网同步（如图 4-43）。

最高人民法院云课堂向法院干警全面开放，支持干警参与网上学习，并实时统计学习排行；网络学习模块支持参训干警自主选学和报名参与专项培

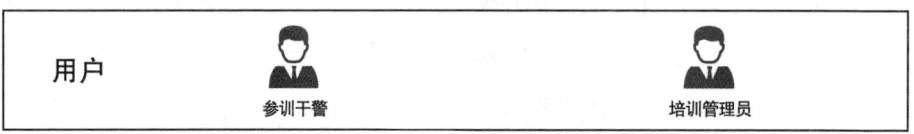

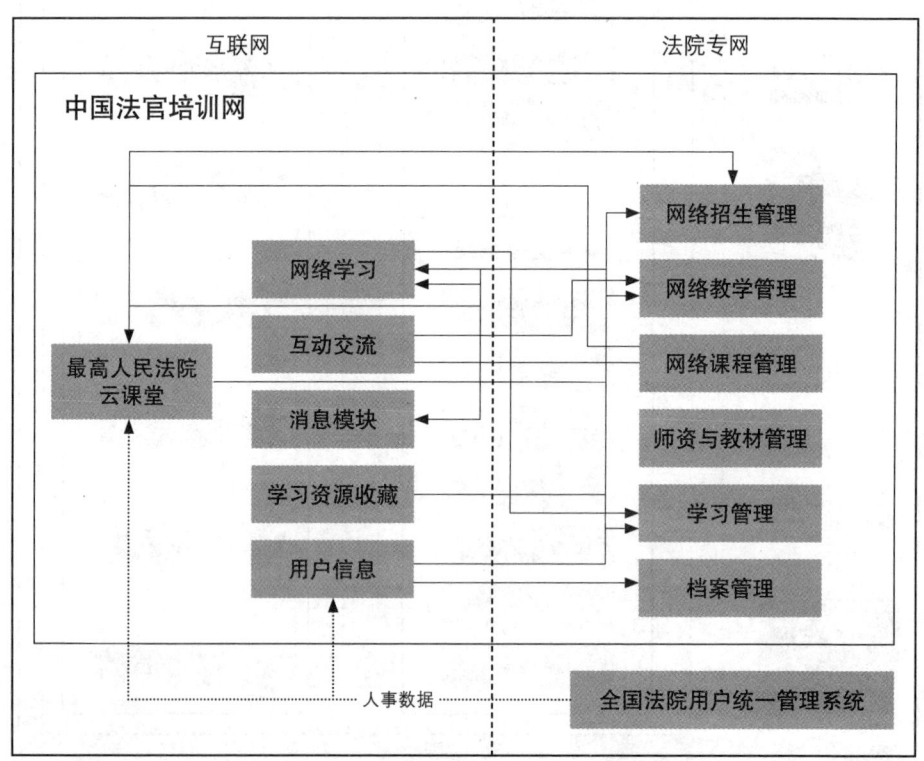

图 4-43 网上培训平台系统结构

训；互动交流模块支持教师、教务人员与参训干警在线交流、评价；消息模块支持接收各类新课程通知、培训动态、培训计划安排等消息发布；学习资源收藏模块支持参训干警对感兴趣的课件、培训班课件群进行收藏；用户信息模块支持个人信息展示和个人培训情况统计；网络招生管理模块支持管理员发布教学信息、教学计划、新闻公告、制定年度培训计划，实现网络培训班招生层级管理；网络教学管理模块支持教学工作的自动化管理和数据收集；网络课程管理模块支持对课件编辑管理和课件分类管理；师资与教材管理模块支持记录师资基本信息并结合教学评估结果，记录每位教师的考核评估结果，支持查询、添加、修改、删除教材信息；学习管理模块支持对参训干警学习成绩、学习表现、达标情况等信息进行统一管理；档案管理模块支持对用户的个人基本信息、履历信息的维护和管理，支持录入用户的网络学习成绩、面授学习成绩、考试成绩和结业情况并统一归档管理。

中国法官培训网与法院专网相关应用系统进行业务协同，提供接口接收全国法院用户统一管理系统产生的人事数据，实现用户分级管理。

五、老干部工作平台

老干部工作平台是充分利用智慧法院建设成果、发挥信息化优势解决老干部人员分散、往来不便的难题，直接服务于离退休老干部和老干部工作的信息化平台。分为电脑端的老干部综合管理与服务系统和微信端的老干部宣传与服务微信应用两大组成部分（如图 4-44）。

电脑端通过法院专网支持专门从事老干部工作的人员开展工作，提供了老干部管理、党组织管理、党建管理、组织活动、短信发送、服务电话、庆贺慰问、申请审批、医疗保健、退休费报销和信息发布等 11 项功能；微信端通过互联网支持老干部用户便捷地享用各类综合服务，提供了信息校核、活动报名、费用发放查询、信息查看、挂号住院指南、建言献策、申请报告、拨打电话等 8 项功能。同时系统与法院内部的队伍建设信息化系统、12368 短信平台、办公平台、CoCall 平台交换共享离退休人员、通知信息、申请审批等数据。老干部管理功能支持对所有老干部的基本信息进行管理，供业务使

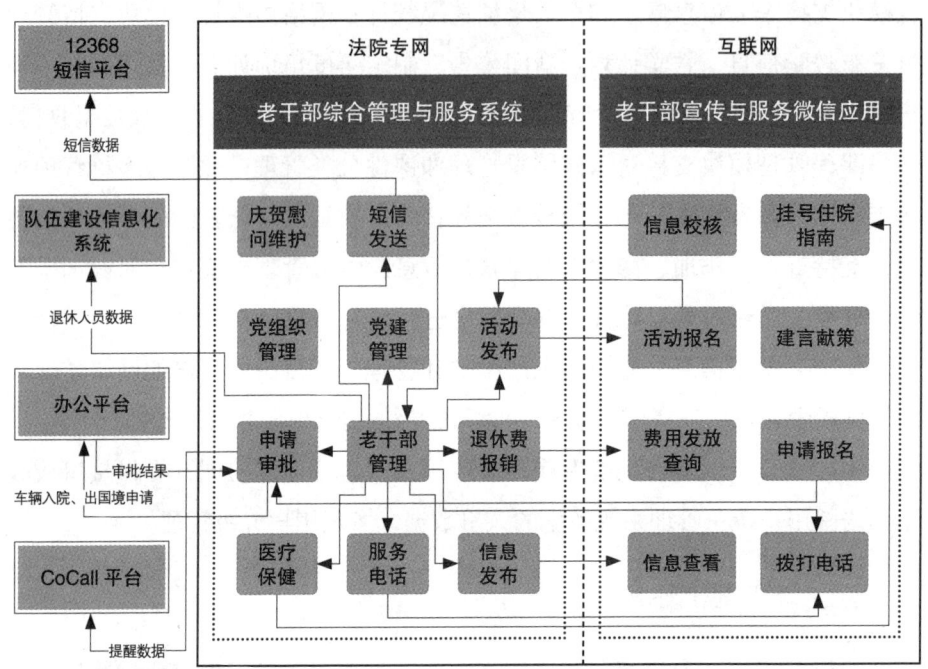

图 4-44　老干部工作平台系统结构

用及统计分析；党组织管理功能支持对所有党组织的基本信息、奖惩、活动等信息进行管理；庆贺慰问维护功能支持记录日常走访慰问、生日庆贺等信息；申请审批功能接收老同志手机端申请信息，并提交给办公平台办理；短信发送功能支持给老干部自动发送生日庆贺短信或手动发送通知、祝贺、提醒等；医疗保健功能支持记录老干部医疗基本信息、体检信息、住院信息、健康情况、居家康复、夕阳红救助、一键通等信息；党建管理功能支持记录老干部知识竞赛、组织生活、正能量活动、兼职信息、业外活动等信息；服务电话功能支持收录活动站电话、党支部周边便民电话等，供老干部在手机端直接拨打；组织活动功能支持发布大型活动组织、老年大学等活动信息，支持老干部在手机端进行报名，并实现统计分析；退休费报销功能支持发布老干部每个月的离退休费、住院、门诊报销等发放情况，供老干部在手机端查看；信息发布功能支持发布日常通知公告、工作动态、医疗小常识、主题教育、风采展示信息；信息校核功能支持老干部在手机端查看、比对、反馈个人信息；活动报名功能支持老干部查看服务老干部的各类活动和老年大学等活动，并支持在线报名；费用发放查询功能支持老干部通过手机端查看每月的离退休费、住院、门诊报销等发放情况；信息查看功能支持老干部通过手机端查看日常通知公告、工作动态、医疗小常识、主题教育、风采展示等信息；挂号住院指南功能支持老干部通过手机端进行指定医院挂号、住院登记及就医指南查看；建言献策功能支持老干部通过手机端将各种有益的意见建议反馈给老干部工作部门；申请报告功能支持老干部通过手机端将车辆入院申请、出国境申请、个人事项报告等发送给老干部工作部门办理；拨打电话功能支持老干部查看所有活动站电话、党支部周边便民电话、退休老同志手机号等，并支持一键拨号。

老干部综合管理与服务系统与法院相关系统对接，向老干部手机发送短信数据，自动接收队伍建设信息化系统退休人员数据，向办公平台提供车辆入院、出国境申请数据，接收办公平台返回的车辆入院和出国境审批数据，向工作人员提供待办理提醒数据。

第五章　大数据管理和服务

信息是表现和还原世界的唯一形式。数据是信息系统之中信息表达的基本方式。全国法院信息化建设"十三五"规划强调建设"以数据为中心"的人民法院信息化 3.0 版，充分表明了大数据管理和服务在智慧法院体系工程中的突出地位。一是基于对数据资源极端重要性的深刻认识。法院信息系统中的司法大数据集中反映法律法规、司法规律、司法活动和司法结果，具有体量巨大、数据类型和结构复杂、新数据创建和增长速度迅速等大数据的共同特征，既是智慧法院赖以运行的根本命脉，也是智慧法院运用产生的宝贵资源，必须在信息系统建设和应用中始终高度关注。二是法院信息系统广泛应用和大数据技术迅速发展的必然结果。网络化应用系统在各地充分应用，促进全国法院收集存储了巨量的司法审判、司法人事、司法政务、司法研究、信息化和外部数据资源，大数据技术的普及应用又为汇聚管理和挖掘利用这些司法大数据资源提供了有力的技术支持。三是集约高效建设智慧法院的迫切需要。随着法院业务信息化全面普及，各类应用系统如雨后春笋应运而生，相互之间具有非常丰富的信息交互关系，以往经常采用的两两对接方式接口纷繁复杂、通信负荷巨大、不利数据汇聚，必然导致信息系统体系杂乱臃肿，只有强化数据中心和大数据平台的信息交换枢纽作用，才能有效解决这类问题。四是服务司法管理和政府决策的迫切需要。刑事、民商事、行政等各类案件信息既反映了审判执行等司法活动实施情况，也隐含着经济社会发展的线索动态，注重汇聚所有案件数据，并与人事、政务和外部数据充分关联分析，就能够为司法管理和经济社会发展提供十分重要的决策参考。五是提高智能化水平的迫切需要。知识图谱和机器学习是当前人工智能的重要分支，两者的重要基础都是海量数据资源，充分利用机器学习和知识图谱技术，从司法大数据中积累、沉淀形成准确适用的司法知识体系，是研发和应用面向多种业务领域的集成化司法人工智能系统的重要途径。

第一节　实时数据汇聚

全国四级 3500 多个法院、上千个应用系统每天接收、产生大量司法数据，利用各地法院数据中心和全国法院司法大数据平台，全面集中汇聚这些数据资源是开展大数据管理和服务的前提，分布延伸到全国所有法院和派出法庭的法院专网为及时汇聚数据提供了非常顺畅的途径。图 5-1 展现了全国法院司法大数据汇聚的体系结构。

由图可见，高效可靠地汇聚全国法院大数据资源需要关注以下问题：一是实时性，为提高整个体系的精准性、协同性和联动性，所有数据应该尽可能实时汇聚，特别由于案件数据是法院司法大数据的主体内容，需要千方百计实时汇聚，否则必定降低整个数据资源的价值，对于其他各类数据也应尽量缩短延迟度，这对汇聚系统实现自然提出了更高要求；二是广域性，所有数据来源于全国各地法院的信息系统，由于地区之间的不平衡，基础设施支持能力、应用系统稳定程度、数据管理质量水平和用户操作方式都存在很大差异，应该根据不同的区域特点采取合适的汇聚模式，才能形成全国一盘棋的基本格局；三是多元性，应该尽可能全面地汇聚来自于不同业务系统的各类司法数据，必然导致采集方式、接口形式、数据类型和传输流量等方面的明显差异，汇聚系统需要针对不同业务因应施策，以免挂一漏万；四是异构性，即使对相同业务，各地法院也可能采用不同的应用系统，遵照不同的数据标准，由此造成数据定义、类型和结构各异，必须利用高维度数据空间统一模型，广泛容纳、组合、归并源自异构体系的数据资源；五是波动性，基于整个系统体系的复杂性，全国范围乃至于各省、区、市法院数据中心，都时常面临信道通断、数据流量和内容正确性等方面的起伏扰动，必须采用合适的容错、缓冲和弹性机制，确保全国和各地法院司法大数据汇聚的整体稳定性。

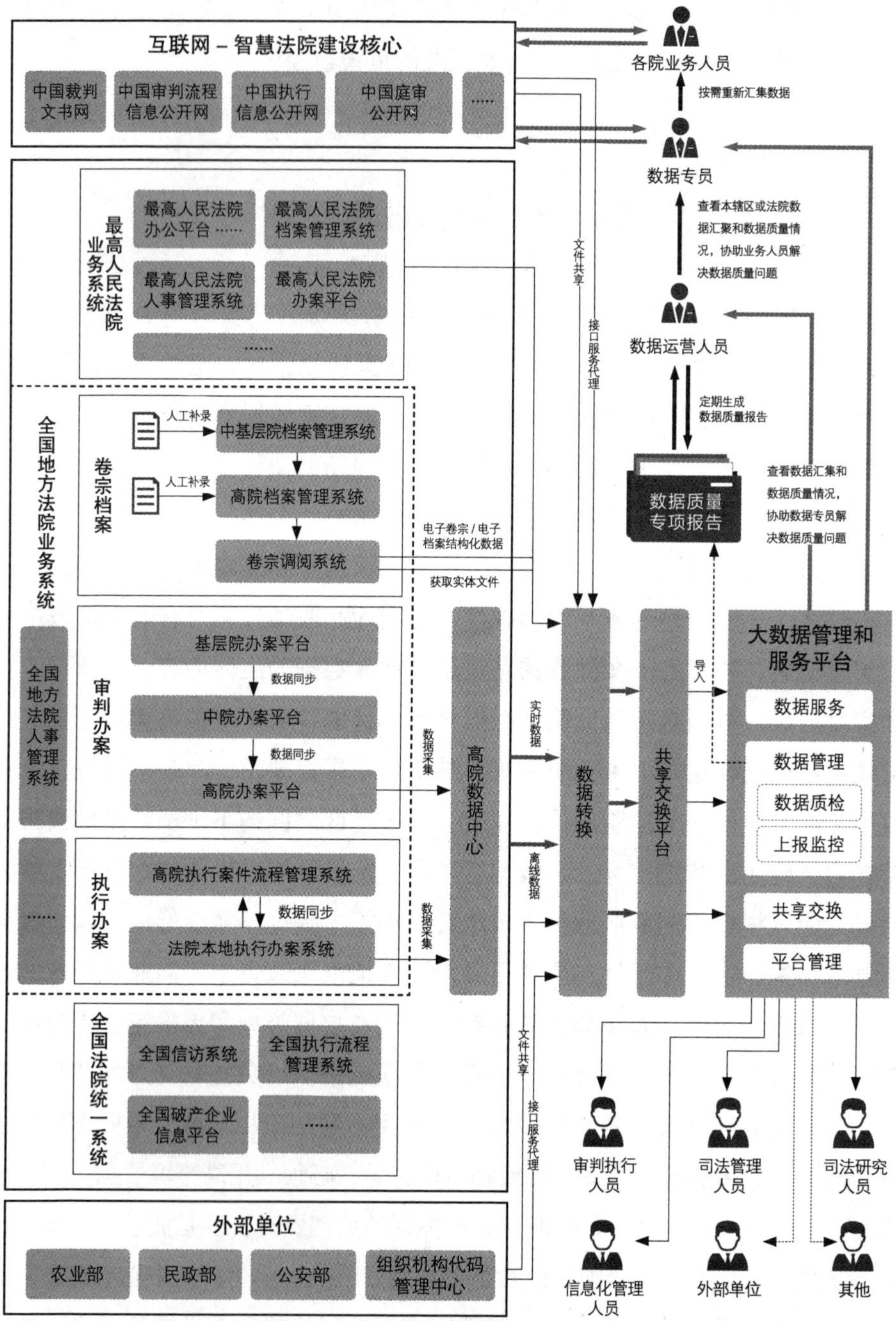

图 5-1　全国法院司法大数据汇聚系统体系结构

一、审判数据汇聚

审判数据主要来源于审判办案系统。由于各地法院审判办案系统类型和部署方式存在很大差异，全国法院审判数据主要采用以下不同方式汇聚：一是各院分布部署模式，审判案件数据通过基层人民法院办案平台向中级人民法院办案平台汇集，中级人民法院将辖区内数据向高级人民法院数据中心汇聚；二是中级人民法院集中模式，审判案件数据以中级人民法院辖区为单位向高级人民法院数据中心进行汇集；三是高级人民法院集中模式，审判案件数据以高级人民法院办案平台数据直接汇集到高级人民法院数据中心；四是混合部署模式，此模式下高级人民法院辖区内部分法院采用分布式部署，审判案件数据从基层人民法院、中级人民法院到高级人民法院逐级汇集，部分法院采用中级人民法院集中部署，直接由中级人民法院汇集本中级人民法院辖区内数据到高级人民法院办案平台，再由高级人民法院办案平台汇集数据到高级人民法院数据中心。各高级人民法院数据中心统一将一定时间内增量产生的审判案件及文书数据按照《人民法院数据管理和服务技术规范》的要求进行数据转换并打包成 XML 文件及 zip 格式数据包，自动发送至人民法院大数据管理和服务平台，由此实时接收并存储进原始数据库，最高人民法院办案平台以及一批全国统建的审判办案平台如全国破产企业信息平台、全国司法协助系统等定时直接汇聚到大数据管理和服务平台，整个汇聚过程如图 5-2。为保证汇聚数据的完整性和及时性，大数据管理和服务平台要求当日增量数据不晚于次日凌晨 2：00 完成报送，以满足后续的数据应用。

大数据管理和服务平台还通过部署在互联网的审判流程公开网、庭审直播公开网、裁判文书公开网等系统汇聚审判流程、庭审直播和裁判文书等审判公开数据，此三类数据分别由相应的统建平台将数据转换、打包并定时自动上传到对应光闸服务，通过光闸摆渡到法院专网，然后定时自动发送至大数据管理和服务平台，归入原始数据库。

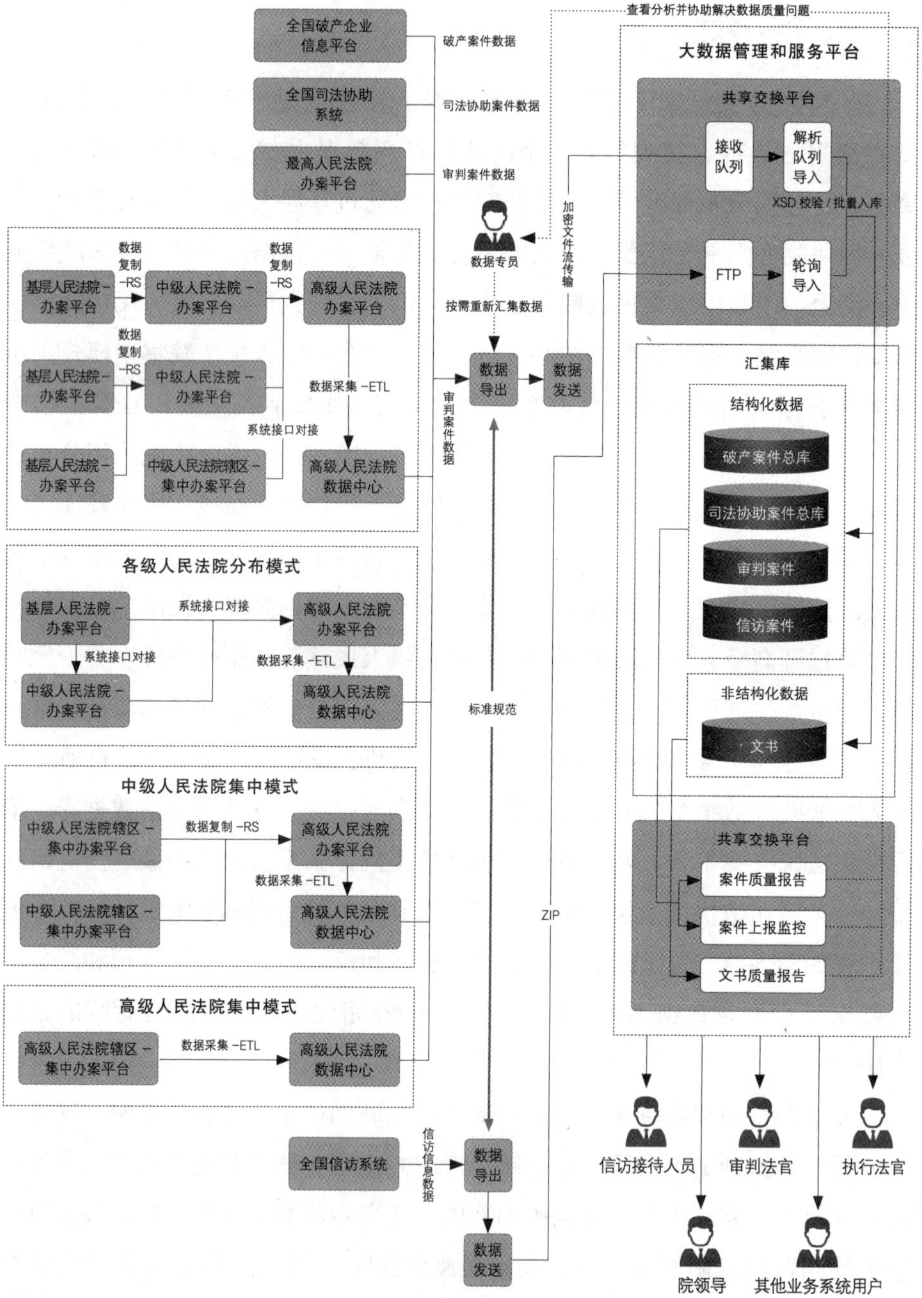

查看分析并协助解决数据质量问题

大数据管理和服务平台

共享交换平台

全国破产企业
信息平台 — 破产案件数据

全国司法协助
系统 — 司法协助案件数据

最高人民法院
办案平台 — 审判案件数据

接收
队列 → 解析
队列
导入

XSD 校验／批置入库

数据专员

加密文件流传输

FTP → 轮询
导入

数据
复制
-RS

数据
复制
-RS

基层人民法院-
办案平台 → 中级人民法院-
办案平台 → 高级人民法院
办案平台

基层人民法院-
办案平台 → 中级人民法院-
办案平台

数据
复制
-RS

基层人民法院-
办案平台 → 中级人民法院辖区-
集中办案平台 → 高级人民法院
数据中心

按需重新汇集数据

数据
导出 → 数据
发送

数据采集 -ETL

系统接口对接

审判案件数据

汇集库

结构化数据

破产案件总库

司法协助案件总库

审判案件

信访案件

各级人民法院分布模式

基层人民法院-
办案平台 → 高级人民法院
办案平台

系统接口对接

系统接口对接

数据采集 -ETL

中级人民法院-
办案平台 → 高级人民法院
数据中心

标准规范

非结构化数据

文书

中级人民法院集中模式

中级人民法院辖区-
集中办案平台 → 高级人民法院
办案平台

数据复制 -RS

数据采集 -ETL

中级人民法院辖区-
集中办案平台 → 高级人民法院
数据中心

共享交换平台

案件质量报告

案件上报监控

文书质量报告

高级人民法院集中模式

高级人民法院辖区-
集中办案平台 → 高级人民法院
数据中心

数据采集 -ETL

ZIP

全国信访系统 — 信访信息数据 → 数据
导出

数据
发送

信访接待人员

审判法官

执行法官

院领导

其他业务系统用户

图 5-2 审判数据汇聚

大数据管理和服务平台支持数据重新报送及案件数据信息项更新。如果各审判系统汇聚数据出现质量问题，可在修正数据后，按照规范要求打包数据再次报送。同时，数据汇聚支持自动和手动两种模式，允许按需选择不同的汇聚模式再次报送，更新案件信息项，保证大数据管理和服务平台汇聚数据质量持续提升。

二、执行数据汇聚

执行数据主要来源于执行办案系统。由于各地法院执行办案系统分为两种基本模式，一种采用全国统建的执行流程信息管理系统，一种采用与全国统建系统对接联动的本地办案系统，由此全国法院执行数据采用以下不同的数据汇聚路径：对于直接使用全国统建系统的省份，执行数据由统一执行流程信息管理系统产生并实时同步汇聚到高院数据中心，然后定期将增量数据按照《人民法院数据管理和服务技术规范》的要求进行转换并打包成 XML 文件及 zip 格式数据包，发送至人民法院大数据管理和服务平台，存储进原始数据库；对于对接使用全国统一执行流程信息管理系统的省份，执行数据由高院本地执行办案系统产生，同时汇聚到高院数据中心和全国统一执行流程信息管理系统，其后的流程与采用全国统一系统相同；还有部分省份采用双轨办案模式，执行数据先在高院本地执行办案系统中立案产生，再将数据实时同步到统一执行案件流程信息管理系统中，支持执行案件办理，数据实时推送到全国统一的执行案件数据库，同时也同步到高院本地执行办案系统，并由此汇集到高院数据中心；此外，执行过程中的司法拍卖数据由部署于法院专网的司法拍卖平台每日将增量司法拍卖数据转换打包发送至大数据管理和服务平台。整个汇聚过程见图 5-3，其完整性和及时性要求与审判数据相同。

大数据管理和服务平台还通过部署在互联网的执行信息公开网汇聚包括失信被执行人数据、限制高消费数据在内的执行信息公开数据，由执行信息公开网进行数据转换打包，通过共享交换平台接口代理或光闸摆渡到法院专网，最终存储归入大数据管理和服务平台原始数据库。

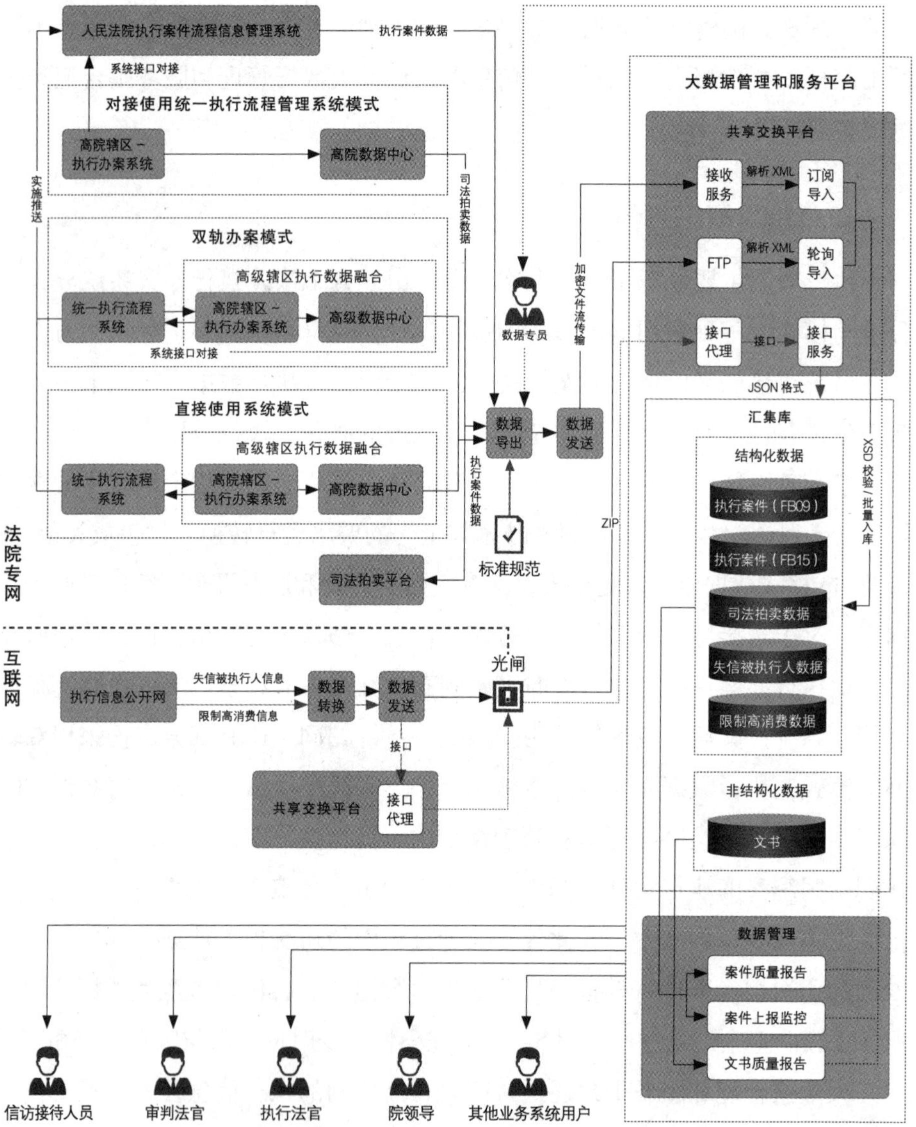
人民法院执行案件流程信息管理系统
执行案件数据
系统接口对接
对接使用统一执行流程管理系统模式
高院辖区－执行办案系统
高院数据中心
实施推送
司法拍卖数据
双轨办案模式
高级辖区执行数据融合
统一执行流程系统
高院辖区－执行办案系统
高级数据中心
系统接口对接
直接使用系统模式
高级辖区执行数据融合
统一执行流程系统
高院辖区－执行办案系统
高院数据中心
执行案件数据
司法拍卖平台
数据专员
数据导出
数据发送
标准规范
加密文件流传输
法院专网
互联网
执行信息公开网
失信被执行人信息
限制高消费信息
数据转换
数据发送
接口
共享交换平台
接口代理
光闸
ZIP
大数据管理和服务平台
共享交换平台
接收服务
解析 XML
订阅导入
FTP
解析 XML
轮询导入
接口代理
接口
接口服务
JSON 格式
XSD 校验/批量入库
汇集库
结构化数据
执行案件（FB09）
执行案件（FB15）
司法拍卖数据
失信被执行人数据
限制高消费数据
非结构化数据
文书
数据管理
案件质量报告
案件上报监控
文书质量报告
信访接待人员
审判法官
执行法官
院领导
其他业务系统用户

图 5-3 执行数据汇聚

三、卷宗信息汇聚

卷宗信息全面反映审判执行案件的详细内容，主要包括电子卷宗信息、电子档案信息、电子卷宗实体文件和电子档案实体文件。大数据管理和服务平台通过部署在法院专网的各级法院办案系统、电子卷宗系统和电子档案系统实现卷宗信息汇聚（如图 5–4），充分提高了汇聚司法大数据的价值。

随着电子卷宗随案同步生成要求在各地法院贯彻落实，所有案件卷宗在立案时即通过电子卷宗直接提交或同步扫描上传的方式进入法院办案系统，电子档案则通过线上电子卷宗转入归档模式和历史数据线下扫描材料录入模式两种方式产生，这都为卷宗信息汇聚提供了必要的数据来源。

各地法院的非结构化电子卷宗和档案数据汇聚采用高院集中或各法院分布两种模式。在高院集中模式下，大数据管理和服务平台实体文件落地工具实时调用高院电子卷宗和档案调阅系统接口获取实体文件数据；在各法院分布模式下，由大数据管理和服务平台实体文件落地工具实时调用高院电子卷宗和档案调阅系统接口，高院电子卷宗和档案调阅系统根据实体文件归属法院分别实时调用所属法院电子卷宗和档案管理系统，获取实体文件反馈大数据管理和服务平台。各高院辖区法院的结构化电子卷宗和档案数据统一由高院电子卷宗和档案调用系统每日对增量数据按照汇聚标准要求进行数据转换生成 XML 文件及 zip 格式数据包，定时自动发送至大数据管理和服务平台的共享交换平台，存储归入原始数据库。最高人民法院自身的卷宗信息汇聚由办案系统和档案管理系统直接与大数据管理和服务平台对接传送。

四、人事数据汇聚

人事数据对于司法大数据资源的开发利用具有重要作用。审判执行数据本身就含有丰富的人事信息，人事信息管理系统则能够提供更加全面、及时、权威的人事数据。其中，高院辖区人事管理系统汇集数据到全国地方法院人事管理系统形成全国地方法院人事数据，最高人民法院人事管理系统将本级人事数据和全国地方法院人事数据统一按照约定的格式进行数据转换打包，

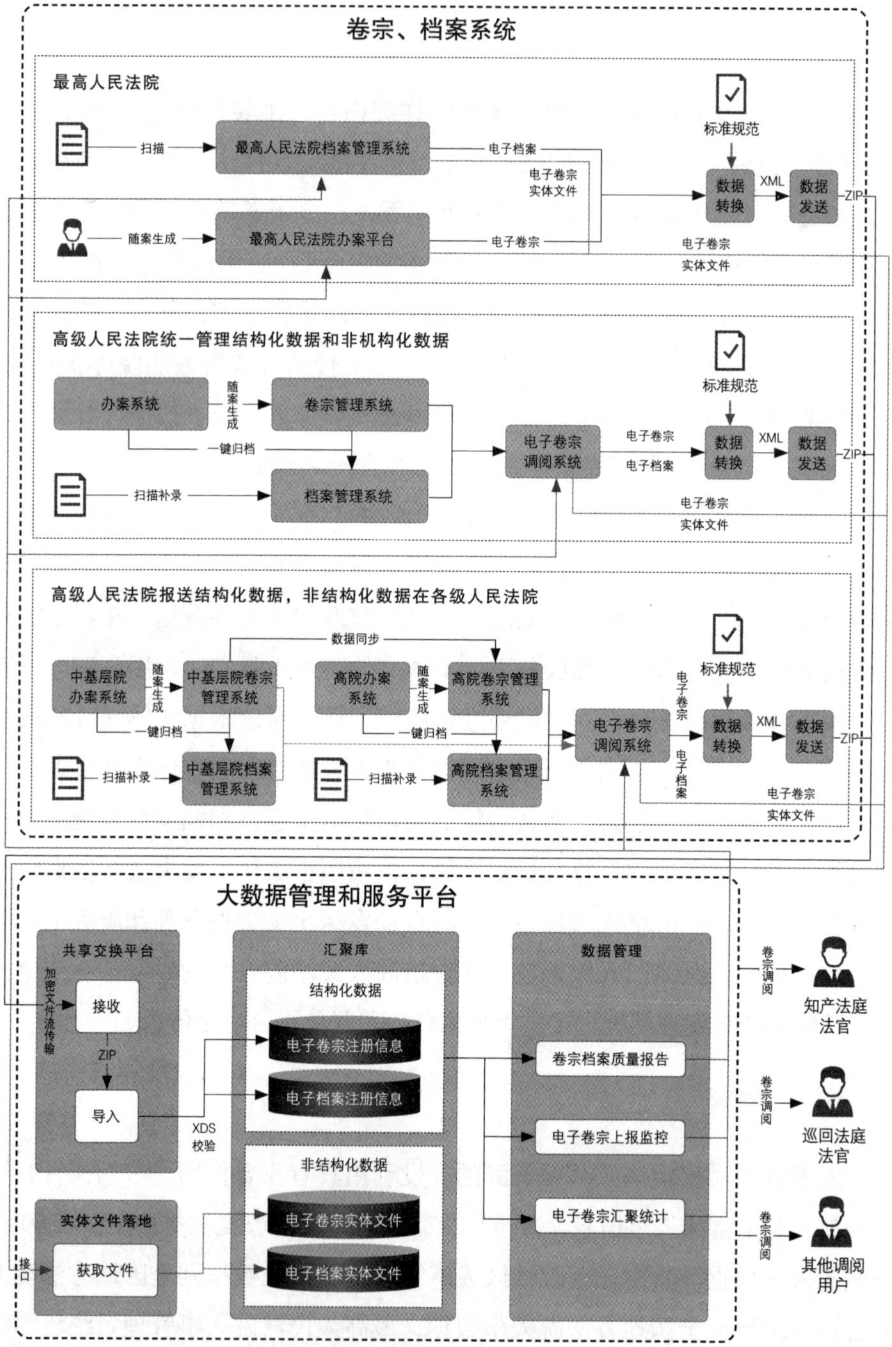
卷宗、档案系统
最高人民法院
扫描
最高人民法院档案管理系统
电子档案
电子卷宗
实体文件
标准规范
数据
转换
XML
数据
发送
ZIP
随案生成
最高人民法院办案平台
电子卷宗
电子卷宗
实体文件
高级人民法院统一管理结构化数据和非机构化数据
办案系统
随案生成
卷宗管理系统
一键归档
扫描补录
档案管理系统
电子卷宗
调阅系统
电子卷宗
电子档案
标准规范
数据
转换
XML
数据
发送
ZIP
电子卷宗
实体文件
高级人民法院报送结构化数据，非结构化数据在各级人民法院
数据同步
中基层院
办案系统
随案生成
中基层院卷宗
管理系统
高院办案
系统
随案生成
高院卷宗管理
系统
一键归档
一键归档
扫描补录
中基层院档案
管理系统
扫描补录
高院档案管理
系统
电子卷宗
调阅系统
电子卷宗
电子档案
标准规范
数据
转换
XML
数据
发送
ZIP
电子卷宗
实体文件
大数据管理和服务平台
共享交换平台
加密文件流传输
接收
ZIP
导入
XDS
校验
汇聚库
结构化数据
电子卷宗注册信息
电子档案注册信息
非结构化数据
电子卷宗实体文件
电子档案实体文件
实体文件落地
接口
获取文件
数据管理
卷宗档案质量报告
电子卷宗上报监控
电子卷宗汇聚统计
卷宗调阅
知产法庭
法官
卷宗调阅
巡回法庭
法官
卷宗调阅
其他调阅
用户

图 5–4　卷宗信息汇聚

发送至大数据管理和服务平台的共享交换平台，汇聚归入原始数据库（如图 5-5），支持后续的数据管理和应用。

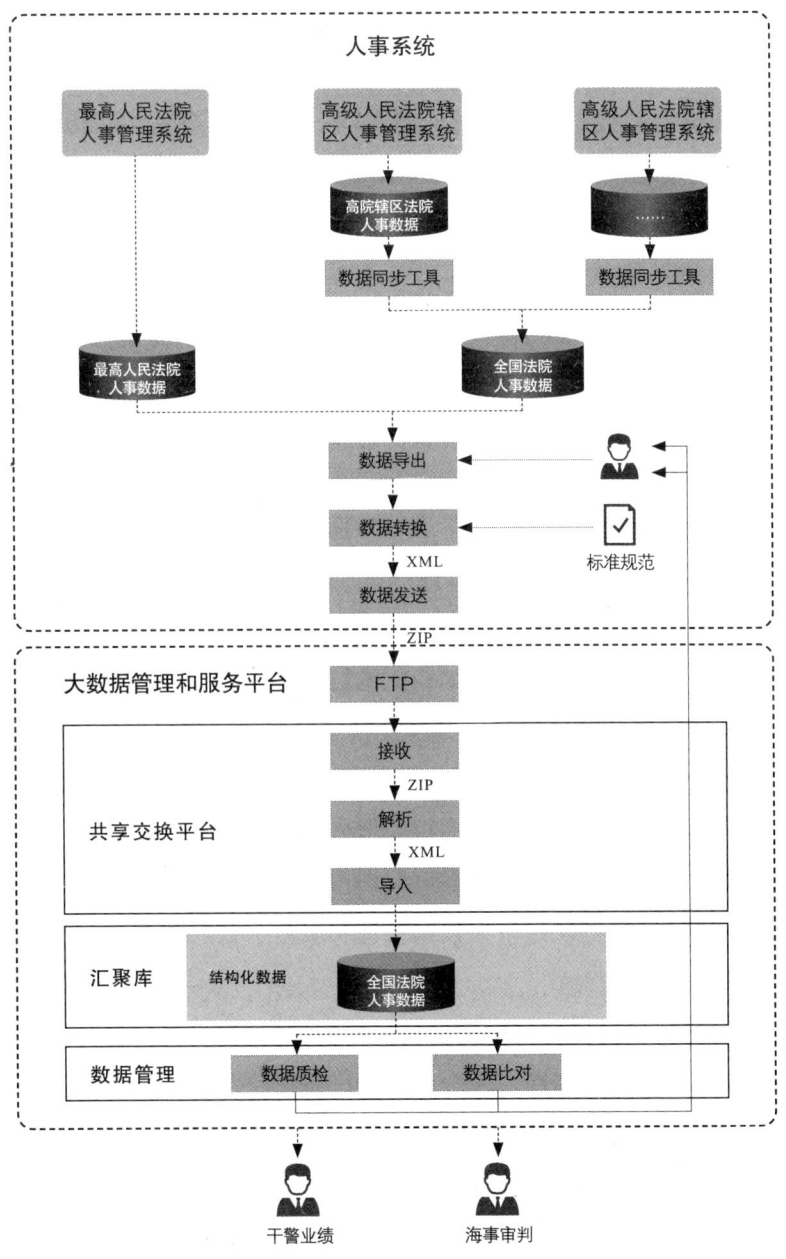

图 5-5 人事数据汇聚

五、外部数据汇聚

外部数据主要包括来自有关国家机关的公民身份信息、社会组织信息、组织机构代码信息、婚姻登记信息、渔船信息、低保信息、道路交通事故信息等多种类型的数据，均通过外部专网，按照约定格式每日对增量数据进行转换打包，通过光闸摆渡到法院专网，发送至大数据管理和服务平台的共享交换平台，存储归入原始数据库。还有部分外部数据通过调用与对口机关的信息获取接口，进行实时查询后汇聚归入到原始数据库（如图5-6）。

六、其他数据汇聚

除上述审判数据、执行数据、卷宗信息、人事数据和外部数据之外，还有司法政务、司法研究、信息化管理等数据，分别包括结构化的行政办公数据、案例数据和智慧法院建设运行数据以及部分非结构化的行政办公数据，通过法院专网和互联网汇聚到大数据管理和服务平台（如图5-7）。

在法院专网中，办公平台将结构化的行政办公数据定时同步到同构数据库，由大数据管理和服务平台的共享交换平台采集工具进行定时采集汇聚；非结构化办公数据通过文件共享方式将加密后的文件同步到大数据管理和服务平台FTP服务器，对FTP数据进行同步存储。

在互联网端，司法案例网将案例数据按照约定格式进行转换打包，通过光闸摆渡到法院专网，发送至大数据管理和服务平台的共享交换平台，完成案例数据的汇聚。

智慧法院建设运行数据来源于22个核心应用系统，包括中国审判流程信息公开网、中国裁判文书网、联合信用惩戒系统、网络执行查控系统、信访信息管理系统、远程视频接访系统等，涉及公开信息项、访问量、查询案件量、冻结金额等75个反映智慧法院应用成效的核心信息项，其中专网应用系统采用直接接入方式，互联网应用系统采用光闸摆渡方式接入，均汇聚到大数据管理和服务平台，支持后续数据管理和开发利用。

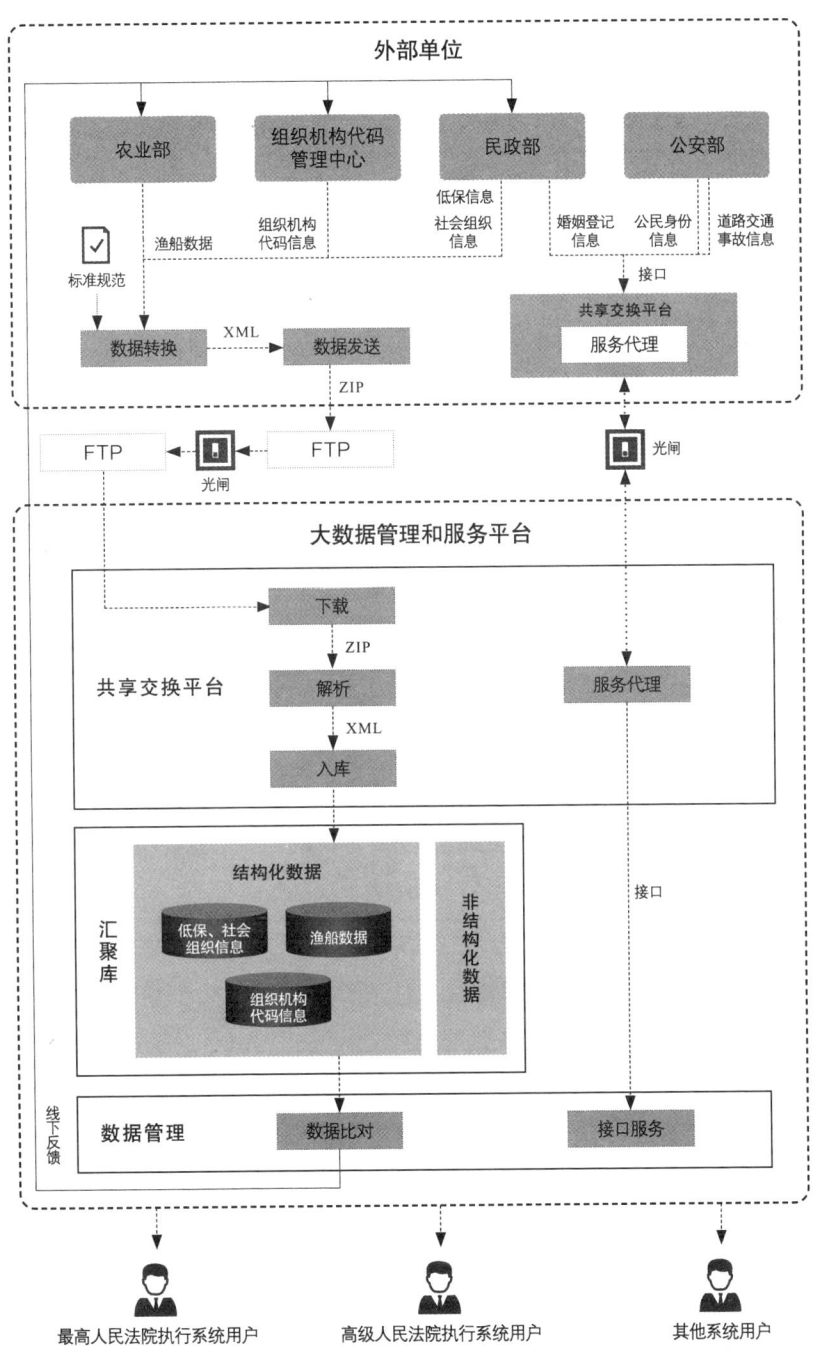

图 5-6　外部数据汇聚

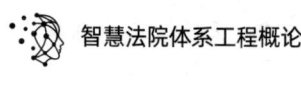

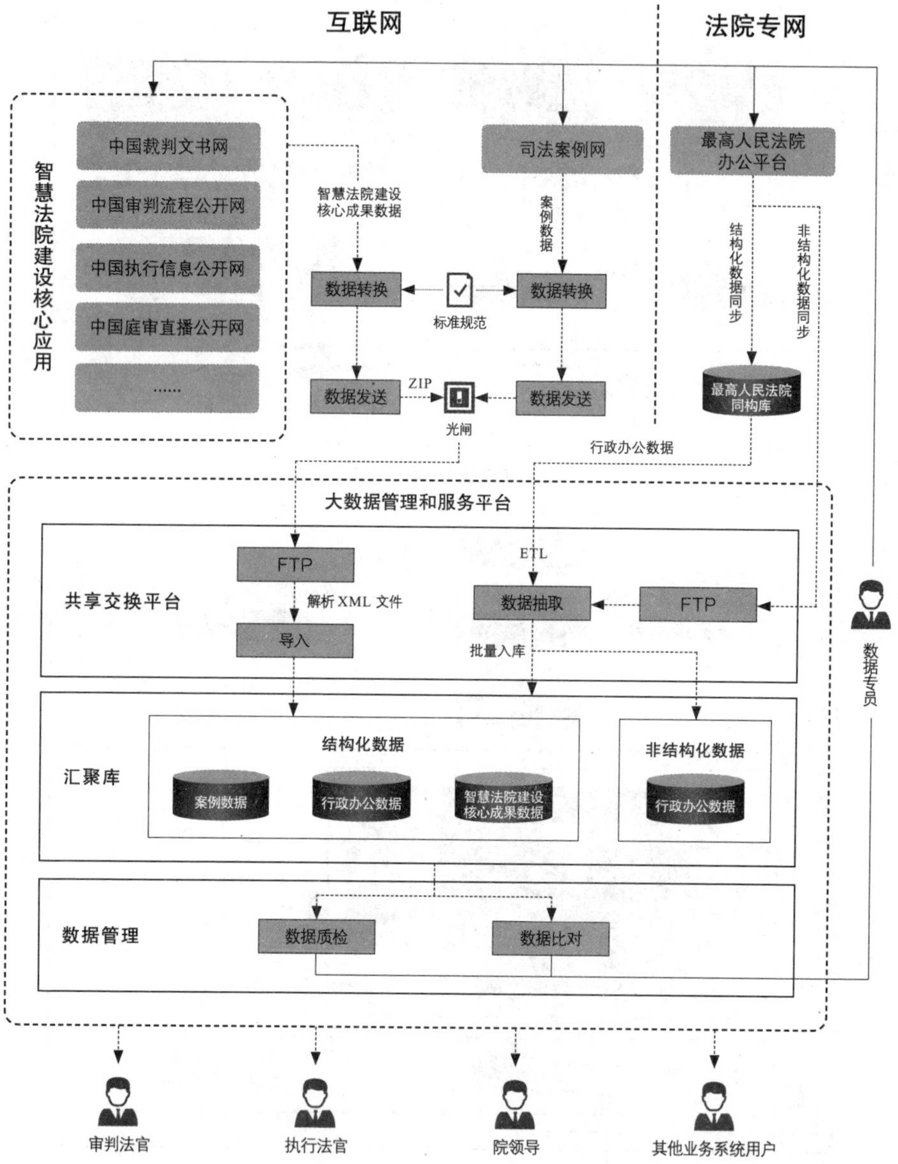

互联网　　　　　　　　　　　法院专网

智慧法院建设核心应用

中国裁判文书网
中国审判流程公开网
中国执行信息公开网
中国庭审直播公开网
……

智慧法院建设核心成果数据

司法案例网

最高人民法院办公平台

数据转换　标准规范　数据转换

案例数据

结构化数据同步　非结构化数据同步

数据发送　ZIP　数据发送

光闸

最高人民法院同构库

行政办公数据

大数据管理和服务平台

共享交换平台

FTP

解析 XML 文件

导入

ETL

数据抽取

FTP

批量入库

数据专员

汇聚库

结构化数据

案例数据　行政办公数据　智慧法院建设核心成果数据

非结构化数据

行政办公数据

数据管理

数据质检　数据比对

审判法官　　执行法官　　院领导　　其他业务系统用户

图 5-7　其他数据汇聚

第二节　司法数据管理

　　绝大多数司法大数据是非结构化数据或者半结构化数据，必须通过结构化的方式进行管理，因此全国法院的司法大数据管理需要针对海量数据和丰富多样的结构形式，采用具备迭代性和灵活性的技术组织实施。第一，是结构化数据，包括与法院各种业务相关的预定义数据类型、数据格式和数据结构，其中全国各地法院一直采用的数百种司法统计报表能够全面反映各地法院的司法活动，应该在数据管理中发挥基础性作用；针对所有数据资源构建关系型数据库管理系统，是有效存储、管理、关联和利用数据的必由之路，自然应该成为大数据管理的主干。第二，半结构化数据，都是具有识别模式的文本数据文件，流转于各类办案系统中的案件基本信息都已采用 XML 文本形式，成为各级法院司法大数据的主体内容；以此关联、融合其他各类信息，可以打开司法大数据有序管理的方便之门。第三，准结构化数据，均为不规则数据格式的文本数据，比如法院干警工作过程中起草、生成的各类 word 文书，都反映了各级法院司法活动的详细过程和业务逻辑，可以通过工具使其规则化，应该成为司法大数据管理的重要内容。第四，非结构化数据，包含大量图像文件和视频文件，是法院受理信息、庭审活动和裁判结果最为全面的反映，虽因没有固定结构而难以便利处理，但却是最为直接、生动和权威的司法信息，运用字符和图像识别等技术也能够加以处理并挖掘更深层次的司法内涵，尤须在大数据管理中高度重视。图 5-8 展现了大数据管理和服务平台数据管理的整体架构。

　　鉴于全国各地法院广域分布、层级清晰，所有数据资源没有必要、也不可能全面集中于一时一地，运用分布式计算环境和大规模并行处理架构进行司法大数据存储、管理和备份是切合实际的可行之策，很多省、区、市也应该采用统一模式实施分布式数据管理。

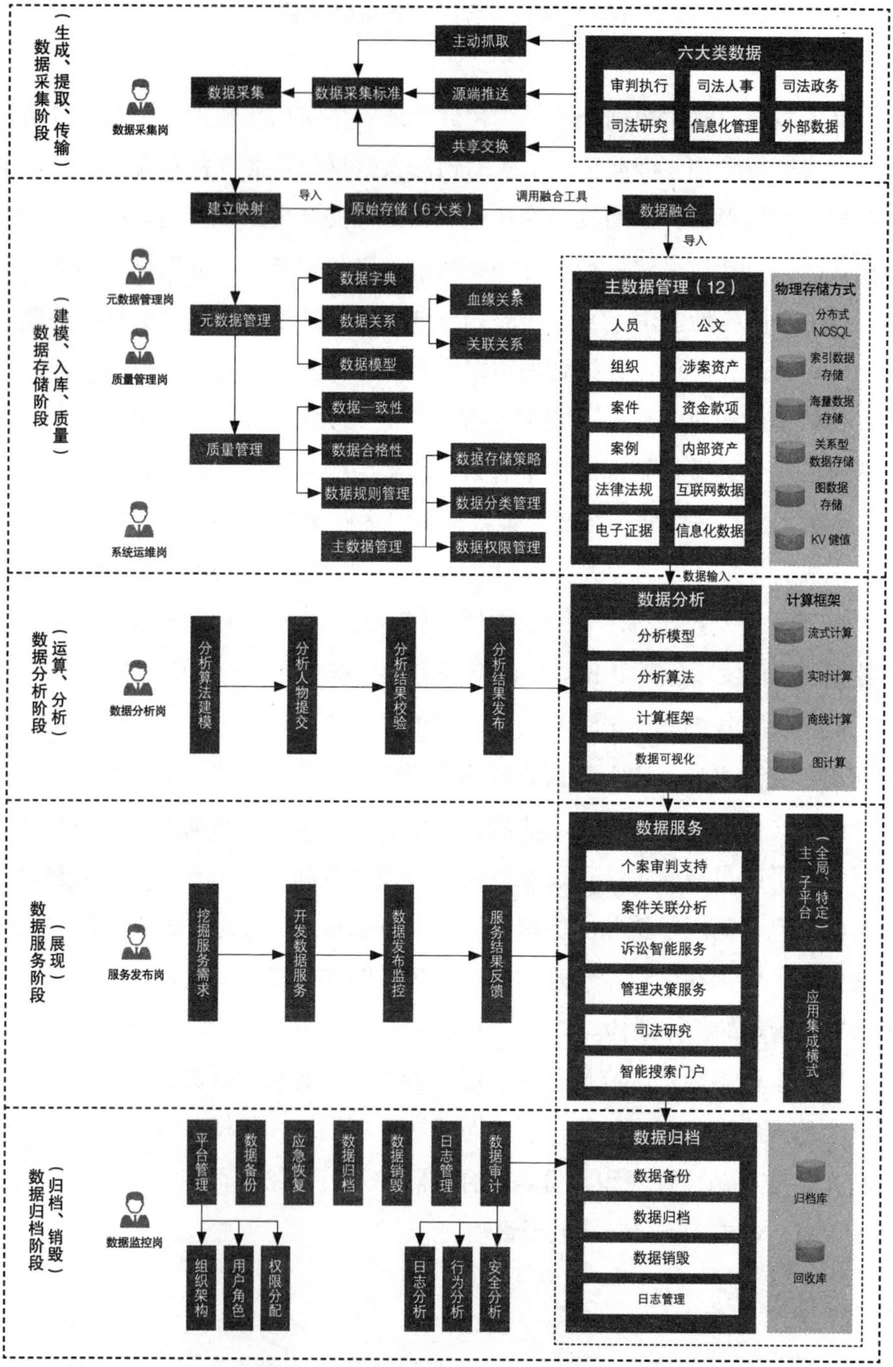

图 5-8　人民法院司法大数据管理和服务平台体系结构

一、审判数据管理

人民法院大数据管理和服务平台中的审判数据以案件为中心，汇集了人员、材料、关联案件、公开信息等数据，不断丰富审判数据，使原本单一的案件信息快速形成时间和空间维度上的立体化结构，能够为法官提供更为丰富、全面的审判信息支持，主要管理体系见图5-9。

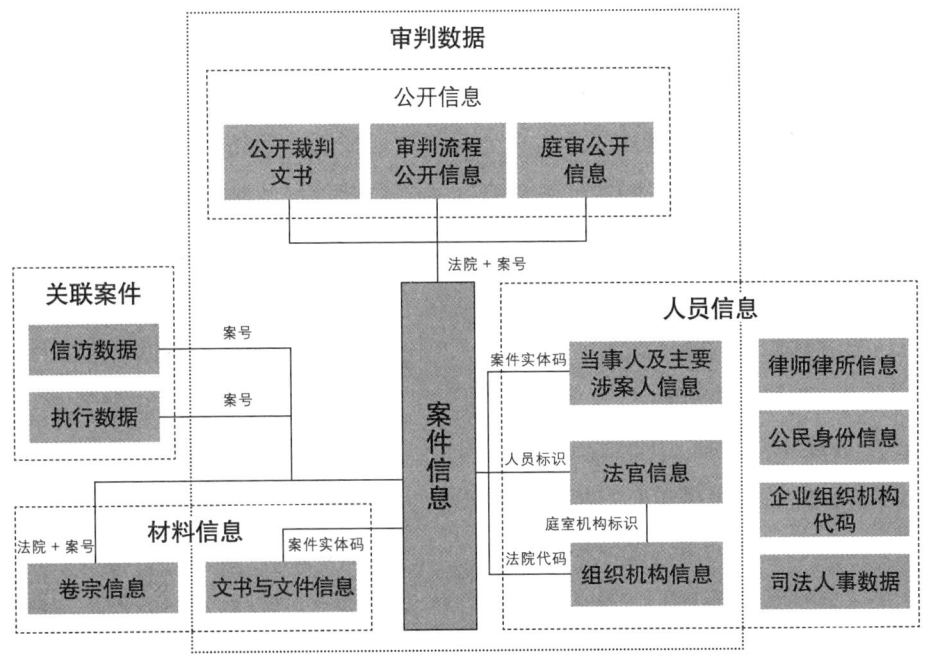

图 5-9　审判数据管理

审判案件信息来源于每日审执数据汇聚，包括收案信息、结案信息、诉讼费用信息、审理期限信息等各类案件属性数据。案件信息中包含原审案件的案号，支持上诉审和再审案件与原审案件进行关联。

人员信息主要包括当事人及主要涉案人信息、法官信息、组织机构信息等。案件通过实体码与当事人及主要涉案人信息关联。同时，当事人及主要涉案人信息还可以通过证件号码与律师律所信息、公民身份信息、组织机构代码信息进一步关联，丰富数据维度，保障数据准确性及可用性。法官信息、组织机构信息来源于每日审执数据汇集，分别通过人员标识和法院代码与案件关联，同时还可以与司法人事数据关联，作为构建人案关系的重要基础。法官信息和组织机构信息之间通过庭室机构标识进行关联，支持建立完整的法院、庭室、人员信息树。

材料信息主要包括卷宗信息、文书与文件信息。文书与文件信息来源于每日审执数据汇集，通过案件实体码与审判案件直接关联，卷宗信息通过法院、案号与审判案件实现唯一关联，支持卷宗信息、文书与文件信息的数据管理服务。

关联案件信息除原审案件信息外，还包括信访数据和执行数据，两类数据均通过各自记录的审判案件的案号与审判信息进行关联，支持信访数据和执行数据的数据服务。

审判公开信息主要包括审判流程公开、庭审直播公开和裁判文书公开信息，与案件信息均通过法院、案号进行数据关联，支持相应的数据管理服务。

二、执行数据管理

人民法院大数据管理和服务平台中的执行数据也以案件为中心，汇集了人员信息、材料信息、关联案件信息、公开信息等数据。执行案件信息来源于每日审执数据汇聚，包括收案、执行依据、结案、财产、网络查控、强制执行、自动履行、执行到位等各类案件属性数据，通过原审案件案号与原审案件进行关联，主要管理体系见图5-10。

执行人员信息和材料信息的管理方式与审判数据相同。关联案件信息除原审案件信息外，还包括审判案件数据，通过执行案件记录的执行依据案号与审判案件信息进行关联。

公开信息主要包括被执行人信息、司法拍卖信息、失信被执行人信息与限制高消费信息等。被执行人信息、失信被执行人信息、限制高消费信息通过证件号码与当事人及主要涉案人进行数据关联，司法拍卖信息与执行案件信息通过法院、案号进行数据关联。

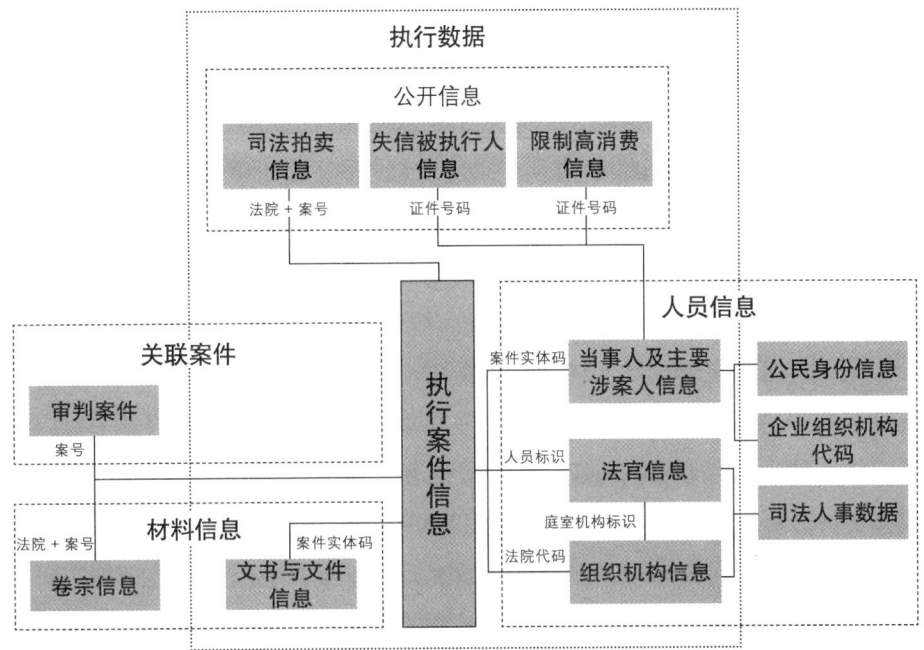

图 5-10　执行数据管理

三、卷宗信息管理

人民法院大数据管理和服务平台对卷宗信息的管理体系见图 5-11，主要

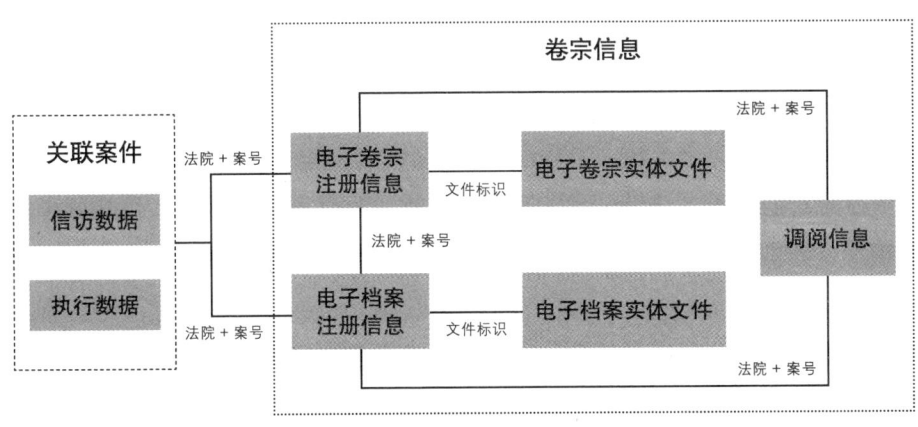

图 5-11　卷宗信息管理

包括电子卷宗信息和电子档案信息，分别由注册信息和实体文件组成。注册信息主要包括基础信息、目录信息和文件信息。基础信息主要指案件类型、案号、立案日期、结案日期、承办人、卷宗或档案的总页数、有限期限、密级等；目录信息主要指目录编号、父目录编号、目录名称、是否属于正卷、序号等信息，支持还原电子卷宗档案的目录结构；文件信息主要指文件标识、文件名称、所属目录编号、是否属于正卷等，主要用于记录电子卷宗和档案的访问地址，并与目录进行关联。

电子卷宗和电子档案实体文件依据用户对相关材料的调阅需求，通过注册信息中记录的文件地址抓取实体文件并落地到大数据管理和服务平台。由于实体文件占用存储空间较高，所以针对暂无调阅需求的卷宗，并不要求其实体文件落地。实体文件通过文件标识关联相应的注册信息。

为掌握电子卷宗和电子档案调阅情况，便于提升数据质量及管控访问安全，大数据管理和服务平台记录用户的调阅数据，并进行调阅分析。调阅信息以案件为单位进行记录，通过法院和案号与相应案件的电子卷宗或电子档案注册信息进行关联。

卷宗信息虽然在大数据管理和服务平台进行独立管理，但由于其在业务上是审执案件信息的重要组成部分，与案件结构化信息、文书和文件信息共同构成案件全貌，因此通过法院、案号等信息相互关联能够实现案件全量信息的有效管理。后续还将进一步纳入庭审音视频等信息，持续提升司法大数据的全面性。

四、区块链存证管理

智慧法院通过司法链平台为重要数据提供存证和验证服务，包括四个主要模块，分别完成验真和取证、存证，详情和统计以及前台的可视化等主要功能（如图 5-12）。

验真和取证功能通过特定接口获取并检验需要存证的数据。存证功能将接收数据保存到区块链和数据库中，提供不同级别的区块链服务，以保证上链数据的可信度。存证管理业务分为存证数据上链、存证核验两类。存证上

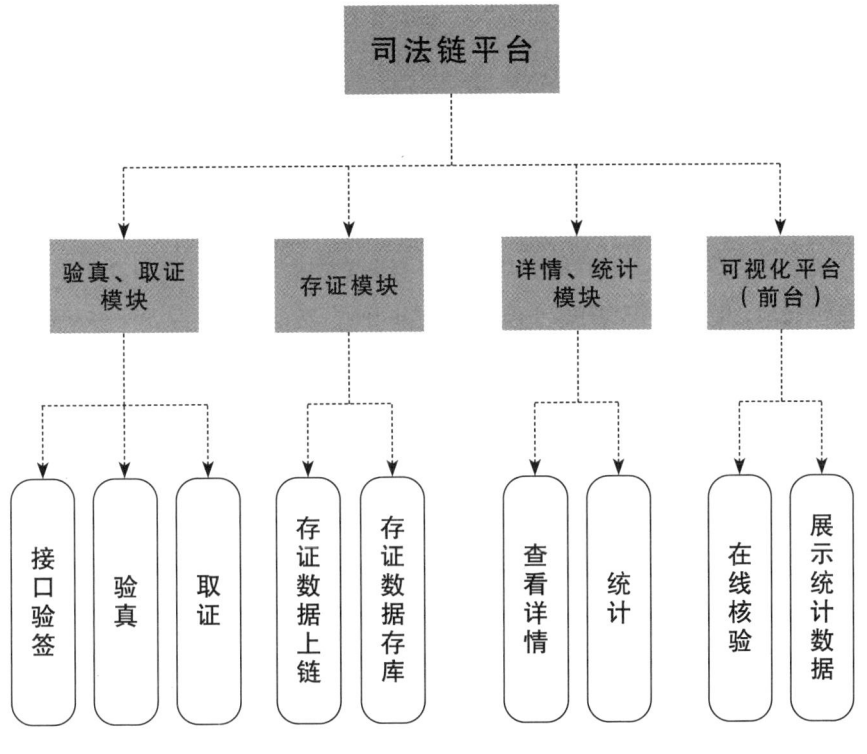

图 5-12　区块链存证管理

链和核验的对象可以是文件、文本或抓取的信息等。详情、统计模块的主要功能是提供详情链接、查询详情页面和统计各种维度的上链数量。可视化平台是司法链的前端界面，对用户自行上传的文件进行验真，并展示上链数据的多维度统计结果。

存证和核验是司法链的两项主要业务。存证上链业务由用户发起，经由业务系统，最终存入司法区块链平台存证。用户可以是当事人、涉案人、公众或法官。不同的用户角色具有不同权限，可以接入不同的业务系统，上传不同的原始文件。存证核验业务由用户发起，经由业务系统，对某指定存证文件进行验证。用户可以是当事人、涉案人或社会公众，通过互联网执行存证核验业务，其核验范围通常不超过存证范围。法官则可以通过互联网和法院专网执行存证核验业务，核验范围根据业务进行配置。

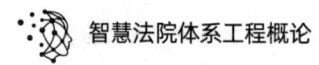

五、数据备份管理

为防止由于设备故障、软件错误、操作失误、安全事故或自然灾害等造成数据缺损、差错、丢失及毁坏，带来无法弥补的损失，应进行数据备份管理，以保证数据资源的安全性及完整性。根据法院不同业务系统数据资源按照核心、重要及一般等级划分的区别，可以采用冷热备份、在线和线下备份、本地和异地备份等多种组合方式实施备份策略。数据备份管理包括本地数据备份及验证、数据异地备份及演练、数据备份管控、数据备份运用及运维等内容（如图 5-13）。

本地数据备份及验证对于法院内网不同业务系统的数据，通过创建备份任务，以持续数据保护技术、副本数据管理技术、备份集技术为支撑，直接通过备份软件进行备份。针对互联网不同业务系统的数据，可以通过单向光闸传输至法院内网后通过备份软件进行备份。数据备份完成之后，对数据进行有效性验证。核心业务系统数据每三个月进行一次数据验证，重要业务系统数据每半年进行一次数据验证，一般业务系统数据每年进行一次数据验证。数据备份验证成功时，对已备份数据进行常态化管控；数据备份验证失败时，组织重新进行数据备份。

数据异地备份及演练针对需要异地备份的数据，通过远程复制技术将本地备份数据复制到异地备份数据中心，通过数据加密方式保存到存储介质中，以实现跨数据中心的异地灾备，防止站点级的灾难发生。数据备份的演练包括对核心数据进行秒级的数据接管、对重要数据进行分钟级的挂载恢复、对一般数据进行小时级的恢复验证，确保灾难发生后历史时间点数据的安全可用。

数据备份管控主要包括备份集中管控、可视化管控、统一策略管控三个方面。备份集中管控需要监控设备数量、容量统计、任务统计、告警统计等灾备业务的运行指标，实时监控设备运行情况，快速精准定位异常设备和风险点。可视化管控既可以监控本地数据备份情况，也可以监控异地数据备份情况。统一策略管控包括对数据备份策略的管理、数据备份策略的分发、执

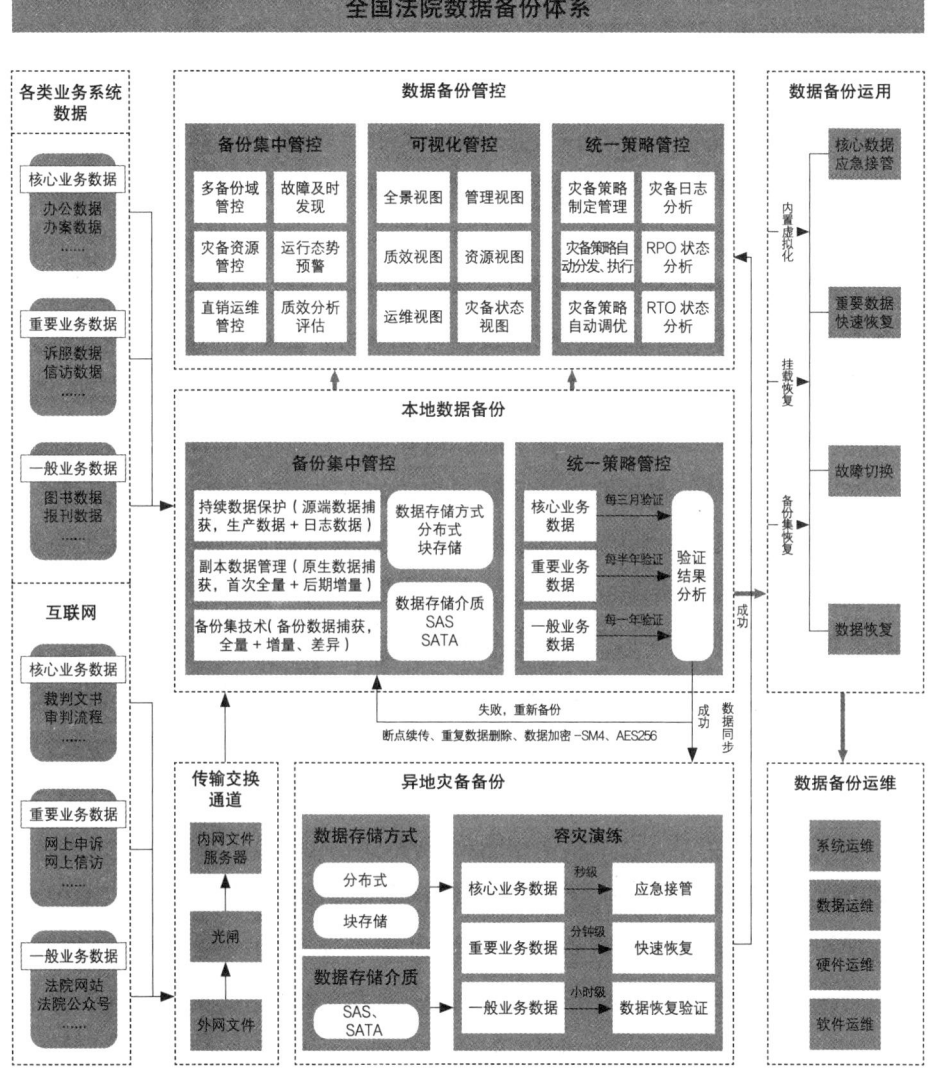

图 5-13　数据备份管理

行和调优、数据备份日志分析、数据备份状态分析等内容。

　　数据备份运用主要通过内置虚拟化、挂载恢复、备份集恢复等技术，实现核心数据应急接管，重要数据快速恢复，出现故障进行切换，所有数据完成恢复，确保数据安全性和可用性。数据备份运维包括对备份系统的常态化运维、对备份数据的运维管理、对备份数据存储的硬件运维、对传输备份数据的软件运维等，以保证数据备份工作的顺利展开。

第三节　数据质量管控

数据的价值在于高可信的质量。必须认识到，全国法院司法大数据来源于分布在各地法院的上千个应用系统，与数万用户的操作使用密切相关，希望所有数据在输入源头就保证准确并在传输、处理、存储和应用中一以贯之是完全不切实际的。事实上，由于多方面原因，很多内容可能在源头就存在歧义，其后各个环节都可能出现差错而导致大数据整体质量的下降。对于汇聚总量超过 4PB 的全国法院司法大数据，不能要求所有数据内容完全准确，其整体置信度一定随体系状态的变化而动态起伏。若整体置信度降低到一定程度，必然影响某些甚至全体数据集合的可用性。因此，建立数据质量管控机制的关键在于使整体置信度始终处于受控状态，一般而言 97% 是各地法院都必须保持的最低可接受值，全国法院长期维持 99% 以上是需要不懈努力的目标。

为此需要建立多维度数据质检指标体系，运用自动化数据校验工具，在数据生成、传输和处理的多个环节，进行多种不同周期的全量数据自动校验，并且使所有数据差错能够追溯定位到每一个案件数据项，构成基于统一数据空间差异的闭环归零模式，才能满足全国法院司法大数据质量管控的要求。

一、数据评价体系

建立科学合理的评价指标体系是保证司法大数据质量的必要前提。客观信息论提出了信息的九类度量指标，根据其中的广阔度、延时度、真实度和适配度指标，分别将司法大数据的覆盖率、及时率、合格率和规范率作为评价数据质量的四类基本指标，而将置信度作为基于这四类指标的综合评价指标（如图 5-14）。

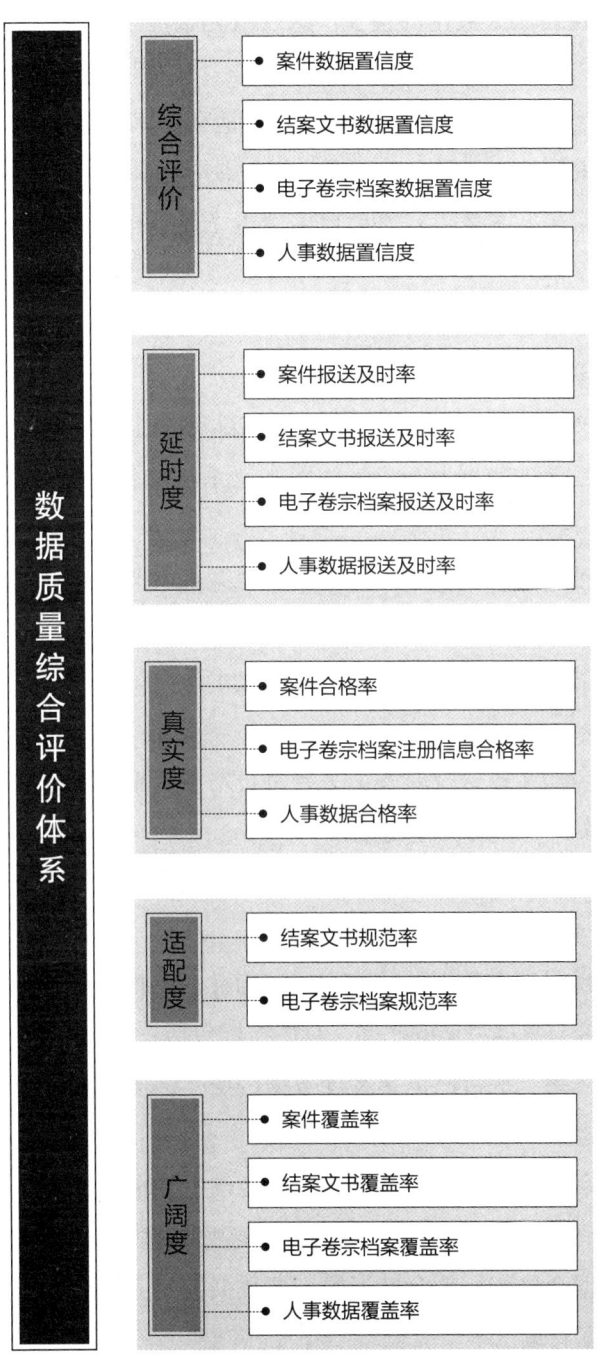

图 5-14　数据评价体系

覆盖率体现司法大数据的覆盖广阔度或完整性，是指全国平台库已汇集数据量与各地法院本地库包含数据量的比率。具体指标包括：

1.案件覆盖度：平台已汇聚数据量与本地案件库数据量的比率；

2.结案文书覆盖率：平台已汇聚裁判文书量与本地库裁判文书量的比率；

3.电子卷宗档案覆盖度：平台已汇聚电子卷宗档案数量与本地库电子卷宗档案数量的比率；

4.人事数据覆盖度：平台已汇聚人事数据量与最高人民法院统一司法人事系统数据量比率。

及时率体现司法大数据的延迟度或更新及时性，是全国平台库在计划时间内已及时汇集的数据量与各地法院本地库包含数据量的比率。具体指标包括：

1.案件报送及时率：平台每日增量汇聚案件时间与案件信息项变更时间差比率；

2.结案文书报送及时率：平台每日增量汇聚文书时间与案件结案文书生成时间差比率；

3.电子卷宗档案报送及时率：平台每日增量汇聚电子卷宗档案时间与按照规范要求结案后归档时间差比率；

4.人事数据报送及时率：平台每日增量汇聚人事数据与统一司法人事数据更新时间差比率。

合格率体现司法大数据的准确度或正确性，是指全国平台库已汇集数据中的合格数据量与数据总量的比率。具体指标包括：

1.案件合格率：平台已汇集案件数据按照案件质检规则质检合格数量与平台案件总量比率；

2.电子卷宗档案注册信息合格率：平台已汇聚电子卷宗档案按照电子卷宗档案质检规则质检合格数据量与平台电子卷宗档案注册信息总量比率；

3.人事数据合格率：平台已汇聚人事数据按照人事质检规则质检合格数据量与人事数据总量比率。

规范率体现司法大数据满足应用要求的适配度，是全国平台库已汇集数据中满足应用要求的数据量与总量的比率。具体指标包括：

1.结案文书规范率：平台结案文书按照规范质检规则质检合格数据量与平台结案文书总量比率；

2.电子卷宗档案规范率：平台电子卷宗档案按照规范质检规则质检合格数据量与平台电子卷宗档案总量比率。

置信度体现数据的综合可信程度，由数据的覆盖率、及时率、合格率、规范率乘以权重因子求和得出。计算公式为：

$Cl(x, y, z, q)=m×Cr(x, y, z)+n×Pr(x, y, z)+o×Qr(x, y, z)+p×Nr(x, y, z)$

其中，权重因子 $m+n+o+p=1$。具体分项置信度指标包括：

1.案件数据置信度：按照案件数据的覆盖率、及时率、合格率乘以权重因子求和计算；

2.结案文书数据置信度：按照案件数据的覆盖率、及时率、规范率乘以权重因子求和计算；

3.电子卷宗档案数据置信度：按照电子卷宗档案数据的覆盖率、及时率、合格率、规范率乘以权重因子求和计算；

4.人事数据置信度：按照人事数据的覆盖率、及时率、合格率乘以权重因子求和计算。

二、数据质检规则

以司法大数据质量评价指标体系为依据，针对准确性、规范性设立具体的质检规则并研发全自动质检工具，能够实现对案件数据、文书数据、电子卷宗档案数据、人事数据等司法大数据的全要素质检及可视化展示（如图5-15）。数据质检的完整过程主要如下：

每日凌晨，人民法院大数据管理和服务平台按照各质检任务的时间片，基于设定的218条质检规则，对已经汇集的案件、文书、电子卷宗档案和人事数据进行增量质检，同时根据质量评价体系中各类指标规则计算对应数据的置信度形成质量评价结果。其中，案件质检规则154条，根据通用规则、

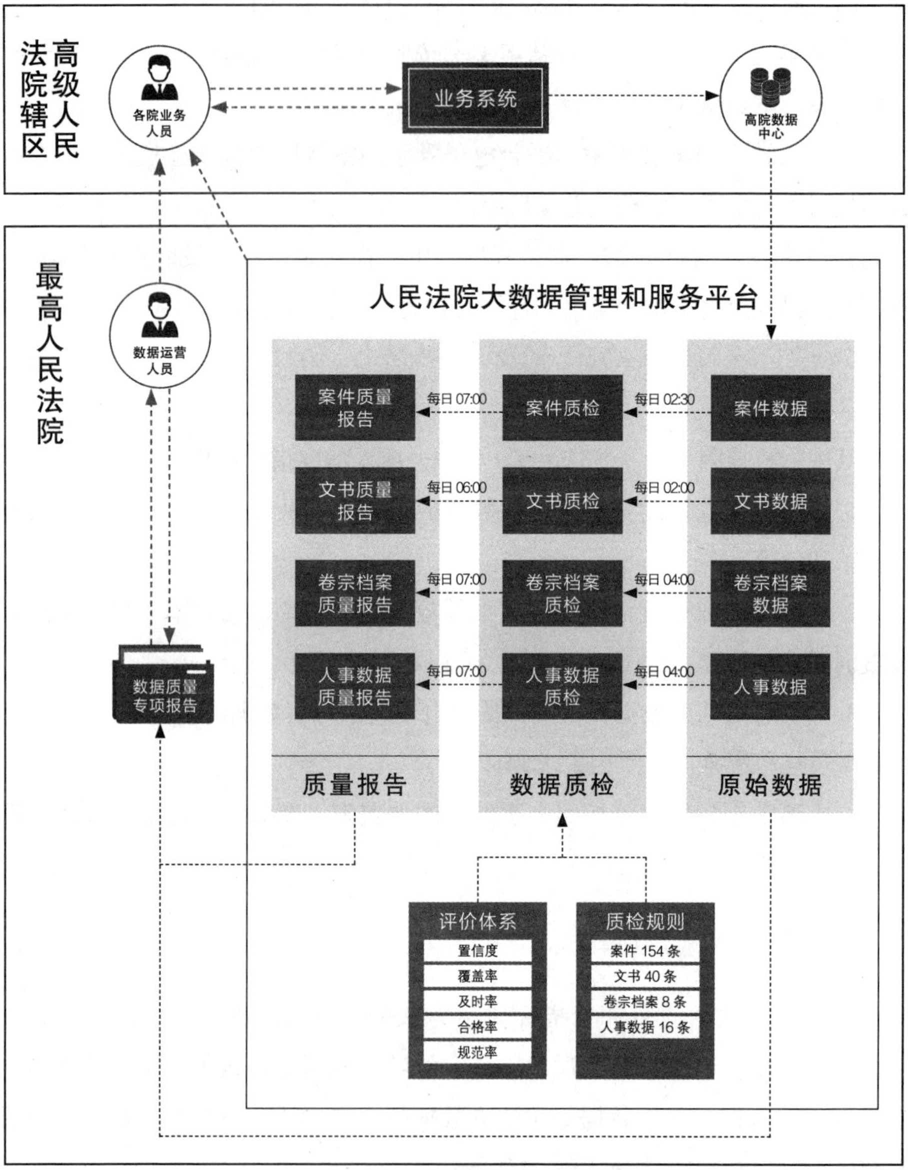

图 5-15　数据质检规则

法院标准规范和案件业务逻辑规则，主要检查案件信息项是否合规，并从及时率、覆盖率等方面检查案件是否及时汇聚，是否覆盖所有法院的所有案件。文书质检规则 40 条，根据裁判文书通用格式规范，对裁判文书文档规格、格式规格等方面检查是否合规。电子卷宗档案质检规则 8 条，根据法院发布的电子卷宗管理办法，对电子卷宗的格式、目录规范检查电子卷宗档案文件质量，同时针对电子卷宗档案进行文件可用性检查。人事数据质检规则 16 条，根据法院人事标准，结合平台实际需要，检查人事数据是否满足相关要求。

各质检任务结束后，基于质检结果数据进行统计分析，生成各类数据质量报告，并在页面进行可视化展示，全国各地法院的数据管理人员及业务人员可以查看质检结果。最高人民法院也定期基于数据质量情况形成全国法院数据质量专项报告，以发文的方式反馈至各高级人民法院，督促数据质量整改提升。

各地法院的数据运营人员及业务人员基于反馈的质检结果能够对数据质量问题及原因进行分析排查，识别软件问题或人工填报问题，对相关问题进行校正后重新经高院数据中心报送至人民法院大数据管理和服务平台，在进一步的增量质检后，反馈迭代到新的数据质量报告中。

三、两库比对校验

两库比对校验机制是针对案件数据进行质量全过程管控的第一环节（如图 5-16）。此校验机制以保障源和目的全量数据一致性为核心目标，将各高级人民法院数据中心的案件源数据与人民法院大数据管理和服务平台的案件目的数据进行对比，并将比对结果进行可视化展示。过程主要如下：

人民法院大数据管理和服务平台定义 Web 服务接口规范，通过收结存数据接口完成全国辖区收结存源数据汇集。各高级人民法院负责辖区内所有法院收结存源数据汇集，并依据最高人民法院定义的接口规范实现新收、旧存、已结、未结 4 个实时源数据抓取服务接口，同时开放接口访问权限并保障接口的稳定运行。接口汇集内容为统计期内新收、旧存、已结、未结的案件列表，统计期由人民法院大数据管理和服务平台动态指定，通常为当年。案件列表信息项主要包括：案件标识、案件类型、案号、经办法院、收案日期、不予登记立案日期、不予受理裁定日期、登记立案日期、结案

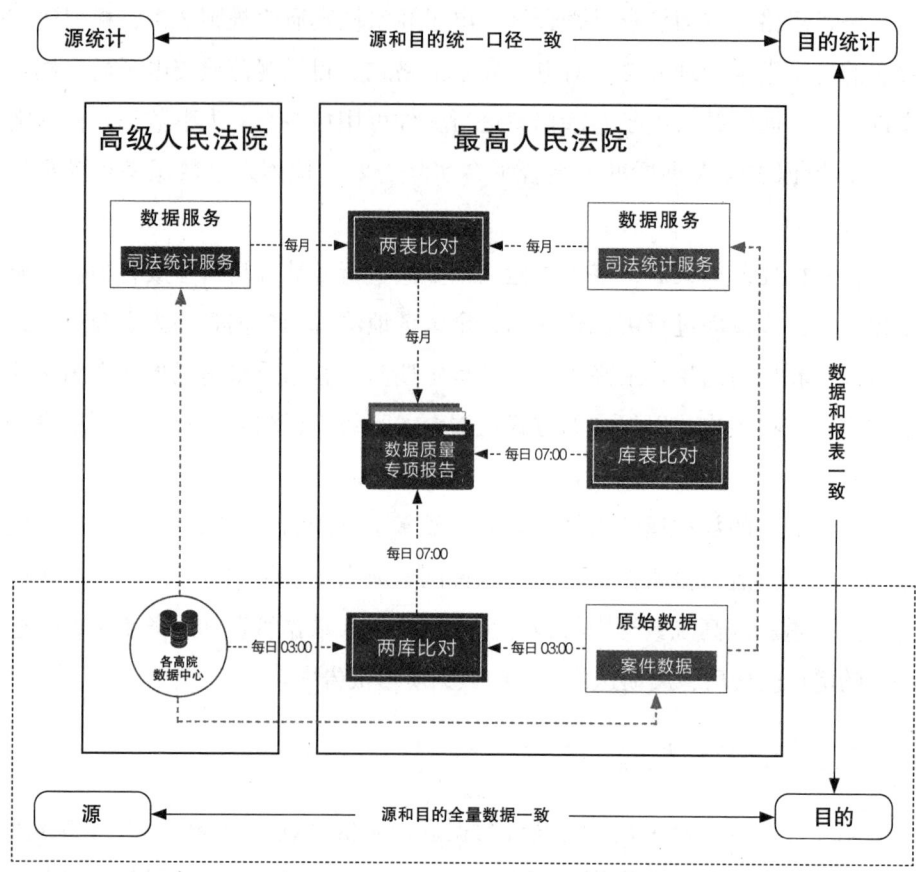

图 5-16　两库比对校验

日期等。

根据平台定义的比对规则，抽取大数据管理和服务平台已汇聚的高院辖区法院对应信息项，做好与高院源数据比对的数据准备。

在上述基础上，两库比对校验工具先按月份抽取月度收结存数据，再按照省份抽取各省月度收结存数据，最后将两个来源的数据进行案件级别的比对，计算出各省月度收结存的差异数据。

基于两库比对校验的结果，人民法院大数据管理和服务平台提供可视化展示页面，生成两库比对报告，支持各地法院的数据质量分析和校正。

四、库表比对校验

为保证司法统计结果的准确性，对同一司法统计报表内的数据核对关系、不同司法统计报表之间的数据核对关系都有严格的要求。少量案件数据存在核心数据质量问题将对司法统计结果产生较大影响。司法统计服务将不满足质量要求的案件数据进行排除，暂不纳入司法统计范围，待数据校正并满足质量要求后，再纳入相应统计。为直观展示此类问题对于司法统计服务的影响程度，督促各级法院及时解决相关质量问题，建立了库表比对校验机制。

库表比对校验机制是针对案件数据进行质量全过程管控的第二环节（如

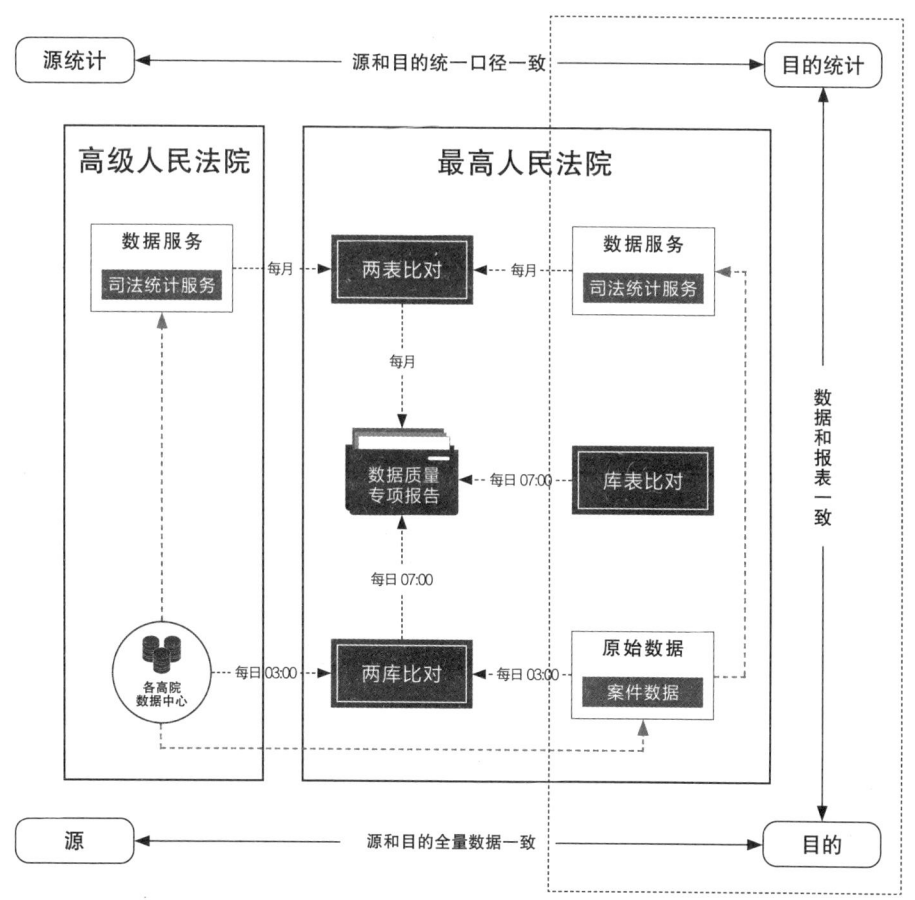

图 5-17 库表比对校验

图 5-17）。此校验机制以保障数据和司法统计报表的一致性为核心目标，将人民法院大数据管理和服务平台的案件数据与司法统计服务的统计结果进行对比，并将比对结果进行可视化展示。过程主要如下：

人民法院大数据管理和服务平台每天定时基于汇集后的全量数据提取收结存数据，此处的数据为数据库中案件情况的完整体现。

在平台收结存数据提取的同时，将人民法院大数据管理和服务平台生成的司法统计服务的收结存数据抽取到核对服务库。此处会将不满足质量要求的案件数据进行排除，所以提取的结果与数据库中的全量案件会有差异。

基于核对服务库中的数据进行比对，识别平台案件数据库和平台司法统计报表的数据差异，并提供可视化展示页面，各地法院的司法统计人员和数据管理人员可以查看校验结果，并对问题原因进行分析排查和校正。

五、两表比对校验

两表比对校验机制是针对案件数据进行质量全过程管控的第三环节（如图 5-18）。此校验机制以保障源统计和目的统计口径一致性为核心目标，将各高院司法统计服务（源统计）的统计结果与人民法院大数据管理和服务平台的司法统计服务（目的统计）的统计结果进行对比，并将比对结果进行可视化展示。过程主要如下：

各高院负责辖区司法统计报表的报送，报表按照数据汇集技术规范要求整理成 XML 文件及 ZIP 格式数据包，并通过共享交换平台提供的人民法院数据传输交换系统汇集到人民法院大数据管理和服务平台。司法统计报表的汇集范围包括最高人民法院研究室下发的《司法统计基础报表》以及最高人民法院信息中心下发的《各类案件收结存情况统计表》。监控程序对高院司法统计报表的报送及导入情况进行监控，及时生成实时计算程序任务，实时计算程序对高院报送的司法统计报表数据进行提取和计算，将计算结果保存到核对服务库的相应结果表中。

每天定时将人民法院大数据管理和服务平台生成的司法统计服务的收结存数据抽取到核对服务库。

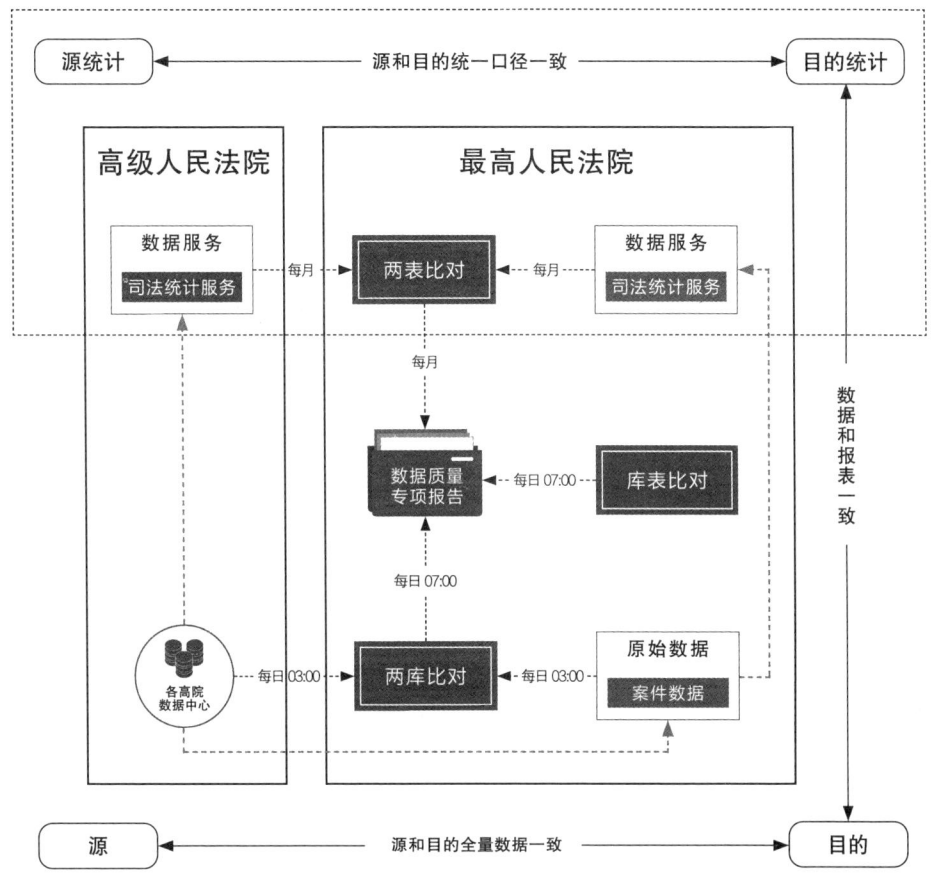

图 5-18　两表比对校验

基于核对服务库中的数据每月定时进行比对，识别高院司法统计报表和平台司法统计报表的数据差异，并提供可视化展示页面，全国人民法院的司法统计人员和数据管理人员可以查看校验结果，进行分析排查，并对相关问题进行校正。

第四节　司法大数据服务

　　数据科学蓬勃发展不仅使得人们能够有效应对越来越大的数据汇聚容量和越来越快的数据增长速度，更为深入分析海量异构数据，从中提取有用信息，改变产业、商业、政府、科技和人们的日常生活提供了各种可能。中国法院发挥体制机制优势，汇聚了全球最多的案件信息、司法文书信息和司法数据文件，无疑具有非常巨大的司法价值和社会价值，需要充分挖掘利用并服务广大用户。图 5-19 展现了司法大数据服务的主要层次、产品、对象和应用方式。

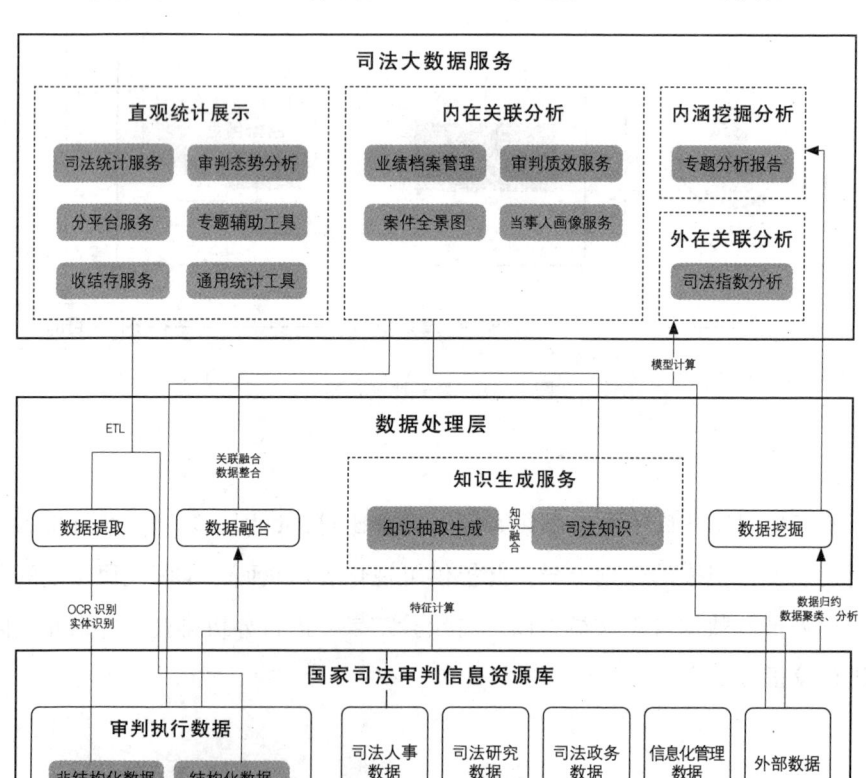

图 5-19　司法大数据服务

由图可见，法院司法大数据服务的第一层次是直观统计展示，直接运用各类数据支持统计分析，其中大量结构化数据本身经过求和、平均、方差计算等统计处理就能够反映很多司法活动的规律特征，非结构化数据经过特定处理也能够提取特征信息，进行综合统计并转化为直观可视的表现形式，使各类用户一目了然地洞悉统计结果；第二层次是内在关联分析，通过建立司法大数据内部各部分的关联关系，研究、分析数据样本彼此之间的影响效果，形成表格、图形等可视化分析结果，能够提高对司法部门与部门之间、业务与业务之间相互作用预测预判的准确性和科学性，支持管理者决策参考；第三层次是知识生成服务，针对特定数据资源施加自动标注、机器学习和知识图谱等技术手段，能够生成构建相应的领域知识体系，其成果虽不直接服务各类用户，但能够支持司法人工智能系统间接服务于法院内外的各种需求；第四层次是外在关联分析，跨界研究司法大数据与外部经济社会发展数据的关联关系，研究分析特定区域和时段之中两类数据样本之间的作用和影响效果，并以可视化形式表现展示，能够反映司法活动与经济社会发展的相互驱动，提高社会治理研究的及时性、丰富性和全面性；第五层次是内涵挖掘分析，运用丰富的领域专业知识，深入研究司法大数据样本背后蕴涵的政治、经济、文化、社会和生态等深层次发展逻辑和矛盾，形成结论性、趋势性、规律性分析报告，就能使司法大数据服务全面融入经济社会发展和人民群众生产生活，切实服务司法管理和社会治理。

一、自动化司法统计

随着司法审判数据的爆炸式增长、人民法院信息化建设的深入推进，传统的采用人工模式的静态统计已经无法完全确保数据的客观真实，不能适应形势发展要求。人民法院大数据管理和服务平台海量数据具备高度实时、一数一案的巨大优势，为支持全国司法统计报表的自动生成、更好地服务司法管理工作提供了最强有力的支撑。

自动化司法统计分为案件数据汇聚、法标转化、各省数据列表统计、各省数据写入全国库和服务展示五个阶段（如图 5-20）。大数据管理和服务平

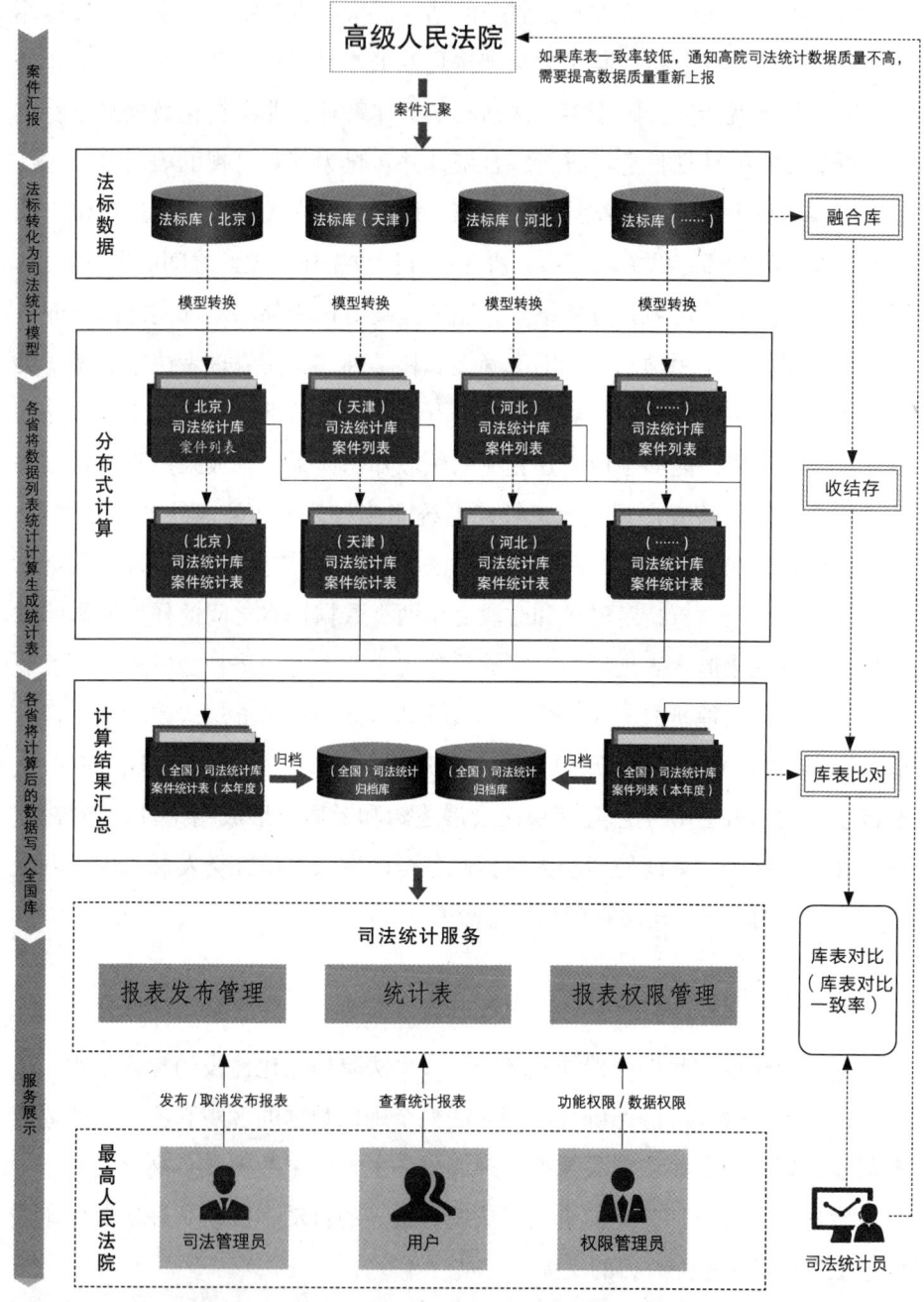

图 5-20　自动化司法统计

台汇聚各高院辖区法院的案件数据，形成法标数据，然后通过分布式计算形成各省司法统计列表，最终结果数据汇总成全国司法统计库，为全国法院司法统计提供数据服务。主要业务流程分为司法统计案件 zip 包接受、司法统计案件包入库和司法统计案件归档三个基本环节，具体业务流程如图 5-21。

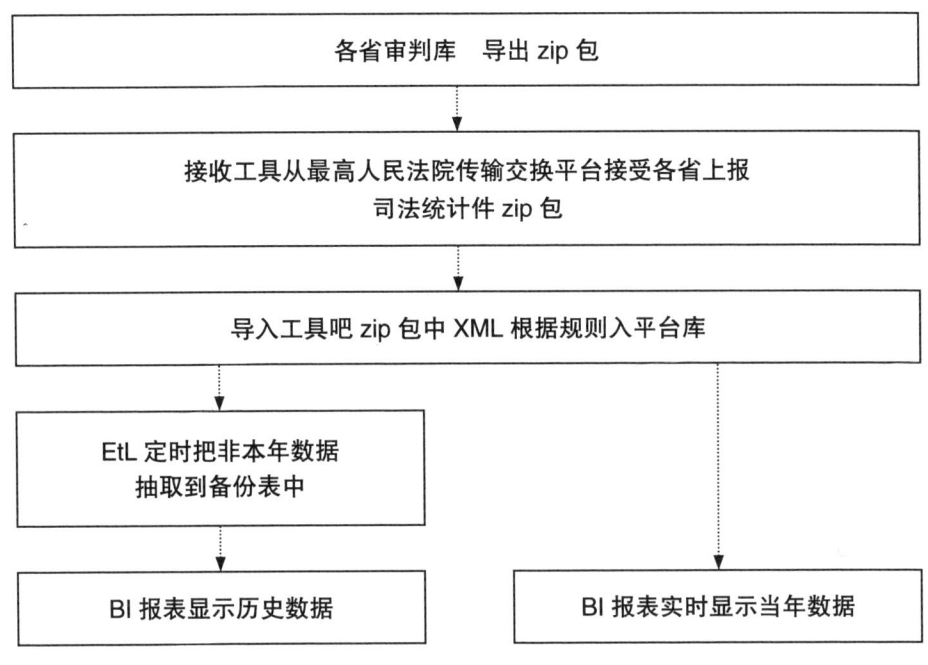

图 5-21　业务流程图

司法统计服务主要包括本地生成表、平台生成表、台账、单机版报表四个部分：

其中本地生成表是各高级人民法院本地生成的本省司法统计基础报表，主要用于与平台生成表的进行数据比对，对数据的一致性进行校验，为平台生成表的数据准确性评估提供依据。

平台生成表是人民法院大数据管理和服务平台基于已汇集的案件数据，自动计算生成的全国所有法院的司法统计基础报表。报表中的每一个数字均支持下钻到具体的案件列表，案件列表中的每一个案件都可以查看案件详情。

台账是依据司法统计工作的业务需求，基于司法统计基础报表的统计数据提供的定制化台账计算及展示功能。主要包括各类案件收结存情况统计表、强制医疗案件情况统计表、人民法院司法统计公报数据统计表等内容。同时，司法统计服务还提供自定义台账功能，由用户按需手动配置报表样式，基于司法统计基础报表的统计数据自动生成相应的统计台账。

单机版报表是为了方便司法统计工作人员查看历史报表，将 2002 年至 2016 年的单机版司法统计数据迁入平台，并提供报表展示。

自动化司法统计服务使全国法院司法统计工作人员在一天之内即可获取全国最新司法统计动态，每个数字都可层层下钻至详细的案件信息，全面提升了司法统计工作效率及数据准确性。全年自动生成司法统计报表 570 多万张，涉及核心信息项 20.9 亿项，并形成法院、报表、案件的三级关联印证机制。

二、审判态势分析

审判态势是各级法院领导及各业务庭室了解本院及辖区法院案件审执情况的重要手段，也是各级法院改进提升管理工作的重要依据。审判态势分析基于数据关联融合库实现（如图 5-22）。它是独立于原始库和服务层中间的数据库，将法标库、文书库、人事库、电子档案库等进行数据计算和不同类型数据融合，构成一个信息相对完整的数据仓库，数据服务基于完整的融合库进行计算、分析、统计。

审判态势分析服务针对业务需要，以覆盖时间、法院、案件类型、案由等核心维度的收结存数据作为基础支撑，构成了地域分析、趋势分析、热点案由、案由分析、法院对比、组合分析等 6 大模块。

地域分析以时间、法院、案件类型为分析维度，以法院为展示维度，通过地图和列表结合的方式对比展示各类案件在全国各地法院的收结案情况。收结案数据支持对数量、同比、环比、占比四类指标的展示及排序。

趋势分析以时间、法院、案件类型为分析维度，以时间作为展示维度，通过趋势图和列表结合的方式展示各类案件在各年度、各月度的收结案情况。收结案数据支持对数量、同比、环比三类指标的展示及排序。

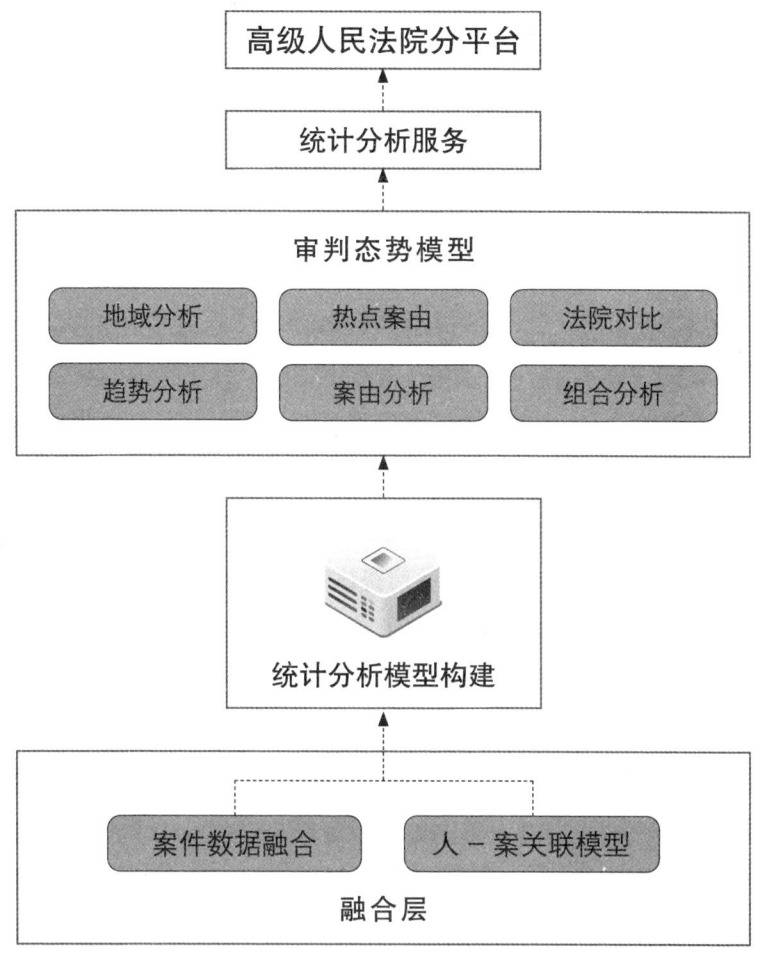

图 5-22　审判态势统计模型

　　热点案由以时间、法院、案件类型、案由为分析维度，以案由作为展示维度，识别出各辖区或法院在统计时间内收结案数量最多 / 最少、同比增长最快 / 最慢、环比增长最快 / 最慢的案由。

　　案由分析以时间、法院、案件类型、案由为分析维度，以案由、时间作为展示维度，通过占比图、折线图、结合列表展示各类案由案件量的占比和年度变化趋势。收结案数据支持对数量、同比、环比、占比四类指标的展示及排序。

法院对比以时间、法院、案件类型、案由为分析维度，以法院、时间作为展示维度，通过展示面板、趋势图展示选中的对比法院的收结案数量及案件量月度变化趋势。

组合分析以时间、法院、案件类型、案由组合为分析维度，以时间、法院、案由为展示维度，通过地图、柱状图、占比图、趋势图的方式，展示选中案由组合的收结案件分布情况、数量变化趋势及各案由占比。

三、经济社会发展分析

司法大数据蕴含着丰富的司法案件、司法活动与经济社会发展的内在关系，运用各种司法数据集合结合政治、经济、社会、文化、生态等其他数据样本进行深入分析，能够从司法角度定量描述、精细反映、比较对照经济社会发展的基本状况，为各级党委和政府提供有益的决策参考。

各种案件的受理数量本身就反映了社会矛盾的分布变化情况。由于案件总是因原被告双方矛盾难以迅速调和并诉诸司法而产生的，因而常理之下法院受理案件数量的增加表现了人与人、人与机构、机构与机构之间矛盾的增长。但是人们法治意识的增强、司法公信程度的提升、立案登记制改革以及法院在多元解纷中的作用增大等多方面因素也会增强人们求助于法院解决矛盾纠纷的意愿，增加法院受理案件的数量。具体地，民商事案件的数量变化能够反映经济发展和社会进步的很多细节：婚姻家庭类案件就折射出家庭和社会结构的稳定性，邻里纠纷类案件一定程度上体现了道德风尚的教化蕴育，买卖合同类案件与经济发展的活跃程度有较强关联，企业破产类案件必然反映了经济运行态势的发展走向。此外，知识产权类案件与创新驱动作用以及智力资产维权意识密切相关，环境资源类案件与人们对环境保护和生态发展的高度重视密切相关，金融借贷类案件从很重要的侧面反映了经济安全形势，互联网类案件从技术运营载体角度反映了新兴业态的发展应用情况。刑事案件的数量变化则能够反映违法犯罪的整体状况：盗窃、抢劫、斗殴、伤害、诈骗、诱拐等犯罪数量能够反映社会治安情况，贪污、收贿、行贿、谋私、枉法等犯罪数量能够反映廉政建设情况，生产事故、交通肇事、环境破坏等

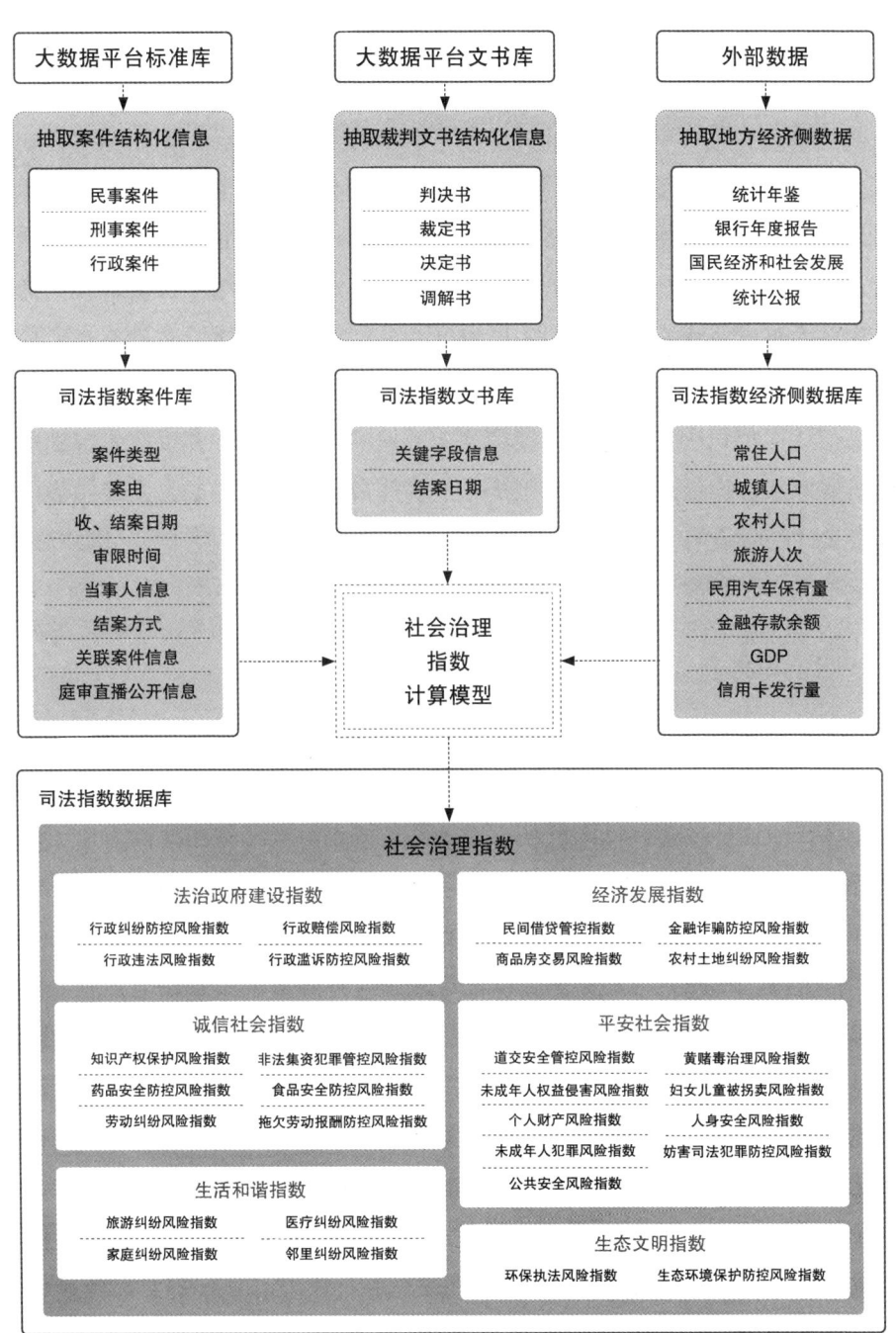

图 5-23　经济社会发展分析指数

犯罪数量能够反映安全管理情况，等等。

所以，运用司法大数据分析经济社会发展的主要方式就是基于人民法院大数据管理和服务平台汇聚的近乎全量的案件数据资源，以案由为主要切入点，以案件数量为主要参量，从时间维度可以分析相关案件的变化趋势，从区域分布可以分析案发的城乡、东西部、大中小城市等地域特征，从人群分布可以分析当事人的年龄、性别、文化程度、工作职业等个体特征，从涉案机构分布可以分析企事业单位或政府部门的行业属性，进一步结合相关地区经济发展形势、社会发展统计、金融年度报告等，能够通过表格、曲线、图形等形式展现司法案件与各项经济社会数据的关联关系，并以此为基础研究分析国家和社会治理中各项政策措施的具体成效、前因后果、发展趋势以及需要关注的重点问题，支持各级党委和政府更加全面地掌握形势，因应施策、优化治理（如上图5-23）。

四、司法指数研究探索

指数化是运用特定变量表征某些领域中一种状态演变程度的基本方法。通常在掌握了一个领域内丰富全面的数据资源并进行了深入的大数据研究之后，能够形成较为成熟的指标体系，进一步聚焦凝练形成能够反映相关领域演变特征的重要指数，就能够为评估、决策和改进提供简明扼要的量化依据。在运用司法大数据资源进行审判态势和经济社会发展深度研究和分析的过程中，也发现了一些特征变量能够表征反映当地法院审判体系和审判能力建设状况，还有一些特征变量能够表征反映区域治理体系和治理能力建设状况，由此寻找了"辅助决策所需"和"司法大数据所能"的有效结合点，这就探索形成了如图5-24所示的司法综合指数体系，包括审判执行和社会治理两部分指数，前者面向法院内部，后者面向整个社会。

审判执行指数旨在通过法院主要业务数据的客观获取和合理统计反映各级法院审判执行工作的基本状况。在"审判执行司法指数"一级指标之下，设置四项二级指标，分别为"审判公正指数""审判效率指数""审判效果指数"和"司法管理指数"。审判公正指数下设置三项三级指标，分

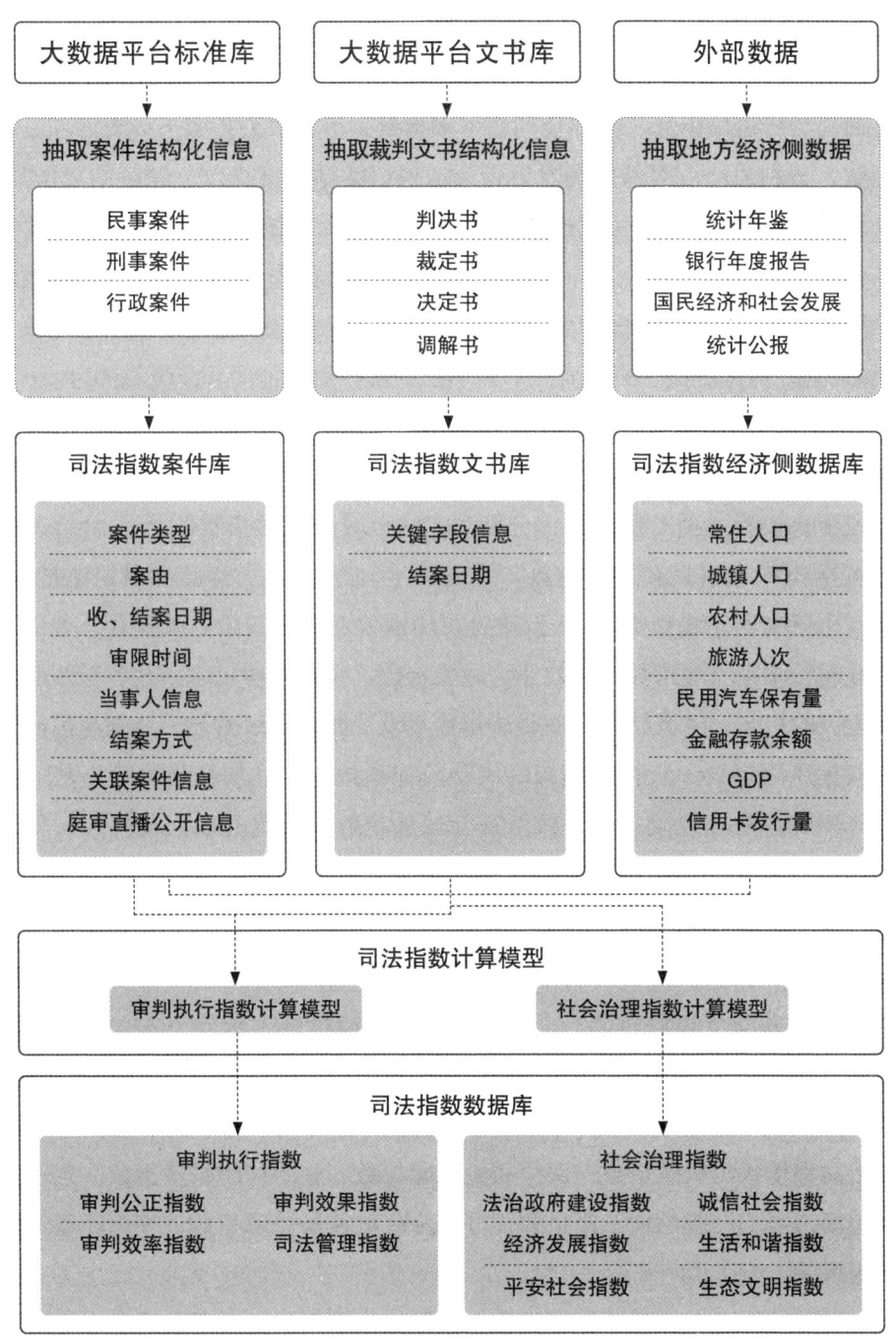

图 5-24 司法综合指数

别为裁判文书公开指数、庭审直播公开指数、审判结果稳定指数；审判效率指数下设置四项三级指数，分别为审判效率指数、执行效率指数、一审案件简易程序适用指数、案件长期超审限指数；审判效果指数下设置四项三级指数，分别为一审案件服判息诉指数、执行案件结案指数、调解结案指数、人民陪审员陪审指数；司法管理指数下设置七项三级指数，分别为主审法官工作量变化指数、执行人员工作量变化指数、分案失衡指数、法院干警廉洁风险指数、月度结案均衡指数、工作日结案均衡指数、超审限未结案件预警指数

　　社会治理指数旨在通过法院审理的特定类型案件数据与当地经济社会数据结合测算反映社会治理的某些特征。在"社会治理司法指数"一级指标之下，设置六项二级指标，分别为"法治政府司法指数""经济社会发展司法指数""诚信社会司法指数""平安社会司法指数""生活和谐司法指数"和"生态文明司法指数"。法治政府司法指数下设置四项三级指数，分别为行政纠纷防控风险指数、行政违法风险指数、行政赔偿风险指数、行政滥诉防控风险指数；经济社会发展司法指数下设置四项三级指数，分别为民间借贷管控风险指数、农村土地纠纷风险防控指数、商品房交易风险指数、金融诈骗犯罪防控风险指数；诚信社会司法指数下设置五项三级指数，分别为知识产权保护风险指数、非法集资犯罪管控风险指数、食药安全风险指数、劳动纠纷风险指数、拖欠劳动报酬防控风险指数；平安社会司法指数下设置八项三级指数，分别为人身安全风险指数、道路交通安全管控风险指数、公共安全风险指数、个人财产安全风险指数、未成年人权益侵害风险指数、妇女儿童被拐卖风险指数、黄赌毒治理风险指数、妨害司法犯罪防控风险指数；生活和谐司法指数下设置四项三级指数，分别为家庭纠纷风险指数、邻里纠纷风险指数、医疗纠纷风险指数、旅游纠纷风险指数；生态文明司法指数下设置两项三级指数，分别为环保执法风险指数、生态环境保护防控风险。

　　需要特别强调的是，运用司法大数据针对审判执行和社会治理进行指数化研究分析仍属非常初步的探索性工作，无论是司法数据与社会数据的全面

性、准确性，还是指数体系的合理性、科学性都很难精准、权威以至于一目了然、毫无偏差地反映对应工作的实际状况，因此这方面的初步探索能够为部分管理者研究决策提供基于司法视角的一定参考，还远未达到合理、科学和权威的成熟性。

第六章 信息基础设施

信息系统是信息时代承载和发挥信息效用的主要载体。大量信息基础设施虽然不像很多应用系统那样，直接面向用户提供满足具体需求的信息内容。但其支撑能力与系统体系提供信息的度量水平密切相关。在智慧法院中，实时汇聚案件信息的广阔度可以定义为受理法院的范围，要达到全国水平必然要求法院专网覆盖全国各级法院和派出法庭；庭审视频信息的细致度可以定义为影像的清晰度，要达到高清水平必然要求采集设备、传输信道和播放终端都能够满足高清视频要求；案件信息的持续度可以定义为相关内容的采样率，视频信息显然比图片信息具有更高的持续度，保存所有相关视频是维持案件信息持续度的有效方法，必然要求法院信息系统具有更大的存储容量；案件信息的丰富度可以定义为所含数据的类型数目，在结构化数据基础上，增加半结构化、准结构化和非结构化数据，就提高了案件信息的丰富度，同时也对信息输入、输出和管理设施提出了新的要求；案件信息的容积度可以定义为所占用的比特数，其变化发展必然与基础设施的吞吐能力和存储容量直接相关；执行查控信息的延迟度可以定义为从干警输入请求到收到回复的时间延迟，影响从边远法庭到最高人民法院、再回到边远法庭的执行查控信息延迟度的一个重要因素就是沿途各级法院专网的通信带宽；中国裁判文书网的信息遍及度可以定义为全球访问者所处的地理空间范围，要广达全世界的一个重要前提就是互联网通信基站的覆盖全球；全国法院档案管理系统中的案件信息真实度可以定义为所有卷宗与原始材料的一致性，其水平显然与分布在全国各地法院的卷宗扫描设备的性能有很大关系；法院为某一干警或群众提供信息的适配度可以定义为此项信息的广阔度、细致度、延迟度和真实度等度量的加权平均，因不同用户、不同场合而异，显然又与用户与法院之间的通信链路及其使用终端的性能密切相关。所以信息基础设施终将影响用户获取信息的具体度量，在智慧法院建设中具有重要地位，已经成为当今各级法院"新基建"的主要内容。

第一节　专用设施

智慧法院专用信息基础设施或简称专用设施，是法院诉讼服务、审判执行和司法管理等专门业务场所，配置以高度信息化的系统和设备，能够为各类用户提供数字化、可视化、集成化、自动化和智能化信息服务的新型司法设施。随着智慧法院建设不断深入，专用设施的信息化水平不断提高，日益成为服务用户的重要窗口和运行管控的中心枢纽。

必须深刻领会没有信息化就没有现代化的重要内涵，进一步将专用信息基础设施建设作为推动法院各项工作现代化的有力抓手。一要聚焦法院特色，紧密结合人民法院作为国家审判机关的业务需求，针对诉讼服务对象各异、案件审理卷宗流转、执行工作高效协同、司法管理全局掌控等不同工作特点，科学合理地规划和推进专用设施建设；二要聚焦创新发展，始终保持对信息技术发展动态的高度关注和通过科技创新解决法院业务痛点难点的高涨热情，积极探索应用先进的显示、交互、处理、控制和智能技术支持专用设施建设；三要聚焦集成管控，充分认识信息时代汇聚数据、生成态势、综合研判、闭环管控对各类业务工作的重要促进作用，注重发挥专用设施重点建设的有利条件，着力构建一批能够支持各级法院指导协调的业务枢纽；四要突出连通共享，利用广域覆盖的互联网和贯通全国的法院专网，使各类专用设施尽可能连通法院各种应用系统并实现按需信息共享，为支持跨网系、跨业务、跨层级、跨部门协同联动创造条件；五要突出便利实用，针对专用设施用户来源广、使用频次高、培训保障不易的难点，尽可能运用大众熟悉的操作界面和应用方式，简化不必要的操作流程，建立必要的线上线下衔接机制，使专用设施切实成为广大用户熟悉掌握法院信息化的引路者和贴心人；六要突出因地制宜，切实根据各级法院地域、层级和信息化发展特点，建设场所设置、空间布局和技术规格充分贴合本院实际的专用设施，特别是广大中、基层人民法院，应特别提倡一厅多用、一专多能，确保智慧法院务实、高效、可持续发展。

一、科技法庭

科技法庭系统是根据国家和最高人民法院发布的有关标准和规范，满足庭审过程公开、公正、高效、真实、透明的要求，打破时间和空间因素对庭审活动的限制，最大限度规范庭审活动，提高庭审效率，为法官、当事人、群众提供便捷服务，保障审判活动公开、高效进行的信息化系统。

（一）系统组成

科技法庭主要由音视频采集、电子举证、庭审管理、庭审显示、扩声、公告及远程音视频、互联网直播等单元组成，并对接案件信息管理系统，获取案件信息。此外根据具体需求和应用场景的需要，科技法庭还可以扩展庭审巡查、同声传译等单元。科技法庭系统组成如图6-1所示。

音视频采集单元主要负责对庭审全过程的音频和视频信息进行采集，通过庭审摄像机、话筒等采集设备，将采集的音视频信息传输至庭审管理单元，实现庭审过程中音视频的汇聚管理。

电子举证单元主要负责对庭审过程中原被告双方（或控辩双方）、证人、刑案被告等提交的DVD证据、实物证据、电子证据进行采集，并将采集到的音视频信息传输到庭审管理、显示、扩声等单元，实现庭审过程中的证据展示、记录存储。

庭审管理单元主要负责对整个科技法庭所有单元进行交互控制，并将音视频信号传输至部署于法院专有云上的配套服务平台及庭审显示单元、庭审扩声单元、庭审存储单元等，实现法庭音视频信号切换控制、证据展示、庭审音视频存储、庭审信息综合应用、语音转写笔录校对等功能。其中语音识别主机主要负责对庭审过程中采集的语音信号进行识别，并将庭审语音信号转化为文字供书记员快速审核、更正。语音识别单元的支撑可以提升开庭效率，节省开庭时间。

庭审显示单元负责法庭内各类影像的显示，通过接收庭审管理单元调度分发的视频信号，实现庭审画面和证据画面的展示功能。

庭审扩声单元负责法庭内各类声源场地扩声，通过接收庭审管理单元调度处理的音频信号并进行放大，确保庭审参与人员可清晰听到现场声音。

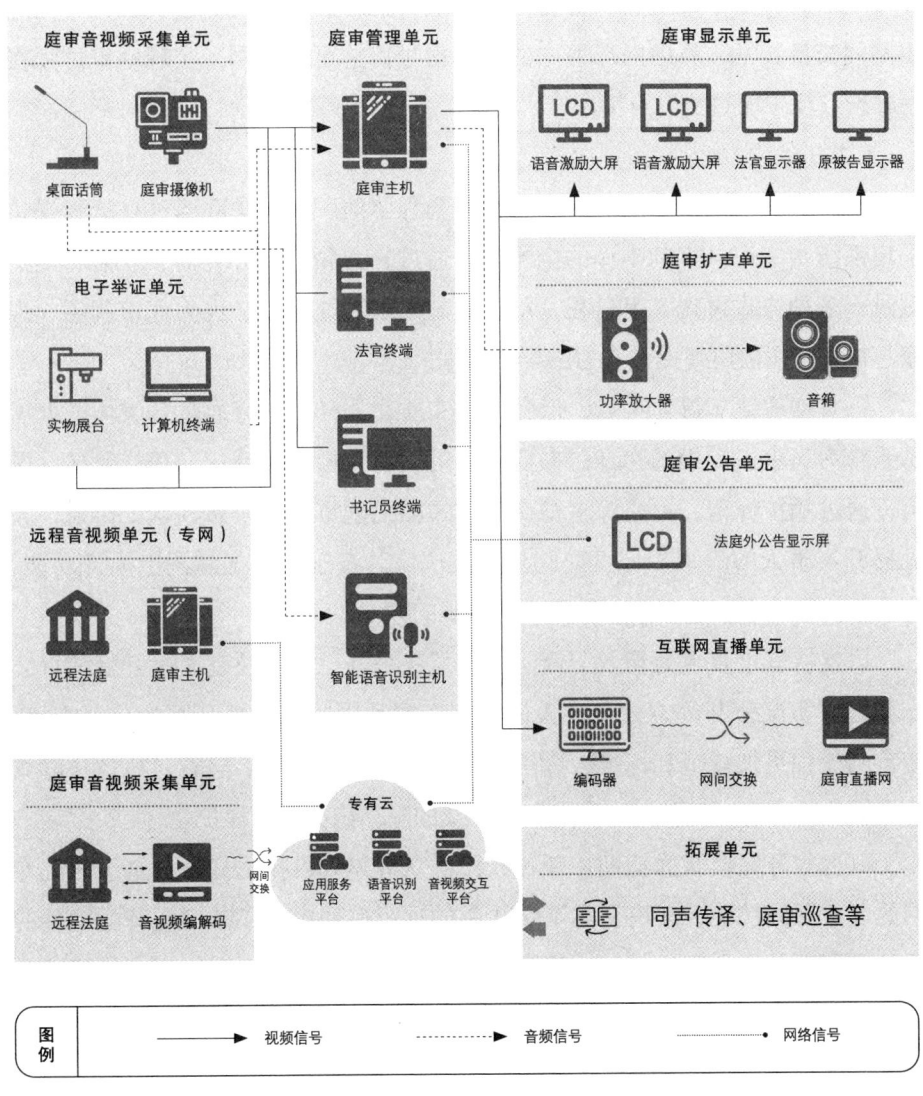

图 6-1 科技法庭

庭审公告单元通过网络从庭审管理单元及配套应用系统获取数据，实现庭审信息、状态、案件信息等内容的展示与通告。

远程音视频单元通过网络进行音视频交互，实现当事人异地远程参加庭审活动。远程音视频单元主要用于支撑远程巡回审判、减刑假释类案件的远程审理以及刑事案件的远程提审等。

互联网直播单元主要负责将庭审管理单元中的庭审视频进行编码，再应用网间交换技术，将内网环境中的视频信号传输至互联网，实现庭审过程在互联网环境中的直播、点播。

（二）主要功能

以高清庭审设备为依托，实现庭审全程留痕。科技法庭通过高清音视频采集系统真实记录审判工作的全流程，通过音视频存储、直播、点播和集中刻录等多种方式再现庭审过程，不仅提高了审判透明度，也为庭审调阅、观摩、审查和司法监督提供有力的司法依据。

以举证质证支持为重点，保障庭审实质化。科技法庭通过多媒体证据展示系统为当事人提供的物证、书证和视听资料等提供高清化、智能化展示渠道，通过触控标记、批注等多种交互方式辅助庭审质证，做到认证留痕，大大提升当事人的庭审参与度。此外科技法庭具备远程质证和网上质证功能，解决了当事人举证难和证人作证难等客观问题。

以支持庭审直播为切入，依法促进司法公开。科技法庭通过开庭信息公告和庭审实况公开等方式支持人民法院专网和中国庭审公开网的公开直播，使审判流程更加规范和标准，庭审过程更加公开和透明。同时，科技法庭具有直播控制功能，具备对庭审过程中涉及的隐私依法进行保护。

以远程开庭模式为辅助，减轻人民群众诉累。科技法庭通过基于法院专网的远程开庭功能，解决了上下级法院的远程巡回审判、减刑假释类案件的远程审理以及刑事案件的远程提审等问题，互联网远程庭审也为身处异地的当事人提供了参与庭审的便利条件，大大减轻了诉讼参与人的旅途奔波，提高了庭审质效，节约了诉讼成本。

以人工智能应用为动能，助力智慧庭审建设。科技法庭通过语音识别、图像识别、大数据等先进技术应用，实现了语音同步转录、庭审当事人身份核验认证、卷宗智能辅助调阅等多项功能，为庭审参与人提供了更加精准的智能化服务。

（三）应用方式

法官可以在庭审中实时查阅、批注并推送共享相关材料辅助案件审理，包括书记员的实时笔录、卷宗材料和现场提交的实体证据等。

庭前书记员可自行导入笔录模板，系统自动分析案件信息为书记员推送符合案件类型的笔录纲要，减少文字录入量，缩短笔录制作时间。庭中书记员基于语音识别技术将庭审参与人的语音转换成文字笔录，提升庭审笔录的完整性和时效性，有效解决了笔录记录不全和庭后反复确认等问题。

在举证质证环节为当事人提供多媒体证据展现方式，支持提交证据的当庭展示以及调阅卷宗中的证据进行举证质证。在开庭过程中当事人能够实时查阅书记员笔录记录内容，如发现笔录有误，可及时提醒书记员进行纠正。庭审结束后当事人可以通过电子签名的方式进行笔录确认，避免重复签字捺印情况，电子签名具备防篡改功能，确保了电子证据的真实性。

社会公众可以在互联网环境访问庭审直播网，通过直播或点播查看案件庭审，了解庭审过程和案件细节，通过庭审过程的直播、点播进一步促进司法公开和公正。

二、数字化审委会

数字化审委会系统是利用信息化手段，结合审判委员会会议审议规则和流程，通过辅助支持提高审判委员会的工作效率和规范性的信息系统。

（一）主要构成

数字化审委会主要由审委会采集、远程审委会接入、会议音视频处理、显示、扩声、录制等单元组成，并以数字审委会应用系统这一核心软件系统为依托，获取智慧法院其他业务应用系统产生的数据和信息。审委会系统组成如图 6-2 所示。

审委会采集单元主要负责对审委会现场声音、画面采集，并传输至会议音视频处理单元，实现委员发言、现场画面、桌面终端等音视频信号的汇聚。

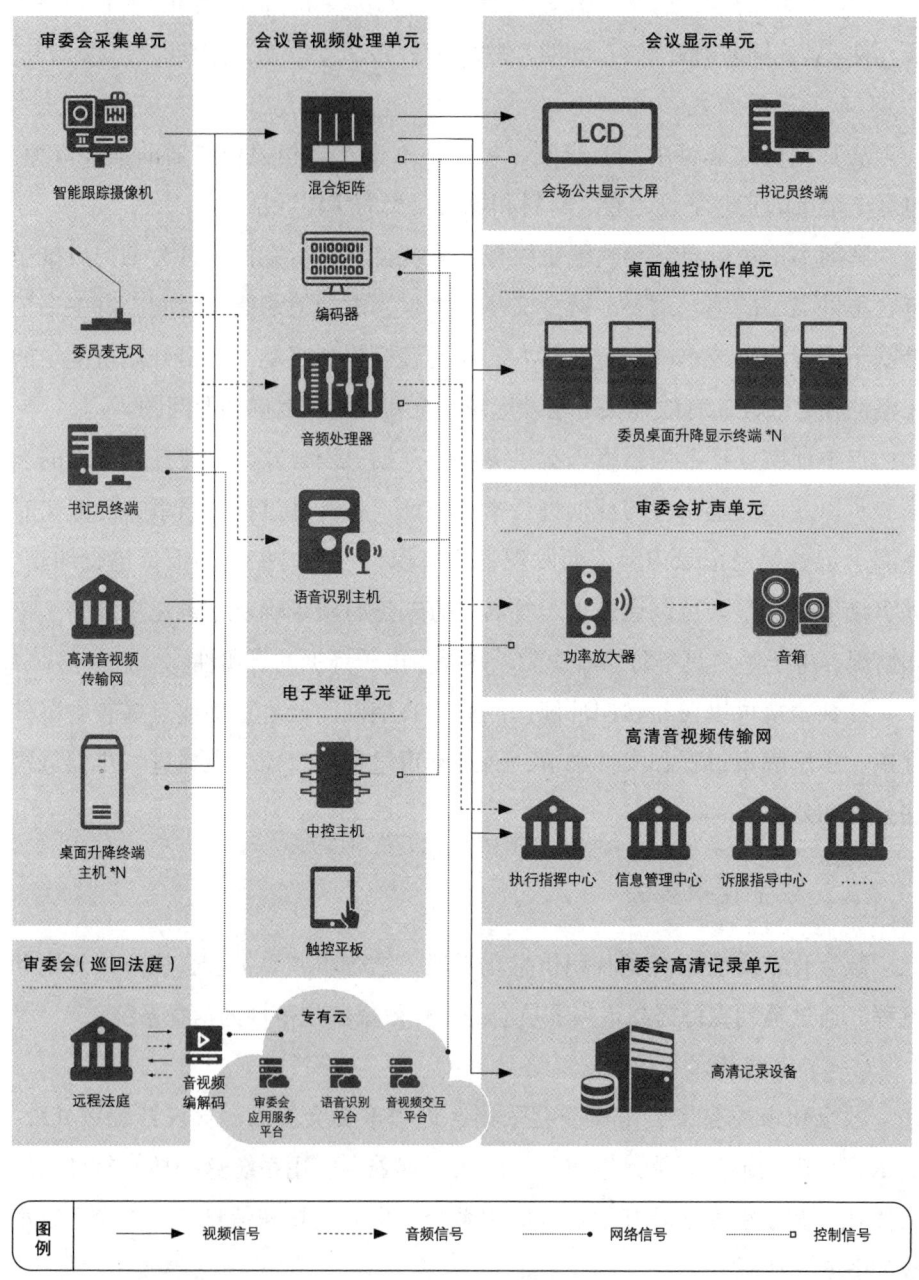

图 6-2　数字化审委会

远程审委会（巡回法庭）接入单元主要负责审委会与巡回法庭审委会的视频会议及音视频信号共享，通过音视频编解码技术实现音视频信号网络化传输。

会议音视频处理单元主要负责审委会所有音视频信号的汇聚管理及分发控制，是整个系统的中枢，汇聚了采集单元和审委会（巡回法庭）的音视频信号，在完成视频和音频的处理及切换后传输至显示、扩声等单元。

会议显示单元主要负责审委会现场的视频信号最终呈现，通过接收会议音视频处理单元分发调度的视频信号，实现不同画面的显示。

桌面触控协作单元主要负责每个参会人员桌面端无纸化办公协作，可以实时调阅系统内音视频资料，并支持画面的共享、推送等功能，是审委会应用系统的核心交互载体。

审委会扩声单元主要负责会议室内音响扩声，实现会议讨论发言清晰可辨。

高清音视频传输网接入单元主要负责审委会与法院其他专用设施场所实现互联互通，借助网络、光纤等介质，实现各场所音视频信号交互传输。

审委会高清记录单元主要负责审委会实时、高效音视频信号的录制，通过获取会议音视频单元分发的音视频信号，在录制视频的同时将同期音频信号进行收录，并可根据要求进行回放。

审委会智能控制单元主要负责对分散的系统设备进行集中操作、控制，通过控制单元的触控平板调用相关单元的控制命令，实现设备开关机、信号切换等功能。

审委会应用系统软件部署于法院专网内，借助审委会采集、音视频处理、桌面触控协作、显示等单元设备，为议题申请、议题审批、会议安排等工作提供方便高效的应用，并以音视频方式完整、详实地记录审委会讨论全过程信息。

（二）主要功能

数字化审委会系统具备会议签到、信息集中展示、案件资料批注、资料同步及查阅共享、会议记录智能语音生成、全程留痕、智能控制等功能，既能全面管理会议信息又便利会后质证查看，有利于提高会议效率。

会议签到功能支持各位与会委员通过交互终端进行签到，并可将签到结果通过音视频处理单元推送到大屏显示。

信息集中展示功能通过显示大屏可以对主审的案件卷宗及相关资料进行集中展示。案件汇报人也可以将会前引入法院信息系统的案件材料、庭审笔录、审理报告等信息投放到各委员的显示屏和高清大屏上展示。

案件资料批注功能支持承办法官在会前阅览文件的过程中对阅文进行书签标注和意见记录，并在会中通过书签快速跳转到指定资料的位置，记录的意见可以通过分享按钮共享给与会人员。

资料同步、查阅与共享功能通过审委会音视频处理及调度单元，可以在审委会会议室实现资料的同步显示推送、查阅结果的分享以及审委会委员意见的桌面协作共享。

会议记录智能语音生成功能通过部署在会议室中的语音识别主机，可以调用法院语音识别云平台的智能语音识别功能，辅助审委会秘书对会议过程进行文字记录。

全程留痕功能通过高清记录单元实现审委会会议音视频全程录音录像，并以案件号为文件名进行保存，对记录文件进行归档。

智能操作控制功能实现在会议室内一键开关相关设备，随意切换高清矩阵的输入、输出信号，按键式调节会议室发言扩声的大小，此外还支持对设备电源、灯光和电动窗帘等环境设备的控制。

（三）应用方式

审委会案件卷宗无纸化应用。每个席位上都部署一台终端，与会人员可通过终端随时调阅案情、证据、庭审录像等电子资料。每位委员和汇报人面前都有一个发言话筒，随讲随按，实现简便易操作的会议发言和讨论功能。会中秘书通过秘书客户端可在线记录笔录、会场控制等。整个会议过程中无需参会人员携带任何纸质材料，只需通过自己席位前的终端即可便捷了解案件详情，即时展开讨论。

审委会议信息化过程应用。数字化审委会系统严格按照法院审委会业务流程定制开发，贴合法院实际业务需求。从会前的议题申请、审批到会中讨论、表决，再到会后笔录签名、归档，全部流程都可以在线上实现，进一步提升法院审委会工作的信息化、高效化、标准化水平。

可视化资源及辅助裁决应用。数字化审委会的可视化资源及辅助裁决支持审委会的讨论裁决过程。案件承办人提交会议讨论后，案件的基本信息、文书材料、实体材料、庭审视频、开庭笔录、合议笔录、电子卷宗等，都可以在系统中自动呈现，方便委员提前查阅，全面了解案情。

全程留痕规范审委会履行职责应用。数字化审委会系统支持会议过程全程录音录像，相关信息严格按照规定实现保密管理，只有经过严格的审批程序方可查阅。会议开始后，审委会交互系统即开启全程录像。会议中，通过特殊留痕功能实现对发言人打点留痕。会后调阅资料时，可根据发言人名字调阅其会上发言片断。

三、信息管理中心

信息管理中心系统是以智慧法院信息系统各类信息资源为支撑，以图像处理和音视频交换等技术为辅助，打造的集数据资源汇集、运行状态监控、运行质效显示、维护保障调度于一体的信息化运维保障中枢。

（一）主要构成

信息管理中心主要由本地采集设备、安防监控、远程指挥调度、坐席调度、音频、扩声、显示等单元组成。信息管理中心系统组成如图6-3所示。

本地采集设备单元主要负责将中心内本地音视频信号集中接入采集，通过摄像机及话筒等设备实现中心内声音、画面采集收录，电脑、播放设备、投屏设备的接入同时保证了相关业务系统信号及数据信息的灵活采集。

远程指挥调度单元主要负责信息管理中心与远程场所的指挥调度，通过将远程场所的音视频采集接入，并将音视频信号运用网络传输至信息管理中心坐席调度及音频系统，实现管理中心与远程场所的音视频交互。

智能环控单元主要负责集中控制灯光、机械、显示及视音频，通过对接各个受控设备控制信号，实现环境控制（空调温度控制、窗帘控制）、摄像机和投影机控制、投影幕和吊架升降控制、音视频切换控制、音量大小调节等功能。

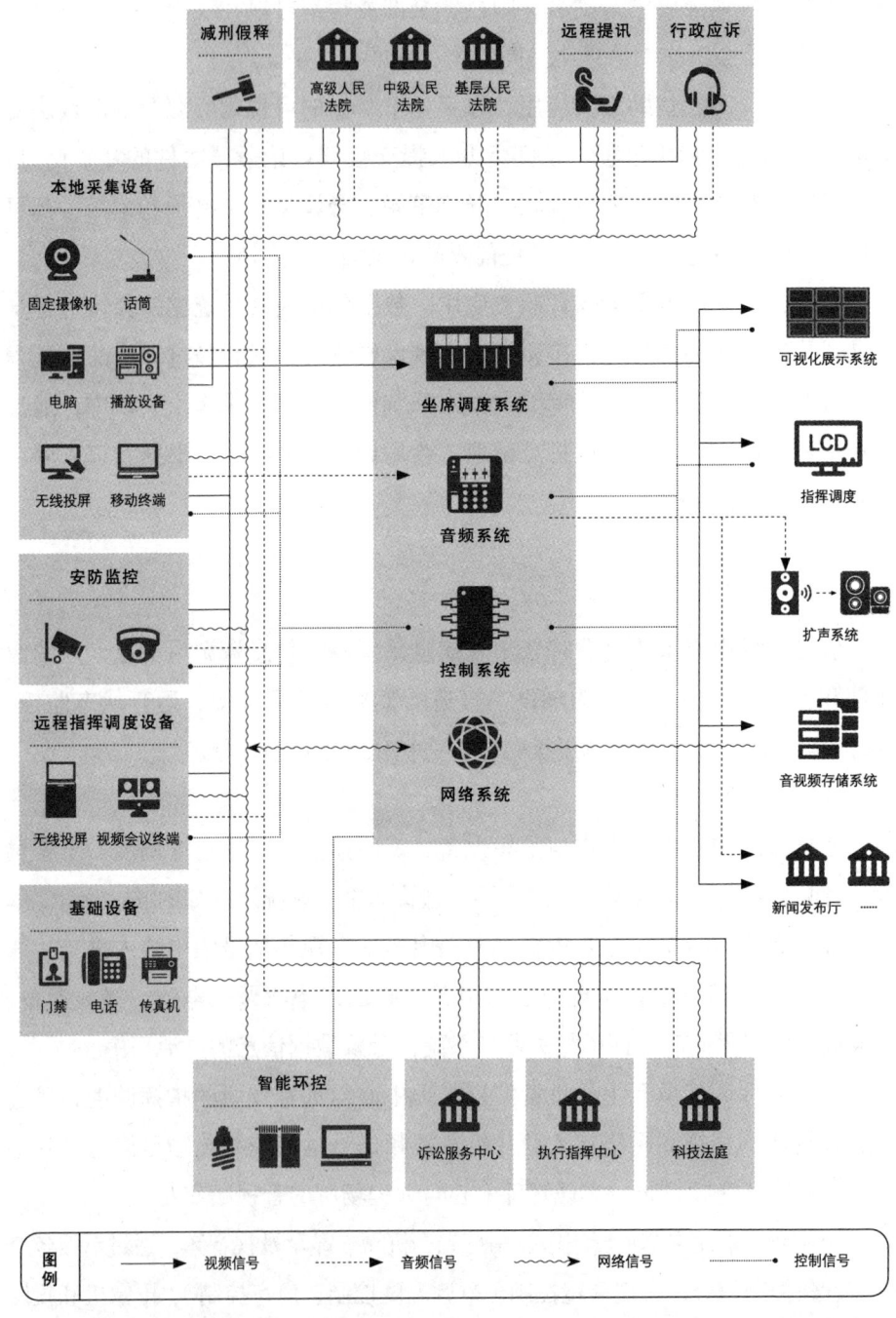

图 6-3　信息管理中心

显示系统单元主要负责信息管理中心内容、数据汇聚的呈现，通过超高分辨率的大屏幕备，实现各种数据、业务系统、监控画面等的集中显示。

坐席调度单元主要负责信息管理中心音视频信号的综合调度，通过设置坐席输入节点、坐席输出节点、网络交换机、用户主机、显示器、一套鼠标和键盘配合，实现坐席人员对不同操作系统、不同分辨率、不同接口信号的任意调度。

音频处理及扩声单元主要负责信息管理中心音频信号的汇聚处理及综合调度，通过多路音频信号混合放大、切换、滤波、反馈抑制等，实现高低音调节，效果补偿控制，音量大小调整，录音、放音等。

音视频存储单元主要负责重要音视频资料的记录存储，通过网络及音视频线缆将坐席调度单元及音频系统内的音视频信号接入音视频存储单元，实现系统内任意视频及音频信号的录制、存储。

高清音视频传输网接入单元主要负责信息管理中心音视频信号与高清音视频综合调度平台的信号交互，通过双向音视频信号的传输，实现与法院其他专用设施场所互联互通。

高、中、基层法院接入单元主要通过对基层法院本地音视频信号的编解码，实现信息管理中心与各个高院、中院和基层法院的视频会议、调度指挥功能。

减刑假释、远程提讯、行政应诉单元主要通过对远程场所音视频信号的编解码及入网，实现信息管理中心实时观摩和指挥调度减刑假释、远程提讯、行政应诉等远程视频应用，实时查看现场情况。

（二）主要功能

信息管理中心主要支持审判工作展示、数据集中管理、审务督察、指挥调度和安保防控等业务功能。

审判工作展示功能能全方位支持司法审判数据公开展示、审判动态流程展示、庭审活动展示以及视频提讯、信访接访、视频会议、培训交流等活动展示。

数据集中管理功能能将辖区法院各类数据资源以柱状、图饼状图展示，实现数据比对分析，为辅助决策提供有力支撑。

审务督查功能通过控制中心实时抽检诉讼服务窗口、庭审、安检、信访接访等工作状况，支持通过控制中心全面监控辖区法院警用车辆使用轨迹。

指挥调度功能能够展示辖区法院各项业务工作整体状况，支持显示具体工作过程，掌控外勤工作情况，强化业务工作监督、指挥和调度。

安保防控功能实时监控辖区法院安保系统、消防系统，监控安检及来访人员走动情况，同时视工作需要可承担辖区法院重大突发事件应急指挥中心功能。

（三）应用方式

服务于法院各部门主管领导。准确及时地获取业务相关信息，实现庭审观摩、视频通话、执行指挥、数据汇总及运维保障等信息的抓取分析，支持领导决策分析。

服务于法院的相关业务人员。通过后台支撑系统，相关业务人员可以横纵两条线分析业务系统的信息，有利于业务系统的更好推广和研究。

服务于社会公众。通过信息管理中心社会公众可以在较短时间内快速了解法院业务系统及信息化建设情况。

服务于运维人员。为智慧法院信息系统稳定正常运行提供统一监管平台，运维人员可实时监测各个业务系统的运行状况，及时有效地解决系统问题。

四、执行指挥中心

执行指挥中心系统是为实现切实解决执行难目标，进一步发挥各级人民法院执行指挥中心的监督、协调和指挥作用，汇集各类执行信息系统资源，而建立的集执行信息汇集、显示、监控、会商和指挥等功能于一体的信息化联动平台，有助于支持各级法院依法、有效行使执行权，深化执行联动机制，创新社会管理，推动社会信用体系建设。

（一）主要构成

执行指挥中心建设主要涉及指挥大厅、控制室和配套机房等区域，包括中心音视频采集、终端业务管理、执行指挥、视频会商、显示、扩声、智能控制等信息化系统建设。执行指挥中心系统组成如图6-4所示。

执行中心采集单元分为音频采集和视频采集，通过部署在执行中心的话筒、摄像机等设备实现现场声音、图像的灵活收录。

执行指挥中心终端管理单元根据功能需求和业务需求服务于不同工作人员日常办公，主要包括会议及指挥区无纸化会议终端、操作区业务终端、控制区业务终端和控制区管理终端。

执行指挥单元主要负责法院内执行指挥中心与执行单兵和车载系统的对接，执行单兵和车载指挥终端采集音视频，并通过4G或5G无线传输网络回传至执行管理单元，实现远程执行图像实时回传、指挥命令下达、执行应急处突等。

执行指挥中心视频会商单元主要负责远程视频会商，各级指挥中心通过法院专网、E1专网环境下的视频会商系统进行音视频交互，实现各级法院、各场所之间多方参与的视频会议。

互联网应急指挥单元主要负责将执行值守、GPS可视化管理系统和智慧单兵系统融为一体，将各级执行指挥中心互联网视频终端采集的视频信号，通过内外网数据的对接传输至执行管理单元，实现实时值守、随时召开应急调度会议、随时联络外出执行法官、随时切入执行现场画面等功能。

执行管理单元主要包含音视频调度、录制、拼接控制、语音识别、可视化呈现等模块，负责执行指挥中心音视频的汇聚管理、智能应用及可视化综合呈现。

执行业务显示单元主要包括大屏幕显示设备和辅助显示设备，辅助显示设备可配置移动显示屏和会议提词器等，用来辅助大屏显示系统的综合展示监控。通过接入执行管理单元的视频信号，实现执行指挥中心各类视频信息和执行应用系统的集中展示。

扩音单元主要包含功放和音箱设备，通过将执行管理单元的音频信号进行接入放大，实现现场的音频扩声。

智能控制单元主要负责执行指挥中心音视频系统、灯光、窗帘等环境系统、电源系统的集中管控，通过采用无线触摸屏与有线触摸屏组合的控制输入方式，达到使用灵活与操作信息全面的要求，便于指挥中心现场人员操控。

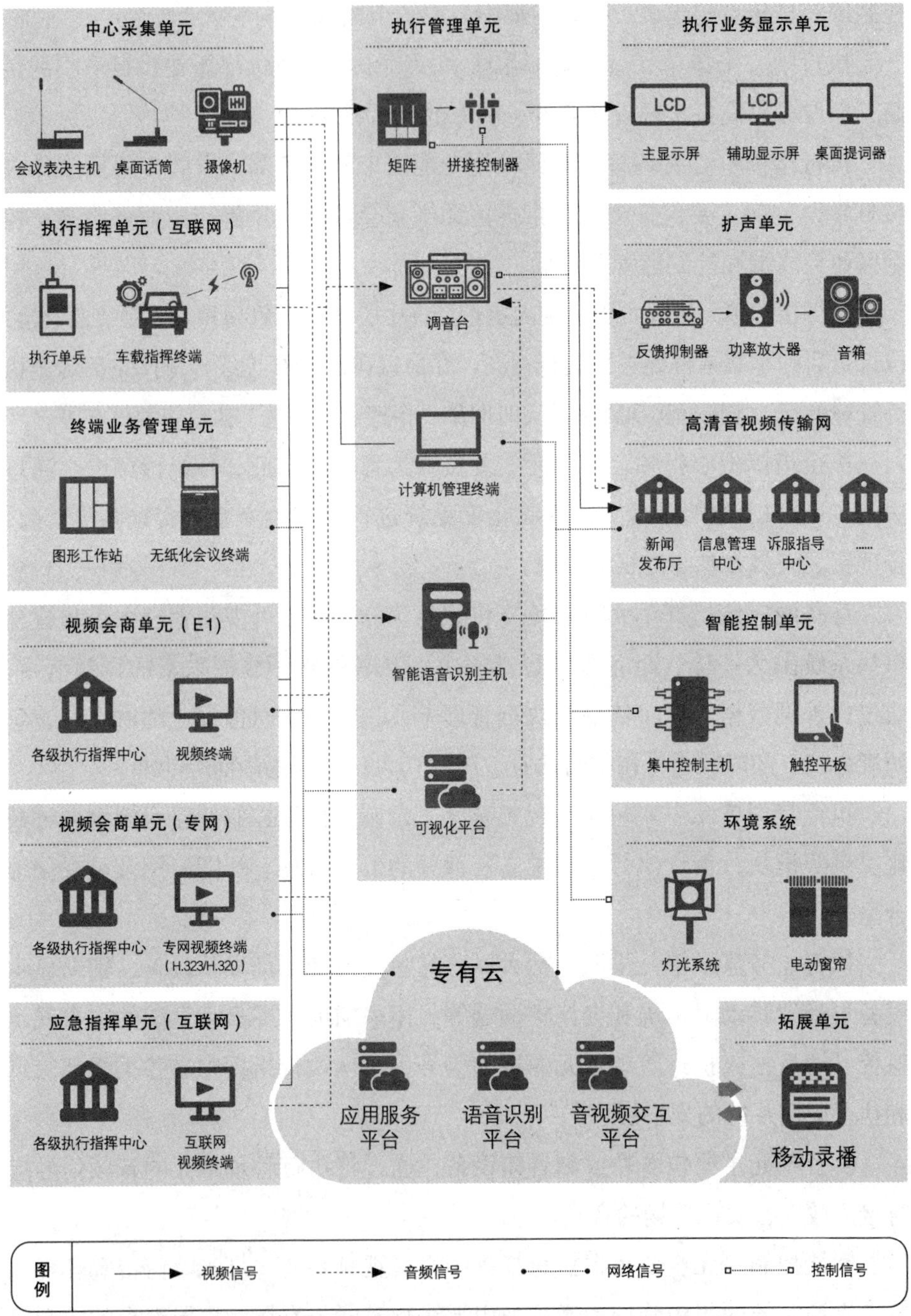

中心采集单元

会议表决主机　桌面话筒　摄像机

执行指挥单元（互联网）

执行单兵　车载指挥终端

终端业务管理单元

图形工作站　无纸化会议终端

视频会商单元（E1）

各级执行指挥中心　视频终端

视频会商单元（专网）

各级执行指挥中心　专网视频终端（H.323/H.320）

应急指挥单元（互联网）

各级执行指挥中心　互联网视频终端

执行管理单元

矩阵　拼接控制器

调音台

计算机管理终端

智能语音识别主机

可视化平台

执行业务显示单元

主显示屏　辅助显示屏　桌面提词器

扩声单元

反馈抑制器　功率放大器　音箱

高清音视频传输网

新闻发布厅　信息管理中心　诉服指导中心　……

智能控制单元

集中控制主机　触控平板

环境系统

灯光系统　电动窗帘

专有云

应用服务平台　语音识别平台　音视频交互平台

拓展单元

移动录播

图例　——→ 视频信号　┄┄▶ 音频信号　●—● 网络信号　□—□ 控制信号

图 6-4　执行指挥中心

　　高清音视频传输接入单元主要负责为几个专网设施场所音视频的互联互通提供传输链路，通过相应的视频终端、编解码器可以实现本地专用设施场所间音视频信号的交互共享。

　　（二）主要功能

　　执行工作态势可视化展现。依托大屏显示和可视化支撑设备，汇聚共享各类执行业务系统信息，实现执行工作动态数据和执行工作节点的全面展现和监控，智能辅助执行工作的决策分析，强化执行案件的有效管理，不仅规范了执行工作方式，提高了执行工作整体质量，更为执行工作的科学决策提供数据支持。

　　视频信号统一调度。通过视频调度平台，汇集来自执行指挥大厅、科技法庭、会议室、新闻发布厅、执行查控室、执行单兵和安防监控的视频信号，实现辖区法院重要区域视频信号的集中管理和统一调度，构建规范化、科学化执行指挥体系，辅助常态化协调各类跨区域执行工作事项。

　　四级法院视频会商。依托四级法院视频会商专网、法院专网和互联网方式支持召开全国法院执行工作视频会议，满足执行指挥上下联动和跨域协商需求，支持语音调度功能，为全国四级法院执行指挥视频会商提供了便捷、有效的途径。

　　远程执行指挥。依托指挥大厅音视频系统、执行单兵系统和车载执行指挥系统实现重大执行活动的远程指挥、监控和调度，具有现场证据采集、远程协调、联合执行和交叉执行等功能，支持构建上下一体、协调统一、反应快速的执行工作机制。

　　（三）应用方式

　　可视化模式应用。主要服务于执行工作管理人员的日常办公、执行业务数据分析、执行案件监督管理和执行工作辅助决策，通过将执行工作数据的全景展现和执行业务的终端分布式展现，实现对执行工作的态势分析和专题分析，从中找出执行工作难点，指导执行工作开展。

　　视频会商模式应用。主要用于加强四级法院的执行工作监督和管理，主要分为主会场、分会场和汇报专题三种方式，其中主会场需要满足所有分会场的画面接入和展示，分会场需要实现主会场和汇报专题内容的视频预览。

远程指挥模式应用。主要服务于执行指挥人员对重大案件的执行工作指挥、监控和调度，通过执行单兵和执行车载的视频采集、传输和综合展示，实现指挥中心实时掌控执行工作动态，指导现场执行。

运维管理模式应用。主要服务于执行指挥技术保障，通过对执行指挥中心网络节点、机房工作环境、设备运行状态的可视化监控，实时保障执行工作业务的顺利开展。

常态化工作模式应用。主要包括汇报模式、演讲模式、舆情监控模式、普通会议模式、会议监控模式、辖区法院视频点名模式等，可根据业务类型的不同，切换不同的画面显示模式、灯光模式等，辅助执行干警常态化执行工作。

五、诉讼服务指导中心

诉讼服务指导中心系统是为科学统筹各级法院多元解纷和诉讼服务工作而设立的专用信息基础设施，是诉讼服务指导中心信息平台的主要载体，主要用于汇集辖区法院诉前调解、诉讼服务、诉调对接、分调裁审、申诉信访等业务信息，掌握多元解纷和诉讼服务态势，指导辖区法院诉讼服务工作，更好地践行司法为民理念。

（一）主要构成

诉讼服务指导中心系统建设主要涉及指导中心大厅、控制室和配套机房等区域，由音视频采集单元、终端业务管理单元、远程调度单元、视频会商单元、诉服中心管理单元、诉服业务显示单元、扩声及智能控制单元等组成。诉服指导中心系统组成如图6-5所示。

音视频采集单元主要包含音频采集和视频采集两个模块。视频采集模块主要包含诉服指导中心大厅固定式摄像机和移动式录播摄像机等设备，负责现场视频画面拍摄、会议录制、并发点播和直播的视频信号采集。音频采集模块负责诉服指导中心区域声音采集，通过音视频线将采集的音视频信号传输至管理单元，实现音频汇聚。

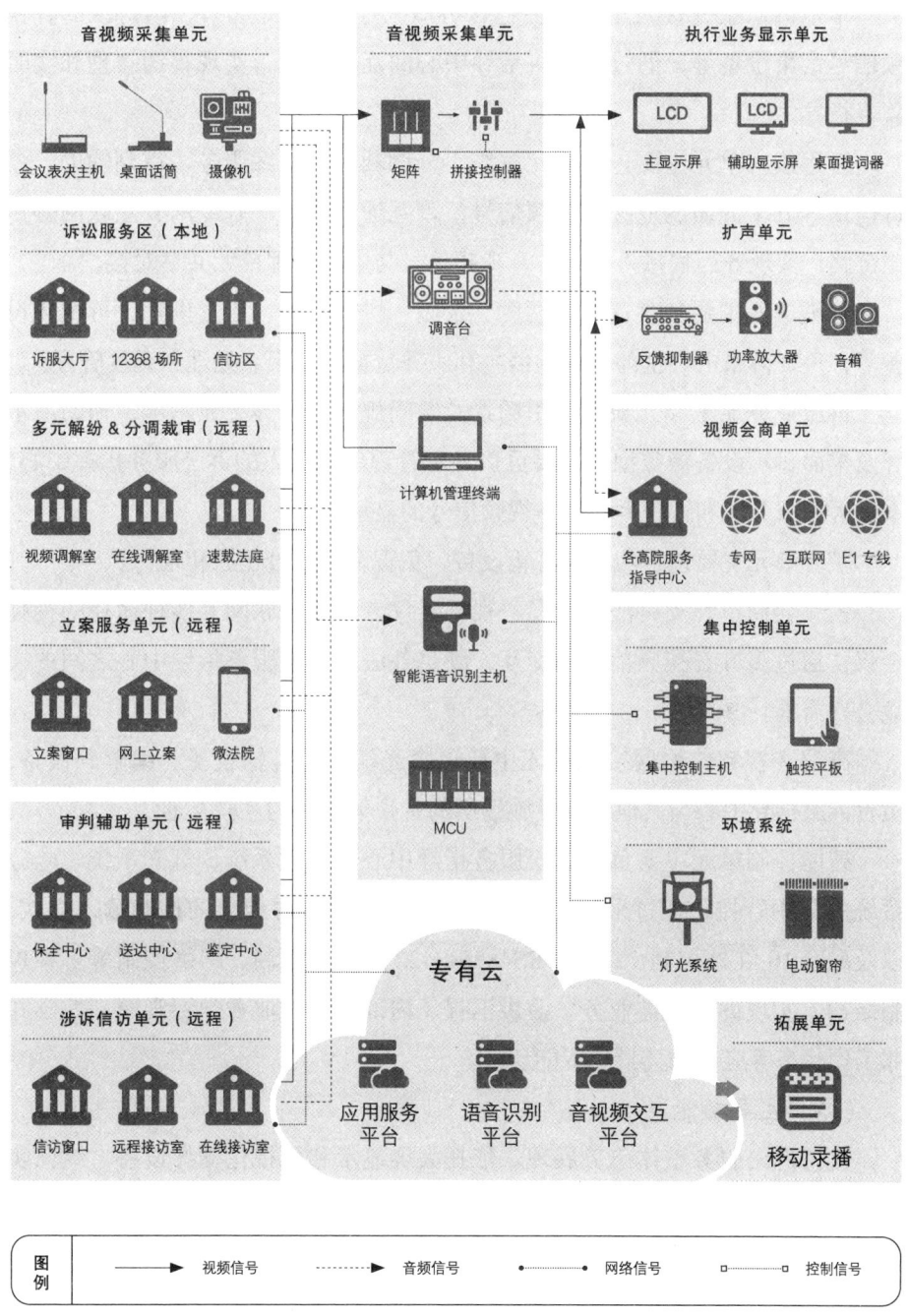

图 6-5　诉服指导中心

本地诉讼服务接入单元主要包含诉服大厅、12368 场所、信访区的音视频信号汇聚设备等，通过与诉服指导中心的互联互通，实现集约管理和实时监督指导。

远程接入单元主要包含多元解纷、分调裁审、立案服务、审判辅助、涉诉信访等五个方面的业务音视频信号汇聚互通，通过法院专网、互联网等传输链路，实现各远程接入单元的音视频信号与中心管理单元共享对接。

管理单元主要包含音视频调度、录制、拼接控制、语音识别、可视化设备等，负责诉服中心全部音视频信号和服务数据的汇聚、处理和调度管理。

诉服业务显示单元根据使用场景及空间规划，分为主显示屏、辅助显示屏及桌面显示设备等类型，主要负责显示管理单元接入的诉讼服务指挥中心、本地诉讼服务区和远程诉讼服务视频信号的显示。

扩音单元主要包含功放和音箱设备，负责音频信号还原和现场扩声。

视频会商单元支持法院专网、视频会议专网和互联网等多种途径的视频会议，通过多方音视频信号的交互，满足各法院诉讼服务指导中心之间的视频会商需求。

高清音视频传输网接入单元主要包含光端机等传输设备、编解码设备，负责诉服指导中心与其他专用设施场所的音视频信号的互联互通。

智能控制单元主要负责诉讼服务指导中心音视频系统、灯光系统、电源系统的集中管控，通过采用无线触摸屏与有线触摸屏组合的控制输入方式，以及融合 IR 红外控制、RS232/RS485/RS422 的串口控制、网络控制等多种控制结构，实现诉服各类业务、演讲汇报、内部会议、业务学习观摩、教学和非工作状态等应用的场景化智能切换。

（二）主要功能

支持诉讼服务整体态势展现。依托大屏显示和可视化支撑设备，纵向实现各级法院的诉讼服务大数据集成和可视化管理，横向贯通诉讼、调解、仲裁、行政裁决等多元解纷信息，能够全面展现各级人民法院诉讼服务的整体态势。

支持诉讼服务工作督导和管理。按照一站式多元解纷和诉讼服务的政策规范要求，支持对辖区法院立案、信访、调解、送达和保全等业务的统一管理、统一监控、统一督导，能够自动评估辖区法院工作质效，智能抓取预警信息，督办并通报违规情形。

支持诉讼服务工作视频统一调度。通过视频调度平台实现对辖区法院诉讼服务大厅、业务窗口、安检通道、调解室等重点场所视频的统一调度，实时掌控诉讼服务工作实况，监督和管理辖区法院诉讼服务相关事项。

支持各级法院视频会商。依托四级法院视频会商专网、法院专网和互联网等方式的视频和语音调度功能，支持召开全国法院诉讼服务工作视频会商，满足诉讼服务工作上下联动和跨域协调需求，为全国各地法院诉讼服务远程会商提供了便捷途径。

（三）应用方式

可视化模式应用。主要服务于诉讼服务工作人员针对诉讼服务大厅、诉讼服务网、中国移动微法院、12368诉讼服务热线等诉讼服务工作进行可视化展示，指导和推动各级人民法院建设集约高效、多元解纷、便民利民、智慧精准、开放互动、交融共享的现代化诉讼服务体系。

视频会商模式应用。主要用于加强对四级法院诉讼服务工作的督导和管理，分为主会场、分会场和汇报专题三个区域，其中主会场需要满足所有分会场的画面接入和展示，分会场需要实现主会场和汇报专题内容的视频预览。

视频调度模式应用。主要服务于诉讼服务管理人员的日常办公和督导管理，通过调取辖区人民法院诉讼服务大厅、业务窗块、法庭和调解室等重要区域的视频监控，实现对辖区法院诉讼服务工作的监控、督导和管理，规范法院诉讼服务人员的工作行为。

运维管理模式应用。主要服务于诉讼指导中心技术人员，通过对指导中心网络节点、机房工作环境、设备运行状态的可视化监控，即时了解信息化系统工作状态，实时保障诉讼服务业务顺利开展。

专用工作模式应用。主要包括汇报模式、演讲模式、普通会议模式、会议监控模式等，可根据业务类型的不同，切换不同的画面显示模式、灯光模式等，辅助工作人员开展与多元解纷和诉讼服务业务相关的各项专门事务。

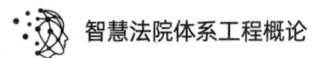

六、数字化图书馆

数字化图书馆系统是围绕法院内部业务对知识服务的系统、即时、交流等实际需求，结合电子图书、数字出版以及知识服务等新技术发展趋势，依托法院专网和互联网，整合最高人民法院数字图书馆和社会、院校图书馆数字资源，面向法院干警、法官、访客和律师等来访者提供电子型文献阅览、借阅、咨询、培训、服务和互动等功能的一体化智慧法院专用信息基础设施。

（一）主要构成

智慧法院数字化图书馆系统由迎宾展示单元、电子文件查阅单元、电子影像资料查阅单元、研讨宣讲单元、服务管理单元、智能环境控制单元等子系统组成，结构如图6-6所示：

迎宾展示单元是数字化图书馆的门户系统，通过对服务管理单元管理终端的访问和数据获取，实现数字图书馆六大版块和十八个特色专区的直观展现，同时在数字化图书馆各功能区提供数字告示、资源展示、数据可视化显示方面等功能。

电子文件查阅单元部署在独立的电子文件查阅区，主要由部署于法院专网的电子阅览终端组成，通过电子阅览终端对服务管理单元的访问及数据获取，实现内部电子文件查阅。

电子影音资料查阅单元部署在音视频资料阅览区，主要由影音阅览终端组成，通过影音阅览终端对服务管理单元的访问及数据获取，实现影音资料的查阅。影音阅览终端支持将查阅的法律资源任意推送共享显示屏，从而协助读者及来访人员高效分享影音知识。

研讨单元主要由显示屏、音响扩声、视频会议设备等设备组成，通过对显示屏、音响扩声、视频会议设备等的控制，实现小型会议室功能，可面向法院干警、法官、访客和律师提供沙龙交流、学术宣讲、培训分享服务。

智能环境控制单元通过和服务管理单元智能控制系统的对接，实现对声、光、电等各种设备进行集中控制的设备。用户可用按钮式控制面板、计算机显示器、触摸屏和无线遥控等任意设备，对控制投影机、显示屏、DVD

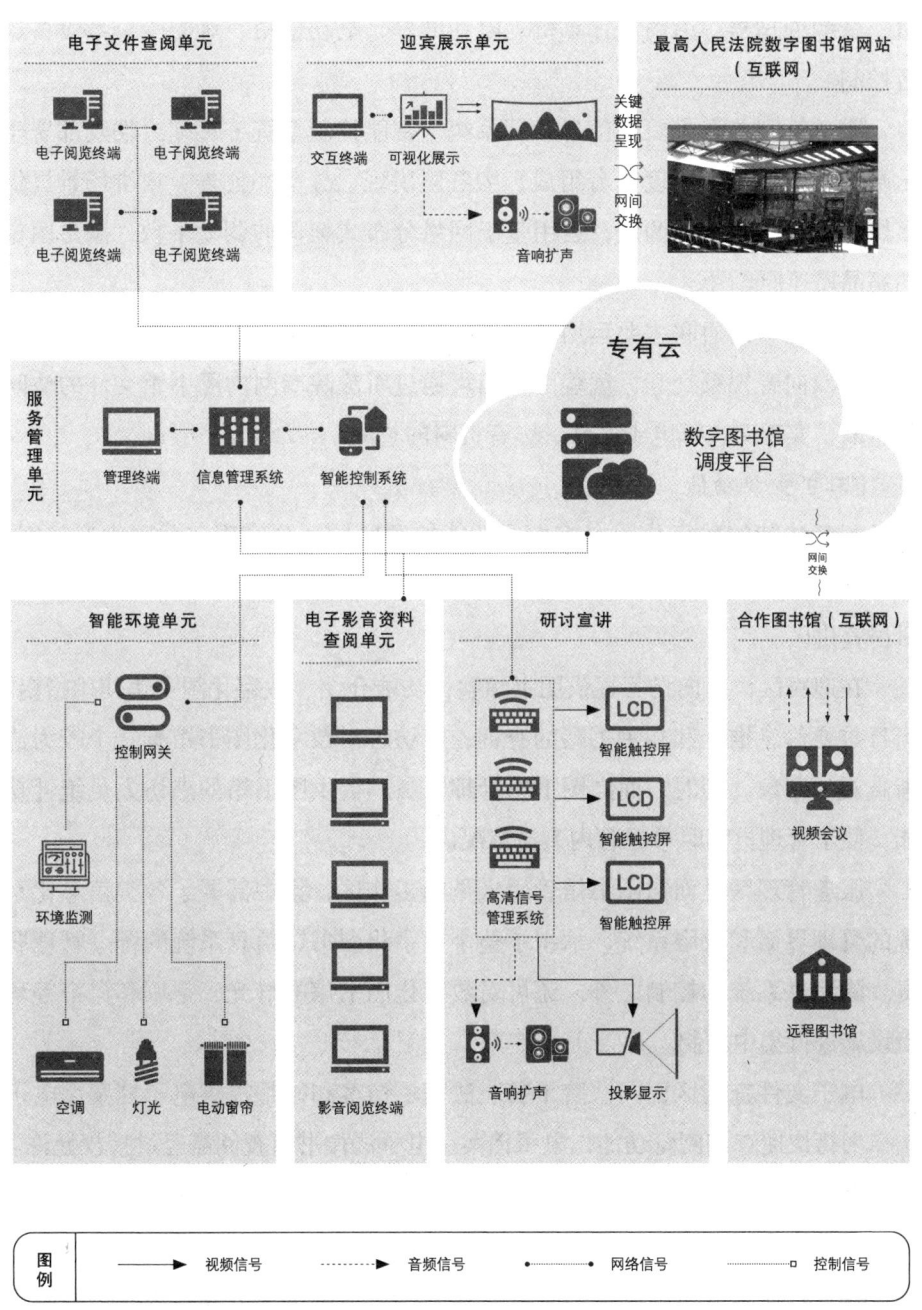

图 6-6　数字化图书馆

机、音频处理器、话筒、计算机、电动屏幕、电动窗帘、灯光等全部设备进行控制。

服务管理单元主要由信息管理系统、智能控制系统、管理终端及部署于云端的数字图书馆调度平台组成，为各区展现、分享、公告、宣讲场景提供多媒体控制、管理、调度，运用基于网络分布式架构的调度平台，满足图像的高品质还原。

合作图书馆通联主要运用网间交换技术及视频会议设备，实现与合作图书馆的双向音视频交互，远程图书馆可通过对法院专网内图书馆文件的访问和获取，实现对内部电子文件、影音资料的查阅。

（二）主要功能

智慧法院的数字化图书馆主要功能按照区域划分实现，分别为迎宾区、服务管理区、电子文件查阅区、电子影音资料查阅区、音视频资料鉴赏区和研讨宣讲区。

在迎宾区，面向访客提供图书馆整体功能介绍、数字化图书馆使用指南、当日重要信息推介和相关书籍的查询，使访客对数字化图书馆有一个较为清晰直观的印象。同时，面向图书馆管理人员，提供图书馆的来访人员统计功能，便于管理员实时掌握管内人员情况。

服务管理区是面向图书馆管理人员的工作区，集中部署了各类信息化系统的管理界面和权限系统，承担了整个数字化图书馆信息系统的统一管理职责。除信息系统的控制之外，还可对数字化图书馆的灯光、空调和窗帘等环境设施进行集中控制。

电子文件查阅区面向法院干警、法官、访客和律师提供电子档案、电子法律书籍快捷查询阅览功能，电子档案、电子法律书籍查阅需经过授权允许。

电子影音资料查阅区面向法院干警、法官、访客和律师提供电子类影音资料的查询阅览功能，采用与电子文件查阅区类似的空间设计理念，突出音视频资料体验效果，实现影音资料查阅、休闲娱乐视听等舒缓放松的多重功能。

音视频资料鉴赏区是专注于馆藏各类音视频影像资料展示和鉴赏的功能

区域，具备面向法院干警、法官、访客和律师提供音视频资料的鉴赏试听功能，另外可适当配置隔音功能的专注空间，用于拓展朗读及鉴赏功能。

研讨宣讲区面向法院干警、法官、访客和律师等各类人群，提供集中举办沙龙交流、学术宣讲、培训分享的本地和远程交流服务。

（三）应用方式

数字化图书馆运用先进的视频显示及多媒体交互等技术，为阅览者提供了轻松便捷的多样化知识服务方式。

知识浏览。利用宽大清晰的互动式桌面显示屏，阅览者能够独自或在对坐闲谈之中随意浏览新闻时政、经典知识、生活常识等，为法院干警繁忙工作之余提供一种调节放松的学习方式。

馆藏查阅。利用大屏检索、固定和便携式终端以及移动阅读器等专用设备，阅览者能够便利查阅到图书馆典藏的各类专业图书并进行深度阅读，为法院干警提供了较之于办公场所更为专注的学习环境。

远程调阅。利用数字和视频方式连通国家图书馆、人民法院出版社等合作单位更为丰富的图书资源，阅览者能够打破部门和地域界限，在法院图书馆内更加广泛地调阅多种学科领域的专业图书。

交流互动。利用研讨宣讲区具备的多媒体交流互动条件，能够非常便利地组织集体观摩馆藏图书资源或法院专网、互联网上的其他司法审判资源，展开针对性的座谈、研讨，为法院干警和法学同仁们分享信息、探讨切磋提供了理想环境。

七、全媒体新闻发布厅

全媒新闻发布厅是在多媒体制播、多屏展示、云服务等技术基础上，以多渠道信息交互方式构建的全媒体融合发布平台，是今后各级法院对外信息发布的主要窗口。

（一）主要构成

全媒体新闻发布厅由现场声画采集单元、视频处理单元、音频处理单元、可视化展示单元、发布厅显示单元、监听及扩声单元、设备及环境控制单元、灯光单元、录制存储等单元组成，综合信息网络除需要部署法院专网接入外，还需结合全媒体信息发布特点，实现互联网的全方位覆盖，支持采访记者直播发稿。全媒体新闻发布厅系统组成如图 6-7 所示。

发布厅采集单元主要包含音视频采集设备及信号接入设备等，负责采集高清晰度的音视频信号，还原发布会现场实时图像、声音。

视频处理单元主要包括切换台、矩阵、同步设备、监视器等设备，负责将新闻发布现场采集的图像处理成适配本地摄像记者、网络记者使用的图像，同时兼具视频切换调度功能。

音频处理单元主要包含数字音频处理器、加解嵌等设备，负责对音频信号的相关参数进行实时调整、分配，力求操作简洁、灵活。

数据可视化单元主要包含大屏幕包装模块、点评互动模块和可视化播控等模块，负责新闻发布会背景展示、数据可视化显示、现场交互等。

发布厅显示单元主要包含 LED 屏幕显示模块、交互显示模块、其他辅助显示模块和拼接处理模块，负责全媒体新闻发布会主题展示、文件发布、相关法律案件信息等的集中整体展示。

监听及扩声单元主要包含功放、监听音箱、扬声器等设备，负责清晰的人声还原和多媒体音频的播放。

灯光单元主要包含灯具设备、灯光控制设备、马达提升机等设备，为新闻发布者及相关背景场景提供满足需求的照明控制。

录制存储单元用于实时、高效音频信号的录制和灵活拷贝。

高清音视频传输单元可以实现发布厅与法院其他专用设施场所，如诉讼服务指导中心、执行智慧中心、信息管理中心等的互联互通。

设备及环境控制单元主要包含控制主机、平板电脑等设备，负责通过有线或无线方式便捷控制各类设备按需运行。

部署在法院专网上的综合资讯汇聚及管理系统可提供基于图片、文字、音频、视频等多种形式以及多种类型的数据信息资源与实时节目信号的综合汇聚管理，实现全媒体素材收集、视频格式转码、信息编排、编辑审核、归档存储、编目检索和发布呈现等环节的统一流程化管理。

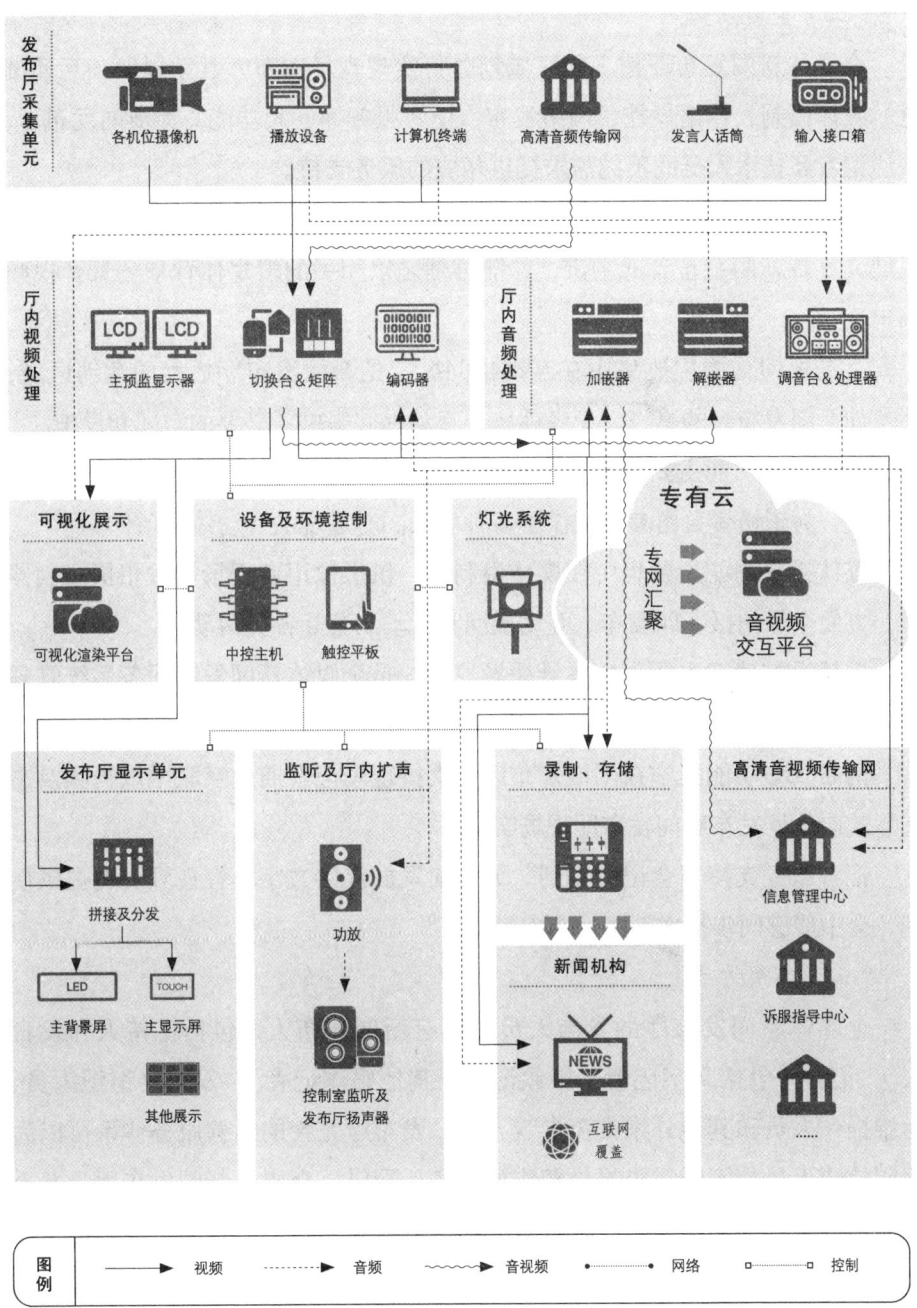

图 6-7　全媒体新闻发布厅

（二）主要功能

全媒体新闻发布厅按不同区域划分可实现现场发布、互动提问、互动浏览、媒体摄制、导播操控、网络发布、记者服务等七大功能，为新闻发布者、采访记者和技术人员的不同需求提供相应的服务支持。

现场发布功能主要集中在现场发布区，是全媒体新闻发布厅的核心功能区域，支持新闻发布者的主讲，并能够辅之以相关的多媒体背景场景音视频输出。

互动提问功能主要集中在互动提问区，是新闻发布厅最大的活动区域，为参加新闻发布会的嘉宾、记者就座及互动提问提供了必要的空间和设施。

互动浏览功能主要集中在交互与互动浏览区，由交互点评区和互动浏览区组成，为来访者自由参观提供了多种场景同时显现的互动体验条件。

媒体摄录功能主要集中在媒体摄制区，供摄像记者现场摆放拍摄录制器材，方便全景拍摄新闻发布、互动提问和互动浏览等各类活动。

导播操控功能主要集中在导播操控区，是全媒体新闻发布厅各系统管理和应用的后台区域，支持新闻发布管理和技术人员对相应各系统的集中控制。

网络发布功能集中在网络发布区，支持现场记者通过互联网以视频及图文形式向外界发布新闻发布厅现场实况。

记者服务支持与会记者签到，为会前发放提供文字、音视频资料提供便利，会中能够同步推送新闻发布内容。

（三）应用方式

全媒体新闻发布厅的参与人员主要有新闻发布人（包括主持人和发言人）、记者（包括文字记者、摄像记者、其他媒体记者）、发布会组织人员、运维操作人员和其他外来交流参观人员。发布厅完善的运营服务体系可以为不同使用人员的不同需求提供相应的服务。同时，全媒体新闻发布厅运营会根据不同主题的实际需要，可以转换不同的视听模式，以达成更好的信息传播效果。根据应用场景的细分，全媒体新闻发布厅的应用方式主要有传统新闻发布、全媒体新闻发布、互动访谈发布和展示参观发布等。

传统新闻发布会是全媒体新闻发布厅的基本应用方式，作为法院新闻发布会专用场所，可以邀请记者、媒体负责人、行业部门主管、各协作单位代表及政府部门人员参加，实现时间集中、人员集中、媒体集中，通过报刊、电视、广播、网站等大众传播手段集中发布法院焦点新闻。

全媒体新闻发布会通过信息整合工具将法院系统平台数据、文稿数据、视频数据、网络素材、互动数据等全媒体信息进行采集、分析、处理和提取，按发布会的需求推送至显示设备，呈现更有深度和广度的播报信息，通过传统媒体、网络媒体及其他新媒体向社会公众发布。

互动访谈发布以访谈性、评论性的内容录制为主，是小型信息资讯的发布方式，可以支持特定范围的相关政策文件做详细解读，例如围绕人民法院工作的某些重点内容，进行全媒体直播访谈活动，全方位、立体化、深层次地向社会展示人民法院的工作亮点和成果。

展示参观发布是全媒体新闻发布厅多功能应用的重要补充方式，作为人民法院多媒体信息发布的主要展现窗口，全媒体新闻发布厅能够实时、在线、多视景同时展现各地法院司法为民和公正司法的工作动态，为各方新闻媒体人参观、熟悉、掌握最新最全的法院资讯提供十分便利的途径。

八、智慧法院实验室

智慧法院实验室是一个集高科技展示、交互式体验、开放式试验三大功能为一体，支持智慧法院先进技术研发和系统集成、测试的综合性试验环境。

（一）主要构成

智慧法院实验室主要由六大系统构成，包括实验室汇聚单元、分布式处理单元、数据可视化平台、显示单元、厅内音频处理及扩声单元、设备及环境控制单元等。智慧法院实验室系统组成如图6-8所示。

实验室汇聚单元由连接法院专网及互联网的计算机、话筒、音视频传输网、视频会议终端等组成，满足研发试验和参观讲解的需求。

分布式处理单元由编解码器、视讯网络交换机集群、LED处理节点等组成，提供视频信号的推送和控制服务。

数据可视化呈现系统通过图片、文字、视频、数据、实时信号等内容的

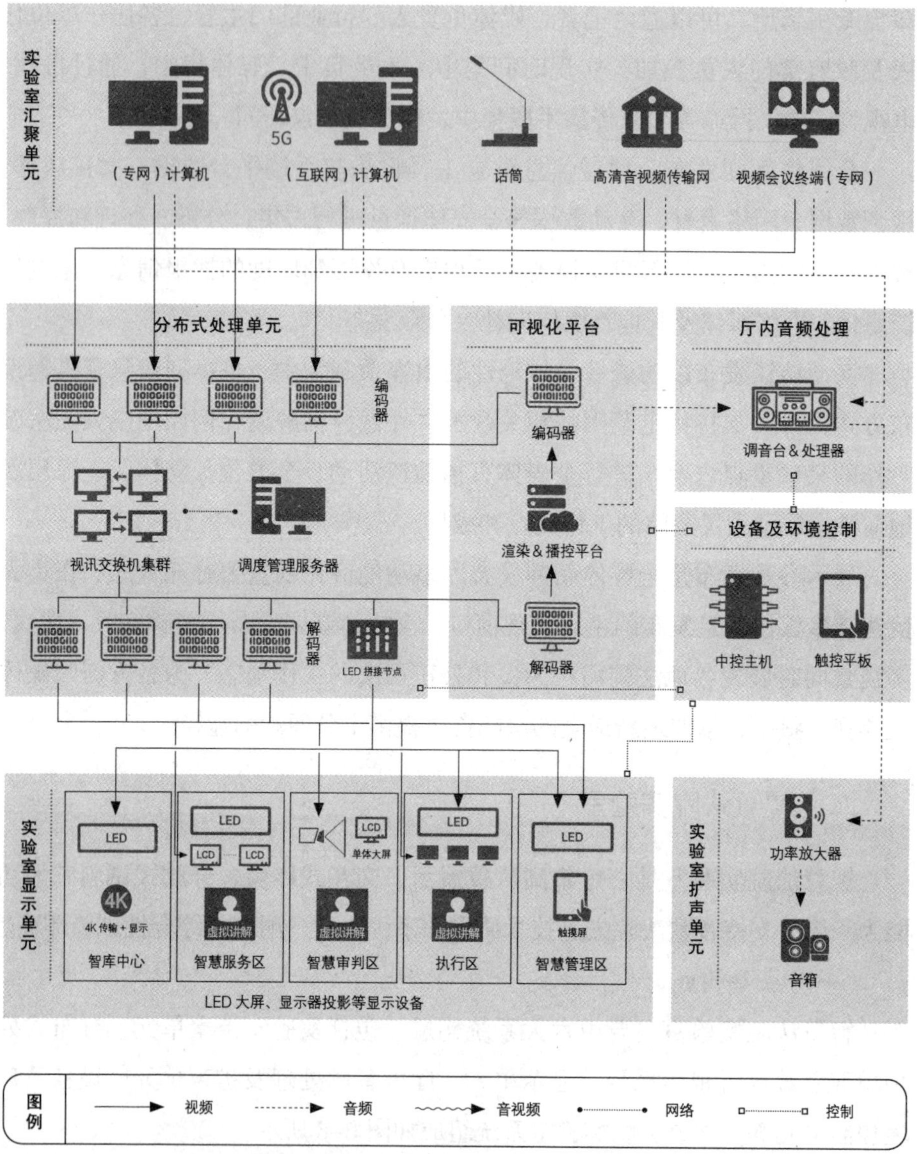

图 6-8　智慧法院实验室

汇聚及可视化处理，创造良好的测试体验氛围，更好地展现各地法院科技创新成果，有利于提高参试和参观人员的研究探索兴趣。

　　显示单元由 LED 屏幕、显示器、投影融合显示等模块组成，满足智慧法院科技创新成果展示、技术试验和系统测试等需求。

音频处理及扩声单元采用公共广播处理系统，配合全向性吸顶音箱，确保实验室语音清晰亮丽，声场力度均匀。

设备及环境控制单元支持对系统二次编程及各种接入信号的控制，包括RS232、RS485、TCP、UDP、Delay 和红外等接口，作为实验室的综合控制中心，可实现对平台的统一管理，如信号切换、音量调节、灯光控制等。

（二）区域布局

智慧法院实验室按照四区一中心的布局构建而成，分别是多功能智库中心、智慧服务区、智慧审判区、智慧执行区和智慧管理区。

多功能智库中心集成展示智慧法院科技创新的综合成效以及司法公开信息系统的建设和应用情况，支持科研实验和参观来访人员座谈交流。

智慧服务试验区专题展现各地法院一站式多元解纷和诉讼服务信息系统的体系结构、信息流程、工作机理和关键技术，同时建有多元解纷、诉讼服务、电子卷宗随案同步生成和移动微法院等多个试验点。

智慧审判试验区专题展现各地法院以电子卷宗流转应用为主线、以智能化辅助应用为重点的审判办案信息系统的体系结构、信息流程、工作机理和关键技术，同时建有科技法庭、智能辅助办案试验点和互联网法院等多个试验点。

智慧执行试验区专题展现各地法院以执行指挥系统为中心、执行流程信息管理系统和执行信息公开系统为两侧、执行查控、失信惩戒和司法拍卖等系统为延伸的执行信息系统的体系结构、信息流程、工作机理和关键技术，同时建有坐席式的多个执行试验点。

智慧管理试验区专题展现各地法院大数据管理和服务、质效型信息化运维服务信息系统的的体系结构、信息流程、工作机理和关键技术，同时建有台面式显示互动的多个管理试验点。

（三）应用方式

智慧法院实验室能够支持单点试验、一区多用、多区联动和远程联试等应用方式，满足法院科技创新不同的技术试验和集成测评需求。

单点试验方式能够利用智慧服务、智慧审判、智慧执行和智慧管理试验区中的众多试验点基于实验室积累的标准化测试验本数据和输入输出接口，针对智慧法院建设中的单项关键技术开展试验测试。

一区多用方式支持针对智慧服务、智慧审判、智慧执行、智慧管理和司法公开某一领域的系列关键技术，利用区内多点试验、系统互通和综合显示等条件开展多项技术交叉综合试验。

多区联动方式支持智慧服务、智慧审判、智慧执行、智慧管理和司法公开多个领域的关键技术利用整个实验室集中调度、资源共享和专业复合的优势，开展跨领域的集成联动试验。

远程联试方式利用智慧法院实验室连通全国法院及各类信息系统和数据资源的优势，可与位于北京的智慧法院实验室一、二区及位于外地的智慧法院实验室进行多地联动试验，满足部分关键技术对于异地、远程通信条件的试验需求。

第二节　通信网络设施

通信网络是连接整个信息系统体系的纽带。由于互联互通是信息化的必要前提，通信网络设施始终是智慧法院建设的重点内容。正是得益于近二十年建设积累，形成了以法院专网和互联网为骨干，涉密网为补充，外部专网和移动专网为延伸的网络通信体系，才保证了智慧法院在全国范围的蓬勃发展。主要特点体现在：一是广域覆盖，各级法院一直将网络覆盖特别是法院专网覆盖作为信息化建设的重中之重，推动法院专网连通全国所有法院和派出法庭，支持全国干警一张网办公、办案、学习、交流，极大缩短了彼此之间的沟通距离，所有重点信息化应用系统都能够服务全国干警使用，其意义绝不仅限于通信联络本身，更在于全国法院干警信息化意识和素质的普遍提升；二是多网并行，在大力推广法院专网建设的同时，高度重视互联网对于司法公开、诉讼服务和司法宣传的重要支撑作用，依靠国家政务网络持续加强涉密网建设，促进了各个网系有序良性发展，避免了顾此失彼的现象，既保证了各级法院信息化应用的迫切需求，又符合国家电子政务长远发展的要求；三是安全互通，在保证各大网系合规安全隔离的同时，积极探索和运用安全互通机制，有效支持必要的跨网系信息共享，才能满足日益旺盛的信息化应用需求；四是移动互联，利用移动通信技术快速发展的契机，响应广大干警和人民群众要求，建设拓展符合信息安全要求的移动专网，支持办公、办案、会议、庭审等业务从法院专网延伸到移动专网，必将推动智慧法院实现新的跃升；五是适度冗余，因应信息化建设应用快速发展的基本趋势，确保通信网络设施在技术体制、传输能力和质量保证等方面具有充分弹性，始终能够满足不断增强的信息系统应用要求，而不致出现通信能力"拖后腿"的不合理现象。

一、法院数据专网

数据专网是法院专网的主体部分，主要支持基于数据传输的重要业务应用。

（一）基本结构

法院数据专网由园区办公局域网、数据中心网、城域传输网和骨干传输网组成，如图6-9。

园区办公局域网主要部署于各个办公区域。每个园区办公局域网采用扁平化树形二层架构，即"核心层＋接入层"，简化网络结构，提升网络的可管理性和可维护性。核心层采用两台核心交换机，集群部署，实现1+1冗余备份及负载分担。接入层采用汇聚交换机和接入交换机，堆叠部署，实现网络自愈能力，提升接入层可靠性及网络利用率。核心层与接入层间通过纵向虚拟化技术，将一组不同类型的网络设备虚拟为一个逻辑设备，简化网络管理。

数据中心网络主要部署于各个数据中心机房和办公区数据中心。每个数据中心内部网络采用扁平化Spine-Leaf二层架构，即"Spine核心层＋Leaf接入层"，遵循"分区＋分层＋分平面＋安全"的设计理念，提升数据中心网络安全性、可扩展性及可管理性。核心层采用两台数据中心Spine交换机，通过40GE/10GE端口互联，横向部署M-LAG技术，实现跨设备链路聚合和负

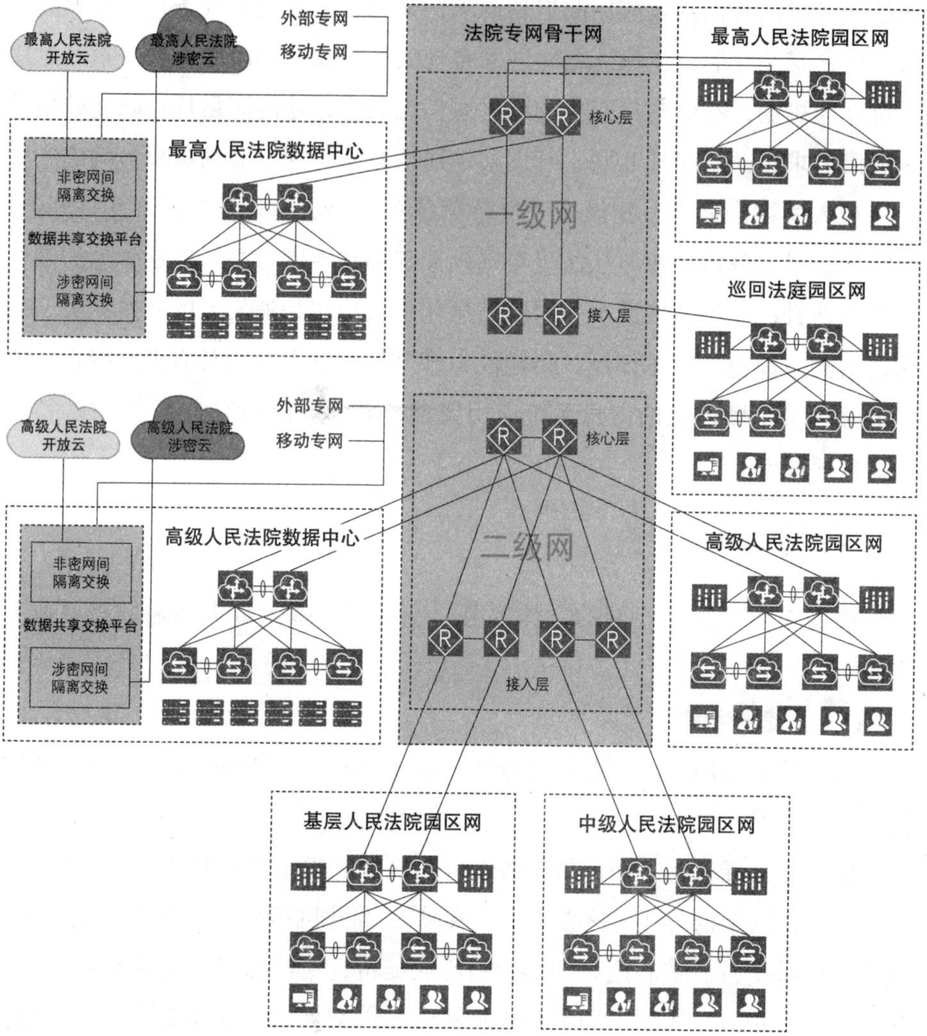

图 6-9　法院数据专网

载均衡。接入层采用多对数据中心 Leaf 交换机，两两通过 40GE/10GE 端口互联，横向部署 M–LAG 技术。核心层与接入层之间通过 40GE 端口互联，采用 OSPF 路由协议实现基础网络互联互通，纵向部署 M–LAG 技术，提高接入层上行链路的带宽利用率，保障服务器之间的无阻塞数据交换。

　　城域传输网采用支线路分离的 OTN 波分设备进行组网，实现城域内传输环网，OTN 波分设备组网按照 40 波系统进行设计，单波速率 10G，最大带宽可达 400G，实现任意网络间互联的物理隔离，网络倒换时间不超过 50ms。

广域骨干网采用高端核心路由器和高速互联链路连通全国四级法院，扁平化拓扑结构减少层级和跳数，双设备双链路实现节点和链路冗余备份。广域骨干网分为一级网和二级网：一级网采用扁平化两层架构，部署域内路由协议 OSPF 或 ISIS 实现互联互通，一级网核心节点之间、一级网核心节点与辖区内一级网高院节点之间采用 POS/GE/10GE 链路直连。二级网采用扁平化两层架构或三层架构，部署域内路由协议 OSPF 或 ISIS 实现互联互通，高院节点与中院节点之间、高院节点或中院节点与基院节点之间采用 POS/GE/10GE 链路直连。一级网高院节点与二级网高院节点之间通过 GE 链路背靠背直连，部署域间 BGP 路由协议。

（二）连通范围

园区办公网核心交换机口字型上连至广域网骨干节点，实现园区办公局域网用户高效访问法院专有云业务。城域内各个园区办公局域网核心层之间，通过城域传输网高速互连，实现城域内园区办公局域网之间的高效交换。

数据中心承载网络基于城域传输网络在各个办公园区之间形成数据中心承载环网，实现环网保护。

城域传输网覆盖城域内办公区和数据中心，为办公局域网间互联、数据中心之间互联、外部专网互联、移动专网互联、办公互联网间互联等提供高速可靠的城域光传输通道。

一级网由 4 个核心节点、38 个接入节点通过一级网长途链路覆盖最高人民法院及其各巡回法庭、各高级人民法院和兵团法院。

二级网由各高院和兵团法院建设和维护，一般由覆盖高院的核心节点、覆盖中院的多个接入节点和覆盖基层法院的多个接入节点通过二级网长途链路覆盖辖区高院、中院和基层法院。

（三）支持应用类型

园区办公局域网用于承载各类 IP 数据业务和 IP 多媒体业务应用流量，通过 QoS 技术，精细地标识用户及其业务，区分音视频、数据等业务，并根据优先级进行灵活调度。

数据中心网络用于承载法院专有云业务系统，部署 VxLAN 和 SDN 技术，支撑 IT 基础设施（包括计算、存储和网络）的资源池化，提高网络扩展能力和可靠性，通过跨数据中心的数据备份系统保障数据安全。

城域传输网提供各种业务接口，园区网、数据中心网、互联网等业务均可通过核心交换设备上行到传输网络，实现各区域网络之间的互联互通。

广域骨干网承载最高人民法院和各高级人民法院的两级专有云数据中心互联业务，汇聚接入全国四级法院，综合承载法院内部用户访问各类数字化业务应用以及四级法院之间的各类 IP 数据业务和 IP 多媒体业务应用流量，部署 QoS 技术对不同业务、不同用户提供差分服务，并根据需要对业务进行速率控制。

二、法院视频专网

视频专网是法院专网的另一重要组成部分，主要用于承载覆盖全国法院高清视频会议、高清音视频综合调度管理以及科技法庭、执行指挥、视频监控、远程提审、远程接访等相关音视频业务应用。。

（一）基本结构

法院视频专网主要由 E1 视频专网及 IP 视频专网组成，如图 6-10。

E1 视频专网承载高清音视频综合调度管理以及远程高清视频会议功能，根据相关业务特点及对网络的需求，E1 视频专网由城域光纤调度网络和 E1 远程专线两部分组成。其中，城域光纤调度网络通过裸光纤专线搭建覆盖各办公区音视频机房以及信息集控中心、执行指挥中心、国家审判资源管理中心等功能场所的高速音视频传输网络，光纤传输设备采用矩阵光纤板卡以及音视频光端机，实现城域内信号通达。通过构建高清音视频综合调度管理系统，采用分布式高清图像处理系统向大屏投放全国高清音视频信号，使资源管理中心信号通过光传输系统推送到汇聚调度系统，实现音视频信号向全国法院的分发传输。E1 远程专线通过运营商 SDH 网络，连接视频会议 MP 多点处理单元及最高人民法院 6 个巡回法庭、全国 31 个高院和兵团法院视频通信

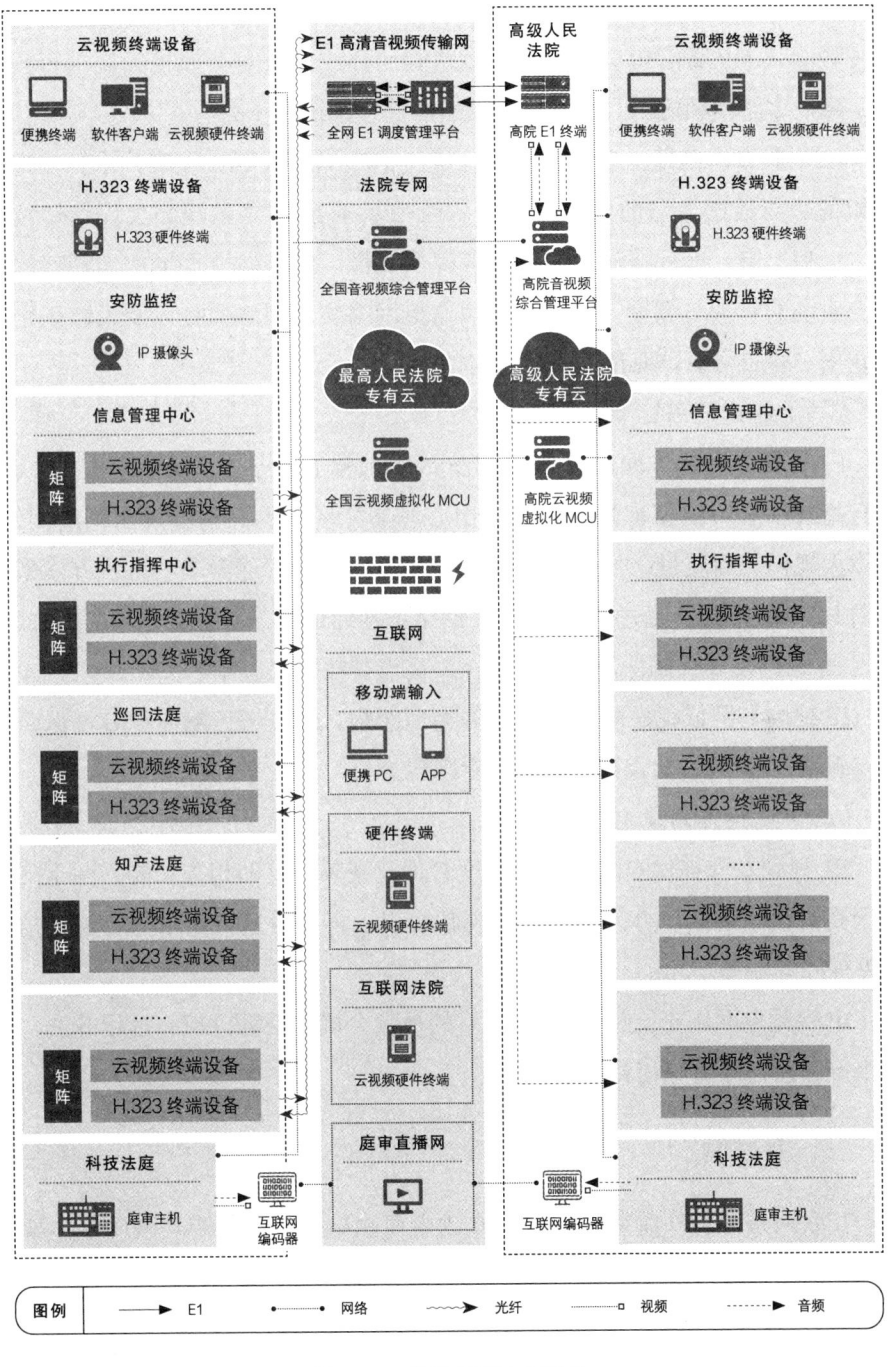

图 6-10　法院视频专网结构

终端，支持高清会议一套、二套以及审委会等多套 H.320 高清视频会议系统。在视频会议 MP 通信机房，还采用多路画面合成设备对会议视频流进行预处理，降低多路视频流对骨干网络以及显示处理系统的压力。

IP 视频专网依托法院数字专网，通过信道隔离及 QoS 保障技术，实现音视频信号与数据信号的混合传输，从而为基于 IP 网络的视频会议、科技法庭、远程提审、远程接访等相关业务提供支撑。IP 视频专网同时实现对视频监控系统的管理与调度，并通过专用监控网络实现视频监控以及人脸识别等智能化安防应用中音视频流的传输与处理。

（二）连通范围

E1 视频专网一方面通过 72 芯裸光纤实现覆盖各办公区及信息集控中心、执行指挥中心、国家审判资源管理中心等功能场所的高清音视频调度网络，保障大规模、高质量、低延时的高清音视频调度与管理需求。另一方面采取租用 E1 专线形式，通过运营商 SDH 网络，连通最高人民法院 6 个巡回法庭、全国 31 个高院和兵团法院，支持 H.320 高清视频会议应用。

IP 视频专网依托法院数据专网的物理架构，通过通道隔离和 QoS 保障技术实现基于 IP 网络的音视频业务的专网覆盖。

（三）支持应用类型

E1 视频专网提供高清音视频调度管理及视频会议的相关功能，用于支持全国高清视频会议、办公区间高清视频会议、各类信息化演示等音视频信号调度保障等业务。

IP 视频专网用于支持基于 IP 网络的视频会议、视频监控、远程开庭、远程提审和远程接访等相关业务。

三、互联网

互联网是智慧法院服务人民群众的主要网络通道。法院互联网整体架构包含办公互联网和政务互联网两部分。

（一）主要形式

办公互联网采用两层结构，即核心层 + 接入层，核心层集群部署高端交换机，形成备份冗余，接入层采用堆叠技术简化管理。

各办公区互联网接入层交换机通过城域传输网汇聚到互联网核心层，统一互联网出口，使用两家运营商的互联网专线业务，保证链路的可靠性。各办公区之间通过静态路由实现互通，采用插卡式 AC 实现各办公区互联网无线接入的统一管理。

政务互联网依托法院开放云架构实现各类互联网应用服务，通过开放云共享交换体系与法院专网实现数据交换，支持按需扩展专线带宽和 DMZ 区域。

（二）支持应用类型

在确保数据安全可靠、数据交换安全保密的前提下，支持远程办案、执行、办公、会议以及现场庭审录像、文书制作、远程电子签章、外出执行和电子送达等办公办案业务。

通过在数据专网及视频专网内搭建流媒体服务及媒体资源管理服务，支持庭审音视频的流转与管理，同时在互联网端搭建直播及分发服务支持庭审音视频的直播发布。

支持法官在外接互联网的审判法庭内主持庭审，当事人可通过 PC 终端、PAD 终端或手机终端参与庭审活动，并通过安全隔离交换系统，与法院专网之间实现案件及卷宗信息、庭审录像、笔录、证据等相关审理信息及数据的交互，实现远程庭审。

依托开放云提供五大类互联网应用，包含裁判文书网、执行信息公开网、审判流程公开网、12368 智能诉讼平台等社会公众类应用，审判流程公开监管系统、综合安全监管平台等审判流程类应用，司法大数据、法眼平台等审判辅助类应用，邮件系统、数字图书馆等业务管理类应用以及离退休人员管理、法官培训网等人力保障类应用。

四、外部专网

外部专网是全国法院与相关部门信息共享和业务协同的重要网络通道。

（一）主要形式

外部专网通过多种对接方式，实现统一的接入数据管理，由平台接入网络、安全隔离网络及业务专用网络组成。平台接入网络实现路由接入安全、边界保护等相关功能，通过安全隔离网络实现外部专网与业务专网的隔离，同时通过身份认证、格式检查等前置服务实现与隔离设备联动，进行数据及文件交互。业务专用网络支持基于外部专网的相关业务应用，实现与法院专网对接。

外部专网通过运营商数据专线、电子政务外网、互联网等多种接入方式与相关部门互联实现外协单位的对接。运营商数据专线对接方式采用 MSTP 技术进行组网，通过在外协单位和法院两端部署 MSTP 设备，实现数据专线对接。MSTP 网络可实现点对点、点对多点的透明传输，具备业务高可靠性和自愈保护恢复能力。电子政务外网对接方式按照相关技术标准及规范，通过安全隔离交换系统实现与法院专网的对接。互联网对接方式通过互联网实现数据和信息的采集，再通过安全隔离交换系统与法院专网对接。

（二）连接部门

与外协单位的对接分为"点对点"和"总对总"两种方式。"点对点"方式为地方法院与外协单位独立建设专线或系统，实现数据交互、执行查控等相关应用；"总对总"方式由最高人民法院统筹，会同相关外协单位及主管部门，形成高效、统一、安全的查询与协同平台。

最高人民法院通过外部专网与国资委、财政部、公安部等单位建立点对点连接，与数十家银行金融机构、航空、铁路等部门建立总对总连接。

各地法院根据自身业务需求，利用外部专线或本地政务网络建立了与外协单位的点对点或总对总连接。

（三）支持应用类型

通过外部专网可以实现信息报送、信息共享、执行查控和信用惩戒等业务协同应用。

五、移动专网

移动专网是法院专网向移动端的延伸通道，主要用于支持法院干警外出工作业务所需。

（一）法院专网延伸到移动端的主要形式

法院专网通过 VPDN 专线方式实现向移动端的延伸。VPDN 采用隧道技术，在法院专网与移动互联网之间，将通信数据进行封装并加密传输，防止窃听、窃取、篡改等恶意行为。

无线数据专网平台主要由核心交换转发区、用户接入区及接入管理平台组成。核心交换转发区用以提供在 GPRS/WCDMA 核心分组网和无线数据专网平台之间的数据路由转发。用户接入区提供用户的专线接入，可支持 E1、FE、GE、POS 等多种接口类型。接入管理平台用以提供托管认证服务和管理服务。

VPDN 通过在法院端 LNS 和运营商 GGSN 之间建立 L2TP 隧道实现专用通道连接。法院端亦可设置专用 AAA，使认证请求由法院端 AAA 进行第二次身份认证。

（二）安全隔离策略

无线终端接入过程中需要进行多次认证和数据的加密传输。运营商为移动专网提供 WCDMA 空中接口双向认证、无线接入网络（RAN）数据加密传输、GTP/L2TP 隧道技术、防火墙、接入平台 AAA 认证、用户端 AAA 认证等多种安全策略，保障各类无线终端安全接入移动专网。

移动专网与法院专网物理隔离，通过数据共享交换中心实现非密网间数据交换。

（三）支持应用类型

通过移动专网可对法院专网已有办公平台、信访系统、法院内网网站等进行系统对接改造，满足干警移动办公的使用需求；也能支持办案平台、现场证据采集，移动庭审等功能，满足移动办案需求；还能支持无线数据传送功能，满足各类移动终端、单兵设备的数据传送需求。

第三节 云计算设施

蓬勃发展的智慧法院对计算和存储资源的需求愈加旺盛，各级法院无论是经费投入、还是技术力量都难以独立支持快速扩充且具有很强不确定性的资源需求，方兴未艾的云计算为此提供了解决之道。

云计算设施是基于高效畅通的通信网络将广泛分布的计算和存储资源集成为统一体系，支持虚拟化计算、分布式计算、并行计算、网络存储、负载均衡和冗余备份等服务的新型信息基础设施。云计算的核心是在通信服务社会化的基础上进一步实现计算和存储服务社会化。

利用社会化的云计算服务，各级法院毋须自己建设过多的机房和装备过多的服务器、数据库等设备，只需借助社会资源提供强大的计算和存储服务，既可以节省法院自身的投入，更能够发挥国家和社会资源优势，满足各类应用动态变化和负载均衡的要求。

在智慧法院绝大多数应用系统都采用全国统一部署或各省、区、市统一部署的条件下，分布式云计算能够根据各地法院地域分布和应用负载的具体需求，合理配置不同区域的计算和存储资源，充分发挥就近支持、按需服务的优势，既能够大幅降低不必要的通信开销，又能够高效支持重点法院和应用的特殊需要。

相较于以往独立开发，基于先进云计算的应用系统和数据管理具有更加规范的构型模式，更加便于模块化开发以及系统扩充、重组和迁移，更加符合软件技术的发展趋势，有利于智慧法院的系统整合和一体化推进。同时，基于先进云计算的信息系统能够采用更加系统、及时、有针对性的安全防护措施，有效应对日益严峻的信息安全风险，提高智慧法院网络安全水平。

保证法院应用系统和数据资源处于安全可控状态是利用社会化云计算的前提，应当通过区域监控、权限设置、寻访控制、数据加密和安全审计等措施不断强化法院云资源的安全保护，实现公正司法与先进技术良性融合发展。

一、专有云服务

人民法院专有云作为法院专网内部的计算、存储、网络的资源平台，是服务人民群众、服务审判执行、服务司法管理的重要基础设施服务支撑。

（一）体系结构

人民法院专有云体系架构如图 6-11 所示，包括基础设施层、资源池层、云服务层和管理层四个主要组成部分。

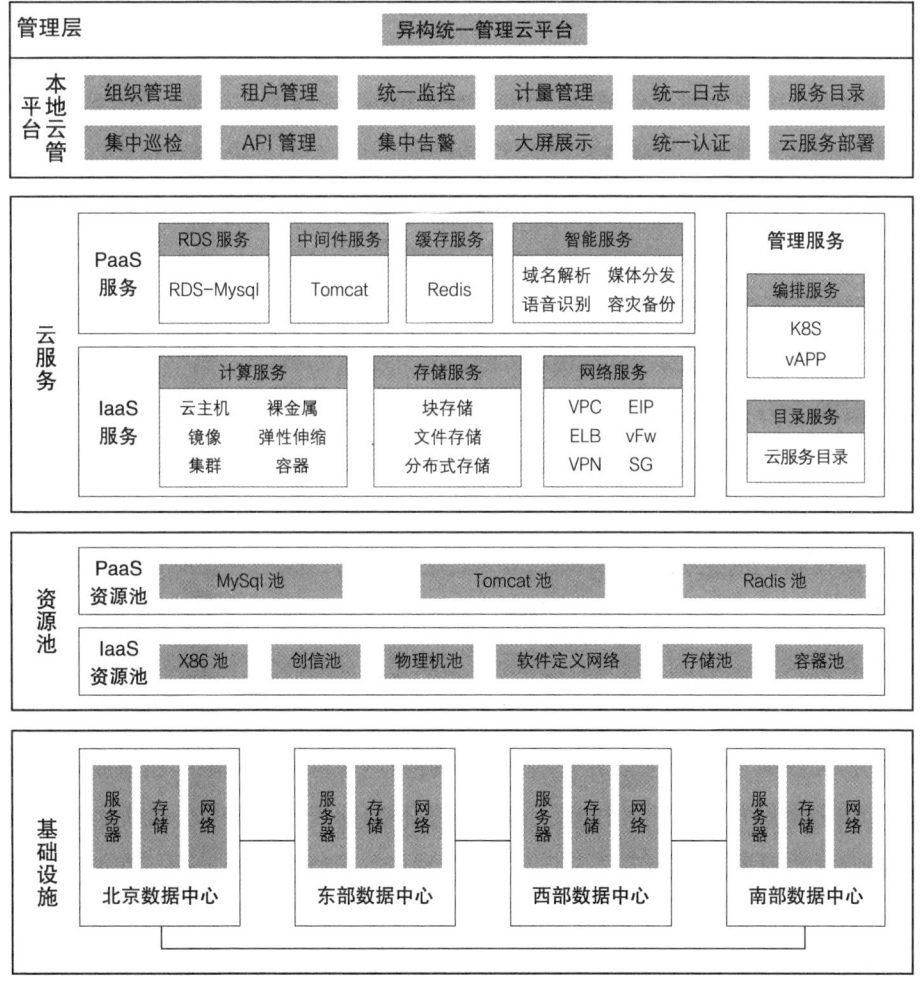

图 6-11　人民法院专有云体系架构

基础设施层主要是数据中心的服务器、存储和网络设备，通过网络互连形成数据中心级的一体化设备资源层，统一提供标准化计算、存储、网络等基础资源服务。

资源池层主要包括 IaaS 资源池和 PaaS 资源池。其中 IaaS 资源池通过云管理平台将物理设备统一逻辑管理并归纳为各类资源池，如虚拟化资源池、物理机资源池、网络资源池和存储资源池等。PaaS 资源池通过云管理平台将基础应用软件与 IaaS 资源池逻辑编排并归纳为软硬一体的资源池，如 MySql 资源池、Tomcat 资源池和 Radis 资源池等。

云服务层整合物理设施层和资源池层，为上层应用系统提供统一的标准化云服务，具体包括 IaaS 服务、PaaS 服务和管理服务。

管理层主要包括支持行业纵向多级协同的专有云管理平台服务。即在最高人民法院层面除满足本部和各巡回法庭需求外，还为各个高级人民法院专有云提供统一的一体化监控、日志、巡检等服务支撑。

（二）服务能力

人民法院专有云主要提供以下服务：

计算服务。包括云主机、裸金属、集群、容器等服务，智慧法院应用系统可通过云计算服务获取各业务应用相匹配的计算服务能力。应用系统对计算能力要求不高的模块，可通过容器满足其计算需求，如 Web 模块、测试用数据库模块、消息中间件模块、工作流中间件等。应用系统对计算能力要求较高的模块，可通过云主机满足其计算需求，如普通关系式数据库模块、高速缓存模块等。应用系统对计算能力要求很高但由于软件开发架构限制时，可通过裸金属满足其计算需求，如高性能关系式数据库模块、分布式数据库模块、大数据场景下的 ETL 模块、搜索引擎、计算引擎等。应用系统对计算能力和安全性要求极高的模块，可通过集群满足其计算需求，如大数据计算引擎、核心业务数据库等。

另外，镜像服务可在计算资源发放过程中实现操作系统的自动化灌注，满足应用系统拿来即用的要求。弹性伸缩服务可针对周期性并发应用的前端业务模块实现根据业务压力的自动扩缩容，提高云资源的利用效率。

存储服务。包括分布式云存储、块存储、文件存储等类型的存储服务，智慧法院应用系统可通过云存储服务获取各业务模块相匹配的存储服务能力。应用系统对存储的 IOPS 和吞吐量要求不高的模块可通过分布式云存储满足其存储需求，如 Web 模块、测试用数据库模块、消息中间件模块、工作流中间件模块等。应用系统对存储的 IOPS 和吞吐量要求较高的模块可通过块存储满足其存储需求，如关系式数据库模块、高速缓存模块等。应用系统有存储文件系统要求并对存储空间有很高要求的模块可通过文件存储满足其存储需求，如大数据场景下的电子卷宗、庭审视频等。针对应用系统对存储的 IOPS 和吞吐量要求极高的模块可通过块存储中的 SSD 硬盘满足其存储需求，如大数据计算引擎、核心业务数据库等。

网络服务。包括虚拟私有网络弹性 IP、虚拟负载均衡等网络服务，智慧法院应用系统可通过网络服务获取相关服务能力，支持业务系统的网络传输。VPC 虚拟私有网络服务为应用开发团队提供按照组织结构构建的隔离、用户自主配置和管理的虚拟网络环境，提升相关组织中资源的安全性，简化用户的网络部署。弹性 IP 服务支持 VPC 私有网中的云服务器通过固定的对外服务 IP 地址提供服务，帮助云主机实现 IP 地址即开即用、用完归还的目标。虚拟负载均衡服务通过将访问流量自动分发到多台云主机，扩展专有云内的应用系统对外的服务能力，实现更高水平的应用系统容错性能。安全组服务用于实现 VPC 私有网络之间的访问控制，加强各组之间的云主机安全保护，实现 VPC 内部网络隔离，保障不同应用系统之间数据流转可监控、可管理。虚拟防火墙服务支持将专有云内的软件防火墙虚拟成逻辑上互相独立的多台防火墙，为不同应用系统提供防火墙安全服务，保护专有云上应用系统的安全。虚拟专用网络服务能够提供针对特定网络源和目标地址的专用数据通道，为应用系统与外联协作机关或企业传输数据提供安全加密的网络防护。

PaaS 服务。包括 RDS 关系式数据库、Radis 缓存、中间件等服务，分别由专有云平台以服务的方式提供关系式数据库、缓存数据库和中间件平台为应用开发所用，避免业务厂商部署、调试、调优数据库或中间件的繁复工作，约束专有云内数据库及中间件版本以增强合规性，进而提高应用系统的上线效率。智能服务为应用系统提供较为便捷与智能的业务辅助能力，利用这些服务可实现庭审语音的实时转写，庭审直播的快速分发、业务访问的全网统一域名管理、业务数据的统一备份等，支持提高智慧法院的工作效率与管理水平。

管理服务。包括 K8S 编排、vApp 编排、服务目录等服务内容。其中，K8S 编排服务为基于微服务架构的应用系统提供自动化的业务注册、服务发布、容器编排，测试开发环境，帮助开发团队通过自动化工具协作和沟通完成软件全生命周期管理，支持更快、更频繁、更稳定的软件升级。vApp 编排服务可以帮助用户实现软硬件资源和能力复用，通过图形化模板编排和一站式部署能力，支持特定应用系统快速部署，使开发团队能够更专注于核心业务和创新，加快产品开发，缩短上线时间，提升应用弹性和可用性。服务目录服务能为专有云服务提供集中管理、按需分配、快速使用、快速部署的能力，可支持通过导入自定义的资源模板、服务及配置信息的自定义组合管理，管理分配给开发团队独立使用的服务资源。

（三）运行方式

智慧法院专有云的运行依照规范化流程包括上云准备、入云测试、云上运行和用云优化等环节。

上云准备期间要求应用系统明确其部署模式包括集中式、分布式等，系统业务类型包括 OLTP、OLAP、内容管理、音视频交互、大数据分析等，系统模块组成包括 web、应用、缓存、数据库等，按照专有云提供的服务能力与应用模块相匹配的原则推动上云迁移操作。

专有云提供物理或逻辑隔离的业务测试区为应用系统入云提供验证测试环境，验证测试区规模虽小但需要具备与正常运行方式相同的云服务能力，应用系统上云前需先在业务测试区进行相关功能、压力测试，在满足安全性、稳定性、可用性等要求后方可正式部署进入专有云。

智慧法院专有云具有标准化的用云流程，使应用系统及开发厂商能够方便利用专有云提供的云服务。用云流程包括服务申请、服务审批、服务发放、服务变更、服务回收五个主要阶段，涵盖了应用系统从上云到退云的全过程。

每个阶段均设计了详细的流程表单，方便应用系统厂商按步骤完成云服务的使用。

智慧法院专有云针对上云应用系统设计了完善的用云优化规则，包括最高与最低资源使用率的阈值等。监控系统会以月为单位生成各类应用系统及其子模块的资源使用情况报告，如果出现超出或低于设定阈值的情况，则按照用云优化流程对相关资源进行优化调整。

（四）支撑应用

按照"十三五"规划要求，智慧法院信息化资源使用模式已由原来单纯物理机为主、部分资源虚拟化为辅的模式向云计算为主的模式转变，在满足法院业务应用快速增长需求的同时，也扩充丰富了云服务的类型和数量，有效支撑了智慧服务、智慧审判、智慧执行和智慧管理四大类应用系统的资源需求。以最高人民法院为例，截至2019年10月，专有云平台共支撑执行信息化、大数据管理、智能审判、司法公开、信访业务、司法管理等122个应用系统，司法协助系统、审判流程公开系统、执行指挥平台等，利用专有云平台集约化和弹性调度的优势，月均完成数以万计的业务请求与并发，平稳高效地保障了智慧法院业务应用快速发展对信息基础资源的需求。

二、开放云服务

开放云是建立在互联网上，基于虚拟化、网格计算、分布式计算、分布式存储、SOA等技术，面向服务人民群众各类业务应用系统的共用计算、存储和通信基础设施。

（一）体系结构

智慧法院开放云平台的分层结构如图6-12所示，包括物理层、资源抽象层、服务层、云安全防护体系、运行监控及维护管理体系，提供了包括智慧法院大数据服务、庭审视频直播、裁判文书公开和防爬虫、可信网间交换、异地容灾等技术支持，实现法院系统的数据共享、内外网交换、业务协同，支持统一用户管理、移动应用、互联网法院等智慧法院业务应用。

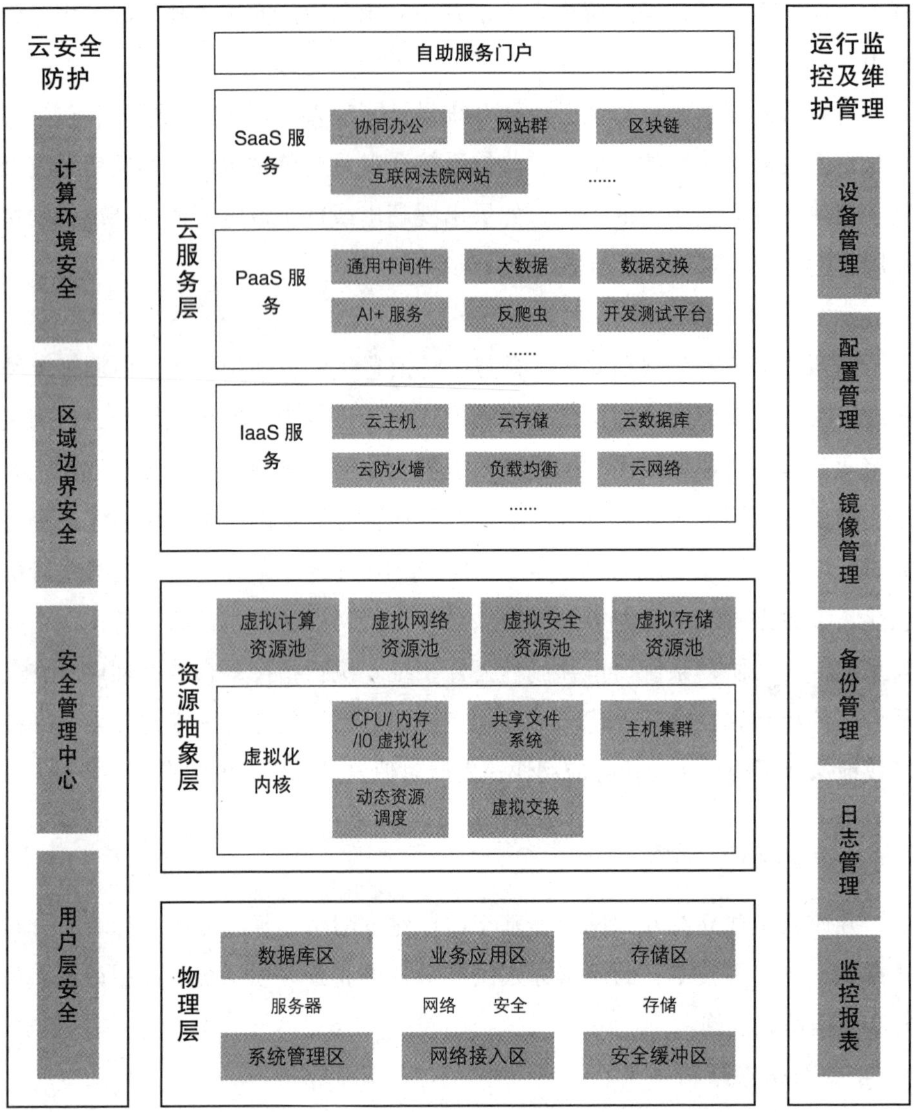

云安全防护	自助服务门户			运行监控及维护管理

云服务层

SaaS 服务
协同办公	网站群	区块链
互联网法院网站	……	

PaaS 服务
通用中间件	大数据	数据交换
AI+ 服务	反爬虫	开发测试平台
……		

IaaS 服务
云主机	云存储	云数据库
云防火墙	负载均衡	云网络
……		

资源抽象层

虚拟计算资源池	虚拟网络资源池	虚拟安全资源池	虚拟存储资源池

虚拟化内核
CPU/ 内存/IO 虚拟化	共享文件系统	主机集群
动态资源调度	虚拟交换	

物理层

数据库区	业务应用区	存储区
服务器	网络 安全	存储
系统管理区	网络接入区	安全缓冲区

云安全防护侧:计算环境安全、区域边界安全、安全管理中心、用户层安全

运行监控及维护管理侧:设备管理、配置管理、镜像管理、备份管理、日志管理、监控报表

图 6-12 人民法院开放云体系架构

　　智慧法院开放云的拓扑结构如图 6-13 所示。计算资源池采用灵活的弹性资源调整方式，能够根据资源使用监控动态调整满足最合适的资源配置，适应法院业务周期性、突发性的访问特点；存储资源池采用灵活多变的存储方

式,满足结构化、半结构化以及非机构化数据的需要,支持集中式和分布式存储,满足裁判文书等大数据的存储和处理需要;管理上通过云化部署固有的 VPC 隔离手段保障云内各类应用系统的边界防护要求,在相对隔离的同时

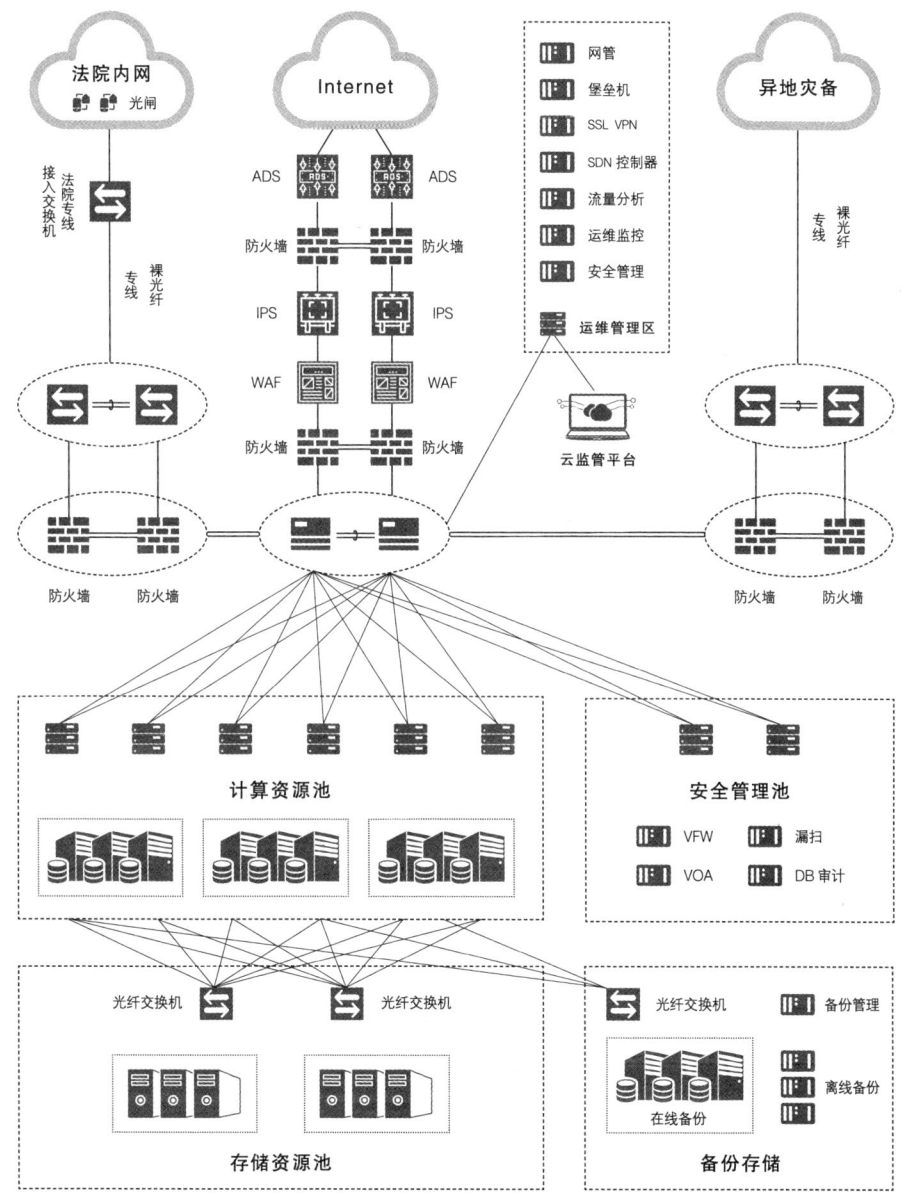

图6-13　人民法院开放云网络拓扑架构

也能够按照安全策略支持数据共享，防止应用系统成为独立的烟囱；集中统一的网间安全访问通道，在满足安全策略要求的基础上实现与法院专网内部系统的数据交互，支持远程 OA、远程会议等应用。

（二）服务能力

开放云平台提供的服务体系如图 6-14 所示。各级法院用户可以根据自身业务应用系统的特点和需求，获取所需多样化云服务，主要包括基础服务、扩展服务和基础安全服务三大类，具体包括计算、存储、网络、基础安全、基础软件、云迁移、容灾备份等。同时，还能根据法院用户的个性需求和业务特点，提供法院大数据服务、庭审视频直播、统一数据交换、系统防爬等多重个性化服务。

（三）运行方式

为保证应用系统在开放云平台的快速部署，建立了一系列标准规范约束和指导各类应用系统的设计开发、集成测试、部署上线和运维改进等全过程，提高应用系统建设的规范化水平，提升云平台的运行效率，降低信息化建设和运维成本。针对拟入云的应用系统，在开发阶段要在架构设计、系统间交互以及接口技术应用等方面按照规范要求实施。针对传统的应用系统，需要按照开放云的要求进行结构优化。开放云采用智能化运维平台架构，实现各类资源的深度可视化监控，保障整体运维和性能优化。

（四）应用支撑

开放云作为智慧法院互联网服务的基础支撑平台，为司法公开、诉讼服务、司法宣传、信用惩戒、廉洁司法等多种类型的应用系统，提供了安全、稳定、可靠、便捷的服务和支撑。以中国裁判文书网为例，作为全球最大的裁判文书公开网站，公开文书总量已超过 1 亿篇，日均增加文书 5 万篇，日均访问量超过 4000 万次，访客遍及全球各个国家和地区，正是得益于开放云平台通过应用架构的优化、基础资源的弹性配置、全面云化的安全防护等措施和服务，保障了系统的安全、可靠运行。

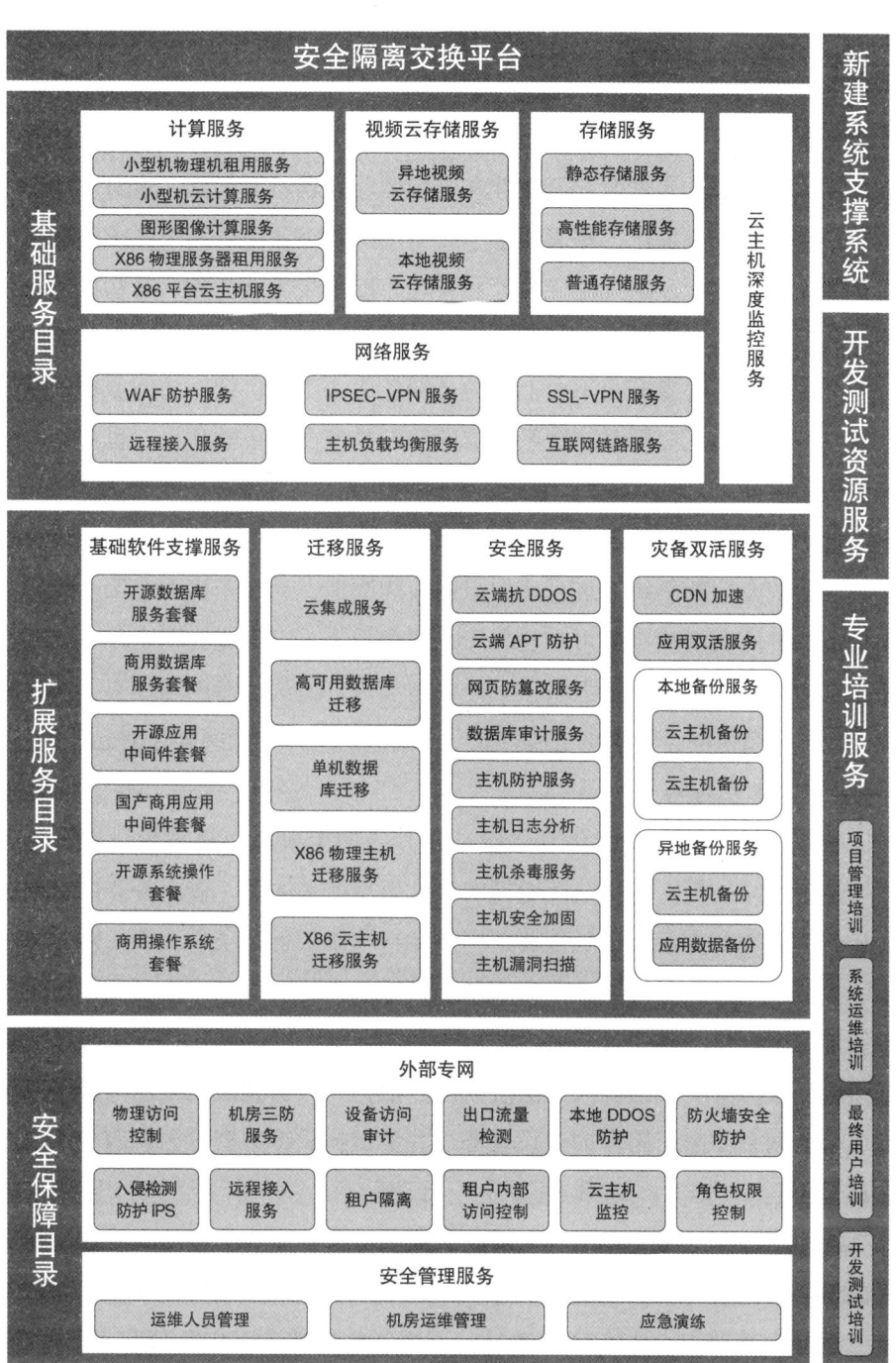

图 6-14 人民法院开放云服务体系结构

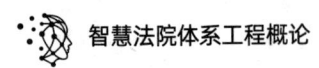

三、"云网一体"化服务

云服务为智慧法院信息系统带来了高效和便捷。同时，随着建设的深化和拓展，云服务的多样性、便捷性和应用体验需求不断增强，也对支撑云平台的信息网络系统提出了更高要求。以往全国各级法院的网络系统建设与云平台建设彼此独立，缺乏统筹设计和管理。以法院专网为例，其初期以北京为中心形成星形网络架构，在网络带宽、可靠性和安全性等方面对部署和运行于北京数据中心专有云平台上、为全国各地法院提供统一访问服务的应用系统支持均有不足。同时网络系统与专有云平台两者单独建设，也不便于统一维护和管理，无法满足快速拓展的业务需求。

针对上述问题，"云网一体化"建设思路基于软件定义网络和云计算技术，对法院专网的一级网进行环形组网架构改造，通过东南西北四个骨干节点构成的环路实现更高的可靠性保障，四个骨干节点也成为四个分布式专有云数据中心，各高院就近上联接入一级网节点，使法院专网和专有云平台架构呼应、体系协同，为提供贯通行业上下层级的一体化云网服务创造了条件。

（一）体系结构

智慧法院"云网一体化"建设具体分为两个阶段：第一阶段着眼于云网一体、网络先行。先从法院专网的环型架构改造入手，重点补齐网络通路短板，为后续专有云分布式部署、统一运行和维护创造条件。第二阶段着眼于端边协同、智慧云网。主要完成基于骨干节点的云服务、丰富和推广专有云智能服务、5G网络与固网专线的融合协同和泛在化接入服务、边缘计算和边缘云服务等。以最高人民法院为例，依托专有云和法院专网一级网基本完成了云网一体第一阶段的建设任务，并尝试提供部分智慧云网服务（如图6-15）。

从上图可见，依托于法院专网一级网的部署，完成了最高人民法院专有云的1+3架构设计。其中北京为中心云节点，南京、广州、兰州分别为东、南、西分中心节点，中心节点通过向下级联的模式，对接各分节点云平台，支持云服务随法院专网延伸提供就近接入和就近访问的"本地化"服务。各

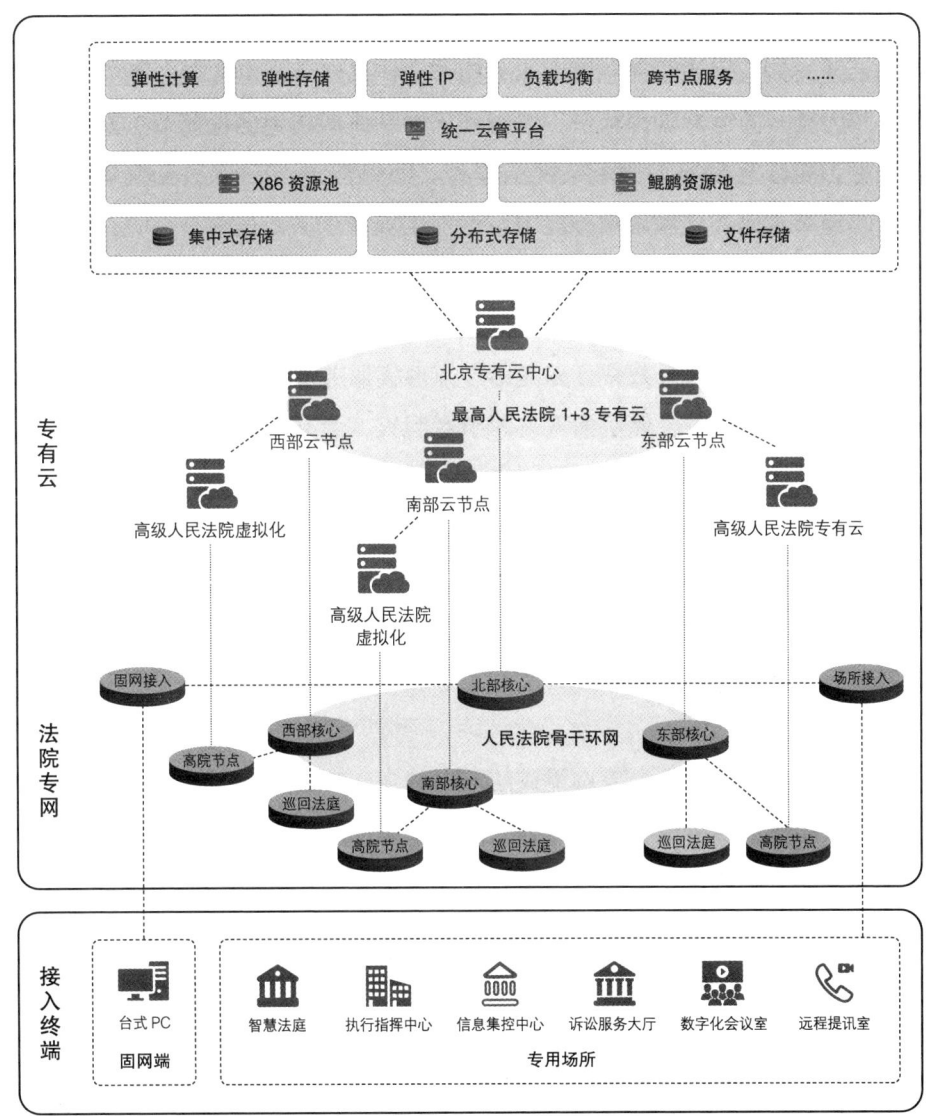

图 6-15　最高人民法院云网一体架构图

高级人民法院也统一建设一个或多个辖区内的云数据中心，通过一级网实现就近上联至最高人民法院的四个云数据中心之一，支持全国法院"一朵云"的基础架构。

（二）服务能力

云网一体系统能够提供以下服务能力：一是跨节点资源服务能力。中心节点作为统一的运营管理接口，可以在云网一体架构中的任何节点发放专有云服务，主要包括资源服务、网络服务、PaaS 服务等，满足应用系统集中部署、分布式部署、通用服务能力就近提供等需求。二是跨节点缓存服务能力。应用系统可将原来集中部署的业务数据存储一份于各分节点，远程用户不必访问中心节点，只需就近访问分节点即可获取相关数据服务，大幅改善用户的操作体验和办公效率。三是跨节点容灾服务能力。应用系统可基于业务层面、数据层面、存储层面实现跨节点容灾，当某个法院应用在分节点出现故障时，其他分节点可以通过网络域名服务、路由服务、SDN 等接管故障应用，保障业务应用系统不中断。四是跨节点运维监控服务。基于各分节点的运维和监控模块，可将所有运维与监控信息数据统一汇总至中心节点，利用统一运维管理平台，支持全云网数据统一处理和展现、运行状态统一分析和调控。

（三）运行方式

利用分布全国的四个节点组成的环形网络，中心节点部署统一运营管理平台、监控平台、运维平台，三个分节点仅需部署监控平台和运维平台，通过中心级联分中心的模式，实现全国跨节点统一管理（如图 6-16）。网络管理具备流量监控、域名解析、SDN 和路由服务等能力，形成以法院专网空间一体化为基础、分布式专有云平台协同一体化的云网一体架构。基于此架构，部分业务应用系统能够分布式业务部署、分布式智慧语音服务、分布式大数据平台、边缘计算等方面得到优化提升，并可随着业务应用的进一步发展，获得更为细致丰富的智能化弹性服务。当云网一体架构出现性能问题时，可通过网络 QoS 及云平台弹性调度，实现云网整体性能调优，满足业务应用对基础设施支撑能力的拓展需求。

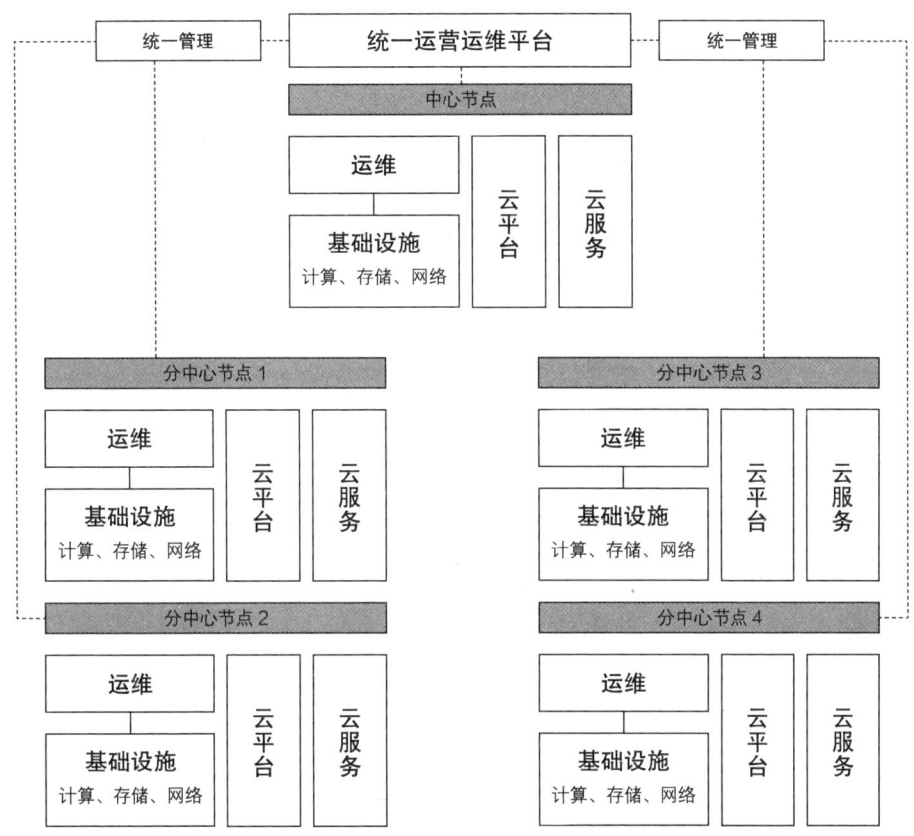

图 6-16　最高人民法院云网统一运维管理逻辑图

四、智能语音云服务

人民法院智能语音云平台由最高人民法院统一规划，依托法院专有云和开放云建设，为全国四级法院提供统一的智能语音云服务。

（一）体系架构

智能语音云平台的体系架构（如图6-17）实现了多层级法院之间纵向一体化和内外网之间的横向一体化。纵向一体化体现在专有云部分，通过将两级或三级平台按需分布建设在最高人民法院、高级人民法院和中级人民法院，各级平台为本级及辖区法院提供统一服务，并逐级向上进行数据汇聚传输，以贯通四级法院的行业级、分布式多级服务形态，为全国法院提供全面的智

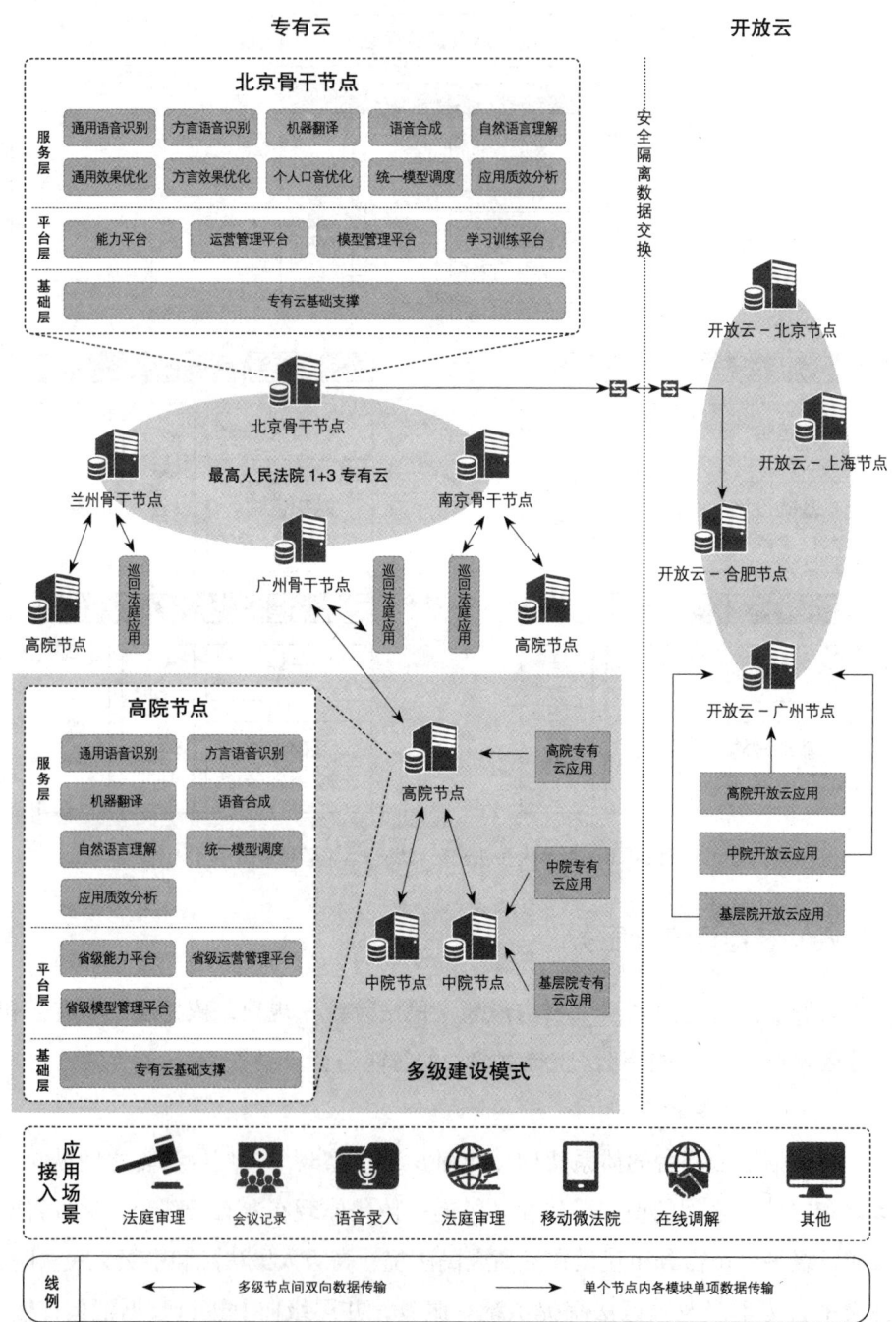

图 6-17 人民法院智能语音云平台架构

能语音应用支撑。横向一体化体现在专有云与开放云的跨云跨网协同方面，依托成熟的互联网开放云和专有云平台，通过多个分布式、扁平化的互联网云平台节点，为全国四级法院，以及全国公众和当事人提供统一便利的智能语音服务。专有云和开放云之间通过安全隔离系统进行数据交换，以专有云为数据汇聚中心，进行数据整理、标注及模型训练，然后统一向专有云各节点以及开放云的所有平台节点进行模型更新及共享，支持全平台的智能化更新和学习演进，并完成统一的质效分析及展示。

智能语音云平台由能力、学习训练、模型管理、运营管理四个子平台构成，各子平台分工独立、相互合作，共同为各级法院的业务应用提供统一的语音服务支撑。其中能力平台主要为业务应用提供 AI 能力支撑，实现智能语音技术为业务应用赋能；学习训练平台负责所有的效果优化工作，包括数据标注、模型训练等，并将生成的模型资源提供给模型管理平台进行全网更新及调度；模型管理平台通过多级平台的逐级传输，实现最高人民法院、高级人民法院和中级人民法院各层级平台的全网模型资源更新及调度，并自动将模型资源上线到能力平台；运营管理平台通过收集各个平台的应用数据，完成整个语音云平台的应用信息汇总，并支持应用质效分析，帮助用户实时掌控整个智能语音云平台的应用情况。

（二）服务能力

智能语音云平台主要提供以下服务：

智能语音交互服务。能力平台可为各级法院的庭审（含互联网端）、会议、指挥调度、文书撰写等多场景智能语音应用提供稳定、可靠的智能语音能力服务，包含语音识别、语音合成、翻译、自然语言理解等。各级能力平台可为下级能力平台提供能力灾备支撑，当下级法院的能力平台运行出现故障时，主动与上级平台建立连接，上级平台收到下级平台的应急接入调用请求后进行相应资源分配，从而实现对下级平台的应急灾备。

基于 AI 的语料集中学习训练。学习平台充分响应各级法院业务需求，通过对应用数据的集中标注和学习训练，为业务应用提供标准普通话、方言、个案及个人等四个维度的语音识别全面优化服务，有效解决各地法院单独优化资金投入量大、模型训练效果差等问题。

基于学习训练平台的模型调度和共享。可为各级法院提供全量的优化模型更新和调度服务，提升各级法院普通话、方言、个人、个案等场景的语音识别应用效果，进而不断提升各地智能语音应用的效果。

基于场景应用的运营数据管理分析和决策支撑。针对各级法院运营数据统计分析及研判需求，平台可提供运维数据支撑服务，各级法院可基于运维平台查看本级及下级法院内外网应用的运营数据情况，从而为管理、分析、决策和优化提供支撑服务。

（三）运行方式

智能语音云平台的运行方式主要包括以下方面：

关于接入流程及方式，智能语音云平台专有云部分，采用分级部署模式进行建设，由骨干平台及下级法院平台两部分构成。其中，骨干平台依托法院专网一级网的四个骨干节点进行建设，为最高人民法院机关、巡回法庭提供智能语音服务支撑，并在高院平台出现异常时，为各高级人民法院提供应急场景的语音能力灾备支撑。智能语音云平台开放云部分，依托于最高人民法院开放云采用集中部署模式进行建设，各级法院互联网应用可基于开放云网络获取智能语音服务支撑。智能语音云平台建设分为高院统一和高院、中院多级建设两种模式：高院统一建设模式是高院建设平台，各中院及基层法院应用通过专有云网络接入高院平台；高院、中院多级建设模式是分别在高院及中院建设平台，基层人民法院应用通过专有云网络接入中院平台。各地法院可以根据具体网络性能选择合适的建设模式。

关于应用支撑方式，智能语音云平台为全国四级法院庭审、各类会议、执行指挥、材料撰写等各类应用场景提供能力支撑，实现提能增效。以各级法院庭审场景为例，针对庭前播报场景，各级法院可直接调用智能语音云平台的语音合成能力，实现庭审注意事项的自助播报；针对涉及多方言的庭审笔录场景，智能语音云平台能够为各地法院提供全量的方言覆盖；针对外事审判笔录记录场景，智能语音云平台能够提供外语翻译能力支撑；针对二审或再审案件庭审笔录记录场景，智能语音云平台支持原审法院个案模型的共享和复用；针对庭审质证场景，智能语音云平台基于对陈述内容的理解可自动快速调取相应证据材料或相关法律条文，同时基于对证据材料的理解，辅助审判人员快速印证陈述内容的准确性；针对庭后模型优化场景，通过语料收集将语料汇入学习平台，定期进行模型优化，持续提升庭审语音识别效果；针对庭后数据分析场景，支持基层人民法院查看本级法院运维数据，中级人民法院、高级人民法院、最高人民法院分别查看辖区法院运维数据，通过对运营数据的统计分析，服务数据驱动下的平台改进提升。

第四节　终端设备

终端设备为每一位用户提供零距离服务，直接影响用户的观感体验，当然应该在信息系统建设中备受关注。然而由于其分散在众多用户桌面、手中，整齐划一不易，细节难以察觉，所以往往很容易成为信息系统规划、建设的盲区和痛点。不少用户曾经因为一项不兼容配置或一个未连通接口而长期搁置重要的信息化应用，这对于投入大量人力、经费和时间成本而研发成功的具体应用而言真是殊为可惜，这方面的教训尤需在信息基础设施建设中充分汲取，并通过加强终端设备建设和管理而着力避免。

智慧法院建设考虑的终端设备主要包括法院干警采用的台式、移动、手持信息化设备以及支持运行的相应基础软件，为广大干警配备合适好用的终端设备是智慧法院建设的重要前提和保证。一要坚持以人为本，针对智慧法院运行中终端设备已远不是可用可不用的辅助手段，而是广大干警时刻不能离开的作业工具这一客观现实，以干警好用不好用、满意不满意为根本准则，配齐完善各类终端设备，切实达到工欲善其事、必先利其器的基本目标；二要坚持科学配置，认真分析各类干警日常业务对智慧法院应用的具体需求，正确理解国家相关制度对一般公务人员计算机配备和法院干警作为必备工具的规定要求之区别，合理合规制定法院干警终端设备配置管理标准，既要防止不切实际、贪大求全，也必须避免因配置不到位而影响工作开展；三要坚持简便易用，充分考虑各类干警对信息化应用的熟悉程度和操作能力各有千秋、不尽相同的实际情况，特别注重终端设备即插即用、所见即所得，为干警迅速掌握使用提供最大便利；四要坚持鲁棒耐久，针对干警使用频次高、工作环境复杂的特点，将可靠性和耐用性作为选择评价的重要依据，通过事先评估、事中监控、事后分析机制，切实防止因为终端设备质量问题严重影响干警工作。

一、PC 端终端

PC 终端通常指安装于法院干警桌面的固定计算机终端，因而是支持干警日常工作的核心办公工具。对于智慧法院的很多核心业务应用系统，法院干警都是通过 PC 终端完成实现系统应用。同时 PC 终端还是智慧法院业务流程中重要的数据输入输出节点，相关信息采集外设、工作流程中的文档打印输出都通过 PC 终端进行衔接，使其融入智慧法院信息系统体系，支持形成业务闭环。有鉴于此，PC 终端的选择使用对于智慧法院应用成效具有重要意义，需要按照一定之规进行科学的部署与管理。最高人民法院就专门制定了"干警台式计算机终端配置办法"。

（一）PC 终端分类

按照连接网系分类 PC 终端可以分为法院专网终端、互联网终端和涉密网终端。根据网络安全管理规定，这三类终端绝对不可混用兼用。一般情况下，每位干警应配置一台法院专网 PC 终端，部分干警根据工作需要经审批可配置一台互联网 PC 终端，经保密部门批准的涉密工作人员还需要配置一台涉密网 PC 终端。

（二）配置选型

不同干警在法院业务流程中处于不同角色，有着不同的业务需求和使用场景，因此对于 PC 终端设备的需求应根据技术发展水平做相应区分。随着智慧法院全业务网上办理目标不断拓展，法院干警工作对 PC 终端依赖程度越来越高，针对主要依靠 PC 终端进行办案办公的法院干警，应尽量配置大屏幕 PC 终端，如最高人民法院就规定法官和审判辅助人员配置 27 英寸级及以上尺寸的宽屏显示器，其他人员配置 24 英寸及以上尺寸的宽屏显示器，尽可能减少信息化应用中的用户疲劳感。同时还应针对所需接入的外设数量、类型、业务需要的网络带宽、业务工作内容需要的处理性能等，考虑终端的网络接入能力、外设扩展能力、运行性能等各方面要求确定 PC 终端选型。

（三）多终端管理

当干警存在同时使用多台 PC 终端的情况时，应当尽可能复用显示器、鼠标与键盘，通过配置多终端 KVM 切换器实现多个主机共用一台显示器、鼠标和键盘，不仅能够省却不必要的工作空间，还能够为干警切换终端提供最大便利（如图 6-18）。

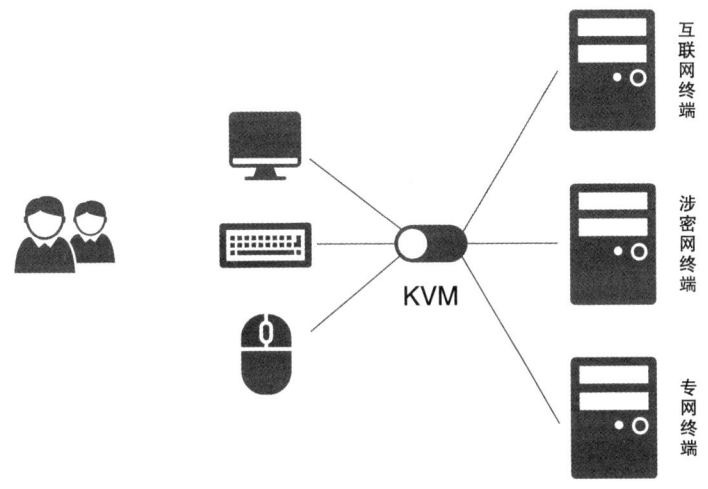

图 6-18　法院干警 PC 终端管理结构

二、移动端终端

移动端终端是智慧法院信息系统向广阔空间的有效延伸，是便利法院干警外出办公办案的重要手段，能够支持干警们在移动条件下开展办公、办案、事务处理、执行处理等工作。移动端终端主要包括便携式电脑、移动平板、单兵系统和手机等设备。

（一）便携式电脑

便携式电脑能够支持法院干警在全国法院内部实现移动办公办案。但各级法院对于便携式电脑的管理应参照 PC 终端的管理规定，即严格固定网系接入类型和安装软件种类，严格禁止各类便携式电脑在法院专网、互联网甚至涉密网中混用兼用，以杜绝网络安全中的重大隐患。

（二）平板设备

平板设备是通过法院专网连通智慧法院各类信息系统的专用移动端终端，能够支持法院干警外出和非工作时间应急处理日常办公、办案所需的文件流转和审批流程。平板设备选型和应用的最主要要求就是安全性，应严格遵循信息安全等级保护要求，与业务应用系统之间需要通过网间安全隔离交换的方式实现数据交换，同时业务数据应采用不落地原则，确保设备关闭断电后不致造成敏感数据外泄。

（三）单兵系统

单兵系统是执行业务的重要组成部分，主要实现独立于执行车载终端的卫星定位、影音摄录和信息存储等功能，与执行指挥中心通过移动网络进行连接，通过执法音视频的网间交换，支持指挥中心与执行现场的集中监控、语音通话和现场指挥等。单兵系统选型研发应着重根据执行业务特点，对关键的网络稳定性、应急存储能力、影音清晰度进行考量，确保系统能够满足外出执行的各种业务要求。

（四）手机

随着移动网络的性能提升以及手机应用的广泛拓展，各地法院已经探索应用手机 App、微信小程序等方式直接支持干警办公办案，前提条件是严格遵循国家等级保护、分级保护和智慧法院网络安全的各项管理规定，在充分便利干警工作的同时确保网络安全。

三、其他终端设备

智慧法院信息系统的建设应用还与很多其他的通用或专用终端设备密切相关，需要信息技术部门高度关注并认真考量。主要包括大屏幕、扫描仪、打印机等。

（一）大屏幕

这里所说的大屏幕主要是区别于个人电脑、供多人浏览或交互应用的显控屏幕。随着智慧法院建设不断深入，分布于法院各处的大屏幕越来越多，其作用是便于向多个用户同时展现所需内容，支持广告、会议和研讨，有些还支持用户触摸交互，提升应用体验。一般而言，法院诉讼服务中心、科技法庭、会议室、信息管理中心、执行指挥中心、诉讼服务指导中心等场所都需要配备大屏幕，目前大屏幕的主要类型有液晶和 LED 显示两种，前者适用于尺寸相对较小的场合，后者可不受尺寸限制，且都有高低各种性能配置。研发建设中一定要根据业务场景、场所空间、应用需求、安装条件等精心论证大屏幕的形状、尺寸、清晰度、散热条件、接入网系和显控方式等，按照既不豪华铺张、又充分满足应用的原则合适选型，科学建设。

（二）扫描仪

扫描仪是利用光电和数字处理技术，以扫描方式将图形或图像信息转换为数字信号的专用设备。现阶段电子卷宗随案同步生成是智慧法院建设的重要基础性工程，是高质效智能化、无纸化应用的前提条件，通过扫描仪将大量纸质文件扫描上传到业务系统是整个业务流程的第一环节。因此扫描仪是各级法院信息化的重要终端。智慧法院建设中全面推广电子卷宗深度应用，利用 OCR 技术对扫描的图像文件进行识别、提取以实现文档化、结构化、数据化，对于扫描图像的清晰度有很高要求，同时不同场所需要录入的文件规模也有很大差异，因此需要针对不同应用场景，依据送纸方式、扫描纸张规格、输出文件格式、正反双面支持等功能和性能要求选型配置合适的扫描仪。一般情况下，集中处理文件扫描的扫描中心应该配置高性能扫描仪，而处理日常零散文件扫描的立案窗口及法官办公室则可配置性能相对较低的扫描仪。

（三）打印机

打印机是计算机的重要输出设备。除日常办公外，法院业务中需要对制式法律文书、判决文书、送达邮件等内容进行打印输出，除黑白打印外，很多场景需要采用红黑打印，有些证据材料还需要采用彩色打印，由此需要基于业务需要根据实用节约的原则选择合适的打印机支持办公办案。

四、基础软件

基础软件是衔接硬件资源和业务应用系统的中间媒介，是支撑智慧法院信息系统运转的齿轮，关系到系统的稳定可靠和安全可控，在信息化建设中需要得到高度关注。终端的基础软件主要包括操作系统、浏览器、办公软件等，应该按照相关技术标准和管理要求，合理选型、适配组合。

（一）操作系统

操作系统是管理和控制计算机硬件与软件资源的计算机程序，是用户与计算机系统的交互接口，同时也是计算机硬件与其他软件的接口。主要负责终端设备的进程管理、内存管理、文件系统、网络通信、安全机制、用户界面、驱动程序等工作。法院干警通过终端的操作系统实现对计算机软硬件和外设设备的操作，进而实现访问智慧法院的各类各种业务应用系统。

在智慧法院建设中，对终端操作系统的选型，首先，要贯彻和坚持正版化的要求，即要求法院购买预装正版操作系统的计算机终端，或通过政府采购途径购买正版操作系统授权，做到全部计算机终端正版操作系统授权全覆盖。其次，要兼顾各类业务应用系统以及各类外设设备的兼容适配，尽量保持操作系统版本的一致性，以便于进行补丁升级、准入控制、策略配置等统一管理。最后，操作系统的选型要积极响应国家信创工程的要求，按要求选择好国产化操作系统，依托信创工程项目的实施，做好新旧操作系统的顺利替代和终端适配等工作。

（二）浏览器

浏览器是通过终端访问各个业务应用系统的关键，特别是大量的 B/S 架构的业务应用系统，浏览器直接关系到智慧法院建设的用户体验和直观评价。

由于各类浏览器的技术路线和内核架构不同，因而在使用体验上各有差异。在智慧法院建设中，对终端浏览器的选型，首先，要考虑浏览器与终端的硬件配置及操作系统的兼容性，避免不兼容造成的功能受限、排版错误等问题。其次，要考虑浏览器对核心应用系统所需各类控件的支持，如 OA 办公系统、办案系统等均需浏览器对各类插件控件的良好支持，确保各类通过浏览器访问的业务应用系统的使用体验。最后，要统筹考虑浏览器的启动速度、界面布局、功能配置等要素，确保浏览器配合业务应用系统一起为法官干警提供最佳的用户体验和使用效果。

（三）办公软件

办公软件是依托计算机终端进行文字处理、表格制作、幻灯片制作、图形图像处理等工作的专用软件。办公软件是法院信息化建设中必不可少的基础性工具软件，在法官干警日常的制作裁判文书、庭审记录、合议记录等各个场景，都需要办公软件的支持。

在智慧法院建设中，对办公软件的选型，首先，要贯彻和坚持正版化的要求，即要求法院通过政府采购途径购买正版操作系统授权，做到全部计算机终端正版办公软件授权的全覆盖。其次，要针对 OA 办公、办案等各类业务系统中的文字处理、表格处理等各类控件插件需求，与终端选择安装的正版办公软件的品牌、版本做到兼容，确保在 OA 办公等业务系统在文字处理等方面使用体验。最后，办公软件的选型要积极响应国家信创工程的要求，优先选择国产化办公软件，做好国产化办公软件的替代和适配等工作。

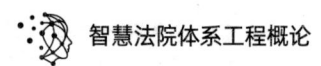

第七章 网络安全

网络安全和信息化相辅相成。智慧法院借助于先进信息技术促进司法为民和公正司法的同时，必然也面临着技术发展所引发的网络安全风险和挑战。这里的网络安全不局限于通信网络范围，更加广泛地涵盖了由信息基础设施、应用系统和数据资源所构成的网络空间的整体安全。信息化程度越高，网络安全的挑战就越严峻，越需要将网络安全贯穿于智慧法院建设全过程，渗透到智慧法院运行各环节。

技术手段是加强智慧法院网络安全的基本途径和根本保证。要运用先进的主机安全、身份认证、访问控制、密码加密、防火墙、安全审计和安全管理等技术保护各类信息系统在受到攻击的情况下依然能够提供有效服务，提高可用性；防止各类工作信息或个人隐私被无意或故意泄露给非授权人员或实体，提高保密性；避免各种系统资源和司法信息受到不当修改、篡改、污染或毁坏，提高完整性；保证注册、登录、访问、修改等各种操作全程留痕、不可抵赖，提高可控性。

依法合规维护网络安全是智慧法院建设的重要遵循。《中华人民共和国网络安全法》是国家网络安全的基本大法，《信息安全技术网络安全等级保护基本要求》和《涉及国家秘密的信息系统分级保护管理办法》等规定了各类信息系统网络安全的具体要求，人民法院作为国家审判机关，自应发挥依法治网、维护安全的表率作用。

"三分技术，七分管理"是智慧法院网络安全的规律总结。鉴于全国一体化基本格局，智慧法院网络安全必须依靠全国各级法院建立健全网络安全管理制度，特别是提高全体干警的网络安全意识，以高度责任心自觉遵守网络安全法规和操作使用要求，形成从源头、习惯和细节出发的网络安全闭环管控机制，确保网络安全与信息化建设同步发展、相互促进。

第一节　安全基础架构

安全基础架构是决定网络安全整体技术水平的主要因素，因为它决定了安全体系的基本架构、重要支撑、关键环节及其相互之间的作用机制。安全基础架构设计特别需要考虑安全性与复杂性的平衡，"过犹不及"是基本原则，因为安全系统越复杂，就越容易遭到破坏，维护也越困难，反而会降低体系的安全性。

智慧法院"五网三云"的网络架构确立了以法院专网安全保护为主体、涉密网安全保护为重点、互联网、外部专网和移动专网安全保护为补充、基于法院专网的安全隔离交换作衔接的安全基础架构。法院专网连通全国各级法院，承载了几乎所有法院业务应用，是智慧法院体系运行中上下连接最通畅、信息交互最频繁、因而也是内部影响最密切的互连网络实体，自然成为智慧法院网络安全的主要阵地，网间隔离、区域划分、权限设置等所有安全措施都有对应环节，密码基础设施立足于此，数据安全保护尤以此为重，安全综合监管和安全运维管理都汇聚集中于此，由此支撑整个体系安全。涉密云网涉及需要严格保护的国家秘密，当然需要采用尽可能的先进手段加以重点防护。互联网和开放云承载阳光司法重要业务，需要保护大量诉讼当事人信息避免不当泄露，同时也是直接面临信息攻击的前哨战线，需要通过有效的监测预警和攻击防御手段守好第一道防线。外部专网对接法院外部协作单位，应在有效隔离外部安全隐患的同时，加强内部安全管理和基线检查，确保维持稳定的安全互信。移动专网通过射频信号承载法院部分核心业务，可能涉及内部工作秘密和敏感信息，必须基于安全接入平台实现信息加密和管控，同时移动终端便利携带也容易造成遗失，必须基于可靠的信息分发策略保证敏感信息万无一失。网间安全隔离交换是实现不同网系应用系统之间必要信息交互的桥梁，物理隔离要求采用单向隔离交换方式，基于法院专网实现与其他网系的安全隔离交换，可以充分减少不当连接造成的安全隐患，同时也便于提高整个体系的综合监管能力。

一、总体逻辑结构

智慧法院信息安全保障体系以解决法院信息化面临的安全问题为宗旨，以满足体系化安全防护、常态化业务运行、综合化安全监管和规范化安全管理需求为目标，体系逻辑结构如图 7-1 所示。

根据智慧法院信息基础设施"五网三云"的基本架构，专有云安全防护涵盖公钥密码基础设施、信任服务系统、法院专网安全防护、外部专网安全防护和移动专网安全防护。法院专网针对机房、通信链路、隔离交换系统、司法审判信息资源库、大数据管理和服务平台、云平台、业务应用、基础运维管理系统和主机设备等面临的主要安全风险，建立了网络、主机、应用和数据层的安全防护措施，同时还包含云安全防护、音视频业务安全防护、大数据管理和服务平台安全防护等重点；外部专网针对分布在网络边界、主机设备和数据交换等方面的安全风险，主要建立了网络、主机和数据层的安全防护措施，重点考虑外部单位的接入安全和相互之间的安全数据交换；移动专网针对分布在移动终端、通信链路、业务应用和数据交换等环节的安全风险，主要建立了网络、主机、应用和数据层的安全防护措施，重点考虑移动终端安全、终端接入安全、链路安全、终端安全管理、业务应用安全及数据安全，形成面向移动应用的一体化安全防护。

开放云安全防护主要针对互联网入口边界、云计算环境、主机设备、应用系统和数据等环节面临的风险建立相应的安全防护机制，要求云服务商具备从互联网边界、云基础设施安全和云资源安全等多方面提供综合安全保障。各级法院也应对部署在开放云上的各类应用从 WEB 边界安全、监测预警等方面采取防护应对措施，提高应用系统自身的安全防护能力。

涉密云网安全防护按照国家分级保护有关规定严格实施。

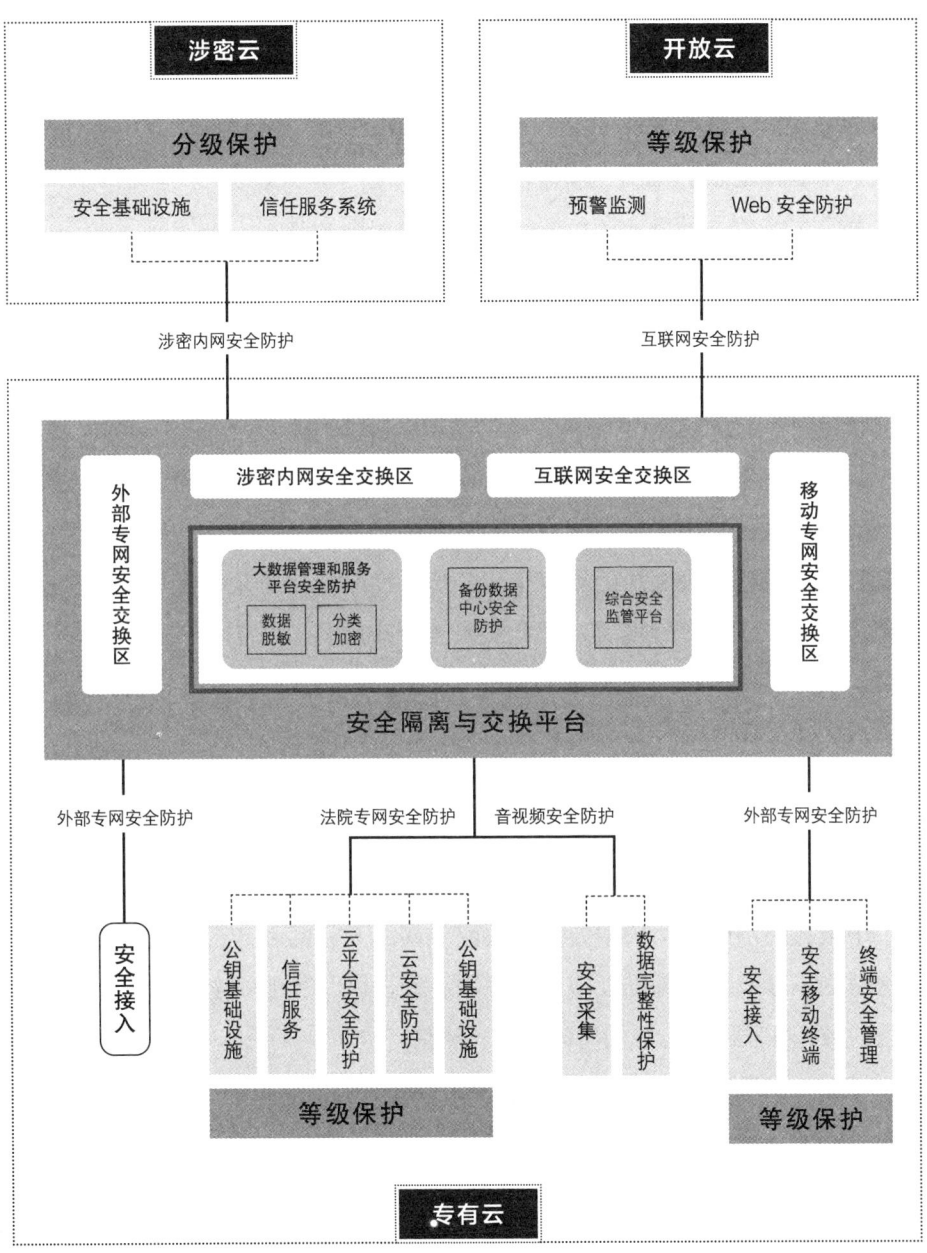

图 7-1　人民法院信息系统安全保障体系逻辑结构

二、安全区域划分

划分安全区域并采取相应防护措施是落实信息安全责任、运用边界防护手段、限制攻击影响范围、降低信息安全风险的重要举措。全国法院纵向分为最高人民法院、高级人民法院、中级人民法院和基层人民法院四大安全域体系，横向覆盖法院专网、互联网、涉密内网、移动专网和外部专网五大网系，纵向主要考虑各级法院之间的跨层级数据安全共享，横向主要考虑各级法院内部信息资源的安全隔离与交换，由此可以初步划分智慧法院的基本安全区域如图7-2所示。

最高人民法院安全域涵盖法院专网、外部专网、移动专网、互联网和涉密网五大网系，其中法院专网划分为公钥密码基础设施区、信任服务区、安全交换区、涉密安全交换区等安全区，外部专网划分为党政机关接入区、执协单位接入区、安全管理区、安全交换区等安全区，移动专网划分为移动接入区、业务应用区、前置业务区、安全交换区等安全区；互联网划分为开放云管理区、互联网接入区、安全交换区等安全区。

高级人民法院安全域同样涵盖法院专网、外部专网、移动专网、互联网和涉密内网五大网系，其中法院专网、外部专网和移动专网安全区划与最高人民法院基本一致，互联网安全区存在一定差异。

中级人民法院安全域主要涵盖法院专网、互联网和涉密内网，法院专网安全区划不涉及公钥基础设施和信任服务安全区，其他安全区划与高级人民法院一致，互联网安全区划与高级人民法院一致。

基层人民法院安全域涵盖法院专网、互联网和涉密内网，其中法院专网安全区划分为核心交换区、安全管理区、终端区和网络接入区，互联网安全区划分为用户区、核心交换区、互联网接入区和安全管理区。

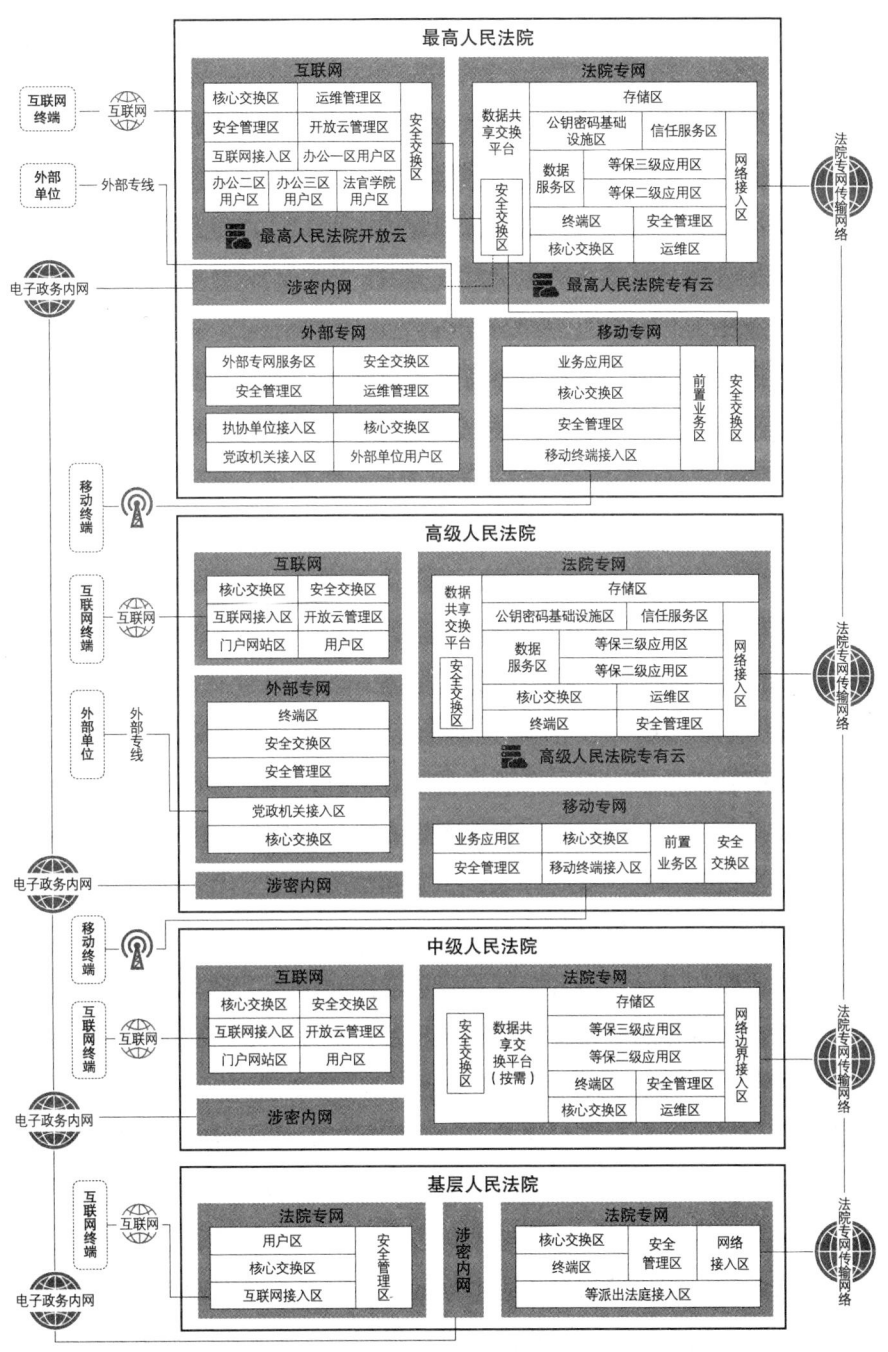

图 7-2　人民法院安全区域划分

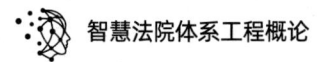

三、安全基础设施

为确保智慧法院信息系统中的主机设备、应用系统和数据资源的基础安全防护能力达到相同水平，各级法院建设了一系列安全基础设施，为各类信息系统提供统一、基础性的网络安全保障和服务。具体包括密钥管理基础设施及统一用户管理系统、统一运维管控平台、综合安全监管平台、安全隔离与信息交换平台等（如图 7-3）。

密钥管理基础设施为法院业务系统提供数字证书申请、签发、发布、更新、冻结、解冻、恢复、归档等全生命周期管理，为各级法院实体用户签发唯一可信的网络"身份证"，支持识别法院用户身份的真实和有效性，提供签发数字证书所需的非对称密钥的全生命周期管理。为实现全国法院用户信息的统一管理和应用系统的一键登录，最高人民法院建设了全国法院统一用户管理系统，统一收集法院专网全网用户信息，完成各级法院现有单点登录系统的互联互通、互信互认，实现全网用户在当地进行一次身份认证后，即可直接访问最高人民法院统一部署的各类应用系统和平台，无需多次进行登录认证。

统一运维管控平台对信息系统运维全过程进行有效监管，为服务器、网络设备、安全产品、应用系统、数据库等重要维护管理提供安全可控的运维管理通道，实现运维账号集中管理，高强度身份认证，账号申请规范审批，集中账号授权管控，运维操作全程审计，异常操作及时告警等功能，最大限度保障运维操作的安全性和规范性，有效降低因账号泄漏、冒用等带来的安全风险，保证信息化运行维护过程安全，达到事件可追溯、责任可界定、使用可管控、维护可审计等安全目标。

综合安全监管平台以智慧法院"五大网系"为基本对象，通过对各网系的安全数据进行采集和关联分析，实现对信息系统安全态势的监测和预警，为信息安全监管提供技术平台支持。整个平台由系统展示层、数据分析处理层和数据采集与反馈代理层构成，对法院五大网系中的网管、网络安全、终端安全防护、应用管理、机房管理、审计管理、监测预警、APT 和威胁情报分析等子系统进行集中统一监管。

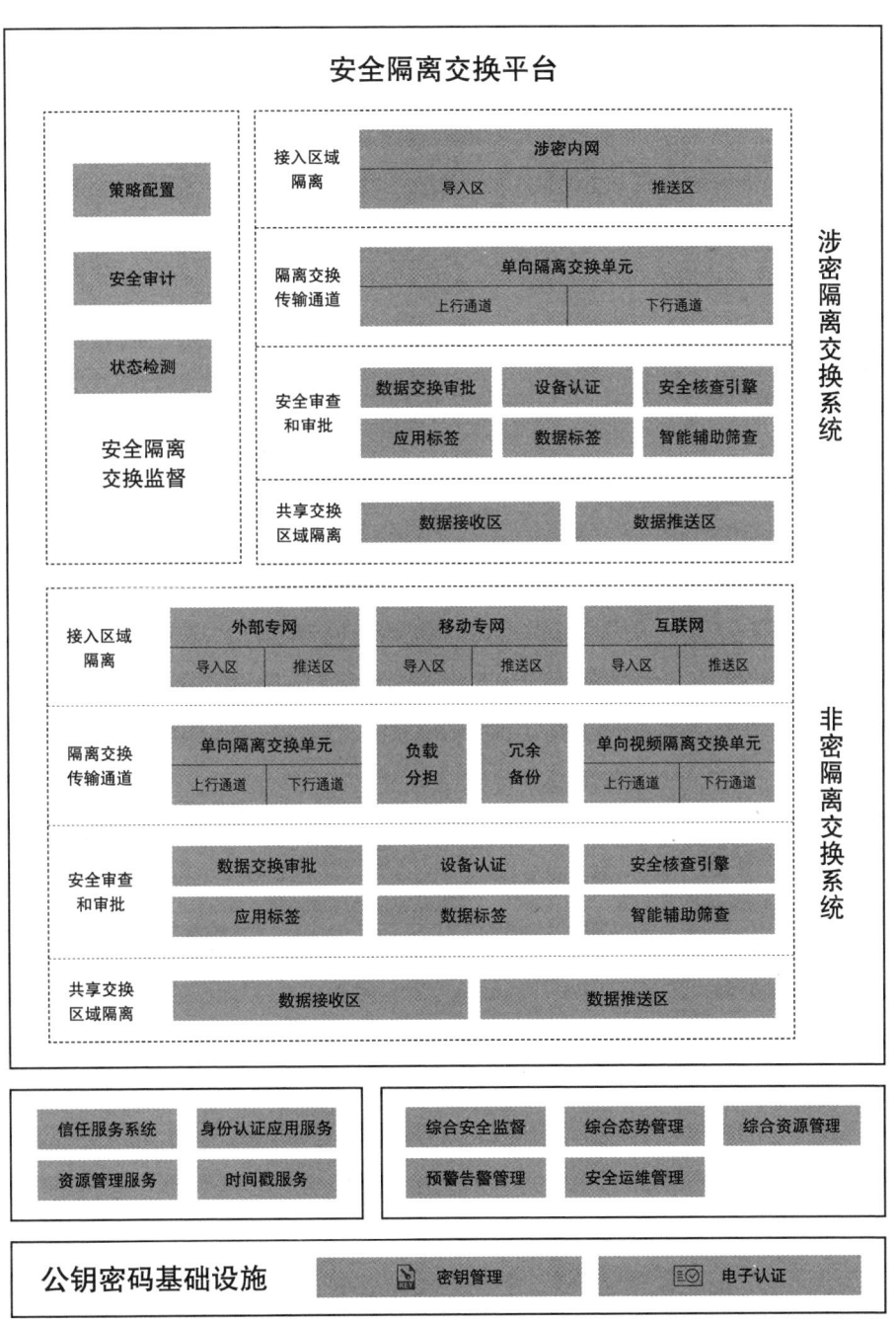

图 7-3　信息安全基础设施

以法院专网为中心建设的安全隔离与交换平台，通过横向安全连通、统一交换模式、统一角色审批等机制，实现与移动专网、外部专网、互联网和涉密内网之间在保证安全前提下的信息互通交换，为智慧法院各类应用系统跨网系的数据共享交换提供充分的安全保障。

第二节　系统边界安全

系统边界安全是有效防御网络或应用系统外部黑客、病毒和攻击入侵的重要保护能力。对于覆盖全国的智慧法院信息系统体系，边界安全具有特别重要的意义。保护涉密网边界安全，就能够防止国家秘密不会轻易流转到非密网络空间；保护法院专网边界安全，就能够避免全国法院的主体网络空间遭受外界干扰，防止工作秘密和敏感信息轻易扩散到社会网络；保护区域边界安全，就能够防止任何局部风险扩散为全局风险；保护业务应用边界安全，就能够防止核心业务系统受到不具备访问权限用户的不当影响。

强化边界安全，是最高人民法院、各高级人民法院和中级人民法院推动辖区法院网络安全的优先策略。随着信息系统覆盖越来越广、复杂程度越来越高，网络安全远非某个法院和某些专业人员能够实现。法院专网安全依赖于全国所有法院，人民法院司法大数据安全与全国法院干警密切相关，绝大多数办案系统安全涉及一省的所有操作用户等等，都要求将复杂体系按照层级和区划分解为尽可能简化、独立的系统，通过边界安全分而治之。

强化边界安全，也是有针对性采用网络安全技术的基本依据。物理隔离、防火墙、访问控制、终端防护和数据加密等都是支持边界安全的重要技术手段，只有划定具体明确的边界，才能确定网络安全的主要目标、威胁来源和应对措施，选择采用合适的安全技术方案。并且只有通过技术措施充分排除外部威胁和攻击、实现边界安全，才能准确定位内部安全风险和隐患，有的放矢而又不添枝加叶地应用网络安全手段，确保自身安全。

强化边界安全，还是全国各级法院和工作人员贯彻落实网络安全责任制的导向要求。智慧法院网络安全有赖于全国法院干警的共同参与，各级法院、各类人员都担负非常重要的安全责任，划清边界、明确禁止，确保边界安全就是全体干警守土有责、守土担责、守土尽责的重要目标和具体体现。根据智慧法院建设和应用实践，某种程度上只要各级法院守住边界，全国法院网络安全就不会发生重大风险。

一、网间安全交换

智慧法院信息系统各网系之间具有明确的安全边界，通过安全隔离与信息交换平台进行网间安全交换，总体结构如图 7-4 所示。

安全隔离与信息交换平台由单向光闸和内、外端机或前（后）置服务器组成，实现互联网、外部专网、移动专网等外部网络与法院专网之间的文件数据、数据库数据、服务数据和音视频数据的跨网交换。

在文件数据交换应用模式下，外部网络上的应用系统结束于外网的文件服务器，法院专网的应用系统结束于专网的文件服务器，禁止安全隔离与信息交换平台和业务生产库直接对接。

在数据库数据交换应用模式下，外网上的应用系统结束于外网的数据库服务器，法院专网的应用系统结束于专网的数据库服务器，禁止安全隔离与信息交换平台和业务生产库直接对接。

在服务数据交换应用模式下，通过 Webservice 接口进行数据交换，数据交换内容不得含有 IP、端口、域名、SQL 语句等信息。服务数据交换所有业务系统须部署应用系统前置机，访问结束于应用系统前置机。

在音视频传输应用模式下，采用单向音视频传输和双向音视频传输两种方式。单向音视频传输时数据只允许从法院专网单向传输至外网，禁止外网数据直接传输到法院专网；控制信令在法院专网和外网之间双向传输，是音视频设备之间的会话管理信息，用于约定音视频设备间逻辑通信信道的建立、删除以及数据传输控制和管理等行为；此时安全隔离与信息交换平台中的单向光闸必须与前（后）置服务器配合使用。双向音视频传输时允许法院专网和外部网络之间的音视频双向交互，禁止非 H323、SIP 协议的音视频业务与

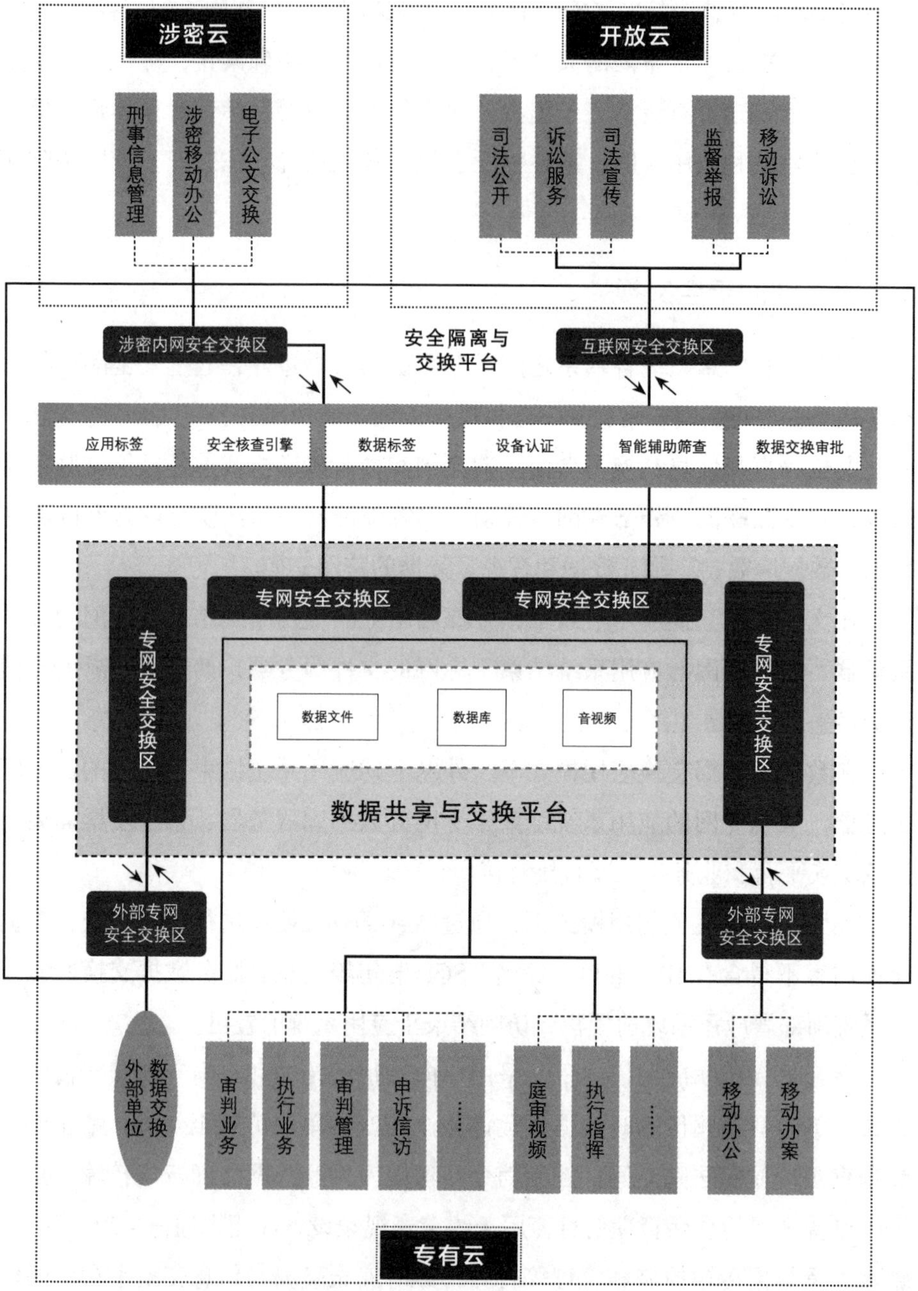

涉密云

刑事信息管理　涉密移动办公　电子公文交换

开放云

司法公开　诉讼服务　司法宣传　监督举报　移动诉讼

安全隔离与交换平台

涉密内网安全交换区　　互联网安全交换区

应用标签　安全核查引擎　数据标签　设备认证　智能辅助筛查　数据交换审批

专网安全交换区　　专网安全交换区

专网安全交换区

数据文件　数据库　音视频

数据共享与交换平台

专网安全交换区

外部专网安全交换区　　外部专网安全交换区

数据交换外部单位

审判业务　执行业务　审判管理　申诉信访　……　庭审视频　执行指挥　……　移动办公　移动办案

专有云

图7-4　安全隔离与信息交换平台总体框架

法院专网双向交互；同时支持控制信令双向传输；遵循 H323、SIP 协议的音视频业务只在业务交互时才打开流传输端口，非业务交互时不对外开放任何端口，以保障业务交互的安全性；此方式下安全隔离与信息交换平台中的单向光闸也必须与前（后）置服务器配合使用。

二、分区边界安全

各个安全分区之间都应具备明确的网络分区边界，每一分区边界都应部署必要的安全防护措施，设置合理的安全策略，通过建立有效的管控机制确保各分区的边界安全。

各个法院都应在本单位各网系网络边界部署网络访问控制措施，具体包括防火墙、网闸、入侵防御系统、防毒墙、接入控制网关等，同时设置有效的网络路由策略，防止边界防护措施被绕过。

针对互联网端口广泛对外的属性，各个法院的互联网边界还应部署针对互联网攻击的检测和防御措施，包括防 DDOS 攻击系统、反爬虫系统、内容分发系统（CDN）、运维管控通道加密系统（VPN）等，有效防御来自互联网的各类入侵和攻击行为。

边界防护策略设置应满足最小化原则，在详细梳理实际业务访问需求的基础上合理设置访问控制策略，防止因策略过粗导致的非授权访问。同时，应重点关注存在高危险和高权限端口开放策略，对存在安全风险的端口应采取关闭措施或防控手段，防止被恶意攻击者利用；对具备远程登录的端口要准确评判管理使用需求，收敛端口暴露面，必要的运维管控操作应通过安全运维管控平台实现对高权限端口的远程监管。

为确保边界防护合理有效，应制定管控机制对边界防护策略进行全生命周期管理，策略变更应经过审核，确保开放的边界防护策略最小化。重大策略变更时应组织业务系统、基础网络、安全维护等方面专家进行评审。策略管控机制重点包括需求确认、策略验证、白名单、审核审批、定期检查等机制。

三、业务边界安全

智慧法院信息系统业务安全区承载了全部的业务应用和数据资源，应重点从网络边界和主机边界两方面加强安全防护。

针对网络边界，每个业务应用应部署在独立的 VLAN 内，用户访问、运维管理和系统之间通信均应经过网络边界控制设备，核心业务应用应单独部署，在其边界采取最严格的安全防护措施。不同安全防护等级的业务应用应部署在不同等级的安全区域内。

针对主机边界，业务应用服务器操作系统应安装主机加固软件，对服务器的通信端口进行管控。部署在云平台上的业务应用还应实现不同云租户之间的有效隔离。

业务边界访问策略制定应遵循最小化原则，针对每个业务应用梳理访问需求，形成业务访问需求台账，根据访问需求制定业务边界访问控制策略，明确访问源地址、目的地址、服务端口和具体作用。策略实施前要进行评估，防止业务边界产生不必要的访问通道。同时还要区分业务系统访问通道和管理通道。

四、终端安全防护

要根据用户终端管理和使用特点，以硬件规范性、网络准入、身份鉴别、防病毒、行为管控和安全审计等为重点加强操作终端的安全防护。

法院信息系统用户终端应采用符合安全规定的设备，因特殊需要配备的终端设备需经专门的安全检测机构检测合格后方可使用。法院专网用户终端不得安装配备具有无线通信功能的设备模块。

用户终端入网需采取准入措施，防止非授权终端接入法院信息系统。用户终端入网时应验证终端信息，法院专网终端入网还需验证用户终端安全防护软件配备情况，限制防护措施不满足要求的终端的网络访问范围。

用户终端操作系统本地登录应采用一定强度的身份鉴别措施，防止身份冒用行为，禁止用户终端被远程访问。身份鉴别可采用基于数字证书的

USBKey 结合 PIN 码方式，采用用户名与密码相结合的身份鉴别方式时，密码长度、复杂度应满足防护要求。应设置身份鉴别失败锁定账户功能，防止 PIN 码或密码被暴力破解，同时还应定期更换 PIN 码和密码。

所有用户终端均应安装防病毒系统，加强终端主机的病毒防护能力并及时升级恶意代码软件版本以及恶意代码库。用户终端应安装安全管理软件，重点管控用户终端违规外联和违规设备接入行为。用户终端还应安装主机审计软件对用户登录和操作行为进行审计。审计内容包括文件操作、设备接入、非法外联、配置变更等。

第三节 网络设备安全

网络设备安全是网络体系中各类设备、设施保持稳定可靠运行的安全保护能力。所指设备和设施既包括支撑体系运行的通信、计算和存储等信息技术设备，也包括相应的机房、电源和线路等基础设施，还包括直接针对网络安全的一系列专用设备。网络设备安全是智慧法院网络安全的重要基础。

物理安全是网络设备安全的前提条件。机房作为智慧法院重点网络设备的安装和运行环境，是确保物理安全的主要环节，需要在位置选择、温度湿度控制、电力供应等方面满足特定需求，具有防护雷电、火灾、洪水和静电毁坏的能力，重要区域必须配置电子门禁和视频监控装置，保证进入人员始终处于受控状态。机房和线路等设施还应根据规范标准具有相应的电磁防护能力，以免网络设备遭受瞬间或永久性电磁毁伤。

相较于物理安全，系统运行风险是网络设备安全面临的更为现实、更为严峻、更为复杂的挑战。在互联互通的条件下，攻击者完全可以通过信息流远程运用黑客和病毒等手段破坏系统内部的程序代码、数据资源或参数设置，既能够破坏正常运行的必要条件，又不致留下一目了然的人为痕迹。这就需要采用一系列组合化的信息安全措施综合应对各种可能的信息攻击，做到"道高一尺，魔高一丈"，努力实现智慧法院网络设备系统运行安全。

为保障网络安全，防火墙、堡垒机、密码机、隔离交换机和身份认证终端等安全专用设备已经成为信息系统不可或缺的重要组成部分，是保护网络安全的盾牌卫士。这些专用设备本身的安全不仅决定着整个体系的安全，也会影响网络设备的正常运转。智慧法院运行中不乏出现由于安全专用设备自身问题导致系统运行异常的现象。因此必须确立相比于一般网络设备更加严格的安全专用设备规范要求，通过技术、制度、管理和人力的紧密结合，确保安全专用设备始终处于安全和适配状态。

一、主机设备安全

主机设备是系统运行、数据存储、业务处理的基础支撑元素，应根据设备类型、保护等级、部署位置等特性对主机设备进行分级分类，采取相应安全防护措施。

法院信息系统主机设备按照类型可分为服务器、网络设备、存储设备、安全设备、办公自动化设备、音视频设备和其他特殊设备（如刷卡器、考勤机等）。按照保护等级可分为核心设备、重要设备和一般设备。按照部署位置可分为法院专网设备、互联网设备、涉密内网设备、移动专网设备、外部专网设备，其中涉密内网设备按照分级保护标准要求进行安全防护，其他网系设备按照等级保护要求进行安全防护。

主机设备面临的安全风险包括物理入侵、非法外联、非授权设备接入、密码泄漏、身份冒用、操作系统或软件漏洞、网络攻击、病毒入侵等，为有效控制安全风险，最大程度地消除安全隐患，主机设备应重点在物理安全、网络接入控制、违规外联监控、身份鉴别、恶意代码防范、漏洞管理和安全审计等方面强化安全防护。

主机设备应部署于安全的物理环境。服务器、存储设备、核心交换设备等核心设备都应部署于数据中心机房，机房选址及场地要求应满足相关国标要求；接入交换机等网络接入设备应部署于专门设备间，采取门禁措施控制人员出入，配备防盗报警系统或有专人值守的视频监控系统。同时还应配备必要的防火、防水、防潮、防静电及电力保障措施；其他设备应部署于安全的物理环境，防止设备丢失或受损。

应针对主机设备设置严格的网络接入控制策略，配备技术措施严格限制非授权设备接入网络。同时，对已经接入网络的设备采取违规外联监控措施，对外联行为实时监控告警，支持网络边界安全防护。

应通过运维管控系统集中管理主机设备的身份鉴别行为，根据主机设备重要程度、设备类型和技术条件设置相应的身份鉴别策略并配备身份鉴别技术措施。重要服务器、网络设备等核心设备应采用两种及以上认证要素的身份鉴别方式；因技术原因主机设备采用用户名与口令相结合的鉴别方式时，认证口令应具有相应强度并定期更换，同时应设置身份鉴别失败锁定账号策略，防止暴力破解行为，并将鉴别失败事件记录设备操作日志。应设置操作超时重鉴别策略，防止身份鉴别后权限被非法冒用。主机设备不得使用默认的用户名，同时严格关闭多余的账户。

应在所有服务器上部署病毒与恶意代码防护系统，并及时升级恶意代码软件版本以及恶意代码库，以持续强化主机设备的病毒防护能力。应通过漏洞扫描软件定期检测主机设备可能存在的安全漏洞，根据扫描结果对存在漏洞的主机开展漏洞修复工作，防止安全漏洞被利用。

需要部署审计系统进行主机安全审计。审计功能包括文件操作审计、外挂设备操作审计、非法外联审计、IP地址更改审计、服务与进程审计、数据库相关操作等。审计记录包括事件的日期、时间、类型、主体标识、客体标识和结果等。审计记录需定期备份，避免受到删除、修改或覆盖，确保即使在受到攻击后也能尽快发现问题、及时排查修复。

二、密钥管理设施

密钥管理系统利用密码技术保障密钥全生命周期的安全，满足以非对称密钥体系和对称密钥体系为主的密钥管理要求。密钥管理系统主要包括非对称密钥管理系统、对称密钥管理系统、密码设备管理系统、密码合规性管理系统、密码应用有效性管理系统以及级联系统，支持SM1、SM2、SM3、SM4密码算法，对全网使用的密码密钥、密码设备、密码模块等进行管理。

对称密钥服务与管理系统具备对称密钥的产生、更新、申请、分发、存储、销毁、备份、恢复、归档等功能；密钥生命周期管理过程中，密钥明文不出现在密码设备之外；采用由国家密码管理局批准使用的密码设备，通过物理噪声源生成密钥，保证密钥随机性；具备对称密钥信息以及对应的业务系统关联信息的查询和统计功能，包括对称密钥产生情况、密钥使用情况等信息统计。密钥管理系统逻辑结构如图7-5所示。

非对称密钥服务与管理系统具备非对称密钥的产生、更新、申请、分发、存储、销毁、备份、恢复、归档等功能；在密钥生命周期管理过程中，密钥明文不出现在密码设备之外；采用由国家密码管理局批准使用的国产密码设备，通过物理噪声源生成密钥，保证密钥随机性；具备非对称密钥预生成功能，提高非对称密钥生成效系统具备密钥库管理功能，密钥管理能够查看非对称密钥的备用库、在用库、历史库的基本运行情况，包括非对称密钥生产情况、使用情况、生产策略等；具备为电子认证基础设施提供非对称密钥服务功能，支持签发证书，提供非对称加密密钥对。

密码设备管理包括集中管理、设备监控和使用维护等主要内容。设备集中管理提供不同类型密码设备的入网登记，对设备的管理行为进行对象化、抽象化，形成不同类型的配置策略，通过密码设备配置界面，支持参数编辑、下发等可视化配置操作，实现设备的集中配置。设备监控提供实时、直观、可视化的图形监控界面，对全网密码设备进行集中监控，便于管理员及时了解当前密码设备的使用情况及运行状况。使用维护提供设备远程智能升级、设备重启等远程维护操作，集成常用的网络诊断命令，提供设备连通性测试等远程故障诊断机制，帮助管理人员快速查找并定位设备的故障，提高设备的维护效率。

综合管理平台提供初始化配置，支持用户名口令及 USBKey+PIN 的认证方式，记录系统的所有管理操作日志，支持管理员查看操作日志记录，支持审计员对操作日志进行事后审计和追踪，并验证日志签名有效性，提供各类统计图表，依据不同角度进行对称密钥、非对称密钥、密码设备监控的原始数据分析、处理，形成不同维度的态势、统计报表等。

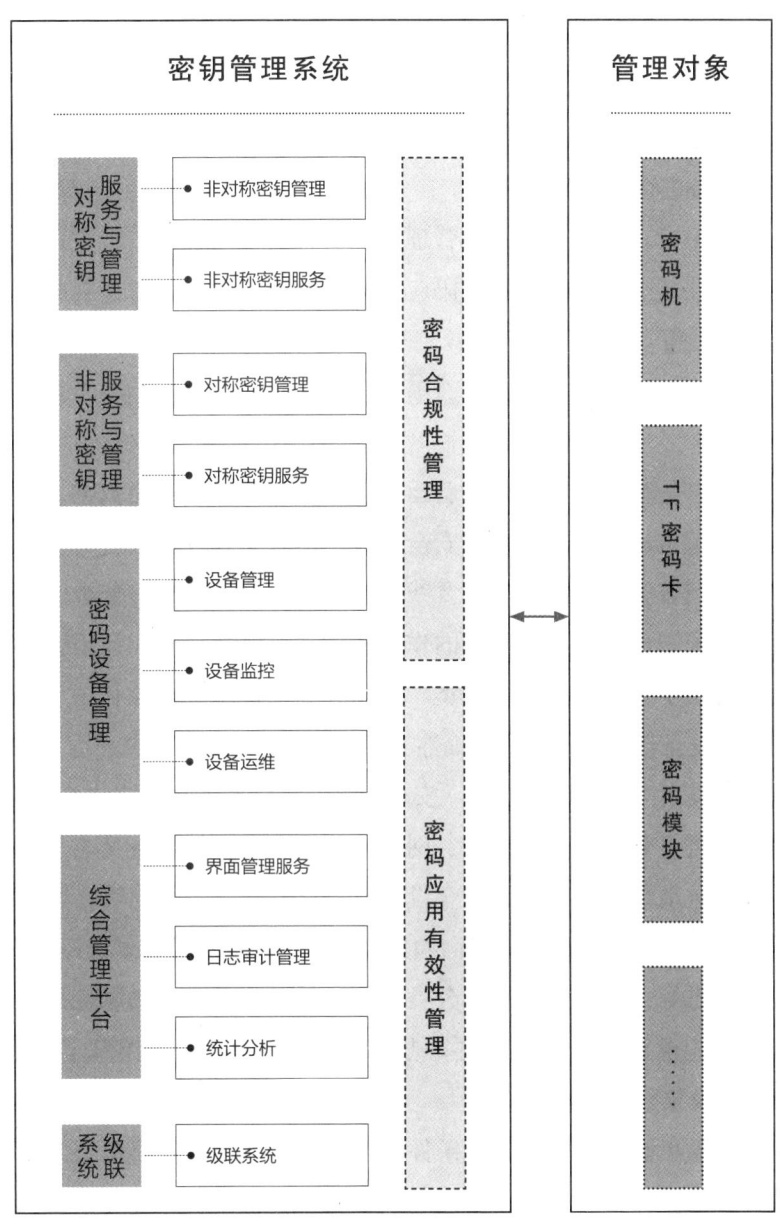

图 7-5 密钥管理系统逻辑架构

级联系统支持分级管理模式，通过下级密钥管理系统将设备的监控数据上报到上级密钥管理系统，实现密钥分级管理，设备分级管理和设备集中监控。

密码合规性管理对密钥管理系统监管的密码设备进行合规性检查，对违规的密码设备进行定位和告警。

密码应用有效性管理对密钥管理系统监管的密码设备进行管理，包括密码应用有效性基准数据管理和密码应用有效性检查分析，对违规的密码设备进行定位和告警。

三、设备安全日志

安全日志是客观真实记录设备运行、操作等情况的重要数据，是判断各类设备是否正常运行、是否存在安全风险、是否受到外部攻击的重要判别依据，更是追溯各类安全事件的重要线索。高效准确地收集、分析设备安全日志对信息系统安全运行具有重要的作用和意义。科学管理和利用智慧法院信息系统设备安全日志应从日志分类、日志收集、日志分析及利用等方面开展设计，确保设备日志完整性和准确性。

应根据设备类型、事件类型、安全级别等要素对安全日志进行分级分类。按照设备分类可分为服务器日志、网络设备日志、存储设备日志、用户终端日志、办公自动化设备日志、安全设备日志、特殊设备日志等；按照事件类型分类可分为身份鉴别日志、查询检索日志、配置变更日志、故障告警日志、安全攻击日志等；按照安全基本分类可分为低风险日志、中风险日志、高风险日志等。应根据上述原则建立日志分级分类矩阵，对各类日志进行标识，为后续日志收集分析做好准备。

应集中收集设备安全日志，条件允许情况下应集中收集覆盖全面、要素齐全的日志数据，覆盖全面需做到应收尽收，各类设备、各类事件、各种基本的日志数据均应汇总收集；要素齐全要求日志信息应包括设备名称、事件时间、IP 地址、事件类型、事件内容、事件结果等信息。日志收集还应对日志数据的完整性进行保护，防止日志数据被删除或篡改。

在全面收集设备安全日志的基础上，要利用大数据技术对日志数据进行深层挖掘分析，重点分析设备运行状态、主机用户活动、异常事件行为、数据访问等事件，建立主机设备活动特征模型，通过对比特征模型，有效发现异常主机活动行为，向安全管理中心发出预警。

第四节　应用系统安全

应用系统直接服务各类用户，是信息系统生存和发展的目的所在，所以应用系统安全是网络安全的本质要求。但是各类应用系统通常由软件代码实现，特别易于修改或替代，因而又是网络安全最为薄弱的环节。访问应用系统需要通过合格的身份认证，而仿冒合格身份进行非法访问已经司空见惯；支撑各类应用系统运行的操作系统、交换信息的通信协议普遍存在无意或故意制造的漏洞后门，无疑给赖以运行的应用系统带来五花八门的风险隐患；全球肆虐、数不胜数的各种计算机病毒不仅对互联网应用造成直接威胁，也极易在边界防护出现疏漏的情况下突破安全防线进入法院专网，威胁核心应用。这些现象在智慧法院信息系统都曾发生并造成严重影响，要求我们必须高度关注和切实防范。

应用系统安全策略首先必须符合安全基础架构的总体要求，同时要充分对接、契合系统边界和网络设备防护的具体技术和管理措施，依靠牢固的前沿和基础安全提供的坚实防护屏障实现自身安全，不仅可以简化不必要的多余环节，更能够降低多重防线之间的相互冲突和不兼容性，实现整体最优的安全性能。

任何应用系统自身当然都需要根据运行环境、业务特点、用户范围、连通对象和数据敏感性等建立相应的安全保护机制。要确立准许访问策略，即准许访问除明确拒绝以外的全部服务程序，或者拒绝访问除明确准许以外的全部服务程序，并以此为基础建立身份鉴别、访问控制、日志记录、通信加密、剩余信息保护等一系列防护机制，实现直接简明的应用安全保护。

监控和审计是保护应用系统安全的最后一道防线。对于智慧法院的核心和重要应用，必须建立访问修改的实时监控和事后审计机制。要在应用研发中设置充分的操作监控端点和日志要素内容，通过常态化运行监控和制度化安全审计，确保将应用安全风险发现于端倪，化解于细微。

一、统一身份认证

身份认证是使用和管理应用系统的入口，同时也是网络攻击的重点目标，身份认证系统存在安全漏洞，应用系统及其业务数据将毫无安全性可言。建设安全性高、管理严谨的身份认证系统是确保应用系统安全的首要任务。

为实现应用系统身份认证的安全高效管理，智慧法院信息系统建设了全国法院统一用户管理系统，实现法院信息系统统一的用户身份管理、身份认证、授权管理。

全国法院统一用户管理系统是为满足全国法院跨级、跨区域访问的业务应用需求，由最高人民法院统一建立、部署的用户管理系统，与各高级人民法院用户管理系统相互衔接，并与法院部分业务平台融合，实现全国性业务应用的单点登录。

全国法院统一用户管理系统主要由人员信息、登录/认证、系统管理等组成，与业务系统的关系如图7-6所示。

系统建立人员信息的生命周期管理机制，对用户账号从新增到删除的全过程进行监控和跟踪，对系统汇聚、变更、删除用户数据进行实时监控，增加异常状态更新的审核机制，确保用户在"新增、有效、无效"三种状态下各应用功能均能正常使用，避免因误删、同步不及时等影响正常应用。

业务系统在初次获取人员信息前，需在统一用户管理系统中进行注册申请，明确业务系统的名称、系统类别、建设单位、人员信息用途、人员信息范围、频率、有效期限等信息。管理人员依据实际情况进行审核，审核通过后，统一用户管理系统将用户信息通过安全加密通道共享至应用系统。

全国统一用户管理系统支持多种身份认证方式，包括口令验证、双因子验证、生物识别等，与高级人民法院用户管理系统之间实现认证信息互通，

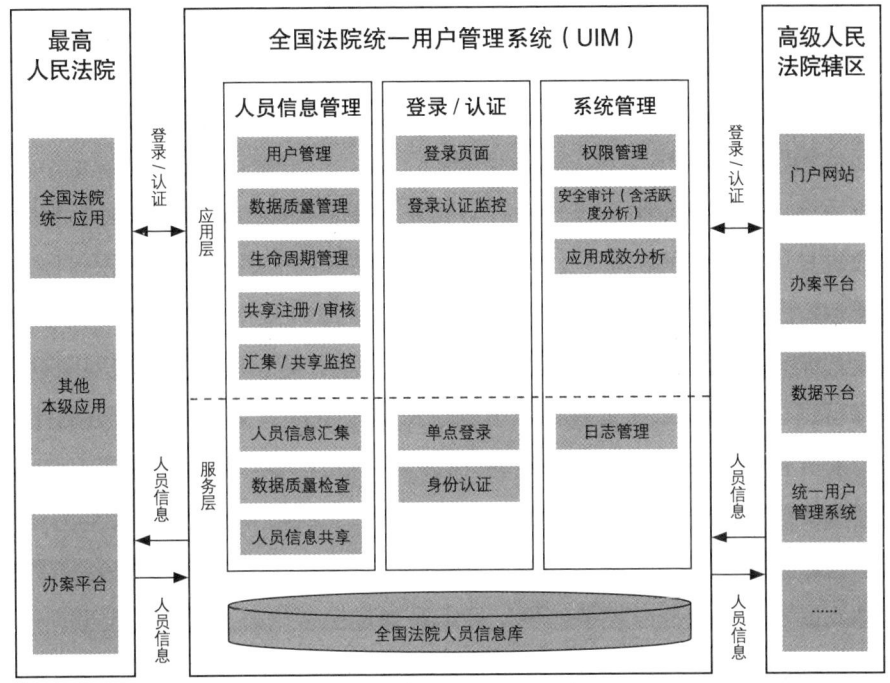

图 7-6　全国法院统一用户管理系统逻辑结构

支持用户一次认证，全网通行。

统一权限管理对用户访问业务应用和信息资源进行授权的服务，为应用系统提供用户权限基本信息；安全审计对管理员操作行为、用户访问行为进行集中审计，通过对用户登录到退出的全程操作行为进行审计，监控用户敏感操作，聚焦频繁登录等关键事件，实现对安全事件的及时发现预警及事后精确追踪和监控，有利于迅速发现系统问题，及时处理事故，保障系统运行。

二、应用系统日志

应用系统日志记录了用户在系统中的活动轨迹，是应用系统发生安全事件后进行追踪溯源的重要线索依据。为客观、准确反映用户在使用和管理应用系统时的活动，日志功能建设应在应用系统设计、开发阶段同步开展，同时，为满足溯源和分析需求，应用系统日志模块应按照统一的标准规范开展设计和建设。应用系统日志按照审计对象类型可分为系统运行日志、管理员日志和用户日志，按照事件类型可分为系统事件日志、用户登录/退出日志、浏览/检索日志、操作/处理日志等，按照重要程度可分为错误日志、告警日志、信息日志等。

运行日志记录应用系统软件启动服务、关闭服务、系统故障等影响应用系统自身运行状态的信息。运行日志记录的要素包括事件时间、系统主机 IP 地址、事件类型、事件内容、事件结果等。

管理员日志记录应用系统管理员账号的活动，包括管理员身份鉴别事件、用户管理事件、权限变更事件、组织机构调整事件、系统配置变更事件等。日志要素包括事件时间、事件类型、管理员身份标识、管理员主机 IP 地址、管理操作对象身份标识、具体操作内容、操作结果等。

用户日志记录用户在应用系统中的一切活动，包括用户身份鉴别事件、信息变更事件、业务办理事件等，日志要素包括事件时间、事件类型、用户身份标识、用户主机 IP 地址、功能模块名称、具体操作内容、操作结果等。

三、服务通道加密

为保障法院应用系统使用和管理过程中数据传输的完整性和保密性，根据数据重要程度，需要对应用系统服务通道进行加密保护。

等级保护第三级系统应采用密码技术保证通信过程中数据的保密性，采用校验技术或密码技术保证通信过程中数据的完整性。三级以下系统根据业务数据重要程度对身份鉴别信息、敏感业务数据、涉及公民隐私数据等信息传输进行机密性和完整性保护。

按照系统架构，应用系统分为 C/S 架构和 B/S 架构，C/S 架构应用系统要在系统设计研发阶段同步考虑服务通道加密功能模块的实现，加密算法采用符合国密标准的对称加密算法。B/S 架构的应用系统基于法院密钥管理基础设施，采用 https 协议对重要业务数据传输实现服务通道加密。服务通道加密使用的数字证书应符合法标《统一身份认证技术要求》（FYB/T52007—2017）证书格式要求，密钥由密码管理基础设施生产。

需采用文件传输协议（FTP）的应用系统应选择安全文件传送协议（SFTP），音视频系统应根据音视频内容的重要程度采取软件或硬件形式的加密措施。

设计服务通道加密时应充分考虑加密通道与其他系统的兼容性问题，特别是网络边界接入设备、网络审计分析系统，尽量降低服务通道加密导致的系统对接风险。

四、应用漏洞管理

应用系统漏洞是网络攻击的入口，安全漏洞管理机制不健全会导致法院信息系统安全漏洞被恶意攻击者利用，严重时会发生应用系统被破坏、业务数据被窃取或损坏的安全事件。建立以应用系统为核心的漏洞管理体系是保障信息系统安全运行的重要需求。

安全漏洞根据其存在的位置可分为协议漏洞、操作系统漏洞、数据库漏洞、中间件漏洞、应用软件漏洞等，根据是否存在修复措施分为已知漏洞和零日漏洞，根据其威胁程度可分为高风险漏洞、中风险漏洞和低风险漏洞。为准确发现、及时处置安全漏洞，最大程度降低安全漏洞风险，法院信息系统应从安全研发、代码审计、渗透测试、漏洞扫描、应急处置、修复加固等方面开展安全漏洞管理工作。

应用系统软件研发应当依据安全的编码规范进行软件代码编写检查，重点检查输入验证、身份鉴别、授权管理、配置管理、数据操作、会话管理、加密管理、异常处置、日志审计等功能模块是否存在安全漏洞。

应用软件开发完成后需使用自动化或人工代码审计工具，对程序源代码逐条进行检查和分析，查找程序源代码中可能存在的安全隐患或不规范编码，根据检测结果修复安全漏洞隐患。

需要采用渗透测试验证应用系统安全防护强度，寻找安漏洞。一是应用系统部署完成后需开展渗透测试工作，检验系统是否满足上线使用的安全要求。二是应用系统运行生命周期内应定期进行渗透测试工作，根据渗透结果调整或加强安全防护措施，修复安全漏洞。

要利用自动化漏洞扫描工具定期对应用系统的硬件、软件、运行环境进行漏洞扫描，根据漏洞扫描结果修复发现的安全漏洞。漏洞扫描工具应定期更新漏洞信息库。

应用系统发现安全漏洞后应及时进行处置，根据漏洞威胁程度、修复工作对系统运行的影响程度采取不同的应急性处置措施，包括限制系统访问、关闭服务端口、关停系统服务、下线系统主机等。

对于已发现的安全漏洞，应根据漏洞类型、影响程度、修复方式等因素制定漏洞修复方案，经过评估后在系统测试环境中进行漏洞修复验证，确保漏洞修复工作不影响系统正常运行和业务数据后，在生产环境完成漏洞修复。漏洞修复后应通过漏洞扫描、渗透测试等手段对修复效果进行验证。

第五节 数据资源安全

数据是信息的表现形式，是主客观世界的集中反映，因而无疑是信息系统之中最宝贵的资源，尤其是当信息系统运行日久、有效数据积累达到一定程度之后。所以，数据资源安全必定是网络安全的重要主题，在以数据为中心的智慧法院建设应用中日益凸显。保护数据资源安全的很多策略原则和技术措施与应用系统安全类似，但由于数据较程序更显静态、独立和被动，更加需要通过主动、灵敏和周到的方式加以保护。

数据资源安全首先需要防护数据的完整性和准确性受到不当破坏，更细致地可以运用信息的度量体系分析评判整个数据资源的具体度量指标符合预期与否。由此既要运用多道防线防止非法恶意入侵篡改、删除、毁坏数据资源的行为，也要建立容错机制避免不当操作或错误程序造成不可恢复的数据损失。

数据资源安全当然需要防护数据、特别是涉密或敏感信息的不当泄漏，这也可以视为对信息遍及度指标的破坏。重要数据平台和系统必须基于准许访问策略形成有效的访问权限控制，数据处理者未必具有知悉权限，很多数据集合的任何子集允许访问不代表全集资源都允许访问，允许访问的同时也不意味着可以便利下载获取，更要防止非法入侵者的恶意盗取，这些都需要综合运用数据加密、访问控制、下载限制和黑客防御等措施形成有效的保护体系。

数据资源安全还要确保数据的可用性，使合法用户的正常请求能够及时、准确、安全地得到响应和服务。不能因为片面强调数据安全而不合理地运用防护措施、抬高访问门槛，进而限制了正常用户的合理需求；同时也要防止非法入侵或不当操作造成数据资源的瞬态甚至永久性不可访问，必须建立数据资源系统配置、网络攻击、病毒感染、安全漏洞和误操作的实时监控和应急响应机制，及时有效应对数据资源的可用性风险。

与应用系统一样，安全审计也是保护数据资源安全的最后一道防线。各级数据中心和大数据管理平台对于智慧法院的核心和重要数据资源，必须建立事后审计机制，通过充分的操作监控端点和日志要素内容，施行制度化安全审计。

一、访问权限控制

信息系统采集、存储和产生的数据要体现其价值，必须以某种方式为用户或其他关联系统提供服务。在提供数据服务的过程中的数据安全要满足CIA 三要素原则，即保密性（Confidentiality）、完整性（Integrity）和安全性（Avaliability）。通俗地讲包括：数据信息不被不应该知道的人知道；数据信息不被不应该修改的人修改；数据信息能够被允许使用的人正常的使用。显而易见，数据访问权限的控制是实现上述安全目标的重要手段。

智慧法院的业务数据服务通常都依托于大数据服务平台或者某个具体的业务应用系统实现，数据保护应当包含数据存储系统和业务应用系统两部分。整个数据服务路径上所有服务器的防护是数据保护的基础，应当按照网络主机的防护要求和策略对相关服务器做好防护。在访问控制方面，首先应当根据数据服务需求，严格限制服务端口的开放。同时，应当根据运维工作需求，设置合理的系统账号和权限，启用双因子认证，并在各层边界设备上限制访问路径，杜绝绕过运维系统旁路访问的情形。

数据存储系统所存储的数据类型分为结构化数据和非结构化数据两类，均不能提供针对普通用户的直接访问。结构化数据主要由通用数据库实现存取，非结构化数据的存取一般由文件服务器或者中间件实现。可靠的数据库、中间件和文件服务系统均应内置完整的权限管理功能，根据需要合理设置访问权限，严格控制高权限和高管理范围的账号，开启双因子认证并纳入统一的运维管理通道。除此之外，一个容易遗漏却又很关键的问题是应用服务器对数据库、文件服务器的访问配置要避免直接明文存储，防止应用服务器被攻破后轻易被获取数据资源的访问权限。

业务应用系统的服务对象主体是普通用户，对于逻辑复杂的业务往往还提供对关联系统的数据服务。业务应用系统的数据访问控制首先要对所服务的用户对象分级分类，梳理各级各类用户的数据访问需求，在系统设计中实现对不同用户数据接触范围的控制，建立角色和权限表单，其控制粒度根据业务流程和特点确定。业务应用系统的用户系统应纳入统一身份认证系统集中管理，并以此为依托实现双因子强认证。对关联系统数据服务中的访问控制，首先要为关联系统建立适当的访问账号，并通过系统设计实现对其接触数据范围的限制。同时，要采用系统证书认证和访问 IP 地址等信息比对限源的方式实现对关联系统身份的确认，防止冒用关联系统身份对数据资源的非法访问。

二、异常访问管控

访问权限管控为数据资源的正常访问需求建立了服务渠道，但是由于访问行为估计和限制不足、系统设计缺陷、网络攻击等问题，也会出现超出数据资源访问模式设计以外的访问情况，带来数据安全威胁，对此都称为异常访问。异常访问产生的路径可以分为两类：一类是通过合法访问路径发起的异常访问；另一类是通过非法访问路径发起的异常访问。

通过合法访问路径发起的异常访问主要包括正常访问源以外的异地地址发起的数据访问、在常规时间以外发起的数据访问和明显超出合理数量或频次的数据访问等。发现合法访问路径发起的异常访问主要通过数据服务相关系统的访问日志、网络流量和协议分析等手段实现。其中，异地访问和异常时间访问主要针对需要合法账号登录后访问的数据资源，出现这两类情况并不意味着一定发生了数据访问安全事件，需要和用户的实际使用情况比对确认。对于确定为异常访问的行为，要分析相关用户账号的安全情况。用户登录信息的泄漏往往伴随着其他更为严重的安全事件发生，应当及时阻断访问源头或修改账户安全信息并进一步溯源追踪，排查异常访问源头主机或系统的安全状态并组织协同处置。

对于明显超出合理数量或频次的数据访问，通常是由机器代码利用合法访问界面自动发起的访问行为。这类情况在互联网上比较常见，典型的场景是利用网络爬虫系统抓取资源，在数据被批量获取的同时往往对应用系统资源产生极大的消耗，影响系统提供正常服务。对重要的数据资源应当建立防爬虫体系，除频次检查、IP封堵、浏览器特征分析和页面混淆等常规措施之外，在应用页面中嵌入代码检查访问源头环境并精准阻断是更为有效的手段。此外，也存在为了满足正常数据访问和获取需求而启用的高频次异常访问行为，特别是在法院专网中，对于此类情况应当针对合理需求建立服务接口，在封堵高频次异常访问的同时引导合理需求正常访问。

通过非法访问路径发起的异常访问是指冒用高权限管理账号或绕过访问控制体系的数据访问，往往会造成对数据资源的恶意篡改、破坏或发生数据库拖库等数据盗取行为，属于较严重的安全事件，同时伴生有其他破坏信息安全的情形。此类异常的发现依托于数据库审计系统、网络审计、全流量分析及态势感知系统。事件确认后，应当检查高权限管理账户的安全状态和运维账号认证体系的有效性，排查访问控制机制是否失效或存在漏洞并及时处置。

三、数据安全审计

分析数据异常访问情况的重要手段是数据安全审计。通过分析数据访问、操作等各个环节的记录，数据安全审计可以及时有效地发现数据安全事件，同时为安全事件定性、追踪溯源、应急处置、责任追究和安全加固提供线索或依据。

除了上文提及的数据异常访问，数据安全审计还可以对数据使用进行全面评估，发掘更为隐蔽的数据安全问题。特别是对于来自法院内部的数据安全问题，例如由于操作人员分工职责不清，管理不规范、外包运维人员监管失效造成的恶意运维操作和非恶意数据操作失误等。同时，数据安全审计也有利于及时发现软件系统设计缺陷和逻辑错误。

数据安全审计的前提是对所有数据操作留痕，包括数据资源管理、数据资源申请、数据资源访问，留痕主要采用日志记录的方式实现。日志信息应当至少包含时间、来源、用户、操作等关键信息。对于结构化数据，通用数据库系统自身一般可以提供较为完善的日志记录能力，可以直接在数据库配置中开启日志和审计功能并配置日志记录内容和范围。需要注意的是应当充分评估数据库开启日志给数据库性能带来的影响。对于无法自身实现审计的数据库，应当部署专门的数据库审计系统。非结构化数据依托操作系统的文件管理功能，Windows 系列的服务器可以在系统安全策略中开启文件操作日志配置，Linux 等服务器需要采用 inotify、auditd 或类似的文件操作监控服务。与数据库类似，非结构化数据的日志也可以采用功能更为完善的专用日志记录和审计系统。除此之外，数据安全审计也应当把应用服务日志和网络流量审计等信息纳入审计范围，以产生更为丰富、完整和准确的审计结论。

数据安全审计的核心是审计分析能力，规则匹配是数据审计最基本的功能之一，前文述及基于来源、时间、频次的异常数据访问就基于规则匹配实现，对数据库中删除表单、删除数据库等行为也是基本的匹配规则。同时，利用统计分析和关联分析可以拓展规则匹配的能力。对于建立了综合安全监管系统的法院，数据安全审计的功能可以依托于综合安全平台的大数据分析引擎统一实现。结合利用人工智能辅助实现的用户使用特征建模和用户行为画像等能力，可以进一步提升数据安全审计的能力。

作为发现数据安全风险的一个重要措施，数据安全审计的结果需要和安全事件处置流程对接。同时，数据安全审计系统的能力要充分考虑时效性，特别是对于数据高危操作的审计，必须及时控制和降低数据安全事件产生的破坏程度和范围。

四、敏感数据加密

除了访问权限管控、异常访问控制和数据安全审计外，数据加密可以实现对数据自身的保护，也是数据安全防护中最核心的部分。一旦其他防护措施失效或安全防线被突破，加密措施限制了已经被非法获取的数据被进一步非法利用，从而避免对智慧法院信息安全产生实质性的破坏和影响。

数据安全防护的前提是对数据资源重要性的评估。安全防护失败的一个关键原因是很容易落入不分轻重、无差别的保护信息系统所有数据的误区。其结果往往不是因为负担太重无法达成目标，就是防护强度过低造成保护不足。因此数据安全要求分级分类对数据加密尤其重要。对涉密系统，已经确定的涉及国家秘密的信息涉密等级就是数据安全要求的分级标准。对非涉密系统，数据资源应当根据其泄漏后产生影响程度和范围确定其重要性，需要重点保护的重要核心数据包括工作秘密、敏感信息和个人隐私等。

对于已经确定的重要核心数据，应当对其做加密处理。加密涉及的环节包括存储和传输，对于传输环节的数据加密保护要求在业务系统服务通道加密部分实现。在数据存储方面，服务器端往往汇聚了大量的重要核心数据，这也是数据加密首先要考虑的环节。服务器端的加密有两种实现方式，一种是应用系统对数据存储和读取时增加功能代码实现加解密操作，另一种是部署专门的数据加密设备。相较而言，应用系统内部实现的加解密功能在成本上有明显优势，通过代码的优化其效率也能得到保证，特别是对于新开发的系统，应当在系统设计中予以充分考虑。数据加密设备通常都可以支持数据访问的透明代理方式，应用系统只需在配置中调整访问目标，系统自身一般无需改造，适用于对现有系统的安全加固和升级。

终端是用户获取和使用数据的直接环境，在终端上流转的核心重要数据加密保护也应引起高度重视。涉密网中的终端有严格的输入输出管控，能够保证核心重要数据安全。在非涉密网络终端上，对于特别重要的数据应当利用加密工具和客户端建立必要的加密存储区域保护用户重要数据，同时此类工具还可以提供与应用的接口，实现应用数据本地下载后的加密保护。特别是对于移动类终端，由于其存在遗失风险，应当建立更为严格的数据加密隔离区域或者采用数据不落地的应用模式。

数据加密防护需要符合国家相关标准，即涉密网内的数据加密满足分级保护要求，法院专网、互联网、外部专网和移动专网等非涉密网络中的数据加密应当采用 SM 系列国密算法实现。

第六节　网络攻击检测

网络安全的动力在于攻防对抗。网络安全技术总是在攻与防的相互推动之下不断发展。因此，智慧法院网络安全决不因为采用了若干技术防护手段就一劳永逸，而是需要根据网络攻击的来源、方式和强度，不断调整和充实安全防护措施，才能适应日趋严峻的网络安全形势。网络攻击检测既是及时发现攻击的前提条件，也是评估体系安全状态的依据来源，确属保障网络安全的必要环节。

网络攻击检测的首要步骤是根据可能发生的攻击威胁确定合适的检测布局。必须针对信息系统体系结构、网络安全基础架构以及拒绝服务、病毒、黑客等攻击类型确定合理的检测点分布，既要部署于前沿端口，也要由外向内形成纵深梯次，特别要针对重点对象和薄弱环节设置准确灵敏的攻击检测，形成布局合理、针对性和适应性都很强的攻击检测体系。

合适的攻击威胁处置往往与网络攻击检测相伴随行。因为一旦发现攻击苗头或入侵痕迹，就应该采取相应措施拒敌于门外或堵漏于缺口，并迅速通报以便于后续纵深防护，确保重点目标不受影响或最大限度降低受损程度。攻防对抗演练是综合检验网络攻击检测和攻击威胁处置实战能力的有效途径，高级以上法院都担负着辖区法院网络安全的重大职责，应该定期组织有资质的网络安全部门针对重点系统开展网络攻防对抗演练，在实战演练中暴露薄弱环节、提高防护能力。

系统日志特别是安全日志审计也是检查攻击痕迹、发现存在漏洞的有效举措，虽属事后处理，只要精心排查，也能发现很多实时监测难以暴露的受攻击情况，通过制度化管理和常态化审计，定能发挥"亡羊补牢，犹未为晚"的重大作用。

一、恶意攻击检测

恶意攻击是利用信息系统存在的漏洞和安全缺陷对信息系统的硬件、软件及其系统中的数据进行的攻击。法院信息系统根据其不同的网络特性，面临不同的恶意攻击威胁。法院专网面临的主要恶意攻击来自网络边界破坏、病毒扩散、管理权限冒用等，互联网面临的主要恶意攻击为扫描探测、DDOS、网络爬虫、漏洞利用、供应链攻击等，移动专网面临的主要恶意攻击为通信链路攻击和移动端攻击，外部专网面临的主要恶意攻击为网络边界破坏（如图7-7）。

根据不同的恶意攻击威胁，法院信息系统各网系应采取有针对性的恶意攻击检测措施，在网络边界、安全区域边界、云平台、重要应用系统入口、数据集中平台、运维管控中心、主机设备上部署检测工具，及时发现各类恶意攻击行为，形成恶意攻击检测体系，与应急处置平台联动，有效处置各类恶意攻击事件。

网络边界检测针对法院信息系统各网系的边界安全，根据网系之间只允许以文件形式交换数据、禁止通用协议穿透、避免跨网系应用之间直接访问、严格限制数据交换的要求，通过在各网系对外数据交换通道上部署恶意攻击检测系统、防毒墙，对出入网络的数据进行检测，重点检查数据格式、病毒及恶意代码、敏感数据泄露等事件，发现恶意攻击事件时及时预警并阻断边界交换通道。

安全区域边界检测是基于实施安全区域之间的最小化访问控制策略，在区域边界上部署入侵检测系统、网络协议分析系统等恶意攻击检测工具，实时监测出入安全区域边界的网络通信数据，重点检测病毒、木马、漏洞利用等异常的网络访问行为。

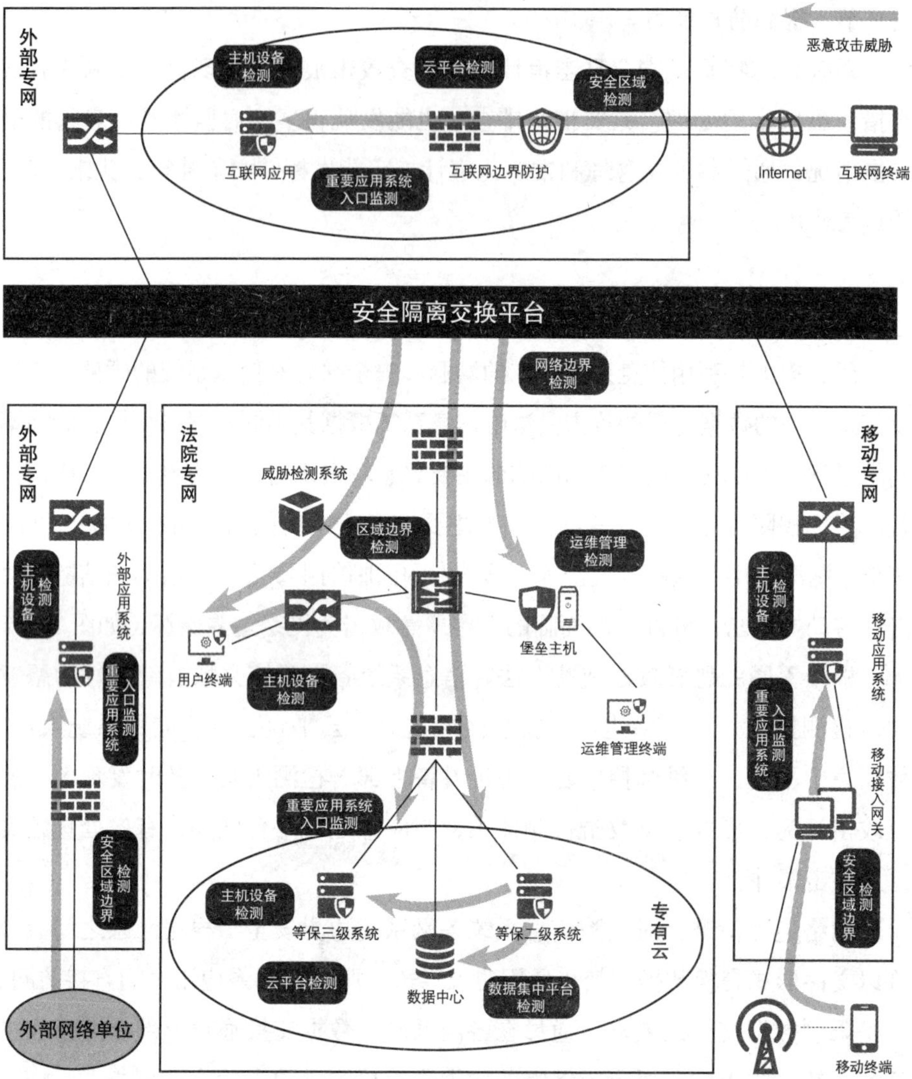

图 7-7 网络攻击检测逻辑结构

云平台检测根据云平台特性，部署虚拟化入侵监测系统、安全态势感知平台，对云平台的网络访问行为进行监测。

重要应用系统入口检测针对应用系统使用和管理特点，在访问通道上采用 WAF、安全访问控制网关等措施，控制和监测用户的访问行为；在管理通道上采用运维堡垒机对应用系统维护管理行为实施全程监控管理。

数据集中平台检测重点关注数据集中管理平台的数据调用行为，通过部署数据库审计系统、敏感数据异常访问检测系统、数据防泄露系统，监测数据的获取、修改、删除等操作行为，检测异常数据访问、泄露、破坏等行为。

运维管理中心检测利用安全运维管控平台作为主机设备、应用系统、数据中心的唯一运维管理入口实现对全部运维操作的监控审计，重点检测非授权的运维操作行为。

主机设备检测通过在主机设备上部署的防病毒、主机审计、主机加固系统客户端软件，实现对主机设备的运行状态、操作行为、网络访问等事件的监控审计，重点检测病毒、木马、非授权访问等攻击行为。

二、安全情报分析

有效防御网络攻击必须做好威胁情报收集和管理工作。要利用各类安全系统和设备对来自法院外部和内部的安全情报和日志进行收集、清洗和整理，并对重要数据进行标记和关联分析，生成威胁情报数据；要通过专业安全研究团队，对威胁情报数据进行分析，整理出与法院相关的拒绝服务攻击态势数据、互联网完全态势数据以及外部相关单位安全漏洞态势数据等，并对最新漏洞情报和攻击手段等进行跟踪分析；进而针对各级法院信息系统现状和业务现状，提供有针对性的安全建议和措施。

威胁情报预警基于网络安全威胁情报监测和管理法院信息系统资产的安全健康状态，根据不同时期发生的安全漏洞、安全事件等提供有针对性的威胁情报分析报告，利用第三方安全大数据进行关联分析和行为分析，精确标签威胁情报，主动提供安全事件预警、分析及处对策，帮助各级法院保持信息基础设施更新，更好地阻止安全漏洞、防止数据丢失或系统故障，从而有效地抵御可能发生的网络攻击。

利用入侵检测系统、入侵防御系统、防病毒系统、网络审计系统、数据库审计系统、网络威胁态势感知系统、网络协议分析系统等恶意攻击检测工具对来自法院信息系统内部的威胁数据进行收集和分析，在安全大数据分析平台中分析提炼出关于法院信息系统相关的威胁情报数据，能够第一时间了解法院自身的安全态势，支持相关信息安全部门和人员及时应对处置。

三、攻击威胁处置

为应对各类恶意攻击威胁，法院信息化管理部门应建立专门的网络安全事件处置组织，制定覆盖各类安全事件的处置预案，明确人员职责，配备处置工具，定期开展安全事件演练并不断完善处置机制，确保网络安全攻击事件得到及时有效的处置。

各级法院应设立专门的网络安全事件应急处置机构，负责网络安全事件处置工作，具体包括应急处置预案定、安全态势监控、安全风险通报预警、配备应急工具、组织应急演练、安全事件处置、通报联络、安全事件总结等工作，全生命周期管理网络安全事件。

应根据安全事件的类型制定有针对性的处置预案，包括病毒爆发、拒绝服务攻击、外部入侵、内部入侵、数据窃取、网站篡改等，根据攻击事件的影响程度划分不同的事件等级，明确应急处置流程和人员责任分工。应急处置预案制定后要通过专业评审，并在演练和事件发生后不断完善。

各级法院应将安全事件演练纳入年度安全工作计划，定期开展安全事件演练工作，检验安全防护体系和应急处置预案有效性，强化应急机构组织协调能力和相关人员的应急处置能力，为发生安全事件时的处置工作做好充分准备。演练前，应制定演练方案，明确演练目标，规范演练流程，做好目标系统的业务和数据备份工作。演练中，应严格按照流程开展演练活动，做好相关记录。演练后，及时开展总结，梳理演练中的问题，优化应急预案，提出安全防护体系改进建议。

在使用人员或系统管理人员及时发现或通过恶意攻击检查等工具发现和预警信息系统中的安全事件后，应及时启动事件处置流程，快速有序开展处置工作，包括事件分析、性质判定、追踪溯源、抑制处理、系统恢复、漏洞修复、事件评估，安全加固等环节。发生重大网络安全事件时，应及时通报当地网络安全监管部门，开展协同处置工作。

第七节　安全运行维护

安全运行维护是网络安全的日常捍卫者。网络安全高度依赖于日常管理，系统全面的安全制度执行和检查既是繁重的管理任务，也涉及复杂的技术内涵；为加强网络安全而配置的大量安全设备和软件，离不开持续的管理和维护；一般基础设施、应用系统或数据资源调整或维护往往与网络安全关联，需要得到相应的技术支持，更需要以确保网络安全为前提的管理监督。所以，管理、保障和监督是安全运行维护的主要使命，在智慧法院网络安全和体系运行中发挥着不可替代关键作用。信息化程度越高，安全责任越重大，安全运维的作用就越突出。

智慧法院安全运行维护工作千头万绪，最为关键的就是在实践中锻炼培养一支高水平的安全运维团队。一要强调政治素质，人民法院既是审判机关，也是政治机关，法院网络安全问题决不仅限于技术层面，很多与国家司法公信力密切相关，也直接影响人民群众的切身感受，从事法院网络安全运维必须具有高度的政治使命感和敏锐性，始终将平凡的本职工作与依法治国战略全局紧密相连，才能兢兢业业、不畏艰难、不辱使命。二要强调责任意识，信息系统体系离不开方方面面的运行维护保障，安全运维在其中又发挥着安全监督的管控作用，不仅要提高份内工作质量，还需要以高度的责任心通盘协调其他专业领域运维，在维护和保证体系安全的前提下有序推动各方面工作。三要强调专业技术，信息技术快速发展推动了网络安全技术不断前行，必然要求智慧法院安全运维团队全面掌握丰富的网络安全理论和方法，同时还应深入了解智慧法院信息基础设施、应用系统、数据资源和运行维护的机制特征，并且能够熟练运用各种安全运维工具，正确应对日常运维中可能出现的各类技术问题，才能满足日趋复杂的安全运维要求。四要强调业务覆盖，智慧法院网络安全运维涵盖很多业务内容，既有管理性质、也有技术专业，既有点位工作、也有面线协调，既有实时监控、也有事后分析，这就要求建立面面俱到、一专多能的安全运维团队，为全生命周期网络安全保驾护航。

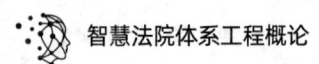

一、安全运维服务

人民法院信息系统安全运维对象包括涉密和非涉密信息系统中的应用系统、网络系统、网络设施、安全设备和物理环境等。

安全运维工作主要内容包括安全运维机制建设、风险隐患分析评估、安全状况常态监测、事件应急响应处置、安全策略优化配置、安全工具配备整合、安全分析报告编制、安全测评工作组织、安全系统设备维保、基础安全培训指导、重点时期安全保障等十一个方面及其相关支撑工作。

安全运维机制建设主要针对法院网络和信息系统建设运行情况，建立安全运维机制，包括明确具体范围，确立工作目标，建立任务清单，设计操作流程，梳理安全指标、制定工作流程、编制制度规范、完善应急响应和事件处置机制等。

风险隐患分析评估协同基础运维团队，建立完备的网络和信息系统资产台账并动态更新，根据网络结构、信息系统架构和业务逻辑，全面排查、分析、评估安全风险点和薄弱环节，形成安全加固和重点监控建议并组织实施。

安全状况常态监测根据安全运维机制和流程设计，持续检查主要场所、网络、设备、系统、账户等方面的安全状况，动态监测病毒、恶意程序、非法接入、非授权重要操作、攻击探测等各项风险威胁情况，实现安全事件实时报警和潜在风险的及时预警。

事件应急响应处置主要支持组织相关部门和人员开展安全事件应急演练。重大突发安全事件发生后，组织由后端专家和相关部门人员组成的应急团队，及时开展分析、研判和处置，控制事件影响，协助相关部门完成受损网络和系统的恢复。

安全策略优化配置组织分析网络结构和信息系统需求，设计完善安全区域划分，调整安全设备部署，优化安全策略配置。根据网络和信息系统建设情况以及使用需求的变化，对相关安全区域、安全系统及设备的部署和安全策略等要素及时作出调整。

安全工具配备整合根据安全运维任务设计，配备所需安全工具，支撑各项安全运维任务和操作。整合法院现有安全系统、安全设备和安全工具等提供的相关重要安全数据，支持集中分析和展示。

安全分析报告编制定期形成法院网络和信息系统的安全分析报告，全面呈现当前网络和信息系统安全状态，及时反馈安全风险点和薄弱环节的加固情况，分析所受攻击等安全事件的分析和处置情况，制定后续工作计划，提出安全建设建议等。

安全测评工作组织按照等级保护和分级保护相关工作规范、标准要求，针对法院相关网络和信息系统情况，组织等级保护和分级保护测评各项准备工作，包括组织开展自测评、制定整改要求，组织开展整改等，并配合测评机构开展相关测评工作。

安全系统设备维保提供各网络中安全系统和设备的维护保障服务，负责安全设备故障维修，承担依具体设备类型而定的安全设备系统和特征库等相关升级，提供设备故障期间的备品支持，保证安全设备功能正常和稳定运行。

基础安全培训指导根据网络安全相关法律法规要求和最高人民法院工作计划，定期组织开展对网络和信息系统用户的安全基本常识培训，组织开展对其他运维和技术人员的基本安全技能培训，协助开展对下级法院安全工作的技术指导。

重点时期安全保障按照国家网络安全监管部门要求，在重大会议、活动及其他敏感时期，组织相关部门和团队对法院关键信息基础设施、核心网络和重要信息系统开展重点保障，必要时组织人员提供 7×24 小时值守防护。

二、安全运维工具

为支撑安全运维工作，应配备便于管理工作的运维工具。安全运维工具包括资产台账管理系统、资产发现识别系统、安全基线核查系统、等级保护工具箱、安全情报收集系统、运维过程监管系统、综合安全监管系统、安全大数据分析系统、工单系统等（如图7-8）。

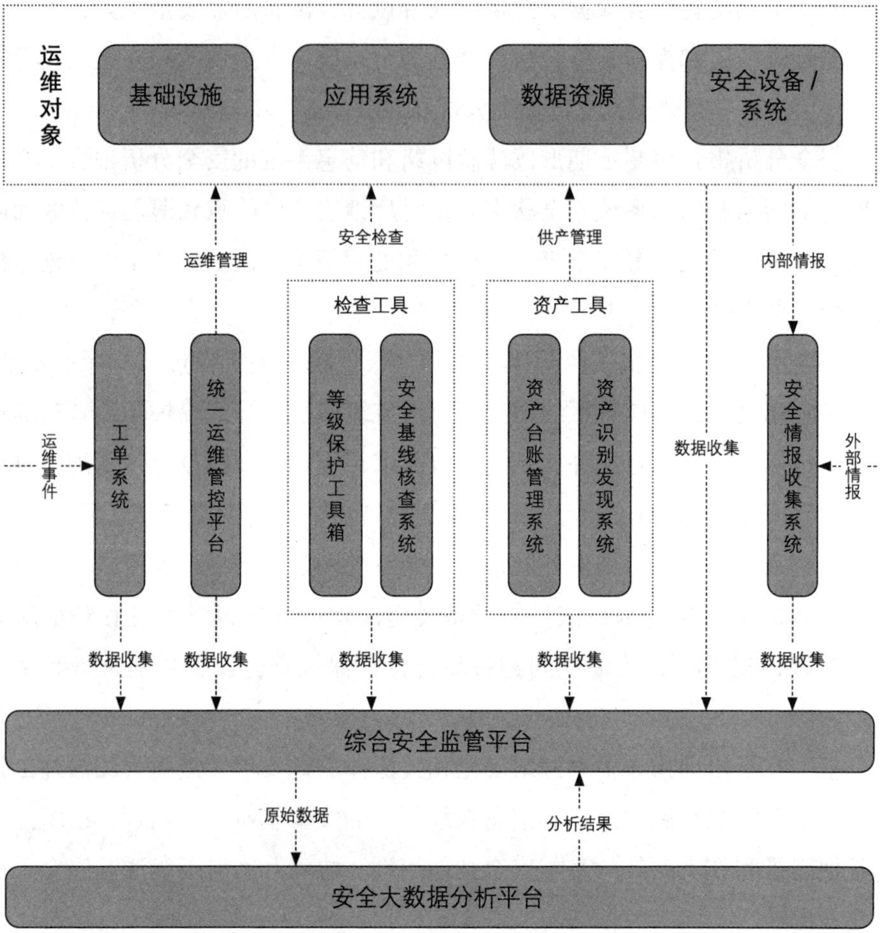

图 7-8 安全运维工具

资产台账管理系统用于实时记录法院信息系统中各类资产的状态，资产台账要素包括资产责任部门、重要程度和所处位置、运行状态等信息。台账管理应根据资产的重要程度对其进行标识管理，根据资产的价值选择相应的管理措施，同时应对信息分类与标识方法作出规定，并对信息的使用、传输和存储等进行规范化管理。

资产识别发现系统用于探测法院信息系统中活动的各类存储计算资源、应用系统等资产信息，其功能包括网络资产拓扑发现、网络资产运行服务识别、网络资产合规性分析和网络资产符合性分析等。

安全基线核查系统通过自动化工具配合人工检查方式对照安全配置基线进行检查，主要包括网络设备安全配置基线、安全设备安全配置基线、操作系统安全配置基线、数据库安全配置基线、中间件安全配置基线等，采用主流的安全配置核查系统或检查脚本工具，以在线检查的方式完成设备检查，针对物理隔离或网络隔离的设备使用检查脚本工具补充完成检查工作。

等级保护工具箱是开展网络安全等级保护检查的一体化专用检查设备，具有规范检查、工具调用、结果展示等功能，集成有专门的安全检查工具，提供等级保护检查知识和检查方法，支持提高网络安全检查的常态化、标准化和规范化水平。

安全情报收集系统基于网络安全威胁情报监测和管理法院信息系统的安全健康状态，主动提供安全事件预警、分析以及处置，利用安全大数据进行关联分析和行为分析，精确标签出威胁情报，提供安全预警，发现安全漏洞，并采取行动防止数据丢失或系统故障以有效抵御攻击者。威胁情报预警根据不同时期发生的如安全漏洞、安全事件等提供有针对性的威胁情报分析报告。

统一运维管控平台支持对全部运维活动的授权、监管、预警，包括运维账号管理、账号认证管理、账号权限管理、管理行为审计等功能。

综合安全监管平台是对人民法院信息系统安全运行维护和监控管理的集成工具，集中收集各类安全设备和系统的日志数据，以可视化方式对信息系统安全态势进行实时展现，以自动化方式实现各类审计、事件的分级告警、工单分配、规则调用、故障定位和资产管理等。

安全大数据分析平台基于系统资产、网络结构、应用和数据等情况，利用综合安全监管系统收集的各类安全系统日志、告警信息和威胁情报等数据，采用关联分析、行为建模等手段对网络攻击事件和内部违规行为进行深度挖掘，为安全运维管理提供决策支持。

安全运维人员通过工单系统生成任务工单，也能够根据安全事件和告警触发一次性工单，并派发指定的处理人。管理员可以指定工单的优先级、选择合适的通知方式、指定工单处理的开始时间和结束时间、设定工单完成的

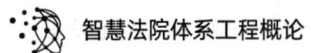

时限、查看所有的工单及其流转过程，组织完成安全事件处置流程。

三、安全态势分析

安全态势分析是加强人民法院信息安全保障体系建设和管理的关键环节。通过开展常态化信息安全态势分析和评估，及时有效发现信息系统面临威胁及薄弱环节，分析相应威胁及脆弱点导致安全事件的可能性，判断其可能对法院信息系统造成的影响，找到解决关键问题的应对办法及对策，持续改进智慧法院信息系统的安全防护体系，实现安全可控的效果目标。

应充分运用各类安全运维工具开展安全态势分析。以法院信息系统资产为对象，利用安全基线核查系统、等级保护工具箱等安全评估工具对信息系统配置合规性进行分析评估，利用安全情报收集系统对来自外部的风险和威胁进行预判，利用统一运维管控平台和工单系统对运维管理过程的规范性、及时性进行监控，利用综合安全监管平台和安全大数据分析平台对各类安全系统和设备的运行情况、告警信息和安全事件进行综合分析。

应根据法院信息系统特点制定安全态势评价指标体系，从基础设施、应用系统、业务数据、安全防护、运维管理等方面综合评判信息系统整体安全状态，确定各方面安全防护基本需求，对照系统当前状态，给出安全态势分析评价结果。

安全态势分析包括自评估和检查评估两种形式。自评估主要指各级人民法院自身发起的对法院信息系统的安全风险评估，可由法院自行实施或委托第三方技术服务机构实施。检查评估主要指上级管理部门组织的对法院信息系统的安全风险评查，评查结果对发起检查评估的部门负责。

安全态势分析过程中主要可采用访谈、检查和测试等三种评估方法。访谈是评估人员与被评估的人民法院的有关人员就评估所关注的问题进行有针对性的询问和交流的过程，可以帮助评估者了解现状、澄清疑问和获得证据。访谈深度和广度由评估人员依据不同的评估需要进行选择和判断。检查是指对人民法院信息系统进行观察、调查、评审、分析或核查的过程，与访谈类似也能帮助评估者了解现状、澄清疑问和获得证据，比较典型的检查行为包括对安全配置的核查、安全策略的分析和评审等。测试是指在特定环境中运行限于机制或行为的一个或多个评估对象，并将实际结果与预期目标进行比较的过程，测试可以帮助评估者获得证据，测试活动可以分为功能测试、结构化测试和渗透测试等三类。

第八章　质效型运维

信息系统体系越发展，越需要连续不断和规范有序的运行维护保障。传统运维保障着重预见、发现并及时处置各种故障，保证各个系统处于正常状态，我们称之为"完好型运维"。与智慧法院的核心使命和建设内容相适应，我们提出了不仅要确保信息系统处于完好状态，还应通过运行维护密切关注、采集、展现、分析进而提升各类系统的运行质效，也即"质效型运维"。其意义体现在以下方面：

第一，唯有应用成效才是评判智慧法院体系工程的基本标准。智慧法院围绕司法为民和公正司法，以高度信息化方式支持诉讼服务、审判执行和司法管理，让人民群众和广大干警在应用中收获最大成效是智慧法院建设的根本宗旨。因此必须根本改变信息化"重建设、轻应用"的惯常倾向，通过日常运维持之以恒的高度关注和不懈推动，实现智慧法院的价值目标。

第二，立足运行维护才能汇集分析信息系统体系工程的综合质效。智慧法院信息系统体系迅速发展，各个组成部分既相互支持，又彼此制约。信息基础设施的应用成效体现于各类应用系统和数据资源的运行状况，应用系统的应用成效体现于各类用户的直接体验。所以只有通过运行维护持续采集、汇聚所有系统的运行状态和用户反映，才能综合评判整个体系的运行质效并分解归因到各个组成部分。

第三，重视质效决不代表降低系统的完好性要求。只有各类信息系统正常工作才能支持整个体系赢得高水平运行质效，所以质效型运维不仅没有降低对各类系统的运行质量标准，还由于聚焦各类用户的观感体验和使用效果而扩大了体系评价的闭环范围，进而形成更为完备、准确、切实的完好性指标要求。

第四，运行质效不仅反映信息系统的当前状态，也代表了体系建设的需求导向。透过应用分布、数量、频次和负载的变化趋势，能够分析和预测各组成部分的增减需求，用以规划和指导体系改进与完善，必定能够更好地适应智慧法院的动态变化。

第一节　质效型运维服务

运维服务是运行维护保障的主体内容。要根据信息系统体系构成、运行方式和应用对象合理确定运维服务的具体科目。智慧法院质效型运维服务需要在以往保障信息系统正常运行的服务科目基础上，大幅度增加聚焦于信息系统应用成效的服务科目，具体内容需要通过科目定义、团队组织和作业指导等详细书面说明予以规定。

高级以上法院都担负大量贯通辖区所有法院的信息基础设施、业务应用、数据资源和网络安全系统的运行维护任务，分别包括数以百计的各种系统和各级法院，其质效型运维服务必须在统一组织协调之下，各个科目、应用和层级分工协作、相互配合，才能高效有序地完成运维任务。实际组织中切忌单纯按照业务类型或法院部门将运维服务分散包干到各自独立的运维单位，由此必然造成各自为战，形不成整体合力，因而无从把握整个体系的运行质效。此外，也必须避免签约企业独家包揽所有运维服务的现象，因为众多信息系统涉及很多不同厂商，任何企业都不可能仅仅依靠自身力量单打独斗，就能解决智慧法院体系运行面临的所有问题。特别是根据聚焦应用成效的要求，各类重要应用的主要功能、运行状态、用户分布、访问人数、点击流量和响应时间等都需要时刻关注，必然依赖于研发厂家的通力配合才能达成，这也是促进研发部门不仅注重系统的研制和交付、更要始终关注产品应用成效、赢得客户满意的有力举措。所以，高级以上法院的质效型运维服务应该根据合理的科目设置，精心选择熟悉智慧法院运行的运维牵头企业，联合一批长期参与辖区法院信息化建设的骨干企业，协同提供高水准的质效型运维服务。

一、一线运维保障

一线运维是传统"完好型"运维服务的主力军，也是智慧法院质效型运维不可或缺的一部分，主要负责信息化运行过程中所暴露出的问题或存在隐患的解决，也即快速响应各类基础运维故障、事件，进行实际操作处理，保障运维对象完好、高效运行。

完整的一线运维组织体系应包含基础设施运维组、应用运维组、数据运维组、安全运维组，分别对基础设施、应用系统、数据资源、信息安全各个信息化模块开展全方位精细化运维保障，并设有一线运维负责人，协助运维总负责人完成质效运维工作目标制定，落实一线运维组织的建设、人员的管理、资源的管理，并对各运维组工作任务分解、目标达成、工作内容、工作效率、工作质量进行管理。一线运维保障工作内容主要体现在以下几个方面：

一是信息化运行过程中问题的处理与解决。这里的问题包括信息化运行过程中所发生的故障，以及必不可少的技术支持维护，比如巡检、设备上下线、配置文件更新、备品备件更换、会议保障等，这就需要一线运维各小组承担起本小组覆盖的信息化运行故障处理、资产管理、运行状态检查、运行维护、突发事件响应等工作。基础设施组要对服务器、网络设备、存储设备、音视频设备、弱电设备、机房环境等产生的问题负责，同时负责用户终端电脑系统故障处理、软件安装、系统更新、共享打印机设置及耗材更换，会议保障的设备调试、录像、剪辑、视频调度等，需配合其他小组进行基础设施层面故障排查与处理，对相关资产做好台账变更管理；应用系统组除日常系统升级、培训推广、账户管理外，在业务系统出现崩溃、响应延时、性能下降等问题时，需进行故障与问题排查，对应用服务、中间件、数据库等各类组件运行状态进行确认，并具体实施解决问题；数据资源组实施数据汇聚、质检与共享交换保障，对数据资源进行备份容灾，并基于已汇聚的数据资源进行各类数据的统计和分析，与其他小组共同排查与处理相关业务数据问题；信息安全组主要排查网络边界、网络设备、业务系统、运维通道等潜在安全隐患，监测网络攻击情况，查杀终端病毒，升级补丁漏洞，监控违规操作，制定网络安全策略并部署实施，最大限度降低一切可能存在的安全风险。

二是对用户提出请求后的响应支持。高级以上法院需具有专门的信息化运维服务台，包含热线支持和一体化运维工单系统，接收、响应、过滤信息化运行过程中用户反馈的运维问题、需求和建议，并对各类问题进行初步分析处理，无法通过电话解决的问题应立即通过工单系统派单给相关一线运维人员进行处理，全程跟踪处理进度并回访形成用户需求处理闭环机制，定期了解用户对运维服务的满意程度，进而针对用户的意见对运维服务提出改进意见建议。

三是一线运维知识库完善与更新。一线运维基础工作涉及面广，对效率要求高，所以在实际工作过程中各运维小组要建立适应本小组工作的知识库，其范围应全面覆盖基础设施、应用系统、数据资源、信息安全各类信息化设备或系统，内容应包括各要素涉及的安装、部署、调试、问题排查、工具使用方法等方面的知识，并形成定期完善与更新机制。

二、二线运行监控

二线运维为改变"重建设、轻应用"的传统运维保障模式，适应质效型运维应运而生，围绕主动运维的理念开展运行监控工作。其主要职责是对信息化运维的状态、响应进行监控和体验，及时掌握各信息化要素支撑业务的状态、能力，确保对已发生的故障第一时间发现、对可能发生的故障或事件进行预警和规避。

与一线运维组织架构类似，二线运维按照运维对象和角色不同也划分为基础设施运维，应用系统运维，数据资源运维、信息安全运维，对各个层面的信息化运行状态进行实时监控，全面了解网络运行健康程度、应用系统各组件运行状态、数据资源汇聚共享正常与否、信息安全事件潜在隐患，并通过人工体验的方式，不间断对信息系统各个模块进行测试，检验信息化建设与整体绩效之间的契合度。

借助运维监控工具的网页端结果和语音调度功能，基础设施二线运维主要对网络拓扑的连通性、派出法庭及科技法庭的连通性、带宽利用率、服务器的计算资源负载、磁盘读取速度、硬件设备告警信息、音视频与弱电类设备在线情况、机房动环温湿度、空调状态等基础设施运行状态进行实时跟踪，根据图形化的颜色标识、量化指标趋势和变化规律判断异常现象，第一时间主动发现设备运行中的潜在问题，对基础设施资产、拓扑结构进行维护，并在运维监控工具中动态更新，确保监控范围的完整准确。应用系统二线运维主要对系统响应时间、慢操作情况、用户访问情况进行调阅检查，结合系统业务场景、用户范围和系统架构图，判断应用系统性能是否稳定，应用成效是否良好，对于响应时间突然升高或者慢操作占比突然异常的情况，及时查看系统组件运行状态及日志访问记录，给出具体原因及问题整改建议。数据资源二线运维对司法审判、司法管理、司法研究、司法人事、信息化数据、外部数据六大类数据资源的汇聚、使用、安全过程进行监控，通过汇聚状态、变化趋势、质量统计来掌握数据资源增长是否稳定，质量是否过关，通过共享交换次数和数量判断数据是否真正被用起来，通过备份状态和验证情况了解数据资源的安全状态。信息安全二线运维时刻通过运维监控平台关注网络边界安全状态，业务墙通道安全性、应用系统漏洞整改情况，网络攻击现状等，对可能出现的安全隐患进行初步预警和定位。

在常态化运行监控基础上，二线运行监控还需加大对于信息系统的应用成效监控，也即对于各类用户的体验监控，这就需要二线运维在借助于工具监控之外，还要对应用系统的各个模块及功能例行巡检，并进行密集持续的深度操作体验，从用户的角度充分了解系统是否存在卡顿、响应延迟、操作繁琐，甚至页面空白、不能打开等故障情况，并及时记录巡检和体验结果，针对用户反映问题集中的模块或子系统通过对体验结果拉趋势，与监控结果进行比对分析的方式充分掌握系统实际运行状态，了解用户使用系统真实体验情况，为信息化应用成效的提升提供精准的数据支撑和分析依据。

三、运行质效分析

运维保障和运行监控通俗意义上讲是围绕当前一个阶段信息化运行的状

态所开展的预测、发现、处理、响应等一系列实施工作，而质效分析是站在信息化要素支撑业务能力的角度对运维保障和运行监控的内容进行汇总分析和质效评估，并提出解决方案或建议，是对信息化运行全局掌控的深一层探索实践。运维保障服务和运行监控的内容包含方方面面，质效分析是其在数据层面的汇总和对数据背后潜在规律的分析总结，同样涉及信息化运行的各个层次。一般来说，质效分析的数据既有信息化运行性能数据，又有用户使用数据和业务数据。根据不同阶段对质效分析工作关注重点的不同，通常会从日、周、月等时间维度开展质效分析工作。

每日质效分析可以称之为日报，是对当日工作和问题的总结分析，包括日期、当日工作完成情况、存在问题、需明日处理事项等要素。对于基础设施、应用系统、数据资源、信息安全和运维管理等各方面运维，日报的核心内容均会因工作重心的不同而不同。基础设施方面的日报主要关注对于硬件设备、机房动环、弱电设备、桌面终端故障的处理，会议的技术保障支持，资源的使用与分配等事项；应用系统方面的日报更侧重于系统故障的处理，系统性能监控的结果，系统的用户访问情况，人工体验的结果等事项；数据资源方面的日报内容主要集中在当日数据资源目录各类数据变化情况、数据资源调用情况、数据质量的提升情况等；信息安全的日报主要围绕当日安全事件的处理，安全设备或软件运行状况，用户操作的合规性等方面总结分析；运维管理方面的日报重点分析当日工单受理、处理、回访等事项，对于当日用户集中反馈的问题或工单解决中耗时较长的原因进行分析。

每周质效分析工作即为周报，对一周中质效运维重大事项及信息化运行情况进行汇总分析，总结本周重点工作完成情况及下周工作计划。基础设施方面重点分析资源利用情况，尤其是告警设备、高负载设备的运行指标，分析可能存在的隐患；应用系统方面重点分析核心应用系统的响应时间及用户行为，从系统性能和应用成效的角度盘点系统运行态势；数据资源主要关注数据资源的增量和备份情况，对数据增幅异常、未及时备份的情况进行原因分析；信息安全方面重点关注安全设备的运行和终端使用合规性，对信息化运行的安全状态进行基本判断；此外，需要对一周内运维工单的受理情况进行分类，找出本周内工单问题的集中点，对信息化运行过程中存在的问题提出相关建议和意见。

月度质效分析可以说是智慧法院信息化运行的体检报告，由总体情况、质效型运维五个方面的运行质效、存在问题及推进建议、附录等八部分组成。通常由二线运维人员结合运维监控工具监控结果和系统人工体验结果，将质效型运维五个方面当月信息化运行的数据进行趋势汇总，从能用、好用、管用的角度按照质效运维指标体系进行比对分析。能用主要从信息化是否能够正常运行的角度考虑，包括故障、网络通断、数据量大小及增幅、安全设备可用状态、入网管控情况等。好用从是否能够满足用户使用需要的角度考虑，包括资源利用、带宽利用率、系统响应时间、慢操作占比、数据备份覆盖率、网络攻防状况、漏洞整改等方面。管用主要考虑信息化是否真正解决人民法院业务运转的实际问题，比如资源分配、用户访问量、操作次数、数据共享交换次数等等。除了对月度内容进行详细分析外，还需要以月为单位对历史趋势进行分析，尤其是与上月数据及去年同期数据进行比对来分析信息化运行质效的变化趋势，对当前信息化运行态势进行综合评估，对当月暴露的问题进行剖析和解决方案梳理，全方位立体呈现智慧法院信息系统建设所发挥的作用和存在的问题。

第二节　可视化管理平台

质效型可视化运维管理平台是质效型运维保障的主要依托工具。利用可视化技术直观展现系统运行状态、支持运维服务是先进运维管理系统的基本要求。质效型运维着重关注信息系统应用成效，所以在反映运行状态的同时还必须充分展现各类用户的应用成效。图8-1是智慧法院质效型可视化运维管理平台，也称为法眼平台的系统体系结构。

为了充分支持质效型运维服务和常态化运行质效分析，法眼平台具有以下特点：一是全面性，按照广阔度、细致度、持续度、丰富度、容积度、延

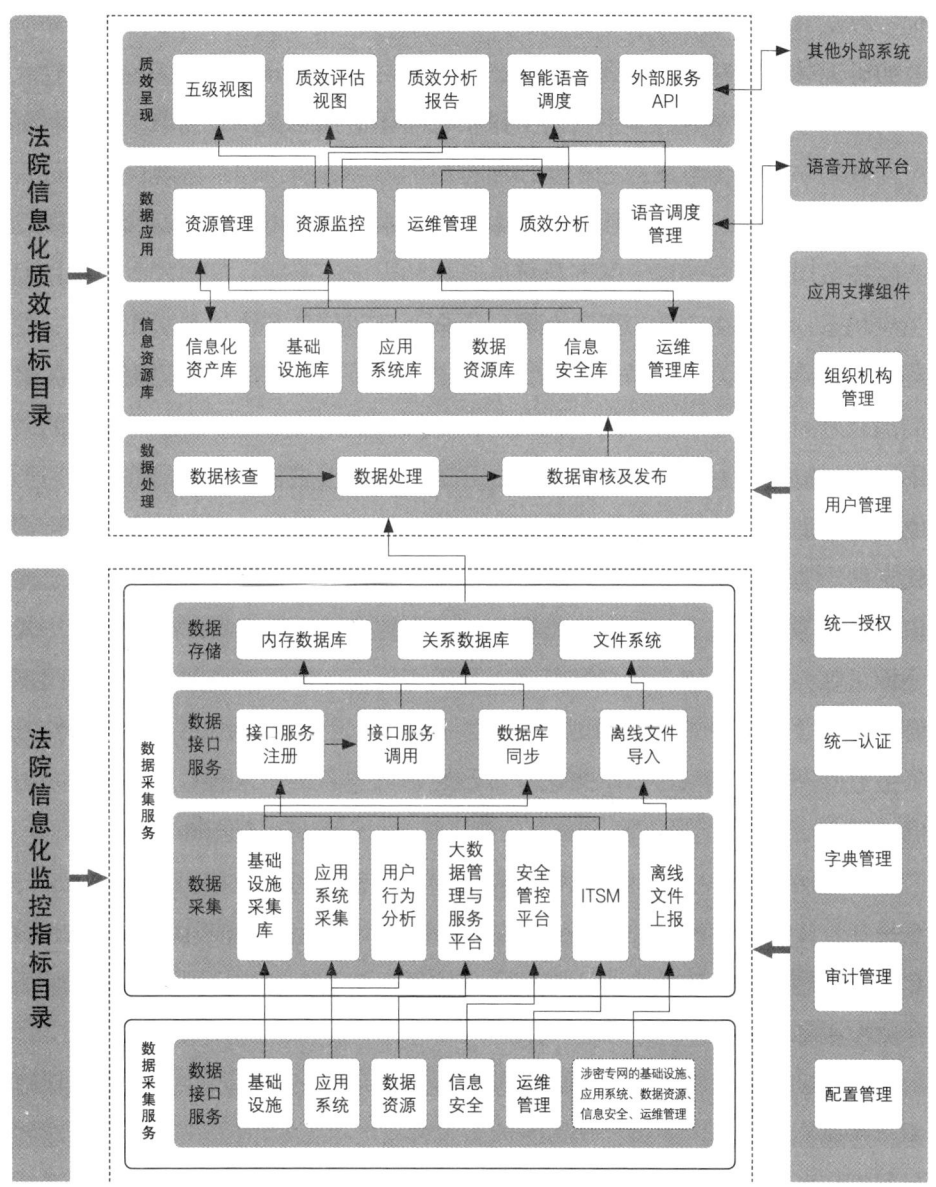

图 8-1 法眼平台系统体系结构

迟度、遍及度、真实度和适配度等信息度量和智慧法院评价指标全面反映信息系统体系运行质效;二是客观性,尽可能连通所有信息基础设施、应用系统、数据资源、网络安全设备和软件,直接采集各类能够反映运行状态和质效的客观参数,避免主观因素影响;三是实时性,充分实时采集各类信息系统的运行参数,支持对体系当前工作状态的评估判断和及时预警,也便于事后回溯之中对于各组成部分相互作用机制的准确分析;四是直观性,通过页面、图形、表格、数据等形式直观展现各个层次系统和设备运行状态和质效,能够按照用户需要逐层下钻到尽可能具体的设施、场所、设备或应用软件的相应状态;五是综合性,通过大屏显示全面呈现信息系统体系工作全貌,支持调取任何需要关注的局部状态,以便于集体研究分析体系运行质效及各组成部分之间的前因后果;六是分布性,支持运维工位终端显示需要关注的系统或设备运行状态,以便于按照职责分工监控各组成部分运行细节,定期形成详实的运行质效报告;七是动态性,能够保存积累并按时段展现各种运行状态的动态变化和发展趋势,支持运用数理统计方法开展各类参数极值、均值、方差等整体因子分析;八是智能性,支持通过语音调取、模糊识别、智能推送等方式快速切入用户需要进入的图形界面,解决浩繁系统逐层调阅不便的难题。

一、基础设施运行质效可视化

智慧法院建设中基础设施主要包括主机设备、网络设备、存储设备、安全设备、音视频设备和专用场所设施等,是整个智慧法院建设的支撑和依托,其运行状态和运行质效直接决定信息化体系运转是否正常,因此也是法眼平台监控和可视化呈现的重点。

基础设施的运行质效可视化呈现主要有以下几个方面:一是网络拓扑结构及连通性的呈现,通过连通 GIS 地图组件实时 Ping 测的方式动态直观地展示网络拓扑的架构概况及网络连通情况,以图形化颜色标记分辨网络连通状态,时刻提醒运维人员及时对中断网络进行修复处理;二是资源利用率的呈现,以列表形式呈现主机、存储、网络等设备的 CPU、内存、磁盘利用情况,以趋势图的形式呈现资源利用的历史变化状态,图形颗粒度可以细化到小时、天、周、月等,使得对于设备的高低负载使用状况一目了然,便于对资源使用及时调配，避免资源浪费或因资源不足导致业务运行变慢甚至故障的情形出现；三是带宽使用情况的呈现，以指标面板形式呈现，包括带宽的实时利用率、历史利用率、上行与下行使用比例、趋势分析、端口流量等，为运维人员了解网络设备的承载能力、优化网络系统提供准确数据；四是故障情况的呈现，包含故障设备定位、故障时间、故障原因，以及未出现故障但超出健康阈值的告警情况，除了实时的可视化呈现外，故障和告警还需第一时间以短信的形式发送给运维人员，以便及时进行校核和处理，最大可能地缩短故障时长，保障业务系统正常运行；五是派出法庭、科技法庭接入及使用情况的呈现，以饼图及双环饼图的形式呈现派出法庭监控接入及网络连通现状，科技法庭的监控接入及开庭详情等。派出法庭主要是为公众提供诉讼便利、减轻群众讼累而由基层人民法院根据地区、人口和案件情况设立，是智慧法院建设的最后一公里，科技法庭是运用信息化手段支持庭审活动、司法公开以及司法监督的重要设施，两者的运行质效监控与呈现为我们第一时间掌握全国法院一线司法场所运行状况提供了最为直观、具体、全面的依据。

二、应用系统运行质效可视化

应用系统的运行质效可视化是法眼平台运行监控呈现的核心内容。智慧法院应用系统分为智慧服务、智慧审判、智慧执行、智慧管理、司法公开和其他应用系统等六大类，应用系统运行质效可视化就是要使这六类系统的运行情况一目了然，目前以分布式饼图的方式呈现应用系统在线数量与占比，以折线图形式呈现系统接入法眼平台现状，以列表形式呈现应用系统清单，点击对应系统可以呈现指标面板形式的系统运行指标，点击对应指标可以呈现各指标的趋势分析。

理想情况下，应用系统的运行成效数据接入应采用直接采集系统日志的方式，最大限度减少人工干预，客观全面反映系统的运行状况和操作行为记录，第一时间呈现系统的性能和使用成效。但由于信息系统种类众多、日志格式不一、记录内容不全、频繁中断等，难以统一采用日志对接的方式。因而一般情况下退而求其次采用数据拨测等方式，利用拨测工具测试系统的响应情况，并辅以部分日志记录和人工体验数据作为验证支撑，对于全方位的日志监控记录分析还需要不断深入推进。

应用系统的运行质效可视化呈现主要集中在以下几个方面：一是系统通断性，在应用系统表单中点击应用名称以指标数据列表的形式呈现系统故障时间、故障频率、告警时间、告警原因，以趋势图的形式呈现故障率、故障次数、故障时长、告警次数等，客观展示系统是否正常运转，是否存在运行隐患；二是系统响应情况，以趋势分析的形式展示响应时间、慢操作占比变化，以柱状图与折线图相结合的方式展示慢操作次数排名与对应功能模块等，作为衡量用户使用体验的参考依据，提醒运维人员对于响应较慢的模块及时进行问题排查、优化和处理；三是系统访问情况，包括访问人数、操作次数、应用度等，客观反映已经上线运行的系统在特定时段有多少用户、什么时间用户多、什么时间用户少等特征，为系统优化及性能提升、业务需求更新提供数据支撑；四是业务流转量，根据每个系统承载业务的类别区分不同的业务流转类型，如文件流转量或者案件办理量等，直接体现系统的业务功能和使用需求。

三、数据资源运行质效可视化

司法数据是应用系统信息表达的基本方式，也是智慧法院运行产生的宝贵资源，数据资源运行质效可视化可以让数据管理和决策分析人员直观感受到这些宝贵财富的变化趋势、安全态势和应用质效等，主要利用加速球、柱状图等形式展示，通过 GIS 类组件在地图上以柱状图形式呈现一类对象的一组指标数据。

数据资源的运行质效可视化呈现主要有以下几个方面：一是数据资源目录，包括以饼状图的形式呈现数据资源目录的构成、完整度，以柱状图的形式展示每一类数据量大小，以折线图描述数据资源增量情况等；二是数据质量，以趋势图的形式呈现数据质量情况，包括案件、文书、卷宗、档案等数据的质检指标结果、能否正常打开等情况，以时间轴的形式展示数据质量的变化趋势，体现数据是否准确，能否还原司法业务运行实际，是否可用等要点；三是数据备份，包括备份的周期、覆盖率、容量增幅，数据验证情况等，饼状图更适合数据备份的描述，以此来判断数据资源是否在面临安全风险时具有较强的数据恢复能力；四是数据共享情况，包括数据调用量、调用分布、共享交换次数等，以历史趋势图说明数据资源是否都处于激活应用的状态。

四、网络安全态势可视化

网络安全态势可视化主要通过与安全监管平台的界面集成来实现对五大网系信息安全体系相关数据的管理及展示。其呈现方式为雷达扫描图的方式呈现安全攻击事件，以指标面板形式呈现攻击汇总情况，以玫瑰图形式呈现安全性能。展示内容主要体现在以下几个方面：一是安全拓扑，集中展示全网系安全运行情况，通过对安全设备运行状态、告警数量和级别、安全设备连通性、终端设备合规性、安全事件数量等指标综合计算分析，形成各网系信息安全态势评分，直观反映整体信息安全概况；二是安全质效，通过集中收集各类安全设备和系统的日志数据，以自动化方式反映日志合规性，支持用户行为分析，实现安全审计、事件的分级告警、规则调用、故障定位等，以可视化方式对信息系统安全态势进行实时展示；三是安全攻击态势，实时动态显示各网系应用系统当前遭受攻击情况，当月共计次数和环比信息；四是有害程序事件数，滚动展示数据泄露事件数、设备病毒数、高危漏洞数等信息，并突出与历史数据对比的结果。

五、运行维护态势可视化

由于运维服务事项来源渠道众多，有电话、内网 CoCall、系统问题反馈界面、运维 APP，及至微信、QQ 等，涉及问题包括桌面终端、服务器、系统性能、账号密码，使用咨询等，分散在不同区域、网系和系统，彼此之间错综复杂又相关牵连，统一的管控和展示是了解运维保障落实情况、潜在问题的有效途径。目前的运行维护通过运维服务台统一调度，统一展示，收到相关问题后，智能识别用户当前所使用的系统或者指向的问题对象，指派对应的运维工程师，运维工程师登录服务台工单系统，将会看到待处理的问题列表，并在规定时间内对每一个问题进行处理，处理完成后，将处理结果反馈给用户，由用户进行运维服务满意度评价。运维服务台作为法眼平台的一个子模块，涵盖了运维服务处理流程的全记录，包括工单录入、工单分配、工单处理跟踪、工单知识库等，以视图轮播及列表的方式呈现。

运行维护可视化展示的主要内容包含以下几个方面：一是工单处理相关情况，可以用饼状图展示工单类型及其分布，趋势图描述工单数量、按时解决率、处理时长及其与历史比照，直观了解当前智慧法院建设和运行过程中存在问题的响应和处理闭环情况；二是工单知识库，主要从运维处理工单中提炼总结出知识条目，对运维维护服务知识体系进行固化，逐渐形成运维知识图谱，支持知识检索、知识分类、列表展示，为运维事项的快速处理提供经验和知识支持，助力运行维护优质高效；三是运维人员管理，客观展示运维人员架构、工作分工、联系方式，个人运维事项完成情况，操作记录等，以公开透明的方式让运维工作接受用户监督与考核。

六、可视化界面语音调度

可视化管理平台支持智慧法院五大网系基础设施、应用系统、数据资源、信息安全和运维管理全方位的运行监控呈现，融应急管控平台、音视频管理平台、数据备份控制台、运维服务台于一体，共有五级视图可以逐级下钻进行细节性的呈现，但十分浩繁的系统体系采用页面逐层切换的方式将给用户带来很多不便。通过语音调度能够使这一问题迎刃而解，这也是法眼平台智能化的重要内容。

可视化界面语音调度通过人员语音指令直接切入平台中用户需要的图形界面，支持通过关键词语音指令自动匹配调度内容，平台秒级响应智能推送调度结果，让用户需求实时呈现，同时也使可视化管理平台在全方位监控的同时支持用户对重要细节内容的快速掌控。语音调度内容通过语音菜单与需求参数的组合，实现对平台各种监控结果、功能、操作菜单及界面进行调度，大到全国法院网络拓扑及连通性，小到派出法庭连通性，及科技法庭庭审画面，除此之外，还可以支持跨平台调度，通过法眼平台实现对音视频管理平台、数据备份控制台等的界面调度。

第三节 运行质效报告

运行质效报告是智慧法院信息系统运行质效的全面反映，是体系工程推进者的关注焦点。运行质效报告的数据素材主要来源于法眼平台，部分数据素材特别是与用户应用体验相关的内容需要人工点击、估算和加载。无论是自动采集还是模拟用户体验，数据素材收集完全来自常态化、不间断的积累，才能支持信息化运行质效的客观评价。

整个体系的运行质效报告来自各类信息系统的质效分析。高级以上法院都涉及大量信息基础设施、业务应用、数据资源、网络安全和运行维护系统，每一门类的运行质效都直接或间接影响智慧法院的相关信息度量和建设指标，要通过全面、系统、有针对性且不断发展的分析模式和结构层次，推动各门类系统的质效分析。同时注重分析各组成部分之间的作用因果关系，支持分析整个体系的运行质效。

长期的质效报告根植于日常的、短周期的质效分析。每一个重要系统、重要设施都应该建立常态化质效分析和报告机制，通过点滴积累的研究分析，真正掌握系统的运行规律，熟悉理解需要关注的状态重点，通过规范化的日报、周报，汇集分析形成高质量的月度和长期分析报告。这既是全面认识和掌握智慧法院体系应用成效的需要，也是促进研发厂商持续关注自身产品用户获得感和满意度、不断发现问题、解决问题、提高产品质量的必由之路。

运行质效报告既要充分反映整个体系值得肯定的应用成效，以利于发扬成绩、再接再厉；也要坚持问题导向，准确反映存在的重点问题，以便于有的放矢、补齐短板。同时一定要突出重点，开门见山，切忌因为信息系统规模庞大、结构复杂，陷于繁文缛节的"流水账"而难以自拔。

一、综合质效分析

信息化运行质效报告的综合质效分析概括当前智慧法院信息化运行态势，分析存在问题，预测下一步运行趋势并提出工作建议，是整个报告的纲领内容。首先，综合质效分析要对运行质效报告的数据来源进行总体概括，说明其来源于可视化运维平台或是来源于部分核心应用系统人工模拟用户场景进行测试体验所得，由此表明整个运行质效分析的客观程度；其次，综合质效分析需要概括总结可视化运维平台的监控范围，因为这既是质效型运维需要着力推进、持续关注同时又需要各级法院和研发厂商密切配合的重要事项，也是反映运行质效分析全面性、准确性的重要前提；最后，综合质效分析需要对基础设施、应用系统、数据资源、信息安全、运维管理各方面运行质效分别进行高度概括凝练，并以应用系统为主线，通过关联支撑应用系统的基础设施资源，系统运行产生的业务数据流转，系统访问安全等方面进行关联印证分析，评估整个信息化运行质效情况，挖掘信息化运行存在的主要问题和风险隐患，并根据轻重缓急排序为整个信息系统持续改进提出针对性措施和建议。

二、基础设施运行质效分析

基础设施质效分析范围覆盖法院专有云、开放云和涉密云环境中的主机设备、网络设备、存储设备、机房动环、传输设备、网间交换设备等，主要分析总结运行状态、连通状态、资源利用、资源分配等信息化指标，结合承载业务特性，运用周期性数据趋势、关联分析总结基础设施运行情况和成效，从设备故障、网络中断等相关指标评价基础设施是否能用，从资源利用、带宽利用等相关指标评价是否好用，从资源分配等方面评价是否管用，对异常数据进行深化研究，找到问题根本原因，提出对应解决方案。一是运行状态及故障分析，分析各类基础设施运行状态，重点针对基础设施故障进行分析，描述故障现象，记录处理流程，定位问题根源，分析故障影响，判断设备稳定性、可用性、可靠性是否达标，同时分析近期基础设施故障率、故障次数、故障时长趋势，判断基础设施整体运行稳定性是向好还是劣化；二是资源利用及负载情况分析，对基础设施主机、存储、网络等设备的 CPU、磁盘、内存资源的使用情况进行峰值利用率、平均利用率趋势分析，对各类设备资源负载设定阈值，对于超过阈值的高负载设备进行重点分析，通过资源使用趋势及承载业务分析可能存在的故障隐患，提出建议及时扩容调整资源，避免出现因资源负载过高引起的设备宕机；同时，对于负载过低的设备也需重点分析，判断设备资源是否被充分利用，对长期低负载运行设备要进行资源回收或降配，充分发挥设备资源效能；三是网络带宽分析，结合法院各级网带宽利用率趋势及各辖区法院业务开展情况，统筹分析工作时段与全时段带宽利用差异，判断当前网络带宽资源是否能够满足业务需要，是否存在带宽资源浪费的情况；四是资源分配情况分析，对法院专有云、开放云各资源池资源分配率、资源使用率进行统计分析，结合各资源池业务承载情况分析现有资源的使用饱和度，对资源紧张的情况提出分配建议，及硬件调配或应用系统资源整合建议；五是派出法庭及科技法庭连通情况分析，对法院派出法庭的监控覆盖率、网络连通率，科技法庭的监控覆盖率、法庭活跃率进行趋势比对分析，判断法院"一张网"办公办案的落实情况及智慧法院在基层人民法院、派出法庭的应用情况，同时为庭审巡查、审务督察提供数据支撑。

三、应用系统运行质效分析

应用系统运行质效分析需要通过海量的、多维度的数据对应用系统性能、用户行为进行深度分析，评估应用系统运行质效，数据来源主要借助于可视化运维平台，部分与用户应用体验相关的数据，需要通过人工点击体验、加载的方式获取。一般主要从系统故障相关指标评价应用系统是否能用，从系统响应时间、慢操作占比相关性能指标评价是否好用，从用户访问量、操作次数相关成效指标评价能否管用。一是应用系统运行状况及故障分析，分析各应用系统运行通断性，以月度为单位从系统故障率、故障次数、故障历时、涉及系统个数趋势来分析应用系统整体的稳定性，并定位具体的故障系统，分析故障现象、故障原因、影响范围和处理方式，对运维保障服务提供可行性意见建议。二是应用系统性能分析，分析应用系统各维度、各模块响应时间及慢操作占比的变化趋势，根据应用系统响应时间的"2-5-8原则"（当用户的系统操作能够在2秒以内得到响应时，会感觉系统的响应很快；在2-5秒之间得到响应时，会感觉系统的响应速度还可以；在5-8秒以内得到响应时，会感觉系统的响应速度很慢，但是还勉强可以接受；而当用户在超过8秒后仍然无法得到响应时，会感觉系统性能非常糟透，无法忍受)，判断应用系统性能是否满足用户日常工作要求，性能较差的系统是否逐步得到优化，针对响应时间、慢操作占比突发性升高的情况及时地予以核实及原因分析，针对性能较差的应用系统提出改进建议。三是应用系统效能分析，通过对系统用户数、访问量、操作次数、用户分布、业务数据流转量等几个方面进行分析，当系统访问量、操作次数持续升高时，说明应用系统应用成效持续提升，当用户分布不均衡时，说明应用系统应用推广需要加强或者系统不满足部分用户的使用需求，同时要结合用户使用量与系统响应时间来判断系统用户的增加对性能的影响，从深度分析系统用户体验、业务开展便利性的角度为系统优化提供数据支撑。

四、数据资源运行质效分析

智慧法院信息化数据涵盖人民法院业务运转的方方面面，数据资源运行质效分析主要从数据量大小、增幅、质量相关指标评价数据资源是否能用，从数据备份覆盖率、备份增幅相关指标评价是否好用，从数据共享交换次数评价是否管用。一是数据资源目录分析，通过对六大类数据资源数据量大小、增量趋势统计分析，提前发现数据资源汇聚过程中的隐患，并及时采取解决措施，保障数据资源的稳定增长，如电子卷宗数据的数据量连续几个月大幅增加，就需要考虑相应数据存储空间扩容；裁判文书数据的数据量骤减，就需要分析数据资源准确性，排查是否存在数据丢失；二是数据质量分析，对于案件、文书、卷宗等数据设置质检规则、质量指标及阈值，未达到预设指标的数据分析原因，提出改进意见，并督促数据整改，确保数据准确可用；三是数据备份分析，重点通过备份覆盖率趋势、数据备份增量趋势、数据备份方式及周期、数据验证四个方面分析，如分析审判执行数据备份量是否稳定增长，本地、异地、在线、离线备份方式是否均符合要求，备份数据是否能有效恢复到生产环境来判断数据资源潜在安全性；四是数据应用分析，数据应用主要体现在数据共享交换方面，重点分析共享交换次数、数据调用总量趋势、法院系统内部各单位调阅数量及外部单位调阅数量、各类接口调用量分布等方面，发现数据应用过程中的异常，如果某类数据仅被部分法院频繁调用，就要考虑数据的应用推广问题，如果数据共享交换量大幅下降，就要考虑接口的是否异常，服务是否中断等，为数据共享交换应用的推广提供参考，让庞大的数据资源变成可以为智慧法院建设提供服务的活数据。

五、网络安全态势分析

信息安全运行质效态势分析主要从网间隔离交换、防火墙策略匹配、安全设备可用率、系统等保测评通过数量、终端安防软件安装覆盖率、入网管控覆盖率相关指标评价是否能用，从网络攻防成功率、有害程序事件数、漏洞数、日志留存合规数、违规操作次数等指标评价是否好用。一方面是安全防护态势分析，主要分析信息安全防护中的基本措施，包括分析截至当前的关键应用系统在网络安全等级保护测评中的通过情况，跨网信息交换边界安全性、业务系统安全域边界、管理通道安全性、业务需求与安全策略的匹配情况、终端安防管控覆盖情况等，准确评估目前关键信息基础设施安全保障能力，信息系统面临威胁及风险脆弱点，以及发生安全事件的可能性，对于可能存在的安全防护漏洞需准确定位原因并排出整改计划；另一方面是安全运行态势分析，分析当前智慧法院信息化运行过程的常规性漏洞、攻击、威胁等隐患状况，分析终端及服务器病毒事件、蠕虫事件、木马事件、僵尸网络事件、混合程序攻击事件、网页内嵌恶意代码事件和其他有害程序事件，对核心应用系统的高危漏洞整改、安全日志留存合规性整改情况定期统计，对于违规操作、异常访问账号及时发现及时定位，给出整改意见，对网络攻击事件、信息破坏事件、信息内容安全事件、灾害性事件及其他安全事件进行深入分析，并提出相应安全防护工作措施。

六、运行维护态势分析

运行维护是质效型运维体系的主体内容，关乎运维保障服务质量、效率及用户满意度，其态势分析整体概括运维服务运行的问题及成效，并对运维服务的整体质量提供多维度的参考信息，定位运维服务工作中需重点关注内容及当前工作中的薄弱环节，采取针对性的措施，持续提升质效运维服务质量。运行维护态势分析主要关注三个方面：一是信息化运行过程中反馈及受理的问题，信息系统逐步由点到面基本实现业务全覆盖，服务的范围越来越广，随之而来的咨询和问题越来越多，对用户提出的问题处理恰当，在最大化发挥信息系统应有的效能同时能够增加用户的使用频率，提升工作效率，对已反馈或受理的工单进行趋势分析，归类总结形成运维知识库，给运维人员查询知识提供便捷，有利于快速解决一线问题。二是工单分布，通过对工单类型和数量的分析，定位工单集中暴露出的问题，总结出阶段性内的基础设施资源利用和运行状态，对问题频发的设备或区域进行整改，把被动处理故障的局面变为主动发现解决隐患，在硬件层面使其稳定运行；总结应用系统运行状态和用户的使用情况，用户体验取决于系统是否好用、是否卡顿等，对工单数量较多的应用系统重点排查，分析原因，从根本上提升应用系统性能，通过流畅、快捷的服务来增加用户黏性，提升用户满意度；总结数据资源汇聚，数据的存储和备份相关问题，对数据资源的稳定运行提出可行性建议；分析信息安全运行态势情况，对病毒、攻击等工单及时反馈至安全厂商作应对措施，提高系统的安全性能。三是工单处理情况，包括处理时长和按时解决率、未及时处理工单等指标，对处理时长较长、超过标准处理时长的工单进行重点原因分析，寻求更高效的处理流程、方式，分析各人员的平均工单处理时长，评估个人运维工作效率与效果，责任落实到个人，主动担当，积极落实用户的问题。

第四节 应急响应平台

　　应急响应平台是系统出现事故时施行应急处理、尽可能维持系统正常运转的重要支撑工具。随着智慧法院建设日趋深入，信息系统日益成为法院日常运转不可或缺的基础支撑，部分重点系统一旦出现事故，就会造成很多业务甚至全局性业务完全停摆，严重影响司法工作正常开展。此外，由于系统规模不断扩充，技术因素日趋复杂，系统的可靠性、稳定性和安全性风险日益增加，各类信息系统往往由于自身故障、病毒或黑客攻击而导致异常事故。为此，针对部分重点系统可能出现的事故模式，制定程式化应急处理机制，利用预先建立的冗余备份环境，通过故障隔离、热备切换、应急接管等方式最大限度降低损失、尽可能维持正常运行，就是应急响应平台的功能使命所在。

　　建设应急响应平台，一要充分预判事故模式，由于技术水平、影响范围和投入成本等方面的约束，并非所有系统、所有事故都需要或能够得到有效的应急响应，只有针对影响范围很大的若干重点系统，在充分认清事故发生和恢复机理的条件下，才可能有的放矢地采取措施，事故模式分析越充分，越有条件得到及时正确和效果良好的应急处理。二要建立高效处置程序，出现事故时信息系统状态可能瞬息万变，只有通过预先建立、并且绝大部分都是自动化的处置程序，才能准确识别事故，及时应对紧急且复杂的局面，选择最为合理的方式降低事故可能造成的影响。三要依托冗余备份环境，没有冗余备份的单轨信息系统发生事故后，只能通过必要的切割隔离措施，及时限制事故范围扩大；对于重要信息系统，应该采用预先建立通道冗余、双机热备和数据热备等多轨运行机制，一旦事故发生，能够迅速支持备份切换，保证系统正常运转。四要科学平衡投入产出，应急响应平台不同于一般信息系统，其规模、功能和性能取决于事故发生频率和技术条件，必须在投入代价和预期效用之间求得折中平衡，力求通过较小代价赢得最佳的事故处置成效。

一、系统组成结构

应急响应平台由应急指挥系统和统一监管平台两部分构成，系统架构图如图8-2所示。

应急指挥系统由多台应急一体机组成，采用内置KVM虚拟化技术，通过接管和演练两种模式，保障核心及重要应用系统的业务连续性和数据安全性。应急指挥系统主要作用于三个方面：一是在业务系统新功能上线前，通过提供仿真测试环境来完成测试应用程序的新功能和补丁升级流程验证等，提升应用系统升级的稳定性，在很大程度上规避盲目上线新功能、打补丁而导致系统运行出现问题，同时减少搭建系统测试环境造成的人力、时间及资源浪费。二是在业务系统运行中，当应急指挥系统保护的应用系统发生故障造成业务中断时，能够第一时间响应并接管，启动应急指挥系统的仿真环境充当"替身"，并接入业务网络中临时接替原系统服务器，继续为用户提供服务，在保证业务连续性和用户的正常使用的前提下，完成故障应用系统修复，经过验证修复可以正常使用后，业务再由应急指挥系统切回原应用系统运行，并将在"替身"系统运行产生的业务数据回写至原服务器，确保业务数据的完整有效。三是在业务系统的故障结束后，利用系统具有的服务器状态回溯功能来辅助应用做故障原因排查，应急指挥系统可以将服务器状态回溯到三天内任意时间点，例如应用服务器发生了故障，我们可以启动仿真服务器回溯到故障发生前状态，协助运维团队排查故障原因，对其优化调整。

统一监管平台与应急指挥系统紧密结合，通过开放性接口和标准SNMP协议，对所管理的应急一体机上的基础数据（硬件资源信息、任务信息等）进行全面收集和分析，存入数据库中，对应急指挥系统进行实时监控。当应急指挥系统出现硬件故障、应急任务异常等问题时会直观显示在监管平台首页，通过发出短信等方式第一时间通知到管理员，并且能够有效定位故障主机和故障原因，在影响范围较小甚至是用户"无感知"的情况下解决故障，保障应急指挥系统的稳定运行。

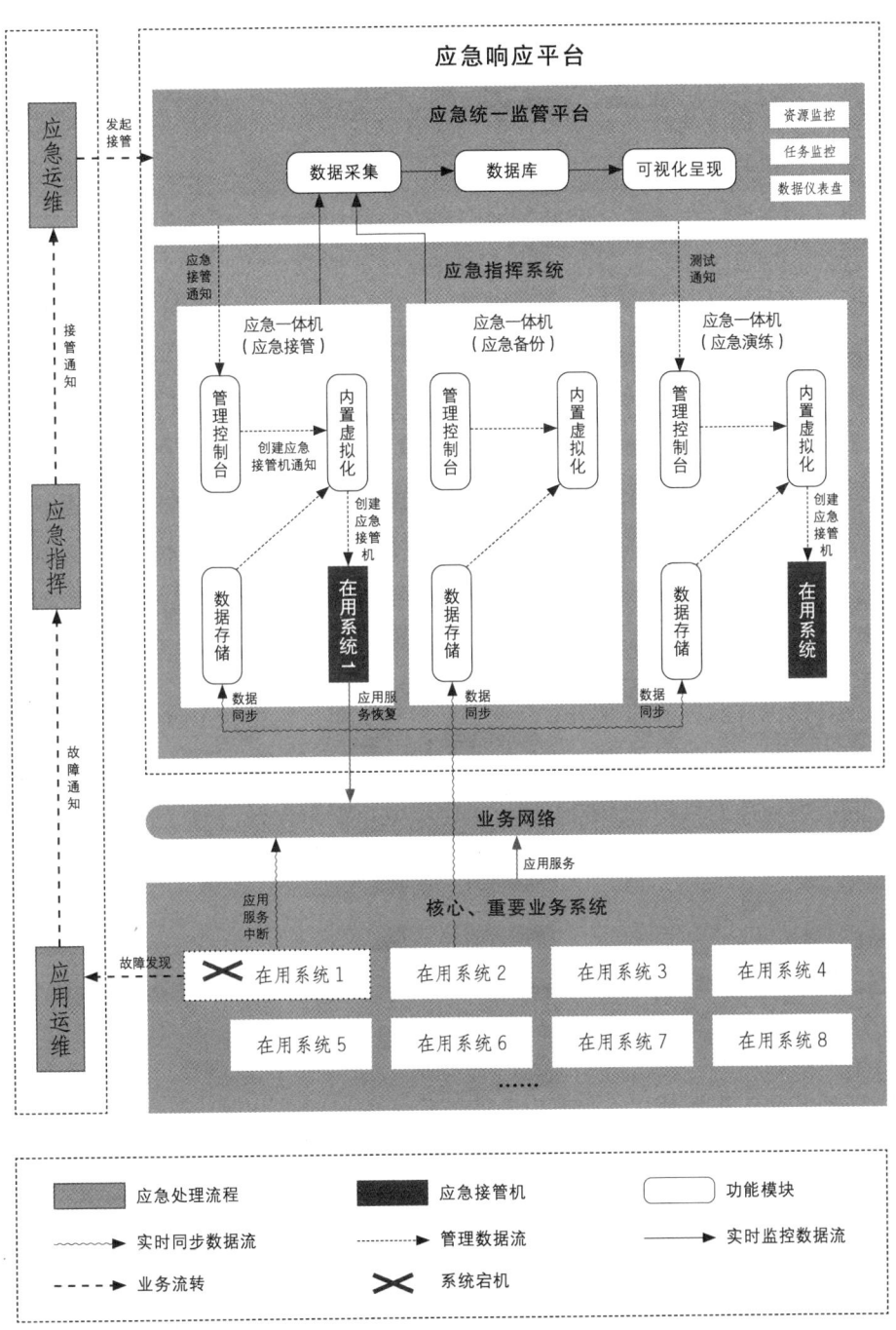

图 8-2 应急响应平台架构

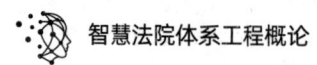

二、运行数据同步

在应急响应平台的三个功能中，应急接管是其核心功能，而运行数据同步是应急接管过程中的重要前提，指的是在业务系统发生中断前后，应急接管平台与支持对象系统之间的数据同步，包括应急接管启动前，将业务系统数据同步至应急接管平台，以及故障修复后再将业务数据从应急接管平台同步至业务系统本身两部分。只有通过完善的数据同步才能确保业务系统发生故障时不会造成原有数据遭受严重破坏或是大量丢失，保证数据安全性和作业连续性，避免引起核心服务功能的长时间中断而造成严重影响。

当业务系统设备出现故障后，应急指挥系统的管理控制台立即向应急一体机发送接管请求，并通过 KVM 虚拟化技术创建应急接管机，完成配置应急接管机的网络、CPU、内存等资源参数后发起实时数据复制任务，将业务系统运行数据实时同步至应急接管机，并将应急接管机接入业务网络，顶替原业务系统的运行。在系统故障排除后，启动运行数据同步的增量数据回切操作，具体包含两种回切方法。当应急接管机中增量数据较小时，通过对比应急接管机与原端业务系统数据的创建时间、大小、占用空间等属性以远程方式完成增量数据回切；当应急接管机中增量数据较大时，通过应急指挥系统管理控制台向应急一体机发送实时恢复或浏览恢复请求，将应急接管机中数据同步到原端业务系统中，完成增量数据回切。

三、应急响应接管

应急响应接管是在故障发生后保障业务系统能以最低配运行的核心环节。为保证核心应用系统出现故障时不影响广大用户业务开展，要在故障发生后第一时间启用应急接管，努力在用户"未感知"或故障影响范围最小的条件下，实现业务系统连续稳定运行。具体的应急响应接管需要执行严格明确的运行流程。一是应急评估，并非所有的应用系统出现问题时都启用应急响应接管，由于故障的突发性和不确定性，本着小问题快速处理，大问题及时上报的原则，要根据故障发生类别和等级，结合业务系统的特点有针对性提供评估。二是确定应急方案,根据应急评估情况确定应急处置过程各节点以及相应工作内容和实施职责。三是应急资源准备,为达到及时接管、快速恢复的目的,确定和准备应急恢复方案执行所需要的资源,力求以最小的代价赢得最大的成效。四是执行应急方案,简单故障及时按照有关操作规程进行故障处理,并报应急领导小组备案;重大故障及时报告领导小组,提升应急处理层级,协调有关力量采取措施避免事件影响范围扩大。五是业务修复,通过备份、降级接管等策略和技术手段实现负载资源共享、在线状态下的数据恢复、压缩业务间断时间、数据恢复到原应用系统服务器等主要措施。六是应急响应后的总结分析,研究回顾响应接管过程的经验、缺点和不足,将效果好的处理方法纳入应急方案,不断改进和完善现有应急保障服务机制,以利于提升信息系统突发事件的应急处置能力。

第九章 政策措施保障

智慧法院体系工程与国家战略、司法体制、经济政策、采购制度和很多管理机制密切相关，在科技驱动力量之外，还需要通过全方位政策措施保障才能砥砺前行、蓬勃发展。

全面依法治国、创新驱动、网络强国、大数据、"互联网+"和新一代人工智能等国家层面的重大战略和发展规划为智慧法院建设提供了强劲引领，推动智慧法院体系工程必须坚持国家战略主导，积极争取相关政府部门重大项目的政策和资金支持，严格遵守网络安全和信息化以及政府采购相关法律法规，确保国家大政方针在各项工作中贯彻落实。

智慧法院体系工程是新时代人民法院各项工作的重要组成部分，必须按照司法体制改革以及审判体系和审判能力现代化要求，在组织体系、经费保障、基本建设、项目管理、普及推广、廉洁从业等方面形成一整套符合人民法院实际的政策规定，为各项信息化建设提供全生命周期的具体实施指南。

我国地域辽阔，地区之间、城乡之间、不同层级法院之间发展不平衡的现象很突出，智慧法院体系工程对应于不同地区、不同法院也需要根据各自实际，在目标要求、建设部署、经费投入和保障方式等方面科学施策，努力形成全国统筹指导与地方特色相结合、有利于调动中央和地方两个积极性的法院信息化政策措施保障体系。

智慧法院体系工程还是一项需要久久为功的长期工程。随着国家治理体系和治理能力不断提升，司法体制综合配套改革措施逐步深化，科技发展水平日新月异，必须运用创新思维和发展眼光，始终推动信息化建设的相关政策措施与时俱进，因势而变，为智慧法院持续发展保驾护航。

第一节　推进机制

智慧法院建设是一项需要动员全国法院所有干警全员参与、服务全国人民群众的体系工程，其推进组织、力度、制度和方式对于建设和应用成效影响巨大。可以说，推进机制是较之于技术因素更为重要、关系智慧法院体系工程蓬勃发展的必要保障。

人们常说信息化建设是"一把手工程"，充分反映了高层领导特别是主要领导对信息化认识程度和推进力度的关键作用。推进智慧法院体系工程，并不需要各级法院党组和主要领导事无巨细、事必躬亲，但确实要求党组和主要领导深刻理解"没有信息化就没有现代化"的深邃思想，深刻认识司法改革和信息化建设作为推动审判体系和审判能力现代化一体两翼的重要定位，并以此统一各级法院领导的思想认识，明确辖区智慧法院建设的主要目标，为实施、推动过程中遇到的各种问题排忧解难，就能成为推进智慧法院体系工程的决定性力量。

法院干警的热情支持和积极参与是推进智慧法院体系工程的重要基础条件。智慧法院是现代科技与司法工作深度融合的产物，具有创新性、先进性和超前性等鲜明特征，由此也必然出现一些与人们惯常思维和行为方式不相适应的状况。同时法院很多信息系统应用之初难以充分稳定、可靠和易用，无疑给广大干警和群众用户带来一定困难，当然需要研发人员高度重视并迅速改进。同时，尤其需要组织动员各类用户坚信科技创新的正确方向，正确理解技术成熟的渐进过程，主动参与、积极建议，为信息系统不断完善贡献重要力量，形成研发、应用、改进、提高的良性推进循环。

法院信息化管理部门和信息技术研发人员是推进智慧法院体系工程的主体力量，要在各级法院党组领导下，以服务人民群众、服务审判执行、服务司法管理、服务廉洁司法为己任，主动作为、勇于担当，不断优化和完善信息化建设组织管理、研发建设和推广应用机制，赢得广大干警和人民群众的充分信任和积极支持，成为智慧法院体系工程的发动机、推进器。

一、统筹协调机制

人民法院网络安全信息化领导小组是智慧法院建设的统筹协调机构。早在 2002 年，最高人民法院就成立了信息化建设工作领导小组及其办公室（法〔2002〕244 号）。2017 年，领导小组更名为最高人民法院网络安全和信息化领导小组，着眼于智慧法院长远发展，统筹协调法院审判执行、诉讼服务、司法管理等各个领域的网络安全和信息化重大问题，研究制定发展战略、宏观规划和重大政策，推动智慧法院建设和应用，不断增强信息安全保障能力。在最高人民法院网络安全和信息化领导小组的领导下，各地法院都成立网络安全和信息化工作领导小组，统筹协调辖区智慧法院建设发展。

各级法院网络安全和信息化工作领导小组组长一般由法院主要负责同志担任，切实体现"一把手"在智慧法院建设中的关键作用。实践已经证明，智慧法院建设取得显著成效的一个重要原因就是各级法院主要负责同志的高度重视、亲力亲为和真抓实干。以办公平台应用为例，很多法院早就建成了支持公文在线起草、流转和审批的办公自动化系统，也就是人们常说的 OA 系统。但受部分领导和干警办公习惯以及外部单位来文等因素影响，纸质文件流转的现象一直存在，制约了 OA 系统的效能发挥。一旦主要领导不再接受机关内部报送的纸质文件，法院 OA 系统就能很快展现很大的效用，应用覆盖面能够迅速提升，OA 系统自身的很多技术问题也能在应用中不断得以改进完善。

人民法院网络安全和信息化领导小组主要负责辖区和本级智慧法院建设的统筹协调，主要发挥以下几个方面的重要作用：一是统一思想认识，以全面依法治国和网络强国战略思想为指引，结合公正司法和司法为民工作要求，提出智慧法院建设应用的发展方向和布局部署，以此统一辖区智慧法院建设应用的步调和行动；二是关键事项决策，定期召开领导小组全体会议，审议辖区智慧法院建设每年的重点目标、重大任务建设进展、重大项目建设方案等，研究决策影响智慧法院建设的重大问题；三是重要文件审议，对于法院信息化建设发展规划、信息化技术标准等影响智慧法院发展全局的重要文件要通过部署编制、征求意见、会议审议、逐层审批等形式由网络安全和信息化领导小组主导实施；四是合力组织协调，领导小组成员不仅包含法院领导和信息技术部门领导，同时也会纳入立案、审判、执行、行装等部门领导，能够从需求、建设、保障、应用和管理等多方面协调推进智慧法院建设；五是上下联动推进，定期组织召开辖区法院网络安全和信息化工作会议，统筹部署所属各级智慧法院建设和应用工作，着力构建全国一盘棋、各级法院一盘棋的建设局面，增强上级法院对下级法院信息化建设的管理和督促职责，确保智慧法院全面深化发展。

二、项目管理机制

智慧法院建设依托于一系列信息化项目的建设实施。法院信息化项目属于电子政务范畴，国家关于电子政务工程颁发有相关法律法规，由此智慧法院建设首先应该遵循电子政务项目建设的法律法规和政策文件要求。具体而言，项目的规划、立项、设计、建设和验收等工作应遵循《国家政务信息化项目建设管理办法》，项目的采购应遵循《中华人民共和国政府采购法》的相关要求，项目绩效评价应遵循《关于开展国家电子政务工程项目绩效评价工作的意见》等要求。

在遵循国家政策文件的要求之下，人民法院还制定了若干补充、细化的管理办法，如最高人民法院2017年4月印发的《人民法院信息化项目建设管理办法》等，进一步保证全国各级法院信息化项目建设实施有章可循。这些管理办法主要发挥以下几方面作用：一是明确项目全生命周期中各阶段的任务要求，避免项目建设关键流程节点的缺失。例如，档案管理往往是信息化项目建设过程中容易被忽视的重要内容，管理办法规定"档案验收是信息化项目终验的重要组成部分，未进行档案验收或档案验收不合格的信息化项目，不得通过终验"。二是明确项目建设过程中各参与部门的职责分工，信息化项目建设不仅涉及信息技术部门，业务部门、财务部门、审计部门等也发挥着极为重要的作用，管理办法根据法院组织机构设置情况明确了各参与单位在各个不同阶段的具体职责。例如，针对项目前期的需求阶段业务部门对项目的参与往往不够重视，导致项目建成投入使用后与业务部门实际需求产生较大偏差的问题，管理办法规定"各级人民法院业务部门应积极配合信息化主管部门进行项目建设，结合审判工作实践，以问题为导向，明确项目建设目标，一般性项目应指派专人负责业务需求的整理与确认，业务复杂类项目应与信息化主管部门组成联合项目组"。三是针对部分重点工作明确细化要求，如信息系统运行管理办法、运维服务工作规范、数据集中管理办法等，指导规范各级法院保障建设和应用成效。

项目建设过程中，各地法院也需要在严格遵守国家和全国法院相关法规的同时，结合本地实际进一步细化管理要求、补充专项规定，因地制宜、对症下药，不断健全法院信息化项目管理机制。

三、宣传培训机制

为了最大限度提高智慧法院应用成效，各级法院需要加大宣传推广和培训交流力度，整合新媒体和平面媒体等各类宣传推广资源，建立多渠道、全方位的法院信息化应用宣传体系，分类分层次地向社会公众、律师及法律工作者、各级法院干警推广宣传智慧法院的建设成果及应用成效，以办案干警法官为对象加强审判执行业务应用的使用培训，以管理部门工作人员为对象加强司法管理应用的使用培训，着重宣传成效显著的试点示范项目和典型应用案例。在多年建设实践中，最高人民法院就建设形成了"一网、一刊、一号"的多渠道融合宣传体系。

一网，即部署于法院专网、面向全国四级法院的人民法院内网网站，主要针对全国四级法院干警，提供新闻中心、权威发布、工作指南等栏目，让广大干警无需再登录互联网新闻网站就能获知最新的资讯信息，促进全国法院干警信息沟通和学习交流。其中最为主要的作用之一是汇集链接全国法院常用应用软件和数据资源的登录入口，便于各级法院干警快捷了解、进入、熟悉全国性的应用系统。

一刊，即《人民法院信息化工作通讯》，主要面向最高人民法院和高级人民法院管理人员、信息化工作人员，以月度为周期编制发布，包含智慧聚焦、工作瞭望、数据观察、域外观察、学术研究、法治在线等板块，向全国法院干警全方位呈现法院信息化发展状况。在内容上除国内状况外，还通过域外观察板块跟踪世界其他国家和地区利用信息技术服务司法审判工作的做法和政策，进行解读和研究，帮助各级法院领导和信息化工作人员掌握最新的世界发展态势，借鉴好的建设和发展经验。

一号，即"智慧法院进行时"微信公众号，主要面向全国法院信息化工作人员和社会公众，用于发布智慧法院建设最新动态，解读智慧法院最新政策，可以说是全国法院信息化工作人员经验交流、学习借鉴、资讯发布的主要阵地。公众号接受全国法院技术部门和社会公众的投稿，根据稿件内容质量每日至少发布一篇图文消息，每周发布一次资讯要点。还不定期举办各类征文活动，集聚鲜活的智慧法院建设经验。

为了统一智慧法院建设思路、提升干警信息化水平，最高人民法院信息中心与国家法官学院、中国司法大数据研究院每年都要联合举办多种形式的信息化培训班，面向全国法院信息化管理部门、司法业务部门和其他管理部门人员提供聚焦于智慧法院顶层规划设计、前沿技术介绍、重点专项工作的培训课程。此外，各级法院每年也都根据信息化建设情况，分别组织面向辖区法院的针对性培训，帮助用户和建设者不断提高信息化建设和应用的素养和技能。

四、交流共享机制

受财政政策和地方特色需求等影响，各级法院信息化建设主体由各地法院分别按照本地预算和需求进行采购建设。各地法院建设实践中形成了很多优秀的建设经验和案例。推进智慧法院建设经验在各地法院之间的信息共享交流，对于提升法院信息化建设成效、改变发展不平衡不充分的状况具有重要意义。以往法院之间主要通过相互调研交流取长补短，耗费相对较高。对此最高人民法院采取了系列措施促进各地智慧法院的经验交流和信息共享。

一是设立智慧法院交流网站。在人民法院内网网站设立"智慧法院专栏"，构建全国智慧法院建设应用的学习和交流平台，专栏发布全国智慧法院建设有关资讯、顶层设计文件、会议培训资料、标准规范文件等，支持对智慧法院建设成果案例、信息化建设供应商信息进行查询。以信息化建设供应商信息为例，最高人民法院面向全国法院汇集实际承担法院信息化建设和运行维护项目的厂商信息，提供厂商简介和产品内容等，既推介了各地智慧法院建设的最新成果，又方便各地法院根据需求查找专长于诉服业务应用、审判业务应用、执行业务应用、网络基础设施、云平台、信息化运维和项目监理等各类专业化的厂商信息，搭建供需联络交流的便利渠道。

二是组建智慧法院实验室。最高人民法院建设全国智慧法院重点实验室，作为全国法院科技创新、体验互动和展示交流的技术集成平台。智慧法院实验室具有汇聚、集成、展示、研发和测试等主要功能，能够汇聚最先进的智慧法院产品、设备和系统，集成科技创新的最新技术成果，为各级法院人员直观感受体验智慧法院的新技术、新产品和新系统提供了便利条件。

三是组织经验总结推广。各级法院在智慧法院建设中不仅涌现了很多先进产品，更为珍贵的是在实践中形成了一批优秀的管理模式、经验做法和改革模式更具有推广示范意义。为此，最高人民法院通过调研、评价、交流等多种渠道挖掘各地智慧法院建设的优秀经验做法，通过总结梳理，形成模式范例，面向全国法院进行宣传推广。以电子卷宗随案同步生成和深度应用这一智慧法院建设的基础性、全局性工作为例，最高人民法院 2016 年开始在全国法院推进此项工作，在实践过程中，逐渐形成了以河北法院为代表的电子卷宗分散生成模式和以江西法院为代表的电子卷宗集中生成模式，最高人民法院分别针对两种建设管理模式深入调研总结，形成专项报告，明确工作模式、工作流程、主要特点，印发指导各地法院根据自身实际确定合适的建设模式。

五、测试评估机制

测试评估是信息系统上线运行前的必经环节，一般系统厂商在研发过程中都会开展信息系统内部测试。保障系统质量，最高人民法院还要求各级法院重要信息系统上线前都经过权威的第三方专业机构进行测试评估。

信息系统测试评估的主要内容包括功能测试、性能测试和接口测试。功能测试主要针对被测系统的功能科目、易用性、可移植性和可靠性等质量特性。性能测试主要进行功能指标、负载能力、配置参数、并发能力和稳定性测试。接口测试要关注信息系统的对外接口和体系架构，确保信息系统上线后能够与相关信息系统实现互联互通，并且满足法院网络和云平台等信息基础设施环境支持要求。

第三方测试评估主要包括系统测试、问题分析与定位、问题整改与优化、系统架构测试评估、测试报告编制发布等主要环节。其中的系统测试环节中，测试机构要根据测试对象特点，设计测试方案，编写测试用例，在功能和性能测试中做好缺陷记录，对于存在大量对外接口的部分业务系统，还需开展接口测试工作，为系统上线稳定可靠提供保证；问题分析与定位环节中，测试团队要与研发团队一起针对所发现的各类功能、性能和接口问题进行分析定位，确认故障现象，明确问题原因，形成问题清单；问题整改与优化环节中，要针对已定位明确的各类问题，研究形成问题解决方案并督导研发团队及时完成改进完善；系统架构测试评估环节中，要对被测系统的架构进行评估，确保其符合相关信息系统的总体架构要求，满足云平台等信息基础设施对业务系统的具体支持要求，具备上线运行条件；测试报告编制发布环节中，测试单位要根据评估、整改情况形成系统功能、性能和接口等测试结论，编制测试报告，提交用户单位，作为系统上线和验收的重要依据。

第二节　建设模式

智慧法院体系工程的建设模式主要是指各级法院在各类信息系统建设中的分工方式。法院层级不同，可用资源不同，影响范围也不同，信息系统技术研发的难度和要求存在很大差异。针对不同系统特点，结合全国法院实际，选择合适建设模式是影响体系工程推进的重要因素。

理论上，全国法院所有信息系统采用统一研发、统一部署、统一应用的集中建设模式，能够形成一致规范的系统用户界面和操作使用方式，不仅省却大量重复性研发投入，也便于广大干警和人民群众熟悉应用。很多垂直管理的政府部门在电子政务建设中采用统一模式，取得了很好效果，值得法院系统学习借鉴。不少地方法院也经常呼吁在智慧法院建设中加强全国统一力度，促进全国各地特别是部分欠发达地区法院信息化快速发展，反映了各地法院推进智慧法院建设的高涨热情和强烈愿望，需要高度重视并积极响应。

实践中，我国政府实行中央和地方各自预算、分别列支的财政政策，全国法院信息化建设经费分别由各级法院按照当地预算、招标建设并按合同支出，所有信息系统完全采用全国统建模式很难在满足相关法律法规要求的前提下解决经费问题。此外，随着技术产品与业务逻辑深度融合，很多信息系统日趋复杂，虽能在部分地区法院取得良好效果，但复制、部署、推广到其他地区却常常表现出水土不服、招致诟病的现象，究其原因既有不同地区法院业务流程对于信息系统的需求存在差异，也有研发厂商技术、人力资源储备不足，难以适应更大范围推广应用要求的客观现实。再者，我国法院信息化建设起步参差不齐，各地法院资源积累、经费投入和应用能力存在很大差异，由于各类信息系统之间具有很强的依赖性和协调性，强求全国统一建设必然以影响发达地区先进性、挫伤地方创新积极性为代价，降低智慧法院体系工程的整体水平。

综上，我国智慧法院体系工程建设模式必然是在全国统一和地方创新相结合的方式稳步发展，不断完善。

一、全国统一建设

全国统一建设是智慧法院信息系统建设的重要趋势，具体包括以下基本模式：

一是最高人民法院组织研发，向各地法院推广部署。如全国法院执行信息化系统、破产案件管理系统等，适用于全国法院业务流程较为一致，最高人民法院集中管理要求较高的业务系统。以执行信息化系统为例，为破解执行管理难题，最高人民法院主持开发了全国法院执行案件流程信息管理系统，通过对 37 个流程节点规范管控和具体案件信息动态分析，及时发现问题并予以警示提醒。这套系统先后在全国大多数法院全面推广，但考虑到最高人民法院统一建设之前，部分地方法院已经先后建设了适用于本地的执行办案平台，并且积累了大量案件信息。为保留地方法院优势应用，做好新旧系统衔接，最高人民法院依然支持部分地方法院通过对接联动方式与全国统一系统实现互联，确保执行办案信息统一管控。

二是委托指导地方法院先行试点建设，再逐步向全国法院推广。如中国移动微法院、全国法院道路交通事故纠纷诉前调解平台等，适用于在各地法院尚未形成广泛应用局面，需要集中资源集智攻关，同时业务上适合全国法院统一提供服务的信息系统。以中国移动微法院为例，为适应智慧法院移动互联的总体要求，最高人民法院联合国内高水平研发团队，委托浙江宁波法院基于微信小程序研发移动微法院，面向当事人提供立案、证据交换、开庭、送达、调解等线上服务，通过在宁波两级法院试点研发、确定技术路线和管理服务机制，试点成功后逐步向浙江全省、14 个省市地区、全国 32 个省市地区法院推广，进而形成了目前中国移动微法院在全国广泛应用、赢得充分认可的局面。

三是最高人民法院直接建设，面向全国法院提供服务。如大数据管理和服务平台、人民法院语音云平台等，适用于最高人民法院集中部署、服务全国各级法院的业务应用。以人民法院语音云平台为例，最高人民法院统一建设、集中部署，汇集各种地方方言语音识别处理模块，实现语音学习集中训练，对接地方法院省级语音云平台，面向科技法庭、会议场所、语音转写等按需提供文字转录服务，使尚不具备特定语音服务能力的地方法院能够快捷获得最为全面的智能语音识别支持能力。

二、地方自主建设

地方法院根据自身业务需求和经费条件等开展适用于本地法院的信息化建设是目前智慧法院信息系统建设和发展的主要模式，主要包括以下内容。

一是信息基础设施建设。最高人民法院负责最高人民法院内部局域网以及最高人民法院和高级人民法院之间的一级广域网建设；高级人民法院负责辖区内部的网络、机房和云平台等信息基础设施建设；中、基层人民法院受资金、场地、人力等条件限制，一般直接使用高级人民法院网络基础设施，各地法院根据自身需求分别完成诉讼服务大厅、科技法庭、执行指挥中心等专用场所信息化设施建设。

二是特色业务应用建设。各地法院根据自身业务需求开展办公、办案、人事、财务管理等应用系统建设，支持本地信息化应用。一般情况下，由于技术门槛和经费投入要求原因，办公办案和诉讼服务等主要业务应用应由高级人民法院统一组织开发研制部署，供辖区法院共同使用。拥有较强经费保障和技术支持能力的部分中、基层人民法院可以酌情开展特色应用系统研发，北京、杭州、广州互联网法院建设基于互联网的全流程网上办案平台，苏州法院建设云柜系统支持电子卷宗网上流转是其中的成功范例。

三是信息系统运行维护。信息系统运行维护主要包括网络设施维护、终端维护、应用维护等，一般按照谁建设谁维护的思路组织信息系统运维保障，因此，地方法院运行维护团队一般由高级人民法院负责统一管理、统一调配、统一运维，中、基层人民法院一般保留终端维护技术人员，日常可以由高级人民法院运维团队远程支持，必要时开展现场保障。

对于地方自主建设，最高人民法院主要从规划、标准和数据三个方面实现统一引领、统筹推进。通过编制颁发五年发展规划、信息化建设指导意见等顶层设计文件实现对全国智慧法院建设的整体部署，统筹推进，统一建设目标、建设任务、实施路线；通过编制发布信息化标准，规范全国法院信息化基础设施、应用软件、数据资源的建设，统一技术路线，为系统之间的互联互通和数据交换共享奠定基础；通过司法数据资源的集中管理，倒逼业务应用系统底层逻辑的协调统一，通过核心应用数据的集中质检、处理和分析，发现各地法院的数据、应用和业务问题，实现迭代闭环和改进完善。

三、创新示范应用

智慧法院建设实践中，为适应改革要求和技术发展趋势，必然产生各类新做法、新技术、新应用，为了使得优秀创新成果顺利在更大范围推广应用，需要积极在局部地区试点建设，充分试验，积累经验，在形成成熟的技术产品和实施方案后再进一步推广。智慧法院创新示范应用主要包括面向改革试点、科技创新试点和重点工作试点等。

一是面向改革试点。主要来源于中央和法院系统的司法改革任务，依托信息技术手段支撑重点司法改革任务更好地落地见效。例如，为切实推进以审判为中心的刑事诉讼制度改革，中央政法委从 2017 年初开始，统筹协调指导上海法院牵头试点研发"刑事案件智能辅助办案系统"，充分借助大数据等现代科技手段统一证据标准、完善证据收集和审核机制，实现公安、检察院、法院跨部门网上协同办案，为在全国推广应用、更好落实以审判为中心的诉讼制度改革提供了示范作用。

二是科技创新试点。主要来源于国家和地方科技主管部门下达的重点科研项目。智慧法院建设中必然会遇到很多关键技术难点，其中一部分可以通过开发厂商的努力在建设过程中解决，还有部分前沿性、探索性和全局性的重大难题很难通过常规项目建设顺利解决。从 2016 年开始，国家科技部大力支持智慧法院科技创新，组织专家团队专门研究、定期发布针对智慧法院的重点研发计划，通过组织国内科研院所和研发厂商优势科研力量协同攻关，破解关键技术问题，促进科研工作与法院实际需求深度结合。最高人民法院组织各地法院承担科技创新应用试点工作，协助科研团队完成创新研究，实现科研成果落地转化。例如，上海交通大学牵头承担的"全流程管控的精细化执行技术级装备研究"国家重点研发计划项目研究过程中，突破了终本案件智能评查等关键技术，研发了智能辅助执行办案软件，解决了全国法院执行办案中全流程电子卷宗深度应用这一关键难点问题，在上海二中院和河北保定两级法院试点取得显著成效，为向全国推广创造了条件。实践证明，科技创新试点将极大推进智慧法院建设中技术和装备的转型升级，充分发挥先进科学技术的支撑引领作用，加快推动智慧法院建设向更高层次发展。

三是重点专项试点。主要来源于最高人民法院或高级人民法院根据发展规划和重要任务等部署的专项试点工作。智慧法院的几乎所有建设任务都不可能同时在全国或某一全省范围全面推广收效。很多重点任务必须选择在某些局部范围开展研发、试用，取得成功经验后才具备更大范围推广的条件。例如，最高人民法院针对电子卷宗随案同步生成和深度应用这一关系在智慧法院建设中具有基础性和全局性意义的重要工作，委托河北法院开展"智审"系统研发应用重点专项试点，推进电子卷宗扫描录入、卷宗材料智能编目、定制文书自动生成、裁判文书智能辅助生成等重点应用，取得了确定、广泛且显著的成效，为全国法院电子卷宗随案同步生成和深度应用提供了可复制、可推广的经验做法。

四、区域对口支持

由于经济、管理、技术和人才资源的差别，全国各级、各地法院智慧法院建设和应用水平不充分、不平衡的现象普遍存在。对此最高人民法院和各高级人民法院都一直高度重视，组织有条件的法院面向相对困难的地区和基层人民法院开展对口支援、相互定向帮扶、促进区域平衡发展，已经成为智慧法院建设全国一盘棋、一个也不拉的优良传统。

区域对口支持的主要形式包括项目支持、技术支持、人才支持和资金支持等。项目支持是指援建法院向受援法院直接提供业务应用系统、审判执行装备和信息系统服务等软硬件设施，例如最高人民法院组织研发的"中国移动微法院"，面向部分西部地区法院提供免费软件安装；技术支持主要是组织较高水平的技术团队为受援法院提供信息系统规划论证、方案设计、咨询评估和疑难处置等技术支持，例如"十三五"时期最高人民法院先后针对很多地方法院规划论证和项目实施中遇到的困难组织各方面专家专题会诊、排忧解惑，收到显著成效；人才支持是指针对特定时期或特定任务选派相应的信息化人才队伍前往支持对口法院信息化建设，例如2020年下半年，应西藏高级人民法院请求，最高人民法院从全国法院选派多位信息化专业人才前往支持西藏法院相关项目方案论证，圆满完成了任务；资金支持是指经济相对发达的地区法院提供一定经费直接对口帮扶经济欠发达地区的法院。

2020年初新冠肺炎疫情在湖北出现之后，全国法院贯彻落实党中央支持湖北经济社会发展的要求，在全方位支持湖北法院各项工作的同时，也组织力量支援湖北智慧法院建设。江西高级人民法院挺身而出，对口支援湖北智慧法院建设，在最高人民法院指导下签订框架协议，以江西智慧法院优势项目"收转发 E 中心""一站式诉讼服务"等建设内容为重点，从系统改造部署、机制建设到应用推广等方面给予全面支持，提升湖北智慧法院以及一站式多元解纷和诉讼服务体系建设应用水平。

第三节　经费保障

必要的经费投入是智慧法院体系工程的重要保障。伴随着国家现代化进程，各级人民法院建设面貌也呈现出日新月异的变化，信息化就是鲜明标志，不仅大幅提高工作质效，增强人民群众获得感，也显著降低了审判执行和诉讼成本。从全局看，人民法院有限的信息化经费投入，节省了整个社会的运行成本，提高了经济效益。具体投入主要包括以下方面：一是建设经费，主要包括规划设计、系统研发、设施建设等费用，是经费投入的主体，其产出是智慧法院的具体设施、系统或技术文件等有形成果。经费科目主要包括构成产品的设备、材料成本，从事设计研发的人力资源成本，支持设计研发、安装建设的差旅、运输等活动成本。二是租用经费，随着云计算普及应用，现在各级法院不仅需要租用社会通信线路实现远程通信，还以租用云资源满足不断扩充的计算和存储需求作为解决自身能力不足的主要方向，由此需要向服务商提供相应的设备和场所租用经费，其产出是智慧法院的通信、计算和存储能力。三是运维经费，信息系统建成投入使用，一般都需要配备一定人力、物力资源支持日常运行维护，既包括系统安装、配置、调试、监控和安保等常态工作，也包括故障排查、修复等应急处理，由此需要向服务商提供相应经费，其产出是信息系统的正常运行状态。经费科目主要包括人力资源成本和提供应急处置的设备成本等。四是培训经费，很多信息系统只有在用户充分熟悉应用的条件下才能高效支持业务工作，这就需要研发厂商针对法院内部用户开展必要的操作应用培训，由此需要支出相应的教材制作和师资成本等费用，其产出是各类用户的熟练应用能力。五是科研经费，随着智慧法院关键技术越来越先进，很多研发厂商仅靠自身技术积累已经难以满足信息系统研发需要，必须依靠国家投入支持预先研究，才能紧跟科技发展步伐。由此需要投入相应的科研经费，其产出主要是研制报告、原型样机等有形成果和智慧法院关键技术专利等无形成果。经费科目主要包括设备、材料、人力和科研活动成本等。六是管理费用，智慧法院体系工程需要各级法院内部拥有一支高水平的信息化管理团队，实施总体规划、需求分析、项目管理、安全管控、测评验收等必须由法院直接负责的管理工作，其产出就是智慧法院的整体建设应用成效。为此需要提供必要的人力资源、场所使用和管理活动成本。

一、财政项目支持

财政预算是智慧法院信息系统建设和运行维护的常态化资金保障来源。各级法院按照同级财政预算管理规定申请和使用财政预算资金，主要用于支持各级法院业务专网、涉密网和互联网等通信网络以及专有云和开放云等计算存储资源的建设租赁，同时也支持法院现有信息系统的运行维护以及部分信息化项目建设。智慧法院建设预算是信息时代各级法院财政预算的重要组成部分，财政预算管理一般包括预算编制、预算下达、预算执行、决算评估和监督等几个过程。各级法院在财政预算管理中需要着重把握以下内容：

一是科学编制预算。坚持厉行节约反对浪费的原则，认真梳理法院信息化建设和运行维护需求，以国家政策法规为前提、以保障业务工作需要为依据，从严做好项目预算的论证、遴选、审核、立项和排序等工作，优化项目结构，加大统筹力度，做实预算内容。一般情况下，通信网络和云资源租赁、信息系统运行维护是保证法院信息系统正常运转的必要条件，在编制预算时必须优先纳入。对于应用软件升级完善、场所信息设施改造等项目建设需求则是提升法院审判执行工作效能的重要手段，可按照轻重缓急进行排序，在预算允许范围内纳入建设需求。

二是严格执行预算。按照批准的年度预算和用款计划使用资金，不得办理无预算、无用款计划、超预算或者超计划的资金拨付，不得擅自改变支出用途；要严格按照政府采购法的有关规定，做好信息化项目立项、评审、采购、合同签订、实施和验收等工作。

三是强化绩效评估。每一项目在预算申报前都应做好事先绩效预估，预算执行中要进行事中绩效评估，预算完成后应开展项目绩效评价，通过全过程目标绩效管理，强化支出责任和效率意识，加强绩效评价结果应用，将评价结果作为调整支出结构、科学安排预算的重要依据，确保财政预算执行质量不断提升。预算绩效评价的主要内容一般包括预计产出的完成进度如数量、质量、时效和成本等，还包括项目投入应用的经济效益和社会效益等，应着重将提升审判执行工作效率和广大用户满意度等指标纳入绩效目标。

二、电子政务工程

顺应信息时代发展潮流，我国政府在 21 世纪初就决定"把电子政务建设作为今后一个时期我国信息化工作的重点，政府先行，带动国民经济和社会发展信息化"。人民法院信息化建设是电子政务建设的重要组成部分，电子政务工程是推进智慧法院体系工程实施的重要经费保障来源。相较于财政项目，电子政务工程的申报和实施周期一般都比较长，因而都着眼于解决全局性、系统性和基础性关键问题。因此建设智慧法院一定要积极争取相关电子政务工程项目，努力通过中长期建设实现跨越式发展。

依据《国家电子政务工程建设项目管理暂行办法》（国家发改委 55 号令），电子政务工程分为申报和审批、建设实施、验收评价三个阶段。在申报和审批阶段，项目建设单位需要向发改部门提交审批项目建议书、可行性研究报告、初步设计方案和投资概算；获得发改部门批复后，项目进入实施阶段，项目建设单位负责项目实施，要严格执行招标投标、政府采购、工程监理、合同管理等制度，保证项目建设符合国家法律法规和批复要求；在验收和评价阶段，项目审批部门要组织或委托相关部门组织初步验收和竣工验收，对项目的总体实施情况、技术状态、档案资料、经费使用和信息安全情况进行测试、检查、审议和验收，还应针对验收后的运行情况，适时组织专家或委托相关机构对建设项目的系统运行效率、使用效果等情况进行后评价。智慧法院建设中的电子政务工程项目一定要严格照此贯彻实施。

"天平工程"就是由最高人民法院统一立项，2012 年经国家发改委批复后由最高人民法院和各地高院分别开展可行性研究、初步设计和投资概算编制以及批复建设内容的实施和验收等工作，最后于 2020 年 12 月由国家发改委委托最高人民法院完成项目整体竣工验收的电子政务工程。"天平工程"项目完成了各项建设任务，达到了预期的建设目标，工程质量良好，试运行稳定，资金使用等均符合国家有关规定，为全国各级法院的公正司法和司法为民、促进审判体系和审判能力现代化发挥了突出作用。

三、科技创新专项

从"十三五"期间开始，国家科技部大力支持智慧法院建设，在社会发展领域开设国家重点研发计划，组织针对智慧法院关键技术问题的集智攻关，成为推动智慧法院科技创新的重要途径，也是资金投入保障新的来源。国家重点研发计划一般包括指南编制和发布、项目申报、科研实施、中期检查评估和项目验收等主要阶段。为切实通过科技创新专项抢抓先进科技发展机遇、推动智慧法院实现跨越发展，各级法院特别是高级以上法院一定要遵循科学研究规律，贴合法院业务需求，主导各方科研力量积极争取、协力攻关，为智慧法院提供坚强的科技驱动。

在指南编制和发布阶段，最高人民法院和有条件的高级人民法院一定要积极组织具有智慧法院建设经验的专家人才，配合科技主管部门和科技专家，针对制约法院信息化业务的痛点和难点问题，对应提炼为需要研究攻关的科学问题，明确初步的研究内容及预期指标，努力争取科技主管部门立项支持，也为科研团队踊跃申报并开展研究提供精准指南。

在项目申报阶段，高级以上法院一定要善于动员和组织有志于推动智慧法院建设的高等院校、科研院所和高科技企业组织精干团队踊跃申报争取承担研究任务，既要支持引导高水平科研团队投身于法院信息化科研攻关，又要避免一哄而上、滥竽充数，降低智慧法院科技创新水平。

在最为主要的科研实施阶段，承担推荐和科研试点任务的法院一定要以科技创新为己任，主动关心对应项目的研究内容和实际进展，为科研团队提供必要的需求研究和试验验证环境，努力与科研团队紧密结合，共同推动科研成果在智慧法院落地生根、切实见效，特别要防止科研工作脱离法院工作实际，造成科研工作与法院实际"两张皮"的现象。

中期检查评估是利用外部专家对重点研发计划实施情况进行规范检查和评估的重要机会。承担推荐和试点任务的法院一定要高度重视，认真分析汲取检查评估意见，特别是对于暴露的问题一定要督促帮助科研团队及时整改，对于未能通过检查或需要重大整改的项目一定要及时报告最高人民法院，抓紧调整不符要求的研究方向或充实力量薄弱的科研团队，以免造成后期难以挽回的局面。

在项目验收阶段，试点法院一定要积极为科研团队创造符合项目要求的试点应用环境，动员相应法院干警参与科研成果的测试验证，并作出客观真实的使用效果评价，为验收部门和专家提供可信依据。

四、多方统筹资源

法院信息化建设资金绝大多数来自国家财政。虽然各级政府给予法院信息化大力支持，投入了大量资金，但相较于各地法院实际需求，建设经费不足的问题仍然较为普遍。为了减轻政府财政负担，促进智慧法院建设发展，部分法院也尝试探索建立市场化运作机制，通过合同外包、特许经营、用者付费、内部市场等电子政务建设的市场化之路，促进智慧法院建设资金投入多元化。一些法院就针对诉讼服务、办公办案等应用平台建设，引入研发厂商免费安装部署软件，逐步在后期使用运行中通过服务费形式使厂商获得合理投资回报。

引入社会资金支持法院信息化建设目前仍属多方探索之中，各地法院应该在国家法律法规范围内积极开拓思路、创新发展。同时，各级法院在具体实践中都要把握好项目内容、建设过程和后续权益等关键要素，对于涉及法定权益、内部工作秘密和敏感信息的项目系统一定要严格按照法律规定和国家政策做好项目立项和采购管理等工作，保证合法实施，合规运行、信息安全，努力通过与社会资本合作的方式实现双赢局面。

第四节　队伍建设

万事人为先。智慧法院体系工程离不开各级法院党组的正确领导和强力推进，离不开全体法院干警的积极参与以及广大人民群众的高度信任，也离不开法院信息化专业人才队伍的有力保障。

方兴未艾的信息化浪潮锻炼和造就了一大批信息化专业技术和管理人才，日益成为各行各业现代化进程的推动力量。法院信息化人才也在智慧法院建设实践中不断成长，逐步形成了一支由法院内设机构和人员牵头、企事业单位技术人才参与、院校信息科技专家支撑的智慧法院专业技术和管理人才队伍。这支队伍能够将自身工作与全面依法治国战略和人民法院司法公信力紧密相关，具有先进的信息技术研发和信息化管理背景，熟悉法院司法业务特点，了解智慧法院信息系统体系，经受过一系列骨干信息系统研发和建设历练，养成了团结协作工作作风和爱岗敬业奉献精神，是推动智慧法院体系工程的中坚力量和宝贵财富。

一、法院人才队伍

信息化管理和技术人才是人民法院司法辅助队伍的重要组成部分，是智慧法院建设的根本保障。最高人民法院组建信息中心，高级人民法院和大部分中级人民法院均设立专门信息化机构，基层人民法院一般均配备专职信息化人员，成为规划和管理智慧法院建设的主导力量。

法院信息化建设人才队伍主要包括规划管理、系统研发、数据管理、基础设施、信息安全和运维保障六类专业人员。规划管理专业人员主要负责法院信息化建设顶层设计、规划计划和考核评价，具体工作内容有发展规划研究编制、智慧法院建设评价、信息化标准编制修订、信息化项目管理等；系统研发专业人员主要负责各类应用系统研制建设，具体内容有法院应用系统需求分析、系统设计、应用研发、测试上线等；数据管理专业人员主要负责数据资源建设和利用，具体内容有法院审判执行、人事和政务等司法数据资源的建设和管理，数据共享交换以及基于司法数据的分析服务等；基础设施专业人员主要负责计算、存储、通信和专用设施建设，具体内容有法院云网基础设施建设，法院诉讼服务大厅、科技法庭、执行指挥中心等各类专用场所信息化建设等；信息安全专业人员主要负责信息安全设备和机制建设，具体内容有法院信息系统等级保护、分级保护建设，信息安全保障措施建设和信息安全运维等；运维保障专业人员主要负责信息系统运行、维护和管理保障，具体内容有法院软硬件信息系统运行维护，音视频会议等活动技术保障、信息系统运行质效监测评估、用户培训推广等。

各级法院都要按照智慧法院建设应用实际配齐配强信息化建设人才，高级人民法院每一专业一般需要两名同志专职从事，中级人民法院可以不设规划管理和系统研发人员，其他专业则需一名同志专职从事，基层人民法院可以不设规划管理、系统研发和数据管理人员，其他专业需要人员专职或兼职负责。特别需要强调的是，无论人数如何紧张，各级法院都必须安排人员担负信息安全管理职责，因为信息安全的风险始终与智慧法院发展如影随形，只有各级法院领导高度重视，层层落实责任，才能确保万无一失。在信息技术日新月异的当代，法院工作不断改革发展，也要求信息化建设专业人才与时俱进、不断学习提升业务能力水平，适应智慧法院发展需求。

二、研发厂商力量

信息化项目建设的具体实施需要按照国家政务项目采购规定由具体厂商负责实施。经过多年积累，国内已经出现了一批长期从事和参与智慧法院建设的高新信息技术研发企业，近年来这些参与法院信息化建设的研发企业逐步呈现多元、开放的趋势。从中国电子信息行业联合会等机构发布的《2020年度软件与信息技术服务综合竞争力百强企业》，也就是软件百强企业排行榜来看，排名前十的华为、腾讯、阿里巴巴、百度、中兴通讯、浪潮集团等企业中至少六家均有不同程度参与智慧法院建设。研发厂商参与法院信息化建设的人才主要包括信息系统建设实施、信息系统运行维护、信息技术服务以及信息化项目监理和审计等主要专业。

信息系统建设实施人员主要根据具体项目建设内容实施各类信息基础设施、应用系统、数据资源和网络安全等信息系统的研制和升级完善等，主要工作包括需求分析、系统设计、测试评估、部署上线、推广培训以及全生命周期的项目管理等。

信息系统运行维护人员主要面向法院干警，负责各类基础软硬件、应用系统、终端和专用场所的运行维护、故障处理和使用培训，保障信息系统完好、稳定运行。质效型运维还要求运维团队对信息系统运行的状态和响应进行监控和体验，及时掌握各类信息系统支撑法院业务的状态、能力和成效，确保对已发生的故障第一时间发现，对可能发生的故障或事件进行预警和规避，及时分析信息化建设应用的主要成效。

信息技术服务人员根据用户需求提供个性化信息技术服务，如司法大数据分析服务、网站资讯内容编辑服务等。以人民法院大数据管理和服务平台运行为例，需要依托平台汇聚的海量司法审判信息资源，为审判执行各项工作提供各类态势分析报告，需要结合热点内容定制分析专题研究报告，这些工作需要结合审判执行工作的专业知识，依靠信息技术人员的数据处理和分析能力才能得以实现。随着法院信息化建设和应用不断深入，干警对于信息技术服务的需求不断增长，成为智慧法院转型升级的重要趋势。

三、院校科研力量

国家科技部通过重点研发计划支持智慧法院科技创新以来，一大批院校科研力量投身于智慧法院科技攻关工作。至 2020 年年底，已有清华大学、上海交通大学等 44 所高等院校的信息科技和法律研究团队承担面向法院课题的重点研发计划，成为智慧法院创新发展的重要驱动力量。与以往单纯依靠厂商企业从事智慧法院信息系统研发相比，院校科研力量具有诸多优势：一是具有较高的理论水平；二是对国际前沿科技更为了解；三是对科研规律更为熟悉；四是易于组织科技与法学跨领域联合研究；五是有利于从教学相长的角度培养一大批有志于智慧法院建设的青年学子。

随着智慧法院科技创新不断深入特别是投入力度持续不减，院校科研力量在智慧法院创新发展中必将发挥越来越重要的作用，很多重点大学已相继开设新的院系学科或专业方向，力求通过科研攻关和学科建设为司法领域信息技术发展储备更多高端人才。2017 年 9 月，中国政法大学在全球率先组建法治信息管理学院，按照"厚基础、宽口径、高素质、强能力"的人才培养要求，依托中国政法大学法学专业的优势资源，培养兼具法学、现代管理学理论基础和计算机科学技术知识及应用能力，掌握信息系统分析与设计方法以及信息管理和信息处理等方面的知识与技能，着力为国家司法机关、行政部门、企事业单位、科研机构等单位从事法治信息管理以及法治信息系统分析、设计、实施、管理和评价等方面的高素质复合型人才。

也应看到，院校科研人员参加智慧法院项目的时间还不长，对法院业务需求和难点痛点的认识还有待于深化。各级法院特别是高级以上法院一定要积极联合院校科研力量，创造条件使他们熟悉了解法院业务需求和关键技术问题，攻坚克难形成满足广大人民群众和干警需要的科研成果，同时切实帮助他们在科研过程中注重避免研究与实际脱节的现象。

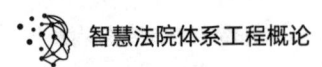

第十章 应用成效

实施智慧法院体系工程，中国建成了覆盖所有四级法院和延伸到大多数偏远乡镇的派出法庭、服务法院干警和人民群众、以"全业务网上办理、全流程依法公开、全方位智能服务"为主要特征的智慧法院信息系统体系。尤为重要的是，最高人民法院始终将服务人民群众、服务审判执行、服务司法管理、服务廉洁司法和服务国家治理作为智慧法院建设的根本出发点，在大力推动信息系统建设的同时，坚持将提升应用成效摆在突出位置，强调将应用成效收集和分析作为改进和完善系统的重要参照，强调将应用成效评估作为衡量信息化建设的主要依据，强调持续提升智慧法院应用成效不断增强广大人民群众和法院干警的满意度和获得感。由此切实改变了"重建设、轻应用"的习惯思维，智慧法院信息系统在全国各级法院得到普遍应用，支持实现了人民法院各项工作的根本性改革，支持构建了开放、动态、透明、便民的阳光司法机制，为"两到三年基本解决执行难"和国家营商环境改善提供了坚强支撑，为党中央和国务院重大决策提供了重要参考。

第一节 服务人民群众

坚持以人民为中心的发展思想，努力提供开放透明、普惠均等、便捷高效、智能精准的诉讼服务，让人民群众在追求公平正义的过程中尽可能减少不必要的往返奔波和诉讼成本，一直是智慧法院建设的努力目标。"天平工程"设定了"司法满意度指数"，是与涉诉群众感受密切相关的法院立案变更率、上诉率、调解率、撤诉率、申诉率、信访投诉率和群众问卷调查等内容汇总而成的综合指标，要求全国法院达到 93 以上，实测达到 94.91，标志着智慧法院服务人民群众取得了显著成效。

一、便利沟通交流

12368 作为全国法院统一的诉讼服务热线，以电话接入、语音和短信等方式，为社会公众提供诉讼咨询、案件查询、信息查询、联系法官、意见建议等服务，全国 32 家高院全部开通 12368 诉讼服务热线，21 个省份实现 12368 免区号呼入功能，2020 年累计接听电话量 230 余万人次，收发短信 2.9 亿余条，通过提供语音导航服务等，响应时间从 40 秒降到 25 秒以内，为人民群众与法院之间的沟通交流提供了最为便捷的渠道。

各级法院通过诉讼服务网为涉诉群众建立了联系办案人员、传递诉讼材料、办理诉讼事务的网上平台，全国已有 98% 的法院上线诉讼服务网，充分支持了涉诉网民足不出户就能够联系法院。

信息化诉讼服务大厅为前来法院咨询法律法规、化解矛盾纠纷、办理诉讼事项的人民群众提供了导引、咨询、调解、立案等多种信息化服务。全国四级法院全面建成信息化诉讼服务大厅，利用显示屏、导诉机、诉服一体机、阅卷终端等为社会公众提供了非常便利的现场服务。

全国统一的审判流程公开网不仅向当事人和诉讼代理人依法及时公开案件办理过程信息，也提供了针对具体案件沟通联系相应办案人员的直接通道，成为涉诉人员便利联系法院的专用通道。

中国移动微法院利用微信用户量大面广的特点，为社会公众提供了统一的移动电子诉讼窗口，全国范围试点不足一年时间，累计实名用户已经超过 400 万人，日均访问已经超过 200 万人次，切实成为广大人民群众触手可及沟通联系法院的全新渠道。

从最高人民法院开始，各高级及部分中级、基层人民法院官方网站也都设置了给法官留言、意见建议和监督举报等交流窗口，为人民群众联系法院、特别是各级法院领导提供了十分便利的渠道。

二、减轻群众诉累

智慧法院打造的"互联网＋诉讼服务"模式，从诉前、诉中、诉后各个环节发力，让信息多跑路、群众少跑腿真正落到了实处。

全国各级 3500 多个法院官方政务网站、诉讼服务网以及嵌入百度导航系统的导引简介都为人民群众了解法院地理位置、网上服务平台以及事项办理程序提供了具体指南，使得关注法院或有诉讼意愿的群众都能随时随地获得需要的基本信息，及至于相关的法律知识和案件信息，尽早做到心中有数。

立案和缴费是人民法院正式受理案件的必要条件。各级法院开通的网上立案和网上缴费服务已经使当事人或诉讼代理人必到法院窗口立案成为过去，2020 年，全国法院网上立案和当事人自助立案 1080 万件，占一审立案量的54%，约 1/5 立案申请在非工作时段提交，约 1/10 立案申请在非工作日提交，真正实现立案服务"零距离""不打烊""指尖办"。

跨域立案是人民法院针对部分需要到异地法院立案诉讼、又不熟悉网上操作的人群开展的专门服务。一次跨域立案至少省去当事人数十公里、甚至于数百或数千公里的旅途劳顿。从 2019 年 9 月 30 日全国所有中、基层人民法院开通跨域立案至 2020 年年底，依托中国移动微法院共完成跨域立案 9 万余件，充分显现了智慧法院减轻群众诉累的实际成效。

网上证据交换是电子诉讼方式的典型应用，支持原告、被告和法官在网上同一界面，异步上传显示所有证据材料。2020 年，全国法院网上证据交换达到 170 万余次，在减轻这些案件当事人往返法院递交、核实双方证据而奔波的同时，也为诉讼双方尽快确认事实、支持正确裁判创造了有利条件。

庭审是审判过程中备受重视的中心环节。网上开庭是电子诉讼方式的另一项典型应用，支持诉讼当事人、代理人和法官利用网络视频完成庭审，既能减少出庭人员往来法院，也使诉讼双方能够处于更加适宜的环境。2020 年，全国法院网上开庭 80 余万场，既大幅减轻了群众诉累，也降低了新冠肺炎疫情传播的风险。

三、降低诉讼成本

智慧法院便利沟通交流、减轻群众诉累的很多举措本身就能够大幅度降低人民群众的诉讼成本。2020年，全国法院接收网上立案1080万件，占一审立案量的54%。当事人在8小时之外的非工作时段提交的网上立案申请，占全部网上立案申请量的23.6%；非工作日的立案申请，占网上立案申请量的10%左右，实现立案服务"零距离""不打烊""指尖办"。人民法院在网上立案全面实现的同时，实现跨域立案服务四级法院全覆盖。在诉讼服务大厅提供律师"一码通"服务，并与司法部联合建立律师服务平台，针对律师执业中的痛点、难点、堵点问题，提供35项在线诉讼服务，做到"一次核验、全网通办、全国通办"。

智慧法院通过贯通全国的人民法院调解平台，连通全社会各类专业化解纷渠道，针对人民群众日常生活中经常出现的婚姻家庭、物业管理、劳动争议、道路交通和金融资本等各种矛盾纠纷，实现调解资源与调解信息充分共享，在进入诉讼程序之前及时有效地化解了大量社会矛盾，不仅为当事人节约了短期的诉讼成本，还努力避免了群众之间常常因诉讼而带来的长期矛盾代价。

智慧法院提供的远程视频接访方式，为涉诉信访人员提供了从最高到基层四级法院接访法官同时面对面接受申诉的信访场景，已经不是简单用节约当事人旅程及时间成本所能衡量，而是由于各级法院同时在线，更加能够充分保证信访反映的问题得到最为妥善和权威的解决，为降低涉诉信访成本发挥了突出作用。

中国法院首创的互联网法院，针对网络空间发展和治理要求，实现网上纠纷网上化解，网上案件网上办理的全新模式。2017年8月，杭州互联网挂牌成立，探索适应互联网时代潮流的新型诉讼规则、审理机制，从而推动网络空间治理法治化。2018年9月，北京互联网法院、广州互联网法院相继正式挂牌成立。北京互联网法院致力于打造实用、创新、中立、包容、安全、可控的互联网法院电子诉讼平台，建设可信电子证据区块链平台"天平链"，解决电子数据信息安全和联合验证、认证等问题。广州互联网法院智慧审理平台进一步提升当事人的体验，实现最终一键立案、一键调解、一键调证、一键审理、一键守护、一键送达的"六个一键"设计目标，为当事人带来极简化诉讼服务体验。

四、提高司法公信

智慧法院通过全流程审判执行要素依法公开，切实满足人民群众的知情权、参与权和监督权，在努力维护公平正义的同时，也极大提升了司法公信力。

中国审判流程信息公开网实现了全国法院案件流程信息的统一、规范公开，当事人及诉讼代理人均可访问这一网站直接查询案件进展信息，从根本上改变了以往当事人千方百计找关系打听案件审理和进展情况的局面。自2018年9月改版成为全国法院统一的审判流程信息公开平台以来，至2020年年底，已统一对外公开案件3500余万件，访问量已逾4亿人次，成为方便人民群众参与诉讼、保障当事人诉讼权利的重要途径。

中国庭审公开网支持民事、行政案件原告、被告的诉讼行为、刑事案件中的侦查、公诉行为以及被告、律师的辩解辩护意见，都与审判活动一起，同步接受法庭内外的监督和评判。自2016年9月上线至2020年年底，已累计开展庭审直播1100余万次，累计访问量突破300亿人次，最为直观、生动地向全社会、全世界传播了中国法庭的司法形象。

中国裁判文书网通过互联网向全社会公开全国法院除涉及国家秘密、未成年人犯罪信息等敏感内容之外的所有生效裁判文书，是全球最大的裁判文书公开平台，彰显了中国法院公正司法的决心和自信，成为中国法治文明的重要窗口，受到国际国内广泛关注。2020年8月30日18时，中国裁判文书网文书总量突破1亿份，访问总量480亿人次，受到广泛热议，彰显了中国法院和法官群体的司法自信。

中国执行信息公开网实现全国法院失信被执行人、执行案件信息、终本案件信息、网络司法拍卖信息、执行案款领取公告等信息公开。截至2020年年底，中国执行信息公开网正在公布失信被执行人 630 余万人次，不仅为破解执行难提供了有力支撑，也成为国家征信体系建设的重要组成部分。

最高人民法院还在四大公开平台之外，推动企业破产信息公开，上线运行全国企业破产重整案件信息网，为债权人、债务人企业、市场投资者、其他利害关系人提供在线司法服务，发挥破产审判对于依法处置"僵尸企业"的重要作用。截至 2020 年年底，网站纳入管理人机构 8246 个，管理人 3.69 万人；已发布投资人招募公告 2400 余篇，累计召开 1200 余场网络债权人会议，涉及债权人 60 余万人，成功支持 500 多家企业破产重组，成为服务供给侧结构性改革的重要举措。

第二节　服务审判执行

为努力响应人民群众的司法诉求，在全国法院案件数量大幅上升，审判执行要求持续提高的形势下，以高度信息化方式支持广大干警提质增效，是信息技术应用的必然趋势，也是更好地满足人民群众期待的重要前提。为此，智慧法院建设一直将审判执行应用作为重点内容，不断为办案人员提供便捷化、协同化、智能化支持。天平工程设定了"司法审判效率指数"，是与法院干警办案质效密切相关的年人均结案数、结案率、结案均衡度、一审简易程序适用率、当庭裁判率、正常审限内结案率、正常期限内执结率等内容汇总而成的综合指标，要求全国法院达到 93 以上，实测达到 97.75，标志着智慧法院服务审判执行取得的显著成效。

一、规范办案流程

信息化的重要特点就是通过业务应用系统为用户提供标准化、程序化、规范化的作业方式和流程，既使用户能够熟练掌握工作技能、避免不必要的无效劳动，也规定了用户操作环节、防止无意或有意的违规违纪行为。

各级法院建成服务所有办案干警、覆盖所有案件类型、打通所有业务流程的网上办案系统，使立案、分案、开庭、合议、提交审委会、制作裁判文书、案件报结、卷宗归档等各个环节都纳入流程管理之中，并对民事、刑事、行政、执行等案件设定若干节点进行实时、动态监控，强化审限监管，统一管理审限变更、结案审批等重要权限，并通过黄、红二色进行审限跟踪提示、预警显示和催办督办，督促院庭长、办案法官随时关注案件审限，加快办案节奏，促进了办案工作的高效运转。

最高人民法院统一研发部署的执行案件流程信息管理系统全面覆盖全国四级法院，将每个案件的执行流程分为 37 个关键节点，节点信息即时同步纳入系统。如此一来，全国法院所有执行干警按照统一、规范的工作节点开展执行工作，消极执行、拖延执行、不规范办案等行为无法实行，违规操作在系统内一目了然、难以遮掩。而且案件执行的节点信息均向当事人公开，随时接受当事人查询案件进展、跟踪督促执行，充分提高了执行流程的合规性和透明性。

庭审规范直接影响司法形象和公信力。各级法院通过庭审自动巡查系统可以对案件排期、庭审音视频效果、审判人员着装、迟到、早退、非正常离席、庭审设备状态等进行自动巡查。仅 2019 年上半年，最高人民法院对全国 23 个省份、600 多家法院的 2 万余场庭审开展了自动巡查，发现 1300 余项违规行为，其中着装不规范问题 600 余个，还包括司法人员缺席问题、庭审过程中司法人员打电话等其他违规行为，对规范庭审活动、强化审判管理，维护良好司法形象起到了重要的督察作用。

二、提高审判效率

最高人民法院一直将电子卷宗随案同步生成和深度应用作为智慧法院支持审判办案、提高审判效率的重要抓手。自 2016 年向全国各级法院提出指导意见后，一直常抓不懈、逐月检查通报，持续推动技术和管理措施落实见效。截至 2020 年 7 月，全国已有 93% 的法院建设电子卷宗随案同步生成系统从技术上实现编制电子卷宗目录、网上阅卷、法律文书辅助生成、归档等核心功能。

通过电子卷宗直接提交或纸质卷宗第一时间扫描上传办案系统，智能识别系统能够实现各类卷宗自动归目，为法官查找卷宗提供了极大便利。电子卷宗能够随时满足多人网上阅卷审理，彻底克服了以往纸质卷宗流转不便、保管不周共享不全等突出难题。各类自动化、智能化手段施加于电子卷宗，更为法官提供了丰富多样的智能辅助。

基于字符识别技术的案件电子卷宗材料文档化、结构化、数据化处理，能够支持办案系统分类归纳具体案情信息，辅助法官一键生成各类制式文书。通过检索、复用起诉状、答辩状、庭审笔录等信息，能够智能辅助法官自动编写裁判文书中的案件事实部分，在全国各地法院广泛应用，截至 2020 年年底，河北法院依托基于电子卷宗的智能化审判辅助系统累计生成 3400 余万份文书，其中辅助制作裁判文书 250 余万份，实践证明能够减轻法官案头事务性工作达 30% 以上。裁判文书智能分析与纠错系统，实现对裁判文书中 61 项要素的识别分析，能够发现人工评查中不易发现的逻辑错误、诉讼请求遗漏、法律条文引用错误等问题，提示法官及时更改纠错，成为法官们不可或缺的辅助工具，有效支持了司法公信力提升。截至 2020 年年底，上海法院共分析裁判文书 64 万余篇，瑕疵占比 29.44%，2020 年同比 2019 年瑕疵占比降低 12.65%。

针对庭审过程中书记员高度紧张、笔录进度影响庭审节奏的突出矛盾，最高人民法院组织研发庭审语音识别系统，自动区分庭审发言对象及发言内容，将语音自动转化为文字，采用人工智能辅助、批量修订等技术，书记员只需进行少量修改即可实现庭审的完整记录，有效提高庭审效率。庭审语音识别系统已经在全国各地法院广泛应用，很多法院庭审应用中语音识别正确率达到 90% 以上，庭审时间平均缩短 20%~30%，庭审笔录的完整度达到 100%。

针对以往减刑假释案件办理过程中法、检、司人员携带大量卷宗往返奔波、费时费力的突出问题，最高人民法院推动各地法院积极推进减刑假释平台建设，全国绝大多数法院均已实现与检察机关、刑罚执行机关以及上下级法院之间互通案件信息，网上协同在大幅提升办案效率的同时，也使案件审理活动全程留痕、全程受到监督。

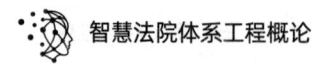

三、统一裁判尺度

中国是成文法国家，审判过程中，由于法官、律师、当事人对法条理解不尽相同，个案的判决可能会出现争议，裁判尺度不统一成为影响司法公信力的突出问题。智慧法院运用大数据技术，能够帮助法官在短时间内分析、调阅成百上千的相似案例，这些过往案件形成的经验理性，促进了各地法院和法官们形成统一裁判尺度，也能够帮助当事人对法院的判决形成是非对错的共识，赢得人民群众的公信。

利用最高人民法院组织研发的法信平台，办案法官能够十分便利地针对办案需要检索查明全国各地法律法规的相应条文，准确理解法律要旨，为正确适用提供前提条件。中国裁判文书网汇聚的千万份裁判文书也为法官寻找类似案例提供了丰富的参考资源，帮助法官把握裁判尺度的效应已经充分显现。鉴于案例在司法实践中发挥的积极指导作用，最高人民法院组织开发的中国司法案例网，通过热点直击、案例方法、案例论坛等栏目，引领广大法律职业共同体成员，参与司法案例收集、生成、研究和交流，成为充分运用大数据思维，积极创新机制，支持各地法官统一裁判尺度的重要平台。

法信平台还嵌入到各地法院办案平台，基于案件电子卷宗自动阅读、分析案情具体信息，为法官归纳推送案情特征、争议焦点和适用法条，并按照先后顺序推送全国、高院、中院以及基层法院范围内的相似案例，成为法官轻点鼠标就能够掌握案情要点、争议焦点、法律适用和类案裁判结果的智能化助手，为实现最高人民法院关于深化司法改革、推行案例检索、统一裁判尺度的相关要求提供了有力支持。

在法官形成裁判结果后，还能够利用同案不同判预警系统，根据公诉书和庭审记录，提取案件情节信息，分析量刑结果，计算裁判偏离度，为完善法律统一适用、统一裁判标准提供了最关键环节的把关参考手段。

四、破解执行难题

智慧法院为破解执行难顽瘴痼疾提供了前所未有的有力支持手段。中国法院从 2016 年庄严承诺"两到三年基本解决执行难",到 2018 年年底全国法院有财产可供执行案件法定审限内执结率达到 94.54%,无财产可供执行案件终本合格率达到 99.78%,执行信访办结率达到 99.14%,执行案件执结率达到 87.96% 等预期目标的全面实现,智慧法院建设应用提供的科技支撑发挥了关键作用。

最高人民法院推动全国各级法院建设执行指挥中心,构建上下一体、横向联通的执行指挥管理平台,形成"集约化、扁平化、可视化"执行管理体系,以执行联动机制为核心,统一对全国法院执行案件进行督办管理,对重大执行行动进行指挥协同,基本形成了全国四级法院统一管理、统一协调、统一指挥的执行工作管理体系。

最高人民法院主持开发的执行案件流程信息管理系统在全国法院直接部署或者对接联动,实现全国法院全覆盖、执行干警全覆盖、案件办理全覆盖,通过对 8 类执行案件 37 个关键节点宏观管控和具体案件信息动态分析,有效避免执行工作中各种问题并予以警示,形成了全国法院执行工作"一盘棋"的办理和管控机制。

最高人民法院积极推动建立了覆盖全国法院及主要财产形式的网络查控系统,形成了以最高人民法院"总对总"为主体,地方法院"点对点"为补充的网络执行查控体系,与中国人民银行、公安部等 10 多家单位、3900 多家银行联网,能够查询银行存款等 16 类 25 项信息,对各种财产形式做到全面覆盖、一网打尽,有效解决了以往执行工作查人找物难的突出矛盾。

最高人民法院建立公布失信被执行人名单库制度,与国家发改委等 60 多个单位合作,采取限制购买飞机票、软卧、高铁车票,限制担任企业法定代表人等强制措施,对失信被执行人实施联合惩戒,实现"一处失信、处处受限",让不履行法律义务的失信被执行人寸步难行。

为破解财产变现难题,最高人民法院出台网络拍卖司法解释,形成以网拍为原则、以现场拍卖为例外的制度,将淘宝、京东等七家网站纳入司法网拍名单库,实现网络司法拍卖全国覆盖。截至 2020 年年底,通过全国统一的网络司法拍卖管理平台,全国法院网络拍卖量 270 万余件,成交额 1.4 亿万余元，为当事人节约佣金 439 亿余元，在高风险的司法拍卖领域实现了违纪违法零投诉。

第三节　服务司法管理

智慧法院推进行政办公、财务装备、后勤服务等业务网上办理，将先进管理理念与现代信息技术相融合，畅通与审判执行、诉讼服务等系统有机融合，实现以"案、人、事"为维度的司法政务精细化管理，优化法院行政事务、人事管理和决策支持等运行方式，切实提高了全国各级法院司法决策和管理科学化水平。同时通过覆盖全国四级法院的人民法院审判管理工作平台，依托司法大数据提升审判管理精细化水平，进一步提升了审判态势分析、案件状态分析的及时性、全面性和准确性，加强人案关联分析能力，提升绩效考核的科学性，强化审判流程节点管控，促进提升了全国各级法院的审判执行质效。

一、支持管理流程优化

以网上办公平台为主轴，连通人事管理、财务管理、装备管理、事务管理、档案管理、通知公告和学习培训等各类政务管理应用系统，智慧法院在改变诉讼服务和审判执行模式的同时，也推动各级法院行政管理发生了深刻变化，支持构建了以在线式、远程化和全天时为主要特征的内部管理体系。

网上办公平台支持所有内部文件网上拟制、审阅、签批，不仅彻底改变了以往纸质文件来回传递、耗时费力的低效流转方式，还打破了参与人员的时空限制，无论是否在线、无论身在何处，都能够在便利时刻处理最需要应对的工作，与传统线下方式相比显然具有不可比拟的优势。特别是最高人民法院，随着司法改革进程，分别在深圳、沈阳、南京、郑州、重庆和西安设立了六个巡回法庭，如果不采用网上办公模式，大量内部管理文件在北京与各地的传阅就会带来人力和时效的极大耗费。截至 2020 年年底，最高人民法院已经依托法院办公平台行文近 60 万件，流转 670 万余次，平均每份文件需要流转 11 次以上，相比传统纸质文件流转方式大大提升办公效率。

利用法院专网，全国法院打破地域限制，可以随时召开全国范围的视频会议，动员部署各级法院专项工作。同时，覆盖全国法院的即时通信系统，不仅支持各种文件异地快速传递，也支持数十人范围的小型视频会商。所有法院干警都能够随时组织跨越全国多地法院、涉及内部敏感信息的调研交流和工作协调。仅 2020 年新冠肺炎疫情防控期间，全国法院就召开各种视频会议 4700 余场，这种全新模式在严格防控措施的同时，保证了各项工作正常运转，还进一步提升了工作效率。

随着网上办公平台向移动端的拓展延伸，广大干警能够利用便携终端甚至手机办理工作业务，无论居家还是出差，都真正做到了紧急事务全天时处置。还是以新冠疫情最为严重的 2020 年 2~3 月份为例，最高人民法院移动办公平台处理事务 1.2 万余项，保证了很多干警既能居家隔离，也不耽误要务处置。此外，全国法院内网四级网站，支持所有干警交流学习，分享法院工作动态和业务心得体会，能够随时在线阅读多份主流报纸、法学专著和精品图书，这种一张网互通的方式大大缩短了全国干警之间的心理距离。

二、支持自动司法统计

司法统计是人民法院的一项法定经常性工作，具有很高的准确性、及时性和权威性要求。每年全国和地方两会期间，各级法院院长向人大代表报告工作的很多数据都来自司法统计。以往司法统计采用人工模式，各级法院都设立专门的司法统计人员，每月定期开展本院刑事、民事、行政、国家赔偿和执行等十大类案件的详细编目统计，百余份统计报表在规定时限内逐层上报，逐级汇总，形成全国四级法院的所有司法统计报表，反映人民法院审判执行的基本状态。这样的统计及汇总方式显然存在所需人力成本高、报送周期长、共享面窄等不足，尤其是难以针对具体数据详细逐案校核，实属传统非信息化方式的难能无奈之处。

2016 年，随着人民法院司法大数据管理和服务平台相继实现全国法院、法官和案件数据全覆盖，最高人民法院进一步推动实现了司法统计数据全覆盖，根据实时汇聚的全国法院案件数据，自动生成全国四级法院的司法统计报表，形成各高级人民法院本地生成表和主平台生成表两大类型，对每一张报表都建立了分平台报表和总平台报表、报表统计项与具体案件的关联印证关系。由此统计报表中每一项数据，均可以逐级下钻到具体的案件详情，一旦发现异常，可以很快追溯到相关的每一个案件，用技术机制保证了整个司法统计数据的真实性、准确性和可追溯性。

基于大数据的司法统计方式24小时内即可获取全国3500多个法院的最新司法统计，数据计算全自动，每天对58.07万张司法统计报表自动更新，每年累计统计产生2亿多张报表，每年底对年度数据的755万张报表进行固化，可以面向全国法院按月、年一键自动生成司法统计报表，在大量节约人工统计成本的同时，全面提升了司法统计的工作效率及数据准确性，使延续近70年的人工统计模式迈入全自动统计模式，同时还实现了司法统计历史上报表数量最多、一次性服务单位最多、生成效率最快等三个根本转变。

三、支持审判态势分析

审判态势反映了人民法院审判执行工作的运转状况，体现了司法为民和公正司法的具体成效，是各级法院领导日常关注的主要问题。法院领导通常都要通过各种形式的会议了解、分析、研究和评估审判态势，针对具体动向及时采取措施，努力提升工作质效。基于司法大数据的审判态势分析，从根本上改变了传统方式信息量少、获取不及时、关联性不强、可视化程度低等突出问题，为各级法院审判态势分析提供了有力支持。

人民法院司法大数据管理和服务平台汇聚了刑事、民事、执行、国家赔偿等所有案件数据，不仅包括案由、案情信息，还包括当事人、诉讼代理人、办案法院、承办法官、受理时间、审理节点等特征信息，还能够链接案件电子卷宗，支持案件详情分析，无论是院领导组织综合分析，还是庭室领导开展专题研究，都能根据不同需要提供全面、客观的审判态势数据，支持研判人员掌握全面情况。

　　大数据平台实时汇聚全国法院各类数据，由此能够迅速获得各种组合信息，稍作加工即可提供相应的审判态势报告。自 2015 年以来，最高人民法院每季度研判全国法院和最高人民法院本级审判态势，都是基于司法大数据快速形成内容丰富的分析报告支持研究决策。最高人民法院各庭室和全国各级法院每年都需要数百项司法专题数据，也都能很快源自大数据平台提供满意详实的数据报告。

　　人民法院司法大数据管理和服务平台不仅汇聚了审判执行数据，还汇集了大量司法人事、司法行政、司法研究、信息化和外部数据，通过以案件为中心的多维度审判信息关联服务，将案件的前审后续、当事人涉诉情况、法条适用情况、类案量刑情况等信息进行关联整合，支持审判态势的多维度关联分析，使管理者不仅局限于案件本身，而能从更为广阔的视野审视分析工作质效。

　　基于关联信息以及先进的信息处理技术，很多审判态势不再是枯燥抽象的数字表现，而是以表格、图形、曲线等方式呈现案由、地域、部门、人员和时间等方面的直观、组合对比，通过高度可视化方式帮助研判人员快速掌握全貌、切中要害，充分提高态势分析精准性和针对性。

四、支持人员绩效评估

　　针对定量化人事绩效评估需求，人民法院司法大数据管理和服务平台对汇聚的案件数据和人事数据进行关联融合，提供面向法院、业务庭室、法官等多个维度的人事绩效评估服务。针对不同审理程序的案件数据，实现了对一审、二审、再审、执行、信访等环节的案件全生命周期管理，通过以案件为中心的多维度审判信息关联服务，支持建立"人与案、事与人"相关联的司法人事绩效管理体系，为发挥绩效评估在法官员额制改革、优化审判资源配置、司法改革成效分析等方面的作用提供了重要支撑。

　　2016 年下半年，最高人民法院要求全国法院人事信息系统与干警业绩档案系统对接，司法大数据平台利用强大的计算处理能力，每日自动将融合关联的人案数据按照全国法院、各法院本级、各业务庭室、各办案法官四个层次进行收结案情况、结案率、人均结案数、未结案件情况、平均审理时间等多维度的数据计算，形成了与人事信息系统对接的干警业绩数据统计档案，同样支持每一项数据下钻到案件详情，充分保证干警绩效数据的准确性，使司法大数据直接关联到所有办案干警，为各级法院人事管理、业绩考评工作提供了越来越重要的支撑保障。

第四节　服务廉洁司法

智慧法院推进全业务网上办理，实现每个案件、每个环节的全程留痕、全程监督，落实过问案件网上登记要求，同时依托违纪违法举报网站、人大代表政协委员网络沟通平台等载体，进一步拓宽群众监督渠道，通过全程留痕、监督建议、风险预警、动态跟踪、开放透明等信息化建设，进一步规范司法行为，防止司法权的滥用。

一、确保全程留痕

全程留痕是运用信息技术支持廉洁司法、防止司法腐败的基本要求。无论何种业务，只要所有环节都能真实、全面并以不可篡改的方式留存操作记录，都能在其后的任何时段追溯所有人员和操作的合法、合规和合理性，都将本能地提醒工作人员必须按照法律法规和权限要求自觉履行自身职责，避免任何不当操作行为。

网上诉讼服务系统直接面对社会公众，群众来信来电、视频来访的所有诉求以及各级法院工作人员的每一份回复都以文字、语音或视频方式自动留存于信息系统，群众与法院之间的任何不同意见都能在记录信息中检查确认，工作人员的任何不当回复、处置或延误都全面反映在系统之中，无疑为各级法院正确对待人民群众的合理诉求提供了充分保障，既是人民法院减轻群众诉累的有力举措，也是检验、评价各级法院依法遵规对待人民群众的重要依据。

全国法院全面实现网上办案，审判过程中每起案件从立案到分案、庭审、合议、裁决、制作裁判文书等各个环节均都在网上运行。最高人民法院2017年1月发布《最高人民法院关于人民法院庭审录音录像的若干规定》，要求各级人民法院开庭审判案件应当对庭审活动进行全程录音录像，办案过程中所涉及的案件信息和卷宗材料，都需要真实、及时、全面地录入网上办案系统并最终归档存储，不但为日后的查询统计、质效评估提供服务，还为在线备查、纪检监察提供了充分支持。全国法院办案系统目前的存储的两亿多件案件信息，都反映了各级法院法官公正司法的详细印记。

全国法院执行案件流程信息管理系统，通过设置程序节点、提示提醒、审批管理、监督督促和风险防控等节点，并与移动执行终端连通对接，实现所有执行案件网上办案、网上公开、网上监督，不仅确保所有网上操作全程留痕，也充分支持外出执行活动全程录像、全程受控，真正实现了案件执行全程立体化的节点监控，极大促进了执行干警规范办案、廉洁办案。信息系统中所有执行案件信息就是今后任何时候都能够追溯、检验每一个执行案件具体成效的事实铁证。

二、促进公正司法

公正司法是廉洁司法的必然要求，也是廉洁司法的预期效果。人民法院的审判权和执行权是人民赋予的神圣权力。权力越大，越需要监督。智慧法院正是通过信息化程序规范司法活动、实现全程留痕、全程受监督，把司法权关进制度的笼子，切实促进了各级法院的公正司法。

无论是通过全业务网上办理实现全程留痕，还是利用信息化手段规范办案流程、提高审判效率、统一裁判尺度、破解执行难题，都为法院干警公正司法提供了全方位支持。但是支持不能代替监督，放权不能造成放任。为此，智慧法院还为司法监督提供了全新的信息化手段，使在线监督、反馈督导、督查督办成为各级审判执行工作大闭环的重要支路，为公正司法保驾护航。

各级法院执行指挥中心、诉讼服务指导中心以及贯通全国的执行指挥管理平台、诉讼服务指导中心信息平台等信息系统，都建立了常态化运行机制，能够实时掌握全国各级法院执行和诉讼服务工作的详细情况，及时发现各个法院乃至于每一个个案的办理进程，针对司法过程中的不合规、不规范行为以及群众反映的问题及时排查分析，提出督导意见，限期督办，责任到人，成为全国法院统一规范行使权力、上级法院有效发挥监督作用的重要保障。

鉴于庭审、诉讼服务规范性对司法形象和司法公信力的直接重要影响，最高人民法院建设并鼓励各地法院运用智能审务督察系统，对全国各级法院的每一场庭审、每一个诉讼服务接待窗口的人员行为和设备状态等进行自动巡查抽检，发现违规行为即能够及时反馈相应法院和法官，对强化审判管理、维护良好司法形象、促进公正司法起到了非常积极的作用。

三、防止暗箱操作

阳光是最好的防腐剂。智慧法院通过全流程审判执行要素依法公开的一个重要目的，就是利用互联网尽可能将司法活动的所有信息向全社会公开，通过开放、动态、透明、便民的具体举措保证司法过程在阳光下运行。此外，法院内部全业务网上办理、全程留痕、全程可追溯也使得内部监督机制日益完善，肆意妄为的暗箱操作越来越无所遁形。

最高人民法院推行裁判文书公开，要求全国各级法院除涉及国家秘密等特例情况的所有生效裁判文书在 7 日内必须通过中国裁判文书网向全社会公开。由此对于一般案件，所有事实依据、适用法律、裁判说理以及裁定结果都能从这个统一窗口非常便利地调阅查询，接受社会方方面面的监督检查。截至 2020 年年底，中国裁判文书网已经累计汇聚裁判文书 1.12 亿余份，成为全世界最大的裁判文书公开资源库。尽管其中仍有部分文书存在某些错误，但正如周强首席大法官多次强调，人民群众从来不会不允许我们工作中出现某些难以避免的差错，但绝不会原谅我们为了掩盖差错而故意进行暗箱操作。

最高人民法院还在全国倡导庭审直播公开，要求各级法院尽可能通过中国庭审直播网向社会直播案件庭审实况。通过这一统一窗口，现在平均每天都有一万多场全国各地法院的庭审过程公开直播，很多案件引得数十万乃至数千万观众访问关注，案件事实、争议焦点、诉讼当事人及代理人意见、法官审理过程及裁判理由等是非曲直细节情况全面生动地展现在世人面前，使以往封闭神秘的庭审过程得以接受法律界以及社会各方面的全面监督。

最高人民法院还制定了《人民法院落实〈领导干部干预司法活动、插手具体案件处理的记录、通报和责任追究规定〉的实施办法》和《司法机关内部人员过问案件的记录和责任追究规定》等重要文件，并据此在各级法院案件信息管理系统内，设立了内外人员过问案件的信息录入专库，专门记录法院外部领导干预司法活动和法院内部人员过问案件的情况，也在很大程度上防止了内、外部人员私下过问、干预司法案件的违规违纪行为。

四、遏制司法腐败

智慧法院推行的网上办案实现全程留痕、规范行为促进公正司法、公开透明防止暗箱操作等都从运行程序和防控机制上为遏制司法腐败提供了有力利器。但正像任何权力施行过程中都可能出现贪赃寻租、营私舞弊等腐败现象一样，司法领域也从来都不是一片净土，再完备的制度机制也难以完全堵住腐败者的贪心恶念，司法腐败在各级法院中仍时有发生。为此，智慧法院还为人民群众和纪检监察部门提供了主动举报、监察司法腐败的途径，力求通过广大人民的火眼金睛和纪检监察的反腐利剑，最大限度地遏制司法腐败这个严重损害司法公信的顽瘴痼疾。

最高人民法院建设的"人民法院工作人员违纪违法举报中心网站"，支持全国各地群众利用互联网主动举报法院工作人员的违法违规行为，并实现全国四级法院联动，也就是被举报人属于任何一级法院，则其所在法院及各上级法院纪检监察部门都能够在法院专网受到相同举报信息，进行联动处置开展相关调查核实，及时向举报人反馈办理情况，充分拓宽了群众监督渠道，提高了发现违纪违法线索和查办违纪违法案件的能力，加强了遏制司法腐败的力度。

发挥网上办案全程在线、全程留痕的优势，纪检监察部门也能够通过网上巡查方式分析、监察办案人员的违法违规行为。利用各级法院普遍运行的类案检索系统，监察人员也能够对具体案件进行类案裁判分析评估，一旦发现特定案件的裁决结果与相似案例具有不合理的偏离度，即可提请办案人员及更高层次的司法管理人员予以关注，防止可能的司法腐败问题。利用详实的司法大数据，纪检监察人员还能够掌握分析办案人员与律师事务所及律师之间的关联程度，并以此为基础研判可能存在的利益链条线索，努力遏制司法人员与诉讼代理人之间的权力寻租腐败。

第五节　服务社会治理

人民法院作为国家审判机关，是守护社会公平正义的最后一道防线。各级法院的运行状态和信息积累，反映了经济社会的发展面貌。日积月累的司法大数据就为揭示社会问题本质、提出有效应对方案、服务社会治理提供了重要参考。智慧法院支持法院诉讼服务和办案模式的改进，更为企业经营和合同执行提供了有力保障，成为优化国家营商环境的重要举措。

一、改善营商环境

建设并不断完善市场化、法治化、国际化的营商环境，是激发市场主体活力和社会创造力的基本保障，是推动经济高质量发展的必要前提。其中通过健全法治保障实现营商活动可预期是改善营商环境的重要途径，也是社会治理的重要目标。法院的各项制度和程序规定对于国家营商环境具有直接影响，智慧法院对于法院司法效率、司法成本、审判组织、司法程序和信息化程度的优化提升无疑都十分有助于商业活动、合同执行以及纠纷化解的顺畅高效。

世界银行每年组织开展全球经济体营商环境评估，发布营商环境年度报告，内容包括开办企业、办理施工许可、获得电力、登记财产、获得信贷、保护中小投资者、纳税、跨境贸易、执行合同和办理破产等 10 个方面，无疑对改善优化营商环境具有客观权威的导向作用。其中"执行合同"主要涉及司法制度和诉讼程序，划分为司法效率、司法成本和司法程序质量 3 项指标，司法效率根据起诉、立案、庭前会议、证据交换、庭审、宣判、上诉、保全、执行之间的时间间隔和具体时长统计计算，司法成本根据平均律师费、法院费用和执行费用统计计算，司法程序质量指数根据法院组织、诉讼程序、案件管理、法院自动化和替代性争议解决机制统计计算。由于智慧法院建设应用的综合成效都将对上述各项内容产生显著的促进作用，因而也直接支持改善了我国的营商环境。

世界银行于 2019 年 10 月发布《2020 年营商环境报告》，中国的全球营商便利度排名继去年大幅提升 32 位后，又跃升 15 位，位居全球 190 个经济体的第 31 位。近年来中国"执行合同"指标一直名列全球前茅，2019 年位列全球第 5 位。以法院信息化为主要指征的"司法程序质量指数"2017 年、2018年连续两年处于世界前三，2019 年跃居全球第一并获得历史最高分，体现了智慧法院改善营商环境的最新成就。其背后则是智慧法院促进司法为民和公正司法所取得的显著进步。

二、量化治理成效

司法大数据作为国家大数据的重要组成部分，能够从法治侧面反映经济社会运行的很多状况。因此，充分运用智慧法院积累的丰富司法大数据资源，研究发现司法活动与经济社会发展的内在关联，形成"数据说话、定量分析、精准管控"的社会治理成效分析评价机制，是智慧法院更加广泛应用的必然要求。

依托人民法院大数据管理和服务平台的司法大数据资源，结合全国各地的行政区人口规模、GDP、金融存款余额、民用汽车量、旅游人次等重要经济运行数据，着力探求"司法大数据所能"和"辅助决策所需"的最大平衡点，围绕行政纠纷、行政违法、民间借贷、农村土地、商品房交易、金融诈骗、知识产权保护、非法集资、拖欠劳动报酬、人身安全风险、道路交通安全、个人财产安全、拐卖妇女儿童、黄赌毒治理、家庭纠纷、邻里纠纷、医疗纠纷、生态环境保护等经济社会发展的热点痛点以及群众关心关切的难题，关联形成了法治政府建设、经济社会发展、社会诚信体系、平安社会建设、和谐社会建设和生态文明建设等 6 个方面共 27 项指标的司法综合指数体系。对于特定行政区域，能够自动提取、关联、统计所需数据，横向对比全国同类地区，纵向细化分析上下级各辖区，按时段展现发展演变趋势，形成较为系统、客观、动态的《基于司法大数据的区域社会经济运行情况评估报告》。自 2019 年启动以来，已经在全国 17 个省、区、市的 53 个不同地区开展了"数助决策"服务社会治理试点研究，力求通过基于司法大数据的"数字体检"，全方位反映当地社会治理取得成效和面临挑战，赢得了不少地方党委和政府的充分肯定。

三、支持立法司法

智慧法院建设应用形成的司法大数据平台，汇聚了全量的司法审判信息，与立法和司法活动具有最为直接紧密的联系，既反映了审判执行过程中适用法律法规的司法实践效果，也蕴含着新的历史时期社会矛盾发展的新特点新规律。运用司法大数据服务社会治理，就需要从立法和司法两个相互依赖、相互促进的方面，形成从观察、判断、决策、实施到再观察的闭环决策回路，支持构建良法善治的国家治理体系。截至 2020 年年底，人民法院大数据管理和服务平台已经针对立法和司法活动开展了 860 余项专题研究，为全国人大完善法律体系、政法机关修订司法解释提供了重要支持。

2018 年 10 月，重庆万州公交车坠江事件发生仅 22 天后，中国司法大数据研究院就向社会公开发布了《公交车司乘冲突引发刑事案件分析》，表明在 2016 年 1 月至 2018 年 10 月期间，公交车司乘冲突一审刑事案件中，新一线大城市和小城市合计占比近五成，且从趋势发展来看，一线和二三四线城市案件量下降趋势明显，新一线和五六线以下城市增长趋势明显，说明对于社会发展较快的地区尤须重视公交车司乘冲突；涉案罪名集中在以危险方法危害公共安全罪和故意伤害罪，合计占比近七成，且 88.79% 的案件发生在运营过程中，54.51% 的案件发生在车辆行驶过程中，超半数案件有乘客攻击司机等严重行为，更有近三成案件出现乘客抢夺车辆操纵装置的危险情况，说明司乘冲突成为切实影响公交车安全的重要因素；纠纷起因多为车费、上下车地点等小事，合计占比近六成，说明寻常易于发生的小纠纷在公交车上极有可能造成人命关天的严重后果，需要从立法和司法两个方面予以高度关注。其后不久，最高人民法院、最高人民检察院、公安部联合出台了《关于依法惩治妨害公共交通工具安全驾驶违反犯罪行为的指导意见》，对司乘双方涉嫌以危险方式危害公共罪的行为作了更为严格的具体规定。应该说，司法大数据研究在推动此项工作中发挥了及时积极的作用。

四、提供决策参考

通过系统、客观的指数体系量化直观地反映社会治理成效是支持管理决策的重要方式。一旦这些评价指数与社会治理的方针政策、法律法规、组织体系和实施方法进一步结合，研究分析蕴含于治理活动之中的因果关系，则能够挖掘更为深刻的经验教训，形成针对若干专题的深度分析报告，更好地服务于国家治理和经济社会发展。

以往各级法院也开展大量专题研究，往往一项专题就需要到各地开展广泛调研，收集不同地区的案例数据。有些还需要发放大量调研表进行全国范围的数据统计，需要半年甚至更长的时间才能完成实证分析。这种方式的研究人力大部分集中于前期的调研工作，不仅耗时费力，而且容易因为数据样本仍然不足而降低其统计意义，难以获得广泛全面的客观结果，影响研究成果的准确性。现在，基于智慧法院自动汇聚的司法大数据资源以及广泛积累的外部经济社会发展信息，针对一项专题研究，运用通用分析辅助工具综合处理司法和社会发展大数据，一至两天就能够形成初步的数据报告，进一步联合全国法院或专业机构研究人员进行深层次比较分析，一般情况下一周时间就能完成一份内容详实、数据可信、结论有据的高水平专题研究报告，支持相关管理部门决策参考。无论在时效上还是可信度上都比以往显著提升。

智慧法院支持的决策参考研究既可以由上层建筑驱动，研究人员根据接受的具体选题，形成专题研究思路和数据汇聚方向，直接从司法大数据平台中获取所需的各类案件量趋势及案件特征统计，迅速准确地完成前期调研工作，然后将人力集中于司法大数据与社会发展背景相结合的深度分析上，形成深刻、有针对性的研究成果；亦可由数据基础驱动，研究人员主动根据司法大数据平台的案件态势展示，通过不同维度、不同时段的案件信息分析比较，发现蕴含于其中的矛盾规律以及异常预警，明确研究选题，并结合相关经济社会背景完成深度研究分析，达到利用司法大数据及时发现问题并分析提供决策参考的目的，更好地发挥司法大数据"晴雨表"和"风向标"的作用。

自 2016 年以来，司法大数据平台每年都支持开展 200 多项专题研究分析，《平安中国建设成效分析》《高空坠物伤人案件分析》等多项专题报告受到了党和国家领导的高度重视，为改进治理方式、完善治理体系提供了十分重要的决策参考。

第六节　显著经济效益

智慧法院在司法为民和公正司法中取得显著社会效益的同时，也通过减少人员出行、提高工作效率和节省当事人成本等方式产生了显著的经济效益。

一、主要降本方式

智慧法院推行的信息化方式，具有降本增效的本质属性，忽略很多次要环节，至少可以从以下几个方面得到充分体现：

第一方面，通过信息化应用服务人民群众，减少出行成本。传统线下诉讼方式当事人或代理人需要多次往返法院。曾有律师统计完成一项诉讼平均需要往返法院 5.7 次。对于异地诉讼这样的多次往返就更令人难以承受。智慧法院利用电子诉讼平台支持网上诉讼和跨域立案服务、12368 诉讼服务热线支持电话诉讼服务、破产案件办理平台支持网络债权人会议、司法拍卖平台支持网络司法拍卖等一系列信息化应用，减少人民群众以往需要往返法院的出行时间和成本，实现减少出行距离、节约工时时长和旅行成本，产生可观的经济效益。

第二方面，通过信息化手段提高司法效率，减少法院工作人员出行成本。以往执行工作中法院干警需要前往银行、房管等财产管理部门查询可能的被执行财产情况，很多情形下需要远赴全国各地，可能还要多次往返，确实耗时费力。法院案件审理也需要法官干警经常出差开展调研、提讯和接访等业务。智慧法院推行网络查控、执行委托、远程提讯、远程视频接访、远程培训、视频会议、远程庭审等信息化业务，能够大幅减少法院干警的出行距离、节约工时时长，产生可观的经济效益。

第三方面，通过无纸化办公办案，节约司法人力成本。以往法院办公办案，需要大量的纸质材料传递往来，既需要人力传送，又耗费大量等待时间，且难以做到并行处理。智慧法院推行的电子公文网上流转、法律文书电子送达、电子签章远程办理等业务功能，减少大量的往来传递和时间延迟，减少出行距离，节约工时时长，产生了可观的经济效益。

第四方面，通过网络司法拍卖，为当事人节省佣金。法院执行中最后一个重要环节就是司法拍卖。以往采用线下拍卖方式，权益所有者需要支付与财产价值成比例的拍卖佣金。智慧法院推行的执行信息化支持网络化司法拍卖，实现拍卖零佣金，为当事人节省大量费用，产生了可观的经济效益。

二、效益估算方法

基于全国智慧法院建设工作调研采集数据，根据国家发改委提供的计算方法，综合信息化应用减少出行、节约时间减少人力成本、节约司法人力成本和节约司法拍卖佣金等因素，通过设计评估指标、采集评估数据、分析并换算评估结果从而计算全国法院通过信息化应用所产生的经济效益。评估计算所需原始数据，通过从全国统一应用系统中直接读取以及向地方法院调研两种方式获得。

第一，通过信息化应用服务人民群众产生经济效益估算方法是：选取电子诉讼平台、12368诉讼服务热线、跨域立案、网络债权人会议、网络司法拍卖等信息化应用在服务人民群众减少出行、节约时间成效方面评估指标。如表10-1所示。

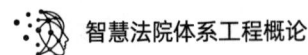

表 10-1 信息化服务人民群众促进绿色发展产生经济效益成效评估表

序号	应用	减少出行距离	节约时长	节约纸张
1	网上立案	网上立案案件数*平均每个案件立案人数*传统方式平均每人出行距离	网上立案案件数*平均每个案件立案人数*传统方式平均每人耗费时长	应用次数*传统方式耗费纸张数量
2	网上缴费	网上缴费案件数*传统方式平均每人出行距离	网上缴费案件数*传统方式平均每人耗费时长	应用次数*传统方式耗费纸张数量
3	网上证据交换	网上证据交换次数*平均每次证据交换人数*传统方式平均每人出行距离	网上证据交换次数*平均每次证据交换人数*传统方式平均每人耗费时长	应用次数*传统方式耗费纸张数量
4	网上开庭	网上开庭庭审数*平均每次庭审出席人数*传统方式平均每人出行距离	网上开庭庭审数*平均每次庭审出席人数*传统方式平均每人耗费时长	应用次数*传统方式耗费纸张数量
5	网上调解	网上调解次数*平均每次调解人数*传统方式平均每人出行距离	网上调解次数*平均每次调解人数*传统方式平均每人耗费时长	应用次数*传统方式耗费纸张数量
6	联系法官	网上联系法官次数*平均每次参与人数*传统方式平均每人出行距离	网上联系法官次数*平均每次参与人数*传统方式耗费时长	应用次数*传统方式耗费纸张数量
7	跨域立案	跨域立案案件数*平均每个案件立案人数*传统方式平均每人出行距离	跨域立案案件数*平均每个案件立案人数*传统方式平均每人耗费时长	应用次数*传统方式耗费纸张数量
8	12368 诉讼服务热线	12368 热线坐席以及自助语音接听来电数量*传统方式平均每人出行距离	12368 热线坐席以及自助语音接听来电数量*传统方式平均每人耗费时长	应用次数*传统方式耗费纸张数量
9	破产案件网络债权人会议	参加网络债权人会议人数*传统方式平均每人出行距离	参加网络债权人会议人数*传统方式平均每人耗费时长	应用次数*传统方式耗费纸张数量

序号	应用	减少出行距离	节约时长	节约纸张
10	网络司法拍卖	报名参加网络司法拍卖人数*传统方式平均每次参与拍卖出行距离	报名参加网络司法拍卖人数*传统方式平均每次参与拍卖耗费时长	应用次数*传统方式耗费纸张数量

第二，通过信息化手段提高司法效率产生经济效益估算方法是：选取网络执行查控、执行委托、远程音视频应用等成效明显、易量化评估的信息化应用设计评估指标，评估减少出行、节约时间的成效，具体如表10-2所示。

表10-2　信息化服务审判执行促进绿色发展产生经济效益成效评估表

序号	应用	减少出行距离	节约工时时长	节约纸张
1	电子卷宗跨院调阅	电子卷宗跨院调阅次数*传统方式出行距离	电子卷宗跨院调阅次数*传统方式耗费时间	电子卷宗跨院调阅次数*传统方式耗费纸张数量
2	远程执行指挥	远程执行指挥次数*远程执行指挥人数*现场指挥需出行距离	远程执行指挥次数*远程执行指挥人数*现场指挥耗费时间	远程执行指挥次数*传统方式耗费纸张数量
3	总对总查控-查询	使用总对总网络执行查控系统查询财产次数*传统方式需要执行法官出行人数*传统方式出行距离	使用总对总网络执行查控系统查询财产次数*传统方式需要执行法官出行人数*传统方式耗费时间	使用总对总网络执行查控系统查询财产次数*传统方式耗费纸张数量
4	总对总查控-划扣、冻结	使用总对总网络执行查控系统划扣或冻结财产次数*传统方式需要执行法官出行人数*传统方式出行距离	使用总对总网络执行查控系统划扣或冻结财产次数*传统方式需要执行法官出行人数*传统方式耗费时间	使用总对总网络执行查控系统划扣或冻结财产次数*传统方式耗费纸张数量
5	点对点查控	使用点对点网络执行查控系统查询财产次数*传统方式需要执行法官出行人数*传统方式出行距离	使用点对点网络执行查控系统查询财产次数*传统方式需要执行法官出行人数*传统方式耗费时间	使用点对点网络执行查控系统查询财产次数*传统方式耗费纸张数量
6	省内执行委托	省内执行委托次数*传统方式平均每次参与人数*传统方式出行距离	省内执行委托次数*传统方式平均每次参与人数*传统方式耗费时间	省内执行委托次数*传统方式耗费纸张数量

续表

序号	应用	减少出行距离	节约工时时长	节约纸张
7	省外执行委托	省外执行委托次数*传统方式平均每次参与人数*传统方式出行距离	省外执行委托次数*传统方式平均每次参与人数*传统方式耗费时间	省外执行委托次数*传统方式耗费纸张数量
8	远程提讯	远程提讯应用次数*传统方式平均每次参与人数*传统方式出行距离	远程提讯应用次数*传统方式平均每次参与人数*传统方式耗费时间	远程提讯应用次数*传统方式耗费纸张数量
9	远程培训	远程培训次数*平均每次参与培训人数*传统方式出行距离	远程培训次数*平均每次参与培训人数*传统方式耗费时间	远程培训次数*传统方式耗费纸张数量
10	视频会议	视频会议次数*平均每次视频会议参会人数*传统方式出行距离	视频会议次数*平均每次视频会议参会人数*传统方式耗费时间	视频会议次数*传统方式耗费纸张数量

第三，通过无纸化办公办案产生经济效益估算方法是：评估电子公文网上流转、文书电子送达、电子签章三项信息化应用在节约纸张、提升工作效率方面的成效，具体如表 10-3 所示。

表 10-3　信息化促进无纸化办公成效评估表

序号	应用	节约出行距离	节约工时时长	节约纸张数量
1	电子公文网上流转	网上办公办理公文数量*传统方式办理公文出行距离	网上办公办理公文数量*平均每份公文流转次数*传统方式平均每次流传耗费时长	网上办公办理公文数量*平均每份公文页数
2	文书电子送达	采用电子送达方式送达文书数量*传统方式送达距离	采用电子送达方式送达文书数量*传统方式每次送达文书耗费时间	采用电子送达方式送达文书数量*平均每份送达文书页数
3	电子签章	采用电子签章盖章文件数量*传统方式签章出行距离	采用电子签章盖章文件数量*传统方式每次盖章耗费时间	采用电子签章盖章文件数量*平均每份盖章文件页数

通过以上三个方面评估指标，基于全国法院应用数据可以得出智慧法院应用系统节约出行、提升效率、节约纸张的量化成效，进而转换成节约出行成本、节约印制成本等。

第四，通过网络司法拍卖节省拍卖佣金，产生经济效益估算方法是：支持网络化司法拍卖，实现零佣金司法拍卖，为当事人节省大量佣金，带来经济效益。此部分经济效益计算公式如下。

通过网络司法拍卖节约佣金成本产生经济效益 = Σ（应用网络拍卖方式成交的各部分标的额 * 传统方式下各部分佣金率）。

各部分佣金率规则为：成交额 200 万元以下的部分，佣金比例 5%；成交额超过 200 万元至 1000 万元的部分，佣金比例 3%；成交额超过 1000 万元至 5000 万元的部分，佣金比例 2%；成交额超过 5000 万元至 1 亿元的部分，佣金比例 1%；成交额超过 1 亿元的部分，佣金比例 0.5%。

三、经济效益估算

为了科学评估智慧法院建设促进绿色发展产生经济效益的成效，最高人民法院组织提取、调研全国法院应用数据，逐年评估。2020 年新冠疫情发生期间，最高人民法院推进全国各级法院，大力推进电子诉讼，指导各级法院利用诉讼服务平台、网上办公办案平台服务人民群众、广大干警在线诉讼、开展工作。2020 年 5 月 25 日，周强院长在十三届全国人大三次会议作最高人民法院工作报告，报告透露，智慧法院在疫情防控期间"大显身手"。

基于 2020 年全国智慧法院应用数据，最高人民法院组织评估了全国智慧法院促进绿色发展产生经济效益成效。

在服务人民群众减少群众出行、产生经济效益方面：2020 年全国法院通过电子诉讼平台网上立案 1080 万余次、网上缴费 700 余万次、网上证据交换 170 余万次、网上开庭 86 万余次、网上调解 440 万余次；全国法院通过 12368 诉讼服务热线人工及语音接听当事人来电数量 231 万余次；全国企业破产重整案件信息网召开网络债权人会议，涉及债权人约 28 万余人。各类信息化手段全方位保障当事人诉求，减轻群众诉累，相比传统诉讼方式减少群众出行约 8800 万人次，减少出行约 63 亿公里，节约出行成本约 40 亿余元，相当于节约标准煤 20 万余吨、减少碳排 42 万余吨；节约纸张约 2.7 亿张，约 1200 吨，相当于保护 2 万多棵树，节约印制成本 1.3 亿余元；节约群众出行时间约 1.2 亿小时，相当于 6 万多人全年工作时间。2020 年，全国法院通过网络司法拍卖累计上拍标的物 57.3 万件，上拍 93.9 万件次，共有 39 万人参加拍卖，成交额 4000 余亿元，节省佣金 123.6 亿元。

在服务审判执行减少干警出行、产生经济效益方面，2020 年全国法院通过电子卷宗深度应用系统支持跨院调阅案件电子卷宗 340 万余次；全国法院共使用最高人民法院"总对总"网络查控系统查询案件 16 亿余次、划扣冻结 3300 余万次，使用地方法院"点对点"网络查控系统查询案件约 1.1 亿余次；通过最高人民法院研发的执行委托事项管理系统，共进行跨区域省内执行委托 59 万余次，跨省执行委托 75 万余次；全国法院举办远程视频会议约 3 万余次、视频培训 1.5 万余场。各类信息化手段极大改变传统审判执行工作方式、提升审判执行工作效果，尤其是网络执行查控与中国人民银行、公安部等 10 多家单位、3900 多家银行联网，能够查询银行存款等 16 类 25 项信息，对各种财产形式做到全面覆盖、一网打尽。如果没有信息化支撑，法院执行干警需要采用登门临柜方式查询被执行人财产、需要执行干警亲赴被执行人所在地开展异地执行，根本无法实现此种一网打尽效果。如果达到信息化条件下审判执行工作效果，需要干警公务出行约 72 亿余人次，需要出约 870 余亿公里，将花费出行成本 700 多亿元，相当于消耗标准煤 430 多万吨、排放二氧化碳 890 多万吨；需要耗费纸张约 132 亿张，约 5.8 万吨，相当于 98 万棵树，需要花费印制成本 60 多亿元；需要干警耗费时间约 145 亿多小时，相当于 728 万人全年工作时间。由此可见，传统工作方式下，人民法院的人力、资金等资源远远不能实现信息化条件下的审判执行工作效果，可以说信息化推动了审判执行方式的根本性变革。

在推进无纸化办公方面，2020 年全国法院运用网上办公平台办理电子公文约 710 万件；通过电子送达方式送达文书 2400 多万次；通过电子签章方式盖章文件 8800 万余次，推进无纸化办公办案、提升工作效率，节约纸张 10 亿余张，约 4500 余吨，相当于保护 7.6 万棵树，节约印制成本 5 亿余元。

总体来看，2020 年人民法院通过信息化手段减少群众、提升审判执行工作效率、推进无纸化办公，如果采用传统方式参与诉讼、开展审判执行工作，群众、干警需要出行 76 亿余人次，需要出行 935 亿余公里，相当于耗费标准煤 461 万吨、排放二氧化碳 941 万吨；需要耗费纸张 6 万余吨，相当于 108 万棵树；传统方式下若想要达到信息化条件下工作效果，需要耗费约 740 万人全年工作时间，需要花费出行成本、印制成本、司法拍卖佣金等约计 950 亿余元。

第七节　赢得世界赞誉

中国智慧法院建设备受世界法律和信息科技同行关注。中国法院的司法公开和诉讼服务平台通过互联网直接辐射、服务于全球用户，司法公开平台的访客遍及世界所有国家和地区，诉讼服务系统的很多用户身处异国他乡，各国用户都能够切实感受到这些网上系统的开放、透明和便民，智慧法院日益成为彰显中国司法文明进步的重要标志。

近年来，英国、德国、法国、俄罗斯、荷兰、葡萄牙、克罗地亚、美国、加拿大、巴西、秘鲁、玻利维亚、南非、贝宁、新加坡、越南、韩国、蒙古国、阿塞拜疆等很多国家最高法院及地方法院法官、哈佛大学、哥伦比亚大学、牛津大学等世界知名院校法学院学者、联合国、世界银行等国际组织官员访问最高人民法院和地方法院，都将法院信息化建设作为重点考察内容，身临其境体验智慧法院建设应用的丰硕成果，无不给予高度评价。来宾们看到最高人民法院的大屏幕实时显示全国各级法院收、结案数据的变化更新，能够随时观看各地法庭的开庭实况，掌握各类信息系统的应用状况，每个人都叹为观止，异常兴奋，充分体会到智慧法院给司法工作带来的深刻变化。

最高人民法院还组织举办了与中东欧国家、葡萄牙语国家和地区、上合组织国家、金砖国家等多边法院首席大法官会议，都将信息化作为重要议题，研究探讨信息技术对于现代司法的重要影响，介绍交流法院信息化建设的主要做法和实际效用。与会代表都非常重视信息化对司法工作的重要促进作用，并通过会议研讨和实地考察切实感受到中国智慧法院建设的巨大成就，充分肯定中国法院为信息化时代的世界法治文明所作的重要贡献。

最高人民法院还先后于 2016 年 11 月和 2019 年 12 月在浙江乌镇主办第三届世界互联网大会"智慧法院暨网络法治论坛"和"世界互联网法治论坛",来自世界各国的首席大法官和大法官们齐聚一堂,共同研究互联网时代法律工作面临的机遇和挑战。与会代表均对中方搭建法院信息化与网络法治交流平台表示肯定和感谢,特别是对中国法院的信息化建设成就表示钦佩和赞叹。与会国家通过的多边协议积极推进各国致力于不断拓展和深化彼此在法院信息化和网络空间法治化领域的交流与合作,加强彼此在利用信息技术推进司法公开、诉讼服务、案件审判、法院管理和案例研究等方面的经验交流和成果分享,促进建立更加常态化的各国法院信息化工作交流与合作机制。

一、中外主要指标比对

世界法院信息化以发达国家起步最早。美国法院在二十世纪六十年代就开始推动法律文书电子化,使信息技术不断与法院工作紧密结合。其他国家也充分认识到信息化为法院带来的重要机遇,应用电脑支持法官办案已在全球广泛普及,在线诉讼也在很多国家法院得到实现。评价法院信息化的整体水平,则应从网络覆盖、业务支持、数据汇聚、公开力度、协同范围和智能服务等多个方面综合考量。

网络覆盖反映了法院信息系统直接作用的范围。因为互联网都能够覆盖全球,法院内部工作网络便成为衡量内部信息系统作用的主要指标。据了解,目前美国仅约 200 个联邦法院相互联网,俄罗斯瓦原网络连通全国 2496 个法院。中国法院专网覆盖所有全国四级 3500 多个法院、1 万多个人民法庭、4.4万个科技法庭,网络覆盖范围、节点协同数量和系统集成规模均为世界最大。

业务支持反映了法院信息化服务用户的基本方式。据了解,目前通过信息化手段美国法院主要支持电子文书管理等 5 项业务,俄罗斯法院支持远程视频会议等 5 项业务,印度法院主要支持在线诉讼等 7 项业务。中国法院推动全业务网上办理,信息化支持业务类型达 91 项,远超流程管理、信息管理、网上服务事项等传统信息化范畴。

数据汇聚反映了法院信息化拥有的主要信息资源。据了解，目前美国法院 PACER 系统汇聚 10 亿份文件，韩国法院 IT 系统存储 100.95TB 数据，印度国家司法数据网汇聚 3141 万案件。中国法院司法大数据管理和服务平台汇聚 2.18 亿案件信息、67.43 亿份数据文件信息，最高人民法院 IT 系统存储数据超过 4PB，审判信息资源规模全球最大。

公开力度反映了法院利用互联网支持阳光司法的主要成效。据了解，目前美、俄、英等法院在公开裁判文书、韩国法院在公开案件进展、巴西法院在电视直播庭审等方面进展突出。中国法院利用互联网实现审判流程、庭审直播、裁判文书和执行信息四大司法公开平台统一建设，对案件全过程 598 项核心司法要素实现全面公开，无论是公开要素的全面性还是公开门户的统一性均为世界领先。

协同范围反映了法院与其他相关部门通过信息化相互合作的能力。目前尚未见到国外法院信息系统与其他行业大范围协同的报道。中国法院与全国 30 个行业 4029 个部门协同联动，为提高司法工作质效提供了坚强支持。

智能服务反映了法院运用信息技术辅助提升工作质效的能力水平。据了解，目前美国部分法院应用审前风险评估、再犯风险评估、庭审语音识别等功能支持审判工作。中国法院广泛运用语音识别、图像处理、视频处理、自然语言处理等主要人工智能技术支持诉讼服务、审判执行和司法管理。

综上，中国社科院法学所《法治蓝皮书·中国法院信息化发展报告 No.3（2019）》认为，中国法院建成了全世界"网络覆盖最全、业务支持最多、数据汇聚最大、公开力度最强、协同范围最广、智能应用最新"的智慧法院领先典范，推动法院审判执行方式发生了全局性改革，有力促进了审判体系和审判能力现代化。

二、彰显中国司法文明

司法文明是国家司法机关在长期处理各类案件的过程中建立起来的法律文化及其各种表现形式的总和，是法治文明、政治文明的重要组成部分。司法文明包括司法理念、制度、条件和行为等四个方面，司法文明水平反映了社会法律文化和法律运行的制度化、规范化和程序化程度。可见，司法文明既是长期司法实践的成果积累，也是弘扬法治文明、实现公平正义的重要保证。深入推进全面依法治国，促进国家治理体系和治理能力现代化，就必须不断提高中国特色社会主义司法文明，为实现中华民族伟大复兴提供坚强的法治保障。

中国智慧法院建设应用，依托现代人工智能，围绕司法为民、公正司法，坚持司法规律、体制改革与技术变革相融合，以高度信息化方式支持司法审判、诉讼服务和司法管理，实现全业务网上办理、全流程依法公开、全方位智能服务，无论在司法理念、还是司法制度、条件和行为上都创立了很多贴合实际、富有成效的先进模式。

在司法理念上，中国智慧法院凸显了以司法改革和信息化建设作为推动法院各项工作现代化的"车之两轮、鸟之双翼"，让信息多跑路、让人民群众少跑腿，阳光是最好的反腐剂，向信息技术要效率、要公正等先进理念。

在司法制度上，中国智慧法院根据法律法规构建司法信息系统的同时，也推动制度创新，催生了互联网审判规则、基于互联网的司法公开规定、电子卷宗随案同步生成和深度应用指导意见、审判过程中类案强制检索规定等一系列新的司法制度。

在司法条件上，中国智慧法院提供了全新的信息基础设施、业务应用系统、数据资源服务、信息安全保障和信息化运维保障体系，使全国各级法院办公、办案、学习和交流环境面貌焕然一新，保障能力倍加提升。

在司法行为上，审判法官打开电脑就能够获得智能辅助系统主动推送的在审案件要点、法律参考和类案推荐，执行干警轻点鼠标就能够掌控被执行人在全国各地的各类财产信息，司法管理人员通过大数据平台能够随时了解辖区法院的各类审判执行态势，人民群众能够通过互联网法院和移动微法院拨动指尖完成诉讼事项，信息化全然改变了传统的司法行为模式。

智慧法院尤其使法院的组织、建设、运行和管理形态融合、体现到先进的信息系统之中，无疑更加充分地提高了法律文化和法律运行的制度化、规范化和程序化程度，彰显了中国特色社会主义司法文明的巨大优越性。美国杜兰大学国际法与比较法讲座教授王贵国撰写评论文章《尊道贵德：世行点赞中国司法》就指出：中国法院结合本国自身社会发展情况，通过将司法与高科技、新科技有效结合的世界顶级创举，提升了法官素质水平，树立了中国特色的司法，在世界法治的滚滚洪流中占据一席之地。

三、提升中国司法公信

司法公信反映了公众对司法制度、司法机关、司法权运行过程及结果的信任和尊重。不断提高司法公信力是全面依法治国的必然要求，在国家治理体系和治理能力现代化进程中具有十分重要的地位和作用。提升司法公信，客观上要求司法机关自身做到司法公正与权威，同时也需要社会公众的主观感知，二者缺一不可。智慧法院的信息化建设和应用，对于司法机关和社会公众两方面皆能发挥正面积极的促进作用，极大提升了中国司法公信。

提升司法公信首先要求确保人民法院依法独立行使审判权。智慧法院推行的信息化办案方式，支持每一位办案人员都能够依法依规获得所需的办案信息和便利的辅助手段，同时还支持办案人员利用信息系统随时填报记录领导干部干预司法活动、插手案件处理等违规行为，为各级审判人员依法办案提供了极为便利的条件和充分的保护机制。

提升司法公信要求优化司法职权配置、推进严格司法。智慧法院建设的信息系统对法院内部立案、分案、审理、合议、裁判、执行、监督等各个环节的职权都以节点和流程的形式得到规范和固化，办案人员必须按照严格的权限设置要求履行自身职责，显然进一步扎牢了制度的笼子。同时由于司法程序能够在实际运行中不断检验和修正，无疑也能更好地促进司法职权配置的改进优化。

提升司法公信要求保障人民群众参与司法。智慧法院通过系列化司法公开平台，实现审务信息从上墙公示到网上公开，裁判文书从送达当事人到社会共享，流程信息从无处查询到主动推送，法庭审理从剧场式公开到在线可视，执行信息从局部曝光到全程透明，支持构建了开放、动态、透明、便民的阳光司法机制，切实满足了人民群众的知情权、参与权、表达权和监督权。

提升司法公信还要求加强人权司法保障。智慧法院信息系统不仅为法院内部工作人员提供了严格规范的程序流程，也通过诉讼服务、电子诉讼、科技法庭、申诉信访等平台充分保障了诉讼当事人和代理人的知情权、陈述权、辩护权、申请权和申诉权，并通过执行信息化为胜诉当事人及时实现权益提供了前所未有的支持。

提升司法公信也要求加强对司法活动的监督。智慧法院推行网上办案，具有全程留痕、全程可追溯的自然属性，由此就为司法管理和监督提供了丰富全面的实施途径，网上评查、在线督查、类案检索等方式成为贯彻落实司法责任制的同时放权不放任的有力手段，使司法权经受越来越严的审查和监督。

智慧法院确使中国司法公信赢得了很多世界同行的高度认可。不少来访的西方国家首席大法官和大法官们纷纷表示，由于司法制度不同，其他国家可能难以采用像中国这样的法院信息化方式，但他们坚信这样的方式一定能够更好地促进司法公正。

四、提供中国智慧方案

信息化浪潮推动世界各国法院都探索运用计算机、互联网、大数据等技术改变传统工作方式，提高司法工作质效。但不同国家由于社会制度、经济条件和技术水平的差异，法院信息化的观念和做法上都有很大不同。只要认真研究中国智慧法院的建设应用实践，都会发现在信息化的广度、深度和成效上中国法院远走在世界前列，来华访问的很多国家的首席大法官们都表示"互联网＋司法"是中国法院取得的最伟大的成就之一，中国法院的信息化水平已处于世界领先水平，中国法院为世界法院信息化提供了值得充分借鉴的示范方案。

第一，中国智慧法院彰显了中国特色社会主义的制度优势。很多国家由于制度限制，网络连通、数据汇聚和司法公开只能局限在少数法院，难以形成全国一盘棋格局。但由著名的梅特卡夫定律可知"网络的价值与联网用户数的平方成正比"，中国法院依靠国家网络强国、数字中国和智慧社会建设基础，专网连通全国所有法院和派出法庭，数据汇聚、司法公开等均由全国法院统一组织实施，构建形成了全球价值最大的司法信息资源，充分得益于国家治理体系的整体优势。

第二，中国智慧法院始终坚持以人民为中心的发展思想。不少国家法院信息化主要着重于运用计算机和数据库等手段提高法院内部的工作效率，而在为民服务上则鲜见举措。中国智慧法院一直以司法为民为主要宗旨，将司法公开平台、诉讼服务网、诉讼服务热线、诉讼服务大厅等直接服务社会公众的信息系统作为首要选项重点建设并不断改进，在服务人民群众的同时也促进了审判质效提升。

第三，中国智慧法院主动拥抱先进信息技术成果。不少人认为法院作为定分止争的审判机关，面对新生事物应该相对保守，因而很多国家法院应用信息技术表现得相对被动和滞后。中国法院敏锐掌握信息技术发展为司法为民和公正司法带来的难得机遇，按照技术中立原则前瞻布局、主动应用大数据、云计算、人工智能等先进成果取得了举世公认的显著成效。2019 年 10 月，中国科学家在介绍区块链时就强调中国法院应用区块链也在政务部门走在前列。

第四，中国智慧法院推动了各项工作的全局性变革。很多国家法院利用信息化手段解决了某些部门或业务急需，取得了满意效果。但很少见其他国家法院将信息化作为推动法院现代化的主要引擎，覆盖到法院工作的方方面面。中国法院将信息化作为一场深刻的自我革命，已经实现的 91 项信息化业务全面服务人民群众、审判执行、司法管理、廉洁司法和社会治理，大幅度提升了全体法院干警的信息化思维方式、工作习惯和使用技能。

第十一章 前景展望

智慧法院体系工程为中国法院带来了根本性变化。同时，也要看到由于事物渐进发展的客观规律，与人民群众日益增长的多元化司法需求和广大干警日趋迫切的提质增效要求相比，智慧法院还存在很多不足和差距。具体表现在：一是智能化应用亟待深化。对于广大用户而言，信息化的生命在于提质增效。只有利用自动化、智能化技术，大幅度减轻广大人民群众的往返奔波和法院干警的工作负荷，才能提高应用积极性。目前智慧法院在司法人工智能方面开展了大量工作，取得了明显成效，但仍然存在很多薄弱环节，亟需针对痛点难点补齐短板。二是体系整合亟待加强。虽然全国法院围绕系统集成开展了大量工作，取得了显著成效，但由于长期处于不平衡发展，很多系统功能有缺失、相互未连通、信息不共享、门户不统一等现象仍然普遍存在，给广大用户带来很多使用不便，也给系统改进提升造成很大困难，亟需通过体系总体设计进一步推动集成优化。三是泛在服务亟待提速。移动互联时代，人民群众的社会生活越来越不受地域空间限制，司法需求也必然要求打破地理空间约束。智慧法院已经运用移动互联技术提供了很多远程、视频司法服务能力，但品种性能、流程贯通和服务质量上仍有很大差距，必须更大力度加强移动互联与现有应用的融合集成，切实保障司法服务触手可得。四是跨界融合亟待拓展。智慧法院是社会信息化、智慧化的重要组成部分，很多建设成果得益于其他行业信息化的协同支持，同时也为国家治理体系和治理能力现代化做出了重要贡献。但无论是横向与其他部门对接、纵向向日常社会活动延伸方面都存在广阔的拓展空间，只有与生产生活领域全面融合，智慧法院才能够更好地发挥维护社会公平正义的应有作用。五是用户体验亟待提升。易用、好用、可靠是广大用户对信息系统的基本要求，随着技术发展和系统改进，智慧法院的用户体验不断得到优化，但是由于技术力量和经费投入的制约，不少骨干系统的用户体验仍有很大欠缺，难以适应方便快捷的应用要求。

中华民族伟大复兴的历史进程推动着各项事业蓬勃发展，智慧法院体系工程实践为进一步改进完善奠定了坚实基础，方兴未艾的大数据、云计算、区块链和人工智能技术为解决上述问题带来了良好机遇，只要保持努力奋进的昂扬斗志和脚踏实地的工作态度，一定能够迎来智慧法院持续发展的美好未来。

第一节　人工智能深度应用

寻找事实、寻找法律是人民法院审判工作的基本属性，对大量信息的收集、处理、归纳和应用是司法人员的普遍作业方式，掌握的信息量充分，对于事实的认定就越能够准确，法律适用也越能够公允。曾经有人估计，高水平的司法人员通常只能对两千多个案例了然于胸并熟练运用。而现代信息系统不仅存储了成千上万的案例和法律条文信息，还提供了非常丰富的查询、检索手段，可以瞬间提供查阅者希望了解的具体信息。通过机器学习、知识图谱和神经网络等人工智能技术，智能化司法系统也完全能够针对司法需求提供各种有针对性的精准信息服务，支持各类司法人员工作，在降低大量事务性工作负荷的同时提高审判执行质量；也能向广大人民群众提供类似的智能化诉讼服务，以便于人们迅速了解矛盾纠纷化解的预期结果和最佳办法，既减少不必要的诉讼劳累，更提高国家机构的司法公信。因此，世界先进国家都将司法人工智能作为人工智能技术的一个主攻方向，中国法院着力攻关并取得突破的广域分布的海量多元异构司法大数据实时汇聚和可信治理方法、综合司法知识引擎驱动的多业态司法人工智能技术也为全方位智能服务奠定了扎实基础。针对法院干警和人民群众日常工作活动中遇到的多方面迫切需求，按照统一的司法人工智能引擎架构，提高数据汇聚广阔度，加大知识生成和积累力度，增强司法人工智能服务面，一定能够推动智能化应用更加深入，成为智慧法院体系工程的重要驱动力量。

一、智能化诉服

智能化诉服的关键是精准认识和理解服务对象的诉求内容，进而提供最为确切周全的司法信息服务，所以智能化诉服系统某种程度上是面对矛盾纠纷站在最前线的"心理医生"。

各行各业人民群众的生活经历以及法律知识水平千差万别，因而向法院表达诉求的方式方法和准确程度也会大相径庭，智能化诉服系统将首先能够通过丰富积累的人口数据资源和高效快捷的身份辨识系统从第一印象中识别服务对象的具体身份、从事职业、文化水平以及对法律的熟悉程度，并尽快根据不同对象、推荐量身定做的服务模式，为正确理解诉求并提供精准服务创造必要的前提条件。

一般情况下，群众只有遇到实在难以化解的矛盾纠纷才会求助于法院，由此情急之中的人们往往会利用各种触手可得的手段和途径向法院反映和表达各方面诉求，智能化诉服系统将能够通过文字、文本、语音、图像、视频等方式接受和适应服务对象形式各异、次序杂乱、内容碎片的信息输入，通过字符、语音、图像等识别和自然语言理解技术正确完整地掌握理解服务对象的全面诉求和心理特征，以便于有的放矢地提供服务。

智能化诉服系统将基于强大的法律法规知识库、多元解纷知识库、司法流程知识库、审判执行案例库、司法审判信息资源库和人性化服务界面，结合服务对象的具体诉求、身份职业、文化程度乃至性格特点和情绪状况，分别为一般咨询者提供基于法律认知的矛盾纠纷法理分析，为陷于各类矛盾纠纷之中的当事人尽可能提供调解机构、调解程序、调解案例、调解服务以及可能的化解结果估计，为有意提起诉讼的当事人提供司法程序告知、诉讼结果预期和诉讼风险评估，为当事人提起诉讼程序提供便捷全面的立案登记和卷宗提交服务，为律师及诉讼代理人提供专业化、定制化司法流程服务，为申诉信访者提供与相关司法部门之间高效畅通的互动交流渠道，同时也能够准确全面地汇聚涉诉服务态势，支持司法管理和决策。

二、智能化裁判

智能化裁判是从接受诉状开始至作出裁判为止贯穿审判全过程的智能化辅助支持，其关键在于对案件事实、争议焦点、法律适用和裁判尺度的综合考量，智能化裁判系统依赖于智慧审判过程各个环节的信息支持，又能够为审判办案人员提供最为重要的定分止争参考。

智能化裁判系统首先能够通过网上输入、扫描上传或语音识别等方式接受处理各种类型的诉讼卷宗材料，通过适应印刷、手写以及混合方式下的高准确字符识别处理完成所有卷宗内容的辨识和标准化分类，并从中归纳、提取具体的案情信息和当事人诉求。

基于自然语言理解技术和不断学习积累的证据规则知识库，智能化裁判系统能够对案情信息进行智能化处理，运用上下文关联手段对证据链、事实链的完整性、合理性、真伪性进行判断鉴别，为审判人员查明案件事实提供充分的辅助支持；在此基础上能够结合当事人诉求进一步整理归纳诉讼争议焦点，支持办案人员梳理明确清晰的审判工作思路。

基于全面系统的法律知识库，智能化裁判系统在支持审判人员自主查询、检索、关联法律法规的同时，能够从办案系统中自动采集详细的案件事实描述和诉讼争议焦点，向审判人员精准、有序推送所有相关的法律条文要旨，为审理裁判提供充分必要的法理依据。

基于几乎包括全国所有案件信息的司法大数据系统，智能化裁判系统能够针对各种案由的案件事实和争议焦点，向审判人员主动推送承办案件特征的标签索引以及按照相似度、权威性或地域性等不同维度排序的类案详情，为审判人员明晰裁判观点、统一裁判尺度提供有力支持。

通过法理依据的直接导向和类案裁决的借鉴比较，智能化裁判系统能够根据案件事实和争议焦点，向各类审判人员提供可能的裁判结果、变化范围、偏差估计及其参考依据，为公正判决、避免裁判偏差提供直接支持。以此为基础，智能化裁判系统能够自动生成覆盖所有案由案件事实、争议焦点、法律观点和裁判理由的司法裁判文书，提交审判法官审核、修改、裁定，最大限度地减少办案人员的案头事务性工作。

智能化裁判系统也能够有效支持面向人民群众的案件信息咨询以及面向管理部门的审判监督和廉洁司法管理。

三、智能化执行

相较于审判活动，执行工作的规范性和程序化更强，更能够发挥人工智能技术优势，提高执行工作的自动化和精准化水平，为"切实解决执行难"提供有力利器。智能化执行系统将运用知识图谱技术，基于执行办案规则、法律知识、法规案例和文书模板等，构建形成执行业务知识库和执行智能服务引擎，全流程支持智慧执行。

从执行立案开始，智能化执行系统就能够通过现场登录、网上传送以及即时生成的电子卷宗等各种方式自动获取并回填校验所有案件信息，基于执行案件分类识别模型、被执行人标签画像规则、执行措施自动流转模型、执行案件繁简分流模型、执行措施启动规则库等，自动生成并向执行人员推送合规、高效、优化的案件执行方案，支持集约高效的案件办理和全程受控的执行措施自动开启。

利用涉诉财产挖掘分析模型、被执行人综合画像、被执行人财产线索、被执行人行踪线索、被执行人执行风险预判、当事人自动关联模型和执行财产价值评估知识库，智能化执行系统能够向办案人员提供全面准确的被执行人财产查控、冻结及扣划方案，并在受控状态下按照最优模式有序启动被执行财产处置，支持实现应执财产一网打尽。

基于执行案件合规办理规范、执行案件期限办理要求、执行案件指引规则、执行复杂度认定要素、执行文书编制模板库和执行公开信息模板标准等构成的执行业务知识库和服务引擎，智能化执行系统能够为办案人员提供全案文书自动生成、执行节点自动提醒、执行活动超期预警等服务和支持，充分减轻干警的事务性繁重负荷。

作为智能化执行系统的重要组成部分，包括执行指挥车、执行无人机、执行单兵系统在内的智能化移动执行装备将综合集成通信保障、执行指挥、执法记录、现场外摄和信息回传等智能辅助功能，实现与执行业务的智能关联，为推进执行业务全网办理、全程留痕、统一指挥提供智能支撑。

基于执行复杂度评估模型、执行规范性识别模型、执行偏离预警模型、法官行为分析模型和严重违规行为识别模型等司法监督知识库和服务引擎，智能化执行系统能够为司法督查部门提供执行风险自动预警、违规行为自动冻结、终本案件自动核查等智能、在线监管功能，确保执行工作始终合法合规、廉洁高效。

四、智能化管理

在智慧法院建设实践中，各项管理业务的智能化应用存在着极大的提升空间。智能化管理系统将基于司法业务知识库与管理决策知识库的关联融合以及智能服务功能的不断开发，为各类管理人员提供自动、精准、高效的辅助管理手段。

围绕人民法院中心工作，智能化管理系统首先将以司法管理和司法督察为重点，基于审判态势模型库、司法业务指标体系模型库、案件办理规则库、办案人员职责行为规则库、司法风险标识库、案件复杂度模型库、裁判结果偏离模型库等司法管理知识库，通过导入案件详细数据和办案流程信息，实施在线自动化、静默化、智能化业务态势分析和审查监督，为各级司法管理人员提供全流程、无盲区、可视化的精准决策支持。

智能管理系统还将大大推动办公自动化系统由文件审批和事务流转为主向智能辅助和智慧管理转型升级，基于行政业务流程规则库、行政业务分类文书模板库、办公文件档案库和多业务政策研究知识库等，为各类行政办公人员主动推送事项处理预案、文件拟制草案、工作任务分解、业务流程推荐、工作日程优化等智能化解决方案，在减轻行政管理事务性符合的同时，支持提高各类业务人员的工作质量和水平。

通过人民法院大数据管理和知识服务平台中与司法人事数据高度关联的审判执行、司法政务、司法研究和信息化数据，基于部门定岗定编规定、工作职责分解模型、业务工作量评估模型、工作质量评估模型和人员考核评价规则等绩效考核知识库，智能化管理系统能够支持对法院审判业务庭室、综合业务部门以及各类工作人员的定量化、自动化和即时化绩效管理和考核评价，为人才培养和队伍建设提供有力支撑。

通过司法大数据与经济社会发展数据的关联融合，不断学习积累形成面向方方面面的专业化知识和指标体系，智能化管理系统能够拓展形成面向多个领域的智能触角，敏锐感知国家治理体系面临的关键问题，自动挖掘相关大数据和知识资源，主动生成并推送相应的高质量分析研究报告，为国家治理体系和治理能力现代化提供智能化服务。

第二节　综合集成促进协同联动

全国智慧法院所包含的众多信息系统构成了非常复杂的体系，实现各种系统之间的互联互通、信息共享和协同联动既是体系工程集成者们孜孜以求的目标，也是面临很多高难度挑战的科技难题，既有信息科学理论问题，也有工程支撑的方法和工具问题，还有不同部门组织之间的管理协调问题，这些关键问题不仅在法院信息化建设，而且几乎在所有领域信息化发展中都普遍存在，不可能指望在一夜之间云消雾散，只能通过持之以恒的体系工程实践才能逐步解决。

通过智慧法院体系工程，我们已经突破了基于信息关系和信息度量的智慧法院体系工程系统顶层设计和质效提升方法，运用首创的信息模型、信息关系和信息度量理论方法以及"三位一体"质效型运维体系，指导推动全国智慧法院信息系统发展规划、总体设计、质效评估和全面提升；突破了"四跨一衔接"智慧法院信息系统一体化协同联动技术，综合运用大数据共享交换、网间安全互通、统一部署联动、按需数据服务和信息化线下对接技术和机制，研发完成并推广普及审判执行、司法公开、司法人事等9类贯通全国的一体化骨干业务系统，解决了全国智慧法院信息系统跨业务、跨网系、跨层级、跨部门、线上线下衔接的综合集成难题，为提高智慧法院一体化水平创造了很好的基础。积极推广运用成熟技术，结合不断发展的体系工程理论方法，着力开展高级人民法院以上智慧法院信息系统体系总体设计和集成测评，一定能够加快推进综合集成，促进协同联动。

一、基础集成

智慧法院各类信息基础设施将在原有的五大网系基础上进一步整合成为法院专网、互联网和涉密网三大网系，并且随着云计算设施的进一步普及及其与通信网络的深度融合，云网一体将成为高级以上人民法院信息基础设施发展的主要趋势，云资源、云服务将成为统一提供通信、计算和存储支撑能力的集成化基础设施，为各类应用系统提供相对独立基础服务，最大限度地发挥全国各级法院的整体资源优势，为体系综合集成提供必要前提。

随着 5G 宽带移动通信在全国范围迅速推广，法院移动专网将可以利用更多的带宽和内容资源支持高强度信息加密，使得移动专网数据传输的保密程度不亚于固定专网，由此打通法院专网与移动专网之间的物理通信瓶颈，促进移动专网并入法院专网，将为广大法院干警随遇接入办公办案提供前所未有的便利。

与外部协作部门之间广泛对接的外部专网，也将随着各部门信息安全水平的普遍提升以及国家政务数据统一交换共享平台的建成应用，逐步集约简化为标准化的通用网间接口，为实现跨部门信息共享提供安全畅通的交换服务。

随着 5G 普及和卫星互联网技术的快速发展，互联网将为全国各地法院、特别是边远地区法院提供更加全面、普惠、均衡的服务支撑能力，有利于智慧法院互联网服务的高层次综合集成。同时由于网间安全隔离交换技术的进一步发展，法院专网与互联网之间的交互瓶颈必将更为畅通，使得智慧法院内、外网之间耦合程度更加紧密。

随着国家电子政务内网建设目标日趋实现，法院涉密网也将逐步拓展到全国范围，形成全国一体化涉密网系，支持各个法院内部以及各级法院之间的涉密信息交互与共享。

科技法庭、诉讼服务大厅、数字化审委会、执行指挥中心、诉讼服务指导中心、信息管理中心等信息化场所也将因应通信、计算和存储云网一体的集成支撑能力，简约接入信道，拓宽通信带宽，大幅度拓展信息处理能力，由此支持更高水平的应用系统综合集成，为各类用户提供集成化、专门化、定制化的信息服务。

二、数据集成

基于体系工程总体设计、各种业务系统深化应用和各类数据的汇聚、过滤与关联，智慧法院数据资源的广阔度、细致度、丰富度、真实度将得到大幅度提升，数据内容的关联性将广泛拓展，构成能够充分支持各类应用系统综合集成、多业务司法知识学习生成和司法人工智能综合应用的一体化数据平台，为智慧法院信息系统体系综合集成奠定重要基础。

审判执行数据将以案件为单元，贯通诉服、调解、侦查、起诉、立案、送达、审判、执行、上诉、申诉、信访和减刑假释等各个环节，汇聚基本信息、卷宗材料、庭审音视频、来信来电等各种信息形式，覆盖一审、二审、再审等各个层级，构成全面完整的案件数据集合，以支持对案件详情的精准反映以及各个办案环节的协同联动。

司法人事数据将全面汇聚干警基本信息并以此为主线，通过各类业务应用承办人员信息，关联各项工作流程、人员职责和成果数据，据此反映法院组织机构和干警资源的配置情况、工作动态和具体成效，既能够支持开展绩效考核评价，也能够支持开展在线工作督察，还有助于支持干警培养、培训和调配。

司法政务数据将全面汇聚法院行政管理、司法宣传、党群工作、教育培训、后勤装备、安全保卫和纪检监察等政务活动相关的人员流、事务流、文件流、物品流和财务流数据，在内在充分关联的基础上还与审判执行、司法人事、司法研究和信息化数据高度关联，全面反映法院行政运行状况及其围绕审判执行主业的具体成效，以支持行政部门的量化精准管理。

司法研究数据将全面汇聚来自法院内、外部的司法统计数据、司法专题研究报告、经济社会发展报告以及与司法活动相关的舆情分析报告等数据集合，并与审判执行数据充分关联，形成具有深度研究价值的数据集合，既能够支持法院内部精细化司法管理，也能够从司法视角支持国家和社会治理。

外部数据将全面汇聚来自国家共享数据资源以及法院外部协作单位、与司法工作密切相关的政策法规、人员身份、知识产权、宏观经济和社会运行等各类数据资源，并与审判执行数据充分关联，形成具有内联外延效应的数据集合，支持审判执行工作跨部门联动协同的重要基础。

信息化管理数据将全面汇聚智慧法院信息系统规划设计、安装部署、运行状况、资源负载、用户分布、操作体验、运行质效等各类数据资源，并与审判执行、司法人事、司法政务数据充分关联，构成全面反映整个信息系统体系建设和运行状况的数据集合，支持定量、深入、精准地评价智慧法院建设应用情况，评估法院各项业务在信息化条件下的改进提升情况。

三、知识集成

随着司法人工智能在各个业务领域的探索应用，知识集成将成为综合化司法人工智能的主要依托，也将是智慧法院转型升级的重要方向。以司法大数据资源的充分集成为基础，通过大规模人工标签、自动化深度学习和领域知识关联融合，将构建形成基于法理规则和过往案例的统一司法知识库以及在此基础上适用于不同应用场景的司法知识服务引擎，支持各种智能化应用。

针对已经在线应用的诉讼服务、卷宗处理、法律检索、文书生成、类案推送和裁判辅助等智能化应用的初步知识积累，将归并形成较为完整的司法知识库架构，根据法律知识相对规范严谨的逻辑结构予以优化完善，推动形成一致通用的司法知识图谱体系，将为智慧法院知识集成奠定深化迭代的重要基础。

依托海量汇聚且高度关联的司法大数据资源，按照司法知识图谱体系指引，组织法学、信息技术部门专家和研发人员联合开展阅读分析和加工标注，能够形成机器可识别、可学习的文书、卷宗和音视频数据资源，集成运用多种机器学习和深度学习算法，组合已有知识图谱的低层特征形成更加抽象的高层表示属性，进而提取丰富实用的内在司法规律和法言法语表示，将能够不断充实、丰富司法知识图谱内容，构成符合法律规则、比照过往案例的集成化司法知识库。

当然，知识集成不会一蹴而就，更不会一劳永逸，一定随着人们认知的进步以及技术的发展而不断推陈出新，去粗取精。因此，在构建知识库的过程之中，一定要组织广泛的法学研究者和司法实践者共同开展知识生成的测试评估工作，及时发现并修正理论和实践两方面的偏差，确保知识体系正确性与合理性。同时，构建统一司法知识库并不排斥针对特定业务、特定场景开展精深的知识学习和集聚，并且任何精深实用的知识积累都将为其后更高层次的知识集成创造更好地基础。

四、应用集成

基于基础集成、数据集成和知识集成的坚强支撑，智慧法院各类应用系统将在现有基础上按照"只合不分、只减不增"的原则大幅度整合集成，智慧服务、智慧审判、智慧执行和智慧管理系统将分别形成以数据管理和知识服务为核心、以电子诉讼、审判办案、执行办案和办公自动化为主线，以系列智能化辅助应用为接入、相互之间充分实现信息共享、业务协同、操作联动的一体化应用系统体系。

各类业务应用将按照符合安全规定的用户访问权限支持信息共享。法院干警将打通业务应用壁垒，共享工作需要的各类业务信息，努力实现一次录入、全网共用，从根本上消除信息孤岛和多次录入造成的不必要劳动以及难以避免的人为差错。人民群众将通过电子诉讼、律师服务和司法公开平台在线便利获取审判流程、证据材料、诉讼卷宗、司法活动和结果等依法应当告知或必须公开的信息，最大限度地减少诉讼当事人和代理人的往返奔波。政法部门和政务部门将基于安全交换系统、通过各自业务应用系统按需共享各类司法及政务信息，切实打破部门之间的信息藩篱。

各类业务应用也将按照整体工作要求充分支持各部门之间的业务协同。

基于主动推送机制，各类应用系统能够获得所需的其他业务信息输入，支持跨部门用户在线协同工作。利用可视化工作态势呈现，各业务部门将无歧义掌握和理解协作部门工作进展状态，形成优化协调的业务协同模式。管理决策部门将通过可视化管理中心随时了解、调阅、监控和分析诉服、审判、执行和管理等法院工作综合态势以及与相关外部单位的合作状况，及时针对问题组织跨部门协调，充分发挥集中统一的体制机制优势。

各类业务应用也将按照业务工作规则高度支持各类应用系统的操作联动。基于集成化知识库和面向业务场景的知识服务引擎，建立并不断丰富智能化跨业务事件触发逻辑，能够支持各环节工作人员、各项业务领域以及上下级法院之间的自动操作联动，充分支持智慧法院各类业务的敏捷反应和高效处置。

五、门户集成

通过体系工程总体设计和标准规范的工程研发，智慧法院将针对法院专网、互联网或涉密网上的特定用户，根据 PC 端、移动端和不同操作系统的各自特点，分别提供集成化、个性化、定制化的统一入口门户，为用户熟悉登陆智慧法院信息系统、操作使用并获取各类所需信息提供初始便利。

从统一入口门户各类用户将利用用户名及口令、数字签名、加密 Key、生物特征识别等方式通过统一身份认证系统证明自身身份，并获取相应的应用系统访问授权控制，既减少用户在不同系统之间切换登录的繁琐操作，更增强各类应用系统针对特定用户的联动性和协同性。

集成化入口门户将通过美观协调的使用页面、简洁清晰的内容展示和简易明了的操作提示为通过统一身份认证的用户进入所有授权访问系统提供最大便利，所有应用系统将按照服务属性、地域特征和用户身份等不同特点合理聚类、逐层分解，确保各类不同用户能够快捷直达。

统一入口门户将根据用户身份，学习识别日常用户工作性质和操作使用习惯，据此构建推送满足特定用户个性化需要的工作主页，既能支持用户快速进入日常高频次的应用系统，又能通过优化的页面布局方便用户全面浏览个人关心的信息内容，还能根据组织及事务要求提示用户需要特别关注并处理的突发日程、议程和流程，切实发挥入口门户作为用户"第一助手"的作用。

统一入口门户还将提供页面设置工具和信息内容主题，支持用户在智慧法院门户风格的统一规定和可以获得的内容资源框架下，灵活设置定制化页面布局和服务内容，更好地体现以人为本的服务宗旨。

与之相适应，各类应用系统都将按照统一入口门户的规范标准改进完善链接入口、操作界面、授权控制和安全防护机制，保证智慧法院门户集成的可行性、协调性和安全性。

第三节　5G 加速泛在化服务

在现代生产生活越来越快的节奏下，人们无疑越来越希望智慧法院能够提供随遇接入、触手可得的泛在化司法服务。泛在化将消除空间区隔，使各类用户无论身在何处，都能够直接连接智慧法院，得到法院信息系统的支持和服务；泛在化也能够缩短时间延迟，不至于因为合作成员不具备接入条件而停顿工作进程，显著提升司法活动效率；泛在化还能够普及信息化应用，打破以往常常出现的由于网系接入和办公条件制约而造成应用认知局限，推动覆盖所有人群和部门的业务应用；泛在化也将促进解决长期存在的地域不平衡难题，利用边远地区、基层群众物理条件的普遍改善，达成信息化建设应用能力的普遍提升；泛在化还将由于广泛、全面的接入应用，更加严格地检验智慧法院的各项应用成效和短板弱项，通过问题导向促进持续不断的改进完善。

迅速发展的第五代移动通信技术，也就是 5G 技术为此提供了十分广阔的前景，其高速率、高容量、低延迟、低能耗、低成本和大规模设备连接不仅为各类应用和服务普遍移动化、泛在化创造了先决条件，也为利用丰富的带宽资源强化无线信号加密保护、支持法院内网业务充分、优体验拓展到移动终端奠定了技术基础。

一、泛在化诉讼服务系统

泛在化诉讼服务系统将为人民群众提供一站式多元解纷和诉讼服务的零距离通道。

基于 5G 技术支持的中国移动微法院将更加充分地发挥高质量移动通信优势，以移动端为主、PC 端和专用诉服机为辅，构建全国各级法院统一、人民群众普遍知晓的泛在化诉讼服务窗口，为广大涉诉群众、律师群体和社会大众提供贯穿从法律咨询、纠纷调解、案件审理、裁判执行、到申诉信访全过程的一站式多元解纷和诉讼服务支持，切实成为人们随身携带、高度信任的解纷神器。

基于 5G 技术的高清晰、高保真视频信息将不受参与人员地域分布和工作时间限制，为泛在化多元解纷提供面对面对话效果的调解氛围，针对不同类型矛盾纠纷，对接专门调解机构和业务系统，连通专业化调解人员，努力营造最为周到、人性的矛盾化解场景，更好地体现将非诉讼纠纷解决机制挺在前面的指导思想。

利用 5G 提供的沉浸式场景效果，泛在化诉讼服务系统将保障社会大众足不出户或身处异地，就能犹如亲临法院诉讼服务现场，面对面咨询法院工作人员，点击提交电子诉讼文件，顺畅调阅法院案件卷宗，甚至进行多方质证，大幅度减少由于诉讼事务往返法院的必要。

利用 5G 高速网络通信支持的远程庭审，将根本解决目前信息传输延迟及时有卡顿的现象，保证分布于各地的庭审参与者恰如身临其境、充分流畅地进行举证质证、陈述答辩，依法行使诉讼权利，推动促进远程庭审常态化。同时，利用虚拟现实、全息投影等技术，通过视频仿真构建真实庭审场景，还将使所有参与者感觉置身于庄严的法庭，在减少涉诉群众往返劳顿的同时，努力维护远程庭审的司法权威。

泛在化诉讼服务系统还将以 5G 技术促进形成万物互联、高度互信的社会征信网络体系为契机，实现司法送达以电子方式为主、以传统纸质为补充的根本改革，在方便人民群众的同时彻底解决长期影响司法工作的送达难题。

二、泛在化法院工作平台

基于 5G 宽带通信以及随之发展的边缘计算技术，将充分支持法院内部业务信息的端到端加密传输，推动法院专网拓展延伸到移动终端，满足实时业务、应用智能和安全保密等方面的基本需求，构建形成泛在化法院工作平台，支持广大干警不受空间和时间限制，特别是在出差和应急情况下都能十分便利地处理工作事务，极大地提升人民法院的工作质效。

泛在化法院工作平台将不仅继承目前法院移动办公办案系统功能，在 5G 条件下为干警提供优越的操作体验，还将发挥信息端到端安全保护优势，打通安全隔离交换瓶颈，将原来很多不便于延伸的应用功能和传送的敏感数据拓展输出到移动终端，由此将形成以移动终端为主、台式终端为补充的全新办公办案模式，催生泛在化法院工作平台蓬勃发展。

泛在化法院工作平台作为法院干警随身便携的必备工具，将与一般行政管理、部门专业工作，尤其是审判执行主业深度融合，成为法院干警日程安排、会议记事、浏览新闻、审批文件、办理案件的智能辅助；还将与视频会议、科技法庭、远程接访、远程提讯、数字化审委会、执行指挥中心、诉讼服务指导中心、信息管理中心安保指控中心等系统连通融合，以此为基础的视频会议、远程会商、教育培训将成为各级法院群体活动的基本形式，远程庭审、远程接访、远程提讯也将成为法院干警执法办案的常态模式，各级管理人员还能随时掌控法院的宏观和微观工作状态。

泛在化法院工作平台还将发展成为干警不可或缺的智能化虚拟助手，发挥连通智慧法院各类信息系统的优势，集成通讯、拍摄、检索、识别、投影、推送和告警等多种功能，根据干警工作职责、承办任务和面临场景，在不占用干警时间的条件下，自主计算评估，提出辅助预案，支持干警选用决策和实施。

三、泛在化学习培训系统

5G 支持的泛在化学习培训系统将全面提升广大干警全时段学习、接受培训的体验和成效。

基于随身携带的高性能智能便携终端，干警们将无论身在何处，都能随时在线获取全国法院统合巨量资源形成的政策指引、法治理论、司法实务、百科知识、甚至日常生活等各方面学习辅导材料，并按照个人喜好接受文书、图片、音频、视频、动画、3D 虚拟现实等丰富多彩的表现形式，真正拥有支持不间断学习、终身学习的贴身知识宝库。

利用 5G 提供的端到端高速互通能力，结合智能化互动教学技术，干警通过泛在化学习培训系统将始终拥有一对一虚拟教员的伴随式辅导，学员可以就感兴趣的问题随时提问，与教员即时互动。教员也能够针对学员需要，就教学相关内容旁征博引、广泛链接，使通用课程与个性化教学紧密结合，极大提升在线教学培训内容的广度和深度。

利用 5G 支持的虚拟现实技术，泛在化学习培训系统将通过虚拟应急处置场所、虚拟法庭、虚拟调解室、虚拟执行现场等环境模拟，为身处各地的广大干警提供身临其境式培训实习模式，既能够全面、灵活地设置大量复杂条件下需要正确应对的司法场景，又能够反复训练干警在相同环境下的处置应对能力，必将成为干警实习测验的常态模式。

泛在化学习培训系统还将利用教学培训之中即时收集的大量学员音视频反馈信息，准确分析研判学员的认知理解和实务掌握程度，并据此因人施策，提高法院学习培训的综合成效。

四、泛在化司法宣传系统

以天平阳光融媒体传播平台为基础，结合 5G 通信网络应用，将构成全国法院一体的泛在化司法宣传系统，新闻采集、内容编辑和媒体发布都将持续创新赋能，为人民法院新闻传播、权威发布、普法宣传和司法公开插上强劲翅膀，更加广泛地传播渗透到社会大众的掌中心间。

5G 支持的万物互联网络，将促进几乎人人拥有高性能智能便携终端，都能够成为合格的新闻采集人员。法院干警无论所在地域或工作岗位，都能够十分便捷地采集、录制所见所闻，即时上传。尤其是边远地区的广大干警，更能够将寻常鲜为人知的司法活动通过高速互通的信息桥梁传送到都会城市、新闻中心，让因地制宜、各具特色的司法文化精彩纷呈。广大人民群众也能够从各行各业、不同视角，及时将观察、感受、体悟到的国家法治状况通过多种便利可行的方式传递人民法院，形成更为普遍的呼声和监督来源。

面对广泛汇集、丰富多彩的新闻信息，泛在化新闻宣传系统必将充分结合大数据、云计算和人工智能技术，通过智能化集成编辑系统自动实现所有媒体资讯的合理分类和有序管理，降低大量的人力成本消耗，及至克服仅靠人力投入也无法应对的资讯爆炸。智能化集成编辑系统也将根据新闻和知识特点，充分进行结构化、碎片化和标签化媒体信息分解，形成可检索、可关联、可组合的新闻知识素材。在此基础上，泛在化司法宣传系统将支持专业编辑人员随时随地进行高层次的新闻和知识媒体融合处理，根据受众需求形成喜闻乐见的司法宣传产品。

针对新闻知识的内容特征和受众习惯，泛在化司法宣传系统将提供适合多样化智能终端的产品形式。对于一般大众，可通过页面、视频等方式提供正式、权威的新闻宣传或知识服务；对于法律专业人员，可通过检索、关联、推送等方式提供相对精深的专业化服务；对于非专业人士，可利用动画、语音解读等直观易懂的方式提供普及型知识服务；对于希望直观感受法院工作的受众，可以利用 3D 场景、虚拟现实等服务，充分加深人民群众对公正司法和司法为民的生动印象。

第四节　区块链推动跨界融合

在技术日新月异、经济转型发展、社会演进加速的时代，各种矛盾纠纷随之凸显。进入新世纪，人民法院案件受理量不断增长，既体现了依法治国思想日益深入人心，也反映了矛盾纠纷与经济社会的同步发展。人民法院作为国家审判机关，守护着公平正义的最后一道防线。无论是将非诉讼纠纷解决机制挺在前面，还是让人民群众在每一个司法案件中感受到公平正义，都要求人民法院充分融入经济社会发展大局，以开拓创新、勇于担当的精神主动作为，通过跨界融合为各行各业健康发展提供坚强的司法服务和保障。在这个进程中，无论是横向与政府部门、企事业单位之间的协同联动，还是纵向从诉讼活动向纠纷解决、日常生产生活的信息延伸，根本上都需要充分的互信保障机制。智慧法院已经实现的与政法部门、国家征信体系、金融和不动产管理部门之间的对接互动就是基于一系列初步约定、行之有效的互信机制。区块链技术的分布式存储、无中心化管理、可追溯验证等能力特征将为智慧法院实现更大范围的跨界融合提供有力支持。

一、存证验证联盟

智慧法院将与司法机构、政务部门、企事业单位及其他组织机构等多个参与方构建互信联盟，通过区块链进行司法要素存证，将需要存证的司法要素附加时间戳，以交易形式记入区块，并以支持逆向逐块校验的链式结构分布式存储到所有联盟参与方。如此广泛的数据一致性和可追溯性，将极大降低数据丢失或被肆意篡改的可能性，为司法活动的权威可信、日常事务的证据校验提供牢固基础。

存证验证联盟区块链将支持保存各级法院审判执行过程中收集的证据、笔录、卷宗和音视频等司法公信力具有重要影响的诉讼档案信息，确保无论何时，一旦诉讼相关方对司法活动提出疑义，就能够通过联盟多方的验证程序，做出权威可信的鉴定意见。尤其是对互联网审判和电子诉讼，诉讼当事人或代理线上提交的任何材料都将在第一时间传送联盟链存证固证，将充分体现法院审理过程中的证据不可篡改性，进一步提高网上司法的公信力。

各行各业部门和人员在日常工作中，为预防出现难以化解的纠纷，也可以申请加入存证固证联盟，将重要的事务节点或证据材料随时传送联盟链存证固证，保证在矛盾纠纷产生时，能够通过联盟链获取、验证所需的可信证据材料，直接支持可能的调解和诉讼进程，既能有效避免不必要的矛盾纠纷，又能为人民法院及时化解矛盾、服务社会治理创造顺畅的取证验证条件。

二、可信操作平台

智慧法院将利用日趋成熟并广泛普及的区块链建设成果，打造基于私有链并逐步拓展到联盟链的可信操作平台，构建支持高敏感操作的司法业务应用系统，使上链固证成为每一步业务操作的必要条件，形成操作、固证、再操作的闭环流程，以此最大限度地减少违规操作和暗箱操作，也为经济社会运行提供更加可信的司法支持机制。

可信操作平台将为执行查控、失信惩戒、司法监督以及重大案件审理等覆盖全国各级法院、与当事人利益高度相关的涉及高敏感操作的业务应用提供运行支持，通过与一般操作系统 API 接口和系统调用类似的接口服务方式，十分便利地支持每一完整的操作环节上链固证，由此不断深化上下级法院内部监督为主、与社会公信机构外部监督相结合的高敏感风险防控机制。

同样地，联盟化的可信计算平台也能够拓展融合社会各界，逐步支持政法部门及其他行业领域的高敏感操作应用系统，促进政法部门之间的高效运转和相互监督，为构建高可信社会运行体系、有效防控重大经济风险发挥重要作用。

三、智能合约系统

智慧法院将基于司法区块链以数字形式定义能够自动履行的合约协议，将传统签约形成的书面规定和条款，转换为能够自动运转、基于预定事件触发的规则程序集合，通过事件巡查评估和自动触发机制，在约定条件满足时，自动启动提供相应司法服务或进入相应司法程序，以此进一步融入经济社会运行环节，减少大量线下操作以及人为干扰因素，提升市场、生产和经营效率，降低司法维权成本和周期，大幅度提高跨部门、跨业务流程的可信协同水平。

通过司法区块链智能合约系统，办案人员与档案管理人员能够共同制定、提前设置案件电子卷宗自动归档运行程序，办案过程中自动巡查相关卷宗是否符合归档标准，达标时自动将电子卷宗转为电子档案，实现全自动归档管理；以调解方式结案且有可执行内容的民事调解书第一时间上链形成智能合约，当事人未按调解协议如期履行时即可依据可信调解书自动转入执行程序；对于进入司法保全的财产，能够设置智能保全合约，在保全期限届满时，根据案件办理情况自动进行续保或自动提醒保全法官、当事人进行续保审查，充分减轻财产保全负担，保障当事人权益。类似上述很多法院内部的跨部门智能合约应用，将为降低干警办案工作负荷、提高司法效率提供新的途径。

通过司法区块链联盟支持的智能合约系统，电子商务过程能够全面采用基于司法保障的自动化流转程序，货币或物品流转到任何特定环节，必将导致相应的价值转换，如有违约将触发启动相应的纠纷解决直至司法维权程序；线下商务合同也能在参与方同意、符合法律法规条件下设置重大合约节点，纳入系统保全监管范围，遇有设定条件，即可自动转入得到司法保障的资金或财产违约处置环节；各类社会活动契约也可以根据具体情况形成需要监控的过程环节并转换为相应的合约规则及管控条件，一旦出现违约，即能自动获得相应的司法支持和保障。这些将法院工作与各行各业深度融合的系统应用，必将为人民法院服务经济发展、服务社会诚信体系建设开辟十分广阔的空间。

第五节　系统优化大幅提升用户体验

智慧法院信息系统为广大干警和人民群众提供了多种多样的信息服务，取得了显著成效。同时，广大用户要求各类系统都能够与很多成熟的商用软件一样简便易用、稳定可靠。应该说这些都是用户的合理要求。但是由于技术水平、经费投入、用户规模和功能复杂性等多方面原因，智慧法院信息系统与很多主流商用软件相比在用户体验上仍存在很大差距，这也在很大程度上影响了智慧法院的应用成效。充分认识用户体验至关重要的作用，就能够促进我们努力掌握运用更加先进的信息技术，切实以广大人民群众和法院干警的优质体验为导向，以界面优化、系统集成、严格测评、信息安全和推广普及为重点加强现有及新研系统的改进完善，必定能够推动智慧法院实现新的跨越。

一、简明易用

智慧法院信息系统将通过风格统一、布局合理、层次清晰、多媒体支持的操作界面，为各类用户提供简约明了的应用窗口，帮助新用户快速掌握系统，支持熟练用户迅捷切入功能。

改变以往重功能开发、轻界面设计的思维定势，将操作界面设计、优化作为智慧法院信息系统研发的重要环节，根据人机工程学原理、以往系统成熟经验以及用户普遍反映的痛点问题，对每一个新研、改进或集成的信息系统操作界面，都将运用标准规范、图样设计、比较论证、原型开发、测试验证和用户评价等工程化方法，反复推敲、精心打磨，努力增强用户最初始的亲切感。

充分继承智慧法院建设现有成果，科学设计针对业务门类、应用场所、终端类型和用户对象等不同特点的操作界面风格、布局和层次结构，进而编制形成系列技术标准，在此基础上组织研发相应的通用共性技术产品，用标准指导规范系统界面设计，用成熟产品模块支持系统研发，为优化完善智慧法院信息系统操作界面提供全面的技术支撑。

智慧法院信息系统还将探索运用音视频、动画等多媒体技术与用户操作界面嵌套融合，通过即时智能语音提示，针对用户可能遇到的难题提供帮助指导；通过可视化场景导航，以直观视频或动画形式展现完整操作流程，引导用户快速进入所需界面，并支持随时切入实际操作页面。由此帮助各类新老用户从速掌握系统全貌，尽快成为熟悉、乐于应用智慧法院信息系统的行家里手。

二、集成高效

智慧法院信息系统将基于基础集成、数据集成、知识集成、应用集成以及门户集成的所有成果，解决内部办公、审判、执行等系统和外部诉服、调解、信访等系统分散凌乱给用户带来的很多不便，打通网系之间、业务之间的功能藩篱和数据壁垒，支持各类用户一网通办、一站通办，通过高效简明的业务流程，便于各类用户所想即可得，所需即能得，为各类用户带来显著的工作便利。

通过统一身份认证系统，用户入网即拥有唯一身份标识，能够便利进入所有授权系统，省却很多不必要的登录事务；通过集成化入口门户，用户能够在清晰明了的导引之下迅速到达所需业务应用，省却大量繁琐的查找和科层检索；通过个性化操作界面，熟练用户能够根据个人关注热点、当前工作状态和同事交办事项等快速获取所需信息、切入急需处置的事务，省却很多按部就班的无效操作；通过各类信息系统 PC 端、Pad 端、手机端等不同终端的集成，用户能够获得最为适配的页面呈现和操作方式，达成最佳的工作体验；基于应用集成支持的业务协同，用户能够根据需要十分快捷地获取相互关联的业务信息，统筹利用、驾驭数据和业务资源，切实体现一网通办的便利；基于应用集成支持的业务联动，用户自身完成工作即可触发其他同事相关业务事务，省却相互之间的繁琐联系，充分实现一键联动的高效。

三、稳定可靠

智慧法院信息系统将以稳定可靠作为向用户提供便捷化服务的根本前提，将可靠性指标纳入规划、设计、采购、研发、验收和部署等环节的重要决策依据，通过可靠性设计、评估和测试等过程，全面提高基础设施、应用系统、数据资源以及安全保障的稳定性、可靠性水平，切实促进信息系统高质量发展。

基于计算机、服务器、数据库、通信网络、显控终端等单项设备可靠性指标，构建信息基础设施可靠性分级评估模型，自下而上逐级论证、计算、评估基础设施可靠性水平，并通过质效型运维不断检验、评价、置换、优化，使稳定可靠的信息基础设施成为整个信息系统的坚强支撑。

针对部分业务应用系统稳定可靠方面的薄弱环节，将稳定性和可靠性作为系统论证和研发的重要指标，论证过程中必须分析潜在风险点，设计过程中必须闭环回应相关的关键问题解决措施，开发测试中必须着重测评潜在风险点，努力通过合格研发厂商的有效质量管理，提高智慧法院信息系统的稳定可靠水平。

推广第三方测试评估，建立并不断扩充智慧法院实验室，形成符合智慧法院建设要求的测试环境和测试样本集合，针对重点信息系统产品，在产品上线部署前严格按照规范的测评流程，根据系统业务和技术指标，有序开展界面、功能、性能和接口常规测试、关键风险点强度测试以及合理极端条件下的压力测试，为暴露重大问题、排查风险隐患、评估系统稳定性和可靠性提供规范、量化的决策参考，确保上线系统能够为各类用户提供运行稳定、响应及时、操作敏捷、持续可靠的业务服务。

四、安全可信

智慧法院将以强化数据安全为重点，针对信息系统运行过程中的数据收集、存储、加工、使用、提供及公开等环节采取切实有效的安全保障措施，严格守护国家秘密，严格保护个人和组织的合法权益，为各类用户提供安全可信的服务支持。

智慧法院信息系统将以司法大数据为中心，建立健全全流程数据安全管理制度，构建集中统一、高效可信的数据安全监测预警、风险评估、态势报告和信息共享机制，及时发现数据安全缺陷和漏洞，支持数据安全风险信息的获取、分析、研判和预警，严防违法使用、毁坏、篡改和盗用司法数据资源，确保国家秘密、用户敏感数据和个人隐私信息得到有效保护和合法利用，并持续处于安全受控状态，切实消除各类用户积极应用智慧法院的后顾之忧。

在强化数据安全的同时，智慧法院也将不断完善基础设施安全保障，利用计算、通信和存储能力的快速提升，持续优化安全隔离、边界防护条件下的用户体验；不断完善应用系统安全，保障合法用户的正常请求能够全面、及时、准确、安全地得到响应和服务。

智慧法院还将遵循以发展促安全、以安全保发展的基本原则，继续延伸司法服务渠道、拓宽业务服务类型，扩充信息服务范围，在确保数据安全的前提下努力提高各类司法数据的可用性和可获得性，运用各种手段充分支持各类用户积极应用法院信息系统、依法获取所需司法信息，不断提高广大用户的获得感、满意度和信任度。

五、广泛普及

智慧法院将通过各种途径加强信息系统的普及推广，着力改变以往不少重要成果"养在深闺人未识"的状况，使广大干警尽可能了解掌握与其自身工作密切相关的系统或功能应用，帮助社会大众更加全面地知晓熟悉智慧法院能够为之提供的很多司法信息化服务。

人工智能、综合集成、泛在化服务和跨界融合等重要举措将在为用户提供充分便捷的同时，更加广泛地吸引广大干警和人民群众普及应用智慧法院建设成果；简明易用的操作界面、集成高效的作业模式、稳定可靠的运行状态和安全可信的应用服务也将充分调动各类用户积极应用智慧法院信息系统的愿望和热情。在此基础上，建设者们将更加不遗余力地宣传推广智慧法院的成果和作用，通过及时的产品推介帮助潜在用户尽快了解新增功能和服务，通过有的放矢的操作培训支持有一定基础的用户深度掌握系统操作应用方式，通过现场服务引导人民群众自觉运用线上方式办理诉讼事项、减少往来奔波，通过律师等法律专业群体的高频次、高质量应用体验促进形成成果推广链式传播效应，通过高等院校法治信息化课程夯实新一代法律专业人员的信息化理论根基，通过座谈会、研讨班、第三方评估等多种形式听取广大用户心得体会和意见建议、发现盲点空白、支持改进提升；通过新闻传媒全面系统地宣传智慧法院建设应用成效、拓展社会公众知悉度，努力促进智慧法院建设成果惠及广大用户，进而通过用户大众应用成效的全面反馈促进智慧法院不断优化完善，形成持续健康发展的良好局面。

参考文献

一、专著类

1. 钱学森：《工程控制论（新世纪版）》，上海交通大学出版社 2007 年版。

2. 钱学森等：《论系统工程（新世纪版）》，上海交通大学出版社 2007 年版。

3.［美］姆斯·格雷克：《信息简史》，高博译，人民邮电出版社 2013 年版。

4.［美］Mohammad Jamshidi（穆罕默德·贾姆什迪）：《体系工程——基础理论与应用》，许建峰、郝政疆、黄辰等译，电子工业出版社 2016 年版。

5.［美］N. 维纳：《控制论（或关于在动物和机器中控制和通信的科学）（第二版）》，郝季仁译，科学出版社 2009 年版。

6. 黄孝章、刘鹏、苏利祥：《信息系统分析与设计（第二版）》，清华大学出版社 2017 年版。

7. 美国国家航空航宇局：《NASA 系统工程手册》，朱一凡、李群、杨峰等译，电子工业出版社 2012 年版。

8. 吴飞：《人工智能导论：模型与算法》，高等教育出版社 2020 年版。

9. 雷波、陈运清等：《边缘计算与算力网络——5G+AI 时代的新型算力平台与网络连接》，电子工业出版社 2020 年版。

10. 李翔宇、刘涛：《认识 5G+》，机械工业出版社 2020 年版。

11.［加］唐塔普斯科特（Don Tapscott）、［加］亚力克斯·塔普斯科特：《区块链革命—比特币底层技术如何改变货币、商业和世界》，凯尔、孙铭、周沁园译，中信出版社 2016 年版。

12. 汤道生、徐思彦、孟岩、曹建峰等：《产业区块链》，中信出版集团 2020 年版。

13. 赵万一、候东德主编：《法律的人工智能时代》，法律出版社 2020 年版。

14.［英］理查德·萨斯坎德：《法律人的明天会怎样？法律职业的未来（第二版）》，何广越译，北京大学出版社 2019 年版。

15.［美］伊森·凯什、［以色列］奥娜·拉比诺维奇·艾尼：《数字正义：当纠纷解决遇见互联网科技》，赵蕾、赵精武、曹建峰译，法律出版社 2019 年版。

16. 穆勇等：《电子政务顶层设计理论方法与实践》，人民邮电出版社 2019 年版．

17. 江青：《数字中国：大数据与政府管理决策》，中国人民大学出版社 2018 年版。

18. 王益民：《数字政府》，中共中央党校出版社 2020 年版。

19. 中国社会科学院法学研究所、法治指数创新工程项目组、国家法治指数研究中心：《中国法院信息化第三方评估报告》，中国社会科学出版社 2016 年版。

20. 李林、田禾主编：《中国法院信息化发展报告 No.1（2017）》，社会科学文献出版社 2017 年版。

21. 李林、田禾主编：《中国法院信息化发展报告 No.2（2018）》，社会科学文献出版社 2018 年版。

22. 陈甦、田禾主编：《中国法院信息化发展报告 No.3（2019）》，社会科学文献出版社 2019 年版。

23. 陈甦、田禾主编：《中国法院信息化发展报告 No.4（2020）》，社会科学文献出版社 2020 年版。

二、论文类

1. 张力行：《计算机法律信息检索与计算机法律专家系统——理论与实践》，载《中外法学》1989 年第 3 期。

2. 许建峰等：《客观信息的模型和度量研究》，载《中国科学：信息科学》2015 年第 3 期。

三、其他类

1.《国务院关于积极推进"互联网+"行动的指导意见》，国发〔2015〕40 号，2015 年 7 月 1 日发布。

2.《最高人民法院关于印发〈人民法院信息化建设五年发展规划（2016-2020）〉的通知》，法〔2016〕66 号，2016 年 2 月 24 日发布。

3.《国务院关于印发新一代人工智能发展规划的通知》，国发〔2017〕35 号，2021 年 7 月 8 日发布。

4.《国务院办公厅关于印发国家政务信息化项目建设管理办法的通知》，国办发〔2019〕57 号，2019 年 12 月 30 日发布。

5.《国家电子政务工程建设项目管理暂行办法》，国家发展和改革委员会令第 55 号，2007 年 8 月 13 日发布。

6.《最高人民法院关于全面深化人民法院改革的意见——人民法院第四个五年改革纲要（2014--2018）》，法发〔2015〕3 号，2015 年 2 月 4 日发布。

7.《最高人民法院关于深化人民法院司法体制综合配套改革的意见——人民法院第五个五年改革纲要（2019—2023）》，法发〔2019〕8 号，2019 年 2 月 27 日发布。

8.《最高人民法院印发〈关于全面推进人民法院电子卷宗随案同步生成和深度应用的指导意见〉的通知》，法〔2016〕264 号，2016 年 7 月 28 日发布。

9.《最高人民法院关于建设一站式多元解纷机制一站式诉讼服务中心的意见》，法发〔2019〕19 号，2019 年 7 月 31 日发布。

10.《最高人民法院关于深化执行改革健全解决执行难长效机制的意见——人民法院执行工作纲要（2019—2023）》，法发〔2019〕16号，2019年6月3日发布。

11.《最高人民法院关于进一步深化司法公开的意见》，法发〔2018〕20号，2018年11月20日发布。

12. 世界银行：《2020年全球营商环境报告》（Doing Business 2020），2019年10月24日发布。

13.〔美〕美国国家科学技术委员会（NSTC）：《为人工智能的未来做好准备》（Preparing for the Future of Artificial Intelligence），2016年10月13日发布。

14.〔美〕美国国家科学技术委员会（NSTC）：《国家人工智能研究与发展战略计划》（National Artificial Intelligence Research and Development Strategic Plan），2016年10月13日发布。

后　记

　　本套丛书由最高人民法院信息中心组织编写。丛书系统总结了党的十八大以来全国智慧法院的建设成果，全面反映了人民法院信息化建设的工作情况，真实再现了全国各级人民法院干警推进人民法院信息化发展和智慧法院建设的努力与思考。编写工作始终注意把握方向、实事求是、突出重点、注重质量。最高人民法院院领导和有关部门负责同志，地方法院院领导和有关部门负责同志承担了丛书的编写工作。

　　丛书按照总论篇、实务篇、专题篇、地方篇等4个系列进行规划设计，整体启动、分批出版。丛书旨在总结、梳理、传承中国智慧法院建设在诉讼服务、审判执行、司法管理、廉洁司法、社会治理等方面的生动实践，结合智慧法院体系工程基础理论、关键技术、核心装备、应用实践等方面的创新成果，探究智慧法院建设与司法运行、体制改革、技术变革深度融合的发展趋势，深入挖掘大数据与人工智能在司法领域的深度应用，填补司法改革与信息化、诉讼制度与信息化等交叉研究领域的空白，推进司法实践理性与信息技术逻辑的充分结合，为开辟中国特色社会主义司法信息化发展新路径提供理论参考和实践基础。

　　在最高人民法院院领导和有关部门负责同志的大力支持和精心指导下，在地方法院院领导和有关部门负责同志的全力配合与密切帮助下，按照计划开展的编写任务如期完成。人民法院出版社有关同志对丛书的编辑校核和出版做出了大量细致入微的工作。在此，向为丛书出版作出积极贡献的各位领导和同志表示衷心的感谢！

编者

二〇二一年四月